成就商业阶层事业与生活的梦想

成就商业阶层事业与生活的梦想

TECHNOLOGY VENTURES

创业的轨迹

［美］理查德·多尔夫（Richard C. Dorf）
托马斯·拜尔斯 (Thomas H. Byers) ◎著
刘丽君 倪跃峰 ◎译

中国人民大学出版社
·北京·

一切为了您的阅读价值

常常阅读我们图书的读者一定都记忆犹新，2008年以前出版的图书中，都放置了一篇题为“一切为了您的阅读体验”的文章，文中所谈，如今都得到了读者的广泛认同，也得到了出版业内同行的追随。

在我们2008年以后的新书以及重印书中，读者会看到这篇“一切为了您的阅读价值”；而对于我们图书的新读者，我们特别在整本书的最后几页，放置了“一切为了您的阅读体验”的精编版。今后，我们将在每年推出崭新的针对读者阅读生活的不同设计和思考。

- ★ 您知道自己为阅读付出的最大成本是什么吗？
- ★ 您是否常常在阅读过一本书籍后，才发现不是自己要看的那一本？
- ★ 您是否常常发现书架上很多书籍都是一时冲动买下，直到现在一字未读？
- ★ 您是否常常感慨书籍的价格太贵，两百多页的书，值三十多元钱吗？

阅读的最大成本

读者在选购图书的时候，往往把成本支出的焦点放在书价上，其实不然。**时间才是读者付出的最大阅读成本**。

阅读的时间成本=选择图书所花费的时间+阅读图书所花费的时间+误读图书所浪费的时间

选择合适的图书类别

目前市场上的**图书来源**可以分为**两大类，五小类：**

1. 引进图书：引进图书来源于国外的出版公司，多为从其他语种翻译成中文而出版，反映国际发展现状，但与中国的实际结合较弱，这其中包括三小类：

a）教科书：这类书理论性较强，体系完整，但多为学科的基础知识，适合初入门的、需要系统了解一门学问的读者。

b）专业书： 这类书理论性、专业性均较强，需要读者拥有比较深厚的专业背景，阅读的目的是加深对一门学问的理解和认识。

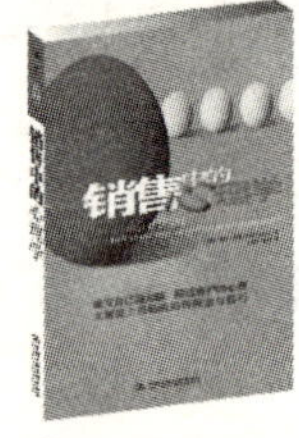

c）大众书： 这类书理论性、专业性均不强，但普及性较强，贴近现实，实用可操作，适合一门学问的普通爱好者或实际操作者。

2．本土图书： 本土图书来源于中国的作者，反映中国的发展现状，与中国的实际结合较强，但国际视野和领先性与引进版相比较弱，这其中包括两小类，可通过封面的作者署名来辨别：

a）"著"作： 这类图书大多为作者亲笔写就，请读者认真阅读"作者简介"，并上网查询、验证其真实程度，一旦发现优秀的适合自己的作者，可以在今后的阅读生活中，多加留意。系统地了解几位优秀作者的作品，是非常有益的。

b）"编著"图书： 这类图书汇编了大量图书中的内容，拼凑的痕迹较明显，建议读者仔细分辨，谨慎购买。

阅读的收益

阅读图书最大的收益，来自于获取知识后，**应用于**自己的**工作和生活**，获得品质的**改善和提升**，由此，油然而生一种无限的**满足感**。

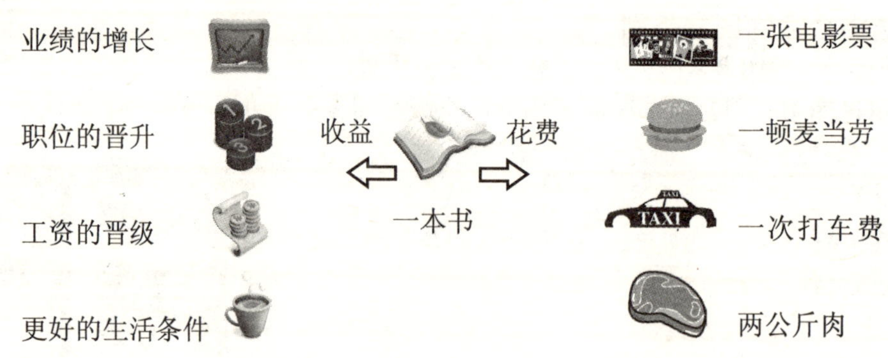

推荐序一

约翰·汉尼斯（John L.Hennessy）
美国斯坦福大学校长

我很高兴看到多尔夫和拜尔斯撰写的这本关于高科技创业的书。技术型企业不仅是世界经济增长的重要力量，也是很多年轻的创业者实现梦想的场所。

遗憾的是，以前一直都少有完整地分析高科技创业的书。而现在，多尔夫和拜尔斯以其多年的教学经验撰写了这本书，他们自身的创业经验清晰地渗透到整本书中。书中引入了大量现实中的案例，既有已取得成功的企业，如美国太阳微系统公司（Sun）、雅虎公司等，也有刚刚卖出第一批产品的小型创业公司，它们成功的经验，抑或是失败的教训都包含在内。

给人留下最深刻印象的是，这本书较广泛地涉及了高科技创业中可能遇到的多种挑战。第一部分讲述了创业者在初始阶段如何产生企业家的远见，和他们应该具备怎样的关键特性才能获得成功等核心问题。我很高兴看到创建与保持竞争优势、入市时机等问题在书中被选为关键主题。在这个互联网兴盛的时代，创业者和创新者往往只能看到少量新的大型企业取得的成功，而忽略了几个关键原则：**要拥有一种可持续的优势；建立较高的进入壁垒；当市场和技术都具备条件时担当起领导者的角色。**可喜的是，本书的第一部分能够帮助这样的创业者和创新者避免将来在商务活动中产生非理性的行为。

第二部分仔细论述了如下几点重要的战略决策。这些决策是任何创业者小组都必须掌握的：如何平衡风险和回报、使用怎样的企业结构、如何发现并培养最优秀的员工并提高其生产效率以及知识财产中的关键问题。事实上，每个公司都会面临这些问题，公司的领导层都需要对其仔细地加以研究。

第三部分讨论了所有创业者都要应对的企业运营和组织上的挑战。事实上，我遇到的每一个技术型企业在起步阶段都必须仔细考虑自己的产品是否有销售量，都要开展市场营销活动。有时在这种公司中，你可能会听到类似于这样的评论："我们拥有强大的技术，它一定能给我们带来客户，其他的都不用担心！"我提醒他们说，没有销售量就没有收入，没有市场营销，销售量就会大大缩水。了解成功的企业在这些关键点上是如何做的很重要；明确与建立企业有关的事项、考虑相关的企业购并以及如何管理企业运营等问题也很重要。如果你的公司没有妥善地解决这些问题，技术再好也没用。

最后，在第四部分中讲述了如何为企业制订稳健的财务计划，包括资金的筹集、退出策略。当然，这些都是很重要的主题，它们往往在创业理论的相关书本上有单独的或占据有支配地位的章节，并在"如何做"的话题上加以阐述。当然，筹集资金并赢得投资者的支持是关键。但是，如果新的创业型企业不能克服前面提到的那些挑战，那么拥有足量的资金，它们也很少能取得成功。

看完书中对这些问题的清晰、综合的阐述后，我最强烈的反应就是："要是在我创建第一家公司（1984 年创建美普思科技公司 [MIPS]）前就看过类似的书就好了！"不幸的是，当初我只能在实践中摸索，最终犯了错误。以我的经验来看，这本书提到的问题确实像宝库一样值得大家借鉴。的确，懂得如何洽谈一笔生意、合理地组织财务资源以及尽可能公平地对待员工，对创业者来说很有用。但是，如果你不能建立持续性优势，不能制订有充分依据支持的市场营销计划，员工的公平性问题将变得一文不值。

我们工作在斯坦福大学，生活又贴近硅谷，处于高科技创业的中心。这本书让我们分享了多尔夫和拜尔斯在科技创业方面广泛而又深远的见解，有助于读者在将来创建企业，并成为商界领袖。

约翰·汉尼斯
美国斯坦福大学校长
2011年6月

推荐序二

郭大成
北京理工大学党委书记

近年来，中国高等教育界十分关注创新创业教育，并积极开展这方面的教育和实践活动，取得了一些可喜的成绩。然而，与世界发达国家相比，我国高等学校在开展创新创业教育和实践活动方面还有较大差距。因此，很有必要学习、借鉴发达国家高等学校在这方面的经验和做法。

众所周知，斯坦福大学是世界最著名的高科技园区——“硅谷”的缔造者。斯坦福的精神就是创新创业的精神。斯坦福大学面向理工科学生的科技创业教育已经走在了世界前列。《创业的轨迹：从创意到一个企业真正的诞生》（*Technology Ventures*）是斯坦福大学的创业教育教材，现在北京理工大学创新创业教育中心的刘丽君博士和管理与经济学院的倪跃峰博士将该书译成中文，并通过中国人民大学出版社出版，这将是中国高等教育界在创业教育领域的一件很有意义的事情。

当今世界，知识经济和全球经济一体化使得国家之间和企业之间的竞争越来越依赖于科技创新。长期以来，中国的整体科技发展正处在赶超世界先进水平的过程中。但是，中国在很多领域仍然与发达国家存在着较大差距，尤其在科技成果的转化率、科技进步对经济与社会发展的贡献率指标方面还远低于以美国为首的发达国家水平。

我国政府已经提出了要建设创新型国家的发展战略。在建设创新型国家的整个过程中，国家赋予了中国的高等院校，特别是以理工科为突出优势的大学和学院以新的历史使命：**为国家培养具有科技知识的创新创业型人才；把最新的科技成果迅速地转化为现实生产力——科技产品的形成和科技企业的诞生。在开设了理工专业的大学中，开展面向理工科学生的创业教育，培养科技创业者和科技创业型人才，正是践行新的历史使命的最有效途径。**

每年我国都有数以百万计的理工科本科生、研究生毕业，这些学子已经掌握了科学技术及各自学科的前沿知识。对于他们来说，树立科技创业意识，实践从科技新创意到开发新产品、建立企业和其他经济实体的转化是十分重要的。所以，中国的大学很需要有从科技新创意到创办相关企业和经济实体的课程设置与正规科技创业教育。本书的出版恰逢其时，正迎合了在中国大学开展面向理工科学生的创业教育的需要。

我有充分的理由相信：本书的翻译、出版和发行将有力地推动中国大学创业教育的进一步发展，也有利于促进中国大学本科毕业生和研究生中有更多的年轻人勇敢地选择自主科技创业。希望这本书的翻译出版，不仅能让我们借鉴斯坦福大学创业教育的经验，也能让斯坦福大学的创新创业精神在我国的大学校园中弘扬光大。

郭大成

北京理工大学党委书记

2011年6月

推荐序三

雷家骕

清华大学中国创业研究中心

创业是经济增长、社会进步的原始动力之一，越来越受到全社会的重视。在后工业社会，创业越来越依赖于知识的创造、进步、应用与扩散。可以将依赖于知识的应用的创业称为“基于知识的创业”。在20世纪90年代出现的“新经济”中，基于知识的创业是重要的中坚力量，是新经济的基本活动方式。由此，全社会对基于知识的创业的重视也就开始了。互联网是人类对知识的集成与整合的产物，故在互联网创业的热潮中，我国社会对于基于知识的创业的重视再攀新高。

在当今社会的创业群体中，受过高等教育者成为一支创业的劲旅。这其中一个最为根本的原因，就是他们拥有知识，他们的创业更多的是基于知识的。在新经济的推动下，我国不少大学开始了“基于知识的创业的教育”的教学研究与实践。无疑，对于在校大学生开展基于知识的创业的教育是极为必要的。这主要是因为，**基于知识的创业有助于提升我国社会技术进步对于经济增长的贡献率。而中国要活跃基于知识的创业，要依靠的主要是受过高等教育的人。在校大学生未来是基于知识的创业的主力军。“大学的根本任务是培养人”，这自然包括培养具有创业意识、激情与知识的创新创业型人才。**

基于前述动因，近年来国内不少同行就基于知识的创业及创业教育进行了较多研究，编写了本土化教材，也有同行翻译了国外有价值的专著或教材。刘丽君与倪跃峰教授翻译的《创业的轨迹：从创意到一个企业真正的诞生》即是这样一部教材。

《创业的轨迹：从创意到一个企业真正的诞生》是创造了“硅谷”奇迹的美国斯坦福大学在用的创业教材。该教材系统论述了创业机会、创业计划、创业的职能规划、融资及新企业的建立等问题。特别是，该书详细阐述了创业型企业家、创新和科技创业、机会与创业计划、计划展示与交易谈判、创业资本与新创企业的价值，以及新创企业与市场匹配的策略、创业的风险与不确定性、新企业竞争优势的建立与创新战略、新企业的职能规划与战略控制，还涉及了创业相关的并购等内容。该书内容丰富、体例合理，在系统介绍创业相关知识的基础上，安排了供学生课堂讨论或课下阅读的案例，并设计了可供学生课下操练的项目训练。**总体上看，这是一部实用性很强的创业教材。如能在高校相关课程教学中得到采用，必有助于提升我们的创业教育质量。**

就翻译国外教材而言，不同的译者会有差异很大的翻译效果。刘丽君教授是一位严谨的学者，从她翻译该书的字里行间，不难看出她意在求真的探索精神和文字平实的学者态度。相信使用该书的同行和学生能够从该译著中感受到“从新创意到企业”的要义和真谛。

我国大学开展创业教育及其研究的时间不长，国内同行也编写了不少有价值的本土化创业教材。在我们的创业教学中，如能将国外相关教材与本土化教材结合使用，这对于我们提升国内大学的创业教育水平必会有很大的助益。特别是，刘丽君教授和其他同行从我国国情出发，对基于知识的创业进行了较多研究。在此基础上，国内同行如能借鉴国外相关教材，编写或修订我们的本土化创业教材，这必将对改进我国大学的创业教育产生更好的效果。

清华大学中国创业研究中心

2011 年 6 月

推荐序四

张玉利

南开大学创业管理研究中心主任教授

刘丽君与倪跃峰两位教授翻译出版《创业的轨迹：从创意到一个企业真正的诞生》一书，做了一件很有意义的工作。国内重视科技创业，但科技创业有什么独特性？应该注意些什么？许多问题值得探讨。

创业的本质是创新，是创富，创业精神一直是组织乃至个人竞争优势的重要来源。可喜的是，无论从深度还是广度上看，我国的创业研究都已取得了快速的发展。这和整个全球化的发展形势密不可分。**作为科学技术转化为现实生产力的桥梁，创新和创业活动日益成为国民经济与社会发展的引擎和重要推动力；鼓励创新和创业，已成为当今世界各主要国家的政府竞相实施的国家战略。我国现阶段正在努力转变经济增长方式，建设创新型国家，国家战略的实施更需要创新，更需要重视创业，特别是科技创新与科技创业。**为此，不仅要制订政策、创造环境来鼓励和支持科技创业，还需要研究科技创业，并面向科技创业者和大学生开展科技创业方面的教育工作。

坦率地说，在创业教育领域，我国和许多发达国家（尤其是率先开展创业教育的美国），存在着一定的差距。我国应学习与借鉴发达国家建设创业型经济和创新体系的成功经验，大力加强创业研究与教育，培养出大批踏实肯干、具有创业精神的创新型人才，营造有利于创业的社会环境，培育国家创新体系。美国的斯坦福大学素有硅谷“心脏”的美誉，很多知名的创业者以及他们的企业都在那里迈出了第一步，并且从小到大、越走越好。惠普、雅虎、谷歌等高科技企业就是最好的证明。斯坦福大学无疑是一个非常值得学习与借鉴的例子，创新创业对斯坦福大学来说是一种重要的文化内涵。

由于我国创业教育起步晚，国内高校创业教育课程的开设还处于探索期，没有形成完整的体系。目前将创业教育方面的课程列入必修课的学校还比较少，能够将创业教育融入专业教育体系的院校就更少，大多以选修课的形式出现。**创业教育是顺应时代发展要求，提升大学生社会责任感，提高创新创业能力的综合素质教育，目前国内的创业教育还主要局限于介绍创业知识和推动就业的应急性举措。如何把大学建成优秀企业家、成功的知识创业者的摇篮，为国家输送更多的高素质创新创业型人才，对高校来说既是一个机遇也是一个挑战。**

国内关于创业知识的书现今已有不少，但系统地阐述“科技创业”的书却不多见。斯坦福大学工学院创业教育教材译本的出版发行，将对我国科技创业的发展起到很好的促进作用。《创业的轨迹：从创意到一个企业真正的诞生》这本书中涵盖的内容十分丰富，“成功创建科技创业型企业的 20 条原理”贯穿始末。书中的知识分四个部分展示给我们，按实际创业过程的推进顺序编排，各有渗透，各有侧重。我们既可以把此书作为一本系统化的创业教学用书，又可以作为创业之前学习理论知识的参考性书籍来用，便于读者有针对性地查看自己欠缺，但对开展科技创业十分重要的知识与能力，值得大学生和对创业有兴趣的读者认真研读。

近年来，我国形成了尊重和鼓励创业的氛围，创业环境特别是政策环境也在不断改善，大学生的创业欲望强烈，但真正把其想法付诸实践的大学生却很少，成功创业的就更少。由于没有接受过系统的、正规的创业教育，所以实实在在的创业让学子们望而却步。本书除了有系统的理论知识，还包含了很多完整的案例，书中提及的很多问题在创业过程中很可能会碰到，有助于创业者避免不必要的错误，少走弯路，为创业者在创业的征途中清除一些羁绊。

张玉利
南开大学创业管理研究中心主任
2011 年 6 月

推荐序五

钟明博

浙大网新科技股份有限公司执行总裁

很高兴能收到刘丽君与倪跃峰两位教授翻译的《创业的轨迹：从创意到一个企业真正的诞生》一稿，阅过之后，感慨颇多，写在下面，聊作序。

还记得我是在2000年10月2日从东京飞回北京，开始自己的创业历程的。十年岁月如梭，虽然我创建的企业获得了很大的进步和发展，但是回首往事，依然感觉有很多遗憾，如果当年就有创业理论的指导，有成功案例可以借鉴，实践中我会少走一些弯路，企业也会做得更好。

过去10年，中国抓住了历史机遇，成功实现了经济的高速发展，无论国家还是民间财力都迅速增强；政府强调自主创新，个人追逐财富梦想，创新和创业活动日益成为国民经济与社会发展的引擎和重要推动力。**今天的中国比以往任何时候都更需要创新，更重视创业，也拥有了更好的扶持创新、创业的政策和资金。然而新经济时代创业所需的第一要素不再是资本，而是创新知识和科研成果，以及与之相匹配的商业模式。这时创业研究成果、前人创业经验的总结、提炼，显得愈发宝贵。**坦率地说，在创业研究和创业教育领域，中国与许多发达国家尤其是作为创业教育先驱的美国相比，存在着不小的差距。美国年轻人创业，有许多课程、模式、案例可以参考；有各种机构提供从理论到实践的辅导；有天使投资、风险投资等资本做后盾；甚至有专业团队帮助你在实践中熟练应用一些流程和管理工具。这是建立在创业学理论和实践基础上的一套完整的社会体系和创新环境。而我们，基本上还是摸着石头过河，靠创业者边干边学，边实践，边总结。尽管现实中涌现出许多杰出的创业实践家，但是缺乏理论指导和实践总结的创业，成本是高昂的。中国有许多怀揣梦想的年轻人、聪明好学的年轻人，拥有知识与才华的年轻人，如果给予他们合适的教育和指导，我们整个社会的创业效率会更高，成果会更显著。

美国的斯坦福大学在创业研究、创业教育方面取得的成绩是有目共睹的。斯坦福大学无疑是我们学习的榜样和未来追赶的目标。在中国成功复制或者超越斯坦福大学将是一个漫长的过程，甚至可能需要几代人的努力，但是斯坦福精神、斯坦福的教育方法我们却可以马上学习，并且学以致用。

由于我国创业教育起步晚，国内高校创业教育课程的开设还处于探索期，没有形成完整的体系。目前将创业教育方面的课程列入必修课的学校还很少，更遑论达到斯坦福大学创业教育的发展水平了。如何把大学建成优秀企业家、成功创业者的摇篮，对高校来说既是机遇也是挑战。本书除了有全面的理论知识，还包含了很多完整的创业案例，书中提及的很多问题在创业过程中都可能会碰到。因此，本书对于尝试科技创业之路的年轻人来说，将提供很大的帮助。它有助于指导创业者减少失误，少走弯路，在创业路上为他们指明正确的方向。

感谢刘丽君、倪跃峰两位教授带给我们的惊喜，相信本书不仅仅是值得一读，更是值得常常读、细细品的好书。今天他们的努力会对未来中国的创业教育做出巨大的贡献。

钟明博

浙大网新科技股份有限公司执行总裁

2011年6月

译者序

这本译著的英文原版 *Technology Ventures: from Idea to Enterprise* 是美国斯坦福大学工学院科技创业计划组织（STVP）面向理工科大学生的创业教育教材，是世界第一部由工学和管理学教授为理工科大学生撰写的科技创业教材。英文原版的两位作者一位是美国加州大学戴维斯分校计算机科学教授和管理科学与工程教授理查德 • C • 多尔夫（Richard C. Dorf)，另一位是斯坦福大学 STVP 创始人托马斯 • H • 拜尔斯（Thomas. H. Byers）教授。

斯坦福大学不但是世界第一个高科技园区——“硅谷”的缔造者，同时也是面向理工科大学生的知识创业教育发源地。“硅谷”的诞生就是斯坦福大学工学院知识创业教育实践取得的成就。

20 世纪 50 年代，被誉为“硅谷之父”的斯坦福大学工学院电子系的弗雷德里克·特曼 (Frederick Terman) 教授鼓励两位研究生将其硕士论文中设计的音频振荡器转化为商品，于是惠普公司在硅谷的一个小车库中诞生了。这成为硅谷发展史上一个关键的“里程碑”，也是美国大学知识创业教育实践开始的里程碑。

1998 年，拜尔斯教授创建了“斯坦福科技创业计划”组织——STVP（Stanford Technology Venture Program）。STVP 致力于促进高科技创业教育和支持创造高科技企业，它面向理工科大学生培养具有企业家素养的科学家、工程师和具有科学家、工程师素养的企业家，即培养基于科技知识的创新创业型人才。STVP 的教育对象主要来自工学院所有专业的本科生、研究生。经过十多年的发展，斯坦福大学 STVP 组织开展的面向理工科大学生的知识创业教育已经走在世界前列。

我国大学面向理工科大学生的知识创业教育尚处于启蒙阶段，目前还没有比较合适的教材。我国学者已经将哈佛商学院的教材作为国际水平的商学院经典教材引入了中国，现在，我们也尝试将斯坦福大学工学院的这本国际水平的理工知识创业教育领域的教材翻译并引入中国，使我们能够借鉴该领域世界最前沿的教学成果，促进我国理工大学知识创业教育的开展。

本书译者之一刘丽君教授与拜尔斯教授是同行。2008 年 10 月，北京理工大学创新创业教育中心刚成立不久，刘丽君教授到美国斯坦福大学参加“2008 创业教育圆桌会议”，与拜尔斯教授相识并对他进行了访谈，探讨了将这本 STVP 教材翻译成中文并在中国出版发行的计划。

本书第 1 章至第 5 章由刘丽君、杨巍、陶红翻译；第 6 章至第 10 章由刘丽君、王颖、黄胜翻译；第 11 章至第 15 章由倪跃峰、王秀珍、王秀娟翻译；第 16 章至第 20 章由佟岩、周文娟翻译；附录由倪跃峰、马婷婷翻译；文前由刘丽君、杨巍翻译；刘丽君、倪跃峰完成了全书的审译。

由于译者的翻译水平有限，书中难免会有纰漏，恳请读者批评指正。

感谢中国人民大学出版社和麦克劳 - 希尔出版公司（McGraw-Hill，Inc）为此书出版所做出的努力，也要真诚感谢教育部学位与研究生教育司立项的研究生创新计划项目（p-0801）的经费支持。

中文版序

创业已成为社会进步发展的重要推动力，在整个世界是这样，在亚洲如此，在中国也是一样。科技创业这个全球性现象在亚洲非常盛行。现在中国很多重点高校都把创业作为其教学的一部分，而且创业教育课程可以面向不同专业和年级的大学生。如何成功创业的基本原理和法则适用于世界各国，尤其是在当前的中国：许多新兴科技企业正不断涌现，迅速崛起，并引领世界。

本书后面所列出的案例都是全球范围内创业的鲜活实例。世界靛蓝公司（World Indigo）和其他商业案例都说明了不论在任何地方，创业型领导和管理都会给企业带来好处。

中国的医疗、电信、传媒、健康科学和其他领域科技企业的出现，都表明了在中国创业的可行性和必要性。最后，向我的中国同行、北京理工大学刘丽君教授谨致谢意，感谢她和她的同事在把本书译成中文的过程中所做出的杰出贡献。

Thomas H. Byers

斯坦福科技创业计划（STVP）创始人

2011 年 6 月

前言

创业活动是引发社会各个方面变革的重要源泉，它使人们有能力寻找机会，而这些在一般人看来往往是不能克服的难题。在20世纪，创业者已经创立了很多大型成功企业，创造了大量工作机会，提高了生产力，增加了社会繁荣程度，提高了人们的生活质量。世界上三分之一的人口的基本生活还得不到满足，三分之二的人口的年收入不到2 000美元。人们正在应对这些挑战，而创业扮演了重要的角色，他们为这些问题的解决提供了可能的解决办法。

已经有很多关于创业知识的书，但是这本书是第一本全面、深刻地阐述"科技创业"的书。"科技创业"是全球出现的经济现象，它是一种商业领导力，注重识别高潜力和高科技含量的商业机会，获得人力、资本等资源，还有风险管理能力。科技创业型企业主要利用科技、工程科学等方面取得的重要突破，从而为客户提供更好的产品和服务。科技创业型企业的领导者要获得成功，必须具备热情和坚定信念。

科技为什么这么重要呢？科技是每个工业化国家经济的重要组成部分。美国超过三分之一的国民生产总值与科技有关。尽管科技型企业在世界500强中只占15%，纽约股市45%的日交易量都是来自科技股。很明显，国家乃至世界经济的发展，在很大程度上都依赖于这些科技型企业的健康经营和由它们所做的贡献。

现代社会中，科技的应用无处不在。在过去的十年中，手机、笔记本和互联网的迅猛发展超乎人们的想象，已经与人们日常的商业活动、个人生活融合到了一起。我们所说的"高科技"企业，包括了信息技术和电子公司、生命科学和生物技术企业，以及以科技为重要核心的服务型企业。21世纪初，涌现出了众多具有远大发展前景的新科技，如光子技术、互联网技术、医疗设备研发、药物开发、纳米技术以及与能源、环境相关的新材料技术等。这些科技的交汇点可能就为我们提供了非常有前景的机会。

很多人认为科技创业型企业是繁荣社会的产物。然而，一些重要的科技型企业恰恰是在经济萧条时期创立的（如英特尔、思科等）。无论当前经济处于什么状态，本书所述的基本原理都是言之有理的，是适用的。

我们提供的方法

正如创业者通过组合各种事物创造革新一样，我们整合了最有价值的创业活动和科技管理理论，这些理论都来自一些世界著名的学者、教育家和作家等。我们通过贯穿本书中某些章节的案例、实践和列表，向读者提供了行动导向的方法。本书既重视创业理论，又重视创业实践，我们希望读者能从此书中获得这两方面的收益。

我们综合了若干理论和实际应用案例，这些都是成功地创建并推动科技型企业成长的有力工具。我们在书中揭示了科学理念与真实商业机会两者之间的关键差异。通过书中提供的完整案例、商业计划以及其他必备的信息资源，读者可以从中获得益处。

书中我们列举了大量实例以阐明观点，这些实例有的来自传统的高科技企业（如微软、谷歌等），有的来自以科技为其发展战略基础的企业（如星巴克、沃尔玛等）。为了获得积极的影响力、可持续的绩效以及长久的生命力，这些公司是如何运营、发展的？事实上，本书的主要理论适用于任何高增长、高潜力的创业型企业，也包括诸如保护国际基金会（Conservation International）和考夫曼基金会（Kauffman Foundation）等非营利性组织。

谁是我们的读者

本书主要面向大学生，以及其他工业、公共服务行业中想要了解科技创业内涵的相关人士。对读者而言，有一定的创业知识、管理学基础，固然可以更好的理解相关理论，但没有这些知识也同样能够轻松掌握本书内容。

通常，创业管理学只面向经济管理专业开设，而由于创业教育如今已经蔓延到校园的各个角落，所以我们写了这本面向不同专业、不同学历（在读、毕业、在职教育等）所有学生的创业管理学教材。因为本书重点定位于科技创业型企业，所以我们侧重于理工专业学生，但商学和其他专业学生，只要对科技创业型企业有一定的兴趣，同样能够从中得到较大的收获。

斯坦福大学和加州大学戴维斯分校就以本书为教材，开设课程招收多种专业的学生，如计算机科学、产品设计、政治科学、经济学、电子工程学、历史、生物和商学等。尽管本书的焦点是科技创业，但学生们都觉得通过它能够掌握更多理论、技能。开展创业管理教育是向学生讲授诸如如何为团队做贡献、如何展示工作激情等领导能力的有效途径。任何人都能学会创业学的有关思想与领导能力。我们非常鼓励教师在讲授创业管理这门课时对学生分组，以便使学生学会如何协作、如何高效地完成小组任务。

本书特色

本书采用标准组件的组织形式，使任何读者既可以系统地学习如何创建科技创业型企业，又可以零散地学习科技创业的相关材料。如果读者更关注商业计划，可以重点阅读第 7、10、12、17、18 章。如果不是以突击、速成为目的，那本书就是读者的必备手册、重要工具。为了实现这一目标，我们增加了如下方法和特色，欢迎您提出意见和建议。

原理和导读——全书共涵盖了 20 条简明易懂的原理。这些原理不仅渗透在各章节中，也列在了文前。

案例和练习——辅助阐述观点的示例都在文字框中。我们筛选了很多尖端科技企业作为示例，放在专门设计的文字框中。这些实例大多是学生熟悉的产品和服务。每章后面都有练习题，用于检查读者对这些观点的理解情况。

序列的练习和案例——增加了一个特殊的练习题目，叫做“创业挑战”，它将引导读者按照每章的重点逐步建立新企业。此外，几乎在每章都会以 AgraQuest 这家真实存在的生物科技企业为案例，分析并研究它。

商业计划——建立并完善商业计划的方法、工具集中在独立的一章中论述，并给出了有完整注释的相关内容表。附录中也提供了两份完整的商业计划书。

案例——在每个部分结束后提供了 1 个综合性案例。这些案例在各章中的引用情况见表 P—1。

表 P—1　　案例分布

部分结尾的案例	引用的章节	描述的问题
阿特弥斯图像公司	2、3、12	机会、价值主张、团队
雅虎与杨致远	3、4、7、17、18	商业理念、财务、商务计划
世界靛蓝公司	3 ～ 7、12、15、20	商业模式和战略、团队、全球商业、计划执行
乔恩的新企业	4、12、17、18、19	战略、团队、财务、谈判

章节顺序——我们在章节的顺序安排上用了很多心思，并精心挑选了能够被多种创业学课程使用的材料，并合理地组织它们。全书分为四部分，如果课程偏重如何创建商业计划，可以把重点放在第 7 章。

科技创业的20条军规

第1条 基于知识资本与创业资本的融合方式，企业家们以为所有参与者创造财富与成功为目的来发展企业，其中有发明家、供应商、雇员、消费者和企业家。

第2条 当有可建成创业型企业的好机会时，有能力的创业者懂得如何识别、选择、描述，并与他人交流这一机会。

第3条 愿景、使命、价值主张、商业模式体现在公司的商业设计里，这种设计由可持续性竞争优势提供动力，可以引导企业获得成功。

第4条 为新的企业制订的路线图（战略）要清晰明确：为了达到目标并获得可持续竞争力，企业该如何行动。

第5条 创新战略建立在创造、发明和技术等基础上，在价值网内活动，目标是有效地为客户把新产品和新服务进行商业化运作。

第6条 创业者寻求管理创业风险的方法，并努力使企业实现规模经济、范围经济和网络经济效应，并积极促进企业的可扩张性发展。

第7条 创业者能够学习和掌握创业的过程，并通过撰写商业计划书向他人表达自己的创业思想。

第8条 当能够提供适当的独立发展权利、创业所需要的物资和人力资源以应对创业发展机遇时，从现有大型企业中就可以诞生出具有远大发展前景的重要创业型企业。

第9条 知识的获取、共享和使用是企业家建立学习型组织的有力工具，可以使其设计出创新性产品，并迅速走向成熟。

第10条 合适的企业名称、标识及知识产权能够给创业型企业带来专利优势，并促使企业在市场上暂时性占据垄断地位。

第11条 一个完善的营销和销售计划能够使一个新企业有效地识别目标顾客、设定营销目标和采取必要的销售行动以及建立牢固的顾客关系。

第12条 有效的领导者，加上以组织绩效为基础的较好的组织计划、协作性的文化氛围和完善的薪酬制度，有助于使每一位参与者都能与新企业的宗旨和目标保持一致。

第13条 高效率的新企业的管理者利用他们的说服技巧和信用来为他们公司寻求所需要的资源，建立一个外包和内部职能充分协调的组合。

第14条 对一个创业公司来说，有效的、实时的生产、物流和商业流程的设计和管理可以是一项持续的竞争优势。

第15条 所有的创业型技术行业、企业都应该形成一个清晰、明确的收购和全球化战略。

第16条 新创建企业如果拥有一个强大的收益、利润发动机以及良好的声誉，那么它就可以可观、可控的增长，从而为企业的所有者带来财富上的回报。

第17条 一份合理的财务计划表明了创业型企业增长和盈利的潜力，而它一定是以能得到的最精确和最可靠的假设为基础的。

第18条 对于一个新的正在成长的公司，其投资资本来源的种类很多，但理应加以对比并谨慎管理。

第19条 创造和传达引人注目的创业型企业的故事，以及为完成与投资者的交易而进行的娴熟的谈判，对所有的新公司来说都是非常关键的。

第20条 坚持商业道德，提升适应环境变化的能力，可以增强公司的可持续竞争优势。

目录 Contents

Technology Ventures 目录 Contents

Technology Ventures 目录 Contents

Technology Ventures 目录 Contents

Technology Ventures 目录 Contents

Technology Ventures

第一部分

创业，从这里开始

第1章 做一个创业英雄

导读

创业者是企业繁荣发展的核心力量。创业者将个人、团队、必要资本组合在一起，合理利用机会，在这个过程中创造了财富、社会利益与成功。

- 创业者是企业的创造者；
- 创业者要善于把握合适的机会；
- 任何人都可以学习如何成为创业者；
- 创业者懂得如何运用知识去创造变革，成立新公司；
- 积极的创业活动来自对创业资本和智力资本的整合，能够推动生产力的发展；
- 创业者通过合理的组织结构实现自己的目标。

“科技创业的20条军规 1”

基于知识资本与创业资本的融合方式，企业家们以为所有参与者创造财富与成功为目的来发展企业，其中有发明家、供应商、雇员、消费者和企业家。

Technology Ventures

请你测一测

你是一个创业型企业家吗?

回答每个问题(是或不是)

1. 当我面对挑战的时候,我自信我能解决它。
2. 我需要财务上的独立,也需要因为自己的成就而获得奖赏。
3. 即使我知道失败的风险是明显的,我仍认为尝试新的事物是吸引人的。
4. 我更偏爱获得独立,掌握自己的命运。
5. 构建一个新的企业对我很重要。
6. 青年时期的经验和早期职业生涯对我创立一个新企业有益。
7. 我的脑海里总在想着很快有一天我要开始新的事业。
8. 我喜欢与他人合作,而且在需要时能表现出领导才能。
9. 我们的社会和我的家庭为我的进取提供坚强的支持。
10. 在我希望进入的领域,我拥有超强的技术和处理关系的本领。

选7个或更多个“是”的回答,意味着你可能已准备好在不久的将来会作为一个创业型企业家而有所行动。

未来的帝国是头脑的帝国。

——温斯顿·丘吉尔

我们面临哪些挑战

创业型企业家是致力于将自身奉献给有意义的事业和企业的人，通过创造财富和社会变革，推动着世界的进步。他经历了具有营利机会的企业或具有成功机遇的事业组织的创建过程。创业型企业家通过他们积累和管理知识的能力，以及整合资源实现某个特殊的企业或社会目标的能力，显示出他们的与众不同。

创业型企业家是果敢的、富于想象的人，是敢于超越已有的商业规则和实践的人，是持续地追寻使新产品、新技术、新工艺和新程序成为商业化机会的人。创业型企业家精于应用型创造，他们在挑战中成长，探求非常规的结果。他们经受挑战，创造愿景，并编写可以解释愿景的故事，然后付诸行动并使其成为结果的一部分。他们在新途径的探索和失败中经受锻造，并持之以恒地寻求成功。

霍雷肖·阿尔杰（Horatio Alger）神话描述了一个年轻人通过创业从草根崛起，并成长为富人的故事。在这个神话中，创业英雄是自由与创造力的象征。一个世纪前，尽管实际上仅限于约翰·洛克菲勒（John Rockefelier）和安德鲁·卡内基（Andrew Carnegie）为代表的很少的创业成功的事例，但是从他们身上也能发现导致创业成功的共有品格。其中关键的品格是自信和勤奋。当有一些品格至今仍在起作用时，几乎所有的创业型企业家都经过了教育、经历了实践、经受了锻炼。进一步说，创业是一种态度和能力，它可以扩散到创业团队以外的所有组织成员身上。对多数人来说，共同创业表示了保证一起朝着有经济前景的道路迈进。大多数成长型公司努力将创业精神注入整个公司的文化中。托马斯·爱迪生创建了后来成为通用电气的企业；史蒂夫·乔布斯和史蒂夫·沃兹尼亚克（Steve Wozniak）创办了最早的个人电脑公司之一——苹果公司。这些创业型企业家将他们的新技术融入实际的商务实践，去构建重要的新企业，这些企业创建数年后依旧保持着创业精神。

创业不只是创造企业和财富，创业的核心在于创建那种服务社会并使社会进步的新企业。创业型企业家创建的是那种能够展现成就、领导力、声望和长久生命力的伟大企业。表1—1显示的是对我们时代的生活已经做出了重要贡献的新企业的例子。你还知道哪些组织呢?

创业型企业家通过开创一个社会和市场需要的组织来达到一个确定的目标。创业型企业家做好了回应挑战、克服困难、构建企业的准备。当面临困难境地，他们会更加努力克服障碍并且获得成功。就像马丁·路德·金所说："对男人的最终衡量，不是在他处于安逸和舒适的境地，而是当他面临挑战和争辩的时候。"

表 1—1　　从 1973 年至 2005 年间出现的重要新企业

亚马逊	谷歌
安进公司（Amgen）	英特尔
苹果电脑	微软
思科	大自然保护协会（Nature Conservancy）
保护国际（Conservation International）	诺基亚公司（Nokia Corporation）
戴尔	美国高通（Qualcomm）
无国界医生（Doctors Without Borders）	西南航空（Southwest Airlines）
eBay	星巴克
联邦快递	维珍集团（Virgin Group）
基因技术（Genentech）	沃尔玛连锁超市

对于一个创业型企业家来说，挑战是一种应对困难工作的召唤，是承担企业的责任。维珍集团的创建者理查德·布兰森（Richard Branson）说：

> 当我还在少年时代，我就勇于接受挑战并从中学习。引起我兴趣的是：让自己经历考验，并试着证明自己能够战胜它。

创业型企业家是那种正视困难、寻找办法、富有活力的人们，他们都具备迎接挑战的几大基本能力要素。

- 能够处理一系列的难题。
- 能够创造性的解决问题并使工作完美。
- 能够同时处理多项工作。
- 乐观面对挫折。
- 愿意努力工作，而且不寄希望于存在捷径。
- 得到良好开发的基于解决问题的技巧。
- 能够学习并掌握完成手中任务的本领。

大多数创业型企业家谱写了一个个令人振奋的故事，能够带领更多的伙伴踏上面对未知挑战的征途。他们专注于利用现有资源，以开放的姿态迎接未来，通过不断地学习，去创造有价值的事物。

创业案例

次日送达与联邦快递

近 10 年来，弗雷德·史密斯（Fred Smith）一直在寻找一种完美的办法来解决越来越严重的组织难题：即如何快速地把产品运送到客户手中。针对这种挑战，史密斯发现：建立一条专载货物航线，空运包裹到大机场，然后分类、传送，经过一整夜航行就能于次日空运至目的地。他向他所在的耶鲁大学教授递交了描述这个计划的学术论文，教授给了一个平均分，也就是 C 级。毕业后，史密斯成为海军陆战队的一名飞行员，并获中尉军衔，服役 4 年。兵役之后，他在航空业工作了几年，在那里，他积累了大量的工业经验和知识。然后，他准备了完整的商务发展计划——隔夜快递包裹，也称“次日送达”。1972 年，他得到了资金支持。1973 年，该计划付诸实施，联邦快递走出了一条新路，对货运方式进行了革命性变革。

史密斯和其他的创业型企业家们发现了社会环境的改变及由此产生的需求，依靠自身的知识和技能，他们以一种新的处理问题的方式来对此做出回应。通过人力、思想、技术等资源的重组，创业型企业家寻求一种创新的解决方法，以新的方式来把握机遇。史密斯将专用货机运送包裹的定期航线与计算机辅助跟踪系统结合起来，使“次日送达”服务了新市场，满足了那些需要即时送达的重要文件、货物和其他有价值物品的客户的要求。对于复杂的货物跟踪和转移工作，史密斯应用计算机来处理。

人们何时才能知道自己已经做好了承担企业家重任的准备呢？当人们准备承担风险并付出努力、真正感受到应对挑战的激励时，他们也就知道自己已经做好准备了，由此，他们会全身心的投入到挑战之中。在本章开始是对潜在创业型企业家的一个直接测试。请测试者看看你是否已准备好。也许合适的机会还没有出现，但当它出现的时候，你要准备好并抓住它。

机会是一个通向成功或获得进步的有利条件出现的关头。创业型企业家的工作是定位新创意并且付诸行动，他们通过探索变化、需求、新技能或所在行业的知识回应机会。因此，创业被描述为确认和探索一个先前尚未探索过的机会 。对读者来说幸运的是，创业是一种能被学习的、系统的、有规律的学科。

创业包括创新或引入创造性变革。变革通常被当成创业预期的组成部分，在某种意义上说，创业型企业家是一个变革代理人。变革代理人凭借天分和努力奋斗，在机遇的土地上蓬勃发展，从不为人知到成长为卓越。如果社会满足了企业家成长的条件，即亚伯拉罕•林肯在1864 年所说的——用于创业和施展智慧的开放领域和公平机会，那么他们就会成为推动社会进步的变革代理人。

只有大约三分之一或更少的新创业型企业能在他们成立 3 年后幸存下来。创业型企业被视为进入市场的试验或探索，这个方法与愿意接受可能的失败结果的变革代理人的目标是一致的。

不管适时的机会是否已经出现，每个人都能学着像创业型企业家那样，尝试通过低成本方式去行动。对于一个想要成为创业型企业家的人，如果可能，应投身于这样的过程：实践、思索并反馈。为避免陷于白日梦和幻想，一个人需要开始关于自身创业的试验、测试和学习实践。首先是在创业团队或小的创业型企业的新活动中，创造一些小试验。通过这些小试验，创业型企业家能够发展新的合伙人或指导者，他们也能从中发现并催生新企业的挑战。

以创新和科技为导向

社会和企业是关于动态经济和创新的，但最终它们还是依赖那些承担并接受创新收益和风险的商业人士的行为。这些人士起着领袖、组织者和发动机的作用，他们是现代经济活动的核心人物。大多数创业型企业家在为股东和他们自己创造财富的同时，也在努力为社会做出贡献。利润最大化不是他们的唯一目标，他们也看重独立和领导力。

企业家的行为由 3 个因素构成：（1）对企业负责任的个人或团队；（2）有目的的企业；（3）企业的初创与成长。“对企业负责任的个人”在 1.1 节中已有描述；“有目的的企业”可能是一种新的恰当又吸引人的公司组织，或者是现有企业内的一个新单元，或者是从现有企业独立出来的新组织。此外，企业可以分成增值、创新、模仿或寻租四种类型。

- 增值型企业　在日常商务管理中进行适度的创新。
- 创新型企业　企业的形成和运行基于创新。
- 模仿型企业　识别和模仿著名的商业或企业。
- 寻租型企业　利用标准、规则和法律来分享现存企业的价值用以构建企业。

第一个类型的企业注重商业的建立和管理，有适度的创新，例如在小镇上建立的一家新餐馆，其创办人可能仍被认为是一个创业型企业家。第二种类型企业的创业型企业家投身于创新活动，促使新方法、新工艺和新产品的产生。第三种类型的企业专注于快速传播创新观念或过程，这些人或组织发现创新点并将其传播到另一个地区或国家。第四种类型称寻租企业，或追求利润企业。这种企业专注于在利用规则、标准或法律，来拥有在某些经济活动中由垄断产生的价值。

在这本书中，我们强调创新企业的创建过程，即有目的的企业。创新企业将对一个地区、一个国家乃至世界产生重要影响。一种微小或显著的增量创新可能给创业型企业家提供新的机会。换句话说，**一个根本性或革命性的创新可能给企业家提供一个为生产力做出贡献的重要且有意义的机会。**

创业行为的第三个因素是企业的初创和成长。为了开创新企业，创业团队需要识别与团队技术相匹配的有吸引力的机遇。机遇为创业团队提供了一个有利的机会： 通过创造或应用一项技术去解决现实难题或满足需要。

技术包括能被用于工业和商业目的器件装置、人工制品、工艺、工具、方法和材料。英特尔的形成是由于应用半导体技术而设计制造了半导体电路；微软的形成是创造了用于工业和家庭的分布式计算机软件产品。创业型企业家构建一个企业遵循 4 个典型的步骤。

- ◆ 具有发现商机所需的技能或者能得到掌握这些技能的团队或个人。
- ◆ 团队成员能识别吸引他们的机遇，并与他们的技能相匹配，获得将其本领与机遇能够匹配起来的方法。
- ◆ 他们能从找到的投资者和伙伴处获得（或者拥有）财政资源和物质资源。
- ◆ 在创业团队成员内部，在创业型企业家与他们的伙伴、投资者之间完成某种制度安排或合约: 分享创建企业的所有权和所创造的财富。

也许企业形成的关键是发现最好的机遇。大多数人看到许多商机，但是发现和知道何时去选择特定机会并采取行动却是困难的。选择机遇的有用方法是寻找“交集”，如图 1—1 所示，即寻找使商机、兴趣和能力三种集合相交的“交集”。随着时间的推移，大多数准创业型企业家都会经历一系列能够激发他们的兴趣和行动的机会，而且，他们也有胜任某种特定使命的能力本领和知识。

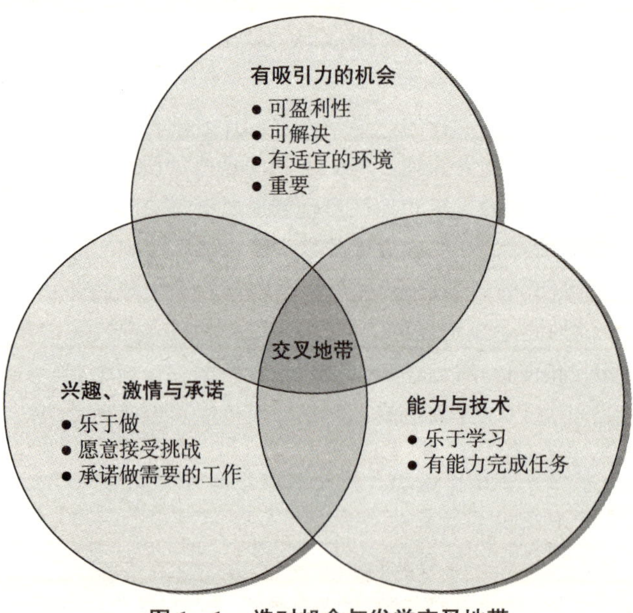

图 1—1　选对机会与发觉交叉地带

好的机遇具有在满足经济约束条件下解决重要问题潜在可能的特性。通常机遇有吸引力是由于对消费者有价值，能够为新企业带来利润。创业型企业家寻求在产生收益的同时能够及时解决现实世界的重要问题。一个有吸引力机遇具备5个特点。

- 适时的　　当前的需求或问题。
- 可解决　　在不远的将来用可利用的资源能够解决这个问题。
- 重要性　　顾客认为这个问题或需求重要。
- 获利性　　客户将能为解决方案付款并让企业获利。
- 环境　　一个有利的规范和工业环境。

正是创业型企业家对商机的积极反应才使得商机增添了价值。对于机遇的一般反应，不是唯有创业型企业家能够做到。多数人承认发现了机遇，但很少能够做到用相关的激情和能力去解决问题，而创业型企业家真正有别于他人的显著特性正是创业团队的激情和能力。他们对商机的选择过程就是寻找机遇、能力和兴趣（激情）构成的最佳匹配。

创业案例

阿图斯和Visio

杰莱米·乔奇（Jeremy Jaech）就读于华盛顿大学，1977年获数学学士学位，毕业后，攻读计算机科学课程，1980获计算机硕士学位，那时他正在波音公司从事计算机绘图工作。1983年，他加入报纸计算机系统的制造商Atex公司，9个月之后，乔奇的相关工作被Atex关张了，乔奇需要为自己重新寻找机会。他擅长计算机绘图编程，看重独立和成功。他投入全部的激情开发桌面计算机绘图软件。他的前任Atex老板建议他们建立自己的公司，创建桌面计算机绘图软件。乔奇是一位技术上的好领袖，他的老板是一位好经理，他们珠联璧合，一起构建了稳固的创业团队。1984年，两人创建了位于西雅图的阿图斯（Aldus），开发了被称为PageMaker的软件，完成了个人电脑桌面排版系统的设计。

到1989年，虽然阿图斯长大了，但乔奇仍面临新的挑战。他想要拓宽产品线，但是他的合伙人兼CEO仍想要保持注重桌面排版系统。这时，乔奇看到了用于一般绘图的基于Windows平台的软件产品的机遇，这使他的能力与他的兴趣产生了匹配。1990年乔奇创建了后来被称为Visio的公司。当公司的第一批产品在1992年出售的时候，公司只有14名受雇人员。在1995年公开上市时，已经成为一家200人的公司。在2000年1月，Visio被微软公司以1.5亿美元收购。第二年，乔奇成为微软副总裁。乔奇发现了两个成功的机遇：阿图斯和Visio公司的先后创建。这两个重要公司都利用了乔奇设计软件的能力和本领，并与他的激情和兴趣结合在一起。

简而言之，**创业就是把注意力集中在识别和挖掘先前未被开发的机遇过程中**。机遇是成功或进步的偶然性与适宜的环境条件的结合点。对读者来说幸运的是，成功的创业型企业家并不是拥有罕见的创业天赋的人，创业是能被学习和掌握的有系统的、有组织的、严格的训练过程。创业者应具备8大本领。

- 创业者具备企业家的基本素质，善于为企业制订目标并运营该企业。
- 创业者能够在当前行业环境下合理运营新企业。
- 创业者具备企业家的眼光，能够及时发现并锁定机会。
- 创业者长期积累并管理知识和技术。

- ◆ 创业者能够充分调动资源——财力、物力和人力。
- ◆ 创业者能够评估新企业面临的不确定性，并减少风险。
- ◆ 创业者能够创新，或者至少其商业活动能围绕创新进行。
- ◆ 创业者能鼓励团结协作的企业团队，团队成员要具备取得成功不可缺少的能力和知识。

创业资本和创业型企业的价值

创业能力可以表述为创业者创造价值、未来收益与财富的能力。

创业不可不知的名词

创业资本（Entrepreneurial capital）是对创业能力的一种度量，用 EC 表示，它可由创业能力（Entrepreneurial competence）和创业承诺（Entrepreneurial commitment）计算得到。所以，我们说：

创业资本 = 创业能力 × 创业承诺

或者用公式（1–1）表示为：

$$EC=Ecomp\times Ecomm \qquad (1\text{–}1)$$

这里的 Ecomp 代表创业能力，Ecomm 代表创业承诺。注意这里的“×”是乘法符号，但是要认识到这个等式只是自然的定性分析。

只有能力而缺少承诺是创造不了创业资本的，只有承诺而缺少能力则可能会浪费时间和资源。能力和承诺两者共同作用形成创业资本（所以这里我们用乘法符号）。创业能力是一种能够意识并预想到机会的可利用的能力，这种能力可以认识并抓住那些机会，获得并管理所需要的资源，实实在在地加以利用。创业承诺是一种在时间和精力上的投入与奉献精神，这种精神能够使企业建立起来并获得成功。创业资本反映了创业团队竞争力和承诺的集合。

随着时间的推移，知识与经历的积累会促使竞争力增长。然而，当人们对创业能力活动上的兴趣越来越少时，时间和精力上的贡献也将减少。虽然还没有固定的规则来计算这个最佳年龄（创业者的 EC 值处于高峰期时的年龄），但是对大多数创业者来说，最佳年龄都是在 40 岁之前。承诺和能力都是一个领导团队的宝贵品质，它们也是团队成员之间通过共享可以得到补充的品质。

在恰当的时间发生了恰当的事，是幸运的和偶然的，这就是机会。因此，创业者在某一时间看到了一家有前途的企业，抓住此机会就有可能获得成功。

创业不可不知的名词

创业型企业的经济价值（economic value of a venture）

创业型企业的经济价值 = 机会 × 创业资本

或者写成公式（1–2）：

$$EV=Opp\times Ecomp\times Ecomm \qquad (1\text{–}2)$$

其中 EV 表示一个创业型企业的经济价值，Opp 表示机会，Ecomp 表示创业能力，E comm 表示创业承诺。

一个创业型企业的经济价值在初始的一段时间（T）后最终可能会转变为市场价值（market value，MV）。

创业案例

施乐的创立

切斯特·卡尔森（Chester Carlson）曾是一位拥有丰富资源的创业者，他发明了被称为“静电复印术”（Xerox）的复印技术。在 20 世纪 40 年代末期卡尔森的方案遭到了一些公司的拒绝，但他不甘心，并对自己发明的静电法文档复印抱有信心。在纽约他终于找到了合作伙伴—— 巴特尔研究院（Battelle Research Institute）和哈罗依德公司（Haloid Company），并于 1960 年生产了“施乐 914”型号的影印机，取得了巨大的成功。机会、创业者资本结合在一起产生了巨大的经济价值。

经济增长是一个复杂的体系，它依赖于所有的管理、领导决策竞争力、市场演变和不断发展以及在时期 T 内获得的智力资本。在产业性和非产业性活动之间，创业资本的分配对公司的创新、智力资本、竞争力有着重大的影响，也对资源的节约或浪费有重要作用。多产的创业活动是有效经营与高效管理（M）的结果。此外，我们还会遇到行业环境的变化，如产业不景气或者国家出台了新规定，这些都属于当前环境范畴，这里用字母 C 表示。这样，描述市场价值的近似公式如下：

市场价值（MV）= 管理（M）× 当前环境（C）× 经济价值（EV）

根据经济价值公式（1–2），可以推导出公式（1–3）：

市场价值 = 管理 × 当前环境 × 机会 × 创业能力 × 创业承诺　　（1–3）

正如公式（1–3）和图 1—2 所描述的那样，**企业经营一段时期后所期望达到的市场价值是由高效管理、运行环境、机会、能力和承诺共同积累的值决定的**。所有这些因素都必须进行紧密结合，企业才能取得成功。创业者总是对那些能够为企业带来更大收益的机会感兴趣，他们评估自己的管理能力、所处环境、机会和团队竞争力以及在新的创业型企业中承担的责任等。

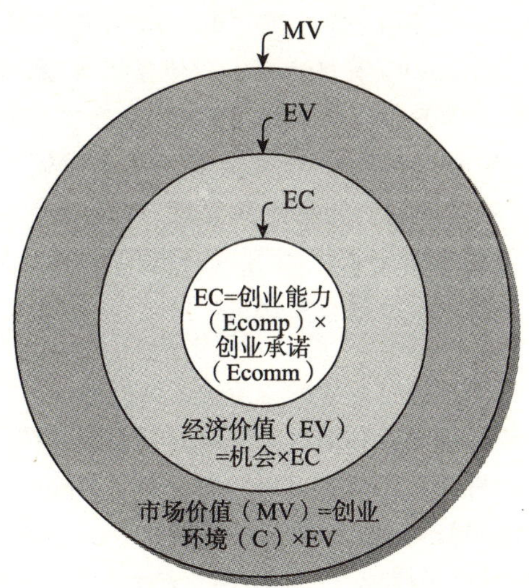

图 1—2　期望的市场价值

1999 年研究搜索引擎的两名年仅 26 岁的年轻人创建了谷歌公司。作为进入互联网世界的搜索门户，它囊括了超过 80 亿个网页，成了一个引人注目而又意义重大的网站。作为上百万网络用户的日常工具，该搜索引擎支持用 105 种语言进行检索。谷歌强有力地整合了创业资本、能力和承诺，它的成功就是一个典型的例子。谷歌在管理和领导上同样出色，公司的商业价值不断增长，所以，谷歌公司的市场价值也相当巨大。

与合作伙伴共同创业

由四个年轻人组成的团队在 1982 年创建了太阳微系统公司（Sun），隶属于施乐公司的帕洛阿尔托研究中心（Xerox Palo Alto Research Center），即全球闻名的 PARC。该公司于 1980 年开始以发展办公平台为理念，开发能够链接到网络的高性能电脑桌面，到了 1982 年，PARC 已经拥有了能够运行应用程序的网络工作平台，该工作平台在计算机辅助工具中占据了主导地位。

创业案例

科斯拉和太阳微系统

从 15 岁开始，维诺德•科斯拉（Vinod Khosla）的梦想就是开公司。他在印度理工学院取得电力工程学士学位后，进入卡内基 - 梅隆大学学习生物医学工程，获得硕士学位，之后又攻读了斯坦福大学的 MBA。毕业后，科斯拉选择了一家刚刚起步的小公司——Daisy System，该公司致力于计算机辅助工程（CAE）行业。

在 Daisy 公司工作时，科斯拉发现市场上缺乏支持 CAE 软件的平台。工作一年后，他决定由自己创立的公司来生产这种平台。科斯拉恰好精通计算机软件设计，并且对 CAE 行业十分了解。由于深受 PARC 的影响，1981 年科斯拉起草了一份计算机工作平台的规格说明书，同时开始寻找合作伙伴。斯坦福大学有个项目叫做“Stanford University Network”（SUN），他在该项目组发现了一位杰出的毕业生——安迪•贝托尔斯海姆（Andy Bechtolsheim）。1982 年 1 月，两人携手创建了公司。他们撰写了商业计划，短短一个月内就成功吸引了几百万美元的风险投资。借助这些资本，他们聘请了斯科特 · 麦克尼利（Scott McNealy），麦克尼利是科斯拉读 MBA 时的同学。1982 年 5 月，他们完成了计算机原型，做成了公司成立以来的第一笔生意。

他们为了给自己的计算机设计软件，在 1982 年 6 月从加利福尼亚大学伯克利分校聘请了比尔 • 乔伊 （Bill Joy）。在此之前，乔伊曾领导项目组开发了伯克利 UNIX 系统。就这样，截至 1982 年 6 月，公司由这四名 20 多岁的年轻人领导，他们都是该领域的工程师，都拥有 MBA 学位。科斯拉擅长市场营销、设计和领导，乔伊是 Unix 软件的主设计师，麦克尼利负责生产和管理，贝托尔斯海姆则擅长硬件设计。他们四人通力合作，公司在这样一个有力团队的带领下，在计算机行业掀起了一场革命，太阳微系统公司逐渐跻身于世界知名企业行列。

科斯拉和他的团队做出承诺并拥有巨大的竞争力。他们抓住了好的机会，同时公司所处的行业环境为他们的创业型企业提供了有利条件，团队的管理能力在几年的实践中越发成熟。当斯科拉和他的团队检查面对的机会和风险时，他们发现如果能够有效地执行计划，企业的潜在市场价值将是十分可观的。正如公式 1–3 中描述的对潜在市场价值的衡量，即：

市场价值 = 管理 × 当前环境 × 机会 × 创业能力 × 创业承诺

任何创业团队都可以用此公式定性地评估创新企业的市场价值，都离不开这 5 个因素：高效管理、环境、机会、能力和承诺。

创业型企业家的经济学意义

所有创业者都是经济及商业世界里的工作者。经济学是一项研究人类日常商业活动的科学，可以被定义为一门如何管理社会的稀缺资源的学科。社会在运行过程中，通过创业者有效地管理原料、环境、人力等，以达到更大范围内的资源均衡，而公平地分配大量原料和社会物资是很多社会体系的目标。创业者是那些为解决经济问题自发成立组织或提出解决方案的人，他们使社会经济体系得以繁荣发展。

如果一个国家为商业活动提供法律和社会支持，那么创业活动就能够在这里蓬勃发展。得到法律支持和保护的商业环境适于创业者创建企业。对智力资本，如专利权等，提供支持和保护的文化能够为风险贸易创造不可缺少的环境。表 1—2 中列出了 10 个国家，衡量了它们对经济活动的保护情况，并依此做了排序。这些国家无论大小，都能够为创业活动提供合适的环境。2003 年，在美国的工作人群中有 10.5% 的人正在创业，2000 年此数字为 16.6%。在过去的 10 年内，新兴的贸易为美国创造了占总数一半甚至 2/3 的就业岗位。创业解决了社会人口就业问题，为社会提供了大量的机会、合理的组织以及新的工作岗位。

表 1—2　　按照对经济活动支持、保护情况排序的 10 个国家

国家	商业环境 a	创办企业指数 b	注册专利 c	诺贝尔奖得主 d
美国	1	1	2	1
英国	3	3	5	2
荷兰	2	4	6	7
德国	8	8	3	3
瑞士	4	7	8	5
芬兰	5	2	9	9
瑞典	7	5	7	6
法国	9	9	4	4
日本	10	10	1	8
爱尔兰	6	6	10	10

注：a：政策与基础结构，易于开展商务；b：易于创立新公司；c：1998 年授予居民的专利数；d：1901—2000 年在物理和化学领域中的诺贝尔奖得主人数。

经济体系是对物品和服务进行生产和分配的体系，在自然界资源有限和人类欲望无限的条件下，经济体系的作用是合理分配稀缺资源、不断改进以满足人们对物品和服务日益增长的需要。对整个国家来说，财富就是温饱、住房、交通、医疗以及其他产品和服务。只有当一个国家的产品和服务充裕时，才可以说它富裕了，每个国家为了实现繁荣发展都在不断提高经济体系的运行效率。创业者组织并发动了创造效率的变革。

几乎所有国家居民生活水平的变化都是由生产力引起的。生产力反应了由投入产出决定的产品和服务的总量，这些投入包括工作时间、消耗能源等。图 1—3 展示了一个简单的经济模型：经济的投入是自然资本、智力资本和金融资本；产出的是期望的利润或者成果，以及不希望的废物。合理的目标是最大化有益物品与服务的产出，而最小化浪费。

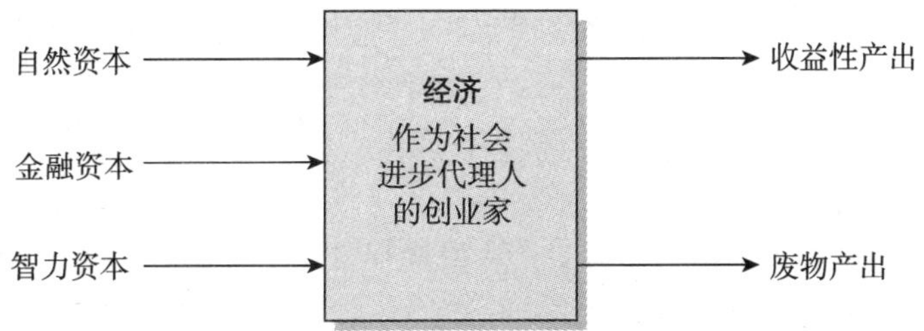

图 1—3　一个简易经济模型

创业不可不知的名词

自然资本（Natural capital）指那些自然产物，如矿石、燃料、能源、生物学的产物或者污染物吸纳能力，在人类社会和经济体系中，这些资本被直接或间接地利用着，即使没被使用也具有潜在的可利用价值。

金融资本（Financial capital）是指金融财产，如金钱、股票、保险、土地、专利和商标等。

智力资本（Intellectual capital）是一个组织内部成员的聪明才智、管理系统的效率、客户与供应商之间的关系产生的效力，以及专业技术在成员间、工作过程内的传授和分享。智力资本是被形式化的知识，它可以用来充分提高产品或服务的价值。创业者要掌握一定的智力资本，并将其应用到生产实践活动中。智力资本是一种重要的知识，它在公司内部生成、发展和传播，需要得到人们的广泛认可。智力资本来源于三方面：人力资本、组织资本和关系资本（Relationship capital）。人力资本（HC）是知识、技术和公司员工能力的集合；组织资本（OC）包括硬件、软件、数据、方法、专利以及支持人力资本的管理方法；关系资本（RC）也叫社会资本，指公司与供应商、同盟者、合作伙伴、客户之间关系的质量。

经济是盈利性、非盈利组织及政府的统一体，为社会提供了有益输出。这里我们所研究的组织指的是企业或公司。为了满足社会和经济需要，企业家要创办新的组织。

由于生产力保证了人们生活水平的提高，所以生产力的发展极为重要。在过去的半个世纪里，美国的工人（包括移民）数量每年增长约 1.7%，每名工人的生产能力增长 2.2%，平均真实经济增长点（不包括通货膨胀）为 3.9%。这些骄人成绩的取得，很大程度上取决于科技型创业家做出的贡献。

每个工人产出的增长有两方面的原因：一是新技术，二是新工作方法。这两个途径始终伴随着人类工业发展史，并成为工业革命的导火索。20 世纪初兴起了新管理技术，出现了很多新发明，20 世纪末又出现了更科学的管理技术和具有无可比拟优势的电气科技，使得生产力继 20 世纪 70 年代和 80 年代的长足发展后，再次取得了巨大的飞跃。

商业系统的目的是提高效率，更新商业流程。在过去的 25 年里，企业的实力、竞争力以及金融管制等都鼓励应用新技术和新方法，以提高效率与效益。最近这些年，由于商业竞争，生产力发展所带来的利益更多地流向了消费者，市场上商品的价格越来越低。**创新、创业和竞争是提高生产力的 3 个重要因素。**

用创意引导创业

创意是多种多样的，但是知识却是稀有的。经过筛选并转化成知识的创意，最终才能引导创业。知识是由许多原料式的主意集聚而产生的。我们最初可能有一个创意，然后反复商榷、修改它，或者借助额外的信息提炼它，在这个过程中，创意逐渐成熟，最终可能得到大家的认可。商业创意正是借助这样一个过程来筛选的，如果一个创意被商业化，那么市场将验证它的可行性与价值。

来自科学和技术中的知识被应用到生产、流程和服务等商业活动中，这就是商业的精髓。一旦复杂的科学和技术被恰当地用于商业就会生产出更便捷、更人性化的商品。知识通过很多方面嵌入到商品中，知识被转化为专业技术和信息。（专业）知识可以被定义为是对某一专业领域内信息、事实、构想以及真理、原理的理解、认识和掌握。因此，一个人可能精通财会知识，但缺少商品设计和生产方法方面的知识。

知识可以使创业者做出明智的举动。企业知识资本是一个组织知识财富的总和，这里的“知识”主要体现在组织中成员的才干、技能以及懂得如何做事上。公司的智力资本用于将未经加工的原材料转化为更有价值的事物。蒙达维 • 威纳里（Mondavi Winery）的成功依赖于他在葡萄培育和工业酿酒上拥有人力资本；麦当劳的成功依赖于它的组织资本——独特的配方和工艺。如果在一家咖啡店中，服务员认识你并且知道你最喜欢喝拿铁咖啡，这就依赖于该咖啡店的社会资本，社会资本的基础是广大的人际关系。智力资本有 3 大要素。

◆ 人力资本　企业内人员的技能、能力和知识等因素的总和。
◆ 组织资本　专利、技术、工艺、数据和网络等资源。
◆ 社会资本　与客户、供销商、合作伙伴形成的关系网。

我们将智力资本（IC）定义为一个累加式：

IC=HC+OC+SC

这里 OC 表示组织资本，HC 表示人力资本，SC 表示社会资本。

对很多公司来说，智力资本是组织中最重要的财富，比任何其他物质、经济财富都更具价值。很多公司借助自己的专利、版权、软件、能力和人际关系取得了成功。合理应用知识资本将直接带来成功，否则就是失败。

公司扮演的角色是将投入转化为希望得到的输出，以满足客户的需要。公司由能够协作的一组人员构成，和散兵游勇与各自为战相比，这样能够更高效地运作。此外，为了提高工作效率，公司还要为员工创造工作条件。因此，公司内部要协调一致，激发员工的工作热情。公司有着更低的运营成本、不可缺少的技术与才干，有效地将它们组织在一起，相互协调配合。从这点上来看，公司组织比如何个人更高效。图 1—4 展示了作为转化实体的公司模型。有效投入与期望输出之间转化的基础是公司的智力资本和企业资本。例如，微软是一家国际知名的大型软件公司，它不断地创造并购买技术，生产新软件，建立客户基地。该公司从投入到产出的转化，完全是以智力资本和企业资本的强大股份为基础的。

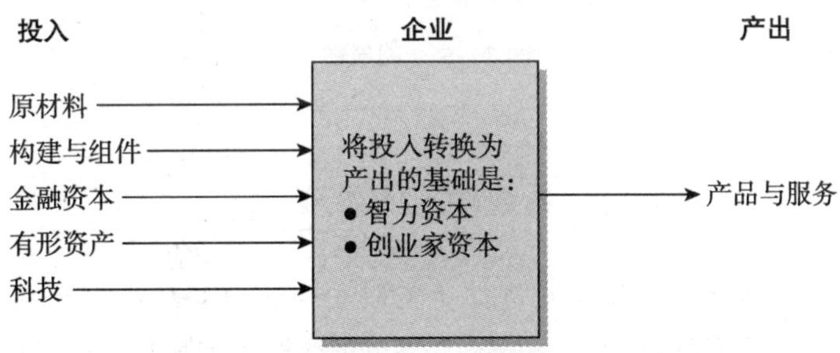

图 1—4　公司将可用投入转化为期望的产出

100 多年前，一些成功的公司，如美国钢铁，其精力主要放在物质资产的管理运营上。今天，像微软这样的成功企业，主要管理知识和智力资本。通过物质资产，智力资本将未加工原料转换成有价值的产品。知识型创新企业的兴起使经济增长继续拉动社会进步，成为社会发展的催化剂。创业者借助企业实现自己的创意，与竞争者一道推进发展与繁荣。

人力资本体现在人上，具有流动性——哪里能得到更好的待遇，它就流向哪里。所以，企业要吸引并保持最佳的人员组合来满足自身的需要，这与寻求最丰富的技术资产或物质资产的道理是一样的。很多有才干的人放弃了原来的工作，加入到刚起步的公司，因为他们希望借此能够获得更多的收获、独立和机会。

智力资本的两个特征使它具有创造价值的能力。企业可以借助智力资本减少物质资产的消耗，或者使得资产回报最大化。例如，金融公司可以通过软件和网站建立在线银行（On-line Banking），在不用建立更多分行的前提下，拓展客户来源。另一个扩展客源的方法是借助组织资本，在小商品店内建立迷你银行。这样，公司的物质资产就不会再限制其发展了。

现代创业型企业产生了固定的商品流程，为全球市场带来了新方法、新技术、新创意，创造了价值并刺激了经济发展，具有巨大的影响力。通常这些企业都是与一些已经成熟的企业、政府或大学结成合作伙伴，协同工作与运营。拥有智力资本的新型企业是围绕雇员们的知识、技术、理解力、创造力、后天直觉和整合能力等来开展工作的。幸运的是，在这些稀缺资产中，知识通过共享可以获得增长。除组织智力资本外，公司还要通过合理协作、发展和信息共享等方法壮大自己。图 1—5 可以帮助理解体系中的关系链接，链接箭头的两端为变量。图 1—5（a）表示：如果 x 增加，则 y 也增加；图 1—5（b）表示：如果 x 增加，则 y 减少；图 1—5（c）表示：如果企业的智力资本和企业资本增加了，那么创业活动和繁荣也会增加。

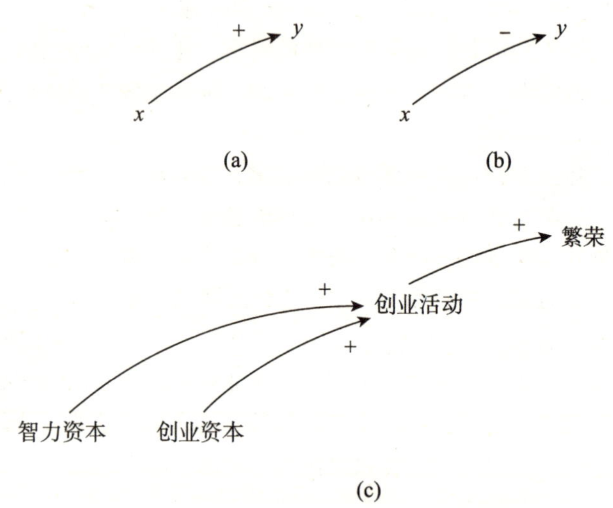

图 1—5　因果图

（a）x 增加，y 增加；（b）x 增加，y 减少；（c）创业活动产生经济繁荣

企业理论的维度

公司的目的是制订目标和任务并贯彻执行以实现客户的利益。美国默克集团（Merc Corporation）的目标是生产药物，保护和提高顾客的健康程度。为实现这一目标，公司要保持、发展并吸引智力资本。公司发展并利用智力资本以提高自身的实力，生产市场需要的产品。公司为员工提供了交流合作、学习、探讨与成长提高的机会和场所。

公司的活动基于自身对客户、产品和市场的认识。公司必须识别并了解自己的客户、竞争对手以及他们的价值观和行为。对公司的优势与劣势的了解，可以强化对组织、设计、技术等知识改进的要求。所有这些认识奠定了公司行为的基础。

首先，公司必须清楚自身的任务和目标；其次，公司必须知道并了解自身的客户、供应商和竞争对手；再次，公司的智力资本是可被理解的、可行的、不断更新的；再次，公司必须了解所处的环境，该环境由社会、市场和可行性科技共同作用而形成。我们称上面这些为“企业理论”，该理论描述了公司对所有活动、资本和关系的理解。图 1—6 就描述了一个企业理论。100 年前，公司的企业理论中含有等级制度和官僚政治，强调制订长远的发展战略以实现产品的标准化，通常为员工提供终身雇用合同。如今，公司都是靠高价值、人性化的产品提高竞争力的。这些公司选择了扁平化的组织结构，依靠智力资本赢得长期发展。在复杂的市场环境中，公司力求树立自己的品牌和形象。将来，公司的人力资本——才干，会变得越来越重要。

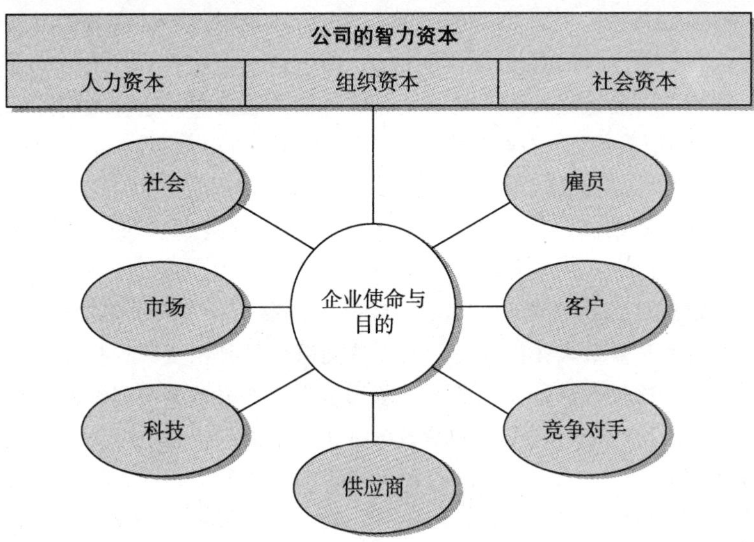

图 1—6 企业的商业理念

描述了公司对自身所有资源、活动和关系的理解

预计公司未来发展状况的一个方法是以竞争者的视角来看问题。灵活性与利润平稳增长使公司的股东受益；给予有才干的人很高的评价，会激励所有的员工；公司只有满足了公共团体的需要，才能获得好声誉；公司只有引起客户的注意，满足其需要才可能赢得客户。新公司的创业者努力经营公司，为公司的股票持有人带来更好的利益与服务。

成为玩转市场的创业者

日常经济活动中形成的一个观点认为似乎世界是常规的，其中少有变化。在这种静态模型中，所有的决定都已经被制订了，所有可能的选择都已经被理解和探测完毕。但实际上，经济不是静态的，变化是必然的。在不断变化的世界里，创业者希望能抓住规律，在变化中寻找适当的机会。这些变化包括采用更好的或更廉价的新资本作为投入，开辟新市场，引入更有效的商业组织形式。

经济的发展过程可以描述为新产品和新服务不断问世的过程，这些产品和服务可以被高效地生产出来。这一过程的起源是个人的洞察力，这种洞察力可以改变经济的投入和产出。创业家的洞察力就是识别可获利而又没有被发现的机会的能力。

新企业创造的盈利是经济增长与进步的关键。通过推出有价值的新产品，创新者获得了暂时的垄断力量。与竞争对手相比，低投入给予创新者的企业以高于其竞争对手的利润回报，而创新者的竞争对手却只能以高售价收回高投入。另一可能是，一个好产品可能允许以高于其竞争者的价格卖出。创业者的自由精神是推动资本主义体系至关重要的能量。

动态资本主义是创造财富的过程，它以有创意的新公司的形成和发展、老公司的衰退和灭亡这一动态变化为特征。在这种模型中，有种不均衡性引致资本主义的财富创造，即新进入者促使已有市场分化、瓦解。创业者创办新企业，挖掘新产品和新服务，使其商品化，以此创建新的需求和财富。这种产业更新与复兴引发了企业生命周期的变化：企业从形成到发展，从发展到衰退。

约瑟夫•熊彼特（Joseph Schumpeter）把新企业的创建过程和变化潮流表述为“创造性破坏”。熊彼特在澳大利亚出生并接受教育，自 1932 年起一直在哈佛大学执教。他最有名的著作是《资本主义、社会主义和民主》，该书于 1942 年出版，其观点是经济处于永久的动态不平衡状态中。熊彼特认为完全竞争的观点是不恰当的，因为这一观点只将目光集中在市场价格竞争上，没有考虑科技竞争。创造性破坏才是革新经济结构的原动力，它摧毁旧的经济结构，创建新结构。1975 年，入选标准普尔 500 指数的所有公司的平均寿命是 35 年，而现在已经下降到少于 20 年。在 30 年前名列前 25 强的科技型公司中，到今天依然领跑的不足四家，也许只有两家——IBM 和惠普。短期内，公司靠的是整合资产与雇员的经验，而长期来看，则是机会的利用。

熊彼特的理论以破坏性创新理论为基础。他提出，当公司面对不确定性、变革和挑战时，将没有能力理性地发展利益最大化战略。只有那些能够合理利用变革、科技及挑战的公司才能真正驱动经济的发展。这种观点如今已成了不争的事实。本书的编写目的就是为了让读者通过创建自己的公司，成为这种创造性毁坏的缔造者。比尔•盖茨就是一个例子，他一手创建了微软公司并让全世界知道了 DOS、Windows 操作系统，以及 Office 办公软件，这些成功源于盖茨看到了服务器型主机与个人计算机之间的“不连续性”（discontinuities）。19 世纪 90 年代，数字视频光盘（DVD）在电影租赁商业中掀起了一股创造性破坏的浪潮，DVD 取代了传统的录像带。

杰莱米•乔奇之所以与他的伙伴一起创立了阿图斯（Aldus Corporation），就是因为他看到了在报纸图文排版行业中的不均衡性和不连续性。传统工艺使用的是大型计算机工作平台，而他借助微软公司的 Windows 系统，使烦琐的排版工作在个人电脑桌面上就能轻松完成。乔奇能够看到机会，并使其与他的兴趣、能力相匹配。

现代全球市场上，最大的机会就是移动通信和娱乐活动。由于很多人希望在除了家和办公室之外的地方掌控信息、音乐、视频以及其他媒介信息，于是，移动电话和其他手持设备应运而生。例如，苹果公司的 iPod 产品，它能接收并存储视频和音频文件。

创业者的创造性破坏活动会获得暂时的垄断，直到竞争对手知道如何模仿这种革新为止。原创的新产品产生的高利润很快就会引来他人的模仿。客观上，这种对原创产品的模仿行为也帮助了新产品或新服务的传播。

带你踏上创业之旅

案例 AgraQuest

AgraQuest 公司是一个很好的案例，它说明了每章提出的问题。这是一家现实的企业，立足于生命科学行业，我们可从这个例子中找到每章提到的若干要点。AgraQuest 为一个创业家企业，它为经济全球化下的环境、社会条件和农业发展做出了显著的贡献。请阅读每章最后的案例（www.agraquest.com），看看现实中创业者经过长期努力后为世界带来了怎样的变化。

帕梅拉·马罗内（Pamela Marrone）在康涅狄格州一个叫金岭伍斯的小镇上长大，这里每隔几年就会有成群的吉普赛毛虫蛾雨点般密集地飞来飞去，它们在枫树、橡胶树上大量产卵，孵化的幼虫蚕食树叶，严重威胁植物的生长，所以是当地的一大害虫。有一次，为了清除这种害虫，她父亲不顾其有机园艺的原则，对树木喷洒了大量氨基甲酸酯（Carbamate）类农药。

第二天，帕梅拉在地上发现很多蜜蜂、瓢虫、甲壳虫、铃木等有益昆虫的尸体，它们吃了被农药毒死的毛虫蛾幼虫，继而中毒死亡。农药虽然能够杀死毛虫蛾幼虫，也同样危害了这些益虫。所以，帕梅拉从小就觉得自己应该消灭害虫、保护益虫。她那时候就发现了一个机会，如果解决了所有的问题，将使农场主不再通过农药，而是用“以虫制虫”的方法防治病虫害，获得好收成。

帕梅拉在康奈尔大学学习昆虫学（研究昆虫的外形和习性），然后进入北卡罗来纳州立大学继续深造，并于 1983 年获得博士学位。然后她进入位于圣路易斯的孟山都公司（Monsanto），并在该公司新成立的病虫害防治中心担任领导工作，一干就是七年。在这里，她进一步掌握了技术上和创业上的技能，对病虫害的自然控制法做出了重大贡献。1990 年她被丹麦的诺和诺德公司（Novo Nordisk）聘用，授权她在加利福尼亚州戴维斯地区建立子公司，取名为 Entotech。

Entotech 公司的目标是生产一种天然产品，保护植物不受病虫害困扰，同时对人、动物、益虫和土壤也没有副作用。但在 1995 年，雅培公司收购了 Entotech，在雅培的投资和帮助下，帕梅拉创建了她自己的公司。该公司的目标是找到自然防治病虫害的新方法，在商业上获得成功，这就是后来世界著名的 AgraQuest 公司。帕梅拉拥有兴趣、热情、能力和技术，并且发现了适当的机会，满足了图 1—1 中交集的成立条件。

纸上练兵

1. 回想在过去的一个月内你遇到了什么机会，把它们写在纸上的第一列。然后，思考自己的兴趣和能力，分别写在二、三列上。考虑这里是否存在匹配自身兴趣与能力的机会？如果有，这个机会是否适合建立一项商业活动？为了使这个机会适合于建立商业企业，你需要做什么？
2. 说出你最崇拜的一位创业型企业家的名字。为什么你认为他是创业型企业家？是什么使他不同于其他的商业领导者？他走了一条怎样的创业道路？在创业旅途中他做出了怎样的个人牺牲或者个人投资？什么人对他的成功起关键作用？
3. 身为秘书的贝蒂·奈史密斯（Bette Nesmith）想到，人们在绘画时出错了可以用画笔掩盖，而写字时写错了就得重写，无法掩盖。后来他发明了“修正液”，帮助人们解决了这一问题。讨论奈史密斯是如何根据这个机会创建企业的（参考 www.inventors.about.com）。
4. 目前垃圾邮件的数量已经和正常电子邮件数量持平了。使用图 1—6 找出需要的创业资本和智力资本，以提供必要的商业活动来减少垃圾邮件的负面影响。

5. 近 10 年驱动创业活动的关键客户、技术、市场趋向有哪些？请你预言下一个 10 年内驱动创业挑战的因素会是哪些？
6. 研究一下过去 5 年内上市公司的数量，呈现了怎样的趋势？公司上市的趋势对新创建的创业型企业有何含义？

创业挑战

选择一个你所感兴趣的很有潜力的机会，然后用它完成每章后面的创业挑战练习。例如，你可以选择近年来科学技术上的某些趋势：移动数据的应用、互联网技术、视频博客、Web 服务、纳米技术、清洁技术（如燃料电池、太阳能利用）和流感与生物预防治疗，以及干细胞的研究利用等。

1. 描述吸引你的一个机会，为什么你认为它是一个新的创业机会？
2. 描述你自己以及你的团队成员所具有的能力和技术。
3. 在成功的道路上你需要什么样的伙伴？
4. 描述面对机会你所具有的热情和承诺。
5. 考虑它对你来说是否是一个好的商机。

Technology Ventures

第2章 发掘创业机会

导读

创业者可能看到了很多机会，但他需要的是有利于创建成功企业的最佳机会，所以创业者要寻找这个机会。**此机会能够更好地适合团队的能力、商业环境的特点、机会的特征以及团队的必备资本等**。然后，创业者将决定是否在这个最佳机会上展开行动。

- 成功的企业要在产业、收益、声誉和生命力等方面展现领导力；
- 好的机会总是隐藏在难以解决的问题中；
- 解决难题时首先要学会如何清晰地描述该难题；
- 创业团队要不断积累必备资本；
- 如果可能的话，创业者应该对最适合自己的机会及时地做出回应；
- 创业者要准备创业故事和摘要，并以此接受客户、员工和投资者的检验。

“科技创业的20条军规 2”

当有可建成创业型企业的好机会时，有能力的创业者懂得如何识别、选择、描述，并与他人交流这一机会。

Technology Ventures

创业故事

iPod 的机会

20 世纪 90 年代末，人们只能通过 Napster 软件提供的文件共享服务，收听存储在电脑里的音乐。设计并销售便携式音乐存储、播放设备成为了一项挑战。一直就职于 General Magic 公司的托尼·法德尔 (Tony Fadell) 辞职后创办了自己的公司，取名为 Fuse，设计电子消费产品。为了便携音乐播放器的设计，他四处奔走筹集资金。由于缺少足够的资金，2001 年 2 月他以股东身份进入苹果公司，并在 2002 年 4 月加入了该公司，成为其员工，领导 iPod 的设计项目。此时，法德尔和苹果公司都意识到 iPod 项目蕴藏了巨大的机会。法德尔和苹果公司具有的能力、资源和承诺使他们成功设计出了 iPod，创造了一个传奇，也获得了无法想象的丰厚回报。

在可观察到的世界里，机会只青睐那些有准备的人。

——路易斯·巴斯德

机会的识别

在努力寻求机会的同时，创业者也在识别并评估这些机会是否符合他们的能力、兴趣和资源。通过检查社会、技术、经济的发展趋势，可以发现一些重要的需求。当发现某个机会并经过一定的工作努力和适当的风险可以取得很好的经济效益时，创业者就会努力建立这种新业务，并为这个机会付诸行动。面对一个有发展潜力的机会，创业者需要做出一个艰难的决定：行动还是继续观察。对机会的合理选择及做出行动与否的决定，是创业者人生中的关键点之一。一旦决定行动，创业者就需要为这种商业活动准备商业计划书，以检测该商业是否符合投资人、员工、客户的要求。图 2—1 描述了创业者行动的 6 个步骤，总结了本章的主要内容。

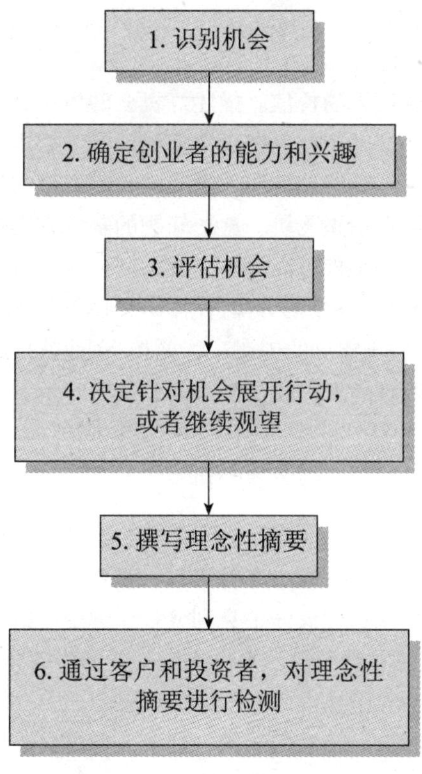

图 2—1 创业者行动的 6 个步骤

找到新业务发展的某个创意容易，但是评价它的价值却难得多。机会具有适时性，易受到行业环境的影响。创业就是要识别、利用机会，这样的机会可能以前出现过，但是一直没有得到开发利用。好的机会通常是隐藏起来的，所以很多人都看不到它。由于客户需求的改变和新科技的产生等因素，引出了解决问题的新方法，所以新的机会出现了。好的机会也可能来自雇佣环境与个人阅历，往往当人们遇到困难急需解决方案时，机会就出现了。例如，制药业需要一种能够减轻或者治愈艾滋病病毒的药物，我们把这种类型的机会称为“拉动式机会”，因为这种机会促使人寻求解决办法。

另一种类型的机会来自于对能力和资源的新发现，这些新能力或新资源用于解决某个难题或某种需要。例如，出现了某种新的科技，进而产生了数字电视。我们把这种类型的机会称为“能力推动”，因为它来自对能力或资源的应用。好的机会总是在合适的时间、合适的地点、合适的企业中出现。

有人认为大机会是科技变革的结果，有这样认识的人往往能够建立新的企业与产业。例如，苹果公司的创建人史蒂夫·乔布斯和史蒂夫·沃兹尼艾克（Steven Wozniak），两人于 1976 年抓住机会开始研发并出售个人电脑。1978 年苹果公司的销售额是 780 万美元，1980 年增长到 11 700 万美元，到了 2006 年，其年盈利超过 180 亿美元。企业能够创造变革，开辟广阔的新市场。晶体管的出现是另一科技革命，它在取代了传统的电子管，提高产品性能的同时，大大降低了成本。还有一个实例，1947 年宝丽来公司（Polaroid）推出了“拍立得”照相机。个人电脑和拍立得两项革命性科技，为世界带来了标志性的转变：（1）主机型计算机向个人型电脑的转变；（2）胶片式照相机向“拍立得”照相机的转变。

能力推动型机会同样诱人。1984 年思科系统公司在斯坦福大学成立，该公司在发展过程中充分利用了创建者和合作者的能力。伦纳德·博萨克（Leonard Bosack）和桑迪·勒纳（Sandy Lerner）发明了路由器，这种设备能让不同区域的电脑通信，实现远程数据传输。2006 年，思科公司的年销售额已经高达 270 亿美元。

好的机会有潜力为客户创造巨大的价值。描述好机会的另一种方法是描述客户的苦恼，这些苦恼表示了客户的需求范围，有助于促进解决他们的问题。需求苦恼是价值的反面。只有当客户因某种需要不能实现而倍感苦恼时，他们才能知道我们提供的解决方案是否具有很高的价值。比如，航空公司的顾客可能害怕坐飞机。这个问题的解决方案是，尽可能提高空中旅行的安全性，顾客和航空公司都需要安全性更高的解决方案。创业者可能拥有新科技，但可能在方案设计上犯错误。客户需要的是解决问题的方案，往往不关心方案中用到了何种科技。不幸的是，很多人都认为创业的前提是在科技上有好的创意。事实上，创业就是能够创建解决问题的新业务。

身为顾客或员工时经历过困难的人，往往能够创业成功。

创业案例

乔布斯和苹果

史蒂夫·乔布斯中途退学进入 Atari 公司设计电子游戏，在这里他遇到了电脑天才史蒂夫·沃兹尼艾克。两人曾一起在惠普实习，沃兹尼艾克邀请乔布斯加入他的电脑俱乐部。沃兹尼艾克也是从加州大学伯克利分校中途退学的，一直热衷于制作电子设备。乔布斯说服了沃兹尼艾克和他从事个人电脑的研发工作。乔布斯看到了机会，而沃兹尼艾克拥有这方面的电子技术，两个人珠联璧合。

乔布斯和沃兹尼艾克制造出了他们的第一台个人电脑，取名为 Apple Ⅰ，于 1976 年推向市场，售价 666 美元。Apple Ⅰ是世界上第一台单主板计算机，首年就创下了 774 000 美元的可喜销售纪录。第二年，乔布斯和沃兹尼艾克又制造了改进型的 Apple Ⅱ。

对常规的突破往往能够催生出新型的成功企业。对应用于移动设备、手机的无线电通信技术的推广就是一例，我们只需看看身边无处不在的无线设备就能感受到它巨大的影响力。

表 2—1 总结了 9 种类型的机会，我们用这 9 种类型的机会来描述机会的识别。

- ◆ 增加产品或服务的价值；
- ◆ 对现有方法或科技的新应用；
- ◆ 开创大规模的市场；
- ◆ 产品个人定制；
- ◆ 提高可达致性；
- ◆ 管理供应链；
- ◆ 整合变革；
- ◆ 程序革新；
- ◆ 增大公司规模。

第 1 种类型可能是最常见的——为某种产品或服务增值，包括改进性能，提高质量或体验，提高易用性或产品的其他特有价值。例如，酿酒商注重如何制造出高质、美味、廉价的美酒。

第 2 种类型是对已有科学技术的开发性新应用。20 世纪 60 年代，磁条信用卡诞生。一个有思想的创新者发现，这种技术也可以运用到宾馆的房门卡上，由此创立了一个全新的应用和行业。

第 3 种类型是集中力量为已有产品开创大规模市场。例如，35 毫米自动变焦相机一经推出就被广泛用于婚礼或各种聚会上。

第 4 种类型是产品的个人定制，它为已有产品或科技提供了新的机会。例如，在个人电脑行业销售中，戴尔公司允许客户根据个人需要，为所购买的戴尔电脑配置不同的部件。

第 5 种类型是拓展地理和网路触角，使新公司获得更多的客户。嘉信理财公司（Charles Schwab）就是很好的一个例子，该公司很早就通过互联网与更多的客户建立联系。

第 6 种类型是管理供应链，这是一种行之有效的方法。沃尔玛以自身的货物运送系统和大型超市为优势，采用合理的库存管理技术，获得了巨大的经济效益。戴尔公司也是一个很好的例子，该公司同样拥有良好的供应链管理体系。

第 7 种类型是行业间的融合，它为创业团队提供了潜在的利润。例如，电子贸易业内企业不仅提供证券代理服务，还提供储蓄和保险服务。行业间的界限正在不断被打破。

第 8 种类型中，商业及生产流程的革新是机会的又一来源。例如，随着联邦快递和其他空中快递系统的出现，货物投递行业发生了巨大的变革。

最后，第 9 种类型的机会是增大企业规模或进行企业并购。并购的例子，如废物处理业和音像租赁业。企业之间以并购的方式可以增大规模，加强实力，也有利于节约成本，为客户创造更多价值。

自 1850 年以后，美国的铁路运营公司纷纷建立，开始操作铁路运输系统。在铁路营运初期，运营商不断改进列车班次，改善高速列车服务，为顾客提供及时的服务，实现该铁路体系的价值。然后，他们开始努力扩展服务范围，增加铁路线长度以连接更多城镇。从 1840 年到 1860 年，美国铁路运输业得到了飞速发展。所以，美国铁路运营公司的首要成绩就是：提高了产值，增大了覆盖面。这些企业通过加强铁路在地理上的连接、开放煤炭木材等货物运输服务等方法，拓展了新市场，增大了行业服务的覆盖面。截至 1860 年，长达 9 000 英里的铁路线取代了以往的江、河、湖运输，成为美国第一大运输主力。铁路运输的主要价值是可靠性，列车车次有时间表，运输货物基本不受天气的影响。到了 1890 年，随着可营运铁路线建设的完成，超过 70 000 英里的铁路线投入使用。

到了 1880 年，货物运输、乘客旅行等铁路服务已经全部正常投入使用，该服务为煤炭、液体及其他货物提供特殊的列车，旅客列车也分别设立硬座和卧铺。铁路运输使用集中化的管理方式、革新性的方式以及供应链管理，成了第一大现代经济行业。截至 1880 年，工作在铁路建筑和操作行业的员工共计 450 000 人。1890 年，铁路公司有数千家。20 世纪初，铁路行业开始进行联合。现在，美国只有 5 家大型铁路运营公司。

好的机会往往隐藏在让人头疼的困难里。正如美国通用集团前主席查尔斯 • 凯特琳（Charles Kattering）所说："能够很好的描述困难，就相当于解决了这个困难的一半。"斯科特 • 库克（Scott Cook）遇到了一个困难：如何简易并且可靠地记录自己家庭的日常收支、税务支出、账单支付等情况？他认为这个问题可以在电脑上解决，于是成立了一家公司，制作出一款使用起来简单、方便的软件，解决了这个问题。很多人开始使用该软件，免去了以往手工记录的困扰。这家新公司就是：直觉公司（www.intuit.com）。库克借助这个易于使用的软件程序，轻松地解决了这个难题。

一旦看到了难题，我们先要看看人们在无约束的条件下如何解决它，然后再推导解决方案。去除了约束条件，如价格、物理等，能够开拓思路，想到更多可行的解决方案。在无约束条件下，如果觉得某个方案很吸引人，我们再添加合理的约束条件，重新组织该方案。

识别机会取决于我们的准备工作、经验、能力和洞察力。好奇心和观察的习性是必需的。铁路行业和半导体行业中就出现了规模经济——在一定的产量范围内，固定成本变化不大，新增的产品分担更多的固定成本，从而使总成本下降。很多革新者已经认识到这种规模经济，并创建了相应的企业，如英特尔、模拟器件（Analog Devices）、赛灵思（Xilinx）等。

突发事件——偶然中发现的有用事物，可以产生好的机会。

创业案例

微波炉的诞生

在微波实验室工作的斯本塞（Percy Spencer）在走过一个微波发射器时，觉得身体有热感，不久他发现装在口袋里的巧克力被微波溶化了，于是，他发明了微波炉。身为皮毛制品商人的克拉伦斯 • 伯兹艾 Clarence Birdseye 在加拿大发现了一个现象，温度达到零下 50 度时，鱼会立刻被冷冻，硬得跟石头一样，但解冻之后，又会像冷冻前那样新鲜、柔软。经过若干实验后，他发现其中的关键是冷冻的速度。根据这个发现他创造了速冻工艺流程，并建立了产值数十亿美元的企业，最终获得了成功。

发现好机会的方法之一是寻找文化、社会和市场上的非持续性。表 2—1 给出了若干关于非持续性的示例，从这些示例中我们可能会找到好的机会。比如，目前上年岁的人容易得帕金森病（Parkinson's disease）和阿兹海默氏症（Alzheimer's disease）等老年痴呆疾病，发病率不断增高。为了预防该疾病，医学上迫切需要制造一种新药物，这里就隐藏着机会。如图 2—2，商业机会中的任何特性都包含在这个三维立方体中。为了制订解决方案，创业者要掌握客户、科技以及对技术的应用。

表 2—1　　非持续性的来源

社会	技术	市场
老龄化社会	革新	权力下放
终生教育	突破性科技	供应链突破
食物和人口	新知识	全球化
规则与规定		

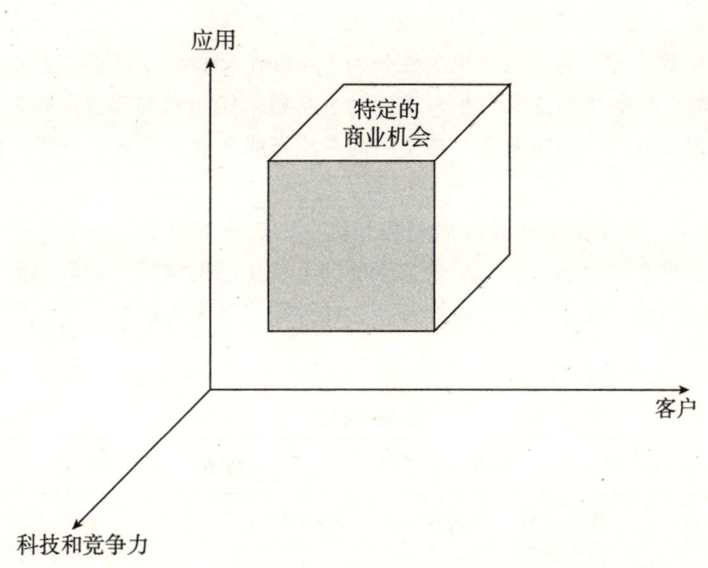

图 2—2 从客户、技术、竞争力和应用等综合的角度寻找特定的商业机会

机会隐藏在哪里

科技领域中的趋势能够产生巨大的机会。医学、农业、材料、能量、运输、住房、电脑、教育等蕴涵了大量的机会，其中很多已经得到了实际应用。

今后 10 年内生物工程领域的食品供应、营养来源将成为热门问题。生物工程的发展为农业带来了更多利益，农民将拥有更多更好的工具对付病虫害，克服诸多不利条件，降低成本，并提高产值。

经过改良的农作物本身可能会对病虫害有抵抗力，无须再施加化学药物，这一进步已经应用在玉米、棉花、大豆等农作物上了。随着生物技术的发展，植物将对严寒、酷暑等天气具有更强的适应力与忍耐力，因此谷物、蔬菜生长的种植面积会不断扩大。遗传基因工程的发展将使树木生长得更快，抗病能力更强。

随着互联网和 24 小时快递的发展，全球化商业中的趋势不再受时间和距离的限制。亚洲新兴资本家的数量已经超过 10 亿，全球化是巨大的发展态势，也决定了各个领域的发展趋势。

信息时代，任何信息都可以在全世界传播，很多机会都源于某一区域生活方式的改变。比如，星巴克提供高品质、可定制的咖啡产品，并将其推广开来。而与其相关的高消费类产品，如酒品、礼品、鲜花等也能得到一定的发展。相关的公司有哈根达斯食品公司、蒙大维酿酒公司（Mondavi Winery）和博德斯书店（Borders bookstores）等。创业者要能够识别非稳定的趋势，通常这些非稳定趋势来自科技创新。流行趋势的改变能够打造创业者，也能摧毁创业者。例如，技术创新给服装行业带来了巨大的影响，随着人造纤维的流行，尼龙丝袜取代了以往的真丝袜，成为最受欢迎的制衣材料。

创业案例 **空中的士让您轻松游历整个国家**

创立全国范围内的“空中的士”，可以说这是一个新的机会。商业人士看重便捷和廉价，“空中的士”就能够满足他们的需要。新墨西哥州的日蚀飞机公司（Eclipse

Aviation)、科罗拉多州的亚当飞机工业公司(Adam Aircraft)等多家企业正在研究并生产超轻型喷气公务机，这种飞机一改以往公务机的铝材料与双直尾翅设计，采用碳纤维结构，体型小巧，经济方便，在空中商务旅行服务业中掀起了一场革命浪潮。

表 2—2 列出了一些重要的科技发展趋势和机会，这些都可能会在不远的将来实现。科技改变生活，可能最重要的社会进步就是来自于能够改变生活的科技。曾经界限分明的行业，如农业、化工业、制药业、健康医疗、计算等，这种界限将越来越模糊，并将融合为世界上最大的行业——生命科学。

表 2—2　　趋势和机会

技术	用途	技术	用途
生命科学	基因工程、遗传学、生物测量学	燃料电池	将存在于碳氢化合物燃料中的化学能直接转化为电能
信息技术	互联网、无线装置	超导技术	公共电网中的能量存储
食物保存	改进食物配送	设计酶(designer enzymes)	一种激发活细胞化学反应的蛋白酶，可用于保健、消费类产品中
视频游戏	学习类、娱乐类	手机	沟通和计算
语音识别	计算机和人类之间的交流	软件安全	拦截垃圾邮件
安保装置和系统	识别装置、行李检测器、防护服	机器人	用小型、可协作的机器人团队开展监测和安全保卫
纳米技术	用于药物传输的微小医疗装置、化学传感器		

我们发现生活中存在很多非持续性，它们具有很大的影响力。如表 2—3 所示，我们假设，发展中国家有 10 亿人有视力上的问题，要么近视，要么远视，或者需要带花镜，但他们没有钱购买或者根本就买不到合适的眼镜。Joshua Silver 发明了一种价格便宜并可以调节的眼镜，成立了自适应护眼有限公司(Adaptive Eyecare Limited)以满足顾客的需要(参见 www.adaptiveeyecare.com)。另一家公司低成本眼镜有限公司(Low Cost Eyeglass Limited)，也提供能够调节的眼镜(参见 www.lowcosteyeglasses.com)。

表 2—3　　找到在生活各方面影响力巨大的非持续性

移动性	通讯
食物	娱乐与休闲
避难所	自然环境
人造能源替代物	社区
健康	学习

科技或产业的汇聚就是并购不同的科技或分散的企业。例如，基因遗传工程交集了微电子、微操作、超强计算等技术。这种交集是对已有事物的集合，这些事物来自产品或科技，而在其集合前，它们是彼此界限分明的，通过某种创造性的整合，这些产品或科技相互配合，弥补不足。

产业交集的一个例子是将计算与通讯结合，融入到网络领域中。另一个例子是手提电脑和手机的交集，这种创意让用户无须携带多个设备，只用一个设备就可以轻松通过语音、邮件和数据与其他人联系。评论者称这种设备能够给无线通信行业带来巨大的利益。通过交集方式产生的巨大变革将促使机会不断涌现和发展。

人口与文化的变化趋势产生了很多关于交集和机会的例子，在这里我们列出了若干社会、文化趋势。

- 生育高峰期出生的一代已经成熟。
- 美国日益增加的人口多样化程度。
- 双职工家庭。
- 发展中国家中产阶级的成长。
- 宗教组织在社会中所扮演的角色的改变。
- 女性社会地位的改变。
- 电视、DVD影碟、互联网等媒体的普遍性影响。
- 美国国内拉美裔人口比例越来越大。

美国目前最大的趋势是人口中老年化，他们出生于1946年至1973年之间，在这不到30年的时间里，约1.07亿人出生，占1973年美国人口的50%。1961年是美国人口出生的高峰期，这一年出生的人到了2006年刚好45岁，他们需要新房子、家具、旅行、退休规划等，正是商品和服务的消费人群。

其他的关键趋势包括，美国出现的移民浪潮带来了文化的多样性，很多国家中的妇女地位、角色发生了很大的改变。任何创业者都必须让产品、服务适应当地的社会和文化环境变化。科技与工程学中最有前景的领域之一是分子水平上的操作，目前已经取得了若干重大突破。纳米科技（1纳米等于十亿分之一米）将使材料变得更加轻便、耐用、抗污染。不久的将来我们就将使用微型产品，工作将更加高效、准确，其应用将涵盖医学、工业和家庭生活等领域。

微型机器人可能被用于火灾、毒气泄漏、炸弹威胁等事件中。正如电影《少数派报告》中描写的那样，将机器人用于安全性检测、事故勘察等活动中。IRobot公司已经将一批机器人投入了市场，这些机器人曾被用于军事行动和火灾救援。

趋势往往来自让人头疼的难题里，如E-mail用户经常收到垃圾邮件。不受欢迎的推销邮件数量在2001年是200万，2002年升至550万。如果哪家公司生产了能够有效拦截这些垃圾邮件的产品，就能解除E-mail用户的这一难题。

对多种科技的整合也能带来新机会，例如全球定位系统（GPS），在黑客、旅行者、测量员和农民等人群中应用广泛。这种新产品将卫星图像、数据和手提电脑融入到GPS设备中，价格不贵又能满足客户对目标精确定位的需要，因而得到了广泛应用。

人们希望个人信息不被泄漏，得到安全性保障。个人认证卡，或者称为智能卡的出现恰好满足了这种需求，这可能是美国的下一流行趋势。电话付费卡和储蓄卡是其中的一个应用。智能卡的另一重要应用是保存司机的驾驶证和个人信息。智能卡用塑料制成，内部嵌有环形电路板，这个电路板能够存储并转移持卡人的个人信息和数据，如指纹、掌印、面部轮廓等。这种卡片已经在欧洲和亚洲的一些国家开始使用，相信不久就能推广到世界各地。在香港有一种八达通（Octopus Card）智能卡，客户无论是坐地铁还是在杂货店买东西，用它能进行任何形式的消费。

再来看看由交集带来的创新。摄像头、计算机和保安系统结合在一起，产生了超市中的检测系统，使客户自觉地为购买的商品付费。还有一个实例，创新以及美国老年人对医疗救护日益增长的需求驱动了医疗卫生业的发展。一个大的趋势是对电脑、沟通、无线电话和设备的整合（如图 2—3 所示）。手机在功能上越来越像电脑，而掌上电脑也具有了电话的功能。无线网络的发展带来了更多的机会，给人们带来了极大的惊喜。Wildseed 有限责任公司设计了被称为“手机皮肤”的软件，该软件能够改变智能手机的外观和操作，能够在手机中植入游戏、音乐播放器、视频播放器等，用户可根据自己喜欢的游戏、摇滚明星或体育明星等为手机设置某款皮肤。某一行业中的科技成果也能被用于另一行业中，比如使用半导体科技提高对基因碎片的分析速度。

美国已花费 14 000 亿美元用于医学治疗，相当于其国内生产总值的 14%。医疗健康将掀起继计算机之后的又一巨大革命。

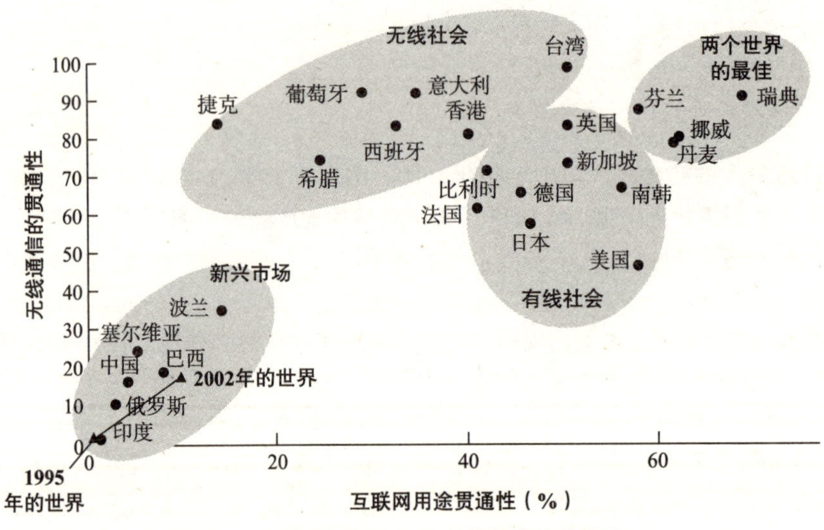

图 2—3　互联网和手机用途在全球的趋同性

一个机会的诞生

对身为创业者的个人或者团队来说，第一步就是要识别和选择合适的机会。创业都是从某一创意起步的，而这个创意就是在一定程度上反映了机会。高效的创业者通常根据市场发现并捕捉机会，以满足人们的某种需要，或解决某一问题，或在合理的时间填充市场缝隙。每一个机会都有其适时性，彼得·德鲁克（Peter Drucker）从创新者的角度阐述了创业者的概念：**“创新是创业者的特殊工具，创业者将创新视为机会，利用它创造不同的商业或服务。”**

高效的创业者会发现，机会往往是一个创造过程。在这个过程里，人们的某种需要与相关的方法、策略或服务结合起来，以解决所遇到的问题。这种结合的过程就体现了整合的观念，即把多种方法、策略、技术等结合在一起来解决问题、克服困难。

通常创业团队的成员会在一起讨论他们所看到的机会，然后筛选得到最佳者。创业者往往是那些有理想、有梦想或者爱思考的人。创业团队中可能只有一两个人有能力捕捉机会、提出创意。在这之后，团队要讨论并选择出最佳创意，这一创意要和自身具有的能力、资源相适应，应是团队能够实现的。

创业者被机会驱动，力求找到合适的策略以便将这些机会变成丰硕的成果。他们寻找新的工具或方法，为了取得成功，他们愿意迎接挑战，解决社会或商业中存在的难题。创业者的工作方针是短时间内抓住机会，做出恰当的决策。创业者拥有激情，创建企业以解决重要问题，寻找表达自我和实现自己创意的方法。在新创意或机会面前，他们永远都有创造力、内在动力与浓厚的兴趣。

很多创业团队都是在某一行业积累了若干经验后，才开始创办自己的业务的。有人说创业者的成功靠运气，但有句古话说，运气永远只留给有准备的人。所以，创业团队一定要具备必要的竞争力和对事业的责任心。

优秀的创业者要能够以灵活的方式处理问题，这样才能适应条件的改变，减少商业风险。他们从多种角度看待商业风险，并以此激励员工、合作者和投资人。创业者最重要的素质或特征可能是：具有完成既定任务、实现目标的能力；能够激发他人的工作热情，获得他们的帮助；拥有坚持不懈、始终如一的精神。

创业团队的成员必须具备领导能力。领导能力是一种创造变革或转化组织的能力。组织内部的领导力使该组织能够适应环境，并随环境的变化而变化。对领导力的衡量是，当情况发生变化时，产生与之相适应的新的对策能力。领导力得自经验和与生俱来的才干。这种才干包括聪明才智、个人魅力和雄心。创业就是人们通过组织共同行动，识别并利用机会，最终为社会创造价值和财富的过程。创业者要么是创新者，要么是变革的主体，或者是能够看到好机会的人。创业者有强烈的自信心，有时甚至到了自负的程度。

我们列举了创业团队所需要的一些能力。

- ◆ 在产生机会的行业内有才干、知识和经验。
- ◆ 寻找有相当挑战性、能带来潜在价值回报的重要机会。
- ◆ 及时性：能够在短时间内对机会做出选择。
- ◆ 创造性地探索一种程序，以获得对解决问题或满足需求有价值的方案。
- ◆ 能够把机会转变成可操作的、有市场发展空间的企业。
- ◆ 渴望成功：以取得成就为目的。
- ◆ 能够适应非确定性和模糊性。
- ◆ 灵活处理多变的环境和竞争对手。
- ◆ 寻求评估并减少企业风险。
- ◆ 创造一种企业氛围来和员工、同盟者相处。善于沟通交流。
- ◆ 吸收、培训、留住有才能的员工，教育员工并使其变成拥有交叉学科知识的人。
- ◆ 在让别人认同自己的创意上很有技巧，拥有一个广泛的潜在合作伙伴的关系网。

通常，所有创业者应具备其中大多数的能力，并在新商业中实践锻炼自己。当然，不是所有的团队成员都具备这些能力，但是如果每个成员都有其中的一部分，对整个团队会有巨大的作用。

成功的创业团队依靠的是团队成员的核心竞争力以及把握、管理风险的能力。他们能够吸引并留住有才干的人，通过训练使其具有多方面的能力。如果做 MBTI 性格测试（Myers-Briggs Type Indicator）的话，创业者往往属于 ENTP 性格类型：E 表示性格外向；N 表示有创造力，直言不讳；T 表示面对变化与挑战有应对办法；P 表示感觉敏锐，善于观察人和事。

通过表 2—4 列出的 7 个要素，人们可以判断自己能否成为创业者。优秀的创业者渴望独立、自由，获得丰厚收入、实现自我价值、获得成就感、善于创新并具有领导能力。同时，创业前我们先要估算风险，以及与机会相关的工作量，并调节风险使之与利润相平衡。创业者要能够平衡自己的情绪、自信，能以客观实在的态度对待生活，有承受并调节压力的能力。惠普总裁戴维•帕卡德（David Packard）曾说过他不是为赚到很多钱才开公司的，他想要的是做自己的老板，而这些是通用公司给不了他的。帕卡德很清楚自己是一个有才干、努力工作的人，觉得自己可以成功。

表 2—4　　可用于决定是否开始创业行动的因素

正面因素或利益

自由：工作具有灵活性和自主性。

经济上的成功：收入、经济保障。

实现自我：认识自己、取得成就、获得地位。

创新：创造新事物。

角色：实现家庭传统，扮演领导者的角色。

负面因素

风险：可能带来的收入、财富方面的损失。

工作量和压力：需要做大量的工作，付出长时间的努力，长期焦虑。

在美国约有 16% 的男性和 8% 的女性致力于创业活动（参见 www.gemconsortium.org）。表 2—5 给出了一些成功创业者的信息。大多数创业者在 50 岁前开始了创业活动。一些机构，如孟加拉乡村银行（Grameen Bank），主要向第三世界的女性创业者提供贷款服务，使她们有资金启动商业活动，促使创业人员数量大大增加。

表 2—5　　成功的创业者

创业者	创建的公司	创业时的年龄	创业时间
杰夫•贝索斯（Jeff Bezos）	亚马逊网上书店	31	1985 年
谢尔盖•布林（Sergey Brin）和拉里•佩奇（Larry Page）	谷歌	26、27	1998 年
杰克伯顿•卡彭特	伯顿公司（Burton Snowboards）	23	1977 年
本•科恩和杰里•格林菲尔德	Ben & Jerry's 冰激凌	27	1978 年
斯科特•库克	直觉公司	31	1983 年
迈克尔•戴尔（Michacel Dell）	戴尔	19	1984 年
唐娜•杜宾斯基	Palm 掌上电脑公司	37	1992 年
比尔• 盖茨	微软	20	1976 年
威廉•休利特	惠普	27	1939 年
罗伯特• L•约翰逊	黑人娱乐电视台	33	1980 年
阿瑟• 布兰克	家得宝	36	1978 年
霍华德• 舒尔茨	星巴克	34	1987 年
弗雷德•史密斯	联邦快递	29	1973 年
汤姆• 史腾堡	史泰博	36	1985 年

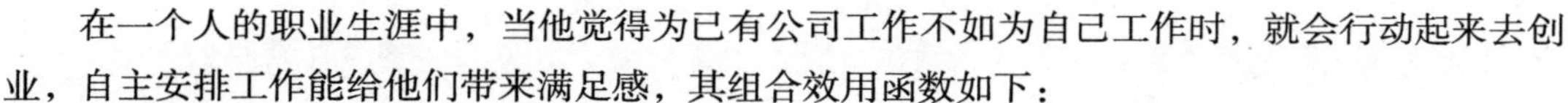

在一个人的职业生涯中，当他觉得为已有公司工作不如为自己工作时，就会行动起来去创业，自主安排工作能给他们带来满足感，其组合效用函数如下：

$$U=f(Y,\ I,\ W,\ R,\ O)$$

在这里，U表示组合效用，Y= 收入，I= 自由独立性，W= 需要付出的工作量，R= 风险，O= 其他工作条件，也可以认为收入的多少是依赖于能力的。当从创业活动中获得了更多的满足感后，人们将有动力让自己成为创业者。换句话说，创业者为了获得期望的高收入、自由独立性，就需要付出工作辛劳，并承担一定的风险。

对某项新的创业活动来说，其风险行为的最终结果不得而知，我们只能估测预期回报、自由度、工作量和风险值，这四点综合起来共同影响创业者的决策，取得组合效用要经过若干年的时间。不考虑因素O，我们可以设一个新指数，称之为创业吸引力（Entrepreneurial Attractiveness）指数，可以将它作为线性加权指数来计算：

$$EA=\int_{O}^{N}(w_1Y+w_2I-w_3W-w_4R)\,\mathrm{d}t$$

这里w_i是权重因子，$w_1+w_2+w_3+w_4=1$。很明显，一个不愿冒风险的人会使$w_4=0.8$，以此避免所有的创业风险。因为w_3和w_4表示负效用的权重，所以它们前面都是负号。另外，我们希望每个有信心、有才干、有经验的创业者去适应更多的风险。

举个简单的例子，假设某人要花 5 年时间创办并发展某一创业型企业，他有相等的权重，$w_i=1/4$，并且$Y=3$，$I=4$，$W=2$，风险值低，$R=1$。这里，我们为Y、I、W和R制订的衡量尺度用值 1 ～ 5 表示，1 表示低，3 表示中等，5 表示高。在此情况下，收入情况很好，自由度也高，工作量适中，风险值低，那么创业吸引力为（以下公式中 1 应为I）：

$$\begin{aligned}\mathrm{EA}&=\frac{1}{4}[(\mathrm{Y}+1)-(W+\mathrm{R})]\times\mathrm{N}\\&=\frac{1}{4}[7-3]\times5=5\end{aligned}$$

这样，良好的吸引力指数会促使人们选择这条创业道路。

总体来说，当收益和自由独立程度所占比重大于需要的工作量和企业承担的风险时，人们就会选择创业这条路。预期收益、自由独立、工作量和企业风险都取决于机会的好坏、创业型企业战略的制订以及执行这一战略的团队。可惜的是，很多创业者只看重收益和自由独立，不重视需要的工作量。

数学家丹茨格（Dantzig）曾经这样说过：

> 明智的人让自己适应世界；而不切实际的人总想让世界适应自己。因此，所有事物都依赖于那些不切实际的人。

评估创业机会

对正确机会的选择是一项极为重要的、困难的任务。在市场环境下，我们选择最有可能获得成功的那些机会。这种选择有点像一家公司对投资目标的选择。类似于人们如何对公司的股票进行投资，创业者对他们选择的创业型企业投入时间、汗水和金钱。**创业活动可以被这样描述：它是关于机会的发现、评估和资源分配的创造性活动。**因此，创业是联系个人和机会的纽带。为了使人们能够更好地选择机会，可参照以下若干关于机会选择的原则。

◆ 创业生涯中只需要一个或两个好机会。

◆ 在创业的初期阶段尽量投入更少的时间、资金和工作量，计算四年内可能获得的回报。
◆ 不指望将来把公司高价卖给别人。
◆ 在机会出现的行业领域内，对当前已有的以及希望获得的条件做一个扎实的分析。
◆ 如果发现已经选择的机会不是最合适的，你能否以最少的损失退出？
◆ 这个机会带来的成功是否具有持久性，还是只是昙花一现？选择那些能够对未来成果产生深远意义的机会。
◆ 团队能否执行已经选择的战略？客户能否使你的公司在该风险项目中获利？

创业者找到并深入分析一些最好的机会。对很多人来说，只需要其中的一两个机会，就能使创业活动具有极强的生命力。公司投资的目标之一是让付出少于回报，它为不可预见的挑战提供缓冲。此外，创业者在他们熟悉的领域内努力寻求某个机会，此机会要具有稳定性、能够长期发展的特性。创业者要组建一支优秀的管理队伍，该团队能够针对这一机会执行有效的策略，他们还要确定客户能够支持企业从风险商业活动中获得利润。因此，创业者通常不会从事日用品销售行业，因为这里只存在不同供应商价格上的差异，除非他们拥有全新的、革新性的商业运营方式，能够使其公司成为价格最低的供应商。

创业案例

办公用品超市和史腾堡

20 世纪 80 年代中期，史泰博公司（Staples）创始人汤姆•史腾堡（Tom Stemberg）有了办公用品超市销售的创意。汤姆是一个追求自由、独立的人，不喜欢已有大型公司的销售理念。他在美国马萨诸塞州的布莱顿开设了一家小型办公用品商店，并建成了 1 500 多条销售渠道。汤姆对机会做出了全面的分析，并最终使得公司的年销售额高达 100 多亿美元，并保持了每年 15% 的增长率。

对机会的审视总离不开对选择的评估。互动的机会成本是因放弃其他可选事物而产生的价值，选择某一机会就意味着放弃了其他的机会。假设一位 28 岁的女性得到了 20 000 美元奖金，她应该把钱存入银行，或购买一套属于自己的公寓，或支付继续进修的学费，还是开办一家软件设计公司呢？第一种选择下，机会成本就是她每年得到的利息，假设是 10%，而继续进修可能将来会得到 12% 的回报率，开办软件公司的回报率是 11%，购买公寓的回报率是 9%。选择继续进修还能够获得学习的乐趣，满足心灵的需要，所以一些人会选择这种做法，而其他更看重自由的人则会选择创办公司。

对大多数有创业潜力的人来说，他们会把自己已有的工作与新机会以及这一机会的潜在价值做比较。假设电器行业内一位营销经理现在面临这样的选择：在现有工作上他的年薪是 60 000 美元（用公式 2–1 中的 Y 表示），但是他却非常重视创建新创业型企业带来的自由（用 I 表示），创业的工作量基本和他现在的工作量相等，然而创办新企业的风险很高。他估计，如果创办新企业，那么在未来的两年内他的收入和现在不相上下，甚至在最初的四个月收入比现在还会更低。他做了一个简单的计算（如表 2—6 所示）。这种情况下，创业两年后，新企业的收益是 $Y+I=8$，成本是 $W+R=7$，现有工作的收益始终是 5，成本是 6，所以有：

新创业型企业：$(Y+I)-(W+R)=8-7=+1$

现有工作：$(Y+I)-(W+R)=5-6=-1$

表 2—6　创业者对机会的分析以及对两年内机会成本的分析

因素	创业	现有工作
两年内的总收入	120 000 美元	120 000 美元
两年时间（Y）	Y=3	Y=3
自由独立（I）	I=5	I=2
工作量（W）	*W*=4	*W*=4
风险（R）	R=3	R=2

由于创业者更期待自由，所以新机会看起来更合适他的需要。参照选择机会的准则可知，这一机会所具备的条件，是经得起深入分析的。

这个示例简单地说明了如何对机会进行估算。而在情况更复杂的行业里，我们就要仔细地考虑所有问题了。对于打算创办新创业型企业的人来说，最大的风险就是人们普遍存在的一种惯性——过于自信和乐观，总是不切实际地认为事情会向对自己有利的方向发展，大多数人都奢望自己在关键时刻表现超出平均水平。

在这一示例中我们可以从创业者的角度考虑这一问题。在市场评估阶段审查机会的好坏程度，这与检查策略的可行性、产品的差异性是同等重要的，这种分析需要更多的附加信息。由于创业团队已经考虑到了机会的方方面面，所以可以由他们来判断机会的好坏程度。但是，创业者往往缺少充足的资金和时间分析潜在顾客在交集地带的代表性、产品的替代性和竞争者的成本结构以及项目选择性方案。

取而代之的是，大多数创业团队评估机会时采用 5 步方针。

- 能力：此机会是否与创业团队的能力、知识、经验相一致？
- 创新：该产品或服务是否含有意义重大的创意、专利或与众不同的质量？
- 资源：创业团队能否吸引必不可少的财力、物力和人力资源？
- 回报：能否回收企业的运营成本并且盈利？预期的回报是否适合承担的风险？
- 承诺：创业团队成员是否对企业做出了承诺？对企业是否有激情？

采用这种方法的目标是尽快摒弃没有前景的风险活动，为真正有望获得成功的活动节省资源和时间。通常，如果创业者在某一领域或市场缺少经验或知识，最好放弃该领域或市场内的机会。目前还没有适用于大多数创业者估算机会的标准或捷径，最有效的估算方法就是调查并分析每个风险活动独有的特点。

然而，通常只要创业者采用上文列出的 5 个步骤，除去那些不在交集区域内的机会，剩下的就是值得深入研究的机会了。

很多人都不确定自己的梦想和目标是什么。我们可以把能想到的写出来，每隔一段时间重新看一下，直到确定其中一些的确是自己的目标为止。约翰·詹姆斯·奥都邦（John James Audubon）热衷于画美洲的各种鸟。1829 年，他出版了最著名的四卷本画册——《美洲鸟类》，其中大多数图画都是实物大小。他选择的机会成就了他的一生，也为我们留下了宝贵的文化遗产。

创业者面临的总是不确定性，比如与对手做竞争、不断满足客户的偏好等，这些情况都不容易做出分析。举一个例子，如果能够事先预料的话，当初 IBM 一定会收购微软公司，从而让自己生产的电脑合法运行微软的操作系统，它还会让微软拥有操作系统的专利权，获得今天操作系统市场上的垄断地位吗？比赛是公平的，最有能力的选手才能笑到最后。

新产品往往需要以诱人的价格为客户提供特殊的价值，而公司也要能够用这样的产品盈利。**对机会的初步审查可以借助机会的 5 大特征，并由团队成员做出评估，这 5 大特征是：能力、创新、资源、回报、做出承诺。**

关于电视机的下一个机会是什么？平板液晶电视似乎是引人注目的科技潮流之一。高速电子管工业涉及的平板显示市场正酝酿着几十亿台的全球性商业机会，另一机会是这些零部件的装配和销售。随着人们对高清电视需求的加剧，平板显示器市场将更加广阔。思考上述列举的哪些机会能够通过机会的评估方法进行检测？

创业者在评估机会时，要考虑这个机会是否适合当前行业环境，是否和团队的能力、特点相匹配，以及创业者能否获取必要的资源。图 2—4 展示了如何检查机会的适合程度。从图上可以看出，机会的适合程度越高，菱形的面积就越大，此机会也就越好。

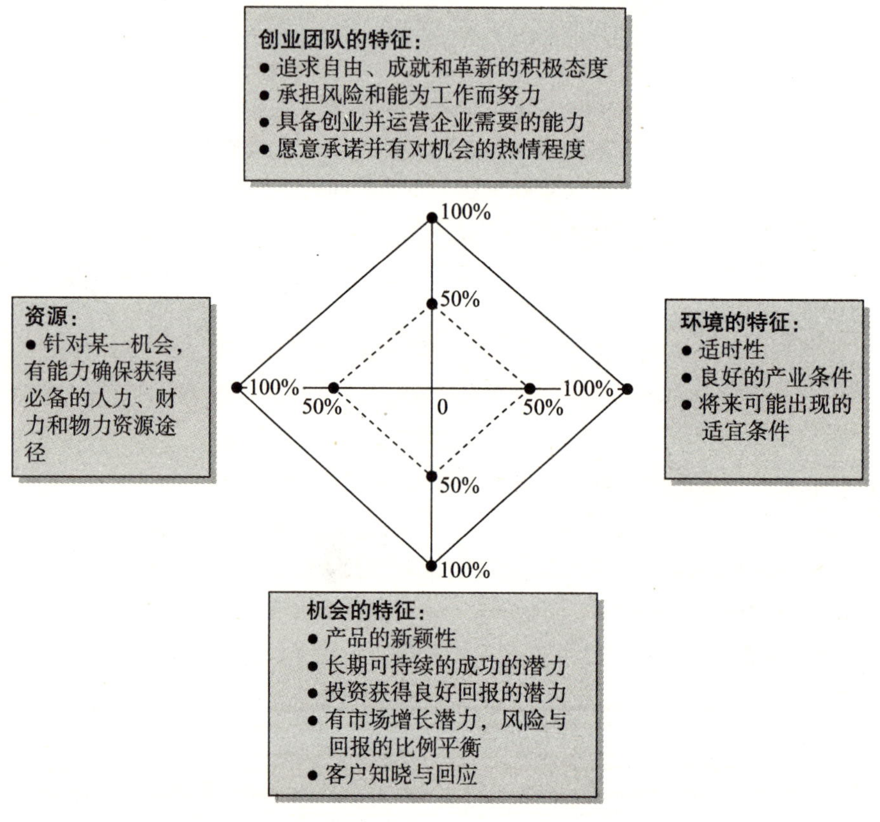

图 2—4　创业需要的机会、环境、创业团队和资源

以百分比表示每个因素的满足程度。

现在我们来看一个已经存在了近百年的机会——电动汽车：我们假设该行业的工程师十分优秀，企业团队也具备相应的敬业精神和能力。然而现实情况是，在过去的百年里，由于承受了很大的风险，很多团队都遭遇了许多的挫折与失败，企业内部很不稳定。这种情况下，我们说这家企业的适合程度为 70%。消费者和政府相关组织要考虑电动汽车带来的收益和成本，为了适应并扩大市场，电动汽车业内总会发生变化，行业环境也较为复杂。在此情况下，我们说这一机会的在行业环境方面的适合程度只有 50%。再来看机会方面，由于成本、电池寿命、充电造成时间耽搁等带来的诸多不利，在机会方面，其适合性只能占 50%。基于这些数值，大多数企业都将无法获得上千万美元的资金启动此创业型企业。所以，在资源方面的适应度只能评为 40%。由此可以明显看出，这并不是一个好机会。如果技术上对电池性能、成本等没有突破的话，电动汽车就不会有光明的未来。大多数理性的创业者将很快放弃这一机会。但有些地区汽车数量众多，急需改善环境，如洛杉矶和北京，这种情况下电动汽车才可能有其存在与发展的价值。

图 2—5 展示了另一种预测机会适合度的观点。如图 2—5（a）所示，机会存在于相应的行业和市场环境里。正如图 2—5（b）显示的那样，只有具备了合适的团队能力、资源、战略和执行方案后，新企业才能获得更高的适应度，从而获得成功。

（a）
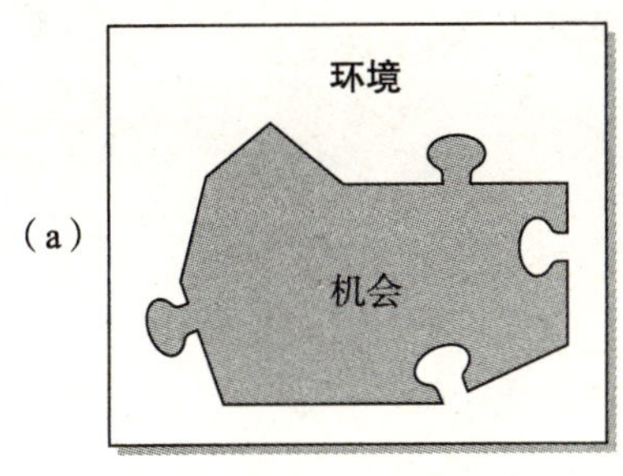

（b）
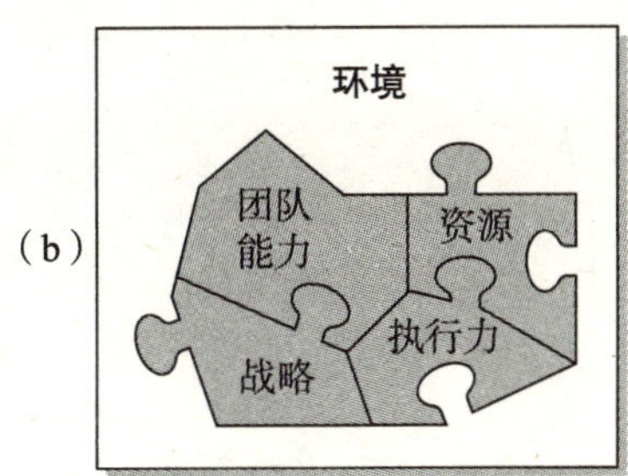

图 2—5　预测机会适合度图

（a）受环境限制的机会　（b）选择与机会相匹配的资源、团队能力、战略和执行力

马上行动，还是继续寻找

使用表 2—11 列出的因素估计机会后，创业者要做出是否行动的决定。根据表 2—11 列出的 5 步方针，创业者将估算此机会带来的潜在收益，记为 B。同时计算创办企业的总成本，记为 C。计算总成本时，先要确认收益与损失。当 B 与 C 的比值大于 1 时，我们才有可能行动。可获利的机会（高收益、低损失）才能吸引创业者为之行动。如果创业者在错误的机会行动了，将为这种失败的选择付出沉重的代价。只有选择那些初始资金少、时间消耗少的机会，才有可能以更低的初始成本获得更多利润。

图 2—6 的矩阵展示了如何做出是否行动的决定。之后，出现了此机会带来的真正结果（不同的选择决定了不同的结果）。生活就是选择，最好的情况是选择了行动，然后获得了很好的回报。

机会的实际质量

决策	差	很好
采取行动	2 错误选择→导致损失	1 出色选择→击中
不采取行动	3 正确拒绝→节约资源	4 失去机会→失去选择

图 2—6　选择矩阵

我们可以把图 2—6 中的矩阵式行动以“决定树”形式表示（如图 2—7 所示）。我们的目标是提高做决策的能力，用概率来表示做出某种决策的可能性。

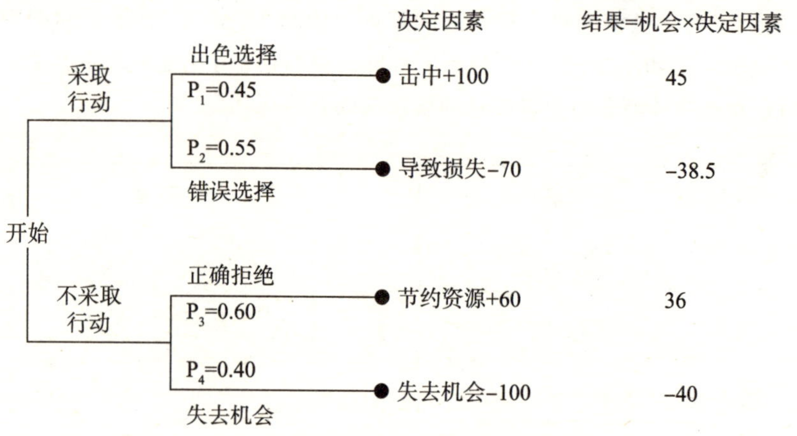

图 2—7　关于是否采取行动的决策树

创业者通过以下两点做出合理的决定：（1）自己现有的承担风险的能力和财务资本；（2）该选择可能带来的结果。创业者正是通过这种决定，将尚未完全认识的机会转化为与已有认识相符的行动。竞争优势来自于自己能做某些事，别人却不能。分析和报告不能代替行动，反复修改计划也不能代替真正地去实现它。最终，我们只能对机会评估这么多了。创业者可能还是对机会的评估不太清楚，其实需要做的就是行动或者拒绝此机会。害怕失败的人永远不能把握住好机会。

可能寻找真正好机会的最好方法就是把它放入图 2—6 的矩阵中，检查它的适合程度，然后在最好的机会上行动，获得投资者的支持。这种方法能够帮我们找到合适的机会。汤姆·彼得斯（Tom Peters）和罗伯特·沃特曼（Robert Waterman）称这种做法为"准备、开火、目标"（ready，fire，aim）。不怕失败并且在失败中积累经验，这样才能打造优秀的创业型企业。

熊彼特在其创新之作中写道：

> 要领会这些新事物是有困难的，其中有难得的经济作用。这是因为，首先，新事物存在于人人能理解的常规任务之外；其次，有很多环境方面因素的限制。按照社会条件的不同，这类环境因素也有很多，从简单的财务或采购上的拒绝到实质性的对试图生产新产品的人的攻击。我们当中仅有少部分人能起到创业家的作用。

创意都是很平凡的。很多人都有自己的创意，但只有小部分人具备意愿、热情和实力去实现它。例如，有很多设想是关于利用纳米科技解决各方面问题的，但是正在开展的项目很少。真正的创业者一旦找到与自身兴趣、技术、知识相匹配的机会，就会马上付出行动去实现它。投资家寻找的是有关键资产的创业者，这些关键资本包括以下内容。

- ◆ 对所在行业和市场的认识；
- ◆ 必要的竞争力；
- ◆ 甘愿承受小的失败和挫折；
- ◆ 慎重地行动，能够承担合理的风险；
- ◆ 能够针对最好的机会采取行动，学会调整机会，使其向有利于自己的方向发展。

图 2—8 展示了"行动－检查－调整－再行动"的循环过程，总结出了这三种重要能力，行动之后要检查，从结果中有所启发和收获，修改、调整商业方案。正如英国经济学家约翰·斯图亚特·穆勒（John Stuart Mill）所说："世界上有很多真理没有被人们完全认识，要想掌握真理中的全部意味，只有亲身去经历。"

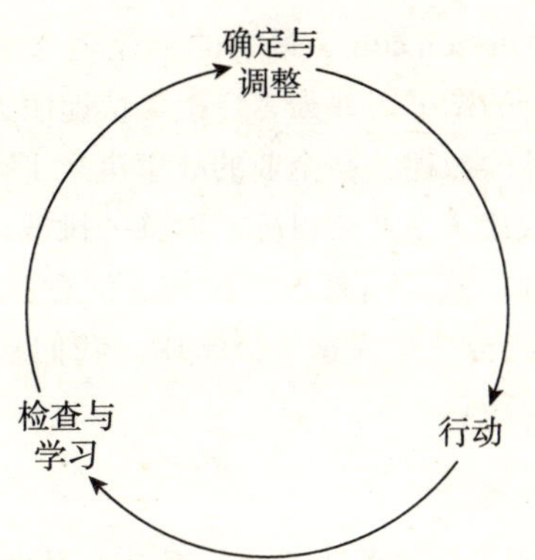

图 2—8　创建创业型企业的周期行为：行动 – 检查与学习 – 确定与调整

成功的创业者能果断地回答以下 5 个问题。

- ◆ 你能够突破规则和常规智慧吗？
- ◆ 你已准备好面对实力强大的竞争对手了吗？
- ◆ 企业创办最初，规模一定很小，发展也比较缓慢，你有足够的毅力致力于企业的经营管理吗？
- ◆ 你愿意并且有能力快速调整发展战略吗？
- ◆ 你是一个好交易的完成者和决策者吗？

在不破坏规则的前提下，延伸这些规则是每个创业者在成长过程中都要面对的考验。在新市场上，创业者往往要面对强大的竞争对手。新企业要有足够的耐力和毅力从无到有、从小到大地逐步发展，因为多数的投资人和客户都希望创业者能够一步一步地稳定前进，最终证明自己能够带领企业走向成功。

机会的识别过程是复杂而反复的，常常遇到走不通或者一开始就选择错了的情况。创业者要根据市场变化和需求情况不断调整自身的应对战略。最后，创业者要知道如何协商并完成交易，而交易的完成有可能是受到压力所迫而引致的。此外，创业家们必须有能力根据不完整的信息做出适当的决定和和处理。

如果你想提高这 5 个方面的能力，可以在创业前先到该行业内工作积累经验，而且还可能在工作中找到良师益友，帮助自己提高技能和信心；然后，找到合作伙伴，你和他们相互学习，这样就能够获得所有的能力。

创业者要展现自我效能——为达到目标而进行合理组织并高效采取行动的信念。他们相信自己有带领企业发展、实现既定目标的能力和洞察力。

什么样的商业摘要才吸引人

一旦选择了某个商业机会，就要为创业准备一份理念摘要（Concept Summary），这点十分重要。理念摘要概括地描述了新企业要解决或者打算如何解决的问题。这种企业理念是对新企业的概括描述，理念摘要有 3 大要素。

- ◆ 对问题和需求做出解释，并识别出客户群；
- ◆ 解释被提出的方案和该方案的独特性；
- ◆ 说明客户为什么要为这种方案付费。

例如，亚马逊图书公司（Amazon.com）最初的企业理念是这样的："提供网上零售服务，使得客户能够搜索和购买到打折的图书，并为客户提供快递服务。"

故事就是对真实或虚构事件的叙述。新企业的故事讲述了一个普遍的商业难题，即如何采用新方式解决问题。创业故事叙述了企业的目标、面临的挑战以及新企业是如何回应的。讲故事的目的是，与投资人或创业团队成员有效地交流商业创意，讨论对某问题合理的解决方案。某些投资人或创业团队成员可能会被写入这些故事中。我们从三个点对这些创业故事进行总结：（1）背景；（2）挑战；（3）决议。

- 背景：描述当前情况、特点和问题；
- 挑战：描述如何采用合理计划应对在解决这些问题时遇到的挑战和冲突；
- 问题的再解决：描绘克服这种挑战和困难的解决方案，解释通过解决这些问题企业如何取得成功。

所有积极的故事都展现了凝聚性和连贯性，这种凝聚性来自投资人或创业团队成员的信任。在创业故事的最后，投资人或创业团队成员将了解到新企业为客户带来了怎样的革命性变化。

考虑世界面对的能源挑战，这是一个十分重要的故事。能源是工业文明的血液，是使贫困人口摆脱饥饿、贫穷的原动力。然而，由于地理条件和开发手段的限制，全球能源分布很不均衡。因此，发展新型能源系统、开发相应的辅助资源就成了人类面临的一大挑战。对于这一难题，人们希望能够开发新技术，将太阳能转化为可用的稳定能源。很多科技企业都在努力开发这一机会，一旦成功，将为人类带来巨大的收益，成为一个不朽的故事。

在这个节奏快、不断变化的世界里，无论是创建企业理念，还是构思相关的创业故事，目的都是让创业者立刻着手创业。**创业者首先要为某一商业挑战制订计划；其次要制造出与时俱进的创业故事，让大众认识某一问题，而该问题恰好是企业能够解决的；最后准备创业陈述，就是通过多种途径讲述创业故事，解释公司的理念。**理念摘要和故事通过了投资人和合作伙伴的检测后，创业者可能要继续改进商业计划（关于商业计划的描述详见第7章）。创业陈述有4大要素。

- 解释观念，讲述商业故事，要强调客户和自身的忧虑问题。
- 清楚地解释问题和解决方案，说明这些为什么是客户关注的。
- 讲述团队的竞争力，告诉大家这个团队所拥有的热情和技能。
- 估测将会遇到竞争局势，列出一些竞争对手，然后告诉大家你与他们的不同之处，哪些地方你能够做得更好。

创业者要把创业故事讲给所有的投资人、员工听，而理念摘要可以留给他们以后再看。创业陈述要在有投资人和合作者的场合下进行。创业故事、理念摘要和创业陈述要专业、新颖、具有某种刺激性和创新性，并且要适应场合和听众。创业故事的新颖指新闻性和新鲜性，刺激和创新要体现在内容和形式上，这样的创业故事才能激发人们的兴趣，

对很多创业者来说，商业计划的执行摘要是投资人和创业团队最想复审的部分。如果创业者能把商业计划中的所有要点都整合在一起，就可以在实际完成商业计划前写出一份合理的摘要。在某种意义上，执行摘要是商业计划的基础。因此，很多新企业虽然商业计划很简短，但执行计划却能够捕获投资人或创业团队成员的兴趣和想象力，使他们愿意更多地了解这家企业。执行摘要要求投资人或创业团队成员看完后，能够明确知道创业者在这一商业活动中干的是什么。执行摘要最多不超过三页，大多数职业投资人会让你把它发到网上邮箱里。执行计划里描

述的是问题、解决方案、客户、竞争优势以及企业的领导人特质。执行摘要力求有效、准确地表达商业活动的核心内容，让投资人或创业团队成员产生与创业者做进一步沟通的兴趣。

创业执行摘要描述了商业活动的内容和目的。我们列出了执行摘要包括的几个要点，但并不是每种企业的摘要都须含有全部要点。

- 商业理念：问题和方案。
- 市场、客户和产业。
- 市场和销售战略。
- 组织和关键领导者。
- 财务计划：四年内财务预估报告。
- 筹资和所需的重要合作伙伴。

以下是一个关于商业摘要（business summary）的虚构示例。

创业案例 **机器人公司的商业摘要**

保安机器人公司（Security Robert Inc.，SRI）成立于 2006 年，该公司主要设计并制造移动机器人。这种机器人主要用于危险环境下的隐患排查，例如，办公楼、工厂、学校和实验室等很可能遭到恐怖分子袭击，而这些机器人可以检查是否存在生物、化学或其他易爆性危险武器。警卫人员可以远程操作这种机器人，让它们去检查并清点、销毁恐怖分子的武器。

摩根博士和沃尔夫女士在 2006 年建立了 SRI 公司，当时就已经有了移动机器人设计平台，可以为多种高危险性任务设计专用的机器人。SRI 持有多项机器人设计的专利。

摩根毕业于得克萨斯州立大学，在那里他获得了电子工程学硕士和机械工程学博士学位。沃尔夫从 1994 年到 2005 年，一直担任得克萨斯州 FMA 公司首席技术官。身为会计师的沃尔夫获得了杜克大学的 MBA 学位，也曾担任得州 Moore Systems 公司的财务总监。

SRI 总部位于奥斯丁科技开发区，占地 3 000 多平方英尺。该公司对机器人的生产活动得到了美国国土安全部和得克萨斯州警察署的许可。该公司的机器人生产线由 SelectTech 系统公司提供。2007 年，该公司计划采用本地化战略，以得克萨斯州为主要市场。到了 2008 年，该公司的业务已经扩展到美国东部和西部地区。

公司最初用于生产和市场运营的资金只有 400 000 美元，其创始人后来又投资 120 000 美元。这些资金用于购买设备、签订合同及市场调研。2007 年该公司创立，直到 2008 年 1 月公司创始人才赢得第一笔工资。

财务计划显示，该公司 2007 年年收入 130 万美元，2008 年增长到 740 万美元。该公司计划五年内上市。到那时，投资者可能会花 20 000 美元购买 10 000 份股票。如果公司能够以 400 000 美元的价格卖出 200 000 股的话，就可以共计发行 200 万份股票，其收益是巨大的。

联系人：首席执行官亨利•摩根，首席财务官安吉拉•沃尔夫
保安机器人公司　　（512）555-0121
奥斯丁科技开发区　　www.securityroberts.net
奥斯丁，得克萨斯 78712

带你踏上创业之旅

案例AgraQuest

帕梅拉和其同事得到通知，诺和诺德公司已把她们所在的 Entotech 公司出售给了雅培。帕梅拉坚信自然生物学防治技术可以保护农作物，但在当时，人造化学杀虫剂广泛地应用在农区、牧场。所以，Entotech 公司面对的挑战是如何以合理的价格生产可靠的自然生物杀虫剂。

帕梅拉打算离开 Entotech，对生物技术行业中的现有技术进行创新，并以此为基础，建立一家新公司。这些创新具体包括：找到某种能够杀死病虫害的自然微生物，开发相应的生产流程，使其可靠地应用于农业。

有了和孟山都公司、诺和诺德公司合作的经验，帕梅拉对自己的技术能力和领导能力很有信心。她先从原理上审视了机会，发现它确实是个好机会。农业杀虫剂行业不愿承受诸如天然杀虫剂这样的创新带来的风险。然而，帕梅拉确信自己能够打破这种观念上的障碍，以及政府长期以来制订的关于杀虫剂方面的规则。帕梅拉打算成立的公司在此机会上表现出来的适合程度似乎很高（见图 2—4）。因此，她决定与所在小组的关键成员联手建立新公司，取名为 AgraQuest。她确信这是一个高质量的机会（见图 2—6）。

1995 年 5 月 5 日，帕梅拉和她的同事撰写了执行概要，具体内容如下。

AgraQuest公司的执行摘要

使命：AgraQuest 公司的使命是，发现并发展对环境无危害的微生物天然杀虫剂，成为该行业中最好、最高效的公司。

商业：AgraQuest 要从微生物中发现、发展并市场化对环境无危害的微生物天然杀虫剂。其收入来自于三个方面：（1）向农场主和消费者销售产品；（2）将不符合本公司发展标准的微生物分子销售给其他大型病虫害防治公司；（3）为其他病虫害防治公司提供药品测试服务。

市场需求和市场机会：目前，每年有 250 亿美元花费在化学杀虫剂上，消费者越来越希望食物、野生动物、地下水、空气等远离农药残渣。传统措施是政府为新型化学农药设立严格的指标，对已有农药重新检测、注册。而新型化学农药完成注册的费用高达 400~700 万美元，需要花费 7~10 年的时间。所以，近年来几乎没有新产品注册，而老产品要么已经退出市场，要么受到相关部门的严格限制。

科技：天然杀虫剂主要来源于能够杀死害虫的微生物、植物和其他生物。当前市场上已有的生物防治产品，如苏云金芽孢杆菌（Bt）、昆虫寄生菌、杀虫真菌等，都是利用活的生物杀虫。这样的产品很容易受温度、风力、雨水、阳光等自然条件的影响，不如化学杀虫剂的效果好，因而不能动摇化学杀虫剂的市场地位。天然杀虫剂就不一样了，它对害虫的针对性强，和化学杀虫剂的效果一样。毫无疑问，这样的原材料确实存在，我们已经找到了它们。和大多数化学农药不同，天然杀虫剂可以被生物分解，只对害虫起作用，对鱼类、野生动物和益虫没有影响。

微生物天然杀虫剂可以在美国环境保护组织注册为“生物化学药剂”，这意味着该产品可以进入市场了。与化学杀虫剂相比，它大大减少了时间还有金钱上的开销（大约需要 3~5 年时间，花费不超过 500 万美元）。

竞争：如果微生物天然杀虫剂是这么好的一个机会，为什么没有大型公司注意到它呢？制药公司拥有技术上的经验，但是他们缺少对该产品进行商业化的知识和经验。

所以，目前还没有独立的公司致力于微生物天然杀虫剂、杀真菌剂、线虫杀虫剂以及除草剂等产品的生产。

公司的竞争优势：和其产品相比，AgraQuest 公司在天然杀虫剂产品上有很多创新点。对于该产品，我们有独特的技术、资源等优势。由于我们重点解决了化学中的若干难点，所以能够找到天然杀虫剂产品中的创新点。我们已经成功进行了大量昆虫体内、体外杀虫实验，拥有高效的自动化生产技术。早期，我们已经能够迅速识别杀死害虫的微生物，获得了和人工合成化学杀虫剂一样的效果。我们懂得如何将这种生物杀虫剂进行市场化；对市场和竞争情况我们有充足的理解；在创建企业文化上，我们也很有经验，懂得如何提高生产力、创造力、动力和责任感。

管理团队：AgraQuest 的管理团队在生物杀虫剂、生物科技企业、调研、发展、市场化和财务管理等方面都有丰富的经验。

帕梅拉博士——总裁兼董事长：1995 年，帕梅拉博士离开了诺和诺德公司，开办了 AgraQuest。帕梅拉担任诺和诺德旗下分公司的董事长期间，她拓展了该公司生物技术产品生产线，引进了一项新生物技术产品，研发出两项新产品。此外，该公司研发出 6 种创新的病虫害生物防治产品，注册了 20 项发明专利。帕梅拉起草并实施了市场计划，推出了能够增加公司年收入的新方法，该方法成为公司的旗舰策略。前往诺和诺德公司任职之前，帕梅拉任职于孟山都农业公司。她所在的昆虫生物小组从基因方面设计了微生物杀虫剂和转基因农作物。

拉尔夫·辛尼巴迪（Ralph Sinibaldi）——调研与发展部门副总裁。1982—1994 年，辛尼巴迪博士为山德士公司工作，是该公司的研发部主任和项目经理，注册了多项专利。

杜安·犬西（Duane Ewing）——新业务和产品开发副总裁。Ewing 拥有 13 年的管理经验，从事农业相关工作长达 17 年。作为 Pan-Ag 公司的早期员工，她曾担任研发部主任、商业发展部主任以及副总裁，建立了一整套管理规则，使该公司的年收益从 12 万美元逐渐增长到 600 万美元。

布鲁斯·霍尔姆（Bruce Holm）——首席财政官。拥有 30 多年的会计经验。他在 Zoecon 公司工作了 16 年（1971—1987 年），负责财务报表工作。之后，他被加州能源公司聘用，担任企业主管和合资经营主管等职务。

财务总结和所需融资的数量、结构：AgraQuest 公司在成立的第一年，需要近 650 万美元的启动资金，其中 110 万美元用于购买设备，250 万美元用于公司运营，290 万美元用于资金储备。接下来的两年内，公司需要投入 1 140 万美元用于日常运营，通过产品、服务销售集资 580 万美元，再将 510 万美元投入运营网体系中。此外，还需要约 110 万美元更新设备，80 万美元用于资金储备。

预计公司运行 5 年即可盈利，第 7 年会有约 4 000 万美元的利润（见表 2—7）。

表 2—7 **预计所需资本** 单位：千美元

6 月 30 日结束的财政年度	1996 年	1997 年	1999 年	1999 年
运行花费和利息	2 500	4 700	6 700	9 800
设备与家具	1 110	500	600	400
现金储存	2 900		1 300	
合计	6 500	5 200	8 600	10 200

公司状况：1995 年 1 月，AgraQuest 隶属于德拉瓦公司（Delaware）。AgraQuest 需要启动资金以便建立微生物实验室等设施。

纸上练兵

1. 生物技术、信息技术和纳米技术的综合可能引发下一次革命性的商业浪潮。每种技术都有其固定的适用环境，但是综合到一起，就能够生产出很多全新的重要产品。请描述一个由这些新领域的综合引发的机会，并为你描述的机会写一个创业故事。
2. 考虑你日常使用的一款软件，该软件能完成什么任务？从 3 个方面提出改善建议，其中有没有哪项建议就是很好的创业机会？为什么？
3. 2003 年苹果总裁乔布斯宣布其公司创办的网上音乐商店正式营业，下载一首流行乐只需花 99 美分。与传统的音像销售行业相比，该公司创办的新形式有何不同之处？该公司又为音像销售行业提供了哪些新机会？
4. 很多公司、酒店、咖啡屋等都通过 WiFi 无线网络为客户提供服务。考虑 WiFi 提供的机会，谁能够从这项服务中获利？谁想到并利用了这个机会？请简要描述此机会。
5. 电影《天才网络梦》(*Startup.com*) 讲述了两位年轻的创业者建立 govWorks 公司的历程。用评估机会的 5 个步骤检查他们的创业道路，他们创建自己公司的举动明智吗？检查你的答案。
6. 图 2—9 给出了两种电子技术的表现趋势，请给出另一种技术的表现趋势，并将其表现趋势画在这张表现 – 时间图上。

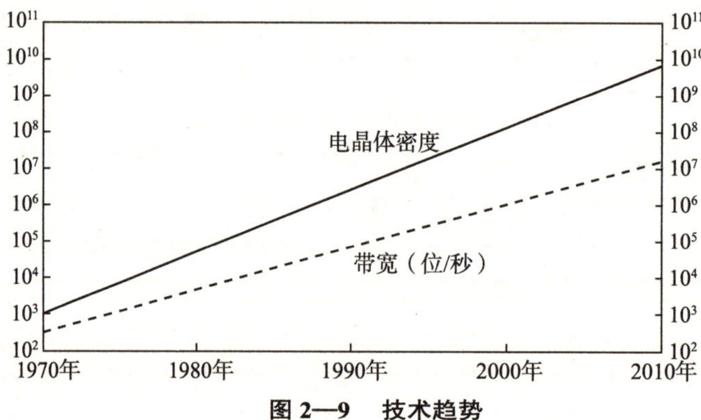

图 2—9　技术趋势

创业挑战

考虑第 1 章结束时你找到的那个机会。

1. **用选择机会的准则和评估机会的步骤评估此机会，撰写理念摘要。**
2. **抓住商业故事的要素为你的机会写一个创业故事，并推广到创业团队中。一定要清楚地描述产品或服务、解决了怎样的问题以及面向的客户等。**

Technology Ventures

第3章 商业设计的6大步骤

导读

商业理论是对若干要素的描述，这些要素指导创业者在建立企业的过程中采取行动以满足客户的需求。为了建立企业的可持续性竞争优势，除了依靠核心竞争力和资源外，企业还要使用商业设计。一个企业和它的商业理论包括的要素有：愿景、使命、价值主张、商业模式、竞争优势以及如何保持可持续性竞争优势。

- 以描述目的或讲述故事的形式创建愿景，作为对机会的回应。
- 愿景陈述了公司的目标、产品、客户，为所有关注者提供了变化的理论性依据。
- 价值主张描述了企业需要满足客户怎样的需求。
- 商业模式描述了新企业的经济与活动。
- 公司要努力创建竞争优势，并使其具有持续性。

“科技创业的20条军规 3”

愿景、使命、价值主张、商业模式体现在公司的商业设计里，这种设计由可持续性竞争优势提供动力，可以引导企业获得成功。

创业故事

Technology Ventures

苹果音乐的新模式

在充满竞争的行业内创建新商业模式，是一项重要技能。大多数企业只关注竞争，其实，有效的方法是重新构建市场范围，把竞争留在脑后。抛弃或者重新定义旧的方法、道路，往往能够创建新的价值。在过去的10年中，音乐出品公司一直束缚在旧模式里，通过CD出售音乐专辑，竞争十分激烈，谁也无法获得巨额利润。相比之下，苹果公司创立了新的商业模式，推出iPod播放器和iTunes音乐下载平台，下载一首歌曲只需99美分。同样，天狼星（Sirius）和XM公司推出的卫星收音机给传统意义上的收音机带来了巨大冲击。新商业模式的出现，为创业者拓展的客户来源，创造了更为可观的利润。

任何企业的成功都需要合适的产品、方法和员工，彼此间要相互协调、互为补充。

——约瑟夫·伯格

描述愿景，为企业前行把握航向

满足顾客购买产品或服务时的需要决定了新业务的诞生。为了给新业务建立理论上的指导，创业者必须客观、清晰地描述客户和客户的需要，以及新业务是如何满足这些需要的。为了描述业务，创业者需要准备主题并描述相关的细节，从而清晰地给出业务的整体轮廓。在商业活动与目标的模型中要有最终的总结。有了组织的核心竞争力，再加上确定的商业模式以及可用的关键资源，企业才有可能获得竞争优势。图 3—1 总结了设计、创建商业理论的 6 个步骤。

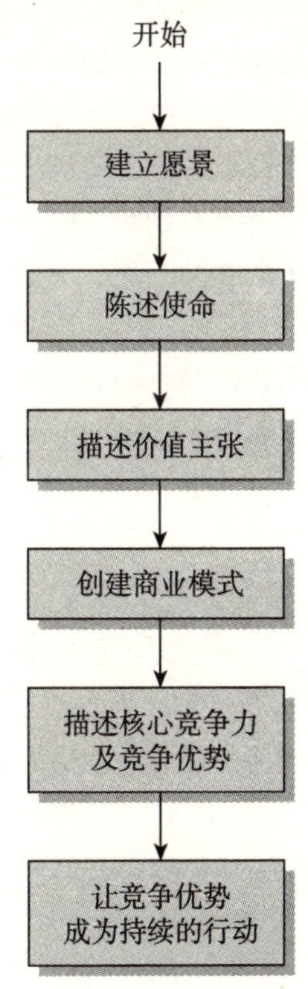

图 3—1　创立新企业的商业理论

创业者找到了好机会并决定利用它以后，下一步就要陈述愿景（vision）。**愿景是对企业发**

展的前瞻性描述，定义了公司的长期奋斗目标。因此，如果创业者找到了能够真正满足客户需要的好机会时，要为公司的未来提出愿景，从而有效地回应市场机会。愿景是对企业的眼光、意图、志向和目的的描述。它清晰地反映了方案的新颖性和创业者责任的独特性。成功的创业者总能与他人交流愿景以及表达出对该愿景的执着与狂热。愿景总是包含关于如何服务于市场的新颖创意。麦当劳公司的愿景是：在干净整洁的饭馆里为人们提供低价的快餐服务，节省顾客时间。Google公司的愿景是：通过在线搜索服务，为顾客提供可信、快捷、准确的搜索结果。

持久的愿景能够为企业指引方向和前进道路，也能对创业团队做出的决定起到激励和影响作用。它能够把整个公司的人员紧密团结起来，激发他们的热情和信心。好的愿景具有清晰性、一致性、独特性和目的性。愿景的清晰性很容易理解；一致性是指愿景不会随日常挑战、潮流的变化而变化；独特性和目的性是指任何愿景都清晰地解释了特定企业的发展目标。请记住，好机会蕴藏在对难题做出的回应中，这个回应需要清晰的前瞻性描述。我们简要概述了愿景的4个要素。

- 清晰性：容易理解，重点突出。
- 一致性：长时间保持稳定，但条件允许时可以做调整。
- 独特性：针对特定企业。
- 目的性：说明企业为何能引起人们的关注。

任何商业企业都要知道顾客愿意为什么样的产品或服务付钱。例如，医生和病人寻找的是能真正改善病人身体健康状况的医疗设备。对于美国的西南航空公司而言，乘客想要的是低廉的价格、及时到达，以及能在所选择的两座城市间往返飞行。

企业的目标决定了该组织的持久性特征，这些特征都永久注入了企业的血液中。惠普的目标或者说核心观念是：尊重个体，致力于改革创新，服务社会。这一核心观念就是粘着剂，把整个企业紧密团结在一起。愿景如一张清晰的图片，展现了企业的未来。核心观念建立在企业的核心价值基础上，例如尊重个体。

愿景描述了特定的期望结果、鼓励怎样的行动和变化。当企业置身于挑战与变革中，愿景像图片一样展现了企业的发展命运，它也提供了企业的基本发展战略。愿景是一幅预计未来的图片，犹如在狂暴的海洋上驾船的舵手，掌握着自身的命运。以下是某创新公司的一个清晰愿景。

> 通过对生物医疗装置的创新，我们力求保护和改进人们的生命质量，同时支持、培训、激励我们的员工，让他们释放自身的能力和创造力。我们的目标是2010年前成为行业的领头企业，打造挽救和延展生命装置产品的世界知名品牌。

该愿景使读者在脑海中清楚地显示出公司的发展目标是什么，以及如何实现这一目标；它说明了公司的价值和目标，这将对员工产生极大的鼓舞和激励作用。eBay的愿景是这样的：我们帮助人们通过在线系统在地球上实实在在地交易任何东西。

创业者要为他们的企业建立可共享的愿景。愿景要以陈述的形式写出来，以故事的形式口头表达出来。愿景是商业计划的一部分，团队成员和投资者常常要用到它。在创业过程中，故事扮演着重要角色，它既促使新业务的形成，又服务于新业务。故事是愿景的口头叙述版，使人们对某个不知名的新企业更容易熟悉、理解并接受它，以此使得企业能够吸引主要客户。

吉姆•克拉克（Jim Clark，网景公司创始人）开办过三家公司：硅谷图形（Silicon Graphics）、网景（Netscape）和永健（Healtheon，现在叫 WebMD）。

正如“新新事物”所转述的，克拉克讲道：“我唯一擅长的就是开公司。”在硅谷，他的身份非常明确——故事的作者。克拉克是一个善于编故事的人，工程师、经理人、银行家等都相信他的故事，愿意扮演由他提出的角色。如果他主动地跟一个人讲故事，那么他一定已经确定这个故事会有好结局。

克拉克有一个商业愿景，它能够使美国居民健康系统的成本降低 3 000 亿美元，他的方法是使用互联网把所有的健康理疗中心连接起来，创建一个集中存放个人病历和账单信息的系统，这样就避免了那些烦人的表单和无谓的争吵。像图 3—2 展示的那样，克拉克画了一个方块，以此来描述参与者，并把他要开办的永健公司放在了图的中间。克拉克就用这张草图来讲述故事，并极力在故事中表达新企业取得成功的合理性与必然性。为了更好地表达新企业是如何适应市场、有存在价值的，创业者的故事要条理清晰，并且能够和准股东的期望、兴趣、工作产生共鸣。

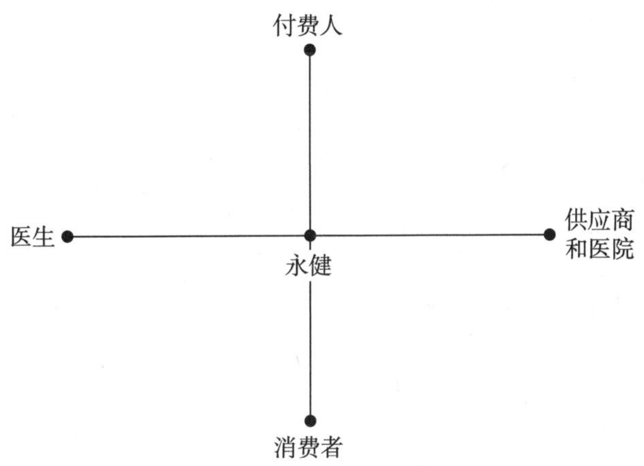

图3—2　永健公司（现已改名为WebMD）的愿景

公司的三大业务是：为医院和医生提供电子沟通服务；开发软件，提高医生的工作效率；构建网络健康信息系统，为消费者和医生提供便捷服务（参见 www.webMD.com）。

创业者要懂得如何把故事讲给自己的团队听，解释自己的产品如何解决客户的难题。这个故事要能引起投资者和团队成员的兴趣。

创业案例

让他们都来坐我们的飞机

1966 年年底，罗林•金（Rollin King，美国西北航空公司创始人之一）来到圣安东尼拜访了赫布•凯莱赫（Herb Kelleher），他想开办一家航空公司，在圣安东尼、达拉斯、休斯顿三座城市间建立航线，提供点对点服务。与赫布进餐时，他在餐巾纸上画了三座城市间航线的草图，说道：“赫布，我们一起开办航空公司吧，用低廉的票价吸引客户，让他们放弃开车，都来坐我们的飞机！”这一极具说服力的故事导致了西北航空公司的建立。

像讲故事一样描述愿景可以使情况具体化、解决方案可视化，更形象地展现解决方案。愿景也能帮助人们控制思想，产生帮助企业发展的强烈愿望。讲述愿景时要像讲故事一

样，告诉人们该愿景可能带来怎样的结果。亨利·福特在1910年有一个关于发展汽车工业的愿景：

> 当今社会，人们最需要的是外观小巧、价格便宜的汽车，这种车由最好的材料制作，依靠不断更新的马达提供足够的动力……它一定能在美国的道路上高速驰骋，像马车一样把乘客带到任何地方。这种车安全可靠，驾驶时你一点都不用担心。

书写使命，为企业赢得更多支持

新创业型企业的使命陈述将更加全面地描述公司的目标和面向的客户，同时也使愿景的基本宗旨得以内化。愿景是一幅对未来的展望图片，而任务是对行动路线的描述，这种行动正是为了完成愿景。

使命陈述有6大要素，大多数任务描述只包括其中的几个要素，而不是全部。

- 核心价值。
- 客户和股东。
- 产品。
- 竞争优势。
- 为客户提供的价值。
- 市场和行业。

以下是eBay公司的使命陈述。

> 我们帮助地球上任意地方的人彼此间进行交易。我们的信条是：人们基本上都是善良的。我们相信，无论是买家还是卖家，每一位客户都是值得尊敬的个体。
>
> 我们将继续为所有人提供便捷的网上交易体验——包括收藏者、商家、小型企业、特定物品搜寻者、讨价者、卖家和浏览者等。我们要满足并超越这些特殊的客户，以此发展eBay社区。

使命陈述一般都很简短，最少的不到100字。使命陈述要简洁、清晰地解释目的、价值、产品和客户。eBay公司的陈述就清晰地表达了它的使命。一个简洁、清晰的使命陈述的例子是："我们的目标是为航空航天业设计并生产电子装置，满足他们对设备的实时性、可靠性及价格合理性的要求。"

好的使命陈述能够帮助企业获得更多的股东支持，使资源更合理地分配。如果可能的话，创业团队应和其他骨干成员一起改进使命陈述。以下是星巴克公司的使命陈述。该陈述十分全面，并表述了对所有股东的承诺——客户、员工和社区。

> 将星巴克创建为全球最优秀的咖啡经销商，同时在发展中不断修正策略。以下6个向导性策略将帮助我们衡量做出的决定是否正确：
>
> 1. 为员工提供良好的工作环境，互相尊重。
> 2. 接纳多样性，这是我们企业文化的重要组成部分。
> 3. 在咖啡豆的购买、烘烤、保鲜等方面以最高的标准要求自己。
> 4. 任何时候都要为客户提供热心服务，满足客户的要求。
> 5. 员工在我们的工作社区与环境中有积极的表现。
> 6. 知道可营利性是我们将来获得成功的基础。

以下提供的赛门铁克技术公司的使命陈述清楚地告诉客户：赛门铁克技术为您提供放心服务。

> 只要人们相信自己是最棒的，我们就能帮助他们做到这一点。
>
> 在网络安全上，我们是全球的领导者——为全球的网络连接提供安全保障。在商业、文化、思想空前繁荣的环境里，世界联系得越紧密，我们扮演的角色就越重要。
>
> 赛门铁克技术就是客户的信心。

确立价值主张，满足客户需求

企业为客户提供价值，其产品或服务如果使客户满意，那么作为回报，客户将为这种产品或服务支付合理的价钱。对于客户而言，价值就是重要性和有用性。商业活动期间，客户为产品或服务付费，这就带来了一定的社会与经济收益，价值就在货币流通阶段实现。为了成功，企业必须提供能够满足客户需要的产品。客户看重的价值通常包括商家提供的便捷服务、产品的易用性、质量以及特色等。

将客户看重的5个关键价值总结如下：产品、价格、易用性、服务和体验。

- ◆ 产品：性能、质量、特色、品牌、选择、搜寻、易于使用、安全。
- ◆ 价格：公平、透明、一致性、合理。
- ◆ 途径：便捷、附近可以买到、容易获得、花费时间少、订货容易、送货快、结算方便、退货方便。
- ◆ 服务：订购、递送、退货、结账。
- ◆ 体验：情感上的尊重、格调、娱乐、亲和力、关系、社区感。

例如，公平、透明、稳定的价格对客户来说有很高的价值，高性能、易于使用的产品也很有价值。因此，多数高科技产品都注重性能和功用。

价值主张决定了公司为客户带来怎样的价值。多数的价值主张由上述5个关键价值来定义。克劳福德（Crawford）和马修斯（Matthews）认为，这5种价值中，在价值主张中起主导作用的价值称为首要价值，使产品或服务具有差异性的价值称为次要价值或差异化价值，其余的价值必须满足行业标准。如果把性能表现划分为1~5等级，5表示世界标准，1表示不被接受，3表示行业标准。克劳福德认为，创业型企业提供的产品在上述5方面的价值上，级别应该是5、4、3、3、3，即5方面的价值级别依次是：世界标准（首要）、差异化、行业标准、行业标准、行业标准。

例如，沃尔玛把价格作为首要价值，把产品的多样性和质量作为区别于其他零售商的差异化价值。塔吉特（Target）则与之相反，把产品作为首要价值，把价格作为差异化价值。很多企业重视优质服务，如本田公司，把服务作为首要价值，把产品作为差异化价值。

途径是指产品或服务易于被找到、企业和设施易于联系、获得。亚马逊公司就是很好的例子，提到该公司人们会联想到方便、快捷。对客户来说，省时、便利很重要。亚马逊公司简单易用的网站就为惜时如金的客户提供了有价值的服务。

体验包含娱乐因素，目的是了解客户对交易的感受。星巴克就为顾客提供了很好的体验（重视客户的口味）和良好的途径（很多地方都能找到分店），产品质量也非常好。你能说出星巴克的首要价值是什么吗？

创业案例

苹果的娱乐体验

苹果电脑公司发现，如果开办实体店，能让客户在购买电脑的过程中获得更多的娱乐体验，于是出现了苹果电脑销售店。顾客在这里可以了解到如何用苹果电脑做有意思的事情，比如如何录制自己的音乐，如何与其他苹果电脑迷们交流心得，而且买了电脑还能获得相关服务。苹果电脑销售店提供的这些额外服务得到了客户的一致好评。

客户对产品或服务的要求往往是：节省时间，价格合理，能轻松、准确地找到想要的物品，递送到要求的地点，得到商家重视，随时可以购买，以及获得轻松愉悦的体验等。

产品的价值体现在性能、可选择范围（多样性）、容易获得和质量上乘。沃尔沃汽车公司把产品的安全性放在第一位，成为提供三点安全（膝盖、座椅和肩膀）的第一个汽车公司。该公司为客户提供多种类、多档次的产品，把服务作为次要价值。表 3—1 列出了不同企业选择的首要价值和次要价值。

表 3—1　　领先公司的首要价值和次要价值

		首要价值				
		产品	价格	途径	服务	体验
次要价值	产品	—	沃尔玛	亚马逊	本田	迪士尼
	价格	塔吉特	—	假日	Land's End	橄榄园
	途径	谷歌巴偌书店	万维、Visa	—	戴尔	星巴克
	服务	丰田、家得宝、英特尔	西南航空	麦当劳	—	嘉年华油轮
	体验	梅赛德斯	维珍大西洋、百思买	美国在线	诺德斯特龙	—

产品的价值之一是可选择性。为了吸引不同的客户，公司往往对一款产品推出多种版本。然而，太多的选择也会造成负面影响，使客户无所适从。公司如果提供了多种选择，就应该帮助顾客搜索并找到最合适的一种。

记住，公司一定要在一定程度上满足剩余的其他三种价值。目前大型商店的主要价值放在产品的多样性上，而只在一定程度上提供服务、价格和体验方面的价值。

麦当劳快餐店具有良好的途径，几乎到处都有，但是不同分店的服务质量可能存在差异。Google 公司的价值主张：

> Google 公司的首要和次要价值是什么？它为客户不是十分清楚的查询提供快速、关联的查询结果，并以此作为公司的首要价值。它的次要价值是途径，客户只要联网，打开其搜索页面即可，搜索栏十分简洁，没有花哨的界面和烦人的广告。

价值主张描述了客户是谁，以及为这些客户提供怎样的价值。亚马逊公司的价值可以描述为如下内容：通过网站为客户提供全天候网上购物服务，以合理的价格出售多种图书、CD 等音像制品。星巴克的价值主张内容如下：

> 我们在气氛友好、环境舒适、位置很容易找到的咖啡店里，为您提供多种原料新鲜、味道可口的咖啡、茶和其他饮料，让您在品尝饮料的同时享受这份非同寻常的感受。

家得宝和劳氏公司（Lowe's）是美国两大家居用品超市。家得宝的首要价值是产品的多样性，次要价值是服务。劳氏的首要价值是途径，次要价值是产品的多样性。这两个竞争对手之间不同的价值定位为客户提供了不同的价值主张。

独特的销售主张（USP）是公司价值主张的精简版，经常作为口号或摘要使用，用来区分与竞争对手间提供的不同的价值。例如，惠普公司独特的销售主张如下：

以公平的价格、可靠的服务为您提供优质的技术产品。

联邦快递独特的销售主张是：

肯定、绝对一天内送达！

独特的销售主张能够为投资人、客户或团队成员简洁的描述一个创业型企业。独特的销售主张被好莱坞的编剧们广泛地使用着，用来概括电影主题。例如，《蜘蛛侠》概括起来就是："一个十几岁的小男孩在实验室遇到一只蜘蛛后，发现自己有了某种超能力，他的使命就是拯救城市和他爱的女孩。"

创业者用价值主张和独特的销售主张清晰地表达他们创建的企业为客户带来的价值，这些能帮助股东们理解公司的理念。

设计商业模式，描绘企业成功的最佳路径

创业不可不知的名词

商业设计(business design) 是指企业如何为客户创造价值，以及如何从商业活动中获利的设想。商业设计体现了创业型企业选择怎样的顾客、提供怎样的产品、完成怎样的任务，以及怎样获利。商业设计也叫商业理念，成功的商业设计描述了企业获得成功的最佳途径，它像故事一样，用来吸引投资者、客户和团队成员。

优秀商业设计的内容应包括公司做什么、不做什么，以及如何创建价值主张。**商业设计回答了三个主要问题：谁是客户；怎样满足客户的需要；怎样获利并保护可盈利性。**商业设计的结果就是商业模式，商业模式对客户、利润和价值等方面的问题做出了回答。我们列出了商业模式中的若干要素。

- ◆ 定位客户：谁是客户？我们提供的产品或服务是否和这些客户密切相关？
- ◆ 价值主张：独特的价值是什么？
- ◆ 差异化和控制：如何保护我们的现金流和关系？我们是否具有可持续的竞争优势？
- ◆ 产品范围和活动：产品的领域、范围是什么？什么活动我们做，什么活动外包给别人？
- ◆ 组织设计：企业的组织结构是怎样的？
- ◆ 可获利的价值：企业如何获利？如何保证可盈利性？
- ◆ 人才价值：为什么优秀人员会来该企业工作？我们如何充分利用员工的才干？

我们可以参照戴尔电脑公司的商业模式。

- ◆ 客户选择：高相关。四个细分市场——企业集团、政府、教育系统和消费者。
- ◆ 价值主张： 为客户提供独特的利益。客户只需电话或网络订购，就能以合理的价格获得可定制的电脑，以及本公司的优质服务。
- ◆ 差异化和控制：可持续性竞争优势。通过直销渠道或电话、网络订购方式为客户提供可定制的产品，以及优质的服务。

◆ 产品范围和活动：台式机电脑、笔记本电脑 、服务器和功能强大的供应链管理。
◆ 组织设计：为每种细分市场的客户提供分区性的组织结构。
◆ 价值捕获：高端销售的机会捕捉，避免价格成为关键价值，重点在于服务和可达性。
◆ 人才价值：学习、成长、繁荣。培训员工，激发员工的学习热情，制订职业生涯规划。

商业模式的最基本要素是定位客户，找到他们没有得到满足的需要，这些需要以后将决定企业的市场目标。针对不同客户，戴尔公司设立了四个细分市场，为每个部门供应不同的产品。我们要选择能让自己获利的客户，放弃那些要求过高、难以满足的客户，这一点很重要。企业不是要让所有的客户都满意，而是面向合适的客户，为他们创造价值，并从中获得合理的利益。在商业模式中，一旦定位了某些客户，就要敢于对那些不适合该模型的客户说“不”。

下一步，清晰地描述独特的价值主张，以此展现企业的差异化。然后，解释产品范围与活动、组织设计，这将帮助我们完成价值主张。戴尔公司以优质的服务、低廉的价格销售电脑，并允许用户购买时自行定制电脑配件。戴尔公司依靠电话、邮件和网络等渠道直接销售产品，并为每个细分市场提供不同的产品，这就和其他公司有了明显的不同。

对企业来说，获取利润是关键。此外，保持利润空间使自己有能力做进一步投资，这一点也很重要。一般来说，企业最好避免单一的价格战，避免把价格作为价值主张中的首要价值。当然，沃尔玛、好市多（Costco）、通用美元店（Dollar General）和家庭一元店（Family Dollar）等企业都把价格放在价值主张的首位。通用美元集团和家庭一元店在美国各地开设了小型超市，以途径作为次要价值，而沃尔玛和好市多以产品的质量和种类作为次要价值。沃尔玛的商业模式之所以成功，因为它在供应链管理和库存控制上采用了先进的技术。

西南航空公司同样以价格作为价值主张中的首要价值，而次要价值是服务：准点起飞、按时到达、网上机票订购，以及优质的服务态度等。该公司通过控制成本获取利润。与其他竞争者相比，它使用的飞机维修费用少，训练飞行员的成本低，此外，该公司非常重视网上机票的销售情况。所以，西南航空公司自 1973 年后每年都能盈利。表 3—2 比较了西南航空公司和美国航空公司的商业模式。

表 3—2　　两家航空公司的商业模式

	美国航空公司	西南航空公司
客户	飞往全世界许多地方的旅客	美国国内从某城市到另一城市的旅客
价值主张：首要价值、差异化价值	产品；可达性	价格；服务
差异化	产品范围广：几乎能到达世界的每个角落	受限制的点对点航线，成本低
产品范围和活动	广泛：通往世界各地	狭小：只能飞往特定城市（点对点）
组织设计与实现	航线呈辐射型，成本高	航线点对点，可灵活控制成本
价值捕获	以中心城市为基础，要求很大的业务覆盖面	要求很大的业务覆盖面
人才价值	飞行员薪水高，能获得良好的职业生涯发展	参与公司的股权与分红

当客户对产品或服务的优先选择发生变化时，商业模式也要随之变化。废弃过时的商业模式，进行再设计，这一过程叫做**价值迁移**（value migration）。例如，惠普公司自 1938 年创立以来，其商业设计已经发生了巨大改变。近年来，很多公司转型为计算机公司，它们分别以产品和服务作为首要价值和次要价值，把部分生产活动进行了外包。

图 3—3 总结了完成商业设计的步骤。公司要不断检测变化的条件，适时调整价值主张，以实现客户的价值。

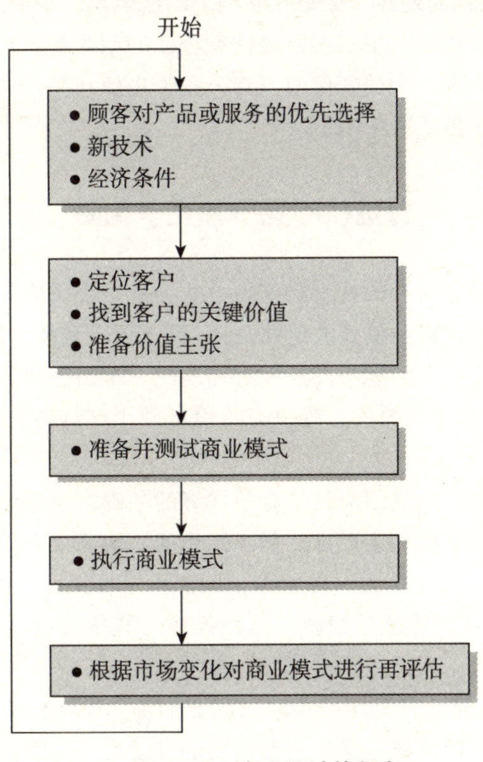

图 3—3 商业设计的程序

不断创新的商业模式才是独一无二的

在风云变幻的市场中，如何让自己的商业团队保持稳定、立于不败之地，这是对企业的一项重大挑战。商业模式的创新可以帮助企业在原有商业模式基础上，以新方式、新角度为客户创建新的价值。例如，惠普改变以往的商业模式，力争成为全美第一大打印机品牌，商业模式的关键点是产品和服务。西南航空公司获得巨大利润后，转型为航空客运行业的投资者。宜家公司在其商业模式中提出要销售价格合理、设计精良的家具。巨兽公司（Monster.com）的网站上提供了全美国范围内上千个招聘岗位，为找工作的人提供了极大的便利。针对时间的推移和市场的变化，这些公司都有效地重新构思了他们的商业模式。

然而竞争者总是模仿所在行业的领军企业，而忽略了商业模式是建立在自身特有的竞争力或技术基础上的，是独一无二的。戴尔的商业模式为直销、产品可定制，并通过信息管理体系有效地组织自己的供应链。所以，戴尔每 4 天就能整理一次库存清单，而其竞争者通常 40 天才能整理一次。

市场是动态的,公司甚至国家对市场的反应有一定的延迟。很多行业中都存在一个叫做“长尾”的经济模型。该模型认为，由于成本和效率因素，很多行业只重视那些最流行、最受欢迎的事物，而轻视那些需求较低的事物。若以正态分布曲线来描绘这些人或事，人们会只关注曲线的“头部”，而将处于曲线“尾部”的大多数事物忽略。而在网络时代，人们有可能以很低的成本关注“尾部”。如亚马逊、奈飞（Netfix）这样的公司恰恰是通过网站出售那些需求较低的产品而盈利的。亚马逊公司对最畅销的书有一个排名，而其卖出的书有一半都是前 130 000 名以外。奈飞提供超过 25 000 部的电影，而其竞争者 Blockbuster 只有 1 000 部。

亚马逊公司最初只卖书，而现在却像是互联网上的沃尔玛。加油站如今也发展成了便利店，除了燃油外，还出售饮料、食品、报纸。已经拥有企业的创业者要在对手采取行动前，重新构思企业的商业模式，从而为客户创建新价值，为公司带来新利润。建立新商业模式的有效方法是，找出客户对现有商业产品或服务的不满。

打造核心竞争和竞争优势

企业的核心竞争力就是它特有的技术和能力。能力是指公司或团队能够完成某一任务、活动的力量。**核心竞争力是实现商业模式的前提条件，具有核心竞争力的企业最有可能取得成功。** 重要的一点是，企业的核心竞争力要与商业模式相匹配。本田公司的核心竞争力是设计并生产各种型号的内燃机；英特尔公司的核心竞争力是设计并生产计算机的集成电路板及内部通信系统。

我们如此重视核心竞争力，是因为它是竞争优势的基础，竞争优势的真正来源是公司的能力。**核心竞争力包括企业共有的知识财富、员工的技能、协调配合的能力以及整合已有知识的能力。** 与物质资产不同，核心竞争力可以共享，因而也不易退化。当公司建立核心竞争力后，其能力会不断发展，物质资产可能被损耗，然而像核心竞争力这样的智力资产却会随时间而增长。

3M 公司的核心竞争力是设计并生产衣料、黏合剂等，设计出不同的组合方式不断创新推出新的富有价值的产品。本田的核心竞争力是优质的发动机，为摩托、汽车、发电机等提供更强动力。核心竞争力敲开了市场的大门，是新型创业型企业诞生的源泉。

成功企业的核心竞争力是有价值的、独一无二的能力，它可以帮助企业实现商业模式，为客户提供有价值的产品或服务。这种能力是专有的，其他企业很难模仿和替代。

核心竞争力是动态的，是企业获取知识和构建能力的统一体，它可以让企业在一些活动上做得更出色，好于竞争对手。核心竞争力是科技创业型企业的重要资本。

Google 的核心竞争力是对搜索引擎的设计和操作，它的优势就是在线搜索引擎。人们用它能够搜索到不同主题的信息，如果想在网上买东西，也能用它搜索相关的购物网站。

差异化，企业竞争优势的源泉

创业不可不知的名词

竞争优势（competitive advantage）是公司的特有因素，它能给予公司更有利的地位。衡量公司的竞争优势要考虑竞争对手。可持续性竞争优势是指能够维持一定时间的竞争优势，最好是能维持若干年。

企业竞争优势，这里用 CA 表示，持续时间用 D 表示，对市场价值的估算用 MV 表示，得出公式（3–1）：

$$MV=CA\times D \qquad (3\text{–}1)$$

从该公式中可以看出，企业的市场价值高低和竞争优势的大小成正比，并依赖该优势的持续时间。如果某家制药公司已经开办了 17 年，并且依然拥有强大的竞争优势，由公式中可知它的市场价值是巨大的。

企业的竞争优势直接依赖于它的核心竞争力、资产和组织结构。像通用电气这样的公司，在电气领域拥有可持续性竞争优势，与该领域的竞争对手相比，它有更多的利润空间。

通常对客户而言，公司产品中体现的价值越高，其价格也越高。这里我们用 V 表示价值，P 表示价格，生产该产品的成本用 C 表示，利润空间等于 P–C，所以只要 P>C，企业就能够盈利。创造的价值等于 V–C，客户的净价值等于 V–P。图 3—4 描述了这些关系。如果某行业所有的企业都没有或者只有很小的竞争优势的话，那么这些企业的利润空间，也就是 P–C，一定会是微乎其微的。

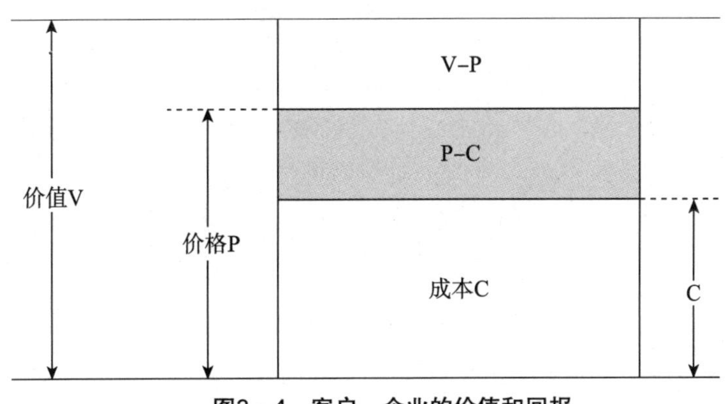

图3—4 客户、企业的价值和回报

美国运通公司发明了旅行支票，人们外出旅行时可以用它换取现金。对客户来说，旅行支票的价值很高，而成本很低，V– P 的值很大。所以，所有的参与者都喜欢这种商业模式。

可营利企业要能够提供差异化：为客户提供有价值的事物，而这些事物是竞争对手所没有的。企业提供的差异化可以体现在产品、服务、销售、递送或者产品安装等方面。对于日用品，这种特性可以体现在与客户的各种交流与服务上；而电脑公司往往借助高品质的服务使自己不同于其他公司。譬如，哈雷–戴维森公司（Harley-Davidson）为买汽车的人提供贷款业务。

竞争优势体现在产品或服务中，是区别于其他企业的重要不同点，这些产品或服务都满足客户的主要购买标准。一家为医院服务的公司就成功创建了这种不同点，他们把生理盐水定量地装入塑料瓶内，冷冻后可直接送到医护人员手中，为医院节省了处理成本。

所有的企业都会模仿竞争对手的产品或服务中的独到之处，以此来削弱对手的竞争优势。竞争优势是以产品的低成本或者与同类产品的差异为基础的。大多数企业都会想办法降低成本。为了超过对手，他们也会努力革新或者提高产品质量。差异化的另一点体现在与客户的关系上。表 3—3 对竞争优势的来源做出了总结。

表 3—3 **竞争优势的来源**

来源	举例
高效率、低成本	美铝（Alcoa）
产品革新	英特尔
质量、可靠性	梅赛德斯
客户的兴趣	戴尔
创新	丰田

企业要创建新价值，并以此建立自己的可持续性竞争优势。图 3—5 展示了价值创造金字塔。

企业要以稳定的资产作为基础，建立自身的能力，以此形成核心竞争力，通过核心竞争力和知识发展新产品和其他活动，这样就有了竞争优势。企业的可持续性竞争优势取决于自身不断创新的能力。

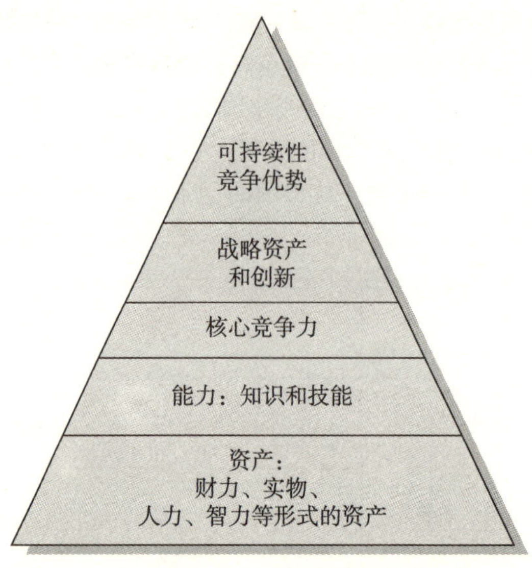

图3—5　价值创造金字塔

竞争优势越难模仿，其持续时间就会越长，这就需要企业拥有独特的技术和资产，让对手很难获得或模仿。

创业案例

蒂芙尼和皇冠珠宝

1837年，查尔斯·蒂芙尼（Charles Tiffany）创建了蒂芙尼公司（Tiffany & Company），专门销售银质饰品和珠宝。蒂芙尼公司把重点放在展品的艺术性和产品的设计、选择上。蒂芙尼总能抓住机会引进非同寻常的珠宝首饰，为客户提供最好的产品。1887年，法国政府公开出售皇冠上的珠宝，蒂芙尼做了有生以来最大的一笔投资，花费50万美元购买了三分之一的皇冠珠宝。蒂芙尼公司的核心竞争力是选择并展示高品质、极具艺术性的首饰，在过去的一个世纪里，蒂芙尼始终持续保持这一竞争优势。

我们在宣传企业的愿景时，需要强烈的热情和责任感。坎迪·莱特纳（Candy Lightner）本是一位普通的母亲，但不幸的是，她13岁的女儿在一场交通事故中丧生，肇事者是一名酒后驾车的司机，在车祸之后驾车逃逸了。此后，莱特纳创办了一家非营利组织，名为“抗议司机酒后驾驶母亲协会”（MADD），她将与他人交流意外失去亲人的切肤之痛提升为组织的愿景，并以此获得社会的支持。

大多数有实力的新企业都注重以合理的价格提供价值，为客户提供更高的价值与价格比。此外，还需要一定的情感投入，比如像莱特纳女士一样执着和热情。企业成功的潜力可以看做这样的一个比例：

$$成功潜力=\frac{价值+情感}{价格}$$

公司要研究并决定如何组织自身的商业活动，并由此确定商业模式。以前，证券经纪行业奉行的准则是获取高额委托费和提供大量的个人服务。20世纪90年代后，该行业的商业模式变成了低廉的委托费用并减少个人服务。所以，不存在亘古不变、不可挑战的商业模式。

如果一个公司有潜力创造价值，那么它所具有的核心竞争力就是竞争优势的一个来源。对航空公司来说，一项重要的能力是在飞行过程中为旅客提供难忘的愉悦体验；在软件服务业内，最具优势的能力是提供质量高并且成本低的产品。拥有出众的、难以模仿的能力，能给公司带来可持续性竞争优势。表3—4给出了10种可持续性竞争优势类型。

表3—4　　10种可持续性竞争优势类型

类型	举例
高质量	丰田
客户服务	星巴克
产品或运营成本低	沃尔玛
产品设计和产品功能	惠普
市场部门	戴尔
生产线广度	亚马逊
产品创新	美敦力（Medtronic）
有效的销售方法	辉瑞（Plizer）
产品选择	蒂芙尼
智力财产	微软

带你踏上创业之旅

案例AgraQuest

AgraQuest犹如其产品中饥饿的微生物，正在以自己的方式在全球价值280亿美元的杀虫剂市场上扩张，而这个市场曾经是化学杀虫剂生产商的天下，如陶氏化学公司、杜邦、孟山都。

AgraQuest的愿景是：

在农业的病虫害防治上，人们迫切需要安全可靠的生物杀虫剂，实现农业体系的可持续性发展。AgraQuest的目标是减少人工化学杀虫剂的使用。我公司独立开发天然杀虫剂产品，从产品研发、试验、认证、生产到上市，产品生产周期短。我们从微生物中提取可防治害虫的自然产品。AgraQuest计划建立天然杀虫剂商业体系，服务于全球农业，并致力于环境保护。我们将掌握病虫害天然防治知识和技术上的首要资源，本着对客户、股东、家人、社会和我们自己负责的态度，开展商业活动。

概括来说，该公司的愿景是：**生产对环境无害的杀虫剂，以此推动全球农业的发展。**

该公司的使命陈述是：愿景与使命陈述能够把公司的信息清晰地展现给员工、投资人和股东。

针对农场、家庭、公共病虫害防治工作，AgraQuest研究、发展并生产安全可靠的、无环境污染的天然杀虫剂产品。

AgraQuest的价值主张清晰地描述了关键价值。公司有5个核心价值。

首要价值：产品——在功效上与化学产品一样，但在农作物丰收期也可以使用，不存在农药残留问题。此外，产品绿色、无污染、安全可靠、易于使用。

- 差异化价值：体验——绿色、天然产品，对环境无害，有利于农业的可持续性发展。
- 基本价值：价格
- 基本价值：服务
- 基本价值：可达性

该公司的首要价值是：保障产品对环境无害的同时，使产品具有和化学杀虫剂一样的效果；差异化价值是：绿色、天然产品。在价格、服务和可达性方面，AgraQuest力求和竞争者保持同等水平。

AgraQuest公司的价值主张是：为病虫害防治提供创新型天然产品解决方案。

AgraQuest研究、发展并生产安全可靠的、无环境污染的天然杀虫剂产品，服务于全球农业，促进环境的可持续性发展。

AgraQuest已经在全球杀虫剂市场站住了脚，它面临的挑战是如何在未知的农业领域中开发绿色、自然、安全的产品。该公司的商业模式如下所述：

- 定位客户　对杀虫剂质量要求较高的农场主，他们需要的是安全、绿色、天然杀虫剂。
- 价值主张　生产绿色杀虫剂产品，保证功效、价格和化学杀虫剂一样。
- 差异化　可用于丰收时节的天然产品。
- 产品范围　范围适中的天然产品。
- 组织设计　组织内部能够很好地交流。
- 价值捕获　以合理的成本获得持续增长的年收入。
- 人才价值：科学家和员工　为员工提供机会，肩负“绿色”使命。

纸上练兵

1. 怎样定义Google公司的愿景？为Google制订使命陈述。完成这个练习后，去Google网站上看看它的使命陈述和你的是否相同。

2. 2001年10月21日，苹果公司公开推出iPod，进军充满竞争的MP3播放器市场。如今，苹果公司已经成为音频播放器市场上的主力军。选择三种不同的iPod，解释苹果公司向客户提供的价值主张，说明它是如何随时间不断发展的。

3. 比较雅虎和Google的商业模式，区分它们的不同之处。你希望这两家公司的商业模式在以后的5年里如何发展？

4. 美国的大多数人都有过买二手汽车的经历，EBay Motors网站能为网上买车的人提供防欺骗、信誉担保和历史记录等服务（参见www.ebaymotors.com）。EBay Motors的价值主张是什么？你会在eBay上买二手车吗？

5. 2005年，提供网络电话服务的Skype年收入260亿美元。Skype是如何融入到eBay价值主张中的？它对eBay的核心竞争力和竞争力优势产生了怎样的影响？

创业挑战

1. 为你自己的企业创造简要愿景。
2. 描述该企业的价值主张。
3. 用表3—2给出的要素，为该企业起草商业模式。
4. 你的企业的核心竞争力是什么？竞争优势是什么？

Technology Ventures

第4章 为创建可持续的企业战略

导读

新企业的战略是指实现目标的行动计划。企业战略需要制订独特、持久的行动方式，以此解决难题，为客户和自身提供有利润和有价值的产品。建立稳固战略的基础要做到：

- ◆ 了解行业环境和相关知识。
- ◆ 深刻理解企业的优势和劣势，以及面临的机会与威胁。
- ◆ 使企业掌握可靠的竞争情况分析，不断审视企业在市场上遇到的“六力”。
- ◆ 帮助企业做出可实现持续性竞争力的战略设计。
- ◆ 为了向客户提供独特的价值，企业应合理地选择差异化战略、低成本战略、差异与成本结合战略和缝隙战略等。

“科技创业的20条军规 4”

为新的企业制订的路线图（战略）要清晰明确：为了达到目标并获得可持续竞争力，企业该如何行动。

创业故事

Technology Ventures

不可超越的英特尔

自英特尔公司成立以来，其战略一直注重技术领导力、迅速反应力以及重要新市场的主导力。如今，英特尔已成为全球第一大微处理器供应商，90% 的个人电脑使用它的芯片。英特尔也是第一大闪存生产商，产品包括控制芯片、通信芯片等。英特尔的独特能力之一是建立、管理、利用世界上最好的半导体设备的能力。英特尔采用以技术为主导的战略，曾宣布找到了硅的替代品，使用这种替代品可以提高晶体管密度，并有效降低发热量和目前的欠缺。经过短短数十年的磨炼，英特尔已经拥有了自己成功的差异化战略。

赏识对手，向对手学习，总会因为有各自的长处而取长补短、携手合作的时候。

——乔治·马修·亚当斯

制定创业型企业战略的步骤

每家新的企业都有自己实现目标的战略或者方法。针对某一难题或者机会，企业会制订一个解决方案，然后按计划分步执行并完成该方案，而企业的战略反应的正是这一计划。新企业创建战略分为 8 步，其中步骤 1 和步骤 2 已经在第 3 章中阐述过了。

- ◆ 发展出愿景、使命和商业模式。
- ◆ 描述公司的核心竞争力、客户和竞争优势。
- ◆ 为企业和其竞争对手描述行业环境。
- ◆ 在企业所处的行业领域和相关环境条件下，找到自身的优势和劣势。
- ◆ 描述企业面临的机会和威胁。
- ◆ 根据六力模型找到成功的关键因素。
- ◆ 陈述可选择的战略备选方案，选择其中最合适的一个。
- ◆ 把战略转化为切实可行的行动计划。

创业者制订完企业的愿景、使命和最初的商业模式后，还要检查行业的政治、经济环境，以及营业额增长率、利润空间等，这些都在步骤 3 里。清楚了行业环境后，用步骤 4 和步骤 5 描述企业的优势、劣势、面临的机会和威胁。在步骤 6 里，创业者不但认清了所在行业和对手的情况，还知道了自身的优势、劣势、机会和面临的威胁，把这些认识综合应用到企业就能找到成功的关键因素。集中了上述步骤中的所有信息后，创业者就能精炼其目标、使命、商业模式，然后为获得可持续性竞争优势而创建一个战略。

战略就是企业或者其他形式的组织为实现目标或完成使命而采取的行动计划或者行动路线图，但它不是一成不变的。可以想象，仅仅依靠一张地图就企图走遍上千座城镇，难度是相当大的。换句话说，战略就是企业在当前行业内，为获得成功而制订的指导性理论。为了具有可用性，这个计划必须建立在企业面临的机会、实力和竞争的基础上，必须是切实可行的。例如，现在要从 A 点到达 B 点，其有效路线对一个骑自行车的人和另一个骑摩托车的人来说可能是不一样的。**整体性战略**是为整个组织制订的统一计划：它是企业的做事方式，或是企业的业务发展理论。战略产生的有利结果是可持续性竞争优势。由于动态和不确定性是充满竞争的商业世界与生俱来的本质，所以战略一定要简要、清晰，这样才能让每个人都理解它，并用它来指导工作。

战略帮助创业型企业建立一条发展路线，并在这条路线上集中力量。战略通常体现在所采取的一系列行动上。战略不同，公司间的产出和活动也不同，差异化就由此产生了。从某种意义上讲，战略的本质是选择不做什么。战略的发展步骤见上文所述的 8 个步骤。

战略是对机会做出的回应。“机会”（opportunity）一词源于拉丁文“通向码头”（toward the port）。价值的创建者就像驾船航行于商海中的船长，他从旅客手里收取乘船费用，管理自己的船员，还要熟知已经到过的港口，并发现或开创不为人知的新港口。制订战略的基础是熟悉面临的机会、所在的行业和环境。我们要把机会看做一种活力，有了这种活力，创业者就能够激励团队和投资者树立共同的目标，使用统一的战略，协调行动起来。由此可知，战略也体现在细节上。

市场总是动态变化的，所以长期计划很难自始至终地贯彻执行。行业的不均衡性导致很难准确地做出行业分析，不容易定义出行业的起点和终点。同样，我们也很难从合伙人、供应商中区分出竞争对手。因此，当条件、合作伙伴和竞争环境变化时，所有的战略也要随之变化。

如图 4—1 所示，创业通过创建能力、资源和产品起步，然后按照最初制订的战略或者商业计划开展行动。步入充满竞争的市场后，除了要重新分析竞争对手外，还要重新评估市场和行业环境。这将导致战略经理重新部署、调整能力、资源和产品，提高自身在市场上的竞争力。战略经理通过保护和管理企业的资本而努力获得竞争优势。面对流动的客户、变化的行业环境和竞争，企业内部在管理上如何回应是重新建立战略、提高自身竞争力的关键。企业领导者关注的是如何建立或捕获客户价值，不断调整企业战略和能力的人关注的是如何将企业从一个战略位置带入另一个战略位置，以回应不断变化的条件。

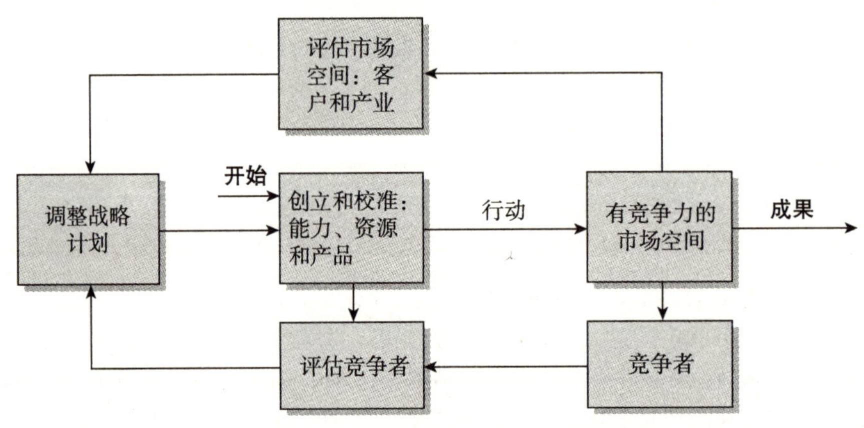

图4—1　企业在动态市场上的运行框架

在风云变幻的市场上，美国通用电气飞机发动机集团（GEAE）给我们提供了关于战略调整的例子。美国 GEAE 制订了生产高能、高效、高可靠性发动机的战略方针。由于竞争激烈、产品周期短，传统的汽车制造企业想获得持久性盈利很困难。在这种情况下，GEAE 转型为飞机发动机生产和服务供应商，通过售后服务获得可观的利润。面对动态变化的市场，该集团的战略领导者调整了最初的战略，适应了市场的变化。

总结图 4—1，第一步是找到该行业的基本驱动力：经济、人口、技术、竞争等因素，它们可能对企业构成了威胁，也可能创造了机会；第二步，根据上一步骤中找到的驱动力，为企业制订相应的战略；第三步，建立这一战略的实施计划；最后，通过建立并重新部署企业的能力、资源和产品，完成该战略。

创业者以对机会的感觉为基础制订战略，他们不会被现有的资源和能力所束缚，而是寻找有可能获得的能力和资源。资源的依赖战略体现了公司做什么或不做什么，也就是行动的自由度，这种自由度被客户和投资人的需求所限制，为企业在资源上提供了生存空间。投资人和客户要知道自己的钱是怎么花的，所以公司如果不能满足这些人的要求，就无法生存下去。

优秀的战略能够准确地回答 Kipling 提出的问题：

我有 6 个忠实的帮手在身边，他们告诉我以下的问题：

> 什么（what）、为什么（why）、什么时候（when）、怎么样（how）、在哪里（where）和谁（who）。

如图 4—2 所示，这里总结了创建动态战略时要解决的 6 个问题。只有准确、肯定地回答完这些问题后，企业才可能形成有效的战略，并引导企业盈利。

利润		
你为什么追逐这个目标？ ·愿景 ·使命	我们从哪里积极行动？ ·客户 ·市场	我们如何实现目标？ ·创新 ·兼并
我们什么时候、以何种速度行动？ ·及时 ·执行	我们产品的差异化体现在哪里？ ·定位 ·竞争者的反应	我们和谁竞争、又和谁合作？ ·竞争 ·联盟

图4—2 创建动态战略时要解决的 6 个问题

企业的利润就包含在对这 6 个问题准确、肯定的回答中。

创业型企业的战略或计划能充分利用该企业的资源和能力，把其目标和行动有效地结合在一起。战略的本质就是对优先事物的选择，决定做什么或不做什么。这种战略性的优先选择决定了企业与可选择事物间的关系。当竞争条件改变时，新企业也要调整它的战略以满足新的条件。

发展、调整战略时常常使用类比推理的方法。例如，史泰博（Staples）公司首先要问自己："我们能成为 Toys-R-Us（美国著名的玩具零售店）的办公用品供应商吗？"使用类比推理的方法能够有效地利用各种信息，但同时也可能会用到一些不准确的信息，它们与正确信息十分相似。所以，有必要分析信息的来源，并检查那些相似信息。

看清企业所处的行业环境

确定战略计划通常需要 8 个步骤。第 3 章已经详细说明了步骤 1 和步骤 2。在本章的其他小节里，我们将继续研究步骤 3 至步骤 8。本节里我们讨论的是步骤 3。此外，理解创建战略的 8 个步骤中的内容有很多方法，其中的一些我们会在本节和后面的小节中加以讨论。

对客户和行业全面描述能帮助创业者建立一个合理的战略计划。行业分析涉及 5 个步骤。

- 命名和描述所在行业。
- 描述该行业内的规则、政策和相关法律法规等。
- 描述行业的增长率和发展情况。
- 描述潜在利润和资本回报。
- 描述竞争者及其公司。

第一步，准确命名并描述企业所在的行业。描述要重点突出，有很强的行业针对性。行业是由特定的公司组成的一个群体，这些公司生产相同或相似的产品，为同类客户提供服务。所以，描述行业时，如果只是笼统地定位到通信上，范围未免太宽了。定义行业时要更有重点，如“互联网服务供应业，为美国俄亥俄州和印第安纳州的企业、家庭提供互联网服务”这样的定义才是恰当的。如果数据不适用于某地区的市场，可以选择其他最合适的市场。例如，某统计数字不适用于俄亥俄州和印第安纳州，那它可能适用于美国的中西部或其他地区，然后，定义这里的市场和客户。

第二步，描述该行业内的规则、政策和相关法律法规。当地制度、地方规章、国家法律规定等都要考虑到。第三步是描述行业的增长率和发展状态。大多数行业在新兴阶段缺少竞争，发展缓慢；然后随着企业不断加入，行业将步入飞速发展期，这是第二阶段；第三阶段是成熟期，发展缓慢但却稳定。最后，很多企业纷纷退出，行业进入衰退期。

这四个阶段的总结如表 4—1 所示：**新兴期、发展期、成熟期和衰退期**。知道目前行业处于哪个阶段很重要。在新兴期，产品和市场都存在巨大的不确定性。人们不知道需要的产品要具有什么特征，所以产品是不确定的。很多科技型企业都出现在这一阶段。刚刚起步的行业很适合办成科技型企业，这样的企业具备知识、技术，可以以此为基础发展自己。

表 4—1　　行业在其生命周期中的四个阶段

阶段	示例
新兴期	人造器官 纳米技术 基因产品
发展期	医药技术 软件 电子
成熟期	电气产品 汽车 电影剧场
衰退期	钢铁 旱冰溜冰场 保龄球

当行业里已经出现了关于产品或服务的特征、性能等描述清晰的主导设计时，行业就开始进入发展期。

主导设计是指产品的主要部件或服务的核心概念已经得到了行业内部的普遍认可，并得到了广泛应用。随着主导性设计的出现，大量的竞争对手开始涌现。

然后，当竞争对手数量固定、利润空间慢慢减少时，行业将步入成熟期，这时价格会成为竞争的主要武器。当利润空间被侵蚀殆尽、众多企业纷纷退出时，该行业将进入衰退期。对这四个阶段的描述如表 4—1 所示。

个人计算机市场始于 1978 年，那时只有几家小型公司，1982 年，苹果、IBM 进入了该市场，它们的个人计算机产品迅速成了主导设计，其后出现的很多公司纷纷模仿。从 1984 年到 1998 年，个人计算机行业经历了成长期。最后，该行业到达成熟期，目前只有几家主要的公司以标准化的产品、稳定的销售量占据着市场。

行业分析的第四步是描述该行业投资背后的潜在利润和典型的资本投资收益率。

创业不可不知的名词

资本回报率（return on capital）是利润与企业投资总额的比值。计算机软件行业的平均资本收益率是16%，钢铁业的平均资本收益率是6%，相比之下计算机软件业比钢铁业更加吸引人。

“六力分析模型”是目前评估行业竞争力的流行方法之一。如图 4—3 所示，六种力量分别是：（1）已有的竞争者的影响；（2）新加入的潜在竞争者的威胁；（3）可替代性产品的威胁；（4）客户的议价能力；（5）补充者的议价能力；（6）供应商的议价能力。这一框架是对波特的五力模型的扩展。六力模型通过描述行业的关键因素，使分析者能够全面考虑新企业将面临的问题。行业竞争者带来的议价能力可大可小，要视具体情况而定，某些行业中客户的议价能力也可能会非同一般。

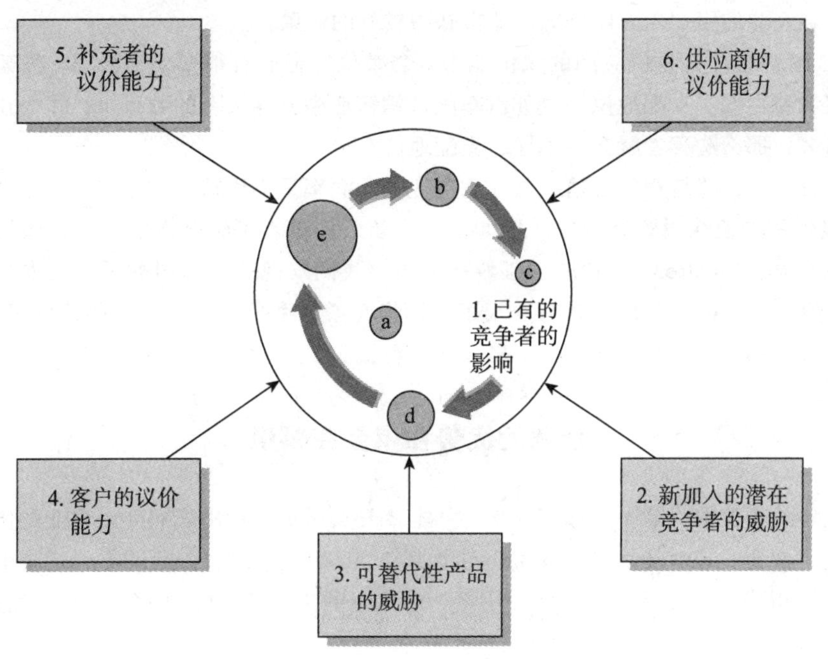

图4—3 六力模型

以美国的汽车制造业为例，目前有 10 家主要企业，已有的竞争很激烈。由于客户能获得每家企业所制造的汽车的性能、价格、经销商等信息，所以客户的议价能力很高，而供应商的议价能力一般。此外，可替代性产品的威胁很小。由于研发新产品、建立销售网成本太高，基本不会出现新企业，其威胁也会很小。因此，该汽车制造业在争取购买者方面存在激烈的竞争。

以网上图书销售业为例。亚马逊和巴诺网上书店（BarnesandNoble.com）是美国两大网上图书零售商，但是他们面对着很多地方性竞争者，如 Powells.com，所以竞争者的议价能力很大。他们的供应商议价能力不大，而新加入的公司的议价能力一般，客户的议价能力大，而可替代性产品的威胁小，但是电子图书可能会削弱图书出版印刷业。

相比之下，每年都会有很多新公司进入计算机软件业。客户的议价能力一般，可替代性产品的威胁很小，所以行业利润很高。然而，公司间的竞争异常激烈。

竞争分析告诉我们，公司应当如何比对手做得更好，这就意味着要出类拔萃、与众不同。有优异表现的企业往往都有自己的独到之处，能为人所不能。军事上的战略指的是那些大规模作战计划，将军们以此指挥战斗并获得战争的胜利。相比之下，策略是指小规模的运营操作，如指挥小型战役。遭遇竞争对手后，不存在固定不变的战略计划，因为双方都会根据情况不断改变、调整各自的战略。

补充者就是为企业提供补充物品的公司。补充物是提高或完善产品性能的另一种产品。例如，索尼公司曾推出的 PlayStation 游戏机是电子游戏产品的补充产品，这些游戏可以运行在 PlayStation 上。如果没有这样的补充产品，玩家对游戏的要求就不会那么强烈。汽车的补充产品是美国的州际公路系统，它使汽车能够安全、快速地长途行驶。没有分布广泛且合理的充电站，电动汽车也不可能有广阔的未来。

刚刚创办的公司是行业内新手，因此需要清楚进入壁垒、可替代品的威胁、供应商的议价能力、客户的议价能力和竞争者的议价能力。比较已经存在企业有效竞争力的大小，是市场结构分析的要素之一。如果行业内企业不多，那么新公司加入然后占据市场一隅之地就明显容易得多。但当行业进入壁垒高、竞争对手少、可替代品威胁低、客户、供应商以及补充者的议价能力小时，新企业使用“六力模型”可能会获得较好的效果。

图 4—3 解释了什么是供应商的议价能力。当某供应行业有很多小型公司，而购买者却很少时，购买者就占据了支配地位。例如汽车配件销售业中，购买者的数量少，作为供应商的小型公司数量多，那么购买者就会占主导、支配地位。

做行业分析时，清楚竞争者情况并描述行业的利润率是不可缺少的一步。方法之一是使用标准普尔报告和价值线投资调查法。例如，一家新公司进入了医疗设备行业，该行业的领头羊是美敦力公司（Medtronic）和波士顿科技公司。我们发现三家公司的平均资本收益率都是 15%。从价值线上还可以看出，该行业未来的销售额增长率是 13%。从这些数据中可以知道，该行业能够吸引那些产品特点突出、价格合理的新企业。

企业的优势和机会在哪里

制订战略的步骤中，第 4 步和第 5 步（如本章开头所示）指出战略要以企业的优势和机会为基础，同时要避免或减少劣势和威胁。正如第 2、3 章所述，新企业的重点是获得必要的能力和资源以取得成功。此外，新企业使用第 2 章提出的机会选择的原则所示步骤选择机会后，就要专注该机会。

> 制订的战略要包括 4 个方面：企业的优势（strength）、劣势（weakness）、机会（opportunities）和竞争环境下的威胁（threats）。这种方法叫做 SWOT 分析法，用它可以发现企业存在的优势和劣势，并与机会和威胁相匹配，然后寻求最合适的发展道路。

企业的优势包括资源和能力两个方面；劣势包括对组织的约束或缺少能力、资源等；机会指它在行业内获得成功的可能性；威胁指竞争环境下的外部活动或事件。

对美国西南航空公司基本的 SWOT 分析如表 4—2 所示。SWOT 分析提出了企业战略要解决的问题，并帮助企业充分利用自身优势，极力避免劣势，抓住合适的机会，减少面对的威胁。可能存在的威胁如市场转型、调整性变化、产品发展延期等；机会包括增长的需求、重复购买与使用、购买意愿上升等。

如图 4—4 所示，我们以三维模型表示机会。最安全的策略是，通过已有的方式、销售渠道把新产品卖给已有客户。三维分别是：产品、客户和方法。方法指的是如何把产品推销给客户。最冒险的战略是，通过新方法把新产品卖给新客户。亚马逊公司采用的战略是，通过网络销售这种新方法把书（已有产品）卖给客户（已有客户）。

表 4—2　对美国西南航空公司基本的 SWOT 分析

组织内部	外部环境
优势	**机会**
·高效率的领航	·能够增加飞往新的城市的航班
·地面和空勤人员	·低价格可以使其市场份额增加
劣势	**威胁**
·无力提供长途和一站式的旅行服务	·无力确保机场新的登机口
	·来自低成本对手的竞争，如 JetBlue 公司

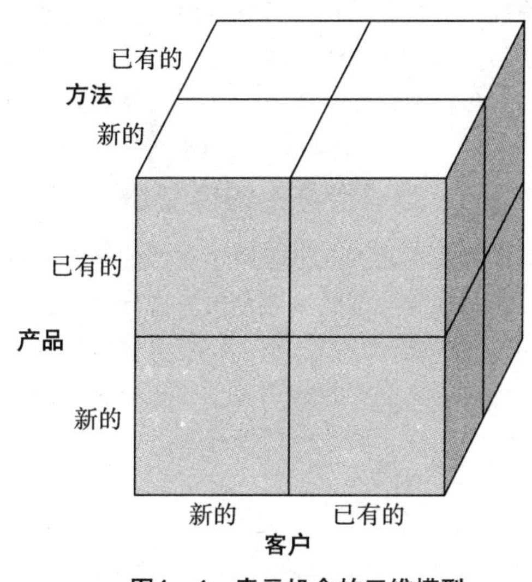

图4—4　表示机会的三维模型

识别进入壁垒

进入壁垒是指企业进入某行业需要付出的成本，是决定企业进入行业的因素。新企业进入某行业时花费的成本越高，进入壁垒就越高。表 4—3 给出了 6 大进入壁垒。产业集中、产品成本已经很低的行业存在规模经济。例如，飞机设计与制造业，企业进入时不仅需要大量的投资和较高的起始规模，而且很难降低成本获得更大的收益，所以很难进入。

表 4—3　进入行业的潜在壁垒

·规模经济	·人为威慑
·费用优势	·政策法律
·产品差异化	·转换成本

费用优势是指被已有的企业占有的、有碍新企业进入的优势。例如，现有的企业可拥有技术专利，占据有利的地理位置，富有更多的经验等。这些优势都是新企业进入的壁垒。

产品差异是指原有企业已经树立的品牌、拥有许多忠诚的客户给新企业造成的进入壁垒。例如，戴尔、惠普、苹果等公司已经树立了良好的品牌并得到了大量客户的认可，而新进入的该行业的个人电脑厂商很难得到大规模的发展空间。当然，如果生产商只是希望进入该行业利基市场（Niche market，也称缝隙市场）的话，这一壁垒也就不那么重要了。债券分析业成本低、利润空间大，是十分诱人的行业。然而如果新公司要加入该行业，必须和穆迪公司（Moody's）

与标准普尔公司竞争，这两家公司都在该行业享有盛名。

人为威慑（Contrived deterrence）是指已有公司强加给新企业的人为性的壁垒。已有企业会用降价、新产品或强化品牌等手段震慑、阻止新企业的进入。例如，一家电视传媒公司可能会受到政府对其实施的播放频道的限制。新公司对这种限制可以采用的一种方法是采用电缆作为传播渠道，如福克斯公司（Fox）。

存在两种经济市场：可替代型和不可替代型。可替代性产品主要是日用品，如百货、饮料、汽油等。不可替代型市场中，如半导体生产设备，其需要的关联基础是指，购买者一旦选择了某项产品或服务，就不会愿意对其进行更换，因为转换成本很高。

转换成本是指客户从一家已有企业的产品转换到另一家新企业的产品需要的成本。如果转换成本高，即使新企业的产品更好，客户也会继续使用原产品。例如，从微软操作系统转换为苹果系统，客户不但要购买一套新的软件，还要培训员工使用新的操作系统。

创业案例

游戏世界中的低壁垒

由于电脑和手机游戏行业容易进入，吸引了众多的创业者。这是个正处在发展期的行业，进入门槛低，每年都有上百款游戏推出。设计游戏无须过多的资金投入，只需要一定的技术和程序设计的相关知识。这一行业为拥有少量资金的创业者提供了机会，使他们有可能快速地推出产品并占领市场。作为电子游戏的互补者，游戏网站和网上聊天室也在全球范围内经济、快速地传播开来。

如何获得可持续性竞争优势

具有独特能力是企业最大的优势，它使企业能够创造出条件以获得竞争优势。SWOT 分析就能帮助创业者发现企业的独特能力，这一能力来自自身能力和资源（如图 4—5 所示）。**资源**包括财力、人力、物力、组织形式，还包括专利、品牌、技术、设备、财务资产等。企业的能力包括技能、方法、管理流程等。只有把企业能力和资源协调地结合在一起，才能获得独特的能力。企业要想获得成功，必须具有一套有价值的资源和能够利用这些资源的能力，或者具有管理普通资源的独特能力。英特尔就具有资源上的专利、技术以及利用这些资源的能力；美国西南航空公司不仅只占有普通的资源——飞机和设备，而且有独特的能力去管理这些资源；迪士尼公司在电影、品牌和主题公园等方面有其独特的资源，并对这些资源管理得蛮出色。

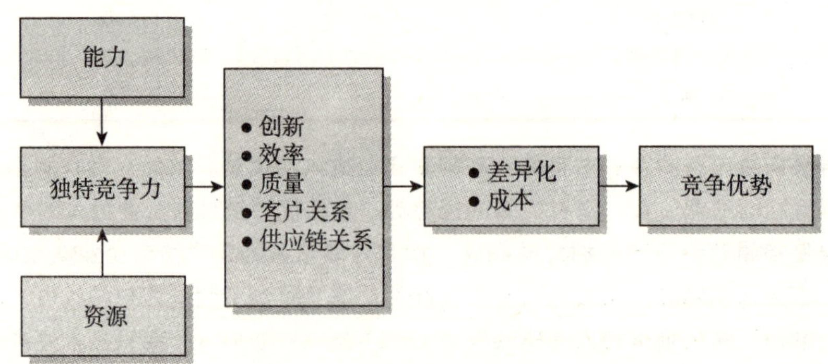

图4—5　导致竞争优势的独特能力

如果新企业拥有合适的资源，也能获得竞争力，那么它就能提高自身的效率、效益，而此效率是竞争对手不能达到的。如图 4—5 所示，企业使用其独特能力管理创新、效率、产品质量、客户关系以及供应商关系，实现产品的差异化和成本控制。科技型企业的工作是设计并生产低成本、高性能、差异化的产品。

企业可以从 4 个方面区别于竞争对手，分别是：差异、成本、差异与成本混合、缝隙（Niche），如表 4—4 所示。

表 4—4　　四种常见的战略及其特点

因子	战略的种类			
	差异化战略	**低成本战略**	**差异、成本混合战略**	**缝隙战略**
能力独特	创新和联系	工业流程、后勤保障	创新和流程	关系
产品差异化	高	低	中	中
市场细分	细分为多个部门	不细分	细分为多个部门	细分为一个或两个部门
举例	英特尔	瑞帝优上	戴尔	华盖创意
	微软	沃尔玛	西南航空	药物开发商（Incyte）

差异化战略的目标是以企业的独特能力为基础，创造与众不同的产品。低成本战略同样以独特能力为基础，并建立高效的管理流程。很多企业使用差异与成本混合战略，一方面有效地降低成本，一方面使产品具有差异性。缝隙策略瞄准的是大规模市场中被忽略的一两个细分市场。缝隙市场可以是地理位置上的，也可以是产品或价格中的。

缝隙型企业通常能够以较少的资本迅速取得成功。缝隙商业规模对大型市场供应商来说规模太小，但基本上没有竞争。典型的缝隙商业都是通过单一的细分市场起步的，以核心竞争力和与客户、供应商良好的关系为基础的。

创业案例

美国西南航空公司的缝隙型战略

美国西南航空公司就是以缝隙市场起步的，以较低的商业运营成本在得克萨斯州试运营。最初它只在三个城市服务——达拉斯、休斯顿和艾尔帕索地区，使用波音 737 型客机。该公司聘用高效的职员，使用低成本、短途的点对点系统，提供频繁、可靠的航班服务。最终，西南航空公司将业务发展到了西南的其他州，服务覆盖到全美国众多城市。因此，该公司也将其缝隙型战略转换为差异与成本混合型战略。

源于明尼苏达州的快扣公司（Fastenal Company）是美国最大的螺丝、螺帽等五金产品销售商。该公司采用低成本战略，拥有 1 000 家销售店，年度总营业额超过 8 亿美元。每家销售店至少有一辆货运卡车，客户能方便地在当地的销售店获得服务。快扣公司为客户提供卓越的服务，该公司已投入 1 200 辆卡车为客户运送货物。

差异化战略通常以别的企业没有的创新或能力为基础。例如，被甲骨文公司收购的西贝尔系统公司（Siebel Systems），其创建者是汤姆•西贝尔（Tom Siebel）。该公司着重于解决销售、市场和客户服务等方面的问题，并建立了一套拥有专利权的软件体系结构，该体系可以帮助公司收集信息、交流技术，从而很好地解决这些问题。

沛齐公司（Paychex）是采用差异与成本混合战略的典型。它提供薪酬处理服务，在最初起步阶段只是为需要这种服务的中小型企业做薪酬统计，以此获得一定回报，扩大知名度。它一旦满足了客户需求，该客户的转换成本就变得很高。如今，沛齐的年营业额已超过 10 亿美元，客户多达 350 000 家，近 20 年内沛齐年营业额增长率都保持在 18% 以上。

创业案例

是什么让苹果如此成功

面对索尼、微软和纳普斯特（Napster）等强大对手，苹果公司的便携播放器以其良好的质量和友好的操作界面在数字音乐市场上开辟了新天地。是什么战略使苹果公司获得了如此巨大的成功？iPod 是在 2001 年面市的，它的音乐在线下载平台 iTunes 在 2003 年面市，iTunes 的出现极大地促进了 iPod 的发展。2005 年，iPod 的销售量超过 2 000 万台，iPod 的芯片可以存储 1 500 首歌曲，此外，iTunes 在第一年就卖出了 40 000 万首歌曲。iPod 容易使用、方面携带，并能通过 iTunes 同步下载音乐。如图 4—6 所示，苹果采用了差异与成本混合型战略，最终取得了巨大的成功。

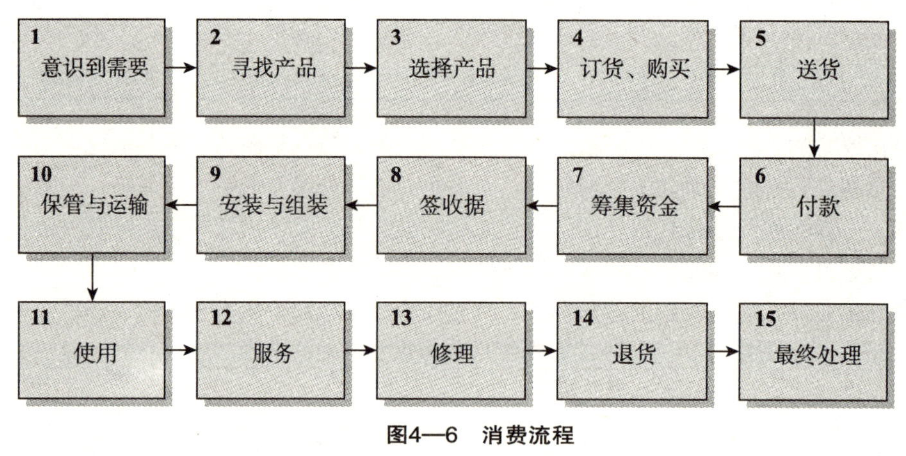

图4—6　消费流程

同样，宜家是家居用品销售企业，主要面向年轻、不富裕、可能有孩子的客户，这些客户愿意为低廉的价格放弃售后服务。宜家自行设计家具，这些家具价格低廉、易于组装。在大型卖场里，可以看到它有多种类型的产品。宜家提供价格低廉的产品，同时也具有自身的独特因素，如营业时间长、卖场内设有儿童专柜等，所以它的战略是差异与成本混合型。

一些公司努力打破已有的价值与成本体系，创造新型市场。例如，你的手机可以下载音乐、视频、游戏等。这种破坏性战略可能会为媒体传播创建新的市场。

与市场匹配的才是成功的

如果一家企业能够长时间优于对手的话，可以说它是成功的。评判企业是否拥有最好战略的另一个角度是，它是否使企业的策略紧随市场的步伐。表 4—5 总结了 3 种竞争策略。第一种策略是建立并保护企业的市场地位，目标是依靠自身能力抵抗外部竞争力，使企业更好地生存，这些竞争力已在图 4—3 中描述过了。

第二种策略瞄准资源，如专利、品牌等，努力使得这些资源比对手的更有优势。例如，美国西南航空凭借强大的品牌优势，已经向客户推出自己的 Visa 卡。

第三种策略叫做“新兴”，它以灵活而简单的规则为基础。很多公司使用这种方法调整战略，选择意义重大的战略过程，并建立简单的规则，以此引导自己立足于风云变幻的市场。战略过程也可以体现在创新、合作或客户的关系上。例如，戴尔已经选择了自己的客户关系，发展可定制的产品，并以此作为基本战略，然后根据需要再进行调整。

表 4—5　　三种竞争策略

	市场地位	资源	新兴
策略	建立并保护地位	有杠杆作用的资源，如品牌、专利或资产	捕获新兴的机会
企业的基本问题	我们在哪里立足？	我们要成为什么？	我们下一步要做什么？
基本步骤	识别诱人的市场，设立可防御的地位与前沿	要获得独特的、有价值的资源	选择一到两个核心战略，用于指导下一步的行动
适应场合	变化缓慢、熟悉的市场	变化程度一般、熟悉的市场	变化迅速的、未知的市场
竞争优势的存续	相对较长（3~6 年）	相对较长（3~6 年）	短期（1~3 年）
风险或困难	地理位置难以改变	难以建立新资源	很难选择最好的机会
目标	盈利	长期主导	发展和盈利

思科公司在其成立后的第一年里，采用创新战略，使自己能抓住新兴的机会。随后，为了适应市场的快速变化，它又转向到基本战略上。我们可以把新兴市场上的基本原则变成简单规则（如表 4—6 所示）。这些规则能够使企业在多变的市场上获得一定的竞争力，尤其是在新兴市场上。

表 4—6　　新兴市场上的简单规则

规则	目的	举例
边界	描述哪些机会可以被捕获	思科的购并规则：被购并企业不多于 75 名员工
优先	排列可能存在的机会	期望投资能获得回报
适时	同步考虑选择的机会和企业自身的情况	当产品一定要被递送的时候
退出	知道什么时候放弃机会	团队的关键成员离开时

不确定性是战略规划中不可避免的问题，因此，我们很难完整地评估一个没有经过实践检验的战略计划。**战略的制订一定程度上反映了组织能力，只有考虑并做出多种情况的设想，才有可能借助其中的一种来赢得将来的胜利**。

山姆•沃顿（Sam Walton）采用低成本战略开办零售店，并在很多相对偏僻的小镇设立店铺，并以此作为特色。这些店铺的规模都不大，但是价格低廉，常打折扣。他的第二大特色是创立了能够激发员工创造力和工作热情的企业文化。当竞争出现时，他依靠信息技术，又推出了一种十分节约成本的货物配送体系。沃顿在商业战略和运营上采用的简单规则对沃尔玛的成功起到了重要的作用。

此外，战略要取得成功还有两大关键要素。它们是：**与特定行业相关的能力；该行业中已有竞争者的情况**。参与了 Shepard 研究项目的企业家们是这样总结的：在竞争不是很激烈的行业中，体现出强大竞争力的战略才是最好的战略。所以，在合适的时间进入合适的行业很重要。我们按重要性对决定战略是否能够获得成功的要素进行了排序，其中比较重要的 5 大因素如下。

◆ 行业相关能力：具有独特的核心竞争力。
◆ 竞争情况：行业内竞争程度低。
◆ 进入时间：在合适的时间进入该行业。
◆ 受教育能力：能够掌握技能、知识和资源，发现市场上被忽略的潜在价值。
◆ 领导时间：在先行者进入之后、第一个后继者跟随之前，有相当长的一段时间。

新企业的成功一定程度上取决于内部核心竞争力与行业所需的主要成功因素的匹配程度，两者匹配得越紧密，企业的竞争力就越强。当市场变化时，企业如果能够迅速调整自身的核心竞争力，匹配这种变化，就能够获得持久的竞争力。此外，与关键的商业伙伴建立同盟很重要，如供应商、递送商，这样有利于新企业清除进入壁垒。

每一个战略都是独一无二的，因为它包含了不同的资源、环境、目标、能力和企业价值观。在消费序列的不同阶段也能体现出企业间不同的战略（如图 4—6 所示），消费序列中的每一步都可以采用不同的方法、工具或者安排。每家新企业都应该研究这个消费序列，并研究哪里能够使得产品或服务差异化。

戴尔的强大之处在于其直销模式，它拥有三种不同的细分客户群。这种直销模式体现在消费序列中前 15 个阶段。CDW 电脑中心（www.cdw.com）是惠普的中间商，它为买电脑的消费者提供良好的客户服务。它的销售团队有 1 300 多人，帮助客户选择合适的电脑配件，并为每位客户分配一名服务人员，为该客户以后再次购买电脑提供帮助。CDW 公司的销售模型体现在消费序列中的 3 至 10 步。

带你踏上创业之旅

案例 AgraQuest

AgraQuest 公司的商业模式在第 3 章中已提到。该公司的战略基础是产品差异化，它生产的天然产品不会污染环境，能够达到和化学杀虫剂一样的效果，从而保证了农业丰收。和化学杀虫剂与除草剂相比，其产品的差异化体现在独特的功效上。

AgraQuest 隶属农作物杀虫剂和除草剂行业。人们使用杀虫剂的目的是减少农作物的病虫害。该行业不仅受到美国各州级环境保护组织的监督管理，如加州环保署（California EPA），还受到美国环境保护署（EPA）的监督管理。2001 年全球杀虫剂的市场消费总值为 280 亿美元，其中 26% 用于水果、坚果和蔬菜的病虫害药物防治。AgraQuest 的目标市场是葡萄、番茄、香蕉、苹果、樱桃、花椒、生菜以及家庭园艺等。AgraQuest 的生物产品在消灭植物害虫和疾病上，取得了和化学合成杀虫剂一样的成功，不仅如此，其产品在成本、病虫存活率、保存期、易用性、安全性以及对环境的影响等方面都占据优势。

第一种有用的微生物是 AgraQuest 的科学家在一把泥土中发现的。经过测试，该细菌可以消灭那些让葡萄发霉、腐烂的菌类。因此，AgraQuest 立刻开始研究如何实现这种细菌的工业化生产。

确切的工业流程是商业秘密，我们不可能知道，所以这里只能做简要的叙述。AgraQuest 的工作人员把装有细菌的烧瓶放入容积为 1 000 加仑的试验箱中，该试验箱装有特殊的原料。48 小时后，试验箱内开始形成粘液。为了得到有用的产品，他们浓缩箱内的细菌。干燥后它们呈粉末状，看起来有点像奶粉，这就是最终的产品了。把这些粉末装箱，运输到农民那里，农民们在使用的时候，只需把它放进喷雾器，兑些水，直接喷洒即可，使用起来和化学农药一样。

AgraQuest 的竞争者有很多，其中不乏国际大型企业，如芝加哥的生物农药公司（Valent Biosciences）、印第安纳波利斯的陶氏益民公司（Dow Agrasciences）、德国的巴斯夫公司（BASF）和拜耳公司（Bayer）以及瑞士的先正达公司（Syngenta）。

天然杀虫剂业的进入壁垒很高，因为公司除了要有相应的技术能力，还要有一定的业内声誉。AgraQuest 最大的优势是它在识别、发展和生产微生物天然杀虫剂上的科研能力。这种科研能力不仅是 AgraQuest 的优势，也是任何公司在该行业中获得成功的关键。AgraQuest 的劣势是缺少足够资金，不能针对多种农作物建立大型的自然防治产品的生产线。

基于科研能力的产品差异化战略很合理，但缺点是不能及时创建新产品。天然杀虫剂市场需要合适的生产线，以便创造正的现金流。

纸上练兵

1. 随着大型图书超市以及如亚马逊等网上图书销售商的发展壮大，小规模的个体图书销售商面临着越来越大的压力，甚至无法继续生存下去了。然而计划完整、执行有力的战略能帮助这些销售商获得固定的消费人群，增加销量和利润。加利福尼亚州的 BookPassage（www.bookpassage.com）和俄勒冈州的鲍威尔书店（Powells Books，参见 www.powells.com）两家公司就是很好的例子。与其他销售商相比，这两家公司具有明显的差异化，拥有众多的忠实客户。这两家图书经销商提供了怎样的差异化服务呢？你会建议本地的个体图书商店采用怎样的战略呢？

2. 播客和博客是两种让用户自由地在互联网上发布文件，并允许用户采用订阅方式下载文件的技术。请描述这一行业的特点，并使用图 4—3 中的“六力模型”分析其竞争情况。

3. 如果电脑屏幕做得像纸一样轻巧，上网看报就会更方便，不仅能够时时更新，并且方便携带。假设这样的一种报纸或书，它能够放在口袋里，还能每小时更新一次。根据本章所学知识，为该行业制订战略。

4. 微软以其操作系统、办公软件等产品在软件业占据了主导地位，为其他软件公司的进入带来了巨大壁垒。列举微软的三个竞争力优势。如果你建立的公司要和微软竞争，你如何克服这些进入壁垒。

5. 找出一家拥有百年以上历史的科技型企业，描述该企业现在所处的行业环境，以及它所经历的行业环境变革。该企业还拥有可持续性竞争优势吗？如果有，那么它是如何保持的呢？

创业挑战

1. 利用表 4—2，为你的风险企业做 SWOT 分析。
2. 根据表 4—4 为你的企业选择战略方向。
3. 用一两句话概述你的战略，使之适于向你的员工和合作伙伴推广。

Technology Ventures

第5章 只有迅速行动的人，才能抢占先机

导读

成功的创业型企业都善于把握进入市场的时机，它们在紧迫感和细心的行动之间进行平衡。通过与合作者（企业或个人）协商，大多数企业能够在创造、发明和创新等方面，提高自身的能力和实力。几乎所有企业都有自己的创新战略，该战略体现了其持续性的活动计划。

◆ 先发型战略通常能够在新兴市场上创造巨大的利益，但是并不能保证企业最终获得成功。
◆ 创业者要建立和参与者之间的价值网，该价值网可以帮助企业提高自身实力。
◆ 创新战略为创新的持续性和商业化创造了路线图。

“科技创业的20条军规 5”

创新战略建立在创造、发明和技术等基础上，在价值网内活动，目标是有效地为客户把新产品和新服务进行商业化运作。

Technology Ventures

创业故事

百度和中文搜索

李彦宏和徐勇建立的百度公司为我们展示了如何在图形显示市场和技术市场中识别机会窗口。李彦宏在搜索行业工作了几年后，发现中国市场上需要支持中文的互联网搜索引擎，于是在 1999 年创建了百度公司，并用四年时间打造了中国国内最好的搜索引擎。李彦宏认为，中国有十亿多人口，在如此巨大的市场上发展搜索技术、为网民提供最好的服务十分重要。2004 年，李彦宏觉得百度在技术上已经成为中国国内市场上最好的搜索引擎了，于是把重点放在品牌推广上。百度在搜索技术和中国市场上担负的责任，促使其迅速成为全球第二大独立搜索引擎。

任何问题都会有更好的解决办法，我们要做的就是找到它们。

——托马斯·爱迪生

做先行者还是跟随者

很多创业者都认为，与其在慢速中挣扎，不如在快速中求生。生产出新产品或刚刚进入新市场的公司都希望能够保住自己的竞争优势，以此长期获得更多的利润。本节中，我们将讨论先行者获得收益的情况。**率先推出新产品或进入新市场的企业往往能够获得更多的利益，这就是先行优势。**

我们分别描述三种类型的行业，分别是新兴型、发展型和成熟型（如表 5—1 所示）。新兴行业是由产品、客户或者环境的改变而新建立的或再建立的行业；成熟型行业年收入增长速度慢、市场稳定性高、竞争激烈；发展型行业显示出中等的营业收入增长速度、适中的稳定性和不确定性。新科技创业型企业往往出现在不确定性很高的新兴行业中。

表 5—1　　三种类型的行业及其特征

特征	行业的类型		
	成熟型	发展型	新兴
年营业收入增长速度	慢	中	潜在快速
市场稳定性	高	中	低
不确定性	低	中	高
行业规则	固定	可变	尚未建立
竞争	高	中	低或无

作为先行者，先行企业必须承担研发、推广新产品所需的成本，包括引导客户购买新产品、使用新产品所需的潜在高成本。此外，由于新兴市场具有高度不确定性，企业在产品、战略和执行等方面不允许犯任何错误。而跟随者却能吸取先行者的经验教训，进一步开发、利用先行者开拓的市场。一些成功的公司正是利用了这种**跟随战略**。

早期进入新兴行业的企业如果能够掌握资源并等待时机成熟后行动，就可以先一步开发新产品，实现商业化，从而获益。新企业因过早地进入行业而很快消失，这样的例子有很多。如宠物网络（Pets.com）、威普旺公司（Webvan）、玩具网络（eToys）等公司还没有吸引到足够的客户，就过早地投入大量资金，它们最终破产了。而对大多数新企业来说，就如马拉松一样，什么时候起步进入市场并不重要。

先行企业往往力求为客户带来持久的良好印象，取得巨大的品牌效应。在这种情况下，当购买者考虑跟随型企业的产品时，其转换成本会很高。所以，创业者选择先行战略的原因很简单，即**品牌优势**，客户很容易记住先行企业的品牌。然而，一项研究发现，**先行者获得销售优势的同时，也面临由于跟随者迅速进入市场而引发的成本劣势**。由于先行者比跟随者投入了更多的资金，所以相比而言其成本回收变少了。

当然，先行优势在很多方面是显而易见的。酒店、百货商店等行业，先行者可以抢占最好的地段。例如，星巴克总是寻找城市中最繁华的街区，然后在那里开设分店。具有一定能力和组织经验的先行者能够在正确的地点正确的时间获得回报。

如果市场不是很有序、稳定的话，先行进入该行业可能太早了。我们说市场稳定是指在行业的发展期里，企业获得成功的必要条件不会发生太大的变化。亚马逊公司进军图书在线销售市场，创建了智力资本和市场标准，由于是先行者，它的发展成本较高。而 BarnesandNoble.com 随后才进入该行业，吸取了前人的经验教训，迅速向亚马逊发起挑战。不管怎样，亚马逊还是通过不断创造、创新保持了领头羊的位置。

先行者通常采用低成本战略，让员工积累经验，不断提高生产力，与跟随者相比，这种低成本战略是先行者的优势。新科技创业型企业往往选择先行进入新兴行业，这样它们就能获得品牌、成本、转换成本等优势。表 5—2 总结了先行者的优势和劣势。

表 5—2　　先行者潜在的优势和劣势

可能存在的优势	可能存在的劣势
·创建标准和规则	·在竞争中短暂性优势消失
·低成本地位	·发展成本高
·建立并保护智力资本	·被后来者侵占专利权和其他智力资本
·抢占战略资源	·获取资源需要一定成本
·增加生产商的转换成本	·产品设计上有很大的不确定性，一旦预测失败，要付出巨大的转换成本
·增加客户的转换成本	·产品的转换成本过高时，消费者将不愿购买其产品

当技术性革新和消费者意愿快速发展起来后，先行者可能会落后。但是，如果先行者能够针对客户和供销商的变化不断创新，在市场进化中也能获得优势。新科技创业型企业要利用自身的敏捷反应、技术能力等建立竞争优势。虽然已经有了像沃尔玛、塔吉特这样的传统零售商，作为晚期进入者的亚马逊却能在新型市场（电子贸易）上成功开展大型商业活动。

晚期进入者赶超先行者并逐渐获得更多的利润，这样的例子有很多。企业只有具备差异化的能力，以及能够产生竞争力优势的合理性战略（见图 4—5），才能获得出众的表现。遗憾的是，先行者针对“六力”模型（见图 4—3）制订并发展战略的基础是不确定的或不准确的猜想，而跟随者却能吸收先行者的教训，从而快速赶上甚至超过先行者。先行者也会受到来自诸多方面的不确定性的困扰，如客户、所需的组织能力和行业环境等。

然而，创业型企业可以先行与供销商、客户甚至竞争者建立关系。这种关系能够形成相互信任和品牌效应，这点是跟随者不容易模仿的。如果市场和企业内部的不确定性较低，先行优势就会很容易失去。遗憾的是，大多数新的创业型企业都会遭遇极高的不确定性，它们谨小慎微地在市场中前进。**在可预计的市场中，创业者应强调速度；在不确定的市场中，新企业应通过产品检测、焦点小组讨论和其他市场调查方式进行市场探测**。

不要轻易地决定成为先行者，一旦决定了就要坚定地贯彻执行。先占型行动可以阻止潜在对手的加入，但是也可能带来沉重的、不可逆转的投资负担。

创业者往往在机会的可评估阶段考虑进入市场，这一时期常常被称为**机会窗口**。先行者预期通过早期进入市场获得更大的现金流，如图 5—1 所示。

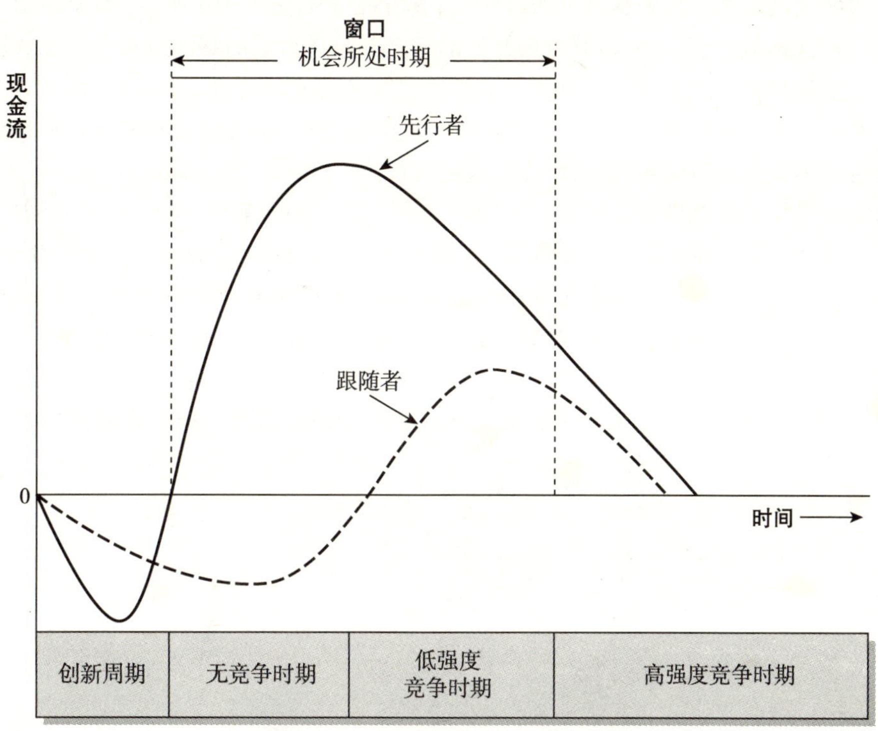

图5—1 预期的先行优势与机会窗口

而机会所处阶段的不确定性会给企业造成很大影响。如果先行者错误地预计了机会窗口，那么它的现金流必然会减少。

创业者的目标是决定何时停止搜索信息，然后进入新市场，以实现预期利润的最大化。如果没有充足的信息，企业可能过早进入市场，带来不必要的成本损失。然而，如果搜索信息的时间花费得太多，企业又会失去先行优势。所以，当创业者预计到获得额外信息的边际效益小于进入的获益时，就应该停止搜索信息，即刻进入市场。

担当先行者意味着要在竞争者介入前，找出现存技术和行业的发展方向。如今，大多数个人电脑在设计上都要很好地支持多媒体应用。而在 20 世纪 80 年代初，很多人都没有发现在个人电脑的未来发展中，游戏将扮演重要角色。

创业案例

钻石多媒体公司的领先体验

1982 年李钟孟创建了钻石多媒体公司（Diamond Multimedia System），生产电脑配件，如彩色图像显示卡、自主品牌的主板等，使消费者能够在自己的电脑上玩高质量的游戏。最终，钻石公司的先行性战略和性能突出的产品引起了 IBM 和 Tandy（这两家公司后来分别成为全球第一和第二大 PC 厂商）的注意。这些 PC 制造商在电脑上加入了多媒体功能，并购买钻石的产品，以提供更好的客户体验。1995 年，钻石成功上市，卖出了 30% 的股份，获利高达 1.26 亿美元。李钟孟成功地找到了个人电脑的发展方向，以其先行地位和坚持不懈的毅力，最终大获成功，给计算机和游戏市场留下了无法磨灭的印象。

历史上也有很多公司虽然是先行者，但却没有取得最终的成功。CPM 操作系统曾经是个人电脑采用的主流系统，后来却被 DOS 操作系统击败。吉列安全剃须刀风靡全球前，安全剃须刀产品问世已达 10 年之久。由此可见，产品一定要具备合适的特性和特色，能够满足客户的要求，才能得到客户的认可。早期进入者不可能具备所有的特性。Prodigy 是世界上第一个电子邮件系统，但没有受到客户的关注和认可，其后的 CompuServe 也没有获得成功，但后来的美国在线和 MSN 公司具有合适的特性，最终大获成功。

当新的创业型企业或其竞争者进入机会窗口时，它们会加快前进步伐。迫于强烈的危机感，很多新企业都会以最快的速度求发展（如图 5—2 所示）。当企业由于缺少客源而产生危机感时，它将提升自身产品设计、生产和销售等环节的能力。然而，由此而产生的延迟是不可避免的。能力提升后，企业希望客户来购买自己的产品，但是客户也需要一定时间仔细考虑是否购买，这就造成了另一个延迟。客户增长率一旦减慢，势必造成销售量不足，企业危机感再次增加。缩小危机周期的方法之一是，**减少企业因提升能力而造成的延迟，减少因客户购买而造成的延迟**。

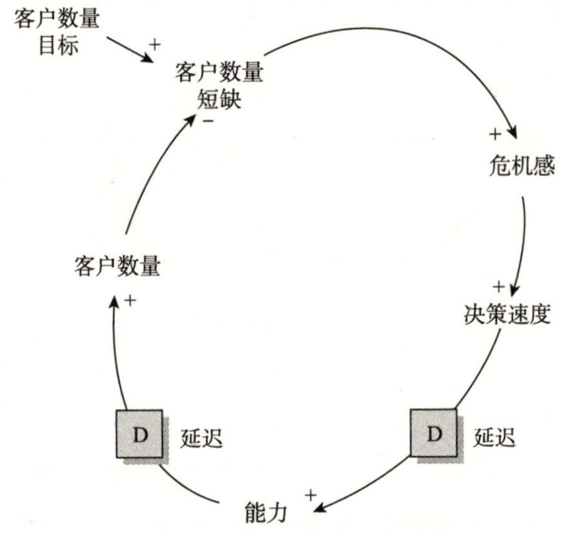

图5—2　新企业经历的危机感周期

企业要选择合理的时间进入市场，Google 公司就是个很好的例子。

创业案例

以新技术取胜的Google

Google 于 1998 年进入互联网搜索引擎市场，这时该市场上已经存在一些不错的搜索引擎产品了。Google 的创始人拉里・佩奇和谢尔盖・布林，当时还是斯坦福大学的博士生，两人携手创建了一个新的搜索引擎，它对检索结果不仅能够按关键字排序，还能按关注程度排序。网页被关注的程度是可以计算的，比如可以计算链接到该页面的网站数量。该公司的愿景是“组织全世界的信息”。他们的网站简洁明快，尽可能减少广告数量。

1998 年年末，他们制订了商业计划，并从朋友及天使基金投资人那里筹集了 100 万美元。两人终于摆脱了简陋的工作环境（车库），用这笔资金创建了 Google 公司。1998 年该 Google 网站的日访问量是 1 万人次，而到了 1999 年年初，日访问量已达 300 万人次。凭借出色的业务量，Google 公司又从风险基金中获得 2 000 万美元。

2004 年 8 月，Google 以每股 85 美元卖出了 2 000 万份股票。Google 的竞争优势在于它的搜索技术及技术能力。如果企业具备新技术，能够在已有技术上不断革新，那么就能在快速变化的市场中占据一定的位置。

意大利思想家马基雅维利（Machiavelli）在《君主论》一书中写道："王子应该慎言慎行，不能于世人面前显示畏惧，而要有节制，展现出审慎和博爱，以自信驱除轻率。"创业者应该在行动上要有这种节制和耐心。另一方面，创业者往往偏爱行动。如果机会窗口离我们很远，明智的创业者会放弃这个不成熟的机会，然后寻找可用的机会以便立刻采取行动。如果机会窗口刚好打开，创业者则需采取妥善的行动。

20 世纪 80 年代初，美国政府撤销了对银行业的若干管制，社会上迫切需要新型银行。与此同时，主要服务于旧金山地区的美国银行失去了在高科技企业中的领导地位。此时，SVB 的创建者与各大银行首脑会面，就银行业出现的新机会举行了一系列的会议，在这样的背景下，创建者依靠敏锐的直觉行动，1983 年 SVB 出现了。SVB 扮演了重要的角色，很多大型企业成立之初都到该银行申请贷款，如思科系统公司、美国艺电有限公司（Electronic Arts）、捷迪讯光电有限公司（JDS Uniphase）、科天公司（KLA Tencor）以及维尔软件公司（Veritas）等。SVB 的建立充分说明了适时性的意义。

模仿，快速起步的好方法

模仿可以说是快速起步的最好方法。很多新的创业型企业都是在模仿并修改已有企业的基础上建立的。与被模仿的对象相比，创业者相信自己能够在该行业中经营得和他们一样好，甚至更好，所以就去创建自己的企业。沃顿去过美国很多地方的超市学习如何促销零售商品，然后在阿肯色州开办了首家沃尔玛超市。沃顿曾说："我做的最多的事就是模仿别人。"查克·威廉姆斯（Chuck Williams）在去巴黎旅行时，那里销售的厨具给他留下了深刻的印象，让他深受启发，于是他创建了威廉姆斯－索拿马公司（Williams-Sonoma）。

不幸的是，大多数对优秀企业的模仿以失败告终。模仿行为往往缺乏对这些优秀企业的深刻理解。此外，将一种已经建立的商业实践移植到另一种实践的过程中，存在着不可预测的不确定性。如果创业者只看到了已有成功企业的外在表现，而不能全面理解其内在本质，模仿会变得很困难。所以，**最好的方法是模仿优秀企业内部的细节。**

创业案例

舒尔茨和星巴克

霍华德·舒尔茨对意大利咖啡店有很深很好的体验和印象，于是他于 1986 年在西雅图开办了自己的首家咖啡店——Il Giornale。店内演出意大利喜剧以吸引顾客。最初，舒尔茨的咖啡店和意大利的咖啡店风格一样，不设座位，不提供脱脂牛奶。但是后来舒尔茨发现顾客希望这里能有椅子、沙发等座位，于是他立刻做出调整，菜单上很快出现了脱脂牛奶。舒尔茨没有单纯地模仿意大利咖啡店，而是根据西雅图当地的情况不断调整、变化经营方式。

直接复制固然是模仿的最好方法，但重要的是，要掌握被模仿者的内部经营管理实质，这些本质上的事物很难复制。优秀企业的领导者拥有独特的技能和才干，这些是很难被复制的。

新业务建立并正常运转起来后，企业可利用客户评论调整自身业务流程以适合当地条件。舒尔茨很喜欢自己在意大利咖啡店的体验，但是为了满足西雅图顾客的需要，他最终调整了自己的经营方式，创建了一个很成功的体系。6 个月后他又在西雅图开设了第二分店，1987 年在温哥华开设了第三家。到 1987 年 8 月，舒尔茨在投资人的帮助下买下了星巴克的所有店铺及咖啡烘烤设备，然后合并了 Il Giornale 和星巴克，仍命名为星巴克。截至 2004 年，星巴克在全世界共开设了 5 000 多家分店，年收入 50 亿美元。

美国捷蓝航空公司（JetBlue）成功地模仿了美国西南航空公司。在低成本、点对点的商业模式基础上，捷蓝航空公司于 2000 年 2 月成立，当时服务范围只有纽约 JFK 机场和佛罗里达州的 Fort 机场。2002 年 4 月 11 日，捷蓝航空公司上市，吸引资金 1.47 亿美元，开始进行业务扩展。捷蓝是一家因模仿而成功的航空公司。

联盟，竞争者是对手也是伙伴

很多企业在使用竞争战略作为企业主战略时，常常忽略了合作战略。新的创业型企业掌握着有价值的创新，对供应商、客户、竞争者和互补者形成了一个完整的价值网（如图 5—3 所示）。根据第 4 章所述，补充性产品是指能够提高某产品吸引力的其他产品。比如，热狗和芥末、汽车及其贷款等。最好的互补者实例是微软和英特尔公司，微软的 Windows 操作系统与英特尔的 CPU 组成个人计算机，所以有人把这两家企业的关系称为 Win-Tel。互补型企业为另一家企业提供补充性产品。如图 5—3 所示，所有参与者在该活动网中都彼此关联。

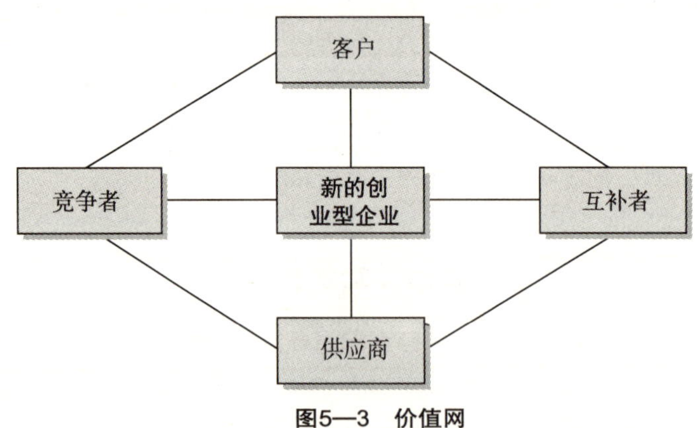

图5—3 价值网

一所大学的价值网，如图 5—4 所示。大学的互补者有基础教育（KG12）、当地物业、社区活动和计算机工作系统等。在这一高等教育的价值网中，所有部分都紧密地联系在一起。要想获得成功，任何大学都必须和供应商、客户、竞争者和互补者合作。**竞争者有时是我们的对手，有时也会成为我们的伙伴。**

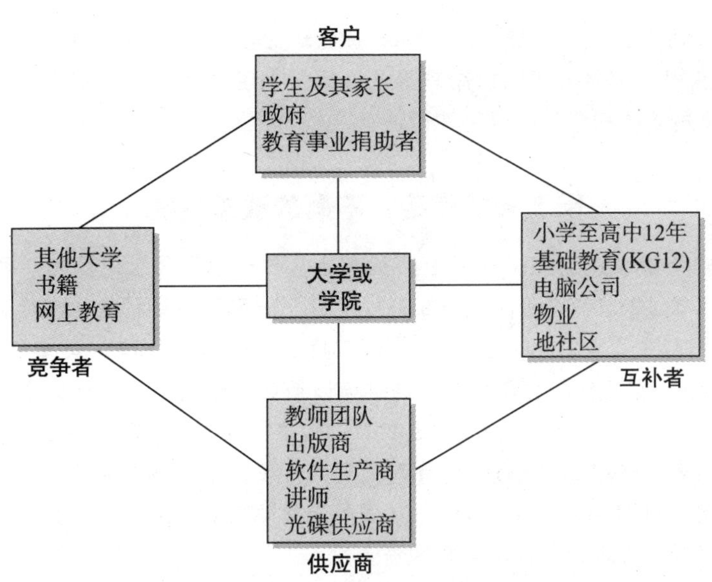

图 5—4 某大学或学院的价值网

新的创业型企业在努力积累必要的资源、能力的过程中，价值网的作用十分明显。充分利用补充性资源很重要。例如，一家刚成立的小型生物工程公司和一家大型制药企业可以通过合作互惠互利。生物工程公司提供创新技术；制药企业提供销售网络和市场营销能力，迅速实现新产品的商业化。这家大型制药企业也能够从其合作伙伴的创新中获益。所以，企业通常会寻找具有互补性资产或能力的其他企业与之合作。例如，星巴克、巴诺书店之间就是这种互补型伙伴关系。星巴克在 Barnes 和 Noble 的超市内设立咖啡屋，提供优质咖啡，这样双方都能从中获益。企业之间前瞻性地形成伙伴关系，就有可能在将来获得更大的收益。

伙伴关系或联盟是指多家企业为了实现同一目标而结成的互相支持的合作模式，这个共同的目标很难以一家企业的力量实现。前瞻性地形成战略联盟是创业活动中的重要组成部分，新的企业本身可能缺少某方面必备的战略资源，但可以通过这种途径获得。所有的联盟都是建立在对产品、资本、技术或知识交换基础上的。当利益、职责分配得清晰明确时，联盟功效就能很好地显示出来。

联盟最初的结构影响着它的早期表现。联盟通过外在表现实现对其内部资源的更新、替换。企业决定加入某一联盟的动机是，可以利用该联盟已有的能力或技术，或者加入该联盟有利于开发新机会或新技术等。

当联盟内的企业发现联盟仍然缺少需要的资产时，就要考虑发展该联盟，吸收那些能够提供互补性资源的其他企业加入。选择合作者前，联盟一定要清楚自己缺少何种以资源或能力等形式存在的资产。然后考察哪些企业拥有这些资产，并研究它们的特性。然后，与其建立相互信赖关系，并签订互惠互利协议。例如，Calyx & Corolla 公司，具有自主的花卉种植园，而联邦快递公司可以把公司的花卉及时送到顾客手中，两者结成的联盟实现了优势互补、互惠互利（详见 www.calyxandcorolla.com）。

联盟具有多种结构形式，受合同制约，而合同阐明了参与者担任的角色和责任。互补型企业也可能成为潜在竞争者。很多联盟最初结构很好，但由于彼此间合作、竞争时产生了强烈的不良影响，最终解体。这些不良影响可能是企业间的文化冲突、管理冲突或缺少有效的协调机制。此外，创业型企业可能会因寻求需要的资产而与其他企业联盟，这样很可能丧失自身内部知识优势，增大风险。苹果公司的 Macintosh 操作系统在发展过程中就出现过这样的问题。苹果和微软两家企业结成了联盟，微软为其 Mac 系统开发电子表格、数据库、图形应用等软件，微软在此过程中获得了苹果公司图形用户界面方面的关键技术，从而发展了自己的 Windows 操作系统。企业间的合作很难控制这种知识迁移。

创业案例　　网上百货商店：不同的联盟战略

威普旺曾希望快速建立一家网上百货商店，并提供送货上门服务。两年时间内该公司就投入了 10 亿多美元，在美国各地建立了一系列自动销售仓储店，销售高价产品，并试图自主运营这一切。同业者，包括 MyWebGrocer.com、Safeway.com、YourGrocer.com 等多家网上零售店，则继续以低成本运营，目标定位于有一定购买力的居民。对于网上百货店来说，它应在人口密集的城市中缓慢扩大销售规模，这样才能吸引回头客。MyWebGrocer.com 在美国共开设了 200 多家商店，为消费者提供网上销售服务。MyWebGrocer.com 与其同盟者共同建立了活动网，并在其价值网内运营，避免了仓储成本和其他不必要的资金投入。

企业借助联盟可以获得巨大利益。联盟内的企业可以学习并获得新能力，此外，它们还可以获得互补型资源，这种资源很难轻易地被复制。新的创业型企业考虑发展与自身战略目标相协调的一家或两家企业，这是很明智的想法。但是，创业者往往倾向于自主实现战略目标。事实上，革新者通过联盟可以获得更多的成功，尤其是在大量存在不确定性的行业中。没有一家企业刚刚创建就拥有所有必须的能力和资源，而联盟体系使它们能够更有效地发展业务。联盟的种类很多，小到短期项目的合作，大到企业兼并（如图 5—5 所示）。

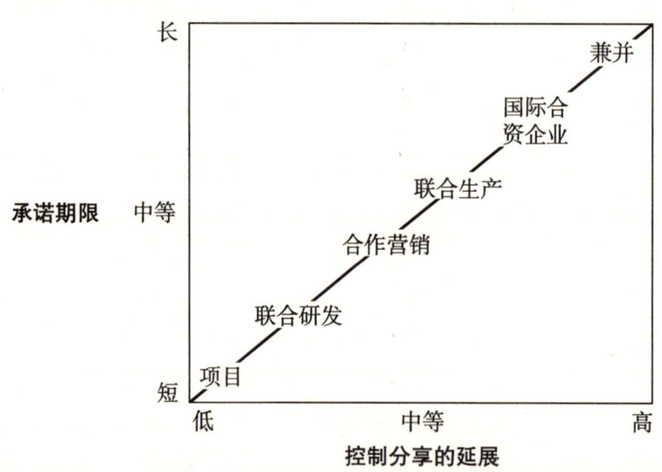

图5—5　依靠承诺和控制共享的联盟的范围

尽管联盟的形成能产生巨大的力量，但是其内部企业数量过多或种类过多也会削弱它的力量，这是因为管理联盟的能力是可贵，也是有限的。如果联盟短期内急需知识交换，吸引大量合作者加入，则该联盟的容纳能力将很快达到上限。

创造力是创业型企业的核心竞争力

创造力引导了发明，发明又引导了创新。创造力是指利用想象力发展新观点、新事物或新方案的能力。创造性想法催生了发明，发明催生了创新。创造性思考是众多新的创业型企业的核心竞争力，创造者力求网罗更多富有创造力的人员。富有创造力的人对已有的方案、实践活动能够产生与众不同的想法，往往就是人们常说的具有**创造性思维**。

创新型企业以 6 大资源为基础。为了创造新事物，创新型企业需要掌握专业领域（domain）内的知识。专业领域是指如科学领域、工程领域或市场领域等。领域内的区域是指如电路设计、市场调查等。明智而有富有知识和创造力的人会力求突破，避免受限于掌握的知识的限制。

◆ 知识：掌握所在领域和区域的知识，并知道最新发展动态。
◆ 智力能力：能够识别联系，重新定义问题，提出切实可行的想法和方案并进行分析。
◆ 创造性思考：以新思路考虑如何解决问题。
◆ 对于采取行动的激励。
◆ 机会导向的个性，开放应对变化。
◆ 对支持创新、转移风险内含的理解。

智力能力是指看到事物间的联系、重新定义问题、提出并分析切实可行的方案的能力。富有创造力的人看到问题时，往往能以新颖的方式思考它，他们以创造可能性为动力，能够承担合理的风险并展开相应的行动。最后，富有创造力的人理解问题所处的环境，他们愿意承担一定的风险，倡导变化。拥有上述能力的人往往被称为有直觉的人，意思是这些人天生就有察觉或认识关系、提出想法和解决方案的能力。

有直觉的人在考虑问题的解决方案时不会使用传统上沿用已久的观念、想法。发现创新方案的方法之一是遵循如下几步：

◆ 慢慢摸索不同的想法；
◆ 学习领域内相关知识，但不要过多；
◆ 瞄准未经使用的、有效的数据；
◆ 与聪明的、富有智力资本的人结交。

创造性思考会产生很多有分歧的想法，可以借助这些不同的想法看到各种数据、事件间的不同。**创造力包括综合事物的能力、整合信息以产生新事物的能力**。酝酿问题和对问题做出反应是产生创造力的重要两步，创造性思考的产生过程如图 5—6 所示。

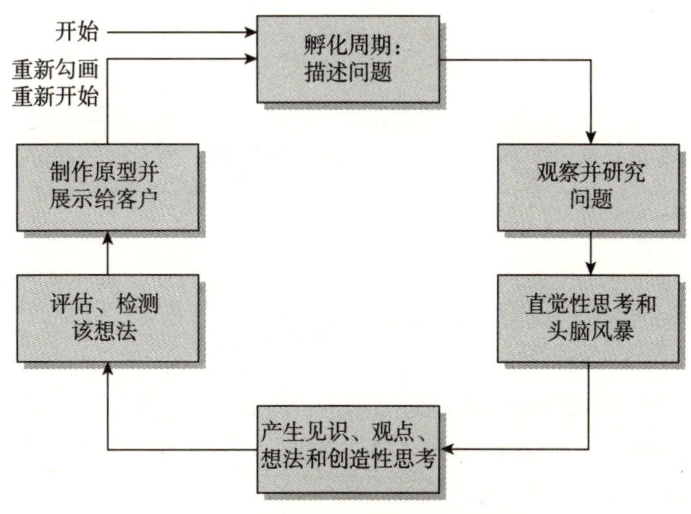

图5—6 创造性思考的产生过程

正如图 5—6 所示，它以描述问题为起始，并经历了一段酝酿期。然后，富有创造力的人在一起讨论，共同制订出解决问题的思路，该思路可以被评估和检测。最后，建立原型并向潜在客户展示。然后可能需要重新思考，从而又进入一轮这样的循环过程。当指导设计出的原型能够妥善地解决问题时，该循环结束。通常，这个创造过程需要多人合作。企业与客户之间的交流是产生合作性价值的关键。

管理创造力不同于对日常事物的管理。产生创造力的一种方法是找到对旧的材料、产品或观念的新应用。

创业案例

儿童新玩具：培乐多彩泥

1954 年，Kay Zufall 想为儿童设计新玩具。她不喜欢当时孩子们玩的粘土模型，因为这样的玩具质地太硬。一天，她哥哥的女儿把一个面团弄到了壁画上玩。Zufall 突然想到，可以设计与这种面团类似的玩具，它很柔软，儿童很容易把它捏成各种形状。Zufall 和她的哥哥一起创造了一种安全、多彩（加入色彩）的儿童玩具，命名为培乐多彩泥（PlayDoh）。

所有企业都应为创造力的产生制造文化氛围，使团队成员可以随时交流新想法和新方案。苹果是首家发展“牛顿”个人数字应用设备（PDA）的公司,这种 PDA 设备附带手写识别软件。而在实际应用中，这种软件功能强大，能识别各种字迹，但是需要的时间较长，所以没有人愿意用它。奔迈公司（Palm）使用了一种图形交互程序（Graffiti），迅速成功占领市场。奔迈公司认识到，与其设计能够识别所有可能字迹的软件，不如提高软件的识别速度，并让客户标准化自己的字迹，这样做起来更容易。

在创造性想法、发明的产生与实现之间，存在着天然的冲突。创造力引导了新思路、新发明的出现。然而，把这些发明带入市场需要一个过程。创造与实现过程两种力量可能会发生冲突或相互作用，这取决于企业文化。当企业聘用了有创造力的员工，向风险项目中投入资源，鼓励员工对方案提出建议或意见时，企业的创造力将繁荣发展。这些非常规手段之所以奏效，是因为企业可以借此打破常规，看到旧事物中的新方面。

规格和政策扼杀了创造力，未经训练、不成熟的思考破坏了日常的生产流程。在复制创造力、管理创造力两者间存在冲突，小型的新兴公司能够比较容易地协调这两方面；而发展中的规模较大的公司，需要建立一种文化，该文化既要能保证企业最好的创造力，又要能有效地执行企业的商业流程。

创造力可以被视为另一种能力，这种能力能够把两个看起来毫无联系的想法或观念联系到一起。很多创意是在自由宽松的环境中迸发出来的，该环境中的人都很有信心和能力。新的方法、产品或商业模式的创造需要远见卓识，其创建者要能够预见问题，并且能够制订相应的解决方案。

技术创新的特性

这里的创新是指可商业化的发明创造。事实上，最终能够面向市场的发明只占总数的 6%。已有公司研发新产品的成功率是新公司的 4 倍，但是，这些发明一旦被商业化，无论是已有公司还是新公司，其商业化的成功率几乎是一样的。

创业案例

新搭扣的出现

瑞士某独立发明人有一个好创意：一尼龙条表面有小钩子，另一尼龙条表面有毛圈，这样两个尼龙条就能粘在一起，也很容易分开，他把它命名为“钩和毛圈搭扣”（hook-and-loop）或者“维克罗”（Velcro）。他注册了一家公司，获得了生产许可，由加拿大一家公司负责将该产品推向市场。美国维克罗公司于 1960 年年末买断了该产品的专利权。1975 年专利有效期满，从那以后，维克罗成为了衣服上的常用材料。

通常对某项发明实现商业化要经历很长的道路。

创业案例

卡尔森和“施乐914”

切斯特·卡尔森（Chester Carlson）改进了影印机的工艺，在一个简易实验室中，他首次成功地制作出了第一个静电复印图像。1942 年他注册了专利。由于当时的公司对这个技术都不感兴趣，好几年后他才得到了巴特尔研究所的帮助，哈罗伊德公司（Haloid）由此注册成立了。哈罗伊德（也就是后来的施乐）的这个产品在 1949 年获得了初步成功。1960 年，施乐推出第一台办公复印机——“施乐 914”（因为它所使用的纸张为 9 英寸 ×14 英寸而得名）。

新公司的建立对创业者来说意义重大，它为创业者利用技术研发新产品、新工艺提供了重要的组织机构。发明者并不总是通过开公司来开发利用技术的，有时也会把机会授权或者卖给那些开办了公司并对这些发明感兴趣的人。

经济学家熊彼特曾断言，**独立创业者通过发明创造以生产新的产品、服务及材料的这个过程和组织方法，是理解商业组织、技术创新过程和经济增长等问题的关键**。创新战略存在于新企业所具有的能力和知识中。产品、工艺的持续性创新可以使企业获得战略性的优势。

企业能够开展自主性创新活动取决于 3 个因素：**创业团队的兴趣、创新活动所处行业的特点和创新本身的特征**。前面的章节中我们已经讨论了前两点。当然，创业团队一定要对创新带来的机会感兴趣，并且要确定所在行业支持这种可商业化的创新。本节中，我们将讨论创新本身具有的特征。

技术创新 3 个方面的特性影响着新企业是否能够实现该项创新的商业化，分别是：**重要性**（importance）、**激进性**（radicalness）和**专利保护范围**（patent scope）。重要性反映了该创新经济价值的大小。由于创新的重要性越大，具有的经济价值就越高，对创业者的潜在回报、吸引力也就越大，而创业者需要建立公司才能实现该项创新的商业化。所以，创新的重要性增大了新企业成立的可能性。很多创新的商业化价值不高，所以不能吸引创业者。

激进性是指不考虑经济价值，该创新不同于已有创新的程度。创新的激进性反映了把该创新商业化能够产生多大的市场影响。人们把激进性很强的创新称为破坏性创新。由于激进性技术依靠新型能力和资源，所以它破坏了已有企业的能力。专利保护范围描述了对智力型资产的保护情况。这 3 个方面共同决定了创新是否被商业化。影响创业者开发独立创新的因素如下所示。

- 商业兴趣、能力、创业团队的经验；
- 创新活动所处行业的特点；

◆ 创新自身的特点：

a. 创新的重要性：经济价值和潜在回报；

b. 创新的激进性：与已有创新的区别；

c. 对智力资产的专利权保护情况。

创业案例

一个著名的发明家

迪安•卡门（Dean Kamen）是过去 30 年内最著名的发明家之一，他持有 150 多项专利。他的发明广泛应用于婴儿护理、糖尿病患者胰岛素注射、轮椅的改进等诸多方面。2001 年卡门发明了新型交通工具赛格威（Segway）：一种电动踏板车。这种踏板车内部配有回旋装置，保证了车体的高稳固性和平衡性。车上没有制动、引擎、油门、排挡等装置，所以简洁轻便。使用者只需身体前倾，电动车就会前进；身体后倾时，电动车就会后退。发明者称赛格威可以在冰地、雪地甚至岩石上行驶。该发明的市场目标定位于仓库工作人员、邮局工作人员，最后发展到都市居民。这项发明到底会具有多大的重要性和激进性？时间会给我们答案。

我们可以按图 5—7 所示描述创业者为了开发利用某发明，建立新企业的过程。很多情况下，发明者不一定是创业者。如图 5—7 所示，创业活动有别于创新、发明活动。借助该图描述的过程，我们重新审视赛格威踏板车，你会发现使用目的不同（服务于邮政、仓储、市民等），得到的结论也不同。也许这项发明最好的应用之处不是上面所说的，我们可能还没有找到。

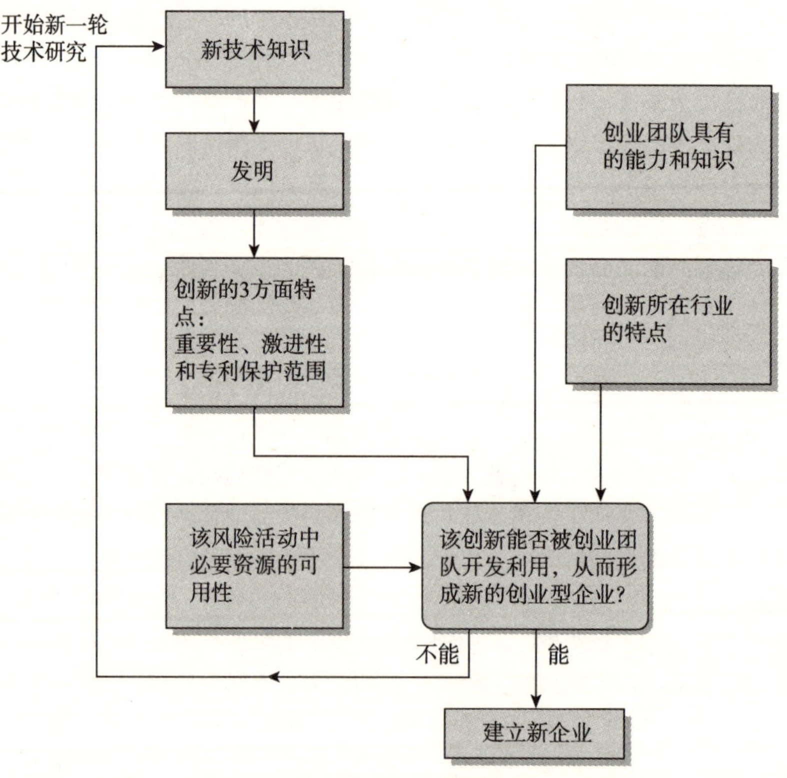

图5—7 以创新为目的的新企业建立过程

新企业往往建立在新发明的基础上，这种发明可能应用了某种新技术。技术是指出于某些目的而应用的设备、手工艺或工具。例如，1968 年特德•霍夫曼（Ted Hoff）发明了微处理器，计算机和信息技术时代随之而来。为了为人们提供了更多的新技术，创业者依靠这些新技术制订出了解决问题的新方案。依靠对技术的新型应用，无数家企业诞生了。

创业者决定何时开始商业化一项创新取决于该创新的激进性。破坏性或激进性创新对市场做出了一系列的贡献，这些贡献不同于客户以往认同的那些创新，但是创新型产品最初的市场表现可能会不尽如人意。这样就造成主流客户不愿使用或根本无法使用某种创新型产品。所以，破坏性创新首先要立足于新的不确定性市场或应用中，这样易于让客户使用，易于实现自身价值。

破坏性技术通常不会立即应用于主流市场，如图 5—8 所示。最初，破坏性技术应用于缝隙市场，然后才会逐渐进入低端市场。我们来看 19 世纪 60 年代美国折扣店中的破坏性创新。由于顾客有很强的流动性，一些折扣店把开店位置选在城镇边缘，如凯马特（Kmart，美国国内最大的打折零售商之一）。折扣店有这样的创新型商业模式：成本低，并且为偏远地区的顾客提供便捷服务。他们以曲线方式实施该模型，先应用到成本低、质地硬的物品上，然后应用到成本低、质地不论软硬的物品上，最后在大众市场上全面铺开。如今，塔吉特（Target）和沃尔玛在大众市场上占据了举足轻重的位置。

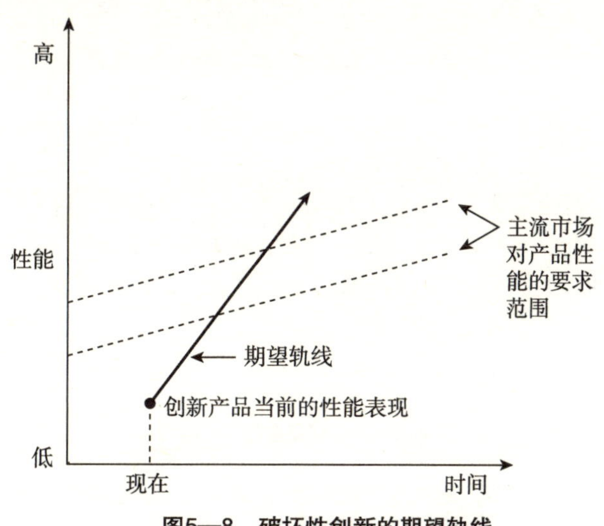

图5—8 破坏性创新的期望轨线

目前零售业中存在的一个破坏性挑战的例子是亚马逊公司，该公司最初只是经营网上书店，而后来却迅速转型为网上百货店。尽管最初有人曾预言，电子商务将取代传统意义上的零售店，但是目前来看，网络零售商在市场份额和利润上没有获得绝对优势。有些产品不适合网上出售，但是网络零售商却能够在合适的地方，以合适的价格出售合适的产品。他们不利的一面是，不能满足顾客立刻获得实物的要求。当顾客立刻就需要产品实物时，他们会打车去商场，而不是打开电脑上网。

我们来看一个破坏性创新的实例：语音识别软件。当前计算机语音识别软件的性能一般，尚不能满足高精确性的需要，有的场合要求其精度不小于 95%。然而，也有很多精确性要求不高的应用，如语音电子邮件、电话客户服务或者聊天室。所以，该项创新已经进入了低端市场，正在向更广阔的市场迈进。

创新的4种类型

创新要以协作力和创造力为基础，能够在市场上制造经济价值。创新是以新技术的商业化为基础的。一项创新包括新产品、新流程、新服务和新方式。破坏性创新改变了客户和供应商之间的关系，重构了市场，取代了现有产品，创造出新型产品。竞争者通过创造创新产品，向客户提供新价值，如图 5—9 所示。每家竞争者都会力求把自己保持在该创新周期内。

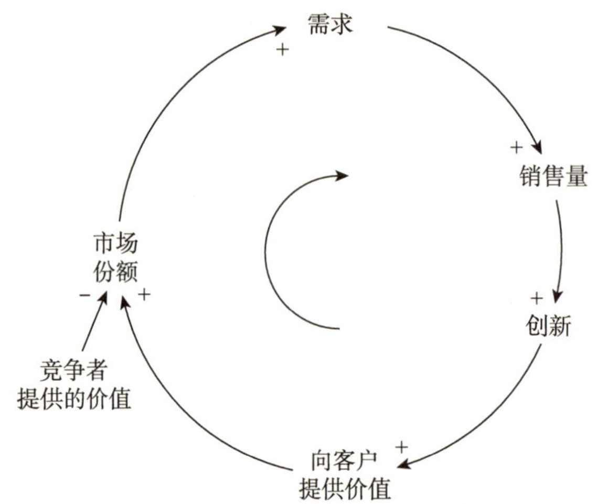

图5—9　创新和市场份额的竞争周期

模仿型创新是在已有模仿对象的基础上，创造性地扩展创新。模仿者必须比原先的创新者更好地理解客户，在创新者已有知识的基础上，进行有创造性的行动。便携性电池收音机自 1950 年就已出现，但特雷弗 • 贝尔斯（Trevor Bayles）却从中发现了机会，他专门为非洲偏远地区设计了一种手摇发电式收音机。使用者只需转动发条 25 秒，就能使收音机获得足够电力收听一个小时的广播。一个位于非洲南部的某大型工厂，现在每个月生产这种收音机不少于 60 000 台。

创业案例

iPod，一项破坏性创新

iPod 播放器于 2001 年面市，它最初的性能并没有达到预期要求（如图 5—8）。最终，iTunes 网上音乐商店的出现促使 iPod 大获成功。iPod 成为一大音乐产业，而不是通常意义上的计算机产业。网上音乐商店的出现使该产业进入了良性循环，如图 5—9 所示。小巧的外形、超凡的魅力、高贵典雅的气质—iPod 播放器集这些特点于一身，迅速成为一大产业。优秀的便携性和人性化的简易操作性都促使 iPod 走向成功。在某种程度上，iPod 成为了现代的个人点唱机，体现出了一种带有破坏性的创新。

结构型创新（architectural innovation）是产品生产的新方式。该方式下，产品分为多个组件，组件之间相互联系，共同形成该产品的整体，而产品的核心设计思想没有任何变动。所以，产品的各个部件没有变化，创新之处在于组件单元之间的结构式联系，产品的布局结构描述了组件之间如何协同作业。结构式创新从本质上来说就是在已有组件的基础上，以新方式重新组合结构系统，使各个部件更好地协同工作。

产品在设计过程中除了要考虑结构外，还要考虑组件、单元等。图 5—10 展示了 4 种类型的创新。结构型创新要求具备设计能力，即合理地安排单元间的连接关系；单元型创新（modular innovation）注重创造出新型组件或单元；破坏型创新通过使用新组件和新结构，创造出新产品。因特网就是很好的实例，它借助新型组件和结构，制造了破坏型创新。

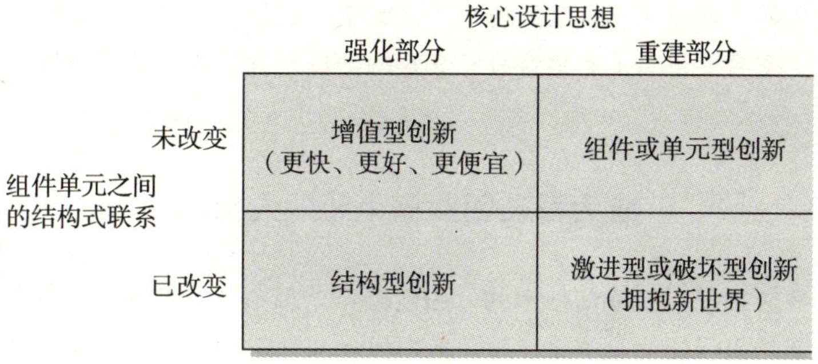

		核心设计思想	
		强化部分	重建部分
组件单元之间的结构式联系	未改变	增值型创新（更快、更好、更便宜）	组件或单元型创新
	已改变	结构型创新	激进型或破坏型创新（拥抱新世界）

图5—10 4种类型的创新

新的创业型企业的创新来源是大学、实验研究中心和独立发明人等，另一重要来源是客户。可惜的是，大多数客户都不善于预测新产品的价值，但是他们能很好地描述预期的产品性能。此外，客户善于表达对产品的体验，但是无法说出自己未来的需求。谁能够超前地预测到人们需要互联网和电动汽车呢？**领先型用户（lead users）或称早期适用者是那些对某种产品有着深刻的理解并且精通怎样应用的人，他们会根据自身对产品的体验或经验对企业提出建议，但有时，这些建议也存在着一定的危险性。**

领先型用户提供对产品的一些想法，但是他们毕竟不是普通用户，其建议可能是片面的。最好的方法之一是，直接了解用户通过使用该产品，有何体验，希望获得怎样的效果。不断深入地了解什么对客户最有价值，这种方法比单纯地让客户提交自己的解决方案更实用、更有效。但是，领先型用户能帮助企业找到有价值的方案。领先型用户人数众多，而创业者的任务就是从中找到最合适的人选。在创新过程中，清楚客户希望得到的结果是第一步，创造出客户愿意购买的产品是最后一步。一种方法是让现在的客户描述自己一天的生活情况，从中得到客户的潜在需求。很多企业都是从客户（产品使用者）身上找到创新点的，尤其在软件业和实体产品生产行业。处于市场发展前端的领先型用户能够为供销商提供创新点。

成功的创新离不开客户的帮助，只有客户才知道新产品应该满足自己怎样的需要。汤姆•凯利（Tom Kelley）在《创新的艺术》一书这样写道：

> 你的客户可能缺乏丰富的词汇表述新产品哪里不对、哪里缺少什么，而公司对他们的要求也不应该是这些。对于产品中不常用的操作，用户可能没有发现实现该操作时按钮太多太复杂，而没有经验的电脑用户可能也无法告诉你说你的网站缺少导航栏。事实上他们也不用这样。曾有一家软件公司让我们调查用户对新软件的体验，我们看到了有趣却又引人深思的一幕：我们摆设了很多电脑，随机地邀请一些人来试用一款软件。试用过程中，很多人使用电脑不熟练，别扭地操作着键盘、鼠标，满脸苦相，不时叹气。但是该软件公司听到的却与此截然相反，为什么呢？原来，试用结束后，这些用户信誓旦旦地对公司负责人说，他们在试用时没遇到任何问题，产品十分优秀，根本找不到需要改进的地方。

破坏型创新的成功取决于对新的、重要的产品或服务的创造，并且最初要以低端市场中的客户为目标。这些客户的特点是，要么不需要已有产品的全部功能，要么无法通过已有产品解决面临的问题。借助合适的资源和能力，新公司能够满足市场上初始的需求。相反，如果公司所做的不是客户需要的，必然遭遇失败。“先建立，然后再考虑结果。”这样的创新战略很可能失败。客户口头上说他们想做什么，有时并不是他们实际上真正做的，而很多创新遭遇了失败，正是因为创新者事先假设了这两者是相等的。成功的创业者掌握了必备资源和能力，并合理地利用它们把经济资本从低生产力的地方转移到高生产力的地方，这个过程往往是通过创造并把创新商业化而实现的，商业化的创新给客户带来的全新的结果，减少了他们体力、精力上的付出。例如，很多学生希望教材上有更详细、完整的信息，如果真的有了这样的教材，他们就能轻松通过考试。

成为科技创业型企业的大赢家

通常，对创业者来说，一项新技术的可用性很容易看到，但是该技术在经济上的应用有时并不明显。新技术的出现往往是由于科学上的新发现或新发明。创业者会发现这种新技术能够给新企业带来很多机会。然而，哪种应用能制造更多的经济价值仍不明显。**一项新技术以其对难题的解决方案为特性，而最后胜出的，既不是率先采用新技术的公司，也不是拥有最优技术的公司。通常，能够为新技术找到更合理应用的公司才是大赢家。**

一个有吸引力的创新战略有以下几大要素。任何新的创业型企业都应该有明确的客户、一个或两个客户利益点、短期内的成本回收、特别优势等。最后，新的创业型企业为了更好地利用新技术，必须具有必要的核心竞争力。

- 确定好了的客户。
- 以金钱测量的关键客户利益。
- 短期的成本回收和正的现金流。
- 对客户来说具有很高的性价比。
- 可维护、可保护的特定优势。
- 利用新技术所需的核心竞争力。
- 掌握必备资源。

描述潜在应用的一种方式是使用表5—6中给出的模型。该模型简要地描述了新技术，给出了关键设想，并列举了核心竞争力及其可能应用到哪些方面。表5—3展示了两种创业型企业。旋转式发动机公司这个示例说明了一种新的科技创业型企业，其产品应用在汽车发动机、船舶发动机和其他应用设备上，它面临的市场挑战也被详细地列出。所以，该模型针对上文已给出的创新战略的要素，已经找到了对这种新技术最好的应用之处。

表5—3　两个新的科技创业型企业

潜力创业型企业	旋转式发动机公司	燃料电池公司
技术	先进的旋转式汽油发动机技术	氢燃料电池技术
关键设想和利益	改进发动机的效率，减少环境污染	接近零污染
核心竞争力	发动机的设计与生产	燃料电池的设计与生产
潜在的应用	1. 电动汽车 2. 近海用船舶 3. 除草机等小型应用 4. 雪地摩托车和越野车	1. 电动汽车 2. 小型发电机 3. 电池的替代品 4. 近海用船舶
市场挑战	1. 客户对旋转式发动机有限的接受能力 2. 缺少与发动机相对应的服务 3. 客户获得的利益可能不明显	1. 氢燃料电池构造上的限制 2. 客户获得的利益不明显 3. 燃料电池的可靠性尚未被实践证明

表 5—3 给出的第二个例子是氢燃料电池公司。在过去 10 年中，燃料电池技术展示了巨大的发展潜力。然而，其经济上的应用还没有全面实现。由于缺少构造上的支持，燃料电池目前只限于应用在电动汽车上。另一方面，燃料电池在不久的将来很可能发展成为储能设备，从而成为电池的替代品。

除此之外，还有很多其他新技术应用的实例，这些新技术应用在半导体、基因遗传、无线通信等发面。所有这些技术创新要被人们接受和推广，必须经过 4 个步骤，如图 5—11 所示。

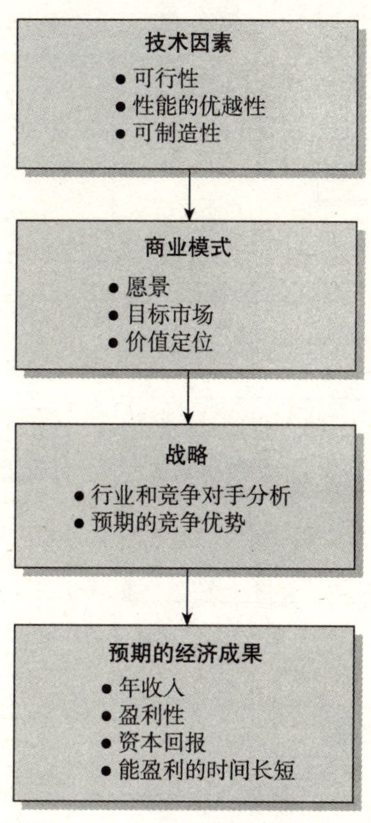

图5—11 达到技术创新的4个步骤

任何新技术要想吸引人，必须是可行的、可被制造的，能够提供有价值的性能。科技创业型企业借助商业模式和战略，力求在短期内盈利。以电冰箱技术为例，我们给出了一个关于技术创新过程的模型，如图 5—12 所示。19 世纪末，电力、电动机、冷藏技术快速发展起来。随着电冰箱的出现（1915 年前已经广泛流行起来），非连续性创新创造了一个全新的行业。图 5—12 展示该创新模型，以此为例说明新技术的应用。

科技创业者以可盈利的方式，将技术与商业结合在一起。创业是技术创新的第一驱动力。概括来说，高科技创业就是创造新的商业公司，该公司以全新的方式组织资源和技术，满足客户和社会的需求，为参与者创造利益（财富、工作岗位、价值、进步）。

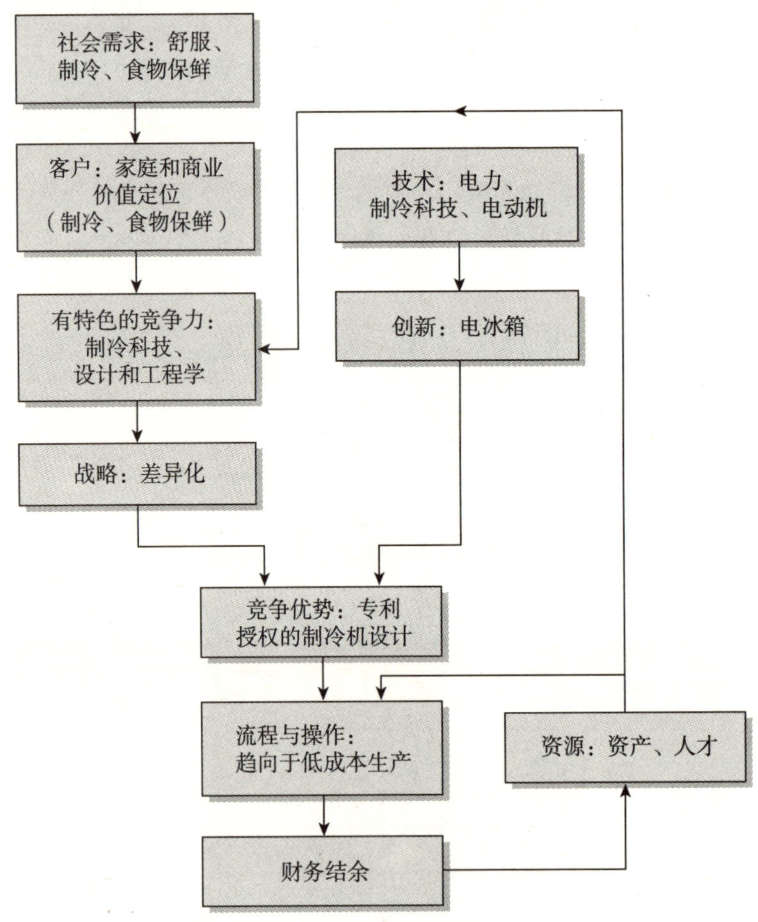

图5—12　电冰箱的问世

带你踏上创业之旅

案例AgraQuest

加利福尼亚州越来越多的树林和葡萄园遭受到植物病菌的困扰。防治病虫害的有力武器是生物杀菌剂，这是一种新型产品，它以微生物和其他植物衍生物对病虫害的抑制为基础，对环境无副作用。AgraQuest 公司生产多种生物杀虫剂，杀菌剂只是其中的一种。生物杀虫剂来自自然原料，如动物、植物和细菌等。很多生物杀虫剂是通过发酵得到的，在发酵的过程中，有杀菌作用的微生物快速生长，类似于啤酒发酵中的酵母菌。

借助已有技术，AgraQuest 的研究人员每周都要分析上百种微生物，研究它们是否能够抑制、杀死对农作物有害的细菌、昆虫、线虫和植物等。到目前为止，该公司已经重点研究了 20 000 多种微生物。其中的 23 种可以用来有效地控制、杀死有害的昆虫、线虫和植物病菌。AgraQuest 已经选出了其中的一些微生物，开始了进一步研究。

AgraQuest 发现的最有前景的生物应用之一是臭真菌，这种细菌来自洪都拉斯，将来可能成为甲基溴的替代物。甲基溴来自草莓、番茄等蔬菜，而这些都是 AgraQuest 主要的服务市场。和化学杀虫剂相比，生物杀虫剂的注册过程周期更短、效率更高，只需要接受隶属于美国 EPA 办公室生物杀虫剂和污染防治部门的审核。所以，AgraQuest 新产品的问市周期很短。

生物杀虫剂业是新兴行业，在今后的 10 年中将广泛地发展起来。该行业的机会窗口已经打开了，很多公司在这里展开了竞争。AgraQuest 在产品研发、生产、注册等方面上有着丰富的经验，新产品从开发到问市只需两到三年时间，花费 600 万美元。

AgraQuest 创新战略的基础是专有流程和专利，公司持有 20 项国内专利、3 项国内专利应用、9 项国外专利及 95 项国外专利应用。专利涉及了多种微生物及其应用，以及新型病虫害自然防治化合物和混合物。AgraQuest 的价值网如图 5—13 所示。AgraQuest 的成功也离不开互补者。例如，推广顾问的建议和杀虫剂应用企业对农民有购买导向的作用。

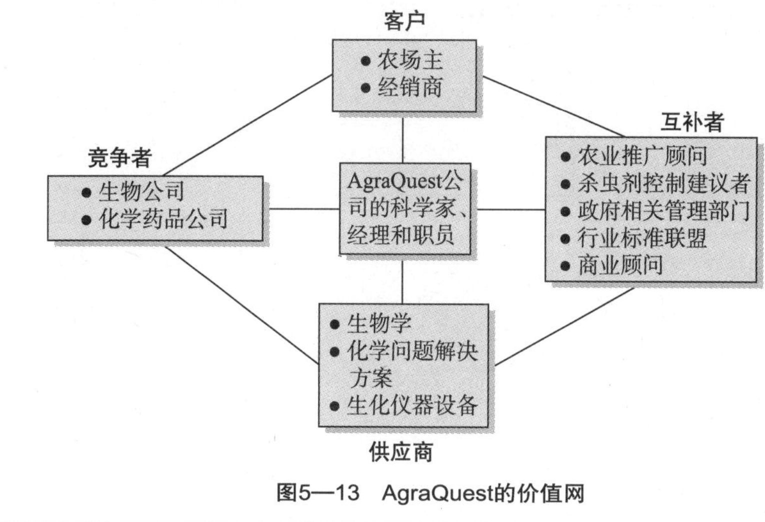

图5—13 AgraQuest的价值网

纸上练兵

1. 当当网是中国最大的网上图书销售商，它模仿了亚马逊公司，在线销售 21 万种书。访问它的网站，描述它的创新战略。

2. 访问一所大学的官方网站，看该大学是否有技术授权办公室。如果有的话，找出某项技术的特色，通过任一技术特色，你能看到机会吗？技术授权办公室能够促进该大学的创新活动吗？如果能，请说明它是怎样促进的。

3. 假设某发明人给你带来了一项新设计：刷头可以自动摆动的电动牙刷，并且该设计已经得到了美国牙科协会的认可。利用影响企业者开发独立创新的若干要素，重新检查该发明。你觉得它应该被商业化吗？

4. 1985 年 5 月，美国在线（AOL）正式启动了。1992 年 3 月 19 日，AOL 公开上市，卖出了一部分股份。AOL 以价格和市场优势迅速发展起来。为什么 AOL 能够击败竞争对手，如非凡（Prodigy）、CompuServer 等公司？

5. E-Stamp 公司于 1997 年成立，是首家销售网络邮票的公司，用户只需在网上购买邮票，然后用打印机打印出来即可。然而，到了 2001 年，Stamps.com 公司（参见 www.stamps.com）收购了 E-Stamp 公司的 31 项专利和其他若干智力资产。想一想为什么 e 邮作为首家进入市场的企业，没有获得战略上的成功呢?

6. 很多在线搜索公司都在把目标转向移动本地搜索（mobile local search）市场。为手机用户提供当地信息，该服务对无线运营商和当地广告商来说，都是巨大的机会。选择一家移动本地搜索公司，然后利用图 5—3，为该公司创建价值网。

创业挑战

1. 按图 5—1 所示，从进入市场的时机这一角度，描述你的风险企业。
2. 按图 5—3 所示，为你的风险企业建立价值网。
3. 根据本章第 3 小节的内容，建立伙伴战略。
4. 概括你的技术创新战略。

综合案例

阿特弥斯图像公司的教训
（ARTEMIS IMAGES）

克丽丝蒂娜 (Christine Nazarenus) 极力保持乐观。13 一直以来都是她的幸运数字，但是 2001 年 7 月 13 日（星期五），因为指定款项的事，这天可能成为她人生中最不幸运的一天。她不仅失望，而且还有一种被击碎的感觉。她知道自己面对的艰难事实不仅仅是内部受损。在万维网上出售图像产品是未来发展的潮流，她很确定她组织起来的管理团队完全有创造力和技术把理想变成现实，经营自己的公司是明确的解决办法，但是她没有料想到开始的过程是如此艰难。现在已经过了两年，她想找出问题到底出在哪里，想知道公司还能不能存活。

在第一天，事情就非常明了了。如果照片和图像能够被高效数字化和编排，那么把照片和图像存档就会有巨大的价值。体育运动推广人士和出版人就有大量的存档信息，而目前需要这种存档信息的人却大多得不到。照片和图像的所有者和喜好者只是代表了部分未开发市场，而利用因特网和数字技术是可以满足这部分市场的。她想到了一个简单的商业模式：用最新的技术把文件数字化，贴上易读标签，为了方便搜索和广泛应用，把文件与搜索引擎相连。但是在接下来的几个月里，很多因素都影响着公司的外部形象、感觉和内容。

有那么多事情都在控制之外，她想知道为什么 1999 年 2 月的自己那么自信。当时克丽丝蒂娜非常狂热，发动了一些朋友和认识的人帮助自己创立“dot.com”公司，就像一定会赢的赌徒下注一样。弗兰克 • 考斯坦佐（Frank Costanzo）是她在图形技术应用公司（Applied Graphic Technologies, AGT）时的同事，他和老朋友乔治 • 迪克特（George Dickert）一起加入了公司。此外，乔治联系到了格雷格 • 休斯（Greg Hughes），并在商业计划课程中被招募进来。为了感谢他帮助发现并成立一个真正的公司，格雷格把采取想法和进行训练看成是一类任务的一部分。在合资企业中，这个计划是克丽丝信心的证据。但是在审查初步计划的同时，她知道还有好多工作需要去做。格雷格懂得经营理念，但是他对真正创业所需要做的工作并不清楚。弗兰克和乔治掌握数字技术和项目管理，但和克丽丝一样，他们也没有创办过企业，甚至都没有在创业期的公司工作过。克里斯认为她有自己需要的技术和天赋，并且对四个朋友一起建构一个商业模式非常有信心，认为这个商业模式能够让公司在目前的图像提供商中脱颖而出。格雷格起草的商业计划书看上去是非常完善的媒介，足以吸引投资商来投资，以获得公司继续前进的资金。

经营理念

1999 年 , 克丽丝在科罗拉多办事处（the Colorado Office of AGT）做副总裁兼销售已经三年了。AGT 是一家媒体管理公司，提供数字影像管理，并为出版商和广告客户提供存档服务。公司让克丽丝去印第安纳波利斯给印第安纳波利斯赛车场公司 (Indianapolis Motor Speedway Corporation<IMSC>) 呈递一份有实质内容的管理技术解决方案，此时它正在准备 2001 年“印地 500”的营销材料。IMSC 是已有 80 年历史的“印地 500”的主办人，“印地 500”是世界上最大的单天运动项目，同时也是 NASCAR 的 Brickyard 400 的主办人，这是世界上第二大单天运动项目以及一些其他赛道运动项目的主办人。克丽丝的原始任务也明了了：IMSC 需要保护它的照片档案，其中有许多已经随着时间逝去变得模糊不清。存档物品有 500 万到 700 万张照片和多媒体形式的视频音频以及车内摄像镜头。

克丽丝发现在 IMSC 照片存档供小于求（个人或者通过信件），需求主要来于图像爱好者。她非常惊讶，仅在 1999 年，存档文件就为公司带来将近 50 万美元的收入。和 IMSC 研究人员进一步的讨论显示，根据调查，两个星期要货的需求就可以有 60 美元到 100 美元的销售收入。然而，在策略和财政上，IMSC 不会接受数字化以及维持存档的系统。可是克丽丝不想让这个机会白白溜掉，她问自己："这些电子商务资产和零售机会的价值是什么？"毫无疑问，IMSC 和她的一些其他客户（康迪纳什特集团、英国广播公司、汽车博物馆）将是收藏品数字化和内容物管理的首批顾客。

克丽丝发现在网上出售照片将带来可观的收入。她设想一种商业模式，该系统能够通过收藏共享来交费，而不是像标准模式那样，组织必须事先为系统买单。IMSC 对这种模式非常感兴趣，但这不在 AGT 的正常商业活动范围之内。AGT 想出售系统产品而非抛弃此项业务，他们看不到管理其他组织的内容物的价值。

当克丽丝讲这些经历的时候，她去 IMSC 存档的正是她的"甜心先生"的经历。《甜心先生》是 1996 年由美国汤姆•克鲁斯主演的一部喜剧励志电影。在电影中，甜心先生正坐在床边，突然间，一切变得清晰起来，他到了必须追逐自己的梦想的时候了。就像甜心先生，当 AGT 第三次拒绝她的请求时，克丽丝如此强烈地相信她的想法是一定能够结出果实来的，她辞职并且独自创办实时图像公司。

组建团队

当 AGT 对实时数字化和出售 IMSC 存档照片的想法不感兴趣时，克丽丝却不愿意放弃，在她看来，这是个金矿。她联系她的朋友和在 AGT 的同事。由于世界正处在 dot.com 的热潮中，克丽丝给自己的公司起名字为"电子触媒（e-Catalyst）。"在 1999 年 3 月 3 日，电子触媒公司正式注册为小型企业公司，拥有由四个成员组成的团队：克丽丝蒂娜、弗兰克•考斯坦佐、乔治•迪克特和格雷格•休斯（关于这些成员的简介请见表 I —1）。考虑到对公司的公平贡献，每个搭档各占 25% 的股份。克丽丝非常期望他们能作为一个团队进行工作，所以没有指定正式头衔，在很大程度上作为呈递给投资者的声明，关键团队成员的增加是需要并受欢迎的。作为对潜在投资者的呼吁（也是为了拓展团队的专业知识），克丽丝和乔治制作了一个具有内容物管理、系统和技术方面经验的专业人士花名册，以便作为他们最初的咨询委员会之用。格雷格的教授以及当地的几个商业专业人士也同意作为咨询委员会成员。除此之外，咨询委员会成员还有：印地 500 项目中最终成功的、司机出身的企业家，Elliott Riley 公司的主席克里斯坦•埃利奥特•莱利（Krista Elliott Riley）、代表印地 500 项目的市场和公共关系机构、勒芒斯跑车车队和车手（Le Mans Sports Car teams and drivers）。克丽丝非常有信心，因为她有创办世界级公司的团队和技术专家。

表I —1　　阿特弥斯图像公司的管理团队 1999—2000 年

克里斯蒂娜 (Christine Nazarenus)，34 岁，以前是 AGT 的国民会计副总裁。AGT 是世界上排名前三位的内容物管理系统提供商，它为这个 500 万美元的公司确保上百万美元的交易额。她是打造数字化工作流程战略的专家，并且为世界上一些大型公司设计和运行了内容物管理的解决方案，这些公司包括西尔斯百货公司（Sears）、康迪纳仕特集团（Conde Nast）、明镜周刊（Spiegel）、Vio 公司、州农场公司（State Farm）和皮尔斯博瑞公司（Pillsbury），克里斯蒂娜女士有着丰富的高层管理经验，曾经管理过超过 100 人的团队。克丽丝在普吉桑特大学（the University of, Puget Sound）获得了农学士学位。

乔治•迪克特 （George Dickert），32 岁，最近还在 Hibbert 集团做项目经理，这个公司是个市场物资经销公司。他在电子商务、基于网络的虚拟完成、国际国内装运、呼叫中心和只读存储器方面都有丰富的经验。他曾经监督过价值数百万美元账户的应用，管理过 20 多万美元的销售业务，和一些大公司合作过，这些公司包括日立（Hitach）、ON 半导体公司（ON Semidconductor）、朗讯科技（Lucent Technologies）。迪克特先生在科罗拉多州大学（The University of Colorado）攻读了 MBA。乔治和克莉丝在高校时就是朋友。

续前表

弗兰克·考斯坦佐（Frank Costanzo），40 岁，目前是美国大学入学途径网站（Petersons.com）的高级副总裁。这个网站一直是连续排名在世界前 100 名的网站。考斯坦佐先生是内容物管理技术和策略的专家，并且曾是 AGT 的副总裁。考斯坦佐曾进行过深入的业务分析，创造了内容物管理行业的网上服务解决办法。他曾在世界顶级的公司做过相关内容物管理工作，这些公司包括通用汽车公司（General Motor）、美国孩之宝玩具公司（Hasbro）、施贵宝制药公司（Bristol-Meyers Squibb）和西尔斯百货公司（Sears）。
格雷格·休斯（Greg Hughes），32 岁，是世界上最大的商业印刷商的高级销售经理。休斯先生有十年的销售经验，已经向一些公司销售了上百万美元的项目，这些公司包括美国西部公司（US West），美国电报电话公司（AT&T），美国 R.R 当纳利公司（R.R.Donnelly）和美国电信公司（MCI）。他的职业专长包括金融和运作分析、市场策略、策略实施以及对市场活动的评估。休斯先生也在科罗拉多州大学攻读了 MBA。

克丽丝和乔治双双辞职，认真应对创办公司的挑战。他们和洛基山（Rochy Mountian）地区资历最老、最受信赖的律师事务所取得联系，以求得法律顾问的服务支持。他们和两个律师合作，其中一个作为公司总顾问的，专长于代理网络公司，另一个专长于知识产权事务。她在 AGT 工作时有许多关系，在这些关系引导下，克丽丝联系到了风险资本家，以满足创办初期在软、硬件许可和人事等方面的支出。

在 dot.com 萧条的 2000 年，事情并没有更容易些，为了寻找资金和免于看起来好像是“另一个 dot.com”，克丽丝和她的团队把名字改为阿特弥斯（Artemis）图像公司。阿特弥斯是希腊狩猎女神的名字，曾经是克丽丝的第一匹马和第一个公司的名字，阿特弥斯图形贺卡（Artemis Graphics Greeting Cards），是她 16 岁时涉足的第一个创业经营企业。克丽丝一直以来都迷恋着美丽的图像。

阿特弥斯（Artemis）图像公司的利基定位

克丽丝在 AGT 工作的时候，就观察到许多组织有大量知识财产形式的照片、视频、声音和文字的储存，其中那些有价值的资料往往没被使用，因为它们以模拟的形式存在或随着时间的推移慢慢变得无法利用。克丽丝的想法是把它们保存下来，并且应用数字技术和万维网传输使其再次发挥作用。她设想某个公司能够发明一种数字收集方法，以实现对图像、音频和视频内容的收集，并把它们卖给对这些内容感兴趣的公司，把知识财产转变成一种收入来源。

出版商和运动发起人都是拥有大量存档照片和视频的组织。像波音公司、通用汽车公司（General Motors）以及 IMSC 这类经营飞机、汽车、或运动项目的公司，并不出售纪念物品之类的商品。然而，飞机、汽车和运动的爱好者们却是现成的市场客户，他们倾心于飞机、汽车的照片或者运动项目的视频。

对存档照片和视频恰当的存储和分类是非常复杂的。在 2000 年，一般有两种解决办法，分别是彻底出售资产或设立内部分工部门来负责管理和营销。大多数组织不愿意出售他们的资产，认为它们代表着无价的品牌和财产。设计交易软件和雇佣专业人士把他们的资产数字化和恰当存档是非常昂贵的做法，超越了大多数公司的核心竞争力发展范围。克丽丝在 AGT 的工作使她相信，成千上万的公司有上百万的资产需要数字化，并对管理它们存档的照片和视频非常有需求。

克丽丝知道一个公司对出售本公司档案的排斥，也知道获取和扫描选中待出售图像要支付高额费用。然而，她也明白一个组织获得自己全部详细数字化的目录，以及保存组织的持久历史的价值。她提出了一种收入共享模型，借此模型，阿特弥斯图像公司对顾客的档案进行数字化，却不需要得到所有权。取而代之的是，她的公司还能够对存档进行独家授权，全部收入的 85% 归阿特弥斯图像公司所有，15% 支付给档案所有者。她期望在阿特弥斯图像公司网站上出现的档案图片能够吸引买家访问，并随后进行交易。

最早的商业模型是“B2C”（business-to-consumer），即企业对消费者的模型。自从与 IMSC 签订协议开始，阿特弥斯图像公司就和 IMSC 一起推动印地 500 项目的进行，并且把印地项目比赛迷们吸引到阿特弥斯图像公司网站上来。当年印地 500 项目参与者的照片（历史图片包括以往印地项目参赛者、获胜者、表演者和名人等）将被添加到 IMSC 存档图片中，并以每件 20 美元到 150 美元的价格出售给忠实的粉丝。顾客可以在阿特弥斯图像公司网站上回顾不同的照片，然后选择和订购高分辨率的图像。利用信用卡通过网络的订购将是安全的，图像转移到供应商，以及硬拷贝邮寄给期待的收件人。网站非常受肯定，这比过去 IMSC 的传统销售模式更容易经营。

在赛车市场建立了 IMSC 内容物模型后，克丽丝和乔治围绕着充分的市场可能性创建商业计划书，在这种可能得到更广范围顾客的市场，能创造库存图片的综合资源。自从阿特弥斯图像公司团队和世界上三大出版商中的两家有过商业合作之后，他们明显地发现：出版商是未来合作的对象。未来市场也要进行相似的选择，在此领域阿特弥斯图像团队也已建立起了关系。在这些市场上，他们将能为已经创造的图片建立存档，或者带来具有消费者导向的内容物和可出售的库存图片。格雷格针对一些行业的例子以及他们拥有的内容物列了一个分类名单：

- 运动：摔跤、美式足球、篮球、健身、英式足球、极限运动的图片。
- 娱乐：录音艺术家以及来自他们 CD 的艺术、电影明星、娱乐活动、电影集的照片。
- 博物馆：油画、雕塑形象、照片、博物馆事件的图片。
- 公司：食品、捕鱼、飞机、火车、汽车的图片。
- 政府：硬币、邮票、星系、卫星的图片。

当克丽丝和乔治、格雷格把商业计划放到一起时，他们开始为他们的虚拟档案公司寻找其他增收的机会。进入 IMSC 或任何其他阿特弥斯公司客户网站的顾客都能够连接到阿特弥斯图像公司，以便其购买照片和视频。顾客购买图像的满意情况为公司提供新的机遇，即出售针对特殊市场和聚合内容物的其他网站商品。对于赛车运动，明显的商品机会将包括 T 恤、帽子和车模。对于风景，则可能是旅游套票或远足器具。公司的客户或许对软件、服务设计或办公用品感兴趣但由于阿特弥斯图像公司网站的独特内容能够吸引顾客，所以也能增加可链接的其他公司网站的访问量。克丽丝和她的团队计划对这些网站的内容物以年为单位授权，为阿特弥斯图像公司拓宽服务区域和创造收入。

对于阿特弥斯图像公司而言，另一个潜在的市场就是未被意识到的上亿图片，这些图片被世界范围内的消费者保存在橱子和抽屉里。这些图片被珍视为传家宝，却没有被好好地保护和充分利用。消费者可以提供他们的照片用以出售，或只是简单支付数字化服务费用，用以自己使用。假设美国只有 10% 的人要求阿特弥斯图像公司为他们的存档数字化，并且这些人中的一半要求 8″×10″ 的印刷，那么阿特弥斯图像公司将会产生 2 500 万的顾客，并且将产生大约 2.5 亿美元的收入。因为图像没有语言限制，网络的世界性和图像的流行性预示着数以亿计的潜在收入。

阿特弥斯团队一起做商业计划时，头脑风暴来袭，他们想出了把顾客吸引到自己网站的办法，即提供独一无二的内容物和顾客亲身体验。福雷斯特研究公司（Forrester Research）的一项研究分析了促使再次访问网站的关键因素，发现有 75% 的顾客认为高质量的内容物是他们再次访问一个网站的排名第一的理由。阿特弥斯团队想要通过附加独特的内容物，创建一个由忠实顾客组成的社区，社区的内容物由顾客自己创造，包括关键讨论和公告牌，因为这是任何社区建设计划的基石。阿特弥斯图像公司可以通过不断监控网站的这块内容物，不断添加爱好者的新感受，保持体验始终“新鲜”，社区将根据顾客的兴趣而不断改进。

当公司赢得客户和出售他们的存档照片和视频的权利时，阿特弥斯将转向“B2B”（business-to-business，企业对企业）模式。克丽丝和乔治在国家地理杂志（National Geographic）认识了一些市场销售经理，有康联万维网（CMG World Wide）、海麦克特出版社（Haymarket Publishing）、康德纳斯特出版集团（Conde Nast）、国际出版公司（International Publishing Corporation）。这些大型出版公司控制和规定着大范围的题材，然而他们却对自己的档案无可奈何，或者感到很难着手整理，导致找出某个图片往往是费时费钱的。而阿特弥斯图像公司能够提供解决问题的办法。比方说，康泰纳仕特出版集团（以下作品：《新浪潮》（Nouvelle Vague）、《美食家》（*Bon Appetit*）、《康德·纳斯特旅行家》（*Conde Nast Traveler*）、《房子和花园》（*House & Garden*）、《浮华世界》（*Vanity Fair*）的出版商）可能需要一张来自世界地理杂志档案中的照片。如果知道了选中图片的浏览者的数量，他们就愿意为经典图像的储存支付费用。一般每张图片的价格是由发行量推算出来的，这点非常像版权材料的专利费。类似地，广告机构在客户模型中使用成百上千的图像。比方说，一个机构可能需要一张太平洋岛屿的图片。如果阿特弥斯图像公司拥有康德纳斯特出版集团和世界地理杂志的使用权，那么就有成千上百的太平洋岛屿图片可以选择。有这种 B2C 模型，图片的拷贝就能够用信用卡或者账户支付，并通过网络进行传输，带宽足够就能实现，或通过隔夜邮件硬拷贝，或存在磁盘上。

从 B2C 到 B2B 的过渡，看来似乎是逻辑上的进步，这种进步将积聚更多的图片销售，并且同时吸引更多的单个顾客的销售。基本商业模式也是同样的，阿特弥斯将存档更多的照片和视频，卖给其他公司出版或者做促销小册子。克丽丝和乔治期望这个模型能够在其他垂直市场上被利用起来，包括体育运动、自然、娱乐和教育。

对 B2B 市场的重新审视，看起来这确实是公司长期收入的来源。然而，B2C 和 B2B 却让投资界失去了兴趣。克丽丝和乔治再一次把商业计划看做是应用技术提供者（ASP）。有 ASP 的设计，阿特弥斯公司可以把自己定位于软件公司，通过出售公司软件程序的许可来创收。在 2000 年，ASP 还依然是投资的热点。

阿特弥斯图像公司的收入有三个来源：

- ◆ 向公司或个人出售图像，
- ◆ 聚合内容物
- ◆ 出售商品。

在起初的四年预计销售突破 100 百万美元，在第三年盈亏平衡可以实现。（预计销售量和收入请见表 I—2， I—3， I—4。）

为了贯彻执行这个策略，阿特弥斯图像股份有限公司需要 50 万美元的首次投资，以用来开始运营、雇佣员工和签署四个附加内容物协议。计划在第二轮资金周转时再投入 150 万美元资金，第三轮再投入 300 万美元到 500 万美元（这依据合同数量而定）。考虑到 28 类档案的经营，到 2004 年的时候它们可产生 1 亿美元的资产。（请见表 I—5，资金和所有权计划）。

表Ⅰ—2 预计销售和网站运营

2001 年容量	1 月	2 月	3 月	4 月	5 月	6 月	7 月	8 月	9 月	10 月	11 月	12 月	总计
顾客照片	0	0	7 500	7 500	27 000	9 000	9 000	22 500	18 000	9 000	4 500	22 500	136 500
库存照片	0	0	0	3 750	4 500	5 250	6 750	7 500	9 000	9 750	10 500	11 250	68 250
小计	0	0	7 5 00	11 250	31 500	14 250	15 750	30 000	27 000	18 750	15 000	33 750	204 750
授权协议	0	0	0	0	0	1	1	2	4	5	6	7	26
商品订单	0	0	6 000	6 000	21 600	7 200	7 200	18 000	14 400	7 200	3 600	18 000	109 200

2002 年容量	1 月	2 月	3 月	4 月	5 月	6 月	7 月	8 月	9 月	10 月	11 月	12 月	总计
顾客照片	12 000	15 000	15 000	15 000	54 000	18 000	18 000	45 000	36 000	18 000	9 000	45 000	300 000
库存照片	6 000	7 500	9 000	10 500	12 000	15 000	15 000	15 000	15 000	15 000	15 000	15 000	150 000
小计	18 000	22 500	24 000	25 500	66 000	33 000	33 000	60 000	51 000	33 000	24 000	60 000	450 000
授权协议	8	9	10	11	12	13	14	15	16	16	16	16	156
商品订单	9 600	12 000	12 000	12 000	43 200	14 400	14 400	36 000	28 800	14 400	7 200	36 000	240 000

2003 年容量	1 月	2 月	3 月	4 月	5 月	6 月	7 月	8 月	9 月	10 月	11 月	12 月	总计
顾客照片	24 800	31 000	31 000	31 000	111 600	37 200	37 200	93 000	74 400	37 200	18 600	93 000	620 000
库存照片	17 000	21 250	25 500	29 750	34 000	42 500	42 500	42 500	42 500	42 500	42 500	42 500	425 000
小计	41 800	52 250	56 500	60 750	145 600	79 700	79 700	135 500	116 900	79 700	61 100	135 500	1 045 000
授权协议	16	16	16	16	16	16	16	16	16	16	16	16	192
商品订单	15 600	19 500	19 500	19 500	70 200	23 400	23 400	58 500	46 800	23 400	11 700	58 500	390 000

网站运营（按季度）

年	2000	2001				2002				2003			
季度	4 月	1 月	2 月	3 月	4 月	1 月	2 月	3 月	4 月	1 月	2 月	3 月	4 月
网上（累计）	1 季	4 季	4 季	7 季	10 季	13 季	13 季	16 季	19 季	22 季	25 季	28 季	28 季

资料来源：电子触媒业务计划，（e-Catalyst Business Plan）2000 年 2 月 28 日。

表Ⅰ—3 预计每月收入流

2001 年收入	1 月	2 月	3 月	4 月	5 月	6 月	7 月	8 月	9 月	10 月	11 月	12 月	总计
顾客照片	$ 0	$ 0	$ 149 925	$ 149 925	$ 593 730	$ 179 910	$ 179 910	$ 449 775	$ 359 820	$ 179 910	$ 89 955	$ 449 775	$ 2 728 635
库存照片	$ 0	$ 0	$ 0	$ 562 500	$ 675 000	$ 787 500	$ 1 012 500	$ 1 125 000	$ 1 350 000	$ 1 462 500	$ 1 575 000	$ 1 687 500	$10 237 500
小计	$ 0	$ 0	$ 149 925	$ 712 425	$1 214 730	$ 967 410	$ 1 192 410	$ 1 574 775	$ 1 709 820	$ 1 642 410	$ 1 664 955	$ 2 137 275	$12 966 135
联合业务	$ 0	$ 0	$ 0	$ 0	$ 0	$ 8 333	$ 16 667	$ 33 333	$ 66 667	$ 108 333	$ 158 333	$ 216 667	$ 608 333
商品	$ 0	$ 0	$ 45 000	$ 45 000	$ 162 000	$ 54 000	$ 54 000	$ 135 000	$ 108 000	$ 54 000	$ 27 000	$ 135 000	$ 819 000
总计	$ 0	$ 0	$ 194 925	$ 757 425	$ 1 376 730	$ 1 029 743	$ 1 263 077	$ 1 743 108	$ 1 884 487	$ 1 804 743	$ 1 850 288	$ 2 488 942	$ 14 393 468

2002 年收入	1 月	2 月	3 月	4 月	5 月	6 月	7 月	8 月	9 月	10 月	11 月	12 月	总计
顾客照片	$ 239 880	$ 299 850	$ 229 850	$ 299 850	$1 079 460	$ 359 820	$ 359 820	$ 899 550	$ 719 640	$ 359 820	$ 179 910	$ 899 550	$ 5 997 000
库存照片	$ 900 000	$1 125 000	$ 1 350 000	$ 1 575 000	$1 800 000	$2 250 000	$2 250 000	$ 2 250 000	$ 2 250 000	$ 2 250 000	$2 250 000	$2 250 000	$22 500 000
小计	$1 139 880	$1 424 850	$ 1 649 850	$ 1 874 850	$2 879 460	$2 609 820	$ 2 609 820	$ 3 149 550	$ 2 969 640	$ 2 609 820	$2 429 910	$3 149 550	$28 497 000
联合业务	$ 283 333	$ 358 333	$ 441 667	$ 533 333	$ 633 333	$ 741 667	$ 858 333	$ 983 333	$ 1 116 667	$ 1 250 000	$1 383 333	$1 516 667	$10 100 000
商品	$ 72 000	$ 90 000	$ 90 000	$ 90 000	$ 324 000	$ 108 000	$ 108 000	$ 270 000	$ 216 000	$ 108 000	$ 54 000	$ 270 000	$ 1 800 000
总计	$1 495 213	$1 873 183	$ 2 181 517	$ 2 498 183	$3 836 793	$ 3 459 487	$3 576 153	$ 4 402 883	$ 4 302 307	$ 3 967 820	$3 867 243	$ 4 936 217	$40 397 000

2003 年收入	1 月	2 月	3 月	4 月	5 月	6 月	7 月	8 月	9 月	10 月	11 月	12 月	总计
顾客照片	$ 495 752	$ 619 690	$ 619 690	$ 619 690	$2 230 884	$ 743 628	$ 743 628	$1 859 070	$1 487 256	$ 743 628	$ 371 814	$1 859 070	$ 1 239 380
库存照片	$2 550 000	$3 187 500	$3 825 000	$4 462 500	$5 100 000	$6 375 000	$6 375 000	$6 375 000	$6 375 000	$6 375 000	$6 375 000	$6 375 000	$63 750 000
小计	$3 045 752	$3 807 190	$4 444 690	$5 082 190	$7 330 884	$7 118 628	$7 118 628	$8 234 070	$7 862 256	$7 118 628	$6 746 814	$8 234 070	$76 143 800
联合业务	$1 650 000	$1 783 333	$1 916 667	$2 050 000	$2 183 333	$2 316 667	$2 450 000	$2 583 333	$2 716 667	$2 850 000	$2 983 333	$3 116 667	$28 600 000
商品	$ 117 000	$ 146 250	$ 146 250	$ 146 250	$ 526 500	$ 175 500	$ 175 500	$ 438 750	$ 351 000	$ 175 500	$ 87 750	$ 438 750	$ 2 925 000
总计	$4 812 752	$5 736 773	$6 507 607	$7 278 440	$10 040 717	$9 610 795	$ 9 744 128	$11 256 153	$10 929 923	$10 144 128	$9 817 897	$11 789 487	$107 668 800

资料来源：电子触媒业务计划，（e-Catalyst Business Plan）2000 年 2 月 28 日。

表 I—4 2000 年预计财务摘要

利润摘要和损益表					
	2000	2001	2002	2003	总计
收入	$ 0	$ 14 393 468	$40 397 000	$107 668 800	$162 459 268
销售开销	$ 0	$5 186 454	$11 398 800	$ 30 457 520	$47 042 774
毛利	$ 0	$9 207 014	$28 988 200	$ 77 211 280	$115 416 494
运营	$ 439 847	$13 623 571	$27 109 143	$ 47 078 657	$88 251 217
税前净利润	($ 439 847)	($4 416 556)	$1 889 057	$ 30 132 623	$27 165 277
税费 (38%)	$ 0	$ 0	$ 0	$ 10 322 805	$10 322 805
净收入	($ 439 847)	($4 416 556)	$1 889 057	$ 19 809 818	$16 842 472

资产负债表摘要					
资产	2000	2001	2002	2003	总计
现金及其等价物 应收账款	$ 428 020	$ 4 490 768	$ 4 958 270	$ 21 508 477	
库存	$ 0	$ 2 488 942	$ 4 936 217	$ 11 789 487	
预付费用	$ 0	$ 0	$ 0	$ 0	
折旧资产	$ 0	$ 0	$ 0	$ 0	
其他折旧资产	$ 0	$ 0	$ 0	$ 0	
折旧	$ 0	$ 0	$ 0	$ 0	
净折旧资产	$ 0	$ 0	$ 0	$ 0	
总资产	$ 428 020	$ 6 979 710	$ 9 894 487	$ 33 297 964	
负债和资本					
应付账款	$ 367 867	$ 1 836 113	$ 2 861 833	$ 5 589 379	
应计收入税	$ 0	$ 0	$ 0	$ 866 113	
自增工资税	$ 0	$ 0	$ 0	$ 0	
总负债	$ 367 867	$ 1 836 113	$ 2 861 833	$ 6 455 492	
资本贡献	$ 500 000	$ 10 000 000	$ 10 000 000	$ 10 000 000	
股东权益	$ 0	$ 0	$ 0	$ 0	
留存权益	($ 439 847)	($ 4 856 403)	($ 2 967 346)	$ 16 842 472	
净资本	$ 60 153	$ 5 143 597	$ 7 032 654	$ 26 842 472	
负债总额和资本	$ 428 020	$ 6 979 710	$ 9 894 487	$ 33 297 964	

资料来源：电子触媒业务计划，（e-Catalyst Business Plan）2000 年 2 月 28 日。

表 I —5 阿特弥斯图像公司最初的资金计划

预测计划	第一轮	第二轮	第三轮	第四轮	退出
融资假设					
2003 年收入	$ 110 000 000				
2003 年 EBITDA*	$ 30 000 000				
2003 年收入增长率	40%				
2003 年价值	$ 440 000 000				
价值 / 收入	4				
价值 /EBITDA	14.67				
第一轮筹资	$ 500 000				
第二轮筹资	$ 1 500 000				
第三轮筹资	$ 3 000 000				
第四轮筹资	$ 5 000 000				
	第一轮	第二轮	第三轮	第四轮	退出
流通股数量					
筹资之前流通总数	6 000 000	7 200 000	9 000 000	11 250 000	11 250 000
本轮股票发行数量	1 200 000	1 800 000	2 250 000	1 406 250	1 406 250
筹资之后流通总数	7 200 000	9 000 000	11 250 000	12 656 250	12 656 250
估价					
货币预估价	$2 500 000	$6 000 000	$12 000 000	$40 000 000	$440 000 000
筹资数量	$ 500 000	$1 500 000	$ 3 000 000	$ 5 000 000	0
货币后估价	$3 000 000	$7 500 000	$15 000 000	$45 000 000	$440 000 000
每股价格	$0.42	$0.83	$1.33	$3.56	$34.77
由此产生的所有权					
创建者	83.33%	66.67%	53.33%	47.41%	47.41%
第一轮投资者	16.67%	13.33%	10.67%	9.48%	9.48%
第二轮投资者	0.00%	20.00%	16.00%	14.22%	14.22%
第三轮投资者	0.00%	0.00%	20.00%	17.78%	17.78%
第四轮投资者	0.00%	0.00%	0.00%	11.11%	11.11%
总计	100.00%	100.00%	100.00%	100.00%	100.00%
所有权价值					
创建者	$2 500 000	$5 000 000	$8 000 000	$21 333 333	$208 592 593
第一轮投资者	$ 500 000	$1 000 000	$1 600 000	$ 4 266 667	$ 41 718 519
第二轮投资者	$ 0	$1 500 000	$2 400 000	$ 6 400 000	$ 62 577 778
第三轮投资者	$ 0	$ 0	$3 000 000	$ 8 000 000	$ 78 222 222
第四轮投资者	$ 0	$ 0	$ 0	$ 5 000 000	$ 48 888 889
总计	$3 000 000	$7 500 000	$15 000 000	$40 000 000	$440 000 000
投资者的回报	第一轮	第二轮	第三轮	第四轮	退出
持有期（年）	3.25	3	2.75	2.5	
回报时间	83.44	41.72	26.07	9.78	
内部收益率	290%	247%	227%	149%	

*EBITDA 指未计利息、税项、折旧及摊销前盈利。

资料来源：电子触媒业务计划，（e-Catalyst Business Plan）2000 年 2 月 28 日。

内容物管理行业

根据数字资产管理的贸易组织（GISTICS）的资料，内容物管理行业（包括劳动力、软件、硬件和管理数以亿计数字图片的必要实物资产）市场在2000年的产值预计达到2万亿美元（1999年市场报告）。内容物可以包括图像、视频、文字和声音。阿特弥斯图像公司涉足的是内容物管理市场中的两个小部分，第一个是现存的库存图片市场，是公司对公司的市场。在这个市场，在出版物上只出售图片的有限使用权，如杂志、书本和网站。德意志银行的阿莱克斯•布朗先生（Alax Brown）估计在2000年库存图片市场将发展成15亿美元的市场。考比斯（Corbis）先生是数字图片行业的两个主要竞争者之一，他估计此市场到2000年将发展到50亿美元。

商业图片生产对消费者来说，需求量也是可观的。鉴于网络驱动技术方便了系统安装，并且也方便了从图片的拥有者到个体消费者的直接传输，行业内部人士相信，市场在2000年将有爆炸式的增长。印第安纳波利斯赛车场的存档就是这种公司对消费者模型。如果在以前，这些想要购买存档图片的消费者则不得不去IMSC的博物馆参观或者给工作人员写信，以达到目的。如果用实物目录来人工检索存档图片，那么这个过程只需要两个星期。基于网络的数字化技术和搜索引擎的使用，搜索时间将大大减低，减少了自己整理图片顺序的同时，给顾客提供了能够选择产品和在线整理顺序的方便。位于伦敦的明镜日报（Daily Mirror）已经在自己网站上粘贴了存档图片，对消费者出售这些图片的第一个月就创收了3万美元。IMG公司，以体育运动市场的团体为目标消费者，与IMSC签署了价值100万的订单。

竞争

有许多库存与消费照片的网站，有企业对企业模式的库存照片市场，也有业余摄影爱好者张贴图片的市场，各种不同的网站应有尽有。大多数网站不会提供“社区”、网上消费评论，不会使用有力的搜索引擎把内容物重新目的化（电子贺卡、打印、照片杯、日历等）。此外，数字化形式的档案数量也非常有限，这是因为其他的内容物提供商的业务范围是从虚拟世界到实物世界，阿特弥斯图像公司则是从实物世界到虚拟世界。虽然竞争者在集成的数字工作流程方面存在着问题，但是根据档案的性质分布，能够知道最初资产的所在。由于只能让消费者浏览所需求的图片，这就严重限制了在他们网站上能搜索到的内容物的数量。

克丽丝和格雷格衡量了在他们商业计划中五个主要的竞争者：

www.corbis.com：考比斯网是比尔•盖茨（Bill Gates）旗下的网站，拥有6500万张图片，但是允许顾客进入网站搜寻的网络资源（电子贺卡、屏幕保护程序等）只有65万。仅有35万张图片可以用来打印出售。这个网站不错，但是没有网站社区。考比斯先生主营的是图片的直接所有权和需求浏览业务。考比斯最近得到了卢浮宫（Louvre）的图像，据报道交易价格超过3千万美元。

www.getty-images.com：盖蒂网拥有超过7 000万张的图片。1999年，这个网站只有一个链接能够链接到其他的全资子公司，包括art.com。它也没有搜索功能，没有社区。这个网站仅是充当公司推广手册的角色。和考比斯网一样，盖蒂网也把精力集中在内容物的获得和需求的浏览上。

www.art.com：这是个在设计和导航方面做得非常好的网站，是盖蒂（Getty）旗下的全资子公司，被定位为盖蒂公司部分图片的客户窗口。与考比斯网站类似，顾客能够在线购买打印品、发送电子贺卡等。尽管盖蒂网站有海量图片，但这个网站可利用的数字化图片却很有限。

www.mediaexchange.com：严格说，“媒体交换”是个库存照片网站，主要经营项目为新资源，网站更多依赖的是文字。导航不畅通，并且图形用户界面不怎么吸引人。

www.thepicturecollection.com：严格说，这是个《时代周刊》(*Time*) 存档照片的库存网站。这个网站搜索功能强，设计精心。搜索区域不仅有拇指指甲大小的缩略图，也展示了所附的定位标签或超级数据。

www.ditto.com：这是个具有世界领先水平的视觉搜索引擎。ditto.com 可以通过图片领航网页。前提有两方面：传输高相关性缩略图像并能连接到这些图片的标的网站。到 2000 年，他们已经发展成为因特网上最大的视觉内容搜索引擎。

表 I—6 给出了阿特弥斯图像公司和主要的两个竞争对手（盖蒂公司和考比斯公司）在库存图片市场的比较。这个表格仅显示在库存图片销售方面的收入，不包括对消费者的销售、商品、广告或其他潜在的收入来源。

表 I—6　　期望销售额比较

库存照片市场	阿特弥斯图像公司	阿特弥斯图像公司	阿特弥斯图像公司	阿特弥斯图像公司	盖蒂公司	考比斯公司
	印地 2000[①]档案	2000	2001	2002	1999	1999
档案型号	5 000 000	5 000 000	5 000 000	95 000 000	70 000 000	65 000 000
数字图像累加额	345 600	345 600	6 796 800	21 542 400	1 200 000	2 100 000
数字化百分比[②]	7%	7%	14%	23%	1.71%	3.2%
创收达标销售量	0	0	151 484	623 493	1 646 667	666 666
创收达标销售率[③]	0	0	0.30%	0.16%	2.35%	1.00%
收入[④]	0	0	$22 722 600	$93 523 950	$247 000 000	$100 000 000
档案中图片收入 / 张	0	0	$0.45	$0.98	$3.53	$1.54
数字图处创收 / 张	0	0	$3.25	$4.30	$205.83	$47.62

注：① 阿特弥斯图像公司已经从印第安纳波利斯赛车场公司获得了独家内容许可。

② 这些估计以以下为基础：每个浏览者每天浏览1 920张图片，每个档案两个浏览者。随着浏览技术发展，总量还会进一步增加。

③ 阿特弥斯图像公司中需创收的档案所占百分比在0.03%和0.22%之间变化，而与实际情况相比之下，盖蒂2.35%，考比斯0.6%。

④ 阿特弥斯图像公司收入数字以以下为基础：出售一定数量内的图片时，定价每张150美元，150美元的定价是库存图片的最小平均价格。考比斯是个私营企业；这个数字仅是一个估计。

根据市场调查，考比斯公司想把全部档案数字化，现在正着手把模拟图像转成数字图像，还有 6 300 万张尚未转化。当盖蒂公司和考比斯公司都争先在内容物市场分得一份羹的同时，最近他们又感觉到了电子商务的影响：

- 在 1999 年，考比斯公司从网络上创造了 80% 的收入，而在 1996 年为零。
- 在 1998 年和 1999 年之间，盖蒂公司的电子商务创收增加了 160%。
- 盖蒂公司 1999 年的收入中 34% 来自于电子商务，而 1998 年只有 17%。

策略

阿特弥斯图像公司想雇佣专业工作人员来提供数字化和存档管理服务，这些专业人员将在每个客户组织的内部开展工作，而不是在自己的外部设施上工作。克丽丝的模型是想要通过提供数字化存档服务来交换以下条件：

◆ 在因特网上交易那些内容物的专属权利
◆ 权利的商品化
◆ 推动阿特弥斯图像公司网站的发展，有效促进阿特弥斯图像公司和客户合伙人联合品牌的发展。

克丽丝预见有某个软件程序能够让阿特弥斯图像公司的客户使用，并且这个程序能够把不同媒体内容物数字化，比如照片、视频和文字。

克丽丝和乔治希望，通过销售渠道，阿特弥斯图像公司能够和现存的库存照片销售公司合作，并促进数字化服务贸易。阿特弥斯图像公司将与传统销售和技术市场建立这种关系。销售人员将致电主要玩家，并以直接邮件为目标，贸易杂志广告和公共关系将被用来赢得巨大数量的小玩家。此外，内容物合伙人也是库存照片的使用者，他们可以同时成为顾客。

阿特弥斯图像公司想得到客户，本来就应该提供世界上最好、最理想的内容物。克丽丝管理团队的工作流程和专业知识将让他们能始终如一地提供质量更好的产品，这点会比考比斯或盖蒂更出色。同样的专业知识也让克丽丝有更大的数字产品的选择空间，通过网站索引，顾客更容易找到他们所需的图片等资源。

使用现场设备，客户的内容物将被数字化、被标注（通过贴数字信息标签，或超级数据）并且上传到公司的中心站点。超级数据能够使内容物被搜索引擎定位查找出，因此也就能被顾客浏览。比方说，一张艾迪·芝佛（Eddie Cheever）赢得印地 500 赛事的照片的标签将标上“印地 500，芝佛，获奖照片，1998”。因此，顾客进入网站搜索“Eddie Cheever”将找到这张照片，同时还会有其他相关的成千上万的照片。阿特弥斯公司的数据库同时还起着储存库的作用，供网站搜寻和检索。

传统的内容物管理需求，迫使各组织机构购买技术和专业知识。阿特弥斯图像公司的模型意在减轻这种负担，它用技术和专业知识，使网络独家发行权和收入能够共享和交换。他们的商业策略则是在顾客的设备上安装和运作数字资产管理系统，这作为一个基础设施，创造了一个全球化的包括图片、视频、声音和文字的数字存档。这使阿特弥斯图像公司与客户建立了长期合作关系，也保证了阿特弥斯图像公司有历史的和最新的内容物。阿特弥斯图像公司拥有并运作内容物管理技术，其他业务都进行外包，包括网页开发、网页寄存、消费数据收集、入库及交易的完成（打印、邮寄海报和印刷品）。阿特弥斯图像公司每天可浏览成千上万的图像，使每张图片的成本降低到 2.00 美元以下，而考比斯公司和盖蒂公司则只能采用浏览模式，每张图片的成本高达 40.00 美元。阿特弥斯图像公司仅需要包括内容物管理和照片生产的全部设备租赁，这样既降低了开办公司的费用，在系统配置上也更有弹性。

按照阿特弥斯图像公司的原计划，首先是购买软件和硬件，然后在丹佛（Denver）和科罗拉多州（Colorado）的主要办事处安装软件和硬件，和网站开发合伙人签合同，并在 IMSC 安装第一个现场设施。在丹佛的设施将作为一个开发实验室，用来创造一系列标准化的超级数据，这些数据由所有合伙人共同使用。超级数据信息的一致性使搜索内容物的一致性成为可能。阿特弥斯图像公司的目标是建立世界级的基础设施，掌控内容物管理业务，交易收集的数据，进行电子商务。这个基础设施使他们易于扩张到其他市场，增加内容物和交易数量，开发自己的运作架构，以便保证内容物标准化和减少执行时间，推广新覆盖区域和开发社区的谈判将同时进行。表 I—7 的时间表说明了阿特弥斯图像公司的发展计划。

表 I—7　　阿特弥斯图像公司发展时间表

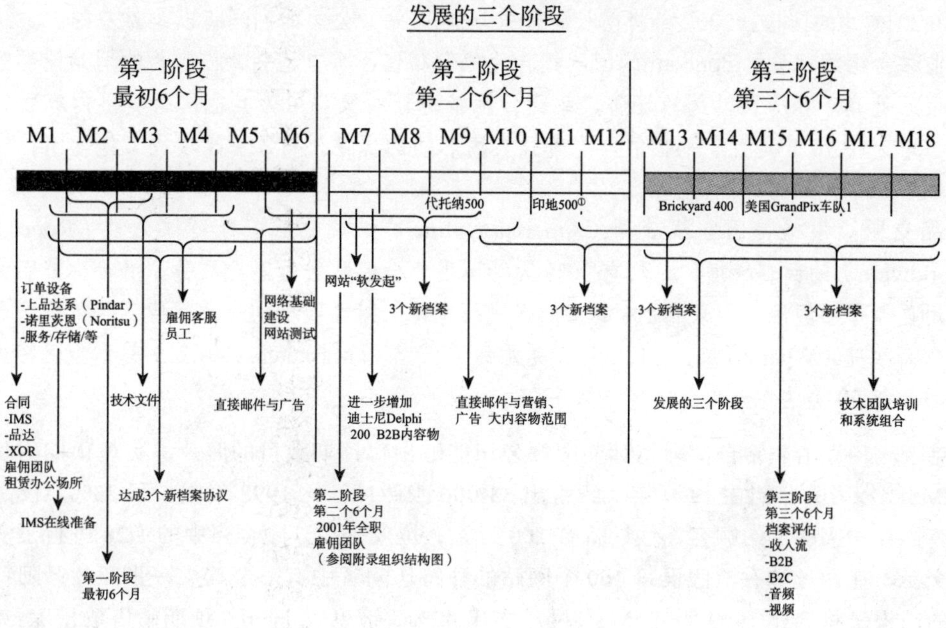

发展的三个阶段

第一阶段
最初6个月

第二阶段
第二个6个月

第三阶段
第三个6个月

M1 M2 M3 M4 M5 M6 M7 M8 M9 M10 M11 M12 M13 M14 M15 M16 M17 M18

代托纳500
印地500①
Brickyard 400
美国GrandPix车队1

订单设备
-上品达系（Pindar）
-诺里茨恩（Noritsu）
-服务/存储/等

雇佣客服员工

网络基础建设
网站测试

网站"软发起"

3个新档案

3个新档案

3个新档案

3个新档案

合同
-IMS
-品达
-XOR
雇佣团队
租赁办公场所

技术文件

直接邮件与广告

进一步增加
迪士尼Delphi
200 B2B内容物

直接邮件与营销、
广告 大内容物范围

发展的三个阶段

技术团队培训
和系统组合

达成3个新档案协议

IMS在线准备

第二阶段
第二个6个月
2001年全职
雇佣团队
（参阅附录组织结构图）

第一阶段
最初6个月

第三阶段
第三个6个月
档案评估
-收入流
-B2B
-B2C
-音频
-视频

第一阶段

这个阶段主要为阿特弥斯图像公司筹得最初资金，为出售图片做好运营准备，并且让各项工作步入正轨。三个主要内容包括，在ISMC建设实时便利设施、建立并测试网站、进行实践运营。第一个阶段设想钱存在银行。

第二阶段

这个阶段设想有三个附属档案将得到并被应用，至少其中一个能包揽一定宽广度的内容物。精力将集中在内容物的出售和创收上。B2B和B2C市场策略将被执行和估价。到这个阶段后期，公司能够得到两三个或更多的档案。

第三阶段

第三个阶段将继续创建更多档案，进一步拓宽内容物宽广度。市场和销售仍然是收入增长的核心来源。视频和音频根据市场和技术状况进行评定（比如频宽），并对这项服务进入市场的时间做出决策。

资料来源：电子触媒业务计划，（e-Catalyst Business Plan）2000年2月28日。

财务预测

收入期望来源于以下四个基本方面：

◆ **消费者照片**：某些顾客通过访问存档照片或写信给工作室的方式来购买图片，把市场局限在这些顾客上，IMSC在1999年销售了大约53 000张照片。阿特弥斯图像公司在2001年预计销售为每单位平均存档15 000张图片，到2003年增长到每单位平均存档20 000张图片。价格为19.99美元（8″×10″）。

◆ **库存照片**：库存照片的价格从150美元到10万美元不等，这要根据照片的独特程度而定。竞争者盖蒂公司和考比斯公司（这方面市场的两个领导者）分别出售了他们存档的2.35%和0.6%。按平均售出价格为150美元计算，盖蒂公司存档中的每张图片创收6.00美元左右，考比斯公司存档中的每张图片创收1.85美元左右。阿特弥斯图像公司预计2001年出售存档

① 11项其他赛季IRL运动

的 0.30%，2002 年出售存档的 0.16%。阿特弥斯图像公司预计 2001 年存档中的每张图片获得 0.20 美元的回报，2002 年将增长到每张 0.60 美元，公司的利润将以此为基础。

◆ **企业联合组织**：关于 dot.com 的团队经验使他们相信，有自己独特内容物的网站能够吸引其他网站共享。作为网站的市场推广手段，阿特弥斯图像公司为其他网站提供内容物每年会为公司创收 10 万美元。他们能与有着强大内容物的现存公司每星期谈成五笔生意，这将带来每年 500 万美元的潜在收入。

◆ **商品交易**：根据美国在线公司（America Online）和罗珀斯塔奇环球公司（Roper Starch Worldwide）的调查数据，大约有 30% 因特网用户会经常进行网上交易。阿特弥斯图像公司使用更保守的假设，即只有 1% 的访问者进行交易。对在线平均交易额估测的范围很大，从沃顿商学院（Wharton）估计的 86.13 美元到伊玛克（eMarketers）的 219 美元。阿特弥斯图像团队把 50 美元作为预估的保守数字。

克丽丝和乔治非常自信阿特弥斯图像公司能够出售预期数目的照片，实现预期的收入计划。IMSC 公司的存档在 1999 年大约售出 53 000 张照片，比 1998 年增长了 33%。仅是个人访问存档并购买图片的顾客，估计就有 100 万人，也就是说，顾客当中的 1/28 进行了实实在在的交易。克丽丝和乔治假设每 160 个网站的独特访问者中有一个购买一张照片，阿特弥斯网站的销售量将会比 1999 年的 IMSC 网站多出 42%（请见表 I—6，预期销售数量）。克丽丝和乔治相信这个估计是合理的，因为这是建立在以下事实根据之上的，IMSC 并没有把它的存档市场化，没有进行过多推广，而阿特弥斯图像公司在处理图像的同时也在做广告。随着内容物的拓宽和进入网站的增多，2002 年的收入应该很容易比 2001 年多出一倍。

既然团队以前曾经配置并出售过内容物管理系统，那么他们对相关进程的成本就非常熟悉，包括设备和个人花销。他们认真仔细地进行了研究，以求和最新的技术更新同步，积极寻找降低成本和更新过程的途径。

发起：从开始就存在的问题

克丽丝是怀着复仇的心情一股脑钻进阿特弥斯图像公司项目中的。在签订网络专属权和使用 IMSC 存档的五年合同后，她找到了一个值得信赖的技术专员，此人非常期望能够迁移到印第安纳波利斯，开启搜索和数字化的工作进程。一个具有良好信誉的独立照片实验室同意立即展开处理、印刷和履行订单的业务。在 2000 年 5 月，克丽丝对印地 500 项目的访问是个非常难得的网络化机遇。她遇到了来自大公司的执行官，找到了投资者和客户的线索。她和网页设计公司签署协议来建设公司网站，她小心翼翼地保留设计的所有权。她曾经联系了 100 多个风险资本家和天使投资人。

从个人来讲，一开始她可谓是势如破竹。但后来，她很快背上了沉重的负担。弗兰克和格雷格，作为公司法律意义上的所有者，直到公司创办很长一段时间后，才开始为阿特弥斯图像公司贡献想法和关系，才开始奔走调查。格雷格非常自信他所做的商业计划会吸引到投资者，但投资者认为与刚起步的小公司合作是有风险的，所以不愿与其合作。直到第一轮投资资金到手，弗兰克才决定把自己工作中心放在 Petersons.com（汤姆森学习出版集团（Thompson Learning）的一个部门）。弗兰克虽然一直在提供建议，但他还要养活妻子和两个没上学的孩子。

他们与潜在投资者开会，中心议题是如何使公司对投资者更具吸引力。有时他们提供帮助，有时却只是增加克丽丝和乔治的挫败感。至少可以说，在两年的时间里，克丽丝和乔治为资金奔跑得筋疲力尽。资金的缺乏影响了公司的形象和商业化，创业伙伴们之间的关系也非常紧张。热烈的讨论一个接一个：每个人期望充当的角色，对股权的重新分配，维持印第安纳波利斯部门的紧急现金开支，为浏览技术专员和网络开发支付的费用，更不用提管理和运营公司所需的不在预算之内的现金支付了。

克丽丝和乔治向家人寻求帮助。乔治的父亲资助了 5 000 美元，克丽丝的母亲也拿出退休金，为克丽丝支付了大部分抵押费用，并为克丽丝去伦敦、纽约和波士顿访问潜在客户和投资人提供了资金。到 2001 年 5 月，克丽丝的母亲已经资助超过 20 万美元。一个支持她的赛车爱好者借给她 5 万美元，这些为阿特弥斯图像公司的重组提供了动力。最初的四个合伙人都在新公司注入了股份，但是，克丽丝拥有主要的股份（66%），乔治拥有 30% 的股份，弗兰克和格雷格每人的股份都降到了 2%。同时，财务状况也日益下滑（见表 I—8）。

网站是在 2001 年 5 月 18 日正式启动的，做得很漂亮，那天下午晚些时候，克丽丝屏住呼吸，把信用卡放进去后，网站正式上线。网络“购物车”失败，该命令无法处理。克莉丝知道自己遇到麻烦了。

表 I—8　　修正的 2001 年预计财务摘要

利润摘要和损益表					
	2001	2002	2003	2004	总计
收入	$ 5 312*	$ 373 779	$ 2 294 116	$ 4 735 400	$ 7 408 607
销售开销	$ 1 700	$ 43 368	$ 265 312	$ 564 480	$ 874 860
毛利润	$ 3 612	$ 330 411	$ 2 028 804	$ 4 170 920	$ 6 533 747
运营	$ 52 499	$ 328 550	$ 1 235 363	$ 2 035 430	$ 3 651 842
税前净利润	($48 887)	$ 1 861	$ 793 441	$ 2 135 490	$ 2 881 905
税费 (38%)	$ 0	$ 0	$ 283 638	$ 811 486	$ 1 095 124
净收入	($ 48 887)	$ 1 861	$ 509 803	$ 1 324 004	$ 1 786 781

资产负债表摘要				
资产	**2001**	**2002**	**2003**	**2004**
现金及其等价物	$ 45 113	$ 78 260	$ 675 347	$ 2 615 573
应收账款	$ 0	$ 13 61 0	$ 222 950	$ 462 20 0
库存	$ 0	$ 0	$ 0	$ 0
预付费用	$ 0	$ 0	$ 0	$ 0
折旧资产	$ 0	$ 0	$ 0	$ 0
其他折旧资产	$ 0	$ 0	$ 0	$ 0
折旧	$ 0	$ 0	$ 0	$ 0
净折旧资产	$ 0	$ 0	$ 0	$ 0
总资产	$ 45 113	$ 40 574	$ 898 297	$ 3 077 773

续前表

负债和资本				
应付账款	$ 4 000	$ 12 355	$ 61 882	$ 105 868
应计收入税	$ 0	$ 0	$ 283 638	$ 1 095 124
自增工资税	$ 0	$ 0	$ 0	$ 0
总负债	$ 4 000	$ 12 355	$ 345 520	$ 1 200 992
资本贡献	$ 90 000	$ 90 000	$ 90 000	$ 90 000
股东权益	$ 0	$ 0	$ 0	$ 0
留存权益	($ 48 887)	($ 61 781)	$ 462 777	$ 1 786 781
净资本	$ 41 113	$ 28 219	$ 552 777	$ 1 876 781
负债总额和资本	$ 45 113	$ 40 574	$ 898 287	$ 3 077 773

注意：* 大约三分之二的这些交易被阿特弥斯公司的员工和朋友为测试网站时执行过。克丽丝母亲赞助给她女儿的借款和生活费并没有包括在内。

破产

最初，网站就存在问题。网络开发协议规定，印地 500 项目网站应在 2001 年 5 月 8 日正式开通，与在印第安纳波利斯赛车场举行的为期一个月的系列活动相一致，印地 500 项目直到 5 月 27 日才结束。然而，网站开发时间比预想的要长，直到 5 月 18 日网站才第一次运营。由于忽略了对网络界面的恰当测试，当网站激活时，就面临着严重的问题。网站持续运行了 24 小时，接下来的整整一个星期都面临着这个问题，网站到 5 月 27 日再一次关闭。更多的技术难题延误了网站的重新激活，直到 5 月 31 日网站才正常运行。此时印地项目系列赛车活动已经结束了。

整个 6 月，点击量远远没有起初预想的那么多。网站不容易被导航，购物车不能工作，而此时网站设计者还要求更多的钱。公司的投资者害怕被起诉，也躲得远远的。dot.com 的失败更是火上浇油。克丽丝和乔治开始重新思考他们最初的商业模型。由于他们没有固定资产，所以就被扣做了人质。

网站跟踪数据表明，在 5 月和 7 月之间，消费者试图购买的照片价值至少有 4 万美元。克丽丝查阅了成千上万封愤怒的邮件，并试图手动处理这些订单。即便是成功执行的订单也是完成得参差不齐。许多订购的照片没有被邮寄出去，还有邮寄两次的，或者账单不正确的。与此同时，她还要和软件开发商谈判，软件开发商要求赔偿，还要拿回 250 000 美元的前期投资。

在 2007 年 7 月 9 日，网络开发公司要求给出一个彻底的解决方案。即使网络无法正常运转，他们也要求全额支付余下的合同金额。如果不全额赔偿，一个星期内他们将关闭网站。投资者提议接受全部合同的 80%，以使代码得到修正，但是公司拒绝了。在 7 月 13 日星期五，克丽丝不得不告诉 IMSC，在 48 个小时之内网站将关闭。投资者把 250 000 美元投资撤走了。

在 7 月 17 日星期二，克丽丝打电话给乔治召开一个紧急会议。乔治已经受够了，压力已经影响到他的健康、社会关系和生活方式。他认为，他的家庭已经投资给公司很多钱，比他有权要求的多得多。他在很长时间内将没有钱显示他的努力。乔治的女朋友也已经开始施加压力，让他退出。现在，他已经没有理由继续留下。

克丽丝也被压垮了。她该怎么面对在印第安纳波利斯的人？已经让他们失望，对于她来讲再重获信任也是非常艰难的。她自己也已经在这个风险企业上付出了这么多，她不确定能否放手。但同时，她也不确定该怎样进行下去。

克丽丝反省:“曾经一度，我以我的头衔、我的工资、我的财产来定义成功，在 AGT 工作时，我拥有这一切。我创办阿特弥斯图像公司是因为我真的对 IMSC 感兴趣，喜欢让赛车运动爱好者得到印地 500 项目的相关图片。现在，我感受到了创建公司的更深刻满足感。我看到前途的一片光明，虽然现在每一天的生活如此艰苦，但我仍然深深地迷恋着美丽的图片。”

纸上练兵

1. 讨论一下克丽丝开办自己公司的理由。机遇在哪里?
2. 你对这个公司团队的资历有什么评价?
3. 讨论团队成员中所有权的分配。
4. 评价克丽丝的商业模型。它够有力吗? 公司会盈利吗?

Technology Ventures

第二部分

描绘创业蓝图

Technology Ventures

第6章 管理风险，创造回报

导读

由于市场环境的不确定性，创业都会遭遇风险。管理和减少这些风险正是创业者的职责。随着创业公司的发展壮大，可以形成规模经济和范围经济，从而降低单位产品的成本。有吸引力的创业常常是指那些能够根据产品需求扩大生产能力，并被认为是具有可扩展性的企业。

创新设计能够体现出产品的关键优势，能够为产品增加重要附加价值。此外，创业公司应该着眼于开发能够改变一个行业现状的突破性应用产品（“杀手级应用”）。

“科技创业的20条军规 6”

创业者寻求管理创业风险的方法，并努力使企业实现规模经济、范围经济和网络经济效应，并积极促进企业的可扩张性发展。

创业故事

Technology Ventures

eBay的网络效应

许多创业者都认为二手汽车不能在因特网上销售。然而许多买家都在eBay上买到了二手汽车。eBay在2002年共完成了30万次二手汽车交易。通过网络出售二手汽车有很大的优势，在报纸上登录的分类汽车信息只有寥寥几行小字。而二手汽车网站上有丰富的图片信息，能够更容易的描述待售汽车的优缺点。同时在网络上可以有更好的选择，而地方报纸则信息混杂，汽车杂志也往往充斥着汽车经销商的广告信息。大多数二手汽车网站只登载二手汽车的广告，或者让购买者去联系销售者。eBay上的汽车买家实际是在因特网上委托购买汽车。eBay上的卖家只需花费40美元就可以登录一则出售汽车的信息，可以通过图片和文字详尽的描述汽车，如果出售成功，只需要额外支付40美元。

eBay的一个竞争者，AutoTrader，抓住eBay在确定购买后才能看到汽车的最大弱点来设计自己的网站。在AutoTrader上进行拍卖时，卖家可以提供额外的预告信息，使竞价胜出者在购买之前对汽车进行检查，以确保卖家提供的信息无误（参考www.autotraders.com）。

eBay、AutoTrader及AutoNation都为获得市场优势地位和网络效应的最终收益而相互竞争。你会希望这三个公司中哪一个能最终占领市场优势地位、获得网络效应的收益呢?

我们最值得自豪的不在于从不跌倒，而在于每次跌倒之后都能爬起来。
——孔子

如何衡量风险和不确定性

企业家对重要机遇和远大目标的追求要求他们要比在成熟的企业和政府机关里工作承担更多的责任。在新的市场里引入一种新产品的结果是不确定的，而唯一确定的结果是结果一定会发生。确定的东西通常是指可靠的和有保证的。例如，如果我们扔一块石头，它一定会落到地面（而不会飘向空中），这一点是确定的。

采取某项行动的结果是不确定的，这是因为结果通常是未知的或者容易变化的。风险就意味着损失的可能。损失可以是经济上、物质上或名誉上的。当克里斯托夫·哥伦布开始第一次远航寻找新大陆时，他承担着经济、名誉和身体受损害的风险。就像对于农民来说，他们虽辛苦忙碌，但由于干旱、洪水或其他天气条件的影响，最后面对的是无法预知的收成状况。

大多数人，可能几乎是所有的人都倾向于规避风险或避免风险。从逻辑上来讲，创业家总是想避免或减少行动产生的风险。例如，农民通过购买保险来减少不确定天气对农业收成的影响。对个人风险规避的一种简单衡量方法可以从下面的投掷硬币游戏的例子中体现出来。

> 你可以选择接受50美元，这是一种确定的选择。或者你也可以选择玩一次投掷硬币游戏的机会，在这次机会中你有50%的概率赢到100美元。如果你选择第一种的话，你就确定地得到50美元。而选择投掷硬币的结果则是不确定的，但从长期来看（通过大量的实验表明）预期的结果也是50美元。因此，实际投掷一次硬币获胜的概率，用P表示，是50%。如果获胜的概率P是100%的话，你肯定会乐意选择投掷硬币。如果获胜的概率P是70%，你会选择怎么做呢？当概率P达到多少的时候，你才会选择投掷硬币呢？如果获胜概率P为70%，你就属于风险规避型；如果获胜概率P为40%，你就属于风险追求型。当然，你所做出的选择也会取决于你的个人所有财产与50美元的收入损失和玩一次投掷游戏的乐趣的关系。这个游戏揭示了大部分人，也可能包括你自己，都属于风险规避型这一事实。

成功选择值得承担的风险的能力是人力资本的一种形式，这种能力是建立在经验和良好的判断之上的。我们通常认为，创业风险越高，这种人力资本带来的相应回报也会越大。创业家通常具有通过运用他们所拥有的技能来限制缩小创业风险的能力，这些技能对于减小风险是非常有效的。这种思维模式就如同杂技场上走高空钢索的演员，下面拉着结实的网以防坠落的危险。事实上，大多数成功的创业型企业都是通过承担精心预算的风险来创造价值并且拥有减少和管理这些风险的核心竞争力的。人们在创业周期中只能实现对风险的管理，而不是消除它们。

创业家在很多方面都和投资经理相似，投资经理需要去认真筛选机遇。当分析风险时，我们及时审视并且试图估计可能出现的结果和结果的变量。风险是衡量结果潜在易变性的一种方法，这些易变性会在未来发生。此外，风险也意味着损失的可能。表 6—1 列出了不确定性的 4 种可能级别。我们期待的投资回报的程度应该对应于不确定性的级别。

表 6—1　　不确定性的 4 种级别

不确定等级	风险等级	范例
·一种明确、简单的结果	非常低	购买国库券
·可能结果的有限集合	低	设立在奥运会上出售运动用品的手推车
·具有广泛可能的未来结果	中	在新市场中推出改良产品
·未来可能结果具有无限性	高	成立公司，寻求设计和开发基于燃料电池突破性技术的创新电源

企业家以一种和金融投资家在证券市场同样的方式，在机遇中不断地实践。他们在可预测的风险级别内寻求机遇，并试图“低价买进高价卖出”。“低价买进”是指寻求那种没有得到广泛承认或不太令人感兴趣的创业点子。“高价卖出”是指找到肯出钱的买家，把已经成功的创业型企业卖出去，并令他们相信它物有所值，会产生丰厚的回报，而且现在已经可以收获一些已经创造的财富了。就像对于任何其他的投资一样，**“投资你所了解的行业”**永远是一个正确的原则。因此，追求极大反响效果的希望应该留给知道和了解风险性机遇的少数人。创业投资者承担创业的风险，并且乐意利用自身管理和减少风险的知识来承担巨大风险。

对大多数投资者而言，最好的办法就是进行某种形式的实验——**检误法**。发现新的创业机会，并着手创建企业，然后分析早期的回馈。如果情况良好，就继续进行下去。如果损失过大会使企业处于不利地位，而潜在回报上涨则使企业处于有利地位，这样，创业家就会敢于承担失败的风险。亨利·福特说过：“失败就是更明智的重新开始的机遇。”

创业投资者应该审视**“懊悔”**这个观念，我们把它定义为个人所能承受的损失数量。人们对待受损时的懊悔不同于对待潜在收益的可能性。人们感到懊悔的程度依赖于他们的财富、年龄和心理成熟状况。我们重新以简单的投掷硬币游戏为例，如果你选择投掷硬币并且在第一次投掷中失败，你也就损失了 50 美元，这会令你感到很沮丧；可能损失 200 美元时你才会感到懊悔；如果你连续投掷了 4 次，但是每次都失败了，这时你就会感觉到很懊悔了。因此，创业者需要评估他们对产生的可接受损失的懊悔程度并限制他们对创业的投资。如果一位创业者愿意选择放弃一年 50 000 美元的稳定收入，并把自身所有的 60 000 美元积蓄投入创业中去，则他的懊悔承受程度是 110 000 美元。

创业者所要经历的风险不是固定不变的，但是大多数创业者都会留存一定的个人财务储备，所以创业失败时也并不是说他们就会无家可归、挨饿受冻。如果你拥有一些经济资源作为依赖，你在承担风险的时候就会感觉轻松的多。

创业中的风险调节后的价值，用 V 表示，为：

$$V=U-\lambda R$$

其中 U 表示上部值，λ 表示风险调节常数，常常大于 1，R 代表下部值或懊悔程度。λ 的值越大创业者就越愿意规避风险。当 λ 取 1 时，我们保持中立。而当 λ 取 2 时，我们就倾向于规避风险。如果你的懊悔程度 R 为 110 000 美元，λ 取值为 2，要求 V>0，或 U>Rλ 因此，就必须要求上部值 U>220 000 美元。创业者可以通过方案比较和经济分析，评估创业的潜在上部值 U。

应对不确定的策略就是把创业过程分为不同阶段，保留调整、改变核心竞争力和策略的权利，在下一阶段时采取应对措施。因此，重新考虑风险规避（ λ=2 ）企业家的情形，他（她）可以选择继续创业 6 个月，这样 R 就等于 55 000 美元，因此必须的最小上部值仅为 110 000 美元。6 个月以后，创业者调整创业策略，以改善企业经营状况，并重新计算上部值 U，以决定继续下一阶段的创业活动或者终止创业。

为了应对这些程度较高的不确定性，大多数公司需要加强他们的策略能力，方案规划技术对于决定不确定条件下的策略是很有用的。

风险反映了不确定的程度和伴随着创业结果的可能损失，这可能伴随着某项决策或一系列决策而来。**风险包括两个要素：可能受损失的显著性和这些损失的不确定性**。在大多数新的创业过程中，潜在的损失、危险和不确定的显著性及其程度，都是由创业者和投资者评估的。我们提出一种对风险的度量方法如下：

风险 = 危害 × 不确定性

危害，用 H 表示，表示创业团队感知的潜在损失的程度。危害是指创业者放弃的收入（机会成本，OC）加上经济投资之和（I），这是创业者需要做的。因此：

风险 =（I+OC）×OC

不确定性（UC），由预期结果的可变性衡量，可以用创业者们对损失（失败）可能的估计来描述。基于这些因素，创业团队可以对新创业活动做出选择（继续进行与否），如图 6—1 所示。高风险并不会阻碍创业者进行有高回报前景的创业。是否继续进行取决于创业团队成员对风险和逆境的承受能力和他们对不确定性的感知程度。当然，对预期收益的估计取决于他们计算的基础假设条件。

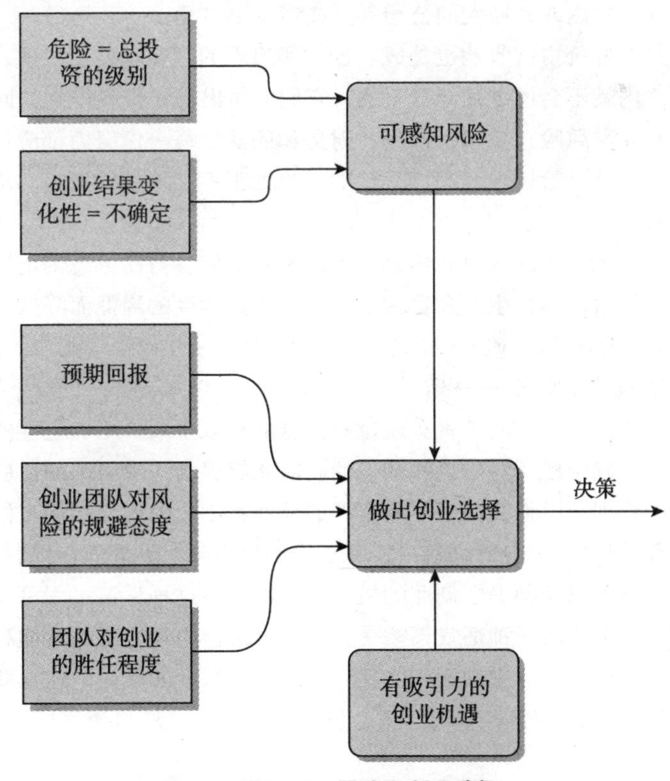

图6—1 风险和创业选择

由于产品对市场的新颖性和生产过程的新颖性（即管理的新颖性），创业过程总是伴随着一定程度的不确定性。市场新颖性与缺乏对市场不确定性和顾客不确定性的认识有关；生产过程的新颖性依赖于创业团队对生成过程知识的掌握程度；管理的新颖性涉及创业团队必须竞争力的缺乏。相关制度和法规的改变也是不确定性产生的根源之一。表 6—2 列出了不确定性的产生根源。

表 6—2　　不确定性的根源

1. 市场不确定性 ·顾客 ·市场大小及增长空间 ·渠道 ·竞争者	2. 组织和管理的不确定性 ·能力 ·财政实力 ·人才资源 ·学习技巧 ·策略
3. 产品和过程的不确定性 ·成本 ·技术 ·供应商 ·设计	4. 规章制度和法律的不确定性 ·政府监管 ·联邦和州法律及当地的法令 ·行业标准及规定
5. 财务的不确定性 ·资本的成本和可用性 ·投资的预期回报	

失败和经营状况不佳的风险很重要，绝不应该被低估。根据美国小企业管理局的资料，占总数一半的小企业在 4 年内或者被别的公司吞并或者退出市场。

当然，能够以一个好价格被收购也是成功创业所追求的。客观公正地说，所有新兴企业中的四分之一在 4 年之内就不会再继续经营下去，它们但付出的代价或得到的回报却无人知晓。

科技创业通常有 4 种风险：技术、市场、财务和团队。每一份努力都应该验证关于这 4 种风险根源的设想。策略风险管理涉及制订、预测风险处于不利地位的策略。成功经受风险的关键是评估及如何应对。

科技创业者通常考虑尽快进入游戏角色，他们学习如何参与比考虑确定性更多一些。不确定性和相关的风险会随着市场、生产和管理三个层面中新颖性的降低而降低。新颖性和不确定性是同义的，因此，我们期待不确定性随着对市场、生产过程和管理能力的认知提升而降低。管理风险和不确定性的过程如图 6—2 所示。

无论何时只要有不确定性，通常就有通过对信息的获取来减少不确定性的可能性。信息确实能够从本质上消除不确定性。对信息和知识的获取能够提高一个组织的适应性并改善其经营状况。创业者不停的根据所面临的高度不确定性的环境和创业的内部结构来做出决策，这反过来也改善了创业的经营状况。创业管理者可以从过去的决策学习到如何在以后做出更好的决策。由于管理者的战略决策可以辅助确定创业的最终结果，因而这种学习过程可以促进企业适应变化了的环境条件。**降低风险的一种适宜策略是：利用从经验中学习到的新信息去调整企业的战略和执行战略所采取的行动。**适宜的策略包括：为团队增添新的成员、建立新的合作关系、降低成本和改善与顾客的关系，等等。

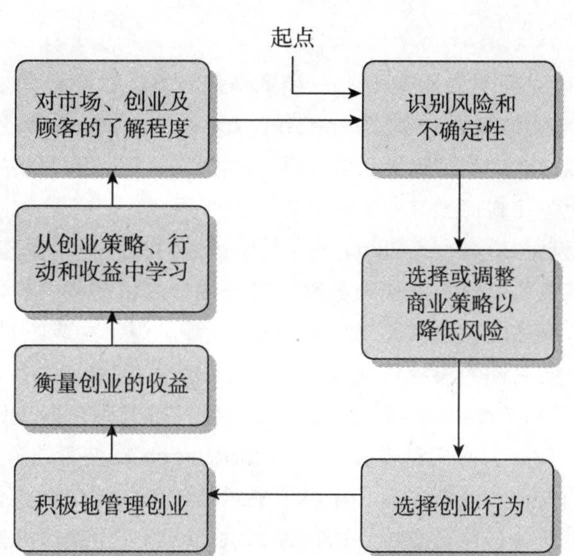

图6—2 管理风险和不确定性

阿瑟·皮特尼（Arthur Pitney）在1902年获得了一项手工操作的邮资计费器的发明专利，他希望能够以此来替代大量邮件中使用的邮票。皮特尼发现他面临的首要风险来源是政府规章制度的限制，因为美国邮政部门控制着邮政服务。直到1918年，在不断的失败后，沃尔特·鲍斯（Walter Boues）加盟皮特尼，两人开办了美国必能宝公司，继续尝试争取邮政部门的许可。鉴于鲍斯的说服力，他们最终在1920年获得了邮资计费器的许可。他们最终克服了规章制度上的障碍，建立了自己的公司。许多创业者都低估了自己面对各种风险的能力。

创业案例

赛门铁克公司的风险和回报

1981年，戈登·优班克斯（Gordon Eubanks），一位个人计算机行业的软件先驱，与人合伙成立了C&E Software公司，负责开发一种集成的数据库管理和文字处理产品。1983年，约翰·多尔（John Doerr），美国硅谷KPCB风险投资公司的风险投资家，就他的一项投资，找到优班克斯，并和其进行洽谈。赛门铁克公司是一家人工智能方面的软件公司，尽管有一项称做自然语言识别的有趣技术，但仍然只是勉强维持经营。杜尔建议优班克斯联合赛门铁克公司，并将赛门铁克公司的技术应用到C&E公司的产品（见图6—2）。尽管优班克斯把这次技术整合看做是一种妥协，但是鉴于在合并企业中C&E拥有很大百分比的所有权，能从KPCB得到额外的现金投资和有机会领导新的公司等这些好处，优班克斯同意了这项建议。1984年晚期，赛门铁克公司以开发具有文字处理能力的自然语言数据库管理器的新面孔出现。

可以很明显的看出，即使拥有额外的创业资本，如果赛门铁克公司只有单一的产品，也无法持续下去。赛门铁克公司数据库管理器的最初产品在1985年初次投放市场数月之前，优班克斯雇用汤姆·拜尔斯（Tom Byers）去寻求新的收入增长点，并使产品线多样化。拜尔斯意识到对当时流行的莲花1—2—3空白表格程序增加特色的软件工具产品存在市场。赛门铁克公司采用一种类似于预定这些产品的出版发行的策略：作为封装和出售软件权利的回报，赛门铁克公司付给这些开发者作为产品作者应得的版权税。面对风险和不确定性，优班克斯调整了赛门铁克公司的策略。

1987 年，优班克斯对公司实行进一步多样化。赛门铁克公司如果能够上市，就可以以 1 000 万美元的现金收购 BreadThrough 软件。Timeline、BreakThrough 的项目管理软件，很快就使赛门铁克公司的收入增加了一倍，这对赛门铁克公司的发展是很重要的，因为莲花软件工具业务一直在快速下滑。

同样是在 20 世纪 80 年代后期，优班克斯积极应对该行业中快速兴起的两大趋势。第一是由于越来越多的计算机连接到互联网带来的计算机病毒的扩散；第二就是个人计算机中图形接口程序的快速发展，如 Macintosh 等。为了快速应对这些变化的环境，优班克斯做出了一些关键的决策和收购。

特德 • 沙因（Ted Schein）在赛门铁克公司发行部为拜尔斯工作，他发掘了反病毒软件的市场，并推动了赛门铁克公司发行 Macintosh 反病毒软件（SAM），这也是第一份取得成功的商业反病毒产品。在接下来的几年里，赛门铁克公司在这一业务领域上收购了了很多业务，包括皮特 – 诺顿计算机。网络安全最终成为了赛门铁克的核心业务。此外，优班克斯收购了两家 Macintosh 软件公司，他们的开发人员对于基于图形用户接口的软件积累了丰富的经验。这些收购帮助公司在此后 10 年里为基于 Windows 或 Macintosh 用户接口的个人计算机软件发展做好了准备。

最终，软件产品线的营销是赛门铁克公司成功的关键。认识到软件行业会由于大公司的出现很快成熟起来这一点很重要，因此优班克斯雇用约翰 • 莱思（John Laing）作为公司全球销售总监，鲍勃 • 戴克斯（Bob Dykes）作为公司的 CFO。莱恩和戴克斯在大型商业运作方面是经验丰富的专家，他们建立了用于应对即将到来的快速增长的必须的管理系统和流程。

1989 年，赛门铁克公司上市时，拥有 264 名员工，销售收入为 4 000 万美元，净收入为 300 万美元，推出了 15 种产品。在 20 世纪 90 年代期间，优班克斯带领赛门铁克公司专注于网络安全技术领域。1999 年，优班克斯从 CEO 的位子上退了下来，IBM 的约翰 • 汤普森（John Thompson）接手了赛门铁克公司的管理权。2004 年，赛门铁克公司实现年收入将近 21 亿美元，有超过 5 000 名员工，在 36 个国家开展业务，市场资本总额超过 140 亿美元。汤姆逊传承了围绕企业安全发展全部产品线的方针。2005 年，通过与维尔公司合并，赛门铁克公司开拓了综合资料可靠性的业务市场，成为世界上最大的计算机软件公司之一。像赛门铁克公司这样的行业领头羊一直不断地化解风险、追求回报。

通过卷宗管理，可以解决不可预知的消费者行为难题。对消费者的卷宗记录应该是多样化的，从而使在企业可承受的不确定性级别下产生可观的回报。消费者是具有风险的资产，就股票而言，购买它们的成本应该反映其可能产生的现金流价值。

对缺乏知识和经验的新手来说，成功的创业表现为在正确的时间有正确的创意。然而却是创业者使这些创业成功的基本条件组合在一起，表面上看是一种巧合，事实上却是创业者基于对充分信息的正确计算基础上，使得创业成功的。就像假日酒店的创始人查尔斯 • 威尔逊（Charles Wilson）所说，“机遇很多，只要你拥有能听到它的耳朵、能看到它的眼睛、能抓住的它的双手和能利用它的大脑，机遇就会垂青。”

对创业潜在风险和回报的一种评估方法是回答以下4个问题。通常，创业者寻求预期回报能显著超过潜在损失的创业机会。

- 描述最有可能发生的情况，预期的回报及其估计发生的可能性；
- 描述最坏的可能性，预期的损失及其估计发生的可能性；
- 描述最好的可能性，预期的回报及其估计发生的可能性；
- 决定创业团队和投资者能够承担损失的限度，包括投资成本和机会成本。

获取规模经济效益

在本小节中，我们将探讨企业规模和经营范围给企业发展带来的战略性影响。**企业规模**是指企业活动的范围，可以用企业的大小来衡量。企业活动的规模可以通过企业的收入、销售的商品数或其他反映企业大小的方法来衡量。大量产品的销售将会促使单位产品成本的下降，由此可以实现规模经济。通常，可以通过将企业固定成本如租金、一般管理费用及其他管理费用分摊到销售的大量（用 q 表示）单位产品上从而实现规模经济。这种效果通过图 6—3 表现出来。单位产品成本的下降，达到最小值 q_m。通常，单位产品的成本会上涨一些（用 $q>q_m$ 表示），因为协调大量单位产品的复杂性增加了单位产品的成本。

当在生产、配送、服务及商业的其他方面形成了显著的规模经济时，大公司（达到一定程度）就比小公司具有成本优势。这样，小企业、新进入的企业就需要对他们的产品实现质量的差异化，而不是降低价格。随着小型的、新进入市场的公司实现了规模上的发展，它们也可以通过消减单位成本、降低价格，形成对大企业的竞争力。

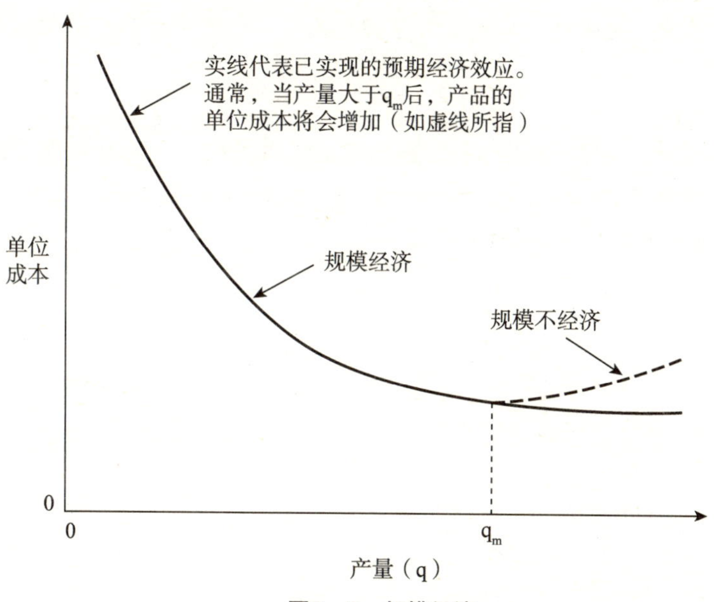

图6—3 规模经济

创业案例

Google的竞争优势

Google 持续的竞争优势与搜索引擎的创新密切相关。Google 能产生满意的搜索结果，使人们乐意再次使用。Google 在 2001 年的收入估计在 1 亿美元，这仅仅是它创办后的第 3 年。在 2004 年，它首次公开募股筹到了 12 亿美元。到 2006 年，它的年收入接近 90 亿美元。它的主要收入来源于网页上的广告收入。它通过出售特定关键词的使用权利来收费，当这些关键词被输入搜索引擎时，相应的广告会出现在搜索结果的第一条。网络搜索引擎是基于计算机科学算法，并且不会出现搜索失败。Google 公司现在正从巨大的规模经济中获益。

与规模相关的另外一个问题是指可量测性。**可量测性**指的是企业在各个维度增长的程度，可以用年销售额、年收入和客户数量等进行衡量。这些维度并不是相互独立的，随着某一维度的扩大，企业的其他维度也会受到影响。可量测的创业是很吸引人的，然而发展很艰难的创业是很少有吸引力的。

企业的成长必然会带来生产能力的提升。生产能力是指行动或做事的能力。随着公司销售额的增长，任何一家公司都需要对流程、资产、库存、现金及其他要素进行扩展。生产能力容易提升的公司通常被认为可量测性好。例如，随着企业的发展壮大，营运资本需求将会增长。**营运资本**是指公司的现有资产减去现有负债。新兴企业营运资本的来源包括长期和短期借贷、固定资产的出售、新资本的注入和净收入。新兴企业发展的能力受到获取新资本和资产的影响。管理企业的可量测性对于企业的成功是重要的。为了抢占市场和追赶竞争者，企业必须尝试预测需求的增长，并拥有对需求的快速反应能力以便能够满足预期的需求。这种策略是有风险的，因为这涉及在需求程度被验证之前就对资源进行投资。生产单位产品的总成本（TC），表示如下：

$$TC=FC+VC$$

FC 是指固定成本，不会随着产量改变。VC 表示可变成本，随着生产的数量而变化，有 $VC=c\times q$，c 表示单位产品成本，q 表示生产数量。图 6—4 表示了这种关系。表 6—3 描述了企业的扩展性和 4 种类型企业的规模经济。

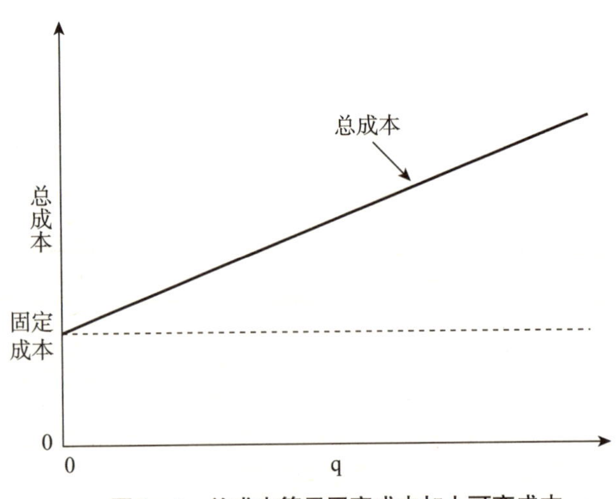

图6—4　总成本等于固定成本加上可变成本

表 6—3　扩展性和 4 种类型企业的固定和可变成本的效果

商业类型	规模经济	可扩展性	固定成本	可变成本	主导策略	启动所需资金
·基于人才，如咨询顾问	低	中	低	高	招募人才	低
·基于人才与知识资产，如塑料、玩具	中	中	中	中	保证实物资产和人才	中
·基于实物资产、知识和物料，如生物科技、半导体	高	低	高	低到中	保证实物资产	高
·基于信息及少量的实物资产，如软件、电影	高	高	高	低	保证人才创造出软件和电影	高

基于人才的企业像咨询公司等的优势在于启动资金很低。只要能够吸收新的人才，企业就可以扩展壮大，但是却很难实现规模经济。基于人才和有形资产的企业的优势在于，只要能够保证必须的资金，就能实现扩展壮大。基于有形资产的企业，像钢铁公司等，随着企业的发展必须保证新的厂房和设备，需要注入资本。基于信息产业的企业必须进行先期投资，如开发软件或拍摄电影等，这样的企业可变成本很低，具有很高的规模经济。

企业的范围是指企业提供产品的范围或利用的分销渠道（或两者兼备）。多种产品或企业单位共享资源，如生产设施、分销渠道及其他要素等，将会产生范围经济。宝洁公司广告和销售活动的单位成本很低，是因为总成本平均到大量产品上。宝洁公司的纸尿布和纸巾业务是成功实现范围经济的典范。这些业务分担了获取某种原材料和为新产品、新工艺开发技术的成本。此外，销售人员同时向超市进货员销售这两种产品，并且这两种产品通过同一分销系统运送。这种资源共享的方法给业务双方都带来了相对于竞争者的成本优势。

播客是一种个人在因特网上发布演说内容的方式。播客们可以在任何时间发布内容，收听者可以记录和时移播客的内容。苹果公司通过 iTune（一款媒体播放器的应用程序）这样就 iPod 用户提供播客播放服务，这样就可以产生范围经济。另一方面，一般而言，播客内容提供商形成一种在市场上持久盈利的商业模式。他们可能收取订阅播客的费用和在服务中添加广告业务。

规模经济和范围经济都可以降低单位成本。对于一家工厂来说，它的生产量（在给定时间内生产的产品数量）需要一直处于很高的状态。美国和欧洲铁路的发展，减少了产品从市场到供应的运输时间，使原材料更快地向工厂流动。铁路运输和电报通信的革新极大的提高了企业的生产量。1870 年，美国联合太平洋铁路公司在犹他州的普瑞蒙特瑞市连接起太平洋中央铁路，该铁路横跨了整个美国。美国在 1929 年成为世界领先的工业生产商，规模经济和范围经济也使它成为一个低成本的生产商和货物配送商。

新兴企业的发展策略必须包括发展规模经济和范围经济的计划。沃尔玛就是一个拥有极大规模和范围经济公司的例子，它是美国收入最多的公司。其他的例子包括美国通用电气公司和埃克森美孚化工公司。

不可不知的网络效应

近年来，人们越来越认识到，对于新创企业，**网络经济**是竞争经济的重要组成部分。网络经济出现在“互补性产品网络是产品需求的决定因素”的行业中（也称为**网络效应**）。例如，对电话的需求量取决于一部电话可以呼叫的其他电话数量。随着越来越多的人拥有电话，电话的价值就增大了，这也就导致对电话需求的增长。这种方法被称为**正反馈回路**，由于更多的人使用这种方法，这种方法对使用者的价值就会增加，由此对这种方法的需求就会增大，从而导致更多的人使用这种方法。

图 6—5 显示了 Windows 窗口操作系统 -Intel 芯片（Wintel）个人计算机的正回馈过程。随着 Wintel 个人计算机数量的增加，开发软件应用的动力就增长了（软件应用是一种辅助产品）。由于有更多的应用软件可用，个人计算机对使用者就具有更大的价值。随着个人计算机价值的增加，对 Wintel 个人计算机的需求就随之增长了，最终促使了 Wintel 个人计算机数目的增长。

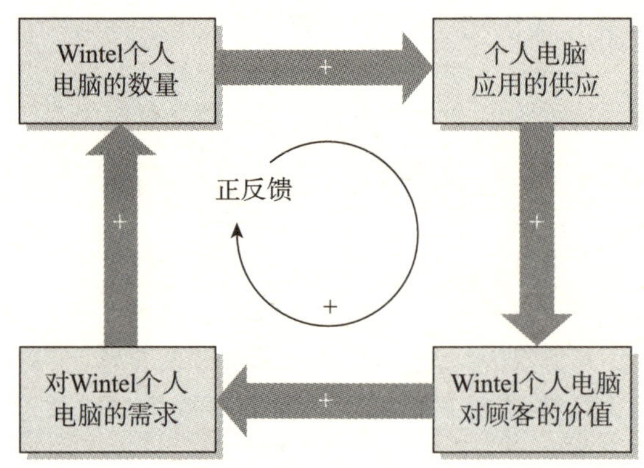

图6—5　正回馈产生的Wintel个人计算机需求的增长

网络包括电话网、铁路网、航空网、传真机网、计算机网络和自动柜员机网络以及因特网等，总体的趋势是朝着越大越好的方向发展的。如图 6—6 所示，A 公司随着时间的发展逐渐成为市场份额优胜者，其他竞争者占有的市场份额逐渐减少。在个人计算机行业，Wintel 逐渐成为优胜者，而苹果公司只占到 10% 的市场份额。总的来说，网络效应展示了强化特征。

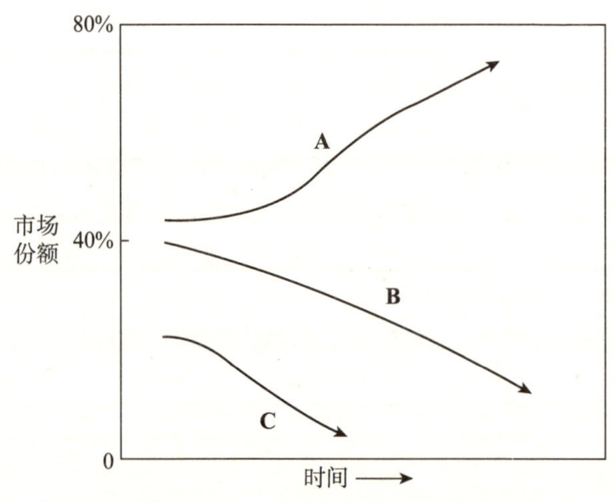

图6—6　占支配地位的A公司的出现

根据鲍伯·麦特卡夫（Bob Metcalfe）的观点，网络的价值可以近似这样计算：

网络价值 $=kn^2$

k 表示每一个行业部门决定的常量，n 是指网络参与者数量。基于上述计算模型，随着 n 的增长，网络的价值将会飞快增长。上述简易模型假设所有的参与者都具有同等价值，但这并不总是正确的。在网络经济中激励企业的就是保证企业占有的市场份额，并最终发展在市场份额上占有优势。亚马逊和其他因特网创业企业的发展过程就遵循了上述计算模型。当然，如果企业不以盈利为目的或盈利很微薄的情况下，对市场的占有份额也会迅速上升。如果企业的产品对消费者具有很高的价值，并且和互补企业（如因特尔 [硬件] 和微软 [软件]）形成良好的伙伴关系，在市场占有份额和盈利之间达成平衡，就会促进创业型企业最终取得成功。

在收入比成本增长的更快时，网络经济才能发挥作用。美国电子商务网站 Webvan 试图成为一家网络杂货零售商，但它在库房、运输工具、物流系统等方面的投资导致成本扩大和大量库存，而且成本的增长速度超过了收入的增长速度，最终导致公司陷入破产的境地。

增长的回报是指物品或经济活动的边际效益随着物品或经济活动被消费或生产的总数量的增长而增长。不断增长的回报能够促使优胜的公司，如图 6—6 中的 A 公司，获取更大成功。这是因为，如果企业拥有逐渐成为行业标准的成功产品，随着产品销量的增长，企业就会获得增长的回报。然而，市场占有份额的增长（图 6—6 中的 A 公司）并不能保证一定能够盈利。此外，并不可能事前预料哪家企业最终会在市场份额上占据优势。如果一项产品、一家公司、一项技术由于产品的优良质量或明智的市场策略在市场竞争中取得优势，增长的回报能够进一步增强这种优势，那么这项产品、这家公司、这项技术就能够进一步占领市场。微软的 DOS 操作系统在经历与 CPM 和苹果公司之间旷日持久的市场争夺战后，最终成为个人计算机操作系统的优胜者。

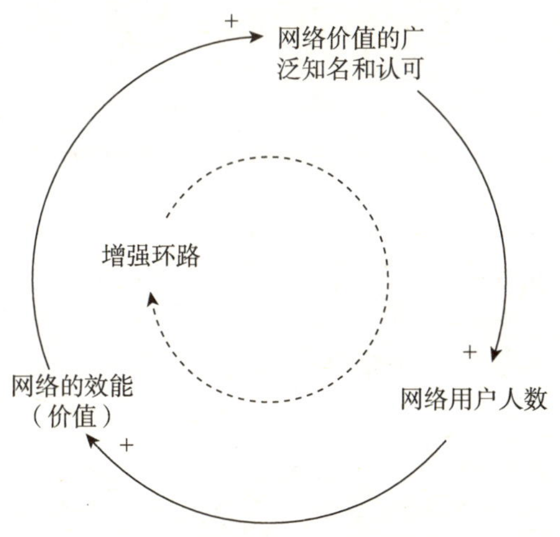

图6—7　正循环的强化特征显示了网络效应

许多创业公司在进入一个行业时都有可能最终获得优势地位，但只有极少数公司能够生存下来。企业的产品往往不是孤立的，而是依靠补充性产品来发挥它们的使用价值。航空业和银行业就是展现了增长回报的网络产业的典范。例如，随着美国西南航空公司航线覆盖城市的增加，顾客享受的航运价值就增加了。另一个显著的例子就是 eBay。

创业案例 **eBay**

eBay 在网络拍卖市场占据优势地位。因为它最早开始通过因特网以类似拍卖的形式连接个人买家和卖家。eBay 发展非常迅速。随着越来越多的珍稀物品在 eBay 上拍卖，越来越多的买家被吸引到 eBay 上竞价购买。这些吸引过来的竞价者也会逐渐在 eBay 上出售物品，最终促使 eBay 在市场份额上占据了优势地位。值得注意的是，eBay 从创办的第一年就实现盈利了。

然而梅特卡夫定律阐明了网络价值的总体思路如图 6—7 所示，但也只是对现实的近似。每一个节点（参与者）的价值都将会变动。此外，其中一些链接是关键的链接而其他的链接则不是关键的。消费者不仅重视网络节点的数量，而且也重视网络中的关键链接。图 6—8 显示了一个具有 5 个节点和 8 条链接的网络。在这个例子中，要注意并不是每个节点和其他剩余的每一个节点之间都相连。考虑一个有 100 个分支节点的银行网络。大多数人除了当地的分支节点和可能光顾工作地附近的分支节点之外，基本不会光顾其他分支节点。通过网络或电话连接到他们在本地分支节点的银行账户才是他们看重的。因此，网络企业的创立者必须分析消费者的需求，通过掌握最准确的信息创办企业。

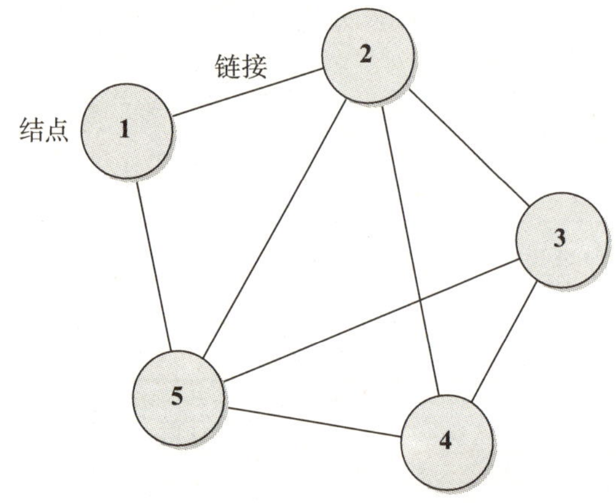

图6—8　5个节点8条链接的网络

以美国西南航空公司为例，它并没有具体的分支节点，也没有借助旅行代理商，它采用电话和网络连接到自己的网络系统。它大大鼓励消费者使用在线网络链接，而不是电话链接。具体分支节点对银行业可能是必须的，但对于航空业却不一定。美国富国银行认为消费者不仅看重实体节点（具体的分支节点），而且看重因特网链接，所以它在杂货零售商店建立小型实体分支节点。

总的来说，知识型产品产生了不断增长的回报。先期投入的开发成本很高，但是此后的单位产品生产成本很低。知识型产品也能够显示其自身效应。消费产品的人越多，产品自身也就越有价值。

让消费者成为产品的突破性应用导航

突破性应用是指一项新产品开创了一个全新的类别并占据其中的主导地位。突破性产品的出现引入了新的价值定位体系。电子邮件就是一项基于因特网的突破性应用（通常被称为“杀手应用程序”），也正是它使得因特网如此广泛的使用。个人计算机行业突破性应用的例子是电子制表软件。

1979年创立的VisiCalc，是世界上第一套电子制表软件，曾在推广个人计算机的使用上发挥了推动作用。正是这种类型的突破性应用推动了一个行业出现指数级的巨幅发展。创业者需要从创业公司的产品中发掘那些可能的突破性应用，成功的突破性应用能给企业产品带来显著的价值。由美国电话电报公司创立的“800”免费电话就是一个很好的例子，美国电话电报公司也从此项创业中获益颇丰。Google搜索引擎技术也可能是一项突破性技术；在未来，网络教育学院可能将是教育行业的一项突破性应用。

索尼公司的创始人之一盛田昭夫，让他的工程师设计一款小型便携广播和磁带播放器，这种播放器能够提供优秀的音质，并能够挂在脖子上。当时并没有顾客需要这种产品，但是最终，索尼公司的随身听却成为20世纪产生突破性应用的小型电子设备之一。在资本主义经济中，**成功就是预测和满足难以预测的用户需求的能力**，往往取得巨大成功的创业家也是在这一方面做的最好的。

在寻求突破性应用时，人们常常寻找那些能够吸引消费者的新产品特性；还有一种方式就是识别能够帮助用户完成工作的产品或服务。美国家得宝公司和美国劳氏公司都是围绕需要完成的工作组建起来的。用户知道哪些工作需要完成，哪些问题需要处理，就可以订购某项产品或服务来满足他们的需要。用户将会对表现优秀的产品给予较高的报酬。例如，万怡酒店被设计用来为商务旅行者提供干净、安静的房间环境，以供他们夜晚能够舒适的工作。有时候消费者需要的并不是工具，而是一种解决方案或结果。

创业案例

iPod的创新性应用

数码照片可以从数码相机传输到iPod mp3播放器中。同样，iPod也可以存储一部外文词典（参考www.talkingpanda.com），并能够提供语言教学服务。同时，对有声书籍和语音导览它也提供了支持（参考www.audible.com）。iPod具有播放音乐之外的许多其他功能，并被认为是一项突破性应用。

高回报意味着高风险

追求高回报常常意味着要承担更高的风险。假定创业者和投资商都能够保持理性，他们会承担更高的创业风险，以尽可能追求更高的潜在年度回报。在图6—9中我们阐述了一种风险补偿模型。预期回报的变动遵循如下法则：

$$ER=R_f+R$$

这里ER表示预期回报，R_f表示无风险回报比率（常用国库券收益衡量），R代表风险。高风险高回报投资预期会在数年内（用T表示年数）每年获得超过30%的年回报。对于高风险创业，T从3年到7年不等。一项突破性应用或根本性革新预期会在T年内每年获得的回报超过40%（图6—9中的a点）。

1996年创办的Alloy，是一家拥有直接目录的网上交易公司，它向美国6千万10到24岁之间的女性出售衣服和其他物品（参考www.alloy.com）。该公司的两名创业者，马特•戴蒙德（Matt Diamond）和吉姆•约翰逊（Jim Johnson），分别投资了6万美元现金，6个月之后，当一位朋友加入 Alloy 时，又带来了 15 万美元的投资。到 1999 年 4 月，Alloy 上市，首次公开募股每股 15 美元。从 1996 年到 1999 年的 3 年间，Alloy 成为高风险、高回报的新兴公司。当首次公开募股完成之后，公司每年带给创立者的回报超过 100%。

通常，在商业模型中利用渐进的技术革新，而不是突破性的技术创新，可以实现一种风险和回报较为稳健的创业（可以用图 6—9 中的点 b 表示）。**对技术的渐进革新结合对商业模型的渐进改革，是创业风险与回报的一种理想格局。**

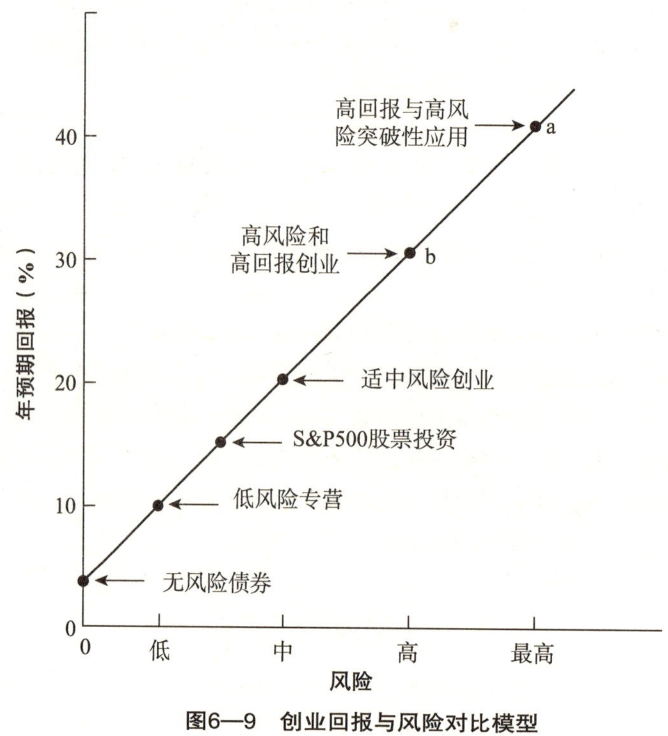

图6—9　创业回报与风险对比模型

带你踏上创业之旅

案例AgraQuest

自成立以来，美国 AgraQuest 生物公司经历了很大的不确定性，而市场的不确定性、组织的不确定性及流程和监管的不确定性都会带来风险。美国 AgraQuest 生物公司在向农民提供环保型杀虫剂方面有着良好的前景，然而，市场需求前景和农民接受新产品的意愿却给创业带来了很大的风险。此外，对杀虫剂的法律监管和控制也是造成 AgraQuest 公司创业风险的部分原因。

AgraQuest 公司在最初的计划中声明，预期在一年内使每一项产品都能通过美国环境保护局的批准。然而实际上，美国环境保护局要有两年的审批过程。此外，从创业开始，AgraQuest 公司在应对组织和管理的不确定性上还算比较顺利。

AgraQuest 公司克服了市场和监管的风险，还成功缓解了组织和流程的风险。其自身的科技实力及对产品的选择和设计减少了工艺开发方面的风险。然而，市场和监管的难题最终导致了实际增长小于预期增长。

从 1995 年开始创办到 2002 年，AgraQuest 公司的年收益只增长到 340 万美元，仍然不能形成规模经济。此外，在 2003 年只有一项产品——Serenade，投放市场，因而公司的产品范围非常有限。现在，公司拥有可信和坚实的产品开发和生产工艺，具有扩展的能力，公司也正准备发展。

公司的第一款产品——Serenade，是一种生物叶面杀菌剂，被批准使用于葡萄、苹果、梨、草莓、花生及西红柿等作物。另一种补充的杀虫剂 Sonata，正在等待审批，同时 AgraQuest 公司正在开发一种被称为 Virtuoso 的杀虫剂——以音乐命名也表明了 AgraQuest 公司全力投入害虫防治行业和取得的发展成就。

此外，为了促进产品的生产开发，AgraQuest 公司在 2002 年取得了 Muscodor albus 及相关品种的专有许可，这些内生真菌（生活在植物体内）能够合成汽油物质，可以作为天然熏蒸消毒剂。格雷 • 斯格罗贝尔（Gray Strobel），美国蒙大拿州立大学的一名教授，在一次对北美中部雨林的考察过程中发现了 M.albus。2001 年，格雷对 M.albus 的研究工作被《科学》杂志的编辑选中作为整个微生物界的突出贡献之一。Muscodor 可以用作熏蒸消毒剂以控制植物体内的内生真菌。

2000 年，AgraQuest 在墨西哥特拉斯卡拉州（Tlaxcala）购买了一块生产农场，用于生产 Serenade 及未来开发产品。随着化学杀虫剂逐渐被天然杀虫剂取代，AgraQuest 寻求创建能够实现突破性产品应用的生产线。在农业杀虫剂领域，这也是建立“杀手级应用”的一次尝试。

纸上练兵

1. 选择一家著名的创业公司或你个人感兴趣的公司。通过表 6—2 中列出的不确定性来源讨论该公司在近期将会面临的三项风险因素。寻找一篇关于该公司的近期文章，列举文章所讨论的风险。

2. 今天有人向一位投资者要求 1 万美元的创业投资。3 年内预期回报为 28 000 美元，成功的概率为 70%。你会建议这项投资吗？说说你的意见。

3. 一位相对习惯于规避风险的创业者的风险适应常量为 $\lambda=2$。她在创业的第二年从创业中得到固定收入前，其机会成本是 100 000 美元。同时，她把自己的 50 000 美元积蓄也投入创业。计算第二年或第三年对她而言可以接受的最低年回报率。

4. 亚马逊与鲍德斯（Borders）都是致力于销售书籍和音乐的企业。对比两家企业的可扩张性。

5. 描述社群网站如 MySpace 或 Facebook 等是如何利用网络效应实现规模扩展的。

6. 选择一项近期关于技术标准的争论事件（例如，索尼的蓝光 [BlueRay] 与东芝的高清 DVD[HD DVD] 技术之争，Flash 与 AJAX 技术之争，WiMAX 与第三代蜂窝系统技术之争，WiMedia 与 UWB Forum 技术之争，802.11 TGn 与 WWiSE 协议之争，等等）。简要概述两种阵营的主要区别（技术或其他方面）。是否有创业公司发明了新的技术，从而加入到两派之争的阵营中去的呢？

创业挑战

1. 描述你在创业过程中遇到的主要风险。你是如何减少这些风险的呢?
2. 企业具有哪些能够实现规模和范围经济的潜力呢?具有可扩展性吗?
3. 描述你的企业实现网络效应经济的潜力。
4. 你的企业生产的产品或提供的服务是一种突破性应用的产品或服务吗?

Technology Ventures

第7章 别小看了商业计划书

导读

创业被描述成有才能和受过教育的创业家发展、学习和掌握以下描述的内容的过程：

- 机会、前景、价值定位、商业模式
- 观念、可行性及阅历
- 财务计划、法律形态及商业计划
- 资源需求计划
- 执行与投放计划

我们注意到，创业家通过制订商业计划书来帮助他们描绘和表达通往成功的途径。商业计划书能够清晰地表述创业思想，并一贯地向他人交流商业计划，大多数创业家常常在企业形成时利用集群企业的益处和履行社会责任带来的好处。

“科技创业的20条军规 7”

创业者能够学习和掌握创业的过程，并通过撰写商业计划书向他人表达自己的创业思想。

创业故事

Technology Ventures

瞻博网络成功的商业计划

瞻博网络（Juniper Networks）展示了成功可靠的商业计划书的典范。Pradeep Sindhu 在施乐的 PARC 部门和太阳微系统公司积累了 10 多年高性能个人计算机行业的经验。1995 年，他离开了施乐公司，利用自身宝贵的经验和技能开始创业。最终，Sindhu 决定专注于广域网络，使用被称为 IP 协议的分组交换技术制造路由器。路由器技术也正好与 Sindhu 的技术能力相符，由于网络用户数量呈现指数级的增长，因而有着广阔的发展前景。Sindhu 发现，尽管网络用户飞快增长，但用来搭建网络的硬件却比较落后。

Sindhu 首先联系了维诺德•科斯拉（Vinod Khosla），他是美国资深风险投资公司 KPCB（Kleiner Perkins，Caufield&Byers）的著名风险投资家，但用自己在太阳微系统公司的经历证明了在该领域的知识。此前，Sindhu 了解了当今顶尖的 10 位软件工程师，他们拥有的专长是 Sindhu 开发路由器技术所需要。在 KPCB 的帮助下，Sindhu 得以招募需要的工程师和经验丰富的斯科特 • 柯里恩斯（Scott Kriens）担任 CEO，并以此完善商业计划和争取更多的创业投资基金。

尽管开始阶段力量很薄弱，瞻博网路却能够挑战行业巨人思科公司。Sindhu 谨慎地执行商业计划，使得瞻博网路成功的引导了 IP- 路由平台的革新，在容量和速度方面挑战了思科公司的现有平台。

创业的方法就是大胆的规划，并且一丝不苟的实践。
——克利斯汀·博维

创办新企业的5大步骤

创办一个新企业有 5 个步骤。

- 辨识和审视创业机遇。规划创业愿景和理念表述，组建初始的核心创业团队。描述价值定位和商业模式的初步思想。
- 精炼创业理念，并决定可行性，准备创业任务描述；对创业思想进行研究，并准备一系列分析方案；初步制订商业计划书及执行摘要的轮廓。
- 制订一份完整的商业计划书，其中包括财务计划及适合于企业的法律组织。
- 决定创业所需的资金、设备及人力资源的数量；制订创业的财务模式并确定必须的资源；制订资源获取计划。
- 确保能够从投资者那里获得必须的资源和能力，以及引进新的人才和寻找合作伙伴。现在就可以开始行动了。

开创新企业将遵循这些步骤，制订相应的商业计划，这份商业计划不仅适用于创业团队，而且对投资者和商业合作伙伴也是适用的。这个过程具有广泛的适用性，适用于所有类型的创业：独立型或合作型；小型或大型；专业型或广泛型；家庭型或特许经营型；非营利型；试图根本性革新型和渐进革新型的企业。

联营创业也需要制订相应的商业计划，由母公司进行审查，以确保能够从母公司获得必须的资源和帮助。如果创业过程第 5 步中的投资者由母公司担任，上文描述的 5 步创业过程也同样适用于联营创业。我们将会在本书第 8 章和第 10 章讨论联营创业和创业的法律形态等相关问题。

有才能的领导人在创业中保持远见卓识，并执行计划，激励企业员工，合理调度信息和资源，能够使企业实现利润。新企业的运营，要考虑各种因素，包括图 7—1 描述的创业的各个层面。良好的创业机遇、卓识的远见、充足的资源和卓越的才能，逐渐形成了显著的竞争优势。随后，就可以在特定的行业环境内基于新颖和创新，制订商业策略。行业关于创业机会的吸引力会影响创业的盈利潜力和预期回报。新企业的魅力将决定资源的获取能力和吸引人才加入团队的能力。由于资本通常流向机遇多且具有吸引力的行业，行业的环境背景也就决定了创业能够获取的资源数量。此外，创业团队对行业相关知识和经验的了解和掌握，将会促进创业取得更大的成功。

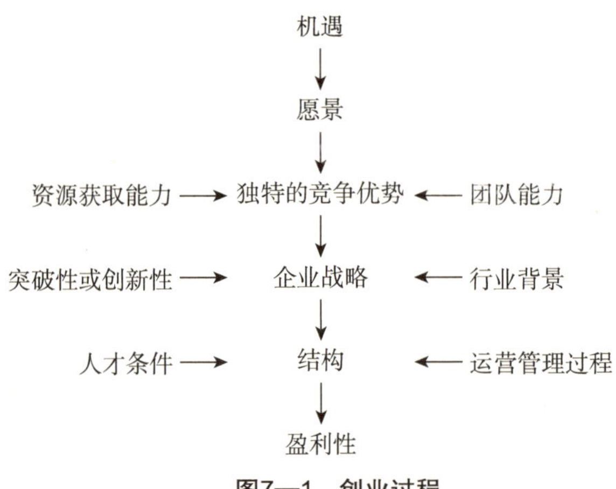

图7—1　创业过程

对创业所需资源和技能的识别和获取是企业成功的关键。对于通过不断创新取得快速发展的企业而言，知识资源是成功的决定因素。对创业必须资源和能力的保障根据需要可以发生在创业的不同阶段。

如图 7—1 所示，商业计划的制订主要关注于创业的各个阶段。合理企业结构的最初形成需要遵循企业战略。在正确组织结构的基础上，拥有持久的竞争力和创新力，将会给企业带来长久的盈利。

创建企业最大的风险，就是未能完成图 7—1 中所示的所有创业步骤。一些创业型企业家拥有很强的技术水平和能力，但是却忽略了制订促使企业盈利的企业策略。另一个风险则是，商业计划没有对企业组织结构、流程管理和人才管理作好规划。在创业中只有坚持图 7—1 中的每一步，才能够走向成功。

商业计划是企业规划的蓝图

创业团队一旦找到合适可行的创业机遇，就需要制订描述创业的蓝图——商业计划。商业计划可以用于很多方面，如为创业吸引人才和资源。当然，组织和撰写商业计划的方法并不唯一。**商业计划是一种正式的文档，描述了创业机遇、企业产品、创业环境、发展策略、创业团队、资源需求、经济回报及成功企业的收获等方面。**表 7—1 列出了商业计划的组成要素。

表 7—1　　商业计划书的组成要素

·执行摘要	·环境：产业、时效性、法令法规
·机会：性质、发展潜力	·策略：市场进入、市场营销、企业运营、市场分析
·愿景：使命、目标、核心概念	·组织结构：企业结构、文化、人才
·产品或服务：价值取向、商业模式	·创业团队：创业能力、委任
·财务计划：财务设想、现金流、利润	·财政收益：投资的回报
·所需资源：资金、物、人力	·收获：对投资者和创业者的现金回报
·创业不确定性及风险	

丹尼尔·哈德森·本汉姆（Daniel Hudson Burnham）曾说过：

> 不做小的规划，因为这些小的规划不能激发人们的斗志，或许这些小的规划根本就不能够

实现。要做大规划，要目光长远并且将规划付诸实践。要记住，一个宏伟的、条理分明的规划一旦成功，便永不消亡。即使我们已经逝去，这些成功的规划仍然会充满活力的向人们宣告它们不曾减弱的魅力。要记住我们的子孙后代也必将会超越我们。

要让你的创业口号更有号召力，事业的灯塔更明亮。

商业计划是企业规划的蓝图。创业团队将会在数周或数月内对其进一步阐明。通过创业计划，创业团队可以清晰的了解行动计划和企业的基本要素。对独自创业的创业型企业家而言，如果他们利用自身资源，可以不需要正式的商业计划，但是仍能从制订商业计划中获益。通过参考创业顾问的意见，可以制订更准确的商业计划。

如果创业想要吸引外部投资，商业计划将是很重要的参考材料。列出商业计划潜在的前提条件，对所有参与者都是有帮助的。**通常，商业计划应该限定在 20 页以内，如果要求的话，可以提供备份和支持材料以供参考**。商业计划是计划创作者们的反映，应是团队共同努力的结果。

商业计划是创业过程中很重要的一环。我们发现，许多小企业开始创业时都制订了比较恰当、精确的商业计划，并且在企业运营时的头几个月逐渐完善。商业计划是必须的，但也并不意味着必须制订正式完整的商业计划。一些创业型企业家可以在会谈中构想和记录商业计划。企业家必须有明确的行动方向。然而，在投资者、银行家和可能成为行政执行官等人面前，还是需要展示正式的商业计划。在半导体和纳米技术等动态行业，灵活性是成功的关键，严格的遵循计划则会产生很多限制。制订商业计划对创业团队而言，是一次很有益的尝试，但是有一点很重要：**必须周期性的更新商业计划**。

制订商业计划的关键作用在于记录创业机遇和解决用户需求的方案，并且展示出在恰当的时机实施这项解决方案能够带来经济上的收益。

考特 • 麦克尼里（Scott McNealy）是 1982 年创立的太阳微系统公司（Sun）的创始人之一，另一位是维诺德 • 科斯拉。他们在 1982 年 2 月通过 4 页的商业计划书筹集到了 25 万美元的投资。到 5 月份他们就开始获取利润，第一年的收入为 890 万美元。

在起草商业计划后，需要进一步撰写执行摘要。**执行摘要应该简明扼要，长度限制在 3 页以内**。投资人和加盟伙伴会依靠执行摘要决定是否对企业投资或加盟的决定。执行摘要足够让许多投资人据此做出决定。如 2.6 节中所阐述的，创业型企业家通常先编写一份初步业务介绍，以后修订为执行计划。

通过制订商业计划可以使创业团队了解市场、顾客群体信息，促进团队成员的相互了解。通过制订商业计划，创业型企业家能够估计何时现金流积极流转。商业计划，使得一个甚至多多个创业纰漏得以发现，得以及时修补。下面列出了商业计划中常见的 10 种纰漏，创业型企业家可以对这些纰漏和错误做出应对，对他们进行修复。

- 寻求解决创业难题的解决方案或技术；
- 不清晰或不完整的商业模式和价值定位；
- 不完备的竞争者分析和市场计划；
- 未对创业中的不确定和风险进行充分的描述；
- 创业团队缺乏应该具备的能力；
- 对创业的收入动因和利润动因未进行充分的描述；
- 未对或只是有限的对商业运作法则进行描述；
- 缺乏专注力和良好的发展目标；

◆ 过多的从上而下的假设，如“我们将会得到 1% 的市场份额”等；
◆ 对用户需求及创业劳苦的有限确认。

很多创业型企业家像 Sindhu 一样创办新的企业。他们打破旧的规则，建立新的规则。他们利用工具和技术，开拓新的市场。他们非常善于将创业机遇匹配有能力的创业团队。他们观察和了解消费者，关注消费者需求的变化，对新机遇的寻求才能唤起他们的激情。图 7—2 展示了创业型企业家创建企业应该遵循的 5 步过程。Sindhu 遵循这 5 个步骤，建立了瞻博网路公司。

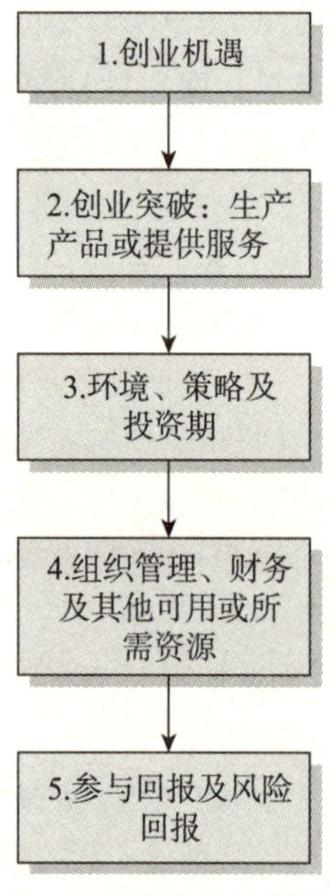

图7—2　创建商业计划的5步过程

下面给出了正式、书面商业计划书内容的注释表。参考本书相关章节可以获得额外的信息。

一份正式的商业计划

制订完善的商业计划要求创业型企业家明确创业的关键问题。撰写商业计划书的方法很多，有不同的参考资料、结构和模板可以参考。通过提出在创意真正转变为创业机遇过程中必须解决的问题，商业计划书的制订过程关注于创业的关键成功因素。参考第 2 章和第 19 章，并讨论创业的思想和理念。本表格也给出了对其他章节的额外参考资料。

执行摘要

执行摘要是商业计划书中最重要的内容。许多投资者都是根据这一部分内容来决定是否继续进一步的讨论（如严格调查等）。该部分内容应该囊括其他部分阐述的关键定位和推理。前景和任务表述都应该简洁的协助对重要创业机遇的表述。

· 为什么这是一个巨大的难题？为什么客户会情愿为解决办法付费？
· 创业计划是如何解决客户的难题和需求的？
· 为什么只有这次创业能够这样做？

· 经济条件对人们的吸引程度如何？为什么这是一个令人兴奋的发展机会？

· 创业团队都由哪些成员组成？都有哪些重要的合作伙伴？

Ⅰ. 机遇和市场分析

投资者喜欢投资重大的难题，这也代表着重大的机遇。在初始时表现出对客户的理解以及为什么这个问题很重要或为什么创业艰苦，这对投资者而言是很重要的。对客户进行划分能够使读者相信这次创业能够发展到可控制的规模。

· 创业应该解决哪些难题和需求？

· 客户在哪及如何划分客户？

· 潜在市场的总体规模有多大？它将会如何增长？

· 现在的市场环境如何？是有利还是不利？

参考第 2、3、4 章

Ⅱ. 解决方案与观念

许多产品描述因为太强调“整体大局”、依赖于市场炒作或太关注于产品而希望仅仅解释技术就能够证明创意的价值性等而失去了可信度。平衡技术或行业特定术语与常规的日常用语的使用也是很重要的。此外，对价值定位和商业模式进行详细描述能够从创业开始就带来良好的收益。

· 产品及服务都有哪些？

· 描述客户在采用解决方案之前及之后日常工作的变化。客户的价值定位是什么？为什么它会受到客户们的关注？

· 哪些客户已经验证了产品，并乐意于为其付费？

· 企业具有哪些独特和独占性的优势？

· 什么是商业和经济模式？经济利润会多么吸引人？

参考第 3、4、5、16 章

Ⅲ. 市场和销售

本部分在商业计划书中应该明确的表达对如何成功的向特定的客户群体销售商品的理解。理解和表达创业的客户发展计划与产品开发计划同样重要。它应该与产品开发计划保持同步，以提高创业成功的几率。在选择的销售策略中也应该清晰的表述你的商业模式和价格模式。

· 什么是接近客户群体最合适的市场媒体？

· 什么是产品最合适的销售渠道类型（如直销或间接销售）？

· 谁是拥有购买力的客户决策者？谁会影响他们购买？

· 合理的销售周期长度是多少？

· 可以利用哪些客户合作关系以推广和销售产品？

参考第 5、11 章

Ⅳ. 产品开发和运营

此时，读者应该坚信创业者已经找到了可喜的市场并知道如何产生收益。这一部分专注于产品开发及产品如何投入市场。产品开发所使用的任何关键技术都应该被清晰的讲解（例如，以图表表示是很有帮助的）。通过长期产品目标的明确提出来证明对后续收入增长的规划。这一部分很大程度上决定了创业所需的现金数量和注入时间，使其成为财务模式的重要组成部分。

· 什么是产品的当前开发阶段?

· 完成和推出产品都需要哪些资源? 明确了解需要哪些种类的资源(如工程设计、工具、供应者、材料、合作者及客户参与)。

· 什么是计划的开发时限及预设的关键里程碑目标?

· 在每个阶段将会减轻的关键风险都有哪些?

· 生产和产品运送的价值链会是怎么样?

· 存在专利、商业机密及其他独占性优势吗?

· 存在必须被清除的规则障碍吗?

参考第 9、13、14 章

Ⅴ. 团队和组织

组建创业团队是开始创业和与其他团体进行可信赖交流的重要组成部分。对如何把现有团队融入到更广阔的创业前景的理解，将有助于投资人和合作者理解缺乏什么类型的人才和他们如何提供潜在帮助。

· 创办者和早期关键雇员的背景和角色是什么?

· 描述创业团队的热情和技能及该创业团队为何致力于创业机遇。

· 组建创业团队必须雇用哪些关键人员?

· 每个职能部门预期会需要多少人员?

· 这家公司是否具有顾问人员或董事会成员以促进创业过程?

参考第 10、12、20 章

Ⅵ. 风险

创业会遭遇 4 种类型的风险：技术和产品，市场和竞争，管理和团队及财务。许多特定机遇的风险常常会交织出现在商业计划书的前面部分。例如，在构建产品开发和投入市场部分内容时，都需要考虑到潜在的竞争威胁。在解决特定公司的风险过程中，对在今后的一两年内如何应对每一种风险因素形成清晰的认识是很重要的。定量分析可以帮助商业计划书的读者发现哪种风险需要被降低是很重要的，因此商业计划书的读者才对创业者有信心并理解如何创业。

· 什么是创业中的关键产品发展风险和外部依赖?

· 有哪些措施能够减少产品执行风险?

· 哪些公司是你的主要竞争者? 在市场环境中，你与他们各有什么不同?

· 大型公司能够很轻易的进入市场吗? 有没有可以替代的产品?

· 有什么针对客户、合伙人及产品的策略能够用来降低竞争威胁吗?

参考第 4、6 章

Ⅶ. 财务计划及投资提供

虽然最后讨论创业的财务计划，然而财务决策却暗暗贯穿于整个商业计划书中。如果创业公司能够成功地执行产品开发、投入市场、销售及其他公司职能要求，将会得到很丰厚的经济收益，值得为此做出投资。可以通过引证与创业类似公司的例子，证明所做出的财务设想和结果都是可行的。投资者想要知道需要投入多少资金及创业公司将会取得多大规模的成功。分阶段融资可以允许投资者和创业者更好的管理创业风险。这部分也应该包括整合公司销售和产品开发阶段计划、计划融资活动及现金流状况的时间期限。

· 满足市场和产品开发阶段计划都需要的资金是什么？都需要多少数量？
· 预期创业在什么时候会具备充足的现金流？
· 如果创业成功了，将会具有什么样的成长机遇？
· 预期的初始状态和稳定状态将会有多少财务利润？
· 其他公司在利润和发展上的表现与本次创业有什么相似之处？
· 哪些是关键的财务设想？

附录：详细的财务计划

附录中常常会包括一系列更加详细的财务预测和设想分析。预期的财务计划和设想将会作为评判创业价值的起点。确保达到财务目标所使用的方法对计划书的读者是透明的。

·5 年内详细的现金流动表，收益表及资产平衡表（第一年按月算，此后可以按季度或年算）。

· 在进行财务评估时对财务设想进行分析（如客户渗透率、价格及对流动资本的设想等）。

· 在该行业中购买决策是否存在周期性循环？
· 什么构成了创业的最大成本（如工程技术开发、监管审查、生产或销售等）？
· 随着批量生产开始，产品和销售成本将会发生什么变化？
· 客户支持和维护是否考虑在内？

请参考第 16 ～ 17 章。

如图 7—3 所示，商业计划能用来调整新企业中所有参与者的利益。商业计划揭示了人力、资源及创业机遇等是如何与一笔交易密切相关的，而这笔交易可能会惠及所有股票持有者——员工、投资者、供应商及合作伙伴。可以参考第 2 章的图 2—4，进一步讨论合理的组合和协调对成功创业的必要性。附录中给出了经过充分准备、完善的商业计划的两个例子。

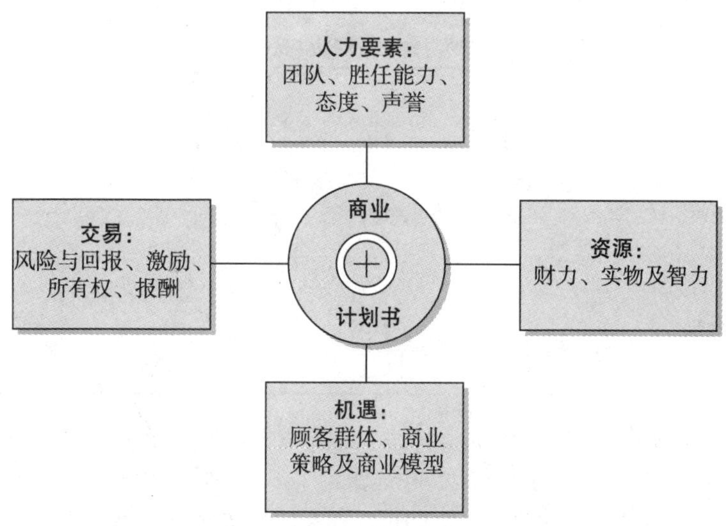

图7—3 商业计划在创业中的协调作用

善用集群优势

专业的供应商、专业的劳动力储备及当地情况的传播催生了成本分化经济，工业区的企业能够由此获益。既然许多企业能够从新的知识、能干的供应商及可用的人才资源中获益，他们就应该考虑把企业的创立地点选在能够更容易获取这些要素的地区——不同区域的创业活动显著不同。新企业的创立能够给其他企业带来市场机会。例如，企业推出了一项产品，也就为当地企业生产互补性产品提供了一个机会。

创业不可不知的名词

集群 (Cluster) 指的是互联性企业在地理位置上聚集于特定区域。集群可以包含在区域或行业内活跃的公司、供应商、贸易协会、经济组织及高等学校等。

一个典型的例子是好莱坞，它是世界著名的影视中心，汇集了很多制造电影的公司和基础设施。如果想在电影行业创业，考虑把企业建在洛杉矶可能是一个明智的选择。

另一个典型例子是加利福尼亚的葡萄酒集群，集中在盛产葡萄酒的索诺马郡和纳帕郡地区。集中葡萄酒生产和葡萄种植的广阔行业网络包括供应商、投资者、教育中心及贸易协会。集群的边界囊括了所有的行业参与者，也可能越过政治边界。

创业地址的选择是创业成功的关键。一种明智的做法是，把公司建立在竞争者和主要顾客群体附近的位置。加入拥有互补和竞争的能力和资源的公司集群，能够获得区域优势。集群中的企业能够更容易找到所需的员工和基础资源。创业的一个主要成功因素就是贸易公司的网络。

集群既能促使竞争，也能促进合作。企业之间总是不断的结盟，而又挖走彼此的人才，彼此相互竞争。集群可以带来大量关键的人才、知识和供应商，使创业能够更容易的在行业中立脚。相互独立而非正式相连的公司和组织的集群，能够产生另一种强大的组织形式，能够带来效率、效能和灵活性的优势。此外，集群在很多方面都有助于促进创业的形成。集群中工作的人能够更容易发现产品和服务的差异，发现创业的机遇。此外，加入障碍也比其他地方低。表7—2 给出了美国理想的创业地点的范例。

表 7—2　　挑选的科技创业活动中心

美国西部地区：
拉斯维加斯、圣地亚哥、旧金山海湾地区、西雅图
美国东部地区：
奥斯丁、波士顿、纽约、罗利 – 达拉姆、华盛顿特区
亚洲：
北京、上海、新加坡、台北
欧洲 / 中东地区：
伦敦、慕尼黑、瑞士、特拉维夫

集群的存在可以追溯到商业的形成。威尼斯的商人能够拥有天然港口、水手和船只的供应、稳步的投资等创业优势。所有的商业关联和同盟关系都涉及内部之间复杂的谈判和管理难题，这些都会阻碍企业的灵活性。集群企业之间可能存在的亲密、非正式关系往往是一种高明的做法。丰富的社会关系网能够促进有益信息在互补企业间的交流。

提供配套产品公司的可行性可能是决定旅游业集群创业成功的关键因素。例如，美国纽约市。游览者的感受不仅仅来自于旅游景点的吸引力，也受到其他配套设施品质和效率的影响，如酒店、宾馆、购物中心及交通系统等。由于集群成员是相互依靠的，其中一家企业取得成功也能促进其他企业取得成功。

集群在改进知识和创新的发展中也起到重要作用。马萨诸塞理工学院及其他波士顿地区大学在波士顿地区科技集群的发展中起到了重要作用。一般来说，**良好的集群能够给企业带来创意，提供参照榜样、更好的日常交流及人才资源等**。

美国旧金山南部的硅谷地区，是电子设备、医疗器械及计算机公司的聚集地。创意和人才的互连和流动在这里成了一种生活方式。支持结构涵盖创业型企业家、风险投资家、律师、顾问、董事会成员、高等学校及研究中心等。硅谷的科技公司在新颖和创新不断涌现的环境中发展壮大。这种网络环境是个体创业家、企业和专注于追求创新及其商业化的机构互相协作的结果。硅谷以一种开放的姿态迎接改变，崇尚创新和差异化。

赛普拉斯半导体公司（Cypress Semiconductor）创始人，T.J.Rogers 的观点举例说明了硅谷中流行的企业家态度，他曾说过：

> 我们是真正的资本家，这就是在硅谷地区使我们特别和不同的原因。我们进行投资。也并没有什么安全网保证我们的投资。我们也会破产，我们也会遭受挫折。就是一些你全心依靠的公司，也会破产。这就是生活。

有活力、不断发展的工业区域总是不断的提高自身能力和改善资源，实现创新的商业化。地区性集群可以形成促进更多机遇、更多风险资本、更多的受教育人才，从而促使更多成功的良性循环。独立活动的集群能够促使成本的极大节约，带来竞争优势。

成为一家社会责任型企业

创业型企业采取的策略将不可避免的影响到利益相关者的收益，这些利益相关者有客户、供应商、股票持有者及相关群体等。然而某种特定策略可能有利于某些利益相关者，而不利于其他人。

制订既能够有效地满足保护当地的社会和环境需要，又能够积极平衡利益相关者的经济和社会需求的企业策略，对企业的领导人来说是一种挑战。商业计划书中也应该包括对创业公司负责任的应对策略的明确声明。

如图 7—4 所示，地球上生活的质量取决于 3 个因素。社会生活质量取决于自由和机会的平等、健康及社区和家庭的维持等，这些可以被称为**社会资本**或社会资产。经济的增长和生活水平的提高对所有人而言都是很紧迫的需要，我们称之为**经济资本**或经济资产。最后，地区或世界的环境质量可以被称为**自然资本**。这三种要素的相互关系合计为**总的生活质量**。生活质量不仅包括衣物、住房、食物、水及安全的污水处理等基本需要，还包括能够获取机会、自由及合理的物质和文化福利等。

企业、政府及环境部门领导人需要逐步积累衡量和整合这三种因素及以此作为决策支撑的能力。我们把这三个因素总称为**三重底线**（股市里的术语）。

在提高人们生活质量的时候，他们尽量尊重自然和社会，企业利用自然也应该坚持必需原则，并与可循环和补给资源保持平衡。

认识到所有生物之间的相互联系和相互依赖，企业领导人可以利用三重底线原则寻求平衡状态。**经济、生态和社会可被描述为依靠人、企业、文化价值及群体的统一体**。企业和社会所做的决策需要阐明三重底线的三个要素。

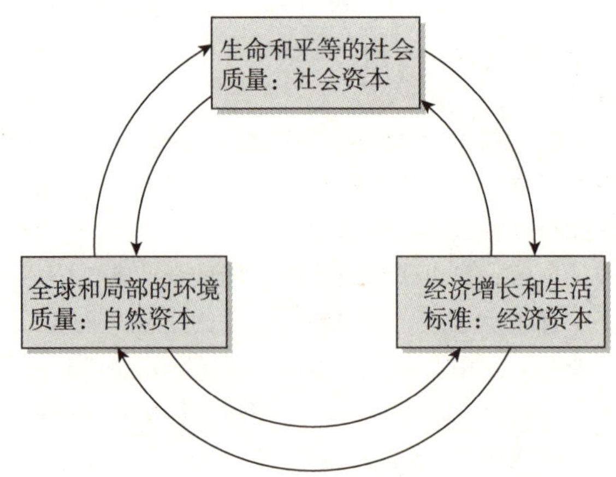

图7—4　决定地球生活质量的三种互相影响的因素

对于许多人而言，有种假设性的观点，假定企业存在的目的主要是提高社会的福利。而其他人，则是以利润的最大化为唯一目标。我们可以肯定的说，公共福利设施也是为了企业自身的利益。企业的目标之一就是创造利润，服务于社会也是对企业的附带期望。从许多方面来说，企业的社会责任行为——即使在为股票持有者追求利益的时候，也要牢记企业对员工、社会及环境的责任，也符合公司自身的利益。企业数量的增多也使得企业责任成为企业价值定位的一部分。例如，亨利•福特认为，他应该付给工人们足够的薪水，使得他们买得起他们自己生产的汽车。这种决定最终使得福特汽车公司成为能够吸引人才的企业，并且刺激了产品需求，终使公司收益。

社会企业型企业家是指积极行动、抓住机会进行创业，在满足环境和经济价值的前提下促进社会收益。社会企业家专注于顾客的社会福利，但也认识到了经济、环境成本及收益。他们的目标是利用创新来服务社会和大众。

社会企业家在其他环境条件下，比其他创业型企业家具有一定的优势。肩负引导企业发展的使命，社会企业家力图组织和配备多样的资源。通过制订精湛的商业计划，他们能够招募自愿者，吸引客户、合作伙伴及投资人，促进企业的发展壮大。在一般社会领域中，企业的成功就意味着能够有效的改善公众生活水平和医疗条件；而社会企业家则专注于创造社会价值。

戴维•格林在发展中国家创办了几家企业，生产便宜的医疗设备如人工晶状体及助听器等。这些赚钱的企业生产低价的设备满足穷人的需要，并不会牺牲产品的质量（参考网址：www.aurolab.com）。

非营利机构 TWP（Trees，Water，&People）是社会责任型企业的典范，担负着保护环境和社会的任务（参考 www.treeswaterpeople.com）。它的任务主要是在退化地区重新造林和在美国中部种植快速生长的树木。它决定从需求的角度考虑这个问题，寻求减少对燃材需求的办法。TWP 与俄勒冈州的 Aprovecho 研究机构合作，发明了一种能够节约燃料的炉子，通过使用一种隔热的肘型燃烧箱，能够比使用明火节约 50%~60% 的燃料。通过烟囱排除有害气体，Justa 炉子也能够对生命体起到保护作用。TWP 把这种节约木材的炉子送给萨尔瓦多的农民，作为在土地上重新造林的奖励，这样就同时实现了节约燃料、保护健康和重新造林。

历史上一些优秀的公司倾向于多重目标，赚取利润只是其中之一，并且并不必然是最主要的。例如，对默克药厂（Merck）而言，病人的康复才是最重要的目标。对于波音公司（Boeing）而言，航空技术的发展才是最重要的目标。虽然实现盈利是维持企业的基本条件，但是对前景远大的公司而言，这并不是终点。参考强生公司的例子，20 世纪 40 年代早期发布的公司信条，支撑着强生公司成功的应对 1982 年泰诺胶囊事故，当时药品包含氰化物事件导致芝加哥地区 7 人死亡。虽然只有芝加哥发生死亡事件，但强生公司迅速把泰诺胶囊撤出了整个北美市场，为此承受了数亿美元的经济损失。

创业案例

移动电话与非洲企业家

移动电话可以帮助欠发达地区的创业家创办新的企业。在缺乏常规陆线电话系统的国家，移动电话可以作为通信工具。试想一下，如果每部手持设备价格低于 5 美元并且每月花费同样很低，将会产生的市场前景。在过去的 5 年里，移动电话在非洲催生了很多创业型企业家，促进了当地社会公益的发展。

如图 7—5 所示，社会美德矩阵阐述了应对社会责任挑战的四种可能反应。矩阵中左下象限（第 3 格）代表着依据标准和习俗，企业有选择性从事的行为。右下象限（第 4 格）代表着企业的遵从行为——法律和制度强制要求的责任行为。下面的两个象限代表着企业对社会价值和法规的基本义务。

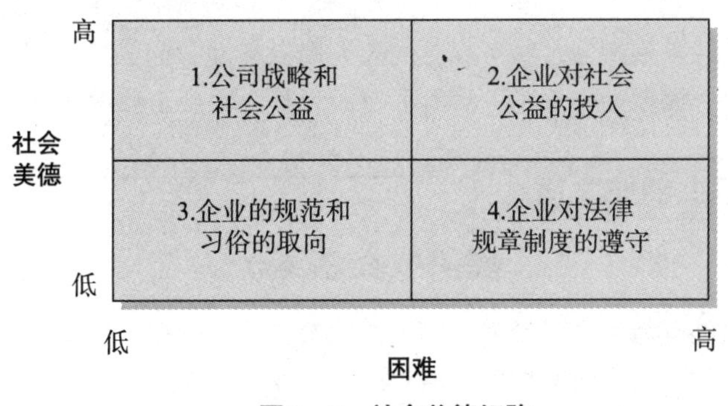

图7—5　社会美德矩阵

上面的两个象限则包括不直接对股东有利的企业活动。战略效益象限（第 1 格）包括的企业活动能够通过获取客户、员工及法律部门的支持，增加股东收益。这些活动最终会使得企业树立声誉和获得社会支持，有益于企业的发展。右上象限（第 2 格）包括企业牺牲自身利益回报社会和环境的活动。

CitySoft 公司（参见 www.citysoft.com）是积极从事战略效益活动（第 1 格所示）的例子，它为企业和机构开发企业网应用和维护网站。它的特别之处在于承诺雇用城市居民提供这些服务。它的创办人决定创办具有远大的社会目标的营利性企业。通过提供企业与社会效益创办战略效益企业（左上象限）的一个很好的机会是促进社会经济金字塔底层商业的发展。虽然个人收入很低，但贫苦社区人们的累计购买力却能够达到很大的数量，在许多国家代表着巨大的市场前景。针对这些市场，创业者关注的焦点不应该再是是否能够达到高毛利率，而应该转变为在为社会和环境带来效益的同时确保投资资金能够得到很好的回报。

由于公众常常希望图 7—5 中两个低象限（第 3、4 格）相关的活动能够遵守法律和准则，这些活动只能获得公众很少的信任。右上象限（第 2 格）相关的活动最终会为股东们带来收益。然而，那些以公司利益为代价而提供社会公益的活动很难得到股东们的赞成。例如，只要一家汽车制造商决定增加安全气囊，就会损失一些利润。在获得授权以后，所有的汽车生产商都能够以有竞争力的价格提供额外的社会公益。

公众通常希望能够得到记录关于企业对社会和环境责任的信息，以决定从哪家公司购买产品、对其投资或为其工作。例如，可以参考星巴克网站（www.starbucks.com）。良好的社会行为有助于增加公众对企业的信任度，但是在事先未说明的情况下可能会被公众忽略。如果企业未能达到试图在公众面前树立的良好形象，这些社会行为也可能起到适得其反的效果。表7—3列出了15家受人赞赏的著名企业。

表7—3 受人赞赏企业的范例

·美国伯克希尔-哈撒韦（Berkshire Hathaway）	·微软公司
·德国宝马	·宝洁公司
·美国戴尔	·索尼公司
·联邦快运	·美国西南航空公司
·美国惠普科技	·星巴克
·通用电气	·丰田汽车
·IBM	·沃尔玛
·强生公司	

阻碍企业美德发展的最大障碍就是除了遵守和拥护社会准则，有关企业美德的活动是很有限的。以右上象限方式（图7—5第2格）行事的企业联合会，当企业对超出成本的利益达成一致意见时，就能够增加社会福利。图7—5第1格中的一种方式是通过与穷人们合作以创造对他们有价值和帮助的新型产品，对世界上的穷人提供帮助。创业公司可以在增强构建社会责任型领导企业的动力、提高世界人民生活水平方面为其他社会企业做出示范。

带你踏上创业之旅

案例AgraQuest

绿色杀虫剂具有为生产商带来巨大收益的潜力，它既很少受到法律规章的管制约束，也具有更灵活的施用时间优势。但对所有农业工人而言，他们最关心的只是杀虫剂的杀虫效果。只具有环境友好性的产品是不受农业工人欢迎的，它同时也必须具有有效性、易于使用及可靠性的特点。AgraQuest生物公司制订了开发绿色杀虫剂取代化学产品的计划。

AgraQuest于1995年5月5日制订完成了第一份商业计划书，以期能够筹募到360亿美元的私人投资。整个商业计划书共有40页，其内容如表7—4所示。其1995年的执行摘要可见第2章。

表7—4 AgraQuest公司商业计划书（1995）的内容列表

·执行摘要	·发展里程碑和发展目标
·创业公司——公司控股权、产品及设施	·组织结构
·市场规模与市场趋势——世界杀虫剂市场	·人事计划
·技术	·管理团队
·发展策略与发展过程	·科学咨询委员会
·生产成本与产品成本	·董事会
·营销战略	·成功的秘诀
·AgraQuest的竞争优势	·财务计划及预测
·商业策略与战略联盟	

AgraQuest 在其商业计划书中描述了以下独有的竞争优势：

天然产品的成功发现并不是简单地针对一系列目标对所有种类的微生物进行审查，而是需要关于特定微生物种群、所在地、化合物类型以及检测技术（隔离，发酵、活性测定）的专业知识，这些因素能够产生出最多数量的生物活性产品。此外，人员管理的方式和风格也会对天然产品的研究和开发产生促进或阻碍作用。在开发过程中的每一步，AgraQuest 都拥有着独特的实用知识和专利技术，能够比行业中的其他公司更快的开发出更加新型的专业天然杀虫剂产品。

在这份商业计划书中，对创业的不确定性和风险性、创业成功的关键要素等进行了详细的表述。

- 招募有才能、经验丰富的科学家作为创业团队成员；
- 管理团队内有效的协同工作；
- 董事会与管理团队间良好的工作关系；
- 拥有足够的资金来聘请一批重要的经验丰富的科学家、建立充足的实验室及购买必需的设备；
- 与大型农业化学公司开展战略合作；
- 申请开发产品及技术的专利保护；
- 在美国环境保护局注册为微生物或生物化学公司；
- 积极对外授权，从公司外部引入替代性产品。

纸上练兵

1. 商业计划书是为谁而制订呢？为什么要编写商业计划书？商业计划书是如何安排创业中主要利益相关者之间的关系的？

2. 商业计划书应该包含哪些关于创业主要风险的信息？在商业计划书中采取乐观或悲观的态度看待这些创业风险很重要吗？

3. 选择一家当地的创业公司（也可以从其他地方挑选）。这家公司是处于特定的产业集群中吗？该公司能够具有哪些当地资源和当地优势？为什么该公司把地理位置选在当地？

4. 圣达菲是美国新墨西哥州一个仅有 65 000 人口的小城市，但这里每年出售艺术品的收入超过 2 亿美元，在此坐落着 300 多家艺术馆。表述在新墨西哥州圣达菲形成艺术集群的促进因素。

5. 美国联合包裹服务（UPS）和联邦快运都在尽可能使运货卡车行驶更多的里程而具有更少的尾气排放。其目标是降低成本和减少环境污染。他们采用“绿色”混合动力电子柴油发动机驱动卡车。访问他们的网站，比较他们取得的成就。他们的活动如何对应于图 7—5 中的网格？

创业挑战

1. 制订你的创业计划书中简要的内容列表。

2. 描述你将采取的制订商业计划书的过程。
3. 为创业机遇撰写执行摘要。
4. 你会把创业公司选在能够提供集群动力的地域吗?
5. 创办社会责任型企业需要采取哪些步骤?

第8章 选好企业类型了吗

导读

新创企业共有 6 种：小型企业、利基型企业、高增长企业、重大创新企业、非营利组织及股份制企业。小型企业和利基型企业对社会做出了重要贡献，特别是当它们逐渐发展壮大，并在全球扩展业务时。高增长企业和重大创新企业不仅为社会提供了重要的产品和服务，也为社会创造了发展和工作机会。非营利组织是一种特殊的创业形式，它使得一家机构能够满足重要的社会需要。其他特殊的创业类型包括家庭企业和特许经营企业。

最后，股份制企业在新颖性和创造性方面做出了重要贡献，为现有大型企业带来了新的生命力。对许多公司而言，独立于现有公司结构的股份制企业对改革和创新的追求，能够给公司带来新的活力。股份制企业具备适当的宽松环境、独立性和适量的资源，可以发展成知名企业。

“科技创业的20条军规 8”

当能够提供适当的独立发展权利、创业所需要的物力和人力资源以应对创业发展机遇时，从现有大型企业中就可以诞生出具有远大发展前景的重要创业型企业。

Technology Ventures

创业故事

“维珍新娘”的由来

在理查德·布兰森（Richard Branson）的领导下，英国维珍集团（Virgin Group），在新闻媒体、航空及音乐等多个行业创建了两百多项业务。维珍集团内部形成了良好的创新氛围，发现新创意的员工都可以向布兰森提出建议。布兰森也常常举办员工聚会，员工可以自由表达自己的建议。一名员工提出了婚礼策划服务，包括提供结婚礼服、承办酒席、航空旅行及酒店预定等服务。她就被任命为维珍婚礼业务“维珍新娘”（Virgin Bride）的总经理。维珍集团总是不断地寻求开创独立的新企业。

即使你找到了正确的方向，如果不采取行动，你也将会被别人超过。

——Will Rogers

创业型企业的6大类型

创建不同类型的企业有很多目的。表 8—1 描述了 6 种不同的企业类型，每一种企业类型都具有相互区别的一系列特征。我们可以把小型企业定义为由少数人拥有的个人独资企业、合伙企业或公司等，如咨询公司、便利店及当地书店等。通常，小型企业往往少于 30 名员工，年收入也少于 300 万美元。

表 8—1 新创企业的 6 种类型

类型	营收增长率	合理的预期企业规模	描述	目标
1. 小型企业	慢	小型	独资、家族企业	通过服务客户，与合作伙伴保持独立并实现共赢
2. 缝隙型企业	慢到中	小到中型	企业增长缓慢	带来稳定低风险的增长和良好的收益
3. 高增长企业	快	中到大型	快速成长、需要大量启动资金	重要新兴企业
4. 重大创新企业	快	大型	投入研究开发，追求重大创新	使重大创新实现商业化
5. 非营利组织	慢	小到中型	服务于成员或社会	满足社会需要
6. 股份制企业	中到快	大型	现有成功公司的独创单元	新的重要加盟企业或独立公司

缝隙型企业或利基企业寻求利用这些有限的机会或市场，使企业独立经营，慢慢建立起来。这种企业雇员通常少于 100 人，年收入通常少于 1 000 万美元。然而，却能够逐渐发展成为大型重要企业。

高增长企业以建立有影响力的新企业为目的，创建之初需要大量的启动资金。突破性创新型企业寻求实现重大创新的商业化应用，由此创建有影响力的新企业。本书重点论述这两种类型企业。

非营利组织是指为社会发展或慈善目的而创建的企业或联合会。全世界每年都有几千个非营利机构成立，为重要的社会需求提高服务。最著名的非营利机构应属国际红十字会（参考 www.ifrc.org）。

新创企业的另一种类型是指现有公司为了创建重要的新业务单元，以全资子公司或衍生公司形式创建的新独立公司。这种方式可以称做**股份制企业**（corporate new venture，CNV）。

独立企业是指不被既有公司所拥有或控制的企业。独立企业通常不在选择潜在机会上受限，却会受到有限的可用资源的限制。股份制创业型企业则通常在选择与母公司合拍的机会上受限，然而它们往往能够从母公司获得重要的资源。

虽然独立企业和股份制创业型企业都面临着同样的外部环境，然而各自不同的竞争力和资源决定了它们将采取相异的发展策略。独立企业比股份制创业型企业具有更好的灵活性，所需的资源较少。此外，独立公司能够集思广益，而股份制创业型企业往往会受到母公司的指导和控制。由此，独立企业具有灵活性、适应性及高度的自觉性等优势，而股份制创业型企业则常常在获取宝贵的企业功能和资源方面占据优势。

为社会提供财富的非营利企业

新创企业的目的就是为社会创造财富。通常，财富被看做是经济财富，而许多创业型企业家却寻求为社会提供社会财富。非营利医院的产出则是恢复健康的病人。医院盈利与否只有对征税员才有实际意义。而非营利机构指的是提供服务，但不以获利为目的，也不会向其工作人员、捐赠人及志愿者发放津贴或报酬的企业、联合会或慈善机构。现在，非营利机构常常被称做非利益化机构。据估计，每两个成年美国人中就有一个非营利机构的志愿者。

美国女童子军组织（Girl Scounts）可以培养出身价高、技能好，并且自尊自爱的年轻成熟女性。红十字会的目标则是保障遭受自然灾害的人们重新获得照顾自身的能力。

创建非营利企业的决定通常取决于社会机遇的性质及对此的创造性回应，该回应不能或不应该表现为对利益的追求。非营利企业主要依靠志愿者或组织人员的社会职能机构，如教堂、博物馆、剧院、联谊会、工业协会、信用合作社及农民合作经济组织等，通常都不以盈利为目的。

非营利机构可以允许产生财政结余，但不能把结余分发给机构官员、投资人及雇员。此外，非营利机构没有所有人。任何结余都必须用于机构被批准的非营利活动。然而，像一些营利公司那样，这些机构也可以是由科技主导的。

总部设在美国纽约市的古根海姆博物馆（Guggenheim Museum）是非营利组织的典型例子。该博物馆帮助意大利的威尼斯、西班牙的毕尔巴鄂、德国的柏林及美国内华达的拉斯维加斯创建了一系列博物馆。这种创业领导是由汤玛斯·克伦思（Thomas Krens）提出的，他取得了耶鲁管理学院硕士学位。

符合美国税收法规 501（c）（3）条款规定的机构可以被称为慈善事业，这些机构的宗旨包括宗教、教育、科学、文学及慈善目标等。对这些机构的捐赠都可以减免征税和免除遗产税。非慈善目的的非营利机构的创立主要是为了服务员工的需要，同样可以免除征税，但对其的捐赠通常不会免除征税。

创建非营利机构应该遵循第 7 章关于创办新企业所示的 5 个步骤。机构的愿景是创造社会价值，而不是经济价值。许多非营利机构可以被认定为社会自觉服务机构，因此，创业团队必须致力于创造充满风险和未知的新创企业的社会价值。

创业案例

社会企业家成功的关键因素

在一项年度评比活动中，《快公司》杂志（*Fast company*）和摩立特集团（Monitor Group）挑选出 20 位成功创建了社会型企业的杰出领导者。提名的评判依据 5 个关键准则：创业精神（白手起家的能力）、创新（独特大胆的思想）、社会影响力（包括直接冲击和拓宽系统性变化）、抱负（志向远大又不乏务实精神）和可持续性（创建适应变化的机构）。

2005 年度提名者之一是 KickStart 公司（正式称号为 ApproTEC 公司），发明了一种叫做“赚钱水泵”的脚踏式灌溉水泵。它使得肯尼亚和其他国家的穷人能够以高效和现代化的方式灌溉农作物。在 KickStart 公司发明“赚钱水泵”之前，由于机械水泵费用太高且只适用于大片灌溉，农民只能采用水桶浇灌的方式。KickStart 公司发明的“赚钱水泵”主要针对的是小农户，这种产品通过营利公司经销。“赚钱水泵”是由社会发展目的而产生的营利产品方面的一个例子。

人们通常很难就谁是非营利机构的客户问题达成一致意见。对于红十字会，它的客户是医院、血液捐献人，还是经济捐赠人？谁将是最终的服务受益者？

一旦制订了商业计划，就必须确定创业所需的人力和财力。如何筹募所需的资金和引进人才呢？找到那些特殊利益与新创非营利企业相符合，并且有能力和责任心为管理决断提供独立核准的捐赠人是挑战所在。非营利机构往往打算创建产生净盈余的相关企业，然而，他们常常低估了成本花费，而对收入过分乐观。

非营利企业的一种特殊形式是消费合作社，它属于使用它的成员。其成员（即所有者）制订规则、选出管理人，并且常常得到现金分红。信用合作社、住宅合作社、食品合作社及公共设施合作社等都是合作社的例子。

创业案例

为登山而生

1938 年，登山运动员劳埃德（Lloyd）和玛丽·安德森（Mary Anderson）联合其他 23 名登山员同伴在大西洋西北成立了休闲设备公司（Recreational Equipment Inc，REI）。他们成立了消费合作社，为他们自己提供优质的装备、衣物及鞋袜等，这些装备都是按照远足、登山、野营及自行车运动等户外休闲运动所需的性能和耐久性挑选的。60 多年后，REI 成长为专业的户外装备供应商，目前通过美国的 63 家零售店及网络（www.rei.com）、电话和邮件直销等，为超过 200 万的活跃成员服务。

领导非营利机构不仅需要领导企业所需要的能力，也需要对团体的社会目标的使命责任。迈克尔·米勒（Michael Miller）领导美国俄勒冈州波兰特地区的慈善事业，并运用自身企业经营技巧把它发展壮大，年收入达到 4 600 万美元。

按照惯例，非营利机构都从社会角度出发，着力解决或缓和饥饿、无家可归、污染、药物滥用及家庭暴力等问题。同时，他们也能够帮助提供一些基本的公共产品，如教育、艺术及卫生保健等，以补充市场供应的不足。非营利机构可以补充政府活动的不足，为新规划出谋划策，并能成为普通百姓追求理想社会的一种方式。

前美国参议员比尔·布莱德利（Bill Bradley）最近提出：非营利机构拥有通过增加效力和效率提高资金流和收益的潜力。非营利组织能够采用和营利组织同样的方法，酝酿出大型、具有远大影响力的企业。例如，大多数国家都享受到了非营利组织提供的卫生保健服务。

创业型企业能够在一定程度上满足公共事业组织（政府）中对创新的需求。各种各样的公共事业组织改革计划试图按照私有部门的经济规则来调整公共事业组织。公共事业组织实体通常被认为是保守和官僚主义的，然而，政府也确实在试图通过创业为政府活动增添创新的成分。公共事业组织实体可以寻求具有创新潜力的机遇。这些机遇可能并不具备商业潜能，但是按照公共事业组织动态的发展目标，则可以转化为新价值。创新和新技术的运用可以帮助改造非营利机构和公共事业组织。

任何寻求在公共事业领域创业的努力都需要考虑到组织目标模糊、有限的自治领导权、谨慎的态度及短期导向这些因素。但是，公共事业机构可以应对在这些障碍中产生的机遇。在世界范围内提供医疗护理是公共事业组织的一个典型例子。

可以通过清晰的目标、有效的奖励机制、资源可用性、自治能力、参与决策制订权利等方式促进公共事业组织的发展。然而，许多公共事业组织的管理者由于需要对当选代表负责而不愿意承担风险，而这些当选代表为了能够重新当选也不愿意承担风险。此外，公共事业组织活动可能会受到严格的媒体审查。

可能 20 世纪公共部门做出的最大创业成果当属在 1921 年创建的纽约和新泽西港务局（Port Authority）。港务局的创建帮助了港口、铁路、隧道、桥梁、车站及不幸的世界贸易中心（后遭恐怖组织袭击）的建设。

家族企业与特许经营的优势与弊端

家族企业是指两名或两名以上的企业掌权人来自于同一个家族的企业。美国和加拿大大约 80% 的企业都属于家族经营型企业，规模主要从小型到中型不等。在世界大部分地区，家族经营企业都占据主导地位。家族企业并不等于小型企业。美国《财富》杂志 1 000 强企业中 25% 的企业都属于家庭经营型。许多 20 世纪最著名的企业最初都是由家族经营的，如 IBM、万豪酒店（Marriott）、默克（Merck）、麦格劳－希尔（McGraw-Hill）及沃尔玛等。当家族企业成员鼎力协作时，家族企业就有无与伦比的优势。

> 家庭成员之间能够比外部员工树立更多的信任，而客户也会认为，通过直接与家庭成员合作，他们能够获得良好的待遇。

由于常常会把家族问题带入到家族企业的经营中去，家族企业也会面临一系列难题。对创业的夫妇来说，企业由他们和大大小小的子女来经营。例如，许多家族企业都采取共同基金（合股投资公司）的形式。约翰逊家族（Johnson family）拥有和领导着富达投资公司（Fidelity investment），这是一家私股企业。大约 30% 的家族企业都将会交给家族的后辈。表 8—2 列出了一些家族企业。

表 8—2　　一些家族企业举例

安海斯－布希	食品和饮料
美国阿彻－丹尼尔斯－米德兰公司	食品
美国嘉吉公司	食品
嘉信力旅游公司	旅运
清晰频道公司	广播
皮埃特罗－贝瑞塔武器制造厂股份公司	军火
福特汽车	汽车
盖洛酒厂	葡萄酒
ILX Lightwave 公司	激光设备
NASCAR 赛车	汽车赛车
普鲁特	保健
美国庄臣公司	蜡类

富达投资公司（参考 www.fidelity.com）由已故的约翰逊•爱德华二世在 1946 年创立。他的儿子，内德•约翰逊（Ned Johnson），1972 年被任命为公司董事长。内德的女儿，艾比•约翰

逊（Abby Johnson，出生于1962年），在2001年被任命为公司董事长。

在家族企业里，所有权、家庭及企业的管理活动会产生相互交叠，如图8—1所示。拥有所有权的家庭成员（第4区）与拥有所有权的管理者（第5区）具有不同的激励因素。家族企业中另外一个问题就是是否给予并不积极参与企业活动的家庭成员（第1区）对企业的所有权。企业的继任CEO应该从第6区或者第7区的人选中选拔吗？或者其他人选呢？这些不团结因素在企业困难的时期就会显露出来。

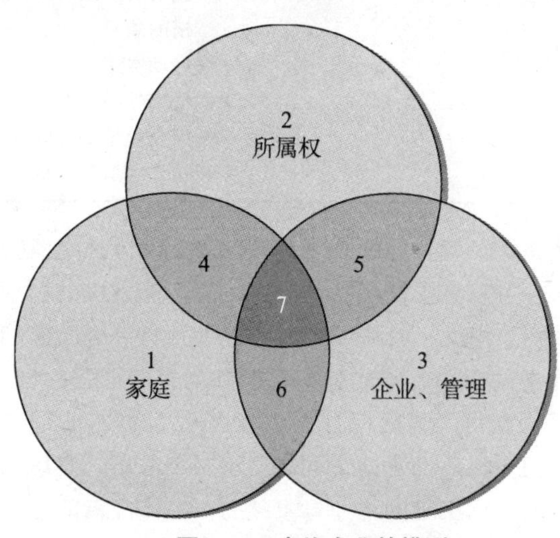

图8—1 家族企业的模型

家族企业往往在艰难时期能够不屈不挠。他们都能够为共同的目标和价值观念奋斗，也会重视企业发展的持续性和长期目标。

表8—3列出了家族企业的优势和弊端。可能对家族企业而言，最大的弊端就是由于报酬平等、待遇公平性及继承问题引起的家族争端。最大的优势应该是吸引合作伙伴和雇员的那种家族延续性和家族式忠诚。

表8—3 家族企业的优势和弊端

优势	劣势
·长期导向	·裙带关系
·行动独立	·家庭冲突
·韧性和专注	·资金紧张
·家庭文化	·继承问题
·合理情况下的自然继承	·对资本市场的获取不足
	·在企业失败时聚集风险

创业型企业家正在重新认识工作和家庭之间的天然联系，更多的人在家里工作，充当独立合约人的角色。如果能够在家里工作，就可以减轻工作压力，增添工作乐趣，也就赋予了工作新的寓意。家庭是稳定、高效社会的组成单元，而家族企业也能够为创业活动提供坚实的基础。

特许经营是指一种经营模式的所有者能够授予个人或本地公司经营权的法律措施，这些个人和本地公司被称为**特许经营人**。拥有和经营特许经营模式及相关商标和标识的公司机构称为**特权授权人**。特许经营者与特权授权人制订在特定区域内使用经营模式及相关商标和标识的协议，获得经营权。为了满足法律要求，特许经营者除了需要向特权授权人支付一笔加盟费，还需要继续支付后续费用。特权授权人向特许经营者提供经营模式和商业秘密，并提供特许企业经营方面的培训。著名的 RadioShack 消费电子产品连锁店就是特许经营企业的范例。

表 8—4 特许经营的优势和弊端

优势	劣势
·培训	·加盟费
·持续的引导	·授权方对商业模式的控制
·已验证的盈利模式	·未履行的承诺
·品牌号召力	·严格的条例
·满足与独立	·高启动费用
·全国性广告	·供货商的限制
·选址帮助	·转售合约不平等的限制
	·授权方的财务危机

特许经营者必须遵循特许经营合同的规定，按照规定的方法经营特许经营企业。特许经营者能够作为独立的经营人，可以享受使用特许经营的商标和方法的权利。然而，特许经营人也受到经营方法和形式的制约。由此，特许经营的方式使得特许经营人能够享受很多的权利，却限制了特许经营人经营企业的自由，限制他们采取新的经营形式。表 8—5 总结了特许授权人的优势和弊端。特许经营人获得了采用现有成功经营方式的权利，却失去了独立经营的自由，并且需要不断支付加盟费用。特许经营这个词最早出自于法语，意思是“从奴役中解放出来”。大多数特许经营者通过经营可靠稳定的企业寻求独立。特许经营的方式对一些经营者来说，能够很好的符合他们的态度和要求。其他经营者则认为特许经营管理过严，加盟费用太多，他们相信自己能够经营得更好。

表 8—5 特许授权人拥有的优势和弊端

优势	劣势
·增强扩张能力	·可能遭遇不合作加盟者
·扩大地域覆盖	·不同地区实行不同的管理条例
·使用加盟费扩展商业形式	·不能实现快速变革
·吸收新的加盟者加入	

经营模式特许需要提供一套完整的商业方案，其中包括商标和标识的使用许可、产品和方案、生产设备的规格，商业策略及采购系统。温迪快餐店（Wendy's）和假日酒店（Holiday Inn）就是这种特许经营方式的典型例子。

商标名称特许经营则主要需要有商标名称，如西部汽车（Western Auto）和 ACE 五金公司（ACE Hardware）。产品销售特许经营则是指以生产商的商标和标识销售特定产品的许可。销售特许经营的例子有汽车销售代理商和加油站等。

特许经营权会受到美国各州法律的保护，大部分州都会审核和限制特许经营合同的内容。此外，联邦法律也发布了一份统一的特许经营授权通告，要求公开特许经营合同的所有条款和活动。

一些创业型企业家可能会决定加盟特许经营企业，并且致力于在自身特许经营区域内开设新的加盟店。其他的创业型企业家可能拥有适合加盟经营的现有企业。

与其他形式的新创企业一样，特许经营企业也必须掌握一些独特的竞争优势，如知名的品牌和优质的产品。特权授权人、特许经营者及合作伙伴在操作中都努力去达到一种合理的平衡，以能够满足各方利益。特权授权人寻求高增长，而特许经营者则更加重视质量和执行情况。

减小创业风险，使双方均能够获取利润则是特许经营协议的主题。特权授权人希望能够在不花费自身资金的情况下扩展现有的公司；特许经营人则希望在创业过程中能够有合作伙伴共同努力并且共同承担创业机遇的风险。特权授权人负责提供商标、商业计划、专业技能、生产设备及原料供应；而特许经营人则负责筹措资金和企业经营。1898 年，通用汽车公司缺乏资金雇用新汽车的销售人员，所以就把特许销售的权利出售给较有前途的汽车销售商，给予他们在某些地域内独有的销售权。**特许经营是一种在新行业中发展新企业的创新途径。**

快速标识公司（FASTSIGNS）就是一家通过特许经营制度扩展企业发展的科技公司（www.fastsigns.com）。另一家采用特许经营的公司，美国联合包裹服务公司（The UPS Store，正式名称为 Mail Boxes Etc）主要依赖于技术应用。还有一个服务公司的例子是美国卡内基训练公司（Dale Carnegie & Associates，www.dalecarnegie.com），它的工作主要和知识产权有关。

Snap-on 工具公司采用特许经营方式生产和销售机械工具，特许销售商零售商品，并使用集装箱货车为顾客送货上门。同时也会销售动力工具、诊断设备及软件等产品（参考 www.snapon.com）。特许经营网络为设备的销售提供了直接零售渠道。

特许经营参与者认为，创业型企业家可以通过特许经营的方法整合资源，快速形成大规模的连锁经营。如销售工具和培训之类的服务通常必须在特定的地方交付客户。此外，早期投放市场的产品会影响消费者购买偏好的形成。特许经营能够有效的帮助创业型企业家创建大规模的连锁经营。

股份制创业型企业的特点

现有公司为了开创和发展新的重要业务部门或机构而创建的企业，称为股份制创业型企业，也有人把这种方法称为企业内创业。新企业的创建需要有创业团队领导创业工作。

股份制企业关注识别和开发以往未被利用的商业机会，并且能够利用现有公司的资源和功能。股份制企业常常涉及新企业的诞生和由此对现有企业的振兴。我们可以通过一项方案来区分股份制创业型企业：（1）相对现有公司的新颖性；（2）独立于现有公司的活动、组织结构及产品。股份制创业型企业有 4 大特征。

- ◆ 产品相对于公司现有产品的新颖性。
- ◆ 具有实现重大创新的高潜质。
- ◆ 独立或半独立于现有公司结构。
- ◆ 独特的创业团队领导能力。

由于和现有公司业务部门之间只有有限的关联，并且拥有自治权、创新能力及企业领导权，股份制创业型企业在商业方案和产品开发成果方面不同于现有企业。

股份制创业型企业的成功因素与创业团队创立的独立新创企业的成功因素在本质上是相同的，都包括机遇、愿景、责任心、能力、资源、技术创新、战略及执行力等。可以看出，股份制创业型企业的成功与原有公司的发展和获利相关。图 8—2 展示了股份制创业型企业和这种关系的一种表示法。致力于股份制创业型企业的成熟公司通常都富有创新精神和积极主动性，它们不断促进自身发展。

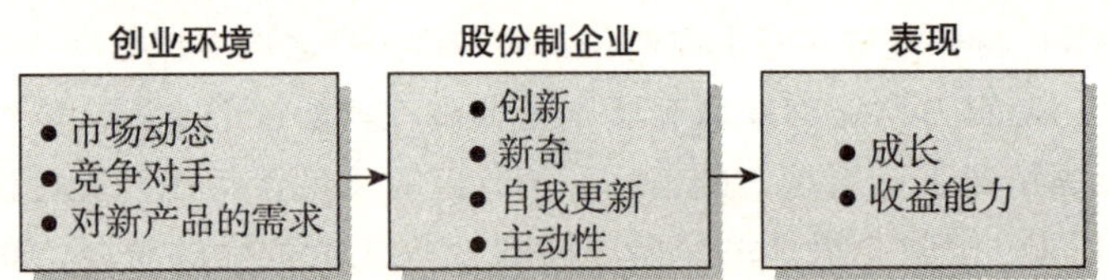

图8—2　股份制创业型企业模型

在现有的公司中创立股份制创业型企业时，如惠普和英特尔等，创业型企业家首先需要对创业机会、所需资源、预期创造价值及创业的计划等做出规划和说明。创业型企业家必须对技术和消费者具有充分的了解，并制订正确的行动计划。

传统观点认为，大企业常常缺乏把创业机会转化为能够独立发展的新企业的能力。人们认为，这种缺点是受到大企业内存在的官僚主义和缺少灵活性的影响而造成的。虽然大企业内存在的懒散风气会束缚创新活动的发展，但这些大企业却拥有令那些试图凭借自身力量开辟事业的个体创业型企业家羡慕的资源和功能。与个体创业型企业家不同，这些大公司常常拥有创新所需的资源、功能和知识。通常，大企业的难题是如何保护股份制创业型企业不受企业现有业务部门的压制和控制。股份制创业型企业一般需要成立相对自主的部门，才能照顾到创业团队及达成企业计划。股份制创业型企业应该看做是现有公司在新的业务领域追求创新的不断努力。

创业案例

苹果公司的新活力

1985 年，苹果公司遭遇了一些挑战。表现出众的麦金塔什电脑（Macintosh Computer，也称 Mac 机或苹果电脑）遇到了被新出现的 IBM 个人电脑及其仿制品超过的危险。当时，麦金塔电脑为苹果公司带来了丰厚的利润，微软公司和英特尔公司也很快地使个人计算商品化。苹果公司希望通过图形化用户界面（Graphical User Interface）使苹果电脑更胜一筹，但微软公司推出了 Windows 操作系统。苹果公司又遭遇了另一个困境：苹果公司的麦金塔平台（Macintosh Platform）依赖于微软公司开发的应用。虽然苹果公司有自己的应用开发团队，但是力量很薄弱，并不具备脱离其他独立应用开发商的能力。

1986 年，苹果公司分拆了应用开发团队，并任命比利 • 坎贝尔（Bill Campbell）领导命名为 Claris 的新公司。他决定向微软发起正面较量，并迅速从苹果公司内部招募有才能的执行官。苹果公司把自身的应用软件业务及相关人员都迁移到 Claris 公司，并同意提供高达 8 000 万美元的运作经费，作为回报，苹果公司拥有新公司 80% 的股权，并拥有随时收购剩余 20% 股权的权利。Claris 的企业文化避开了任何与苹果相关的联系。并且所有员工都具有 Claris 公司的认股权，但工资和福利消减到硅谷创业初期的水平。Claris 公司依靠自身力量独立发展，并不会受到苹果公司的保护。Claris 公司的商业策略是推出兼容性很好的应用系统，这与微软公司强调特色而不重视实用性形成了对比。在不到 3 年的时间内，通过收购和内部发展，Claris 公司发展成为利润近 9 000 万美元、在世界范围内销售产品的大企业。

但 Claris 公司的雄心却成为了公司失败的根源。坎贝尔及其团队对苹果公司无法增长销售额感到很沮丧。而与市场占有份额相比，苹果公司更多考虑的是高额的利润，并且 Claris 公司已经饱和了 Macintosh 市场。1990 年，当公司准备首次公开募股时，Claris 做出了一项备受争议的扩张策略：进军 Windows 应用市场。当苹果公司高层得知此事后，很不高兴，他们担心 Claris 公司会使得微软公司的 Windows 比自身的 Macintosh 更有吸引力。令 Claris 公司沮丧的是，苹果公司决定收回 Claris 公司，并试图保留原公司的管理层。但是数月之内，他们都各自散去成立新公司。如今，Clairs 依然是苹果公司的全资子公司，但却失去了对更大应用市场的重要影响力。

最近 10 年，对比 Claris 公司的事例和苹果公司现在的 iPod 业务是一件很有趣的事。苹果公司正在全力把 iPod 打造成为囊括无线产品系列、便携媒体设备及家庭网络产品的全新消费产品品牌，借此以实现苹果公司的复兴。也许，有一天 iPods 产品会覆盖所有的家庭娱乐设备。此外，一些汽车生产商也为 iPods 产品提供了适配接口，可以从汽车仪表板上进行控制和显示。苹果公司已经成功地实现了一系列的科技股份制创业型企业，对企业实现了重新界定和再造。苹果公司从 Claris 公司事件中学到了什么呢?

公司取得的成功促使公司的任用机制、流程、相互关系及价值观念进一步僵化，由此导致在公司形成懒散之风。所有的这些弊端都很难改变。由此，出现了对新的独立组织的需求，如新的业务单元、分支机构或新创公司等。现有公司常常采用谨慎制订的管理策略，并限制在严格控制的框架之内；而股份制创业型企业则需要相对宽松的环境，并在独立和受控之间达到平衡。也可以结合创业团队所具备的创业技能与现有公司的资源，促进重要股份制创业型企业的发展。

创新者的困境

如第 6 章中所述，突破性创新能够引起产业格局的变革，并导致现有公司的衰落。现有公司倾听消费者的需求，在根本性创新推出之前，消费者通常不会表达出对创新的需求。最终，创新的引入会超越和开始淘汰现有方法，但是对于现有公司而言，想要迎头赶上，可能已经太晚了。当创新性公司改进创新、占领市场的时候，现有公司就失去了所占有的市场份额。突破性创新总是诞生于市场趋势之外，并随着时间不断完善。现有公司正是由于忽略了未来创新的发展，才导致了自身的灭亡。

所有成功企业都会遇到的另一个问题是**同类相食**，指的是推出与公司现有产品线相互竞争的产品。当公司拒绝替换掉他们自己的产品时，他们在一种错觉中经营着公司：如果他们自己不开发新产品，没有其他公司会这么做。当新的商机出现时，新的市场进入者由于不需要权衡与公司现有业务之间的关系，而更具有灵活性。

对大公司而言，主要的任务还是充分利用现有竞争力，满足现有消费者的需求及不断改进现有技术，对创新的追求只能居于其后。当环绕着人类、思想和技术的网络不断发展和进化，促使从已有的机制中产生的改变越来越深远时，创新最终产生了突破。当这些创新有助于增强现有的竞争力时，现有组织将会寻求开发与主要工作形式相关的创新；如果创新与现有工作形式不相关时，通常就会有新机构出现以开发这些创新。

现有公司也能够提供自己公司的创新性新产品，从而赢得新的客户，促进收入增长。与其等待新产品出现的威胁，现有公司也能够采取积极措施应对可以预见的威胁。对于现有公司而言，投资开发突破性创新是很重要的。这是一种两手准备。然而，突破性创新需要新的功能、资源及价值关系网。因此，现有公司可以采用的最好策略是：建立拥有自身领导者、愿景目标、人力及奖励机制的自主股份制创业型企业或子公司。

表 8—6 总结了股份制创业型企业的优缺点。股份制创业型企业能够很容易的从母公司获取资金、人力、供应商、技术及产品商标等资源，并从中受益。

表 8—6　股份制企业的优缺点

优势	弊端
·有资金来源	·受公司预算的制约
·从公司员工那里得到支持	·多重控制与评审级别
·公司愿意在设计过程中提供帮助	·有限的自主权
·重视市场营销计划	·创业型人才有限
·从母公司得到品牌价值	·风险回报低于独立创业者
·获取母公司工艺和技术的支持	·限于母公司的技术和工艺

另一方面，股份制创业型企业也会受制于母公司的财政预算和控制行为，此外，母公司也可能并不具备新创企业所需的技术和人力资源。最近的调查显示，现有公司的资源优势并一定能够转化为股份制创业型企业的良好表现。为了保证股份制创业型企业最大程度的取得成功，就必须给予股份制创业型企业更多的自治权，使其不受母公司的限制和控制。

一个公司内部的创新空间就是创业型企业能力的运用：（1）从网络中获取无冗余的信息，（2）避免在追求创新时顺从和持久信任的压力。

在公司内部，如果创业团队包括充当各种职能角色的人才，股份制创业型企业就更有可能获得成功。公司内部企业家能够从公司的知识资源中获益，但同时避免过度遵从于公司现有的方法和规则。

科技型企业的发展历史是以企业成本效率的提高为标志的。经典竞争理论不能解释这种改变，因为它不仅改变了行业环境而且改变了企业之间的竞争挑战。1966 年，波音 747 客机的推出就是这种巨大转变的一个典型例子。

一些公司，如苹果公司和诺华制药公司，已经学会开发现在和探索未来。他们把这种新的探索性部门与传统业务部门相互分开，每一个新部门都有自己独立的流程、结构及文化，但仍然统一于现有的高级管理结构。

现有公司，当面临着进行突破性创新的需求时，应当考虑建造一个完全独立的组织，并授予它发展新业务的权利。当 IBM 公司面临开发微型计算机的需要时，在佛罗里达州创建了自主的业务部门，开发和销售个人电脑。把基因学和蛋白质学结合计算机技术可以创造新的医疗解决方案，这种科技的融合能够改变医疗保健行业。

对股份制创业型企业成功的激励

曾经的行业巨头能否在发展成熟和经营状况很差之后重新恢复往昔的繁荣？这些成熟的公司能否通过股份制创业型企业改善经营状况？一些研究指出了转变大企业的艰难。结构方面的影响因素，如自身固有的复杂性、刻板及僵化现象等，既不会改进经营状况，也不会有助于企业的重新调整。大企业或机构不仅仅存在结构松散的现象，由于遵循特定的办事方式，随着时间的流逝，他们的文化也会变得僵化，而很难改变。就像 Visa 卡的创始人狄伊 • 哈克（Dee Hock）说过：**“问题不在于如何想出新颖的、创造性的点子，而在于摒弃旧的思想。”**

大公司通常积聚着丰厚的知识和智力资本。此外，这些公司也拥有许多有创业意向并有能力开发公司智力资本的人才。吸收能力是指公司把外界知识开发成产品创新的能力。因此，股份制创业型企业可以同时基于外部知识和内部知识，因为吸收和开发的能力都能得到充分的回报。一个公司对创新的成功运用有赖于其开发自身知识基础且学习现有竞争优势之外的技术能力。

马强达（Majumdar）研究了美国电信产业中的大公司和小公司的动态表现，他发现，公司的规模并不是影响表现的实质因素。大公司能够引起动态行业的变化。拥有丰富多样的资源可供使用，大公司也能够通过动态学习的过程与小公司同样有效的实现转变。通过采用正确的方法，如股份制创业型企业计划项目等，也能够实现大公司的转变，也可以使古板的文化灵活起来。

在企业内部，通常都会有一些人能够从独特的方式看待问题，并提出利用新的技术和工序来解决问题的新办法。现有公司应该发掘他们，并帮助他们实现创业。此外，新的企业单元也需要在实验中学习和创造新的途径。知识和技能向着股份制创业型企业转移，能够使企业获得竞争优势。

股份制创业型企业的一个重要激励是通过企业高管的薪酬对股份制创业型企业起到推动和支持作用。鼓励公司管理人员持有公司股票也可以对股份制创业型企业的发展起到推动作用。当公司管理人员持有自己公司的股票时，他们就会更积极的通过股份制创业型企业增加自己公司的长期收益。

成熟公司需要通过增加对股份制创业型企业的投入发掘创新带来的机遇。然而，大型成熟公司也要认识到股份制创业型企业的发展障碍：熟络、老成及亲近性。熟络表现在公司偏好办事情的熟悉常规或常识，及处理方法，老成是指偏向于发展成熟的知识，而不愿意尝试新思想，最后，亲近性指的是乐意查找与现有方法近似的处理方式。

在早期识别市场应用所遇到的困难则是很复杂的，这不仅仅是由于受到技术能力的限制，而且也受到企业只是从关注近期发展转移到寻求市场应用这一事实的限制。一些大公司时不时地组建不同的人员组合，共同致力于解决他们应该如何改进及开发什么样的新产品等问题。开会时，公司都会鼓励他们发表自己的观点，畅所欲言。

成熟企业应该积极创建股份制创业型企业，对新颖、开拓性创新进行实践，以促进动态增长。为了能够很好的把握机遇，公司应该发掘和鼓励公司内部创业人才。公司内部创业人才是指具有领导创业成功才能的员工。美国 3M 公司的创业型企业家，雅特 • 富莱（Art Fry），推动了 Post-It 即时贴的商业化。3M 公司有一条规定：公司的研究人员在经过管理者的批准后，可以花费 15% 的工作时间钻研自己的创意。

公司也可以把旧思想作为产生新应用的原材料。他们可以以新的组合方式使用这些旧思想和知识。他们能够把在某个地方很普遍的思想引入到一个全新的环境中去。通过把创意从公司的一个部门移动到另一个部门，这种情况就可以实现。他们也可以在公司内部成立致力于促进知识整合的内部咨询小组。创业公司与其他公司的区别在于它在获取信息并不完备的时候就采取行动。创业能力并不仅仅是收集信息的功能，而且还是做出早期判断和按照这些判断付诸行动的信心。

由于领导新的股份制创业型企业常常会面临失败的风险，许多潜在的公司创业家都会避免加入他们。他们害怕由于失败可能会导致他们失去原有地位。通常只有在企业管理者明确表示犯错误是可以接受的、并且不会因为错误而惩罚员工时，有才能的创业型企业家才会乐意尝试新的创业机会。

如果预期业绩能够达到，那么对公司创业家的奖励包括：对公司股份的拥有权、奖金分红及职务升迁。企业可以指定每年创建 4 家新企业的目标，并且可以期待每年至少有一家新创企业能够创造重要的新业务。

创业案例

维京的新业务

几年以前，维京大西洋航空公司（Virgin Atlantic）的一名员工注意到希思罗机场（Heathrow Airport）边缘的一些空旷场地。几天之后，他获得了这些场地的使用权，并为维京公司制订了开设路边检票口这一新业务部门的计划。因此，维京公司成为希思罗机场首家为商务舱旅客提供登机牌，除去旅客在登记线处排队麻烦的航空公司。由于他的努力，这名员工也受到了提拔。

对公司创业家的合适奖励措施也是一个重要的问题。为公司带来巨大经济收益的公司创业家也常常招来同事们的怨恨，因为他们依赖的公司资源不是自己创造的，而独立创业型企业家却能做到。下文提供了对公司创业家可能的奖励措施列表。奖励措施包括公众认可、支持，支持个人及团队主动发掘和探寻新的思想与机会的文化环境，为公司员工提供宽松的工作时间，用以研究还未被提请批准的项目，等等。高度的自治权和有效的经济和升职奖励都是对公司企业家有效的激励措施。创业型企业家会较少的规避风险，并追求行动的独立，这些优先条件都可以被股份制创业型企业利用。具体内容总结如下：

- 对提出和拥护新思想和机会的员工的支持和认可。
- 有利于个人和团队提出新思想的文化环境。
- 允许在宽松的时间里对未获批准的项目进行探索。
- 企业型企业家高度的自主性。
- 有效的奖励如晋升、股份所有权及分红等。

创建和管理股份制创业型企业

现有公司试图通过一些企业的新形式来开发新机会是明智的做法。现有公司可以采用的新企业形式包括：独立的新企业、衍生新公司、机遇向现有公司产品开发部门的转移及小型项目的授权等。图 8—3 显示了公司形式的 4 种类型及其与运营关联性及战略重要性的关系。业务关联性是指新企业机构如何与现有企业资源和功能相结合；战略重要性是指新企业的长期效益对母公司成功的制约性。内部股份制创业型企业对高运营关联性和高战略重要性的形式是最合适的（图 8—3 中象限 1）。最好把股份制创业型企业看做是产生远见卓识的源泉，这些远见卓识能够操纵母公司的策略方向，并能够提供产生可观回报的潜力。

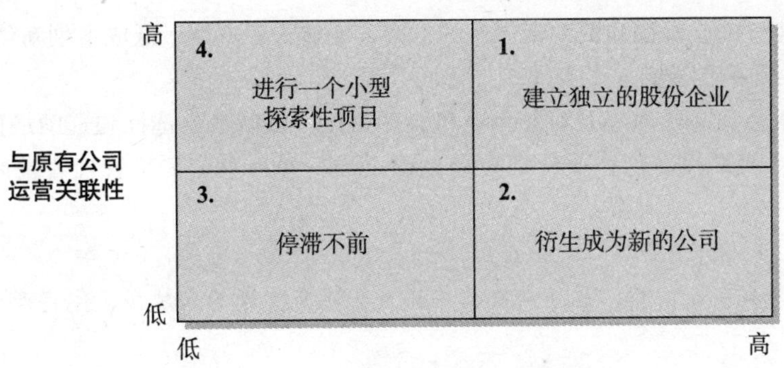

图8—3 新创业机会的4种类型和每种类型最合适的创业型企业形式

具有低战略重要性和低运营关联性特点的创业机遇（象限 3）则需要在战略重要性变得清楚以后，才能继续进行该项目或继续进行一项基础的项目。

具有高战略重要性和低运营关联性特点的创业机遇适合衍生新公司这种形式（象限 2）。衍生新公司是指在现有公司内部创建并作为独立公司运营的机构。

母公司为衍生新公司提供一些资源和发展技能，并使其独立发展。通常母公司只保留对衍生公司的少数控股权。具有高运营关联性和低战略重要性特点的创业机遇则能够很好的适合于较保守的探索性项目。

思科系统公司创建了一家制造交换设备的衍生公司：Andiamo 系统公司（Andiamo Systems）。思科公司为 Andiamo 提供 4 200 万美元的贷款，并承诺提供多达 14 200 万美元的额外贷款。思科公司拥有 Andiamo 公司 44% 的股权。在 2004 年，思科公司以相当于本公司 7.5 亿美元的股权价值从持有股权的员工手中收购了剩余的 65% 的股份。

为了有效的创建衍生公司或新的内部股份制创业型企业，需要有一位母公司的倡导者领导创业。这位倡导者通常是母公司中致力于创业或提供相关支持和资源的主管人员或领导人员，在母公司出现异常情况时，能够对创业提供保护。支持者能够帮助、描绘及保卫新企业，并确保必需的资源。支持者表达对股份制创业型企业的信心，在遇到困难时继续坚持，并吸收合适的人才。如图 8—4 所示，支持者能够确保资源传递过程的完成。

图8—4 资源输送过程和促进者

股份制创业型企业的管理方法不同于传统的公司内部研究与开发部门。股份制创业型企业会面对更多的风险，而且不会如传统的公司产品开发那样受到内部成本的严格管理。事实上，避免创业投资遭受这些控制也是公司新创企业和衍生公司通常把公司建立在母公司之外的原因之一。

此外，在股份制创业型企业中，与完全的创业资本投入相比，回报则部分是经济上的，部分是策略上的。而对投资者而言，预期经济回报才是最重要的。股份制创业型企业应该遵循创业资本的最佳模式，但是经济和策略回报的双重目标也应该以一种不会牵涉创业投资家的方式达到平衡。

大型公司通过确立发掘和资助新创意的方案，能够为根本性、低成本创新创造发展空间。股份制创业型企业的创建有 3 个条件。

首先，在全公司范围内展开对新创业机会的讨论，然后确立选择和资助最优秀创意的方案；最后，保持预算在新创企业计划控制范围之内，并且避免传统管理者控制新创企业的财政。

- ◆ 增加创新的源泉：新的想法往往从交谈中迸发。参与交谈的人越多，你将产生的想法越有价值。
- ◆ 建立收集和评估想法的流程：建立一个论坛，对各种提议进行评估，对最有价值的想法提供资助。
- ◆ 不要让保守的主管掌握财政：许多主管们都在保护他们自己的部门，而不愿意拿出少量的资源在新想法上冒险。

公司企业家可以通过影响企业成员对集体利益性质的认识，以使自己的创业思想得到接受。为了使创业的倡议得到认可，并融入到公司的发展策略中去，对创业思想的信念必须与公司的集体目标联系起来。大多数大公司都会乐意于将新创企业的活动与现有核心业务相隔离，这样就能够保证新创企业关注发掘新的机遇，并易于积聚和整合所需的功能和资源。

表 8—7 显示了母公司及其新创公司都要实现的企业经营要素。一般而言，母公司拥有完备的资产、收益、奖赏机制及管理实践，能够促进发展、维护公正，能够促进有序发展政策方针的确立。而股份制创业型企业则需要利用资金来奖励创业行为及灵活创业，以创造新的收入来源；此外，股份制创业型企业也会尽量吸引母公司中最有能力的人。使新创公司与母公司相分离，有利于增强新创企业的灵活性，使其能够迅速抓住新的机遇。

表 8—7　母公司及其新创公司要实现的企业经营要素

要素	母公司	股份制企业
资产	保护和使用	投资经营
收益和增长	现有收益流动增长	创造新的收益流
管理	按照政策和流程	灵活地决策
回报	保持公平和公正	奖励企业家和优秀员工
人才和知识	保护人才和知识	吸收优秀人才，向创业型企业输送知识

许多公司会采用组合投资策略，拥有几家不同企业新创公司的控股权，这些新创公司都是作为母公司的子机构或分拆公司存在的。这些公司也会采用一种基于商业计划发展和股份制创业型企业的开发方式。创建一个股份制企业有 5 个步骤。

- ◆ 发现和甄别机遇，设想美好的前景。指派一名倡导者和一个创业团队。
- ◆ 改进创业想法，研究其可行性。准备创业想法和美好前景的展示，起草商业计划书概要以不断回顾，并获取支持。
- ◆ 准备详细的创业计划书，制订创业领导人。
- ◆ 选择股份制企业的合适形式：内部创业单元、独立企业、附属企业或内部计划。
- ◆ 利用母公司提供的人才、资源和资本，建立起股份企业。

在这个创建过程中的每一个阶段，母公司都必须评估出最优的下一步。第一步确定创业倡导人和创业团队，股份制创业型企业也随之成型。第二步则包括扩展最初的创业设想报告书及列出企业计划要素。下一个步骤则是完善一份综合性的商业计划。步骤四则关注于根据母公司的远期发展目标，选择股份制创业型企业的最佳组织形式。在最后的第五步中，由于从母公司获取了所需的资源、人才及功能，就可以开始创建股份制创业型企业。

对合适创业形式的挑选（步骤四）应该尽量与母公司的需求和发展策略相符合。例如，美国明尼苏达矿务及制造业公司（3M）惯常的做法是合并公司现有或新部门中的股份制创业型企业公司。相反，邦诺书店（Barnes and Noble）在考虑创立网络业务时，决定拆分出一个新的公司，进军股票市场。

创业案例

兰德马克的气象频道

兰德马克通信公司（Landmark Communications）在 1981 年创立了一家内部新业务公司：气象频道（Weather Channel）。由于受到兰德马克公司的大力支持，气象频道成为人们获取天气信息的重要来源之一。在兰德马克公司提供人力、知识、资源及功能支持的帮助下，通过与有线电视运营商的几次合作，气象频道实现了飞速发展。到 1996 年，气象频道也开展了网上业务。气象频道的成功取决于兰德马克公司对其重要资源的投资。由于具备兰德马克公司的资金和企业功能支持，气象频道最终从人们广泛的怀疑中胜出，获得了成功。

现有公司通常具备开发一种市场环境，把创意转化为在经济角度上可以生产和市场化，并把产品销售给消费者的能力。创业型企业家能够迅速有效的开发新技术，并做出把技术可能性转化成满足消费者需求的产品的创造性飞跃。效率高的公司具备能够胜任这些工作的人才，有能力完成这些任务。

许多创新则是由一些开拓性的公司推出，市场会开始一个学习阶段。现有公司能够发觉这些创新，并快速的加入创新商业化阶段，利用自身能力生产、销售和支持新产品。

创业案例

礼来药品成功的衍生公司

20 世纪 90 年代早期，药品行业巨头礼来药品公司（Eli Lilly）创建了一系列着眼于医疗设备的内部业务单元。到 1994 年，礼来公司在医疗设备领域创建了 4 家关于心脏和血管问题的内部业务单元。到 1994 年 9 月，礼来公司把这些内部业务单元合并成为一家新公司——佳腾公司，并完成了其普通股的初次公开发售。到 1995 年 9 月，礼来公司出售了佳腾公司的所有权，佳腾公司实现了独立。佳腾公司起源于公司内部业务单元，并最终成为独立的领先企业。到 2006 年，佳腾公司的年收入接近 40 亿美元，被波士顿科学公司（Boston Scientific）以 270 亿美元的价格收购。

市场的生命周期，例如电话行业，可以通过图 8—5 来描述。第 1 阶段是突破性技术的引入，如贝尔的电话等；第 2 阶段则是发掘和开发关键性应用；随后该项产品的主导性设计出现，市场开始增长（第 3 阶段）；第 4 阶段中随着产品使用范围的扩展，出现了工序创新；在第 5 阶段中，当市场环境成熟后，就会进行实验性创新；之后在成熟期，客户关系进程有所改善；在衰退阶段中，会产生商业模式的创新（第 7 阶段）；最后，结构性创新则利用了行业关系的破裂。表 8—8 总结了这 8 种创新类型。为了振兴现有企业，企业领导要根据行业的生命周期选择进行合理创新。

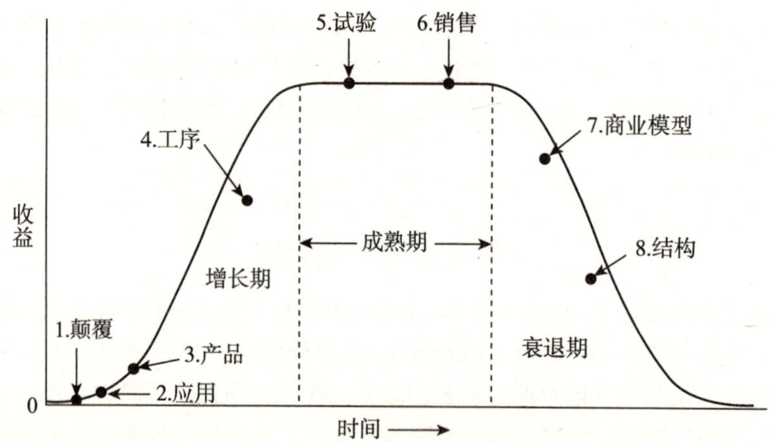

图8—5　创新的 8 种类型和市场的生命周期

表 8—8　市场生命周期各个阶段对应的 8 种创新类型

创新类型	市场生命周期阶段	描述
1. 突破性	萌芽时期	技术上断断续续的发展
2. 应用性	早期	技术应用产生新的市场—杀手级应用
3. 产品性	增长阶段	改良性能，出现主导性设计
4. 工序性	增长后期	更高效、实际的生产工序
5. 实验性	成熟阶段	改善用户体验
6. 市场性	成熟阶段	改善营销关系
7. 商业模式	衰退阶段	重新构造价值定位或价值链
8. 结构性	衰退阶段	应对行业的结构性变革

许多评论家认为现有企业在遭遇根本性技术革新时会走向衰退。然而这种趋势并不是共性，也并不是不可避免的。通过精心的准备和组织，现有企业也能够有效地应对技术创新。曾经成功地化解危机、创立出了独立发展的分支公司并拥有核心互补性资产的企业，就拥有很大的机会能够成功地应对根本性创新的挑战。

带你踏上创业之旅

案例AgraQuest

在创办独立的创业公司 AgraQuest 之前，帕梅拉・马龙（Pamela Marrone）领导着两家创业公司的发展。1983 年获得博士学位以后，她加入到圣路易斯市孟山都农业技术公司，为公司开发新的业务。她所在的部门是一个独立的研发项目，从属于孟山都农业经济组织的一个现有部门。她向一位部门领导汇报工作，并对所在部门创业决策拥有一定的发言权。

1990 年，马龙加入诺和诺德公司，这是丹麦一家世界领先的生物公司，致力于开创被称为 Entotech 的全资子公司。由于加州大学戴维斯分校在昆虫学领域所做出的重要研究，诺和诺德和马龙就把创业公司的地址选在加利福尼亚州的戴维斯。她招募科学家和公司员工，到 1995 年，已经拥有 50 名员工。马龙热衷于 Entotech 的日常管理，但却被要求每月都要回到丹麦汇报工作计划和进度。到 1995 年，诺和诺德做出决定，由于 Entotech 与公司的核心业务不符，于是把该创业公司出售给雅培制药公司（Abbott Labs）。

与其跟她的部门一起加入雅培公司，马龙决定不如独立创业，于是，她成立了 AgraQuest 公司。她早期从 1983 年至 1995 年间的经历对她独立创业起到了很大的促进作用。在寻求独立创业的同时，她也寻求创建一家能够对世界农业发展做出贡献的自然农药公司的机会。通常，创业型企业家会发现，现有公司的种种控制和限制给创业公司带来了严重负担，这并不能通过从母公司获得可用的资源来弥补。许多探索自己事业发展道路的企业家发现，做出艰难但重要的决定对自立是很有必要的，而且要通过独立创业，才能够在商业界开辟出独立的发展道路。

纸上练兵

1. 报纸业正处在一个衰退的阶段。一种选择是引入根本性创新（见图 8—5）。考虑到电子报纸采用可重写性显示屏的发展前景，或者考虑重组整个行业的潜在可能性（见图 8—5）报纸行业下一步的最优选择是什么?

2. 格雷•所罗门买断了一项发明权，他以制作商业图标的新技术为基础，开始发展自己的事业。FASTSIGNS 成立于 1985 年，是一家为图标制作商店提供特许经营的特许授权公司（参考 www.fastsigns.com）——在用计算机设计出图标以后，用一种绘图仪设备裁剪出图样，然后把图样转移到衬纸上。考察 FASTSIGNS 授权专营对特许经营人和特许权授予人的益处。如果可能的话，访问 FASTSIGNS 的 500 家特许经营店之一，询问特许经营人关于特许经营模式的看法。

3. 斯坦福大学的社会企业家创业课程（ses.stanford.edu）与非营利的“点燃世界基金会”（www.lightuptheworld.org）建立了合作关系，致力于为墨西哥、中国及印度等发展中国家的人民提供安全实惠的照明工具。学校工程学及商学专业的学生致力于设计适合于农民使用的照明灯。与一个国际非营利组织合作，为你们学校制订一个社会创业项目的简单计划。

4. 2000 年，哈佛大学的三名毕业生创立了一个名为“新领袖”（New Leaders，NLNS）的非营利项目——这个项目招募、训练、委任及援助美国郊区的中学校长。这三名创始人是在哈佛报名参加社会部门的企业家课程时相遇的。判断的 NLNS 项目的任务宗旨，并描述这个项目取得的成就。

5. 微波存取全球互通（Worldwide Interoperability for Microwave Access，WiMAX）是一种新兴的无线宽带技术，具有为所有国家发展高速因特网的应用前景。因特尔投资事业部（Intel Capital）大力推广这项技术，并进行创业风险资金投资。

列举三家获得因特尔创业投资的 WiMAX 技术公司。更广泛的说，因特尔投资事业部共对 WiMAX 技术投入了多少钱？为什么因特尔公司会对 WiMAX 技术下如此重要的赌注？为什么因特尔一定能够从 WiMAX 技术的成功中获利呢？

创业挑战

1. 参照表 8—1，描述你所在创业团队所选择的具体创业类型。

2. 假设你采用股份制创业型企业的方式，通过表 8—6 描述这种创业类型的优缺点。

Technology Ventures

第9章 利用知识资产创立新企业

导读

知识就是力量，知识的创造和管理产生了新的应用、市场和产品。明智且高效地与一个科技型企业分享和管理知识，有助于富有竞争实力和创新力的技术的产生。一个新的创业型企业会设法创建一个健全的知识管理系统以支持一个学习型组织。

原型是指一种产品或服务的模型，通过向客户展示、使客户观察并试用原型可以帮助新企业了解产品的正确形式和功能。此外，基于具体行动的方案可以用来检验未来可能的结果。

“创业的20条军规 9”

知识的获取、共享和使用是企业家建立学习型组织的有力工具，可以使其设计出创新性产品，并迅速走向成熟。

创业故事

Technology Ventures

婴儿尿布的改进

婴儿尿布是可用性极高的简易产品。尿布看起来就是在里面裹着一团棉花的纸质内裤——复合膜做的衬里使衣物保持干燥，尿布中的小孔能够让空气进入但是却小到足以防止水分流出。尿布的主要特点就在于它的简单，这种简单正是基于尿布中有吸收性的聚合物材料。尿布的设计正在向更小尺寸、更大容量的方向发展。这是一个用来说明科技（吸收性聚合物）使一个基础零售公司成功的最好例子。完美的设计会利用改进过的设计使公司或产品走向成功，比如宝洁公司以及它的产品 Huggies 一次性尿布。

知识就是力量，对原因的无知会导致悲哀的结局。

——弗兰西斯·培根

知识，创新和变化的源泉

资产就是企业控制着或者能够接触到的，会给企业带来利益前景的潜在来源。第1章里已经提过，知识是财富的可能来源，是一种资产。对知识的创新和管理会使企业研发出更加新颖的应用和产品，从而创造出财富。**知识**就是对信息的认知与拥有，是事实、理念、真理以及某一专业领域内的原理法则。**智力资本**是对一个公司知识资产的概括。这些知识资产包括企业内部个人的知识、管理过程的效力、以及顾客与供应商的关系效力，也包括在企业内部人员之间共享的科技知识。智力资本可以被看做是最佳实践、最新理念、协作、洞察力以及过程突破。因此，正如第1章中提到过的，公司的智力资本（IC）是人力资本（HC）、组织资本（OC）、以及关系资本（RC）的总和。

在新产品发行过程中，知识的创新和利用是新产品研发过程的核心。实际上，整个新产品的研发过程可以看做是一个在产品中体现新知识的过程。

极少数资产能够在企业人群中因分享而增值，而知识就是这样一种资产。一个新企业的明智之举是努力获取、存储、管理并在整个组织中分享它的知识资产。智力资本是一种被形式化了的、经过存储和平衡后来生产具有较大价值成果的知识，例如，一个自动提款机体现了完成大部分银行交易所必须的所有知识。

在一个企业中，知识的创新和分享可以见图9—1。商业知识的价值在于应用而非拥有；知识的价值只有在分享中才能增值。一个企业的四项知识活动中的第一项就是利用现有知识解

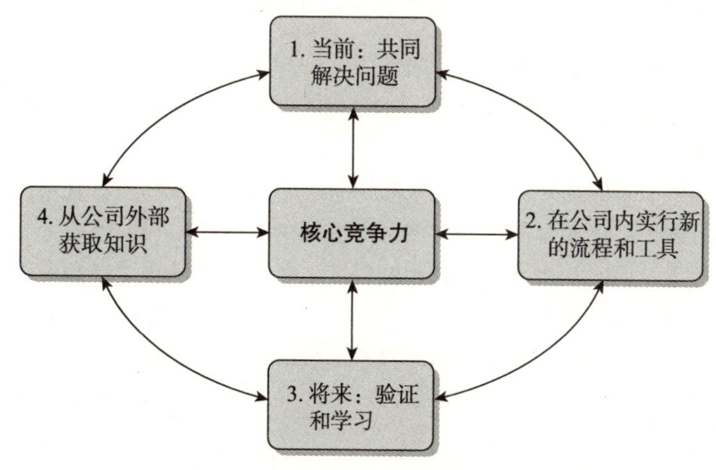

图9—1 一个公司知识的创新与分享活动

决协作问题；第二项便是在公司内实现新过程和新工具的应用；第三项是要不断地进行实验和学习以便建立知识库；最后一项是从公司外部获取知识。

不断地创新和分享知识能使一个企业更好地将知识融入到它的生产过程和管理系统中，也能够增强其员工的技术水平和能力。知识只有在实践和运用中才能体现出它的价值。一个新企业的战略性策略与智力资本和能力是分不开的。因此，假如一个公司的一项业务需要某些特定的知识，而这些知识又暂不可得，那么我们可以说这个公司有知识缺口。获取知识来填补这个缺口对于公司将来的成功至关重要。

一个公司的知识主要有以下几种形式：（1）认知性的知识；（2）技术知识；（3）系统理解知识；（4）创造性知识；（5）直觉知识。前三种知识形式是可以以文字形式出现并存储起来的，后两种知识形式属于人们经过训练而拥有的智力知识，不能轻易以文字形式来规定。

知识是可以被“前置”的，这种前置包括了对自然现象的信仰，例如对于物质、波以及大自然性质的科学发现和实际洞察。规定性的知识几乎全部是关于技术和方法、过程和公式的操作处理，例如如何编写一段程序。整个 20 世纪，这两种知识形式之间日渐增长的相互影响力改变着世界的经济形势。

知识可以被视为创新和变化之源泉，并最终促进行动，它也能够为公司提供创新行为和创建新企业的可能性。随着新信息流的加速，公司需要发展新的方法将这些信息转化为洞察力。对贯穿整个组织的知识的多样性应用，能够为一个新企业创造真正的财富。由专利发明、软件、营销方案和过硬的职工队伍所表现的这种知识涵盖了整个知识资产的 70% ~ 90%，而这些资产大多被像微软、安进和英特尔这样的公司掌控着。

新企业知识管理的步骤

一个新企业的成长部分依赖于企业内部拥有的知识价值的不断增长。知识管理是为了增强企业竞争优势而进行的智力知识的收集、组织和传播活动。一个新企业的知识管理有 4 个步骤。

- 角色：辨认和评估企业知识资产的作用。
- 价值：判断能够为企业创造价值的专业技术、能力和智力资本，这些价值蕴涵在产品和服务中。
- 计划：制订一项投资和开发企业智力资产的计划，并防止泄露给竞争对手。
- 改进：改进创业公司中知识资产创造和分享的过程。

第一步是辨认和评估企业知识资产的作用——知识是如何被创造，保存和共享的？第二步是判断能够为企业创造价值的专业技术、能力和智力资本。接着，要对这些知识资产的独特性和价值进行管理。

第三步制订一项投资和开发计划以从知识资产中获益。最后，企业进一步完善、发展创造和共享知识的过程。虽然知识是分享时才会增值的少数资产之一，但新企业需要谨慎决定哪些知识资产可以共享，哪些知识资产应该做好保密工作。尤其是对于以知识产权为重要资产的科技创业来说，这种保密工作更为重要。

大多数专业人员不能得到所有他们需要知道的信息。一种获取知识的途径就是将知识融入到专业人员所使用的技术当中。例如，设计一个产品的时候，所需的数据库可以将其直接与设计工具连接起来。

一个新企业的知识库应该有一部分是关于竞争对手的信息，这种信息有助于企业在面对竞争变化和挑战的时候做出快速反映。竞争情报是一种合法收集竞争对手数据信息的过程。竞争对手的情报可能包括对手的产品、服务、分布渠道的安全数据、定价策略以及其他方面。获得竞争情报的合法手段包括收集公司报告、新闻报道和行业报告，浏览竞争对手的公司网站和展销会场。

知识值得重视是因为它能告诉一个公司该做什么事情以及如何将其做得更好。对一个刚刚起步的企业来说，将知识转化为产品和服务的能力是至关重要的。知识转化为行动，即将知识嵌入到一个新科技风险投资公司的产品、生产线、生产过程以及日常活动中。被嵌入到一个公司所有活动中的知识会成为该企业的长久竞争优势，因为竞争对手很难模仿到这一点。

在学习和适应中成长

在学习、适应新挑战和机遇的过程当中，新兴企业茁壮成长。一个**学习型组织**擅于创造、获取和分享新的知识，擅于使它的生产活动和行为反映新知识和洞察力。一个科技风险投资公司会在它的企业人群中创造、获取并分享知识，企业组织便能根据这种新知识来适应自己的活动和行为。学习型组织比较擅长 5 种活动：**系统性的解决问题、实验新方法、从自己的经验和历史中学习、从其他组织的经历和最佳的实践活动中学习，以及在整个组织中快速高效地传播知识**。学习型组织积极进取、富于想象力、参与性强，它们会努力去塑造自己的将来，而不是单纯地应对外力；一个学习型企业会让自己适应学习、增加机遇、勇于变化，向自己的职员灌输创新的理念；一个学习型组织用新的猜想面对未知，检验猜想并创新知识。因此，学习型组织积极创新、更新知识，并将它们用于科技风险投资公司来发展新产品和提升服务。

不能够起到一定作用的信息不是知识。知识来自能够作用于信息的一种能力，它是一种力量，这种力量给予组织能力以不断完善自己。知识的力量依赖于公司提供的支持性环境：能够克服障碍、共享知识的一种文化氛围。健全的激励机制可以促进员工之间互相合作、共享知识，使得企业在知识资产管理上获得成功。知识管理有如下几个益处：**通过鼓励思想自由流动促进了改革创新，挽留了更多的优秀员工，使公司具有真正的竞争优势，并且帮助其降低成本**。

创业型企业的决策是企业处理知识的能力和学习能力的结果。 当企业家对回报不确定的经济活动进行选择时，知识就是在从具体实践中学习获得的。一段时间后，企业家就会重复考虑那些看起来最有前途的选择而放弃将会导致失败的选择。因此，企业家精神基于一个允许企业家从成功和失败的经历中学习的过程。杰克·韦尔奇将这种学习过程描述为：

> “最终，我相信我们创造了世界上最伟大的人才工厂，拥有一个无边界的文化氛围的学习型企业。”

创业案例

西门子和知识共享网

西门子是一个全球性的企业组织，它所创建的知识共享网（ShareNet）使全球 190 个国家的 19 000 个技术专家能够互相沟通来解决问题。有这样一个例子，有一位南美工程项目经理试图找出在亚马逊雨林铺设电缆有何种程度的危险，以便决定他的工程所需要的保险类型。他在知识共享网上提出了这个问题，几个小时内就有一位在塞内加尔的项目经理回应他，因为这位经理也曾经遇到过相似的情况。因为在没有铺设电缆之前得到了正确及时的信息，南美的项目经理为公司挽回了几百万美元的保险开支。

经理人和企业家们经常扭曲关商业及其环境的设想，因为他们忙于琐碎的事情而容易一叶障目。当然，他们可以从他们的行动所产生的影响中来审视和学习，然后再修正之前所采取的方法。企业家们能够补充知识的最佳资产就是寻找和明智地利用反馈。企业家的学习过程可以分为6步，如表9—1所示。在新企业发展的每个阶段，企业家都会面临一系列需要解决的问题或者挑战。企业可以利用图9—2所列出的方法来解决问题，并从自己的成功和失败中学习。

表9—1　企业家的学习过程

步骤	问题	结果和采取的行动
1. 辨识问题与机遇	我们想改变什么？	期望的具体结果
2. 分析问题与机遇	什么是问题的关键因素？	发现问题的关键因素
3. 得到潜在解决方案	我们如何产生积极改变？	可能解决方案列表
4. 选择一种方案并制订计划	什么是最好的方法？	建立评判标准，选择最好的解决方案并制订计划实施
5. 实施选择的计划	我们如何有效地实施计划？	监督实施过程
6. 评估结果并从中学习	结果是否符合我们的预期？	核实问题是否解决并思考问题是如何解决的

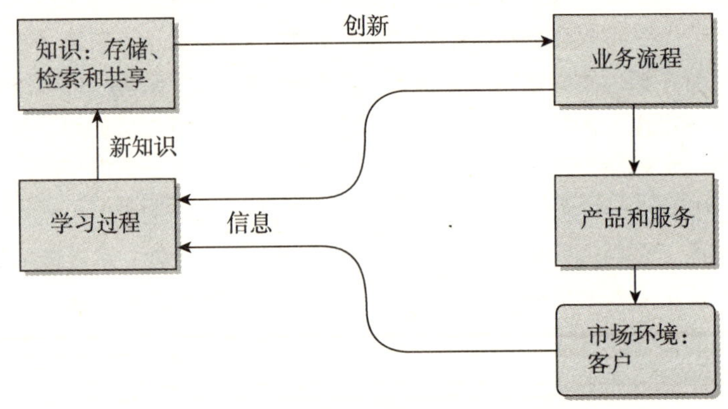

图9—2　高技术企业内的知识和学习

学习型组织把一个组织看做是一个思维系统。组织依赖于外界反馈来适应一个不断变化的世界，因此，为了学习，组织会牵涉一些诸如预测、感知、预想以及解决问题等复杂过程。对于一个要不断适应和发展的新科技投资公司来说，这种方法很重要。

过程改进项目能够提供两种类型的学习。**理论学习**是指通过使用数据和科研方法获得对因果关系的更好理解，从而发展一个理论；**实践学习**是指实践一个理论并且观察其产生的积极效果。理论学习要求知道为什么——创业团队知道为什么问题会发生；实践学习要求知道怎么做——创业团队实践一个理论，并且要知道如何应用来让它发生作用。设计出既能够进行理论学习又能够实践学习的项目将会非常有用。

要想让学习潮在一个企业里广泛兴起，那么必须要在整个企业里广泛快速传播知识。只有当创意被广泛分享而不是仅被少数人保留时，它才能发挥出最大、最佳的效果。分享的过程可以有很多种机制来实现，其中包括书面、口头、可视化报告、知识库、人事循环项目、文化教育、培训项目以及正式的、非正式的网络交流。组织需要培育一个有助于学习的环境氛围。新企业必须要努力留有学习反馈和分享时间，而且，限制知识自由流动的障碍必须被减小到最低，从而使大家能共享学习。一个新企业可以从消除学习的障碍中获益，所以要提高学习在组织中的议事日程地位。

创业案例 **一个在疾病治疗领域的学习型组织**

Neurocrine Biosciences公司建立于1992年，主要目的在于研发治疗免疫系统和中枢神经系统疾病的小分子药物。关于神经系统、内分泌系统和免疫系统之间相互作用的知识成为公司产品的支柱。几年过去了，在掌握新知识的基础上，该公司的研究重点已经转移到神经和激素失调方面。1996年5月，公司首次发行高达4千万美元的新股。该企业就是通过它的学习过程创造了强大的知识产权，并通过首次公开发行股票将这种价值转化成了经济资产。

一个管理得当的学习型企业，即便是在市场环境瞬息万变的情况下，也能够通过不断改变竞争优势而从容面对变化挑战。学习型组织能够通过临时反映或者长期适应能力来灵活地平衡和实现预算和计划，以保证不断满足变化着的市场需求。能够对变化做出灵活反映并且善于学习的组织将会取得成功。

知识被储备在文件、数据库和个人知识体系里，在图 9—2 中的学习过程中创造的知识就是能够使知识不断递增的社会过程。知识被人们分享并且融入到公司的商业事务中去，如图 9—2 所示，改革创新在公司的商业活动过程、产品和服务中进行着。公司在学习和创造新知识的同时，一场创新之潮也即将诞生，许多新的机遇也会随之而来。

创业案例 **从经验中学习**

在 20 世纪 70 年代初期，当 Cetus 成立的时候，生物技术行业才刚刚出现。当时 Cetus 是由罗纳德・凯普（Cape，生物学博士，工商管理硕士）、唐纳德・格拉泽（Donald Glaser，物理学诺贝尔奖获得者）、彼得・法利（Peter Farley，内科医师，工商管理硕士）、卡尔文・沃德（Calvin Ward，科学家）和摩西 ・Alafi（Moshe Alafi，风险资本家）组建的。作为这个行业最初的一批企业之一，并且拥有诺贝尔奖获得者作为后盾，Cetus 吸引了许多顾问委员会。不幸的是，不论是 Cetus 的员工还是顾问们都不知道一个生物公司应该是什么样的或者应该做些什么。因此，Cetus 与提供资金和任何有意愿的组织形成伙伴关系，试图生产出满足所有人需要的所有产品和服务。其结果就是 Cetus 的研究项目从健康科学到农业科学以及生产工业酒精的更好方法都有涉及。

20 世纪 80 年代初期，Cetus 意识到应该把自己的注意力集中起来，于是他将自己 70% 的研发转移到卫生保健领域。Cetus 请了专业经理人来经营公司，这样一来公司便可以直接与分析师以及媒体接触。但是很可惜的是，那时候，Cetus 已经失去了许多支持者和投资方。苦于 Cetus 的发展没有方向，同时自己又没有经验，所以几个董事会成员离开了 Cetus，组建了他们自己的生物公司。他们相信，投资者似乎也同意，更有重点的发展才能使公司走得更远。了解 Cetus 商业策略的一个人是罗伯特・史旺生（Robert Swanson），和硅谷的科莱特・帕金斯（Kleiner Perkins）一样，他也是一位年轻的风险资本家。1976 年，在 Cetus 成立仅仅 5 年后，史旺生找到贺伯特•波义耳（Herbert Boyer），商量成立一个新的生物公司。波义耳那时还是一名加利福尼亚大学的教授。史旺生想组建的新公司就是基于波义耳和斯坦福大学的教授史坦利•可汉（Stanley Cohen）所完成的一项研究。波义耳的日程表上只给史旺生安排了一次 20 分钟礼节性的对话，但事实是这 20 分钟却变成了 3 个小时的长谈——史旺生以他的热情说服了波义耳。当史旺生和波义耳离开酒吧的时候，他们已经决定成立 Genentech 基因技术公司（代表基因遗传工程技术）。

史旺生离开了科莱特•帕金斯，开始探究科学，他亲身实践并专心做起了 CEO。波义耳也开始深入参与公司的事务并且从加利福尼亚大学请了长假。史旺生和波义耳致力于建立一个区别于传统的医药公司的、有创造力的新公司。为了吸引博士后级别以上的研究人员离开学术界，他们为员工提供优先认股权，改变研发在公司中的结构比重，并模拟建立学术实验室：研究者们工作时间自由，穿着随意，也可以发表自己的研究成果。

1980 年，Genetech 公司成为第一家上市生物公司，并以每股 35 美元的价格发行了 200 万股股票。在不到半小时的交易时间内，每股达到 89 美元，并在当天以每股 70 美元的价格收盘。

Genetech 公司的公开打破了之前很多首次公开募股的纪录。直到今天，Genetech 公司仍然是一个经营良好的学习型组织。

企业长青的法宝

一个新企业的早期任务之一便是新产品的设计和开发。创业团队希望能开发出新的产品或者服务来确立它的领导地位，一个新企业需要注意的一点是企业的领导地位在开发计划的各个阶段都起着关键作用。而且，小型企业也能够将产品成功开发所必须的专门能力整合起来。

最近几年，产品的复杂多样性急剧增加。产品要求有更多的功能，因此预测产品要求的难度也就迅速增加，而且大部分市场的变化速度急速增快，从而传统的预测产品要求的方法其功效也减弱了。因此，企业家需要重新思考他们所面临的问题。不应再思考如何完善对产品要求预测能力，而应当取消力图准确的长期性预测。于是，很多产品设计者在产品开发过程中，试图保留产品特性中的灵活性。产品设计和开发项目可以说是比较灵活的，任何变化的成本都比较低。项目领导者就可以选择能使产品迅速适应变化的产品设计。不确定性是所有产品设计和研发项目所无法避免的，而且大多数企业家很难掌控这种不确定性。具有挑战性的工作是做到在计划与学习之间找到正确的平衡点。**计划能够提供纲要方向，学习则使企业更灵活，适应性增强**。对于大多数正在寻找市场的新企业来说，开放性的学习是很有必要的。

产品的设计会直接体现新产品的创意和理念。产品的设计过程就是对在产品形式和功能开发过程中所用到的人员、创意以及信息的组织和管理。从某种意义上来说，设计要在新颖的创意和已经固定下来的惯常需求之间起到中和作用。例如，托马斯•爱迪生根据既有的需要和文化，设计并描绘了电灯。最后，他终于成功开发了电灯照明系统。电灯照明系统取代了煤气灯，并被迅速接受。一种新的产品需要先进一些，但是它仍然不能丢弃那些使用者熟识的特征，这些特征有助于使用者理解和使用这项产品。设计新产品的时候，难题最终就落在了如何找到一种既能定位和描述出新的创意，又不至于让使用者觉得还是用老套的东西在做事情的方法。企业家必须在新颖性和熟悉性、冲击力与接受力之间找到平衡点。

创业案例

掌上导航：同步的突破

掌上导航的雏形是由唐娜·杜宾斯基（Donna Dubinsky）和杰夫·霍金斯（Jeff Hawkins）建立的，并且在1995年将其展示给了潜在买主。她们展示了这个泊机架，并解释说只需要轻触一个按钮，这个装置便可以和一台个人电脑相连接。这里有个关键的地方必须强调一下，在她们取得突破之前，没有任何人有过这种举动。现在看起来这也许是一项基础研究，但是那时却并没有人能够做出这样一个合乎逻辑的跳跃——这是一种个人电脑的附件而不是一台独立的个人电脑。

整个开发过程如图9—3所示。全部开发过程包括产品的设计和结构建造、物理设计和检验，iPod和宝马汽车都是富有创造性和艺术性的设计过程的结果。用户体验是一项产品的外观和它给人的感受，好的产品既能吸引人的注意，又易于操作和理解，而且，顾客想要的就是能真正有助于做好几件事情的产品。幸运的是，当创新不断累积的时候，顾客可以大量参与到产品的设计过程中。许多设计者看重产品的质量而忽视了由软性服务，例如热情、地位等。

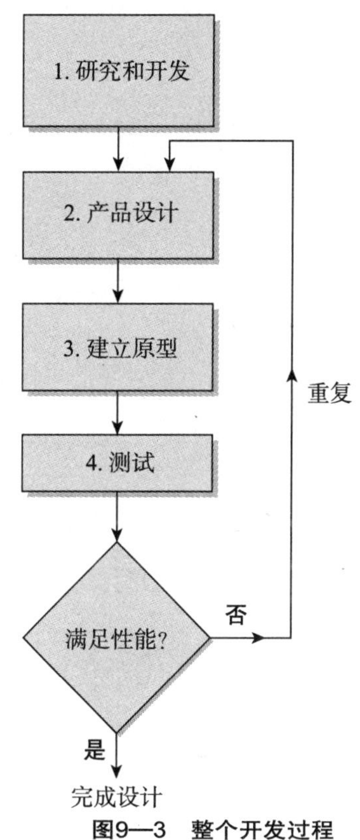

图9—3 整个开发过程

设计既包括基本需求又包括美感，然而也包含一些折中要求。一个美丽的玻璃杯必须既吸引人又实用，但即使是Maglite闪光手电筒的光束也会被光束中间的斑点所污染。

成功的产品设计和开发有5项要求。

- 高级管理人员能够保证设计过程。
- 对产品具有清晰稳定的愿景和目标。
- 即兴发挥与不断重复，设计产品原型。

◆ 开放共享信息。
◆ 团队成员的通力合作。

这 5 项要求在起步阶段是比较容易达到的，团队协作是最主要的。产品小组可能全部由起步阶段的员工组成，因此小组需要清楚的知道产品的前景并积极合作。

产品设计（图 9—3 中第二步）过程如图 9—4 所示。第一步是建立产品的目标和属性并将其表达成产品规定的性能（步骤 A）。可能的话，设计过程应该包括潜在顾客，顾客的声音能够反映出生产最好的产品所需要的洞察力。确定调整所需的组件和参数以及产品规格，产品规格就是对产品特征进行的精确描述。除此之外，所有物理和社会方面的限制都应该被确定下来。接着，建立产品配置，记录产品组件。最后，产品参数将以合理的成本尽可能符合最好的规定性能。有生命力的产品在应对产品老化退化、组件变更以及环境状况变化的时候会相对缓慢一些。稳健设计意味着缩小性能和质量上的变动，所有设计都涉及在性能、成本、物理因素以及其他限制之间取折中方案。**任何产品设计的成功或失败最终都由市场来决定。**

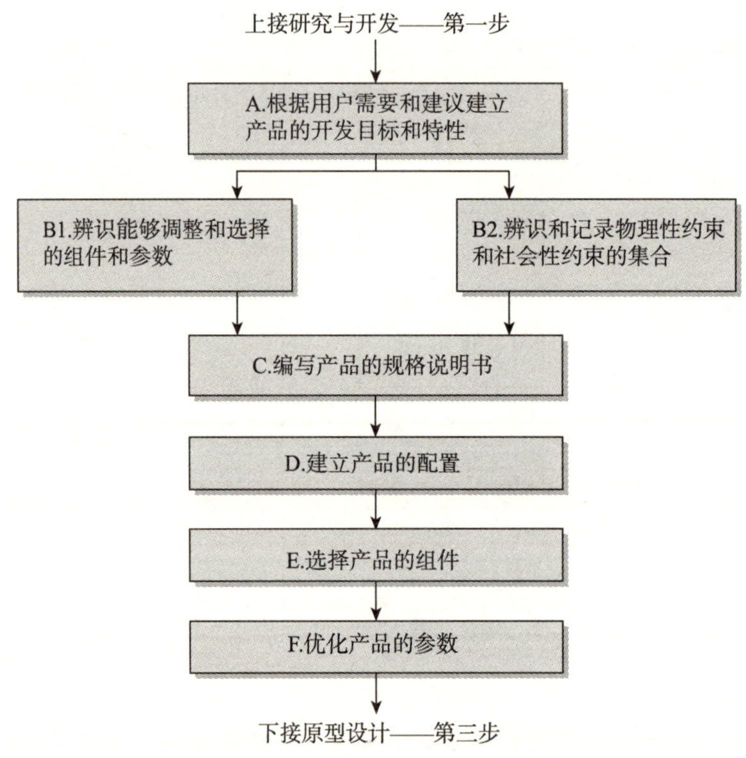

图9—4　产品设计过程（图9—3第二步）

可用性是用来衡量用户体验质量的尺度，是以下 5 种因素的结合。

◆ 易于学习：学习使用产品将要花费多少时间？
◆ 使用效率：体验之后，用户能够多快地完成使用步骤？
◆ 易于记忆：用户能够记住如何使用产品吗？
◆ 出错频率与严重性：用户使用错误的频率是多少？这些错误的严重后果如何？
◆ 用户满意程度：用户喜欢使用该产品吗？

大多数 VCR 和 DVD 播放器都是可用性较差的普通产品的例子。新产品应该能通过 5 分钟检验——5 分钟检验要求产品在快速阅读说明书之后能够被简单使用，并使用几分钟。有着良好可用性的产品是名为 Post-It 的彩色便条纸和扎格特餐饮指南（Zagat Survey Guides）。

在一种特定的体系结构里，许多系统设计都会使用模块组合。组件就是一个独立的、可互换的单元体，它能够和其他单元组合形成一个更大的系统。在模块设计中，改变其中的一个组件对其他组件或者整个系统的功能几乎没有影响。iPod 就是这样一个例子。苹果公司的工程师们最初设计 iPod 的时候正是考虑到了各种不同的标准、可互换组件以及模块。使用独立模块的设计方法可以使产品设计具有更大的可预知性。当然，模块设计中所固有的可预知性也增加了开发类似产品的机会。

实际上，大部分产品都会包含相互之间有一定依赖性的组件。例如，一辆汽车有轮子、发动机、车身和驾驶盘等互相依赖的部件组成。产品若由中等依赖性的组件制成，那么对于竞争者来说可能更难模仿。这种产品可能比完全由基于独立组件而设计成的产品性能更好。

设计者努力创造新产品，使其独特新颖——有足够的吸引力不至于跟现有产品过于相似，以便于打入市场。许多新的设计来自于改变组件、特性或者通过整合策略来创造新产品。设计者们一直在寻找既有产品中还有什么是可以重新组合、去除或者以一种新的方式来重复的。

随着时间的推移，一组产品中的主导设计赢得了市场的青睐。**主导设计**是在一组产品中确立了优势地位的一个单独的设计构造。能和 IBM 兼容的个人电脑就是一个例子，因为这种主导设计在市场上占有很大的优越性。最终，主导设计就嵌入到与其他系统的连接物中。家用录像系统（VHS）就是在和 Beta①的大尺寸磁带录像系统（Betamax）的竞争中成为主导设计的。

产品平台由一系列组件和界面构成。这些模型和界面能够形成一个普通的设计构造，通过这些设计构造一连串的衍生产品就能够得到有效的开发和生产。例如宝洁（日用及精细化工）推出的液体汰渍系列产品就是整套汰渍产品的平台。公司以建立能够满足核心客户群需要的新产品平台为目标，但是在设计的时候，应当使产品能够随时通过增加附属物，进行部件替代或者去除某些装置等变成其衍生产品。精心设计的平台会使产品自然换代，这样既不会丢失顾客群，也不会毁坏销售渠道。惠普被广泛用于各种打印机的电子设备和软件就是这方面的典型例子。

为产品创造出原型

只要有可能，一个新企业都应该为自己的产品创造出原型。**产品原型**就是产品或服务的一个实在模型。这种模型具有准备生产的产品的本质特征，但是仍然有待于改进，它可以用于确定和测试市场对产品的要求。原型是不完全模型，创业团队可以用此来探出设计者、使用者及其他人对产品的评价，借此了解更多关于产品的信息。原型可以是图片、素描、实体模型或者图表等可供共同研究的形式。原型能够为领导革新的人搭建交流平台。对于许多新企业来说，在小范围里测试模型是比较常见的方法。

计算机软件行业经常使用的原型叫做测试版软件，测试版软件可以从率先使用的顾客那里得到反馈。微软当时把 Windows95 操作系统测试版软件发给了 400 000 位潜在顾客。原型可以是实体的、数码的、图片的或者是几种媒介的组合。创新性的原型能够促成创新性的交流和反馈，自然也会有利于生产出更好的产品。

① 日本索尼公司开发的家用 β 式立体声录音机。——译者注

创业案例

福特：原型的力量

亨利·福特计划建造一辆不用马来拉的四轮车，但是却苦于找不到人来投资。

转机出现在福特参加的“格洛斯波因汽车比赛（Grosse Pointe）”，福特开着自己制造的小汽车参加了比赛，以压倒性的优势取得胜利。第二年，也就是1902年，他又重复了这一壮举。福特的胜利吸引了大批投资者，于是福特汽车公司便正式建立和运转起来了。

在创作一部电影或者剧本时，许多创作者都使用简图、情节串联板和录像来说明产品。电影或电视剧的创作者想要看到上演效果，然后进行协作式设计修改。图9—5所示为原型开发过程，这样过程重复两次或三次就可以做出满意的原型了。

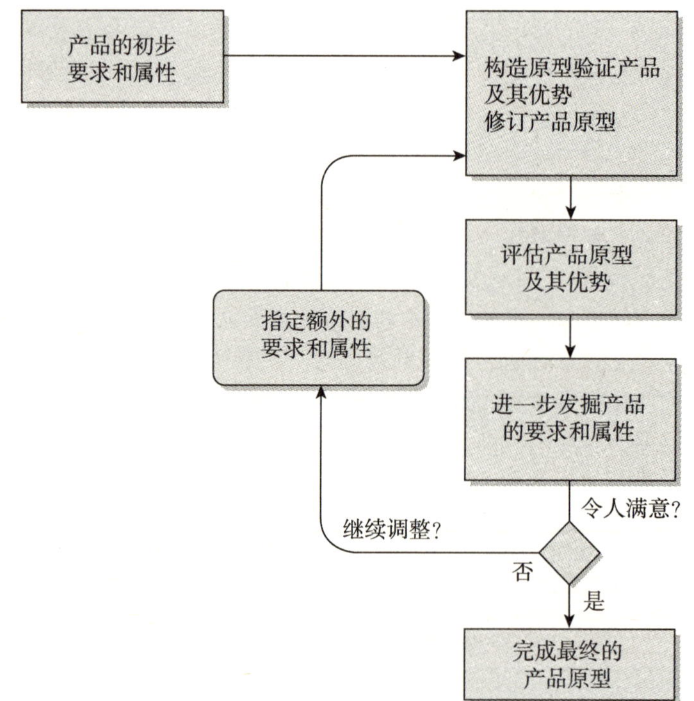

图9—5 产品原型开发过程

像计算机模拟之类的新技术能够使原型的创造加速，并且成本更低。原型速成是实用原型的快速发展，可以被用来共同检测和修改。最初的原型可能比较粗糙，因为它是用于给创业团队预览和改进产品的。观看和操作高质量的计算机图像有助于创造出革新性的产品。宝马公司利用电脑帮助工程师预览汽车设计和碰撞实验的结果。

创业案例

IDEO与设计

产品开发公司IDEO认为产品原型应该是“粗略、现成、准确”的。在和美国Gyrus ENT公司合作开发一种更好的鼻内窥镜手术工具时，艾迪欧的员工向我们说明了将模型展示给顾客的重要性。在一次讨论中，10位外科医生阐述了现有手术工具的不便之处。一位IDEO的经理拿起一个胶卷盒、一块白板和一个晾衣夹，用胶带把它们连接在一起作为一个原型。这个实体原型又将这次讨论继续向前推动，这样外科医生们能够将这个原型拿在手里调整。粗糙的原型不好看也不是最终的，所以没人会弄坏它或者修正它。创造一个简单粗陋的原型可以让顾客参与到产品的开发中，并且在手术中会很急切地采用新产品。最终，IDEO 和 Gyrus ENT 合作生产了一种手术工具，现在在美国每年会有超过 300 000 个手术使用到它。

在原型制作阶段，最好是将多个产品理念制成原型，以便在后续过程中选择这些设计中最好的。**对多个产品创意保留灵活选择权，在开发过程的后期确定最终创意，这样可以灵活应对市场需求和技术转换。**也可以创作静态的或者动态的虚拟产品原型挂在网站上，供应商、顾客及设计者都可以进行预览和测试。相对于虚拟原型所对应的实体原型来说，建造和测试前者的成本一般较低。因此设计团队若用以因特网作为研究基础，将有能力承担更多产品创意的开发。而且，基于因特网的原型允许同时测试多个创意，所以能够减少新产品的不确定性。英国萨尔泰尔的 Sinus Relief 提供的洗鼻方法能够减轻窦炎和过敏症状——一个玻璃瓶和一个吸液的装置用来给窦腔喷洒高浓度盐水来减轻症状。两位纽约内科医师在 1997 年成立了一家公司，创作了一系列产品原型供人们试用。基于这些了解，他们将改进的产品展示给其他内科医师，并最终在 2000 年将产品投放市场。公司开发的这种专利喷雾瓶获得了一项创新设计奖。

对于革新者来说，产品原型是一种可以让市场在了解新科技的同时，也让创新者了解到市场上在自己的应用领域内这种科技到底有多大价值。长久以来，人们一直想象，在某些情况下使用机器人是非常危险的。许多机器人技术公司也曾试图创造能够成功进入灾区或者其他危险环境作业的机器人，但是都失败了。

创业案例 **会爬楼梯的机器人**

1997 年，艾罗巴特公司（iRobot）演示了 Urbie 机器人原型，这是第一批可以在市场上买到的会爬楼梯的机器人。这个原型向市场展示了艾罗巴特公司的产品克服了许多同时期机器人的基本性限制问题。到 2004 年，艾罗巴特公司的收益超过 9 千万美元，其产品在 7 000 多个零售营业点均有销售。Urbie 机器人被人们用来勘查撞毁后的世贸大厦以及被军队用来探测对战士来说极度危险的环境。Urbie 中的消费者版机器人——罗姆巴（Roomba）销售量达百万之多。罗姆巴所使用的技术和 Urbie 类似，它被用来帮助人们扫地和拖地。

许多公司以产品的早期版本打入潜在市场，从测试中学习然后进入更深层的研究，并在这个过程中开发新产品。这些公司都进行过一系列的市场调查实验，它们把产品原型介绍到各个细分市场。最初的产品设计绝不是开发过程中最好的产品，而仅仅是第一步而已，在此之后的学习过程和随后拥有更多信息的阶段都比第一阶段更重要。

用方案计划未来

在发展自己的策略的时候，任何新企业都能从创建的一套方案中获益，它们创建这些方案来应对复杂的、变幻莫测的挑战。**方案**是人们对可能事件或结果的设想程序，有时也叫心理模型。少数基于行业背景的方案和相关事件的可能程序都会帮助策划者更好的计划未来。每个方案都会展示在各种设想下，纷繁复杂的因素将会怎样相互作用；方案也对未来进行了生动细致的描绘。方案规划的目标不是要预测将会发生什么，而在于开阔思想、加快反应，养成一种质疑传统观点的习惯。正如史蒂芬•柯维（Stephen Covey）和 A.R 美林（A.R.Merrill）所说：**“预测未来最好的方式就是创造未来。”**

通过两步程序，方案可以达到学习的目的：构造一个方案，然后利用方案的内容进行学习。一个方案中最主要的元素如图 9—6 所示。方案是基于推进力量和计划合理性的阐述，试图解决一些关键性的问题。构思的成果有助于理解和做出有用的决策。本质上，方案就是未来企业可能的样子，它不是关于未来的预测，而是一种可能的结果。任何组织创建 4~5 份方案，都将有助于描述公司所面临的核心问题可能产生的潜在结果。

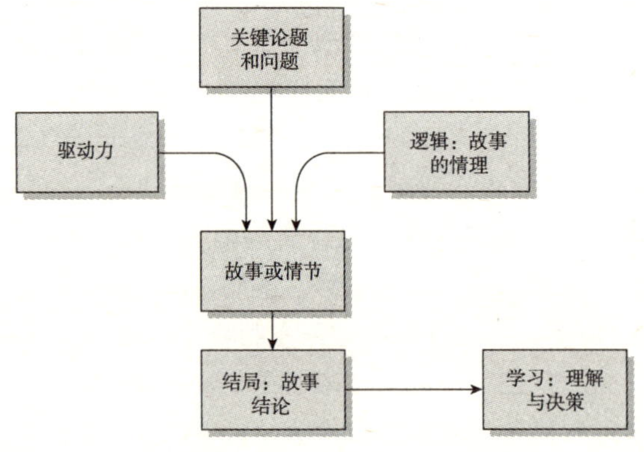

图9—6　一个方案中的元素

企业家经常会衡量一项新的科学技术究竟是否彻底，并且是否对市场有深刻的影响，而一份方案就帮助他们明确这项新科技的影响以及时间框架。

图 9—7 展示了推动电动车销量增长的方案大纲。这份电动车方案的结构有助于建立几套

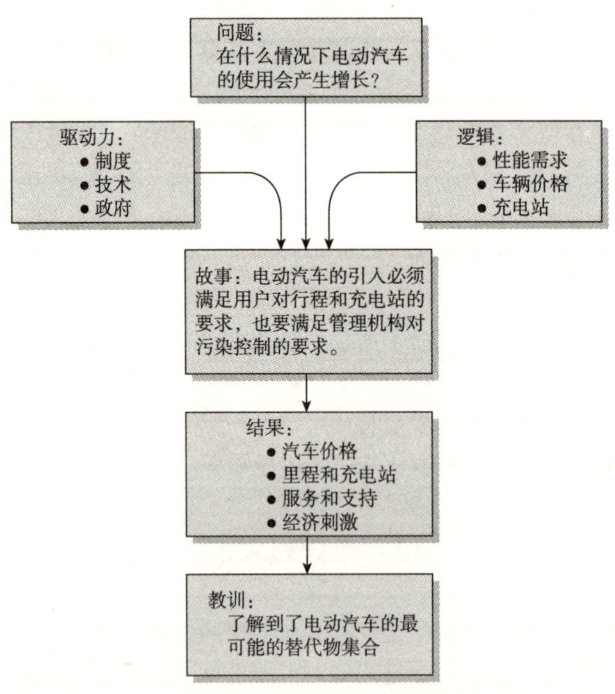

图9—7　电动汽车的方案元素

可行方案来了解企业在这一市场中的机遇，但方案有时候也可能成为幻影。2001 年，未来学家乔治·吉尔德（George Gilder）和其他一些人为未来的电信通信创作了一份方案，但是方案却不合时，并且过于浮夸，这种如涅槃般美丽的方案忽略了许多常规问题。

带你踏上创业之旅

案例AgraQuest

1995年，帕梅拉·马龙（Pamela Marrone）和之前的两位行政主管—杜安·尤因（Duane Ewing）和布鲁斯·霍姆（Bruce Holm）以及之前任职于Entotech的三位科学家一起在位于加利福尼亚达维斯的一个小实验室里创办了AgraQuest，当时实验室里只有价值35 000美元的旧装置和设备。到了2003年，公司的雇员数已经增长到50名，其中包括19名科学家。

为了制药而寻求新的天然物拥有悠久的历史，例如，青霉素和链霉素就是天然产生的抗生素，然而很少有人去寻求新的天然产物杀虫剂。与已知的数以万计的制药天然产物相比，只有大约200种杀虫剂或是杀螨剂、30种除草剂和少于10种杀线虫的天然产物是已知的。一些天然产物已经成为面向市场的杀虫剂。AgraQuest已经发掘了世界上微生物的巨大差异性以发现和出售新的、有利于保护环境同时又具有化学杀虫剂功效的天然产物。AgraQuest是第一批持续地投资于天然产物杀虫剂行业的公司之一。

由于其独特的微生物群和专业的技术，与其他公司相比，AgraQuest能够利用较少的资源获得更多的杀虫剂天然产物。AgraQuest懂得如何组织和管理同一个工作团队中的科学家以激励新成员。

与其他小型公司一样，AgraQuest能够迅速地分享和管理本公司创造的知识，另外，公司还及时申请了新产品的许可证以投入生产。2002年，AgraQuest从蒙大拿州立大学的加里·史特博（Gary Strobel）得到黄鳝M.albus的许可。若能够得到充分开发，这一产品将有利于致病菌类植物的控制。AgraQuest使用一个计算机系统对10种疾病的数据以及与其相关的20 000种微生物的筛选结果进行管理，这一数据库对19位科学家以及公司的行政主管公开。

1998年，AgraQuest创造了其第一个产品原型——Laginex（生物性杀蚊类幼虫制剂），用于杀死蚊子幼虫。该产品在蚊虫控制领域引起了人们广泛的兴趣，并在多个场所进行了充分测试。这一产品的保质期较短，所以其替代产品的研究仍在继续。

到了2002年，经过三年的开发、测试和政府审议，Serenade得到美国环境保护署和加利福尼亚环保部门的许可注册，并于一个月后开始进行商业销售。Serenade是一种有利于环境保护的杀菌剂，用于防治葡萄、蔬菜、坚果和啤酒花的疾病。

为了满足美国环境保护署的规章制度和要求，AgraQuest必须准确地保留测试结果和来自实验室的毒性报告，所有这些都要供EPA审议。

纸上练兵

1.美国Capstone turbine是一家微型燃气轮机开发、装配和供应公司。它的主要客户在于动力设备生产和混合动力汽车市场（见www.capstoneturbine.com），请根据图9—5的格式，为Capstone公司未来5年的发展设计一套方案。

2.一家公司打算设计并销售一种用于车辆的燃料电池，并且已经得到美国能源部100万美元的专用拨款，在研究和开发过程中还可以自由的利用已有的知识产权。请准备一份知识管理计划使得该公司可以申请专利。

3.宝马迷你库伯汽车是对在20世纪60年代享受高度评价的迷你车的重新设计。这一设计是否为年轻人提供了极具吸引力的产品呢？它能成功地成为最受欢迎的汽车吗？

4.考虑到CD珠宝盒的易碎铰链、脆弱的开启机制以及不易打开的玻璃纸包装，请为CD和DVD重新设计一种存储盒。

5.自动售货机就像是无人看管的商店。对新机器来说，分发所需物品的可靠性是必要的，研究表明，人们喜欢那种接受借记卡或信用卡并且能够显示出商品的玻璃面机器。

创业挑战

1.请描述将会在你的企业中用到的管理知识和学习的方法。

2.讨论你的产品的稳健性和可用性。

3.请制订计划为你的产品开发原型。

第10章
让法律为企业护航

导读

创业所采取的法律形态应该符合创业家、消费者及投资者三方的需要。对于大多数高速发展企业，常规的C-型公司（C-corporation）是最合适的形式，然而，对于许多新兴组织，其他法律形态可能会比较合适。以下是法律事务的10种错误。

- 未能获得法律援助。
- 没有签署保密协定而泄露知识产权。
- 耽搁法律问题的处理。
- 受雇于潜在竞争对手时创立企业。
- 延误知识产权管理流程。
- 在商业计划书中过分许诺和夸大权利。
- 没有制订退休权益条款而发行创建人股份。
- 未能在创业过程早期注册公司名称和标志。
- 未能实现早期融合。
- 未能制订保密及非竞争性协议。

“科技创业的20条军规 10”

合适的企业名称、标识及知识产权能够给创业型企业带来专利优势，并促使企业在市场上暂时性占据垄断地位。

创业故事

Technology Ventures

吉列刀片

推销员金·坎普·吉列（King C. Gillette）希望发明一种被使用之后就丢弃的产品，以此促进顾客的循环需求。在打磨一把耐用的直棱剃须刀时，吉列想出了一个新型剃须刀的点子，这种剃须刀是在两块金属片之间夹有一片薄双刃钢刀片并带有一个把手。尽管这项发明由于钢刀片不能够二次打磨而受到人们的质疑,但是产品从开始就取得了成功。吉列在1902年申请了专利，并在1903年开始出售产品。到1904年年底，吉列的公司已经生产了90 000件剃须刀和1 240万件钢刀片。

当上帝关上了一道门，它就会为我们敞开另一扇门；然而我们经常是怀着遗憾，久久地盯着那道已经关闭了的门，而对那扇为我们敞开着的门视而不见。

——亚历山大·格雷厄姆·贝尔

选择适当的企业法律形式

创业型企业家在创建新的企业时，必须对企业的细节要素做出关键性决策。图 10—1 阐述了创建新企业的第一阶段工作。企业对采取的法律形式、名称、商标以及其他要素的选择对其未来的成功是至关重要的。恰当的名字和商标是企业创建成功品牌的关键。索尼、英特尔、IBM 等公司都是创建著名品牌的例子。

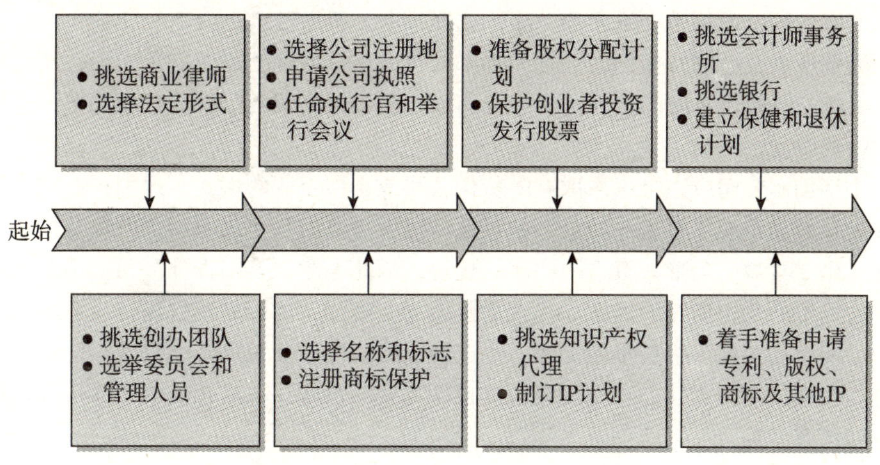

图10—1 创建新企业的第一阶段工作

企业的法律形态必须与企业家、客户及投资者的目标相符合。此外，也需要制订相应的创建和保护新企业知识产权的计划。商业机密、专利、商标以及版权的有机组合构成了一整套非常有价值的所有资产。对于许多创新型和科技创业公司而言，知识产权使其能够暂时性垄断市场。

在创建科技型企业时，创业型企业家需要选择适当的企业法律形态。创业型企业家应该选择那些能够促进新公司实现业务、税收和融资等目标的企业法律形态。对创业法律形态的选择在一定程度上取决于税法的规定。为了减少创业所要缴纳的税务，我们可以采用应税公司和过渡实体（公司）这两种形式。表 10—1 总结了应税公司和过渡实体（公司）的组成要素。公司是指与其所有人相分离的法定实体。**过渡实体**（公司）有时也可以称为传递实体（税赋转由合伙人缴纳的公司），是指把所有的损失和收益传递给企业的所有者。常规公司的利润收入是要征税的，企业所有者所得到的任何收入分配也都是应征税的，这样就导致了对所有收入分配如企业分红等的双重征税。大多数科技创业公司因为期望寻求风险资金和投资者，而选择了应税公司形式。

表 10—1　　公司的法律形式

类型	税收
1. 常规应税公司： · C-corporation	对企业利润和所有者的任何企业分配所得征税
2. 过渡实体（公司）： · 合伙经营 · 独资经营 · 小型企业公司 · 有限责任公司	所有的利润和损失由所有者承担，而不额外对企业征税

有四种主要的过渡实体（公司）形式可供选择。它们分别是：由单个所有人拥有的个人独资企业，这是最简单的形式；合伙企业；小型企业公司，对其征税类似于对合伙企业征税，并由美国国内税收法中相应的条款命名；有限责任公司。

许多过渡性创业公司选择采用有限责任公司形式，而不是合作企业或小型企业。由于这种形式只承担有限责任，因此采用这种形式来组织个人独资企业是很适合的。因此，美国国内税务局（Internal Revenue Service，IRS）自然将个人所有的有限责任公司视为个人独资企业、将具有多个所有人的公司视为合伙企业，除非选择采取公司的形式。

大多数创业型企业家及他们的代理律师都会考虑选择常规公司或有限责任公司的形式。这些创业形式都只是提供有限的责任，常规公司或有限责任公司的个人责任受到个人对公司投入的资本数量的限制。

许多小型创业公司应该考虑采取有限责任公司或小型企业的形式。这两种形式可以使最初创业的损失转嫁到企业所有人的身上，并且这些损失可以由其他来源得到的收益抵消。随着企业的发展，由于常规公司形式具有一些潜在优势，因此考虑从有限责任公司或小型企业形式转换到常规公司形式是很明智的做法。代理律师需要考虑的其他因素不仅包括企业所有者和投资者的人数，而且还包括筹措资本的需要、企业的长远目标、公司审计结算及退休保健计划等相关的问题。公司或有限责任公司的创建应该遵循相关的州法，采取相应的法律步骤，包括注册公司名称和所有者等。

个人独资企业是指有个人所有和运营的企业。这是创业的一种简单形式，但企业所有人需要为公司所有债务承担无限责任。**合作企业**是指有两名及以上企业共同所有人自愿结合的创业形式，参与企业管理的每一位成员都为企业的行为负责。但由于需要为公司所有行为都承担责任，因此这种因素也是促使大多数创业型企业家选择有限责任公司或小型企业公司形式的原因之一。

公司形式可以看做是由法律创造来运行某项业务并承担有限责任的虚拟人。企业所有者拥有的企业份额称为股份。公司的创建过程也是一种融合过程。通常，企业都会融合到创建地所在的州中去，但是一些公司也会由于法律或业务原因而融合到其他州中去。企业将会按照法律规定发行股份并建立董事会和执行委员会。公司只对外承担有限责任，是因为公司本身是一种与其所有者相分离的法“人”形式。如果公司遭遇了失败，根据法定程序，债主只向公司追讨索赔，而不是向公司所有者索要赔偿。

小型企业公司形式是按照过渡实体（公司）形式征收税务的公司形式，因此企业必须符合关于所有人和股份类型的条件要求。小型企业资格的取得需要向美国国内税务局申请，以后可能会转换到常规的C型公司（C-Corporation），而一些创业型企业家乐于选择有限责任公司的企业形式。表10—2总结了企业5种法律形态的关键要素。

表10—2 美国5种创业法律形态的关键要素

要素	独资	普通合伙	常规应税公司	小型企业公司	有限责任公司
所有人的个人责任	无限	无限	有限	有限	有限
征税	经营者的个人税形式	合伙人的个人税形式	企业利润征税和所有者分配征税	利润和损失由所有人承担	利润和损失由所有人承担
业务连续性	由经营者终止	由合伙人解散	永久	永久	不固定
成立费用	非常低	低	中等	中等	中等
融资能力	低	中等	高	中等	高

美国惠普公司最初是在1937年以合伙企业的形式成立，威廉•休利特（William Hewlett）和戴维•帕卡德（David Packard）是平等合伙人。他们的第一笔生意是在1939年向迪士尼影视公司出售了8个振荡器。1947年，惠普成立股份有限公司进一步促进公司的后续发展，并且企业所有者对外只承担有限责任。

通常，大多数创业型企业家在创业之初采取个人独资企业或合伙企业形式，但是很快就转变到有限责任公司或公司法人形式。由于经营者和合伙人面临着为公司承担无限责任的风险，在完成商业计划必须的最初阶段以后继续采用这种形式是很不明智的。由于大多数投资者希望避免在投资之外的任何责任，他们常常会更乐意投资有限责任公司或股份有限公司。

如果新企业有意筹措大量的创业启动资金，并最终使企业达到显著的规模，那么在创始阶段选择C型公司的形式则是正确的选择。C型公司对外承担有限责任，但却具有无限的发展潜力以及从其他公司吸收投资的能力，并且在对外出售公司时具有更大的灵活性。

美国国内大多数风险投资企业都聚集在加利福尼亚、纽约、内华达、特拉华等州。这是因为与其他州相比，这些州的公司法更加成熟、稳定和透明，能够减少投资者的投资风险。此外，基于风险资本家及其律师对相关公司法规定的融资程序很熟悉，交易的速度和效率就很可能大大提高。

有限责任公司形式是一种创办小型公司的理想形式。公司所有者承担有限的责任，并具有个人独资企业和合伙企业形式的税务优势。有限责任公司形式在持续经营、参与者承担的责任及税务处理方面独具优势，因而这一形式从家族内部基金吸引投资的家族企业独具吸引力。

有限责任公司形式的组织章程包括了对创立公司名称、公司有效存在期限及创立人的名字、地址等的相关规定。其经营协议类似于一系列的公司规章制度，描述了有限责任公司的经营方式。通常，有限责任公司形式具有承担有限责任和一元化集中管理的优点。公司的所有者常常被称做公司成员，所有者的所有权收益也常常被称为利息收入，这些形式对应于股东与股票结构。不同于小型企业公司形式，这种公司形式对于股东人数及股东身份没有限制，并且可以引进外资。与小型企业公司形式相同的是，有限责任公司形式通常也需要转化到常规股份有限公司形式才能够吸收风险资本和公开发行股票。

希望能够从众多专业投资商和其他投资公司吸收投资的创业者常常会选取常规的C型公司形式。这种公司形式对外只承担有限责任，并能够实现一元化集中管理体制，促进公司持久性发展。需要从风险资本家那里招募大量投资，并计划实现业务国际化的公司应该采取常规的 C 型公司形式。C 型公司有资格发行不同类型的股票，包括普通股和特别股。此外，C 型公司的投资者有权购买可转换优先股，这是风险资本投资最普通的形式。

企业名称，创建成功品牌的关键

创业公司名称的选取是很重要的。它应该易于记忆、与公司提供的产品和服务相关，并能够吸引人们的眼球。如果能把公司名称作为公司网站的域名也是很有帮助的。恰当的名称能够突现公司的特征，使公司彰显卓越，能够给人留下深刻印象。在理想情况下，公司名称能够告诉潜在客户公司产品的主要优点。许多公司都是以创办人的名字命名，如戴尔和箭牌；其他一些企业则采取创造性的公司名称，如柯达和埃里克（Exxon）；另外还有一些企业采用公司所在地名称的形式命名，如硅谷银行（Silicon Valley Bank）和阿勒格尼科技公司（Allegheny Technology）。

恰当的名称能够传递大量关于公司特色的信息。万能工匠玩具（Tinker Toys，一种儿童玩具）能够唤起我们对儿童玩耍情形的怀念。如果可能的话，一个恰当且易于记忆、拼写和发音的名称可以充当市场营销工具。

创业案例

“亚马逊”的由来

杰夫·贝索斯（Jeff Bezos，亚马逊网络购物中心的创始人）喜欢以“Cadabra”称呼自己的网络电子业务。当他的助手明智的建议“Cadabra”与“Cadaver”（尸体的意思）相近时，他果断放弃了这个名称，而选用“Amazon.com”，表达了一种庞大实体的思想，而不局限于单一产品。

一个能够直接表述公司意图的名称的典型例子是“FreshDirect”公司，它提供在线食物购买和递送服务（www.freshdirect.com）。金考公司（Kinko's，一家快印公司）采用易于记忆的名称，使消费者感觉很独特。读者可以对比一下 Kinko's 与 Speedyprint 及 Quickprint 这三个公司名称。

避免公司名称的负面含义很重要，最好在公布之前对提议的名称进行测试。美国伊特公司（Intuit）的创始人司各特·库克，Quicken 软件的制作者，在尝试之后放弃了以使用“Instinct”作为新公司的名称，因为其发音与“it stinks”（很糟糕、有臭味的意思）相似。一旦选定了名称，就需要进行广泛调查，以保证没有其他人使用过这个名称，然后就可以在相应的政府部门注册这个名称。如果预期经营范围会推广至全美国甚至国际范围，那么在美国商标注册管理局把公司名称注册为商标是很可取的。

创业案例

“思科”的由来

1984 年年底，两位斯坦福大学的工程师波萨克（Leonard Bosack）与莱娜（Sandra Lerner）最初是靠着几张信用卡的融资额度，创办了自己的公司。他们把公司命名为思科（cisco），以城市旧金山（San Francisco）名称的末尾几位字母命名。莱娜采取金门公园（Golden Gate Park）的形式设计公司标志。最终，他们决定把“cisco”的首字母大写，以“Cisco”作为公司的最终名称。

创业型企业应该首先保证对选定的公司名称具有合法的使用权，并且选定的公司名称在其他语言里不会被理解为令人尴尬或负面的东西，不会附带有不好的含义。另一个需要考虑的因素是易发音性。

近来，百胜全球餐饮集团（Tricon Global Restaurants）将其名称改换为“Yum”，易读易记，同时也很好的表达了公司经营的业务内容。一家支持 Linux 操作系统的软件公司选择“Red Hat”作为公司名称，易于记忆，并设计“红帽子”作为企业标志。其他使用生动易记的好名称的公司包括沃尔玛、英特尔、通用电气及微软等。

一旦选定了公司名称之后，创业公司就应该为公司网站和电子邮件设定一个域名地址。通常，创业公司在早期就应该考虑域名地址的可用性问题，因为域名地址的选择常常会影响到公司名称和商标的选择。如果能够以公司名称作为域名地址，则是最好的情况。用好的公司名称作为公司域名地址的公司如：谷歌（Google）、雅虎（Yahoo）等。

知识产权的无形价值

智力资产中关于创意的那部分资产，常常被称为知识财产，是应该受到合法保护的。财产常常被定义为所拥有的有价值的东西，例如土地或珠宝首饰等。此外，我们也可以将知识财产与有形财产（或称实物财产）区别开来。**知识财产**（Intellectual Property，IP）是指由公民或公司所拥有的有价值的无形财产。正如在第 9 章所讨论的，知识是指对专业领域内的信息、事实、概念、真理、方法及原理的感知和占有。这种知识属于公司的价值财产，被称为知识产权。知识产权包括商业机密、商标、版权、专利权等。表 10—3 给出了物权和知识产权之间的特征比较。

表 10—3　　实物财产与知识产权的对比

比较因子	实物财产	知识产权
多用性	由一家公司独用，而排除其他公司效仿	由一家公司使用，但并不能防止其他公司未经授权使用
有形损耗	贬值、耗尽	不会耗尽
所有权保护和实施	通常能够保护和实施所有权	保护和实施所有权可能比较困难或昂贵

由于知识和创新是竞争中获胜的关键，因此管理好知识财产对大多数公司来说都是至关重要的。对许多公司来说，智力资产是财富和竞争优势的源泉，对知识产权的保护能够保证对价值财产的占有权。例如，可口可乐公司的保密产品配方。

商业机密是指其拥有者作为机密保存的知识资产，限于不为公众所知悉、流传或者采用反技术保护措施的知识或方法。商业机密的生命期可能是无限的，可口可乐公司的配方成为商业机密已经超过一个世纪了。然而，任何未经授权的披露都有可能使得商业机密保护不起作用，比如说偷窃、机密的泄露、个人使用或者反技术保护措施等。

相对于物权来说，对知识财产法定所有权的保护和实施要难上许多。一个公司该如何说明别的公司使用或者取得它的知识产权呢？对知识产权的复制或者非法使用是很难察觉并证明的。一个人从商店里购买一本书或者一张 CD，他有权利与他人共享这些信息，但是要是复制来卖给他人是被禁止的。

当知识产权的保护遭遇困难时，就有必要制订一项战略防止盗用。

合适的策略包括不断进行创新来压倒竞争对手或者通过知识产权的授权使用来实现与竞争对手的合作；另一种策略是使该公司的知识产权与该公司控制的另一种产品互相补充使用。

《知识产权法》意在均衡两种竞争利益：知识产权人的垄断利益和社会公众利益。公众利益表现在对发明、音乐、文学和其他形式的知识表达的创造和传播；知识产权人的垄断利益表现在基于权利人在一定时间内对个人的创造性智力劳动成果的独占或垄断的权利。

当个人在公司任职期间创做出工作范围之外的新作品时，谁拥有这项作品的知识产权：公司还是个人？新思想是否是在周末构想出来的有影响吗？企业家应密切关注产权法，并在道德上对产权进行保护，从而避免任何对知识产权所有权的潜在麻烦或争端。

毫无疑问，如果一家公司计划申请一项专利或者使用一种专有性技术，那么这家公司及其雇员就不应该向其潜在投资者泄露细节。如果投资者确实要投资于这项新业务，那么公司就需要提供关于这项专有资产的更多细节。

科技创业通常需要 4~7 年打开市场并且实现盈利。一般情况下，这些新企业的基础是一项重要的知识产权，如专利。当企业家个人的知识被认为是知识产权的一个关键部分，那么这个人在几年之内都会被期望留在该公司。为了保证这一关键部分起到积极作用，签订就业协议是十分必要的。

对知识产权的保护和管理是十分重要的。分析师估计，知识产权市场年均产值达 1 000 亿美元。在 IBM 公司，专利和许可占收入的 15%。斯蒂芬 • 埃利亚斯（Stephen Elias）和 R • 史蒂姆（R.Stim）认为，对一个企业家有用的参考标准是专利、版权和商标。当然，专业的法律援助也是可取的。科技法事务所通常为新企业提供咨询而不收取佣金，直到该公司收到第一笔投资。这些律师事务所为公司提供 3 ～ 6 个月的帮助以换取小部分股权（例如 0.5% ～ 2.0%），如果这家公司取得像 EA 或者谷歌一样的成功，那么律师们将获取极大的经济收益。

商业秘密的保护与共享

保密是指一种隐瞒或将秘密隐藏而不被人知道的状态。秘密通常是只为少数人知晓并防止向外界扩散，据说只有两个人知道可口可乐公司原浆配方的秘密。在任何一家公司里，保密都是至关重要的。实施知识产权保密措施的潜在效果取决于知识产权自身的性质和使用环境。对公司所使用的配方、算法及专业技术保密是很重要的，这些秘密只能由少数人知道而且防止公开化。如果某些信息在公司内人所共知，就很难防止有人对其抄袭和模仿。

很多生产过程都能在公司内部予以保护。例如，制造集成电路的方法很容易获取，但是最佳的具体生产工艺是很复杂的，只有少数半导体公司通过严守生产方法和工艺的秘密而在竞争中占据优势地位。当然，也常常存在着这种风险：公司员工学会了生产方法和工艺后，创办公司与原公司竞争。

《商业秘密法》使得企业的对外保密工作能够实现。享受商业秘密保护的两项条件是：该信息能够给企业带来竞争优势和企业把它作为秘密保守。企业既可以私下签署保密或发明转让协议，也可以采取保险箱及限制访问等具体屏障措施来保护智力资产。一般说来，如果商业秘密被公众或竞争对手获悉，或者致力于保护商业机密的人员在此情况下并没有采取合理的保密措施，商业秘密也就失去了其保密性。

企业必须权衡保密的必要性与员工之间信息共享需求的关系。员工必须被告知他们正在涉及的公司秘密都属于公司财产，他们应该保守这些秘密。

对许多公司而言，员工对公司生产方法和流程的常规了解是公司成功的必要条件，也正是整个企业流程的有效运转为公司带来了竞争优势。星巴克集团主席霍华德 • 舒尔茨（Howard Schultz）曾写道：

我们并没有垄断世界优质咖啡的供应，并未持有碳烧咖啡的专利，也没有创造出拿铁咖啡这样的词，我们只是把咖啡这种饮料在美国推广起来了。你可以在我们附近开个浓缩咖啡吧，与我们竞争。

专利权

美国前总统亚伯拉罕•林肯把美国的专利法体系的创建称为有史以来最有影响力的三件大事之一。专利权赋予了专利发明人在保护时限内排除他人制作、使用及出售相关发明的权利。在美国，专利权的保护时限通常限定在申请备案之日起的20年内。发明的专利权常常也是指由申请备案国家所赋予的财产权。专利权既可以授予创新实用的机器、产品及工业生产工艺的发明创造，也可以授予在现有基础上进行的重大革新；既可以授予新型化合物、食物及医药产品的发明创造，也可以授予相关生产流程的发明创新，以及由基因遗传工程开发的新型动植物形态。

美国专利与商标局规定，可以申请专利的发明必须具有具体、实质性及可靠的用途。

实用专利的颁发通常用于保护新型、实用、非明显发明及充分说明的操作工序、机器及生产工艺等。实用专利的例子包括对安全剃须刀及航空旅行者普遍使用的拉杆包等的专利。

设计专利颁发给对产品外观进行的原创性、装饰性、非明显性的设计。例如，可以对计算机机箱的新型设计申请设计专利；植物专利则颁发给对某种新型的无性生殖植物变体的发现。

商业方法专利实质上是一种实用专利，涉及对工艺或方法的创造及所有。这里给出了一种测试商业方法专利性的方法，共包含4个组成部分，同样也适用于其他发明创新。商业经营的新方式必须具有实用性、新颖性——不能仅仅是在现有基础上的改头换面，以至于有经验的业内人员轻易就可以实现。在申请专利时，需要对创新完全公开，以便于专业人员能够理解。

一般说来，创造发明必须具有新颖性和有用性才可以申请专利。同时，必须在技术发展水平上实现相对重大的进步，而不仅仅是在现有基础上的简单改观——这些要求旨在减少对现有产品进行简单修改的发明的数量。然而在满足专利申请条件的前提下，专利权也常常授予对原有专利产品及工艺的改进。通常，在采用生物及化工等核心技术的行业，更容易实现成功的专利申请。

专利权通常被认为具有个人财产的性质。它可以出售、转让给他人及用作抵押，也可以从已故的发明人传给其继承人。由于专利权赋予了专利所有者排除他人制作、使用及出售相关发明的权利，因而专利所有者可以授权他人使用，并收取版税或其他形式的补偿。如果有人未经授权，擅自使用专利发明，专利所有者有权向法庭控告其侵权行为，要求其赔偿相关经济损失并阻止进一步侵权。专利权只能保护它所声明的内容，因此发明人往往试图做出尽可能多的声明，但最终受到避免违背原有专利权的限制。

专利注册过程需要提交对发明的清晰简要描述及所有权声明的申请，同时也要规定发明者声明专有权利的使用范围。此外，发明人需要对希望能够制造、使用和销售相关专利产品的每一个国家都申请专利权。

一旦获取了专利，专利所有者必须启动相关专利保护计划，这包括发出通告、对专利进行标识、监督专利的使用及控告已知或可能的专利侵犯行为。专利权赋予了所有人排除他人无偿使用专利的权利，然而，专利所有者需要通过向侵权者发出正式通告及在必要时诉诸法律等手段保障自身享有的权利。有时候模仿者能够通过设计新产品和方法，避免侵犯现有的专利。

斯坦福大学的史丹利·科恩（Stanley Cohen）教授和加利福尼亚大学的贺伯特·波义耳教授（Herbert Boyer）在1974年申请了基因拼接技术的专利，这种技术是生物技术的基础，据估计该技术为所有者带来了2.5亿美元的收入。在制药和医疗器械行业，专利权被证实能够有效地为所有者带来丰厚的收益。在美国，专利权税收从1990年的150亿美元增长到2000年的1 100亿美元。

2001年，美国专利与商标局颁发的实用专利达到16 600项。例如，IBM公司仅在2001年就获得了3 000多项专利权。在发生诉讼争议时，法院做出的有利判决使得生物技术、基因、软件及商业方法等可以申请专利。例如，戴尔计算机公司采用的订单生产商业方法是以其所有的77项专利权为基础的；1998年，亚马逊获得了“一点通”购买模式的专利权，但这项专利存在一些争议。企业拥有一套核心要素的专利权，不但有助于击败竞争者，而且可以吸引投资。

一款笔记本电脑通常包含了不同公司拥有的共计500多项发明专利；而另一方面，一种药品常常只由单一专利组成。在许多行业中，急切想从创造发明中攫取收益的企业正在以空前的速度提出专利申请。表10—4显示了美国近年来批准专利的数目增长情况。企业都在构建基于专利和知识产权的创新策略。在生物技术领域中，企业在开发产品投入市场时，专利权广泛的用于保护企业的知识产权。

表10—4　美国颁发的专利数目

年限	1980	1990	2001
数量（以千计）	66.2	99.2	166.0

20世纪80年代，相关法律的修改和法院做出的有利判决为专利权提供了更多保护。1985年柯达侵犯宝丽来速像技术的专利案件中，宝丽来赢得了9亿多美元的赔偿，这个案例的严格程序也为以后的专利侵权诉讼提供了判例。

申请发明专利是非常昂贵的，单件专利的申请费用就高达两万美元，此外，侵权诉讼的费用也很高。证实专利侵权需要提供相关书面证据和对侵权产品及过程的分析。专利权也可以具有很高的价值。2005年，美敦力（Medtronic）以13.5亿美元的高价购买了格雷·迈克尔逊医生的发明专利权。迈克尔逊医生是洛杉矶的一名背部外科医生，拥有大约220项专利权。

根据《2003年阿拉伯社会发展报告》，从1980年到1999年期间，阿拉伯社会中经济领先的9个国家只注册了370项发明专利（在美国）。专利申请数量是对国家教育质量、创业精神、法治及创新情况的很好反映。同样是从1980年到1999年的20年间，仅在韩国就注册了16 328项发明专利。此外，中国的知识产权政策也正是目前热论的焦点。

托马斯·阿尔瓦·爱迪生可能是美国最优秀的发明企业家。证券报价机、留声机、旧式电影机、白炽灯及电力系统都是由他发明创造的。他毕生的大部分时间都在发明创造，并为专利所有权斗争了数年时间。发明者负有保护专利的义务，但反侵权的斗争常常会持续数年之久。新出道的创业家往往缺乏控告所有可能侵权行为所需的资金，因此他们需要在保密与申请专利权之间做出谨慎选择，以保护自身的知识产权。如果可能的话，他们可以采用最强有力的措施，对专利权展开有效的保护。表10—5列出了14种美国最重要的专利。为保护这些专利做出任何努力都是值得的。技术型创业公司应该制订开发和保护自身的专利组合资产。

◆ 发掘专利组合资产的目标。
◆ 发掘智力资产，收集支持文献资料。
◆ 发掘最适于申请专利的资产。
◆ 起草发明说明和专利申请。
◆ 制订许可和执行计划，保护专利权。

表 10—5 美国最重要专利的例子

1. 轧棉机——Eli Whitney，1794
2. 缝纫机——Elias Howe，1846
3. 铁丝网——Joseph Glidden，1874
4. 电话——Alexander Graham Bell，1876
5. 灯泡——Thomas Edison，1880
6. 飞机——Orville and Wilbur Wright，1906
7. 陀螺仪——Elmer A.Sperry，1916
8. 电视机——Philo T.Farnsworth，1927
9. 静电复印术——Chester Carlson，1942
10. 晶体管——J.Bardeen，W.Brattan，and W.Shockley，1950
11. 集成电路——Jack Kilby and Robert Noyce，1958
12. 微处理器——Ted Hoff，S.Mazor，and F.Faggin，1971
13. 基因拼接技术——Stanley Cohen and Herbert.Boyer，1974
14. 一点通订货流程——Amazon.com，1998

商标权

商标可以是任何与众不同的字词、名称、标志、标语、形状、声音及标识等，通过它们能够辨识出产品或服务的生产商（提供商）。只要能够证明仍在投入商业使用，已注册的商标就可以无限期的更新使用。创业型企业应该考虑把公司名称、标志以及标识等都注册为商标。人们生活中熟知的商标包括：Kodak（柯达）、Apple（苹果计算机公司）、Kleenex（舒洁，纸巾生产厂商）、NBC（美国国家广播公司）及 Yahoo（雅虎门户网站）等。

一旦在美国专利与商标局注册，商标持有人就有权采取法律措施阻止任何对商标的侵权使用，并对侵权行为索取赔偿金和利润损失。在当今激烈竞争的市场环境条件下，**商标权常常是新兴创业公司最有价值的资产之一**。企业商标所代表的企业信誉和消费者认可可以为企业带来巨大的经济价值，因此为妥善注册和保护商标所做出的努力常常也是值得的。

好的商标常常是企业品牌的组成部分。为了产生品牌价值，商标应该紧密和企业联系在一起，并由企业独享。苹果计算机公司的“Apple”标识和英特尔公司的“Intel inside”标识是富有影响力商标的典型例子。苹果计算机公司商标（如图 10—2）——一个被咬掉一口的苹果，与公司的名称相符合。

2001 年，美国共批准了 145 000 项商标申请，而且据估计美国目前共有 160 万商标注册在案。

如果商标失去了自身的独有特征而变成了通用名称，企业也就失去了商标的独享权利。阿司匹林（Aspirin）、热水瓶（Thermos）及玻璃纸（cellopheane）等商标都是转变为通用名称的例子。可口可乐公司（Coca-Cola）及施乐公司（Xerox）则很好地保护了自身的商标。

图10—2　苹果计算机公司标识

著作权

著作权是指作者排除他人印刷、拷贝及出版任何作者原创作品的权利。对于现今申请取得的著作权，其保护期为作者终生及死后 70 年。由于版权保护自动伴随着作品创作而产生，并且在美国著作权署注册作品只需要完成作品的初稿即可，获取版权保护的过程只需要很少的资源。

著作权的保护可以延伸至作者、作曲家及艺术家，且只关系到表达的形式，而与创作主题无关——著作权只是用来防止抄袭和利用原作，这一点是很重要的，著作权并不排斥他人采用相同的创作主题。因此，软件程序、书籍及音乐等的著作权只是防止他人的抄袭，他人也可以采用同样的主题思想。

然而，**著作权只能对原创作品提供有限的保护**。在软件领域，只有在完全抄袭他人代码时，法院才会判决其为侵犯他人著作权，对于这种情况，著作权能够提供更加有效的保护。对于软件产品的功能性，如基础算法、数据结构及多媒体技术协议等，著作权只能提供有限的保护。

许可权

许可权是指为开发知识产权而与其他公司签署授权合同的方法，但并不牵涉所有权的转移。许可赋予了其他公司利用知识产权相关权益的权利。许可协议规定了许可的范围，并且通常要求被许可人向许可人支付相应的特许权费用。

通过授权他人使用发明专利、版权及商业机密，许可权可以用来为知识产权所有人带来经济收益。创业公司通过对外授权许可可以获取可观的经济收益。通过授权许可，许可人既可以分散风险、扩大市场占有率，也可以获得许可收益、实验新产品和市场等。然而，许可权也可能遭遇被许可人侵权或不履行义务的风险。

一些企业拥有大量的未经开发或未能充分开发的专利资源，可以授权于被许可人开发。例如，IBM 公司广泛对外授权许可，在 2002 年的许可使用费收益达到 20 亿美元。IBM 公司拥有比其他任何美国公司更多的专利权，并对外广泛授权软件专利。

许可权被广泛的用于软件行业。例如，微软公司大部分收入都来自于其办公套装产品和

Windows 操作系统的授权使用费用。然而许可权较少用于生物技术行业。在该行业中，知识产权具有至关重要的作用，对知识产权的保护也较为容易。

大部分新兴企业都认识到知识产权是他们所拥有的最有价值和灵活性的财产之一。然而，许可权市场仍然处于初步发展的阶段，大多数公司仍然没有意识到他们持有专利权获利的潜力，那些确实开始采取授权措施的公司只是在遭遇困难时才会倾向于这么做。

与其在创业中自己开发技术，企业不如获取其他公司的技术许可，并用于生产自己公司的产品，以便节省时间和资源。在与第三方技术所有者签订的合约中，包含了授予许可的条款，这些条款规定了创业型企业能够享有的使用、分配、修改以及对授权技术再授权的权利。杜比实验室（Dolby Laboratories Inc.）通过授权其他电子产品生产商使用其产品，获取了很多经济收益。它能以这种方式取得成功，部分是因为其高水平的技术及对被授权公司收取的合理费用。

创业案例 **奥尔巴尼分子研究公司的专利规划**

奥尔巴尼分子研究公司（AMR）在 1991 年由化学家 Thomas Ambra 创立，是一家医药研究公司。公司致力于开发和专利化新型生产方法和药品配方（参考 www.albmolecular.com）。通过收取专利技术的授权使用费用，公司 2004 年的年收入达到 1.5 亿美元。

创业型企业可以考虑获取其他公司知识产权的使用授权，而不是独自开发知识产权。如果创业公司开发了新的知识产权，可以考虑授权给其他公司作为非竞争性使用。许可权是一种具有强大功能的商业工具，许可机会可以作为一种降低风险、扩展海外义务及补充现有产品线的途径，广泛的许可创新所引起的快速发展的公共效应能够有效地促进 GDP 的增长。

带你踏上创业之旅

案例AgraQuest

在成立时，AgraQuest生物公司的创业团队寻找能够表达他们正在农业生产领域中寻求天然解决方案意义的名称。刚开始，他们提议“Agrisearch”，但这个名称已经被占用了；他们第二次时选取了“AgraQuest”，这个名称尚未被注册。他们把这个名称注册为国际性商标，然后AgraQuest生物公司的创业团队选取了一副描述蜂鸟在花朵中寻找花蜜的图案作为公司标志（如图10—3所示）。

图 10—3 AgraQuest 公司标志：在花朵中寻找花蜜的蜂鸟

因为计划进行风险资金投资和首次公开募股，AgraQuest生物公司并入到特拉华州。该公司拥有许多商业机密，主要是关于产品的生产方面。同时还拥有为其产品鉴别、甄选及培育微生物的专利方法。

到2006年的时候，AgraQuest生物公司拥有了29项美国专利和16项外国专利，每一项专利都涉及一种微生物及其使用。此外，AgraQuest生物公司许可M.albus和一些微生物做实验之用。

AgraQuest公司的知识产权由帕梅拉 • 马龙（Pamela Marrone）及研究主任管理。公司聘请了一家大型律师事务所处理商业和知识产权的相关法律事宜。

纸上练兵

1.三个朋友决定成立创业公司，开发和生产医学技术中使用的纳米技术设备。迈克尔·罗杰斯（Michael Rogers）有着在惠普公司12年的工作经历，并自己设计和申请了一项纳米制作技术专利。斯蒂夫·阿里戈（Steve Allegro）是一名大学毕业生，开发了设计纳米技术医疗设备的设计软件。阿丽西娅 • 西蒙斯（Alicia Simmons），Alletech软件公司的首席财务官，是一名有着丰富经验的出色管理人员。他们应该合伙创业吗？若是采用罗杰斯的发明专利，会不会遇到困难呢？他们应该把创业地点设在他们的故乡亚拉巴马州吗？西蒙斯了解一些Alletech公司的商业运营秘密，她可以在自己的创业公司中使用这些商业机密吗？

2.第1题中描述的三名创业者正在寻求合适的公司名称。一种观点是“高级纳米科技”（Advanced Nanoscience&Technology），另一种看法是“纳米科学应用”（Nanoscience Application）。你对这两个名称有什么看法呢？你能提供更好的建议吗？

3.苹果电脑公司（Apple Computer）与苹果公司（Apple Corps）之间对在音乐界使用“Apple”的名称存在商标争议。苹果电脑公司的iPod和在线音乐库取得了蓬勃发展。简要描述双方的观点。为什么严格限制和保护商标权对企业而言具有重要意义呢？

4.音乐家为创作的音乐申请版权，确保能够获取经济收益。音乐下载和文件共享软件允许人们下载音乐，但并不付给艺术家任何创作报酬。解释开办主要用于非法分享和拷贝音乐的网站或点对点网络所涉及的法律含义。

5.谷歌和Overture（已被雅虎收购）都是著名的搜索引擎公司。比较这两家公司的名称，他们能够验证搜索结果并表达公司的价值吗？判定这两家公司是否拥有技术创新的专利权。

创业挑战

1. 描述你在创业时采用的法律形式，并挑选创业公司的名称。
2. 查阅美国特拉华州的官方网站（www.state.de.us/corp/forms.shtml），下载“如何组建公司”文件包。选择最适合你创业的公司类型并填写合适的形式。或者，为另一个国家找出相似的形式。
3. 设计创业型企业标识。
4. 你的公司知识产权的核心要素是什么？

综合案例 雅虎与杨致远

我认为，三年半前，若是我们仅是试图创办一个公司并以此来赚钱，我们就难以取得现在的成就。

——杨致远，1977 年

1995 年 4 月，对于杨致远（Jerry Yang）和大卫・费罗（David Filo）来说是个重要的转折点。杨致远和费罗均毕业于斯坦福大学电机工程专业，他们创建了万维网上最受欢迎的搜索引擎——Yahoo!。他俩坚信可以将他们的搜索习惯转变为一个能存活的营业体。在试图从几种可能的不同的筹资和伙伴关系中作出选择的时候，他们和红杉资本（Sequoia Capital）的迈克尔・莫里茨（Michael Moritz）一同参加了一个会议。红杉资本是硅谷的领军风险投资公司之一，他们亦在考虑投资雅虎搜索引擎的可能性。

迈克尔・莫里茨身体前倾，看着桌子对面的杨致远和大卫，同时将红杉提议建立雅虎的文件展示给他们看：

> 正如你们所看到的，我们一直致力于这项工作的开发。我们通过大量的工作与研究对雅虎做了一个公正的评估，定价为 400 万美元。红杉资本将为此投资 100 万美元，相应的你们要出让公司 25% 的股份。相信在我们的帮助下，雅虎将有真正与众不同的机会。我们的第一份订单是帮助你们组建一支管理团队，接下来才可能真正发展和管理网站的内容检索。
>
> 现在，你们面临的问题不是是否要做决定，而是必须做出抉择，如果你不做决定，其他的公司就会超越你们。如网景公司（Netscape）可能会超过你们，美国在线也可能超过你们。任何一家有风险投资做后盾的公司都有可能超过你们。若想继续生存就必须尽快做决定。因此，给你们一个底线时间：明天。如果你们不打算与网景公司合作，虽然我会失望，但是没关系。明天上午 10 点之前请务必给我一个确切答复。

杨致远和费罗环视红杉公司的会议室，发现墙上贴有很多公司的海报，诸如思科、甲骨文和苹果等，他们都是由红杉投资而成功的案例。他们想知道：雅虎在某一天是否也可成为海报中的一员。想到这里，俩人都很兴奋，然而，他们仍犹豫未决。还有其他的赞助商可以考虑，他们不能确定是否应该接受红杉的赞助。杨致远回答："这听起来确实不错，迈克尔。今天晚上我们会好好讨论一下，斟酌所有的赞助，明天给您一个答复。但是，要知道，我们现在还是研究生，通常情况下上午 10 点是不会醒来的，因此可否延迟到中午？"

雅 虎!

雅虎是万维网上的一个网站，它为用户提供一个有组织的层级链接列表。雅虎为大众提供了一种方法，使人们可以方便地定位到所需网站以及搜索网站。使用者可以通过一直点击复合论题和分类标题直到找到自己感兴趣的最直接的链接。另外，雅虎设有一个中心，人们可以在其中了解外面发生的事情。这对于接触网络很少的人使用雅虎链接列表变得更容易，通常只要知道他们能否找到感兴趣的内容就可以了。自雅虎开始创建一年多的时间中，它已成为网络上点击率最高的站点之一。

但是，杨致远和费罗认为，雅虎除了可以为上网冲浪者提供所需之外还有其他方面的潜力。1995 年，路透社（本部在伦敦，主要为大众提供新闻和经济数据）的市场部副总裁约翰・泰松（John Taysom）致电杨致远商讨雅虎和路透社的合作问题。在泰松看来，与雅虎的合作将会有利于路透社在万维网上建立分销网络的网页。

> 泰松回忆说："致远对我说的第一件事是：'假如您不打电话给我，我也会打给您的。'"杨致远收到了信息反馈。他这几个月来一直在考虑这个问题。令泰松更为吃惊的是，杨致远告诉自己的正如自己所考虑的，雅虎"不仅仅是一个目录表更是媒体的财富"。
>
> 杨致远进一步说明道："首先我们是一个品牌。我们正努力促进和建立品牌产品，这样我们的产品就具有可靠性、活力及可信度。这项工作的重点不是是否盈利而是在于我们的品牌。"

在斯坦福大学读书期间的大卫和致远

大卫·费罗生于路易斯安那州的莫斯恩布拉夫，在杜兰大学得到计算机工程学学士学位。1988 年，费罗完成了学士学业考入了斯坦福大学电子工程专业攻读硕士学位。在取得硕士学位后，他选择留校并争取完成电子工程专业的博士学位。费罗在技术方面非常擅长，但他给大多数人的印象是安静而内敛的。

杨致远出生于台湾，在 10 岁的时候移居到加利福尼亚。在圣何塞，杨致远和弟弟肯（Ken）由寡母抚养长大。他于 1990 年考入斯坦福大学并在此完成了电子工程学学士学位和硕士学位。杨致远也选择了留校攻读电子工程学的博士学位。他在技术方面也很擅长，但给人的印象却比费罗开朗多了。

杨致远和费罗在斯坦福大学的电子工程系相遇了，费罗是杨致远所教的一门课程的助教，他们又同时工作于同一个软件设计自动化小组，在斯坦福大学的日本京都校区教学时他们成为了好朋友。一回到斯坦福大学，他们就搬进了同一辆拖车的相邻的卧室开始了他们的研究工作。由于他们的个性互补，组合相当完美，他们喜欢在一起工作。他们的办公场所乱得有些不像话，但是却是他们工作的地方，在那儿他们可以运行他们的站点。迈克尔·莫里茨回忆他早期造访杨致远和费罗的工作室时说道：

> 雅虎的发展平台就是一辆氧气耗尽的双宽拖车，那是大学里存放计算机工作站及提供学生日常所需的地方，以至于一位朋友称其为"圣诞节蟑螂图"。房间黑乎乎的，服务器散发着很大的热量，应答机几乎每分钟都在发出嘀嗒声。高尔夫球棒被埋在墙边，披萨盒子散落地面，没洗的衣服被随意丢弃。这是任何一位母亲都不愿看到自己儿子的卧室出现的情况。

马赛克（Mosaic）和万维网

1993 年，伊利诺伊大学香槟分校校区的国家超级计算应用中心（Natiinal Center for Supercomputing Applications，NCSA）研发了一种网络浏览器——马赛克，引发了万维网的流行，也带来了万维网的增长革命。马赛克使万维网成为"一个理想的分配器，可以将各种所知的信息划分为职业和学术方向"。它提供了一个简便易用的图形化用户界面，用户可通过点击指定的链接，轻松地从一个站点浏览到另一个站点。这使得网上冲浪普遍起来，人们花费大量的时间来寻找新的有趣的站点。在仅仅一年多的时间里，这种网络上简便易用的浏览器已有大约 200 万名使用者。

创办杰瑞万维网向导

随着 1993 年晚些时候马赛克的引入，费罗和杨致远同他们数以千计的同学们，开始将大量的时间用来上网探索可利用的最大信息量。当他们发现有趣的站点就做上标签——利用马赛克浏览器可以为自己喜爱的站点添加标签，这一特色使得使用者可以直接回到访问过的页面，而无须再次从头查找。随着网络的迅速流行，建立的网站也迅速增多，费罗和杨致远想要加标签的有趣网站的数量也在增多。最后，由于早期马赛克版本无法将标签以简便的方式加以整理，他们喜爱的站点列表变得庞大且不易操作。

为解决这一问题，费罗和杨致远用 Tcl/TK 和 Perl 脚本文件编写软件，利用这一软件将标签分门别类。他们将自己的站点列表称为“杰瑞（Jerry）万维网向导”并为此创建了一个网络平台。世界各地的人开始给杨致远和费罗发邮件，感谢他们做出的努力，但杨致远说：“我们只是不想做我们的论文。”

他们俩开始着手将整个网络分类。他们每天至少访问和分类 1 000 个站点。当一个标题类别很大的时候，就建立子类别，然后建立子类别下的孙类别。即使是新手也可以通过这一分层结构快速找到所需站点。“杰瑞万维网向导”是爱的成果———包含了很多劳动，因为任何一个软件都无法衡量和分类站点。费罗说服杨致远不采用工程技术将这一过程自动化的念头。费罗劝说道：“任何一项技术都比不上人工过滤。”虽然是工程技术人员，杨致远和费罗却深知人们真正需要的是什么。对于名字的选择，杨致远不喜欢“杰瑞万维网向导”这个称呼，因此他和费罗选择了“雅虎”，沿用了技术界取名时取每个字的首字母缩写词的方法（全称是“另一种正式层级化体系”）。为什么还有个感叹号？杨致远说：“仅仅是为了市场宣传。”

雅虎的日益普及

起初，只有他们两人可以访问雅虎网站。后来，他们建立了一个网络平台，通过这个平台，其他人也可以访问。通过口口相传及电子邮件的方式，雅虎逐渐为人所知，越来越多的人开始使用他们的站点，对雅虎的网络资源需求亦成指数增长。虽然斯坦福大学为他们提供了足够的带宽接入互联网，但是由于允许接入到他们工作站的 TCP/IP（ 传输控制协议 / 网际协议）数目有限制，这时瓶颈出现了。另外，用来维护站点的时间也变得不确定起来，杨致远和费罗发现要不间断地保持站点链接的更新。由于他们将越来越多的时间用于他们日益扩张的爱好上，学业和研究逐渐地落后了。

竞争中的服务

在因特网搜索领域业已存在为数不少的企业，然而没有任何一家可以提供与雅虎同样的服务，这些公司对于雅虎创办的任意一项业务无疑是潜在的威胁。这些竞争者有 Architext，后来更名为 Excite，华盛顿大学（the University of Washington）开发的网络八爪鱼（ Webcrawler），卡内基梅隆大学（Carnegie Mellon）创办的莱科斯公司（Lycos），万维网蜗杆（ The World Wide Web Worm），以及由史蒂夫 • 基尔希创办的信息搜索公司（Infoseek ）。美国在线和 1995 年创办的微软是最大的竞争者，它们或以发挥自己的才能，或以兼并其他新创公司为途径进入市场。

以直观的人性化分层结构来组织信息是雅虎价值主张的重要组成部分。罗布 • 里德（Rob Reid），21 世纪互联网风险投资合伙人（21st Century Internet Venture Partners）的风险资本家，揭示了这一点是如何使雅虎在众多的因特网搜索提供商中脱颖而出的。

> 雅虎的分层结构是所有搜索引擎当中的一个手工工具，所有的分类由人工完成，而不是计算机。他们所链接的相似站点是精心选择的，而不是由软件算法处理的。在这一点上，雅虎是

一个劳动密集型产品。同时它融入了人的谨慎与判断——这使得雅虎有时是惊人的有效。

这就是雅虎的独特之处或者说是天赋之本质所在。它所链接的信息有时对人们来说并不是很有趣，这种链接电视指南可以做到，电话本也可以做到，既用无数的站点来迎合特定的人群，但是雅虎却可以创建独特的，甚至是暂时对用户很重要的直观路径。雅虎以一种任何一家公司都无法复制的方式经营。然而，作为一个公司的雅虎，面对日益激烈的竞争形势要想继续生存并繁荣发展，必须尽快寻找外部资本。

离开斯坦福大学开始创业

杨致远和费罗在硅谷待了很长一段时间，他们意识到他们真正想做的是创办一家属于自己的公司。他们把大部分的课余时间用来发展自己的网络爱好及思考可能的经营理念。

> 当他们意识到最有前途的想法就在自己眼前时，已经过去相当长一段时间了，一些想法的最终启蒙归功于他们的博士生导师——乔瓦尼·德·米切理（Giovanni De Micheli）。1994 年年末的时候，米切理教授注意到雅虎的访问量在急速增长。在一个月的时间里，日点击量由几千上升到数十万。他们的工作站快要累垮了，校园的计算机系统也开始感觉到了压力，米切理建议，如果他们打算让雅虎继续发展就必须脱离校园。

到 1994 年秋天的时候，他们的站点日访问量超过了 200 万。就在这时，杨致远和费罗开始正式着手寻求外部资助，来继续建设雅虎，但是希望渺茫。杨致远认为他们可以编写一个可行的程序，利用个人储蓄买一台计算机，并争取网络及网络服务器的使用权，以回报人们的喜爱。意想不到的是美国在线公司和网景公司的提议使他们提高了见识，尽管两家公司都想将费罗和杨致远收入其麾下。

如果他们打算放弃自己的学位(正如他们后来所做的,还有 6 个月博士毕业时他们放弃了)，理由是他们要有一定的控制权。费罗和杨致远主要有三个有潜力的选择可供参考：彻底地卖掉雅虎；与赞助商合作；利用风险投资建立一个相对独立的公司。

寻找资金

他们寄希望于寻找赞助来建立一个独立于雅虎的有信誉的公司。1994 年 10 月，费罗和杨致远展开了与潜在合作伙伴的初步接触。约翰·泰松是第一批与他们接触的人之一，他是路透社市场部副总裁。泰松有兴趣将路透社的新闻融入雅虎的网页，这样雅虎就可以从一家资深的媒体机构获取新闻资源，而路透社也可以借此发展网上服务。不幸的是，因为雅虎不是一个盈利机构，在这场谈判中处于不利地位。双方的交谈是真诚的，但是进程却相当缓慢。

雅虎也与兰迪·亚当斯（Randy Adams）商谈过，他是互联购物网（the Internet Shopping Network，ISN）的创始人，互联购物网声称自己是“第一个网上零售商”，它由德丰杰公司投资（Draper Fisher Jurvetson）创办，是最早的风险投资网络公司之一。最近该网站被家庭购物网（the Home Shopping Network）收购，以此扩大可能的影响。它有兴趣成为雅虎的主机网站，为其提供盈利的机会，但是与网上零售商合作也存在明显的弊端。

另一个与雅虎商谈的是网景通信公司（Netscape Communications Corporation）。它是由吉姆·克拉克（Jim Clark）和马克·安德森（Marc Andressen）在 1994 年创办的，其中吉姆·克拉克创办了硅谷国际（Silicon Graphics），马克·安德森与伊利诺伊大学香槟分校（UIUC）的其他同学和同事一起创办了国家超级计算应用中心的马赛克浏览器。网景公司是个有名的私人公司，它在马赛克的原有基础上开发了改进的浏览器。安德森通过电子邮件与杨致远和费罗联系，用杨致远的话说就是："我听说你们在寻求发展空间。为什么不加入网景呢？我们可以为你们提供免费的站点，而你们的加入也是对我们的一个认可。"

这次偶然的接触使得雅虎从斯坦福大学的校园中脱离出来。1995 年早期的时候，雅虎已经运行了网景的 4 个工作站。后来，网景公司提出了用网景的股票收购雅虎的建议。同意这一提议的优势是此时的网景已经开始着手规划首次公开募股（IPO），并具有了相当的社会影响力和发展势头，再加上该公司有高调的创始人和支持者，像克拉克•詹姆斯• 巴克斯代尔（Clark James Barksdale），美国电话电报公司的前任主席和首席执行官，以及风险投资公司的克莱因•珀金斯•考菲尔德（Kleiner Perkins Caufield）和拜尔斯（Byers）。这一提议对于雅虎的两位创建者来说是个不小的诱惑。另外，与其他很多已经存在的市场竞争者相比，网景公司的企业文化与雅虎二人要寻找的更相符。

公司伙伴关系

与伙伴合作还是接受诸如其他大型公司和在线服务公司的企业赞助，比如说美国在线、Prodigy、Compuserve 等公司使雅虎感觉到了巨大的压力。这些公司许诺给他们金钱、股票甚至是可能的管理职位，他们声称如果雅虎不与他们合作，作为一个大型企业他们会发展自己的竞争性服务来击垮雅虎。一个潜在的不利方面是随着这种赞助而产生的腐败现象，雅虎是白手起家的，是完全免费的；另外一个不利因素是雅虎的两位创建者对雅虎疏于管理。"建立雅虎的过程是有趣的，完全不需要监督。费罗和杨致远担心把雅虎卖给美国在线无异于最后'扼杀了雅虎'。"

随着与合作伙伴的谈论开始升温，杨致远求助于蒂姆•布雷迪（Tim Brady），他是杨致远的朋友，正就读于哈佛大学商学院二年级。作为一项业务大计，布雷迪为雅虎做了 1994—1995 年圣诞期间的事业规划（见本案例结尾雅虎 1995 年的商业规划摘录。）

有了布雷迪的事业规划在手，费罗和杨致远开始接触沙丘路（Sand Hill Road）附近不同的风险资本公司。风险资本公司带来了经验与硅谷的宝贵接触以及最重要的资金，然而，相应的他们也要求实际性的所有权性质的回报。雅虎接触的其中一家风险投资公司是克莱因–柏金斯–考菲尔德和拜尔斯（Kleiner Perkins Caufield & Byers）。

克莱因–柏金斯–考菲尔德和拜尔斯（KPCB）在硅谷著名的风险投资公司中享有盛誉，由它投资成功的案例有太阳微系统公司和网景公司。它对雅虎非常感兴趣，然而，它的维诺德•科斯拉（Vinod Khosla）和投资伙伴机构（Institutional Venture Partners）的杰弗里•杨（Geoffrey Yang）刚刚向 Architext（后来更名为 Excite）投资了 500 万美元，这也是由斯坦福大学工程专业的学生建立的公司，主要发展搜索和检索文本引擎。越来越多的新闻报道 Architext，它和它的风险投资伙伴成为了 1995 年 3 月《红鲱鱼》杂志的热点。KPCB 同意为雅虎提供资金，但前提必须是雅虎公司与 Architext 合并。

红杉资本

与雅虎商谈的另外一家风险投资公司是红杉资本公司。在与互联购物网的亚当斯（Adams）会谈时，杨致远和费罗与红杉资本的合伙人迈克尔•莫里茨初次会面。

莫里茨去拜访杨致远和费罗的时候，他们当时仍然还在斯坦福校园的那辆拖车上工作。杨致远说："我们与红杉第一次见面的时候，迈克尔问：'你们打算对用户收费多少？'我和大卫看了看彼此说：‘这将是一次长期的谈话。’”

幸运的是，有着《时代》杂志（*The Times*）记者背景的莫里茨思维非常灵活。莫里茨在谈判桌上的一些主要优点来自他对出版物的接触和对管理内容的了解。他谈到红杉对于和杨致远及费罗合作的兴趣所在：“我想我们对知道一些东西的人是很欣赏的，即使他们不能详细说明那个东西。他们有真正的激情和火花。”

> 在风险投资市场，据说由红杉资助的公司的市场资金总额超过任何一家风险投资公司的资金总额。红杉的商标运作方法就是用少量的资金建立成功的企业。由它投资成功的案例包括苹果、甲骨文、艺电有限公司（Electronic Arts）、思科系统公司和雅达利公司（Atari）以及美国巨积逻辑公司（LSI Logic）。莫里茨说“和拥有1 000万加仑煤油比起来，红杉公司更倾向于从和蛮有技艺的地狱的单一匹配开始。”

1995年2月，费罗和杨致远已经比较了一批可能与之合作的公司，但并不急于接受任何一家，这时迈克尔·莫里茨给了他们一份要约。红杉资本将为雅虎投资100万美元并帮助他们组建一个顶级的管理团队。相应的，红杉要求得到雅虎公司25%的股份。另外，莫里茨在签约以前只给他们24小时的考虑时间。莫里茨说：“我觉得有必要把他们从痛苦抉择的彷徨中拉出来。”随着最后期限的临近，杨致远和费罗开始认真考虑他们的选择，那晚他们所做的决策将决定他俩的职业方向和雅虎的未来。

决 策

坐在位于斯坦福校园的一个小型办公室里，杨致远和费罗分享了胡椒蘑菇比萨夜宵，探讨他们的选择并试图做出决定。夜已经很深了，明天中午之前他们必须做出一个决定。

看着红杉公司给他们的条件表，杨致远咬了一口比萨。

> 我们要做出很艰难的决定，迈克尔只给24小时的考虑时间。在我看来，我们有几个选择。第一就是接受红杉的条件将雅虎发展成我们自己的公司。为此我们要放弃雅虎的一部分控制权，但我们要想让雅虎生存下去也确实需要这笔资金。如果我们试图组建管理团队，那么莫里茨以及红杉的其他资源对我们来说都是非常宝贵的。
>
> 第二个选择是接受企业赞助。这样做不仅可以得到资金还可以保证对雅虎100%的所有权，然而，我很担心把雅虎出售给美国公司。我们很幸运的是能在教育背景的前提下将我们的网站建成一个非商业性的免费网站，如果我们接受企业赞助，恐怕那将会改变雅虎的形象。
>
> 最后,就是同意和现存的某个公司合并。理由是此时恰逢网景公司的首次公开募股的时间，而Architext背后有一些真正的大投资者。如果我们以股票期权的形式与网景公司或是Architext交换，对于我们来说就是余生有用不完的钱。

费罗从座位上站起来，踢开一个空的比萨盒子，这些比萨盒已经堆了很多了。他走到雅虎办公室的窗前，望着斯坦福校园里远处隐约可见的胡佛纪念塔：

> 如果我们将雅虎卖给网景公司或是Architext，我们无疑会得到很多钱，但是这样的话我们就必须放弃对雅虎的主要控制权。如果我们自己一直控制着雅虎，我们永远无法知道我们将会做什么。还有，你忘了提第四个选择。我对红杉的提议很高兴，但是我想知道我们是不是出让的部分太多了。这个选择今天晚上可以暂不考虑，我们先看看其他风险投资公司是否有更好的条件。我明白迈克尔说我们必须尽快做决定，但是我讨厌在我们出让公司25%的所有权的一个星期后发现,另一家公司愿意提供300万美元来换取同样的所有权。我知道时间是非常重要的，我们也想与迈克尔·莫里茨合作。另一方面，我希望两个月后我们不会为今天所做的决定感到后悔。

当他们对摆在面前的机会做出选择的时候，费罗和杨致远开始展望离开雅虎的诞生地——斯坦福校园的拖车后的蓝图。这时已经是凌晨两点了，他们需要在不到 10 个小时的时间里做出决定。他们该怎么办呢？

雅虎的创建者和有意投资者介绍

杨致远

杨致远生于台湾，在加利福尼亚州的圣何塞长大，他是 1994 年 4 月雅虎在线指南的创始人之一。在斯坦福大获得了电子工程学学士及硕士学位后，杨致远采取“请长假”的方式离开了斯坦福大学的电子工程学博士工作项目组。

大卫·费罗

大卫·费罗，生于路易斯安那州的莫斯恩布拉夫，1994 年 4 月雅虎在线指南的创始人之一。1995 年 4 月，为了建立雅虎公司“请长假”离开了斯坦福大学的电子工程学博士工作项目组。费罗在杜兰大学获得了计算机工程学学士学位，在斯坦福大学获得了电子工程学硕士学位。

迈克尔·莫里茨，红杉公司合作伙伴

莫里茨是红杉资本公司的合伙人，他自 1988 年就在那儿工作，主要负责信息技术投资。莫里茨是伟创力国际（Flextronics International）和全球村通信（Global Village Communication）的主任，还负责其他一些私人公司。1979 年到 1984 年间，莫里茨在时代公司（the Time, Inc.）担任过很多职务。他拥有牛津大学（Oxford University）历史硕士学位和沃顿商学院的 MBA 学位。

雅虎公司商业规划部分摘录

雅虎的第一份商业规划由蒂姆·布雷迪起草，作为哈佛商学院课程项目的一部分。规划随着雅虎的杨致远和费罗及红杉资本公司的迈克尔·莫里茨的商讨而有所变化。雅虎公司提供了这份商业规划书的摘录，但这不构成案例项目的专利。

经营战略

雅虎的目标是仍然保持在互联网上的最广泛的信息指南的地位。互联网正处在一个市场发展的时期，这一时期以极高的用户流量的增长和注重多项产品和服务的新公司的建立为特征。由于雅虎早期就涉足了这一领域，使得雅虎成为了这一行业的领跑者。雅虎能否扩大自己的影响以及发展长期、可持续的优势，取决于一些事务。这些事务有些与其现在的情况有关，有些则与未来要采取的措施有关。

如今，雅虎面临的主要问题是如何满足所有的互联网用户的需求。面对互联网上成百上万的信息，用户要想轻易地找到相关的方面是离不开像雅虎这样的搜索引擎的。不仅是因为信息的数量庞大，还有就是信息量几乎是以指数的形式在增长。

雅虎公司所有的改进措施都是为了同一个目标，就是使用户能更方便地找到有用的信息。

我们认为雅虎能够拥有今天的成就取决于以下几个方面：

◆ 雅虎是因特网上创建的第一个快速、综合和能够使人乐于使用的指南，并且为建造一个强大的品牌创造了很好的势头。

- ◆ 雅虎独特的兴趣领域的基础结构使得它能够以更加轻松和愉快的方式帮助用户找到所需信息，而不是像传统的搜索引擎一样从输入关键字和关键词开始。
- ◆ 通过编辑们的努力，凭借综合性和高品质的结合，雅虎创建了一个明显优于其他竞争者的信息指南。

该公司将把重点放在目录和指南业务上，从广告和赞助中获取收入。雅虎公司所采取的策略是：

- ◆ 通过产品的改进和扩展以及积极地营销传播计划，在主服务网站上继续建立用户流量和提高品牌实力。
- ◆ 开发和整合先进技术以保持领先地位。雅虎所依据的很有吸引力的指导是在搜索引擎、数据库结构和通信软件中的可扩展的核心技术。核心技术与用户的体验程度有关，它使用户以一种直观的方式获得更广泛的高质量信息，其速度超过了任何竞争对手的产品。雅虎正在考虑充分授权给网络范围内的搜索引擎技术、网络全索引数据以及加拿大 Open Text of Waterloo 公司的履带式服务，这样它就会成为第一个具备逻辑集成目录或网上广泛搜索的产品指南。与 Open Text 公司拟定的协议还包括正在进行的利用两家公司的优势联合开发先进的搜索和数据库技术，所有共同开发的产品将由雅虎分发，在定期和有益的基础上允许公司继续引进先进功能。
- ◆ 扩大对公众的影响面，通过与互联网接入服务提供商，如 MSN、美国在线和 CompuServe 公司与非常受欢迎的网站建立合同关系。
- ◆ 扩大对国际用户的影响面和吸引力，通过与国际接入服务提供商的伙伴关系，他们可以帮助雅虎经营国外镜像站点，以及用外国的语言、当地的广告客户和本地内容实现本地化的形式。
- ◆ 保留雅虎使用者的“读者”身份，通过内容和界面指南不断增强其功用。
- ◆ 快速拓展其产品线，通过引入区域指南、垂直市场指南以及最重要的和个性化功能。“我们的目标是在市场上大部分的类别中脱颖而出”，通过不断的“改变竞争规则和目标”来超过竞争对手。我们采用的个性化指南将是市场首创，通过 Open Text 公司的授权拥有内化的核心技术。

市场分析

互联网（大约发端于20年前）在地区用户的上网基数和用户人数上正在经历着一段难以置信的快速增长。据国际数据公司（Intenational Data Company，IDC）和蒙哥马利证券（Montgomery Securities）的最新报告，因特网有大约4 000万用户，但大多数人只是用它来发送和接收邮件。然而，据估计却有大约800万名用户可以利用因特网和万维网。大多数人在工作场所上网，因为有高带宽的硬件和通信端口。预计在接下来的2~4年时间里，随着带宽的提高，以家庭为基础的综合服务数字网（ISDN）线路和电缆调制解调器将被采用，网络进入家庭的速度和普及程度将会大幅度增加。据IDC统计，2000年美国就有40%的家庭用户和70%的商业用户将会实现网络化。在西欧和日本市场，比例会分别达到25%和40%。如果这是现实的话，到2000年互联网用户将会达到两亿人。

市场细分和发展

我们认为从现在到2000年的这段时间内，促进网络增长的主要有三个用户群体：

- 大公司，用网络来进行公司内部的信息管理与通信以及公司间的交流与贸易。
- 小型家庭式企业，用网络来检索有关的信息业务以及与供应商的沟通和交易。
- 个人用户或消费者，用网络来查找和获取有关资料供个人娱乐和学习，以及购买产品和服务。

我们认为网络的演变包括三个阶段的市场发展：

- 使用技术的可用性及其扩散性。
- 对网络技术的广泛接触和通信服务的建立。
- 高价值内容的广泛发布。

我们正处于市场发展的第一阶段，主要是基础设施的建设，包括电脑的接受和销售，网络和信息产品的快速增长以及进入第二发展阶段所需的以“准入”为基础的企业服务系统的初步建立。

网络市场规模

对于网络现在和预期收入数额的估计因互联网业务的不同而不同。然而，由蒙哥马利证券和高盛公司所做的初步调查表明，总的互联网服务市场的硬件与软件，其服务价值从1994年的大约3亿美元增长到1995年的大约10亿美元。2000年这些种类的预期收入总额将增长到100亿美元。一些研究机构包括Forrester和 Alex Brown & Sons公司估计了基于网络的广告收益在1995年大约为2 000万美元，1996年两亿美元，到2000年将会超过20亿美元。

市场发展趋势

现阶段，随着市场阶段的快速扩大和行业的迅速发展，下列发展趋势变得非常明显：

- 在网络硬件、软件，以及信息硬件和软件领域存在大规模的通过与采用技术。万维网固有的对多媒体的支持，采用越来越高的带宽平台和通信硬件与软件。
- 电信公司和新进入互联网的接入服务提供商都在争先恐后地建立基本“钩弹出”的高带宽形式。
- 高速率计算机和有足够带宽的通信“港口”的硬件和软件的价格依旧居高不下。也是由于这一部分原因，企业主要开发完全有能力的网上港口。
- 随着28.8K波特率调制解调器、综合服务数字网（ISDN）线路和高性能、低价格的个人电脑可用性的增强，家庭联网数目逐渐增多，而且在接下来的5年多时间里会有很大增长。电缆调制解调器的引入将加速这一趋势。
- 过去封闭的网络在线服务机构例如美国在线、CompuServe，以及Prodigy公司现在提供互联网接入和开放服务。其他公司如微软公司、美国世界通信国际公司（MCI）、美国电报电话公司等公司试图将一系列的节目内容在网络在线服务中呈现。

◆ 据最终用户流量统计，诸如雅虎公司一类的提供网上搜索方法的公司正在迅速成长。
◆ 这些大流量的站点也为电子广告的发布提供了广阔的平台。

在这一阶段以及以后将要经历的所有阶段，用户有一个基本的需求：在所谓信息量大而成倍增长的互联网上，能够简便快速地找到与自身有相关意义的信息。

竞争

通过以下努力，雅虎能够有效地击败任何新出现的竞争对手：

◆ 比其他任何竞争对手尽量早地建立更广泛的信息分布，以确保雅虎公司在这一行业占据广泛的地位。
◆ 通过个性化的垂直市场引入，以比市场竞争对手发展速度更快的方式扩大产品线。
◆ 保持自身竞争优势，通过核心产品的定期更新，以确保它更快、更简便以及更有效地被采用。
◆ 提供高质量的观众和令人信服的结果给广告客户。

风险

雅虎公司面临的风险主要有：

◆ 如何提高用户流量及提升雅虎的品牌魅力。公司管理层认为这些目标均可达到。
◆ 如何比竞争对手更快、更好地引入新的关键产品。如果我们补充资金扩大产品开发和营销职能，以我们现在的核心技术和平台可以做到这一点。
◆ 如何在其他竞争者出现前，建立在国际上存在和领先的品牌。目前，一些有非常高知名度和能力的国际分支机构正在积极地效仿雅虎，有限的市场营销和业务发展资源的资金追加将使我们可以及时应对这些挑战。
◆ 引入由接入服务提供商内部开发的竞争性产品。虽然不能保证这决不会发生，但我们已经与一些首要的提供商确定了稳固的合作关系，这样的话雅虎公司的产品就是精选，我们也会在与其他公司的合作讨论中处于优先地位。我们坚信很多接入服务提供商已经对雅虎强大的品牌、全面的指南和重要性有所顾虑，我们认为他们不会轻易重新寻找于双方都有利的业务关系。
◆ 如何通过主服务器和我们分公司的镜像站点来扩大支持流量。如果需求流量超出了我们设置的服务器带宽，响应速度就会下降从而引起顾客的不满。雅虎成功地开发和运行了它的服务器站点，我们确信有能力支持所需要的增长。
◆ 互联网业务整体发展速度明显大幅下滑，或者作为广告平台的万维网的运行没有按预期发展。这都不是由雅虎公司自身所能控制的。然而，公司认为这一行业处在一个安全阶段，有利于业务的增长。

雅虎的可持续优势

互联网正处在一个市场发展时期，这一时期以极高的用户流量的增长和注重多项产品和服务的新公司的建立为特征。由于雅虎早期就涉足了这一领域，使它成为了这一行业的领跑者。雅虎能否扩大自己的影响以及发展长期的可持续优势，取决于一些事务。

这些事务有些与其现在的主要优势有关，有些则与将要采取的政策有关。

现在，雅虎的主要策略优势包括：

- 雅虎公司强大的品牌力量。公司很早就创办了，且有着独特的集中的背景、快速直观的指南，并使得客户从雅虎产品的迅速普及和使用中受益。这一指南已成为整个万维网搜索引擎的榜样。
- 雅虎公司在搜索引擎、数据库结构和通信软件方面的可扩展核心技术。这些核心技术是相关用户能体验到的，因为它可以让雅虎的用户获得更广泛的高质量信息，而且它的产品比其他公司的产品具有更直观和快速的方式。

Technology Ventures

第三部分

规划企业职能

Technology Ventures

第11章 紧紧抓住你的顾客

导读

任何新企业的产品都需要制订一份营销计划，用于描述如何吸引、服务和留住其目标顾客。由于一个新企业通常是在没有任何固定顾客的情况下创办起来的，它必须仔细识别将会重视其产品的目标市场客户。市场调研能够提供有关客户的信息、恰当的分销渠道和吸引顾客的沟通方式。

新企业要制订一份产品定位说明书，并选择价格、产品、促销和渠道的组合，来吸引和满足顾客需求。大多数新企业在吸引实际的和挑剔的潜在顾客的过程中，都会遇到跨越断层的挑战。营销过程包括描述或实施下列要素：

- 产品供应。
- 目标顾客。
- 营销目标。
- 市场调研。
- 营销计划。
- 销售计划。
- 营销和销售员工。

“科技创业的20条军规 11”

一个完善的营销和销售计划能使一个新企业识别目标顾客、设定营销目标并采取必要的销售行动，以及建立牢固的客户关系。

创业故事

Technology Ventures

“内置英特尔”的推广

20 世纪 80 年代末，英特尔决定将其一些广告宣传从针对电脑制造商转向实际的电脑购买者。消费者对个人电脑的选择，几乎完全是依据制造商的品牌形象，如惠普、戴尔和 IBM，而没有考虑计算机内部的组件。通过将广告的重点转向消费者，英特尔为企业及其产品建立了品牌知名度，为个人电脑的内置微处理器建立了品牌偏好。

第一步是使用“英特尔：内置在计算机里”的口号创建一个新广告；其次，英特尔公司选择了一个涡流标志放置在计算机上——带有“内置英特尔”的字样；然后，为微处理器选择一个名称：奔腾。结果，英特尔成为在个人电脑繁荣的 20 世纪 90 年代的行业领导者。英特尔在使一个组成元件成为品牌方面是很成功的。

成功的销售等于90%的准备加10%的展示

——伯特兰·坎菲尔德

制订营销计划的6要素

市场营销是企业为推广产品而进行的吸引、服务和留住顾客的一系列行为活动。市场营销就是通过适当的媒介和方法将信息传递给需要某一产品的顾客，市场营销的任务就是帮助创造产品需求并向顾客传递和送达产品的价值。营销计划的目的是描述完成销售目标所需经历的步骤。营销计划是一份书面文件，可作为新企业商业计划书的一部分，包含产品营销方案的行动步骤。彼得·德鲁克曾说过：

> 商业的目的是创造顾客，因此商业就有两个基本功能：市场营销和创新。营销和创新产生效用，而其他商业活动的费用则是成本。

在第3章中，我们描述了对已识别的市场创造有价值的产品和商业模型。在第4章和第5章中，我们描述了整个商业战略步骤的组成元素和市场分析。考虑到这些商业要素，我们需要建立一套营销策略，制订一份营销计划。营销计划有六大要素。

- ◆ 营销目标
- ◆ 目标顾客细分市场
- ◆ 产品描述
- ◆ 市场调研和战略
- ◆ 营销组合
- ◆ 顾客关系管理

营销计划的第一个要素是清晰地陈述目标，第二个要素是识别一个或多个顾客目标细分市场。目标市场的目的是仔细挑选合适的顾客群，并把营销活动集中到那些细分市场上。第三个要素是产品和项目描述及正常供应状况描述。考虑到对该产品的了解和产品供应情况，我们需确定消费者的反应可能会怎样以及我们如何制订策略才能吸引和留住顾客。接下来，我们描述一下营销组合，包括价格、产品、促销和地点（渠道）。最后，我们描述在销售和服务中与我们的顾客相关的计划。

营销计划通过营销方案进行实施，计划将描述我们如何将产品打入市场并吸引客户，并且服务和留住那些对产品感到满意的顾客。营销和销售活动如图11—1所示。新企业向消费者传播它们的产品信息：怎样销售？怎样服务？当顾客有意要购买这种产品时，他们会向销售者咨询有关该产品购买和使用方面的一些有用信息。

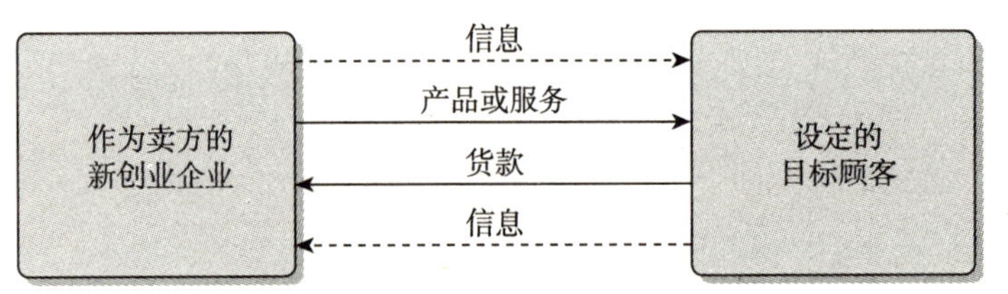

图11—1　新创业型企业的营销和销售活动

营销和销售计划将由商业机会和商业模型演变而来，如图 11—2 所示。

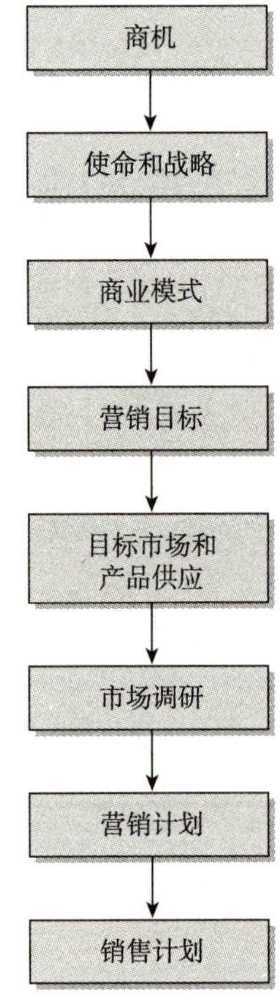

图11—2　制订营销计划和销售计划

找到最佳的目标市场

销售目标陈述是对营销方案中关键目标的一个清晰描述，这些目标可能包括销售目标、市场份额、利润、区域规划和达到的顾客群。销售目标应明确，要有期限，例如：公司在得克萨斯州和俄克拉何马州初期销售阶段的第一年要售出 1 000 单位的产品。

向选定市场进行市场渗透通常是营销计划的目标之一，所选定的市场通常称为目标细分市场。细分市场有一组具有相似需求的客户群组成，他们彼此参照，这些相似可能包括地理位置、购买力和购买意图。市场细分将整体市场划分为若干个具有不同购买需求、购买意图和购买习惯的子市场。不同的子市场需要不同的市场营销策略。通常新企业会根据初期市场调研识别出一个目标细分市场，然后，根据地理位置、人口、心理偏好和其他变量仔细描述该目标市场的顾客。**地理因素**包括城市、地区、地形及地貌类型，例如："城镇"；**人口因素**包括年龄、性别、收入、受教育程度、宗教信仰和社会阶层；**心理因素**包括生活方式和影响消费者购买意图及需求的个人因素。清楚地知道谁是购买者及他们为什么购买是非常关键的。

创业案例 **安气设备与远见公司**

远见科技公司设计和生产电子旅行袋屏幕系统（参见 www.invision-tech.com）。远见科技公司成立于 1990 年，运用计算机断层扫描检测爆炸物来提供机场安全设备，它的目标市场为美国机场行李检查。这个市场在 2001 年 9 月 11 日的恐怖袭击之前增长缓慢，前 10 年只销售了 250 台机器，但在恐怖袭击发生后的两年内却售出了 750 台。远见公司也打算进入国际市场。由于远见的成功和专业技术，GE 在 2004 年要购并它时出价达到了 9 亿美元。

星巴克的目标市场可描述为：希望在大城市中找到有吸引力的咖啡馆的顾客，他们想要的是一种可负担得起的奢华和随意的社交关系，这个场所要求干净，并提供高质量的咖啡和烘烤产品。星巴克的目标顾客是中上层收入的白领，年龄在 25 ～ 55 岁之间，他们或喜欢喝咖啡，或喜欢大家聚在一个舒适的地方放松一下。有了对这些目标顾客的清晰描述，新企业就可以设计一个计划来吸引和留住他们，从整个市场到瞄准一个细分市场可以使新企业缩小营销战略，从而将所有的精力都集中到获得该目标市场的新客户身上。通常，新企业在他们的初级阶段总是试图接触太多的细分市场，结果在未能建立起一个客户群时就分散了资源。

创业案例 **汽车租赁与尼尔·彼得森**

汽车租赁主要针对那些需要短时间使用汽车却并不想拥有汽车的人群，这在大城市的市中心尤其具有吸引力。通常，在人口稠密、汽车费用高的城市地区，人们追求的是汽车的使用权而不是所有权。尼尔·彼得森（Neil Peterson）于 1999 年在西雅图创办了 Flexcar，现已扩张到了洛杉矶、旧金山、华盛顿特区和圣地亚哥（参见 www.flexcar.com）。

拥有或租赁一辆新车每月的平均花销总共是 625 美元，在汽车共享俱乐部中的一个普通会员每月在汽车上的花销不超过 100 美元。Flexcar 认为它的目标市场是单个个体，但很快发现，最大的利润增长不是来自个人，而是那些不想拥有自己的汽车的中小企业。就在你认为你已经识别出你的目标市场时，有时候市场会展示给你一个更好的目标市场。

一个有趣的目标市场是成年女性，女人在今天的购买力中占有很大份量，这不仅仅表现在传统的服装、食物和家具等的购买上，还涉及汽车、金融服务、电脑和旅行等方面。女人具有比男人更多不同的购买特征，是很多产品的极佳目标市场。

如何让顾客对你的产品情有独钟

商业计划书的前半部分要描述产品，包括产品的特征和供应情况。如果可能的话，绘制一张产品定位图。通过向购买者讲述各种产品的最大优点，所有的产品都可以在一定程度上被区别开来。定位就是对产品的供应和图像进行设计，使其在目标顾客的心目中占据一个独特的地位。

对产品进行定位能使公司及其产品在消费者心目中区别开来。沃尔沃意味着安全，联邦快递公司拥有“在一夜之间”。一个公司的产品定位图显示了该公司与它的竞争对手在同类产品上表现出的特性。图 11—3 所示为 EasyPC 新型个人电脑的产品定位图，该电脑定位于高易用性和高性价比。在确定产品定位后，接下来就是市场营销的任务了，要将此定位清晰地传达给目标客户。

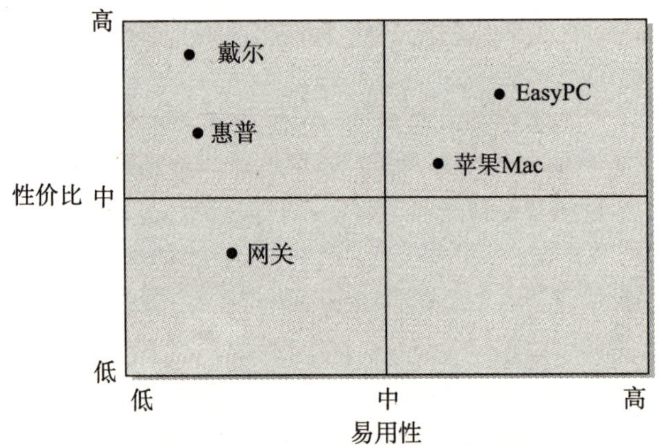

图11—3 EasyPC新型个人电脑定位图

对产品的定位集中在少数几个体现价值的关键属性上。如图 11—4 所示，定位陈述可以用来帮助确定产品的定位。一旦我们有了对一个产品的定位，我们就要努力建立一个强大的产品供应。产品制造商向顾客传播产品的关键价值并描述产品的好处。独特销售主张是一种表明产品区别于竞争产品可带给客户关键利益的一个声明。EasyPC 的独特销售主张是：

EasyPC 以合理的价格提供高性能、易操作的电脑，适合任何人使用。

联邦快递的独特的销售主张是：

我们一夜间就可以把您的包裹送到目的地——有保证。

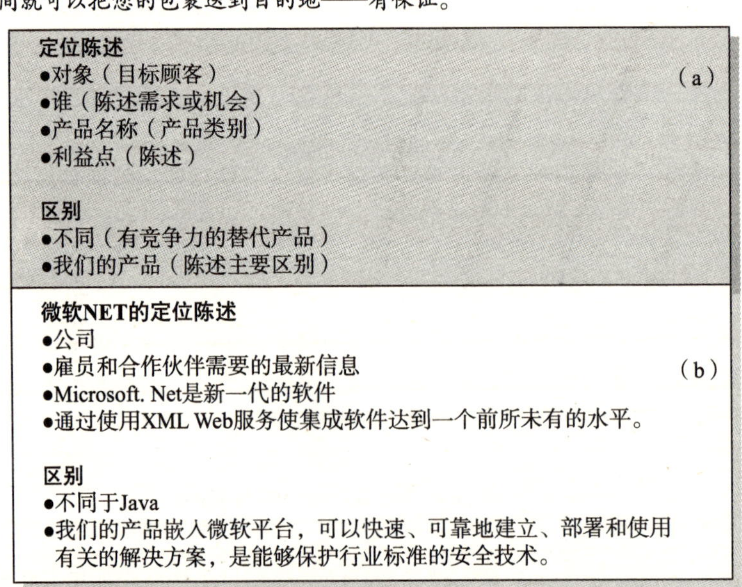

（a）定位陈述的模板格式；（b）Microsoft.net 的定位陈述。

图 11—4 定位陈述

弄清楚谁将会是你的最优客户，然后开拓这一细分市场是明智的。最优客户是那些重视你的品牌，不管你的产品是否有促销都会经常购买、并把使用该产品的益处告诉他或她的朋友以及不会轻易转向购买竞争者产品的人。创业型企业家识别他们的目标顾客市场，并对其产品进行适当的定位以便能很好地服务这些客户。

市场调研，营销计划的基础

市场调研是收集信息的过程，这些信息是制订健全的营销计划的基础。一旦选定目标市场，创业型企业家需要一些有关顾客的偏好和行为习惯以及竞争对手的产品信息。市场调研的目的就是了解一种产品如何吸引和留住它的顾客，它可以为新企业团队提供重要的信息。如果没有完整的资料，一个新企业可能只会推出一个最终客户认为没有多大价值的产品。一个关键的问题是：与其他细分市场比较，选定的目标细分市场里的需求可以让我们在产品定位中传达更多的感知价值吗？如果是这样，我们如何才能够有效地达到这一细分市场的要求呢？

市场调研工作有四个步骤。

- 定义产品和其独特的销售主张；识别目标顾客细分市场；制订一系列涉及客户偏好和行为习惯必要数据的问题。
- 利用抽样调查、公开信息、焦点小组、访谈和其他手段收集数据。
- 分析和解释数据，确定该产品是否满足客户的需要或需求，确定他们是否将支付选定的价格。
- 对客户和他们的需求、偏好和行为给出结论。

使用这些步骤，创业型企业家能够了解他们的客户，包括他们的喜好和行为习惯。第一步是确定所需的信息和调研目标。然后，新企业的创业团队制订从目标顾客细分市场收集信息的计划，可以使用公开发表的信息，如行业数据、杂志会大有帮助，也可以利用公司报告和行业新闻，在互联网上进行搜索会得到许多宝贵的信息来源。

为你的具体的调研目标收集一手数据。为另一个相关调研而收集的数据可以作为二手资料并加以使用，但是，原始数据来源是非常宝贵的，创业型企业家应该避免完全依赖二手资料。与实际的客户进行交谈和利用其他的渠道参与者是非常重要的。一个广受欢迎的调研形式是利用**焦点小组**，就是目标市场的一小群人。这些人被召集在一个房间里对产品进行讨论。这种讨论可以由企业创业团队中的某个人或专业主持人来主持。其他收集数据的方法包括抽样调查和观察顾客。电影行业采用免费提前观看的方式测试观众的反应，然后，演播室利用这些信息来修改，或者取出场面或字符，或者改变结局。焦点小组具有局限性。没有潜在客户曾要求自动取款机、旅行支票或个人电脑，但是它们被发明出来了。许多科技企业采用“你的生活中的一天”的形式，让客户比较推出新产品之前和之后他们的生活有什么不同，从而展示新产品的好处。

对于科技企业，如果它们的创业者能够识别、并与一些重要的、同时也是创新者的客户合作，就能很好地服务客户。这些主导消费者都是有识之士，他们愿意挤出自己的时间与新企业进行合作。

市场调研的一个重要用途是估计预设条件下最大的市场销售潜力。这样，新企业的创业团队才能做出符合实际的销售预测。新产品的市场潜力往往被估计得过高。例如，在戴尔和惠普销售量（见图 11—3）的基础上，我们预计 EasyPC 的潜在市场可能为每年 100 万台；然后，我们乐观地估计第一年的实际销售量可能是 10 万台。显然，这一预测是建立在许多未曾陈述的假设之上的，而这些假设可能是错误的。销售预测应是对一定具体时期内、在一系列假设条件下所能达到的销售量的一个估计。很多销售预测是不现实的。新企业的销售预测需要保守地建立在陈述假设条件的基础之上。

品牌是对价值的承诺

新企业应该具有竞争优势，诸如低成本、产品质量、客户关系或性能优势。许多新科技型企业通过做得更好或使顾客相信它们的产品有更好的特性，如性能、可靠性和质量，使其有别于竞争对手。品牌是名称、符号或表明该货物制造商的标志的一个组合。对于买方而言，品牌能用来精确地识别卖方。品牌是存在于消费者的头脑中的某些东西。知名品牌包括英特尔、惠普和戴尔等。品牌附加值就是与能够使产品增值的商标名称和标志相联系的品牌资产。品牌资产是顾客心目中能感知到品牌价值，包括四个方面的内容。

- 品牌知名度或熟悉度。
- 感知到的产品质量和活力。
- 品牌联想：连接顾客与品牌。
- 品牌忠诚度：维系产品的纽带。

品牌知名度或熟悉度的第一步是建设一个品牌；产品的可感知质量和对产品制造商的尊重将有助于建立品牌资产；产品的质量和它被感知到的活力可以帮助建立品牌形象；品牌联想可以让客户通过情感关系将个人与品牌连接起来。这种品牌联想可以用哈雷戴维森（Harley-Davidson）的所有者与摩托车品牌的情感关系来说明。换句话说，品牌的忠诚度对卖方遵守承诺做出回应。拥有重要品牌资产的技术公司包括 eBay、通用电气、基因技术（Genentech）、英特尔、微软和诺基亚等。

品牌对价值的承诺是区别产品或服务的核心要素。这种对产品价值的承诺与客户联系在一起，忠诚度来自于良好的客户体验。许多顾客愿意为一些易识别标志多支付一些钱——例如，苹果的彩虹色标志使他们感到他们是社会的一个组成部分。一个强有力的企业品牌可以让顾客知道：他们能对该公司生产的整个系列产品可以有什么样的期望。最成功的企业品牌是广泛存在的，它们用不同的阐释来吸引不同的客户群体企业品牌的象征意义足以强大到让人们跨越文化来共享该象征或标志，即使他们对此象征含义的理解有所不同。履行承诺、值得信赖的品牌的两个例子是戴尔电脑公司和 IBM 公司。

一些品牌，如耐克、哈雷·戴维森、宝马，已成为一个偶像。当一个品牌提供了一个令人信服的故事，可以帮助人们解决他们生活中的紧张局势时，品牌就会成为一个偶像。最有力的故事之一是对一群叛逆的人的描写。例如，耐克吸引那些想要在人群中脱颖而出的叛逆青年。

建立品牌的一个办法就是识别对目标客户来说重要的利益点，并描述意味着这些利益的属性。英特尔将优质作为其利益点，连续的营销活动已告知消费者：英特尔集成电路拥有可靠的高性能，是承诺优良品质和性能的技术领先产品。

营销策略不只有一种

营销组合的四个要素如表 11—1 所示。产品是服务于客户需求的项目或服务。营销计划描述了区别产品的关键方法。例如，可口可乐使用一种独特的、有商标嵌入的瓶子来使之与常规的可乐 区分开来；一些汽车公司利用他们提供的保修来区分他们的产品；诺德斯特劳姆（Nordstrom）通过产品质量和它的自由退货政策区别于其他的同类产品；柯达数码相机通过其易用性而有所区分；英特尔的奔腾芯片是因为其高速性能而卓越超群。

表 11—1 营销组合的四个要素

产品	价格	促销	地点
产品品种	标价	公共关系	渠道
质量	折扣	广告	位置
设计	信用条件	销售队伍	仓储
特点	付款期限	直接邮件	履行
商牌名称			
包装			
担保			
退货政策			

● **定价政策**可以用来区分一个公司的产品。沃伦 • 巴菲特说过："价格是你所付出的，价值是你所得到的。"例如，亚马逊网站采取提供 30% 的折扣和购买超过 25 美元的书籍就免费送货的定价政策。价格是一个灵活的元素，各种折扣、优惠券以及付款期限等策略都可用于市场测试。价格可以通过估计需求、成本、竞争对手的价格以及选择价格的定价方法来初步加以确定。有效的定价需要收集和整合关于公司的战略目标和成本结构、客户的偏好和需求、竞争者的价格和战略意图等信息。定价方法或战略可以用来寻求更大的市场份额、高端定价或最大额度的利润。在研究竞争对手的价格之后，新企业可以在一组客户身上对价格进行测试。

考虑为一本教科书设定价格，总的市场需求为每年 10 000 本，竞争者已确立了零售价格在 60~80 美元的范围内，对这类新教科书的年需求量可以由下式来加以表述：

$$D=10\,000-kP \qquad (11\text{-}1)$$

其中 D = 单位需求，k= 估计的敏感性常数，P= 价格（以美元计算）。新书的固定生产成本是 30 000 美元，可变成本是每本书 10 美元。这本书在质量和清晰度方面有别于其竞争者的产品。价格 P，你选择在规定的范围 60~80 美元。

为了最大限度地提高市场占有率，人们会选择最低的价格，P=60 美元，因为这将导致最大的需求量。如果市场调研表明市场价格敏感，并且 k=90，那么当价格定为 60 时，需求为 4 600 本。那么毛利润 =（收入 – 产品的成本），为：

$$GP= R-(VC*D)=(D*P)-(VC*D)=(P-VC)*D \qquad (11\text{-}2)$$

其中 R= 收入，VC = 可变成本。当 P=60 美元且 k=90 时，毛利润是 276 000 美元。如表 11—2 所示，如果你的价格提高到 70 美元，毛利润则减少。获得最大毛利润的最佳价格的计算取决于估计敏感性常数。如果我们改变我们的假设，使 k=80，那么我们从这本书获得的毛利润如表 11—2 所示。

表 11—2 新书的敏感性常数 k 的选定值和价格之间的毛利润 （单位：千美元）

		价格		
		60 美元	70 美元	80 美元
敏感性常数 k	90	276	259	166
	80	230	234	222

应当指出的是，70 美元的价格，是当 k=80 时可获得的最大利润的价格。注意，k 是通过经验和研究获得的估计值，会随时间而改变。

在很多行业，客户需要较低的价格，竞争对手并没有多大的定价能力。对于没有广泛竞争的企业来说，定价能力会增强，如大学、医院，或虚拟垄断行业，如有线电视运营商。大多数成熟的公司在世界范围内经营，由于大量供应商的存在，产品价格会降低。新企业可以在图11—5所示的三个定价策略中选择一个。许多创业型新企业利用价值定价，因为对价格而言，需求很敏感，并且新公司拥有很少的品牌资产。需求导向的定价方法是：观察产品在不同价格水平上的需求，并努力估计一个能提供良好的长期市场占有率和盈利能力的价格。许多拥有突破产品的科技企业将会采用高端定价策略。

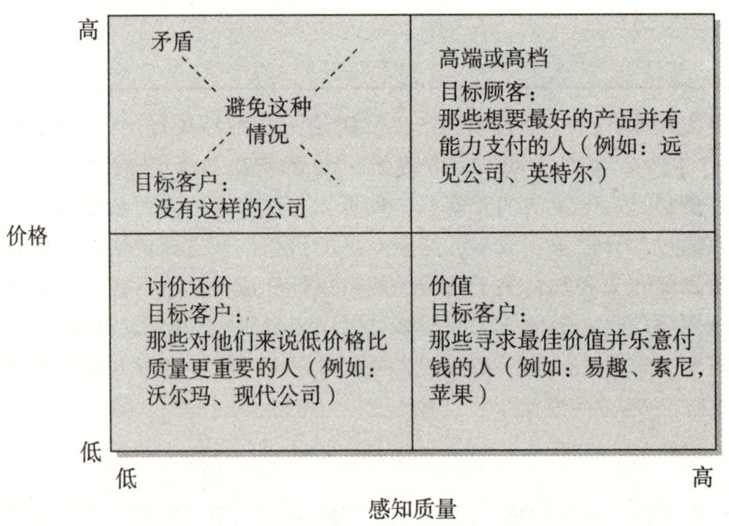

图 11—5　三个定价方法

新技术企业通常提供新的有价值导向的产品。由于其未知的性质，新的产品或服务很难定价。许多新产品都具有质量和性能不确定的特点。为了吸引顾客使用一个新的产品，提供担保——担保合同或指定性能的保证书，可能是有用的。另一种可能性是提供与质量相关的定价，按原价退还质量不好的产品。

使用传统增长模式的公司可以通过创造和销售满足市场需要的产品，利用对新产品和服务的需求实现增长。随着客户群的成长和产品越来越受欢迎，利润开始出现。利润可以部分投资到那些将提供新的销售收入来源的项目中去，部分留下来建立品牌价值。品牌价值可以通过多种技术渠道来创建，并非只有咄咄逼人的价格战，还可以进行精明的促销和广告。

● **促销方式**包括公关活动、广告和不同的销售方式。选择推广和传递这些信息的媒体是一个复杂的活动。广告是一门传递销售主张并将产品独特地定位在顾客心目中的艺术。最初的产品信息是新企业用来吸引顾客关注他们的企业及其产品的。广告可以通过印刷媒体、广播、电视或因特网发布。查尔斯·雷夫森（Charles），露华浓的联合创始人曾经说过："在我们的工厂里，我们生产口红。在我们的广告里，我们出售希望。"许多产品都在销售希望。所有瘦身食品的供应商都在销售希望；媒人和约会服务同样也在出售希望；相比之下，微软和英特尔销售可信赖的产品性能。**广告可以为新科技型企业提高品牌知名度、创造价值、提高回报。**

营销媒体的清单如表11—3所示。直接通过邮件发送信息或电话销售会议是一个很有用的方法；公关活动通常采取的形式是在印刷媒体上发表文章或在广播和电视上进行采访，来传递产品信息；许多企业发现有必要使用销售队伍来向客户提供信息。口口相传（言论）促销对电影、玩具、休闲活动和餐馆特别重要。如，有关哈利•波特图书和电影的言论有很多。其他产品，如药品等，也可以产生大量的言论。值得进行口碑传播的产品有一些独特的、有吸引力的属性，如宝马的迷你库伯或一个新的抗癌药物；此外，它们还应该是显而易见的，如最新的衣服或配件潮流往往最先从年仅十几岁的女孩口中传出。

表 11—3 营销媒体

• 广播电台	• 目录
• 报纸	• 商业化信息
• 杂志	• 网站
• 电视	• 博客
• 电子邮箱	• 介绍与演示
• 电话营销	

口碑营销往往被称为病毒式营销。这个概念是基于一个古老的现象：人们会告诉别人使他们感兴趣的事情。互联网是一个重要的寻找有超前信息的时尚达人的途径——他们有电子邮件列表，有自己的网络。美国廉价航空公司（Jet Blue）、星巴克和 Linux 公司是典型因为良好的口碑而取得成功的品牌。

口碑促销活动遵循播种信息和配给产品的协调进程。迷你库珀是看得见的、能谈论的，但不是现成的——这非常适合口碑促销与推广。还有一个策略是利用名人展开促销活动。然而，为了从口碑促销中获得利润，你必须首先采取行动而且要快。随着手机的大范围应用和通信技术的发展，最新的口碑论坛发展很快。

● 地点是指选择渠道分配你的产品，适当地选择你的商店的实际位置。为使你的产品到达最终用户，分销渠道是必要的。出版商通过多种渠道销售图书，如通过互联网书店直接向最终用户出售图书，如庞诺书店（BarnesandNoble.com）。每个行业都有一个过渡分配体系，差别优势属于那些创造性地使用不同的渠道进行销售的卖家。

在个人电脑行业，戴尔电脑通过电话或互联网直接将产品销售给最终用户，而惠普公司主要是通过零售商店和能产生附加值的经销商销售。当使用几个平行渠道时，由于渠道和领域（区域或客户）目标之间的分歧，可能会出现渠道冲突。

许多科技企业将它们的产品卖给其他制造商，这些制造商将产品作为最终产品的一个模块或组件对产品进行组装。例如，英特尔向戴尔公司提供安装在其个人电脑内部的微处理器。

利用互联网作为分销渠道将导致消费者、零售商、分销商、制造商和服务供应商之间关系的转变。它向许多企业展示了这样一种选择，减少或消除中间商的作用，并让这些供应商直接与他们的客户交易。然而，在开展一个电子商务和绕过传统的分销渠道之前，企业应分析哪些产品适合以电子方式分销。那些最适合的是数字化产品，如信息产品。

创业案例

宝洁公司的新品试用

许多企业利用互联网进行销售和实验。宝洁公司正在利用其公司网站（www.pg.com），邀请在线客户对新的原型产品进行尝试并给出反馈意见——这种方法使宝洁将测试新产品与营销进行组合。宝洁公司进行了至少 40% 的在线测试。2000 年 8 月，当宝洁公司准备推出佳洁士深层洁白牙贴（一种家庭用牙齿漂白试剂盒）时，它对建议售价 44 美元进行了测试。宝洁在电视和杂志上做广告以吸引人们参与测试，它还向报名参加新产品尝试的人们发送电子邮件。在前 8 个月，它在线销售了 144 000 个美白牙贴。

随着广告销售的不断增长，雅虎和谷歌显现出了互联网的力量——在线广告正取代报纸和杂志广告。当用户正在寻找购买或研究在线产品或信息时，雅虎和谷歌就会在用户面前放置一段广告。

一个新兴的公司必须决定如何以及在哪里花费它的市场营销资金。它可能有多个产品类别和许多地区来花费其有限的营销预算。**一个新兴公司应当收集每个区域或国际市场的有关信息，并根据不同区域和产品的盈利机会分配营销资源。**

别让顾客离你太远

一个公司与客户关系的质量直接影响公司的内在价值。

> **创业不可不知的名词**
>
> **客户关系管理（CRM）**是与客户进行的一系列沟通。这些沟通包括经济交易、产品（这是交易的主题）、交易场所和交易背景。

想让客户关系管理卓有成效，必须关注吸引客户的过程、客户转变或销售的过程以及维护客户忠诚度的过程。这些关系的管理需要及时沟通，绝不拖延耽搁。企业和客户通常会进行一系列有助于建立关系的简短沟通。在一个关系空间中，发生在客户与企业之间的沟通如图11—6所示。沟通的第一部分是以产品为基础的经济交换，交易场所可以是实在的，如商店或家具展示商城，或者是展销商品的网站；交易背景包括我们所了解的所有客户及其周围环境。

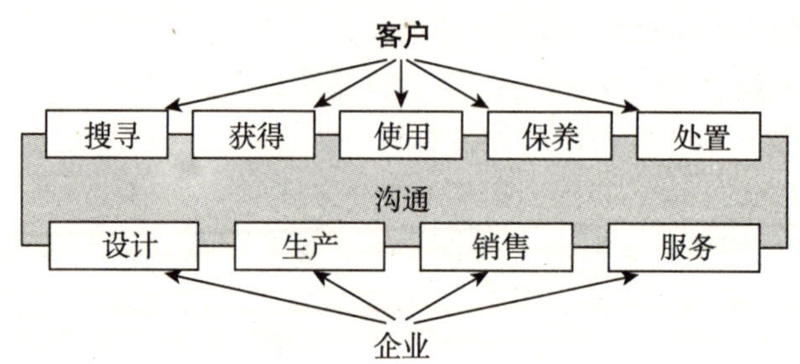

图 11—6　客户和企业的沟通关系

客户关系管理（CRM）体制的一个必要步骤是建立客户数据库。这对银行和零售企业来说相对容易得多，因为他们与客户的直接交流十分频繁，而对于那些不直接与终端客户接触的企业来说要困难得多，如半导体和汽车零部件制造商。客户数据库可用于客户关系管理活动，如客户服务、忠诚度计划、奖励计划、社区建设和消费者产品与服务的个性化。

客户关系如果管理得当通过提供优质的服务企业可以快速收集到客户数据、识别有价值的客户和增加产品忠诚度。通过客户关系管理过程，客户成为提升公司产品和服务能力的一个新来源，因为他们可以提供新的想法。不幸地是，有太多的企业使用电话循环，阻挠客户寻求帮助，让自己与顾客之间产生了距离。

当客户与公司CRM部门雇员全都集中精力于沟通时，CRM就会处于良性循环状态。客户与员工的全部参与能为客户和企业传递更有效的信息。

Progressive公司运用CRM一天24小时与客户保持联系，它采用自己直接销售和通过代理商销售相结合的方式销售汽车保险。Progressive信息系统允许客户网上管理他们的账户，包括电子支付账单和增购一辆汽车或雇用一个司机。公司拥有功能强大的网站、电话呼叫中心和“一周 7 天一天 24 小时”的连锁服务。Progressive 的连锁代理商能够迅速到达汽车与交通事故现场，这些代理商配有笔记本电脑，可以和公司进行无线交流，公司允许他们在网站上发布信息。

图 11—7 描述了 CRM 和企业在整个市场所做的努力。执行客户关系管理，有助于企业进行市场调研、提升客户忠诚度和构建营销组合。

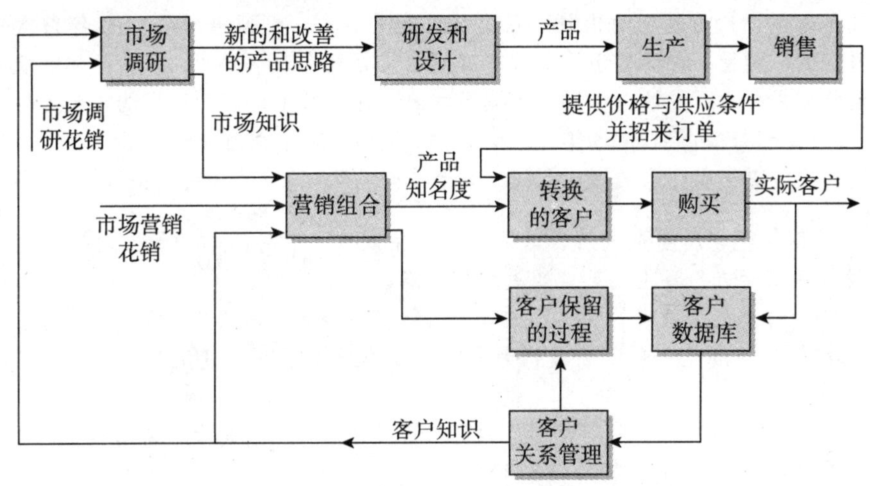

图 11—7 CRM 和企业在整个市场所做的努力

声称自己对产品满意的客户不一定是重复购买的客户，因为满意是对人们体验的一个量度，而忠诚度是对他们实际购买行为的一个量度。客户调查衡量的是观点，但是它对客户未来行为的预测是不可靠的。忠诚度不是观点问题，它是客户对一种产品或一个企业产品的承诺的量度。客户忠诚度的测评比满意度的测评更难获得。良好的满意度测评能够帮助你确定今天的业务什么地方出现了问题，而良好的忠诚度测评是一项前瞻性工具，企业可以利用它来制订战略，继续保持他们希望保留的客户。

创业案例

客户关系管理与福瑞杰

客户关系管理工具可用于收集和整理涉及公司客户的活动。例如，福瑞杰（www.frontrange.com）能够使一个公司跟踪当前或潜在客户，并提供服务、销售和售后管理。另一个主要的 CRM 供应商是 www.salesforce.com。

消费者个性化服务，有时称为一对一营销，是一个使产品个性化以满足单一顾客规格要求的过程。公司使用 CRM 系统从每个客户那里征求他或她的特定需求和偏好。戴尔计算机公司使用它的订购网站推广这个理念。其他公司，如利维－斯特劳斯和耐克形成了根据客户偏好创建个性化产品的工艺和系统。作为个性化的一个很好的例子，参见戴尔网站上的戴尔计算机个性化服务。数字产品如音乐文件，很容易做到个性化，但其他生产商也可以通过剪裁和修饰其产品来提供个性化。

创新采纳者的5种类型

大多数企业的产品会包含一些新颖性或创新。顾客根据他们自己对一种创新的优点和风险的看法，会较早地采纳某一个创新。创新的扩散过程描述了创新是如何在潜在采纳者中传播的。创新可以是一个产品、一个工艺，或一个被那些可能采纳它的人视为新颖的想法。创新呈现给潜在采纳者一个解决问题的新选择，但他们也显现出更多的关于这种新选择比旧的做事方式是好还是坏的不确定性。扩散理论的主要目标是了解和预测创新的扩散速度和扩散模式。创新并不总是迅速蔓延的，最好的想法也并不总是被迅速采纳的。英国海军在 1601 年首次知道坏血病是可以避免的，这是一种比战争、事故和其他所有因素导致水平死亡人数更多的疾病。解决的办法很简单——在水手的饮食中加入柑橘类水果，并且效果是显而易见的（船上的坏血病被消除了）。但是英国海军直到 1795 年才采纳了这一创新，晚了将近 200 年。

创新的传播取决于潜在采纳者对创新的五个特征的认知，具体内容如下：

- 相对优势：创新比它所要取代的目前使用的产品或方法有可感知到的优越性。这种优势可体现在给使用者带来经济上的好处或更好的性能。
- 兼容性：创新与潜在采纳者的现有价值观念、知识、经验和做法相适合。
- 复杂性：在何种程度上一项创新被认为是很难理解或使用的。被认为的复杂程度越高，采纳的速度就越慢。
- 可实验性：潜在采纳者在使用创新之前的可实验程度。实用性越大，采用率越高。
- 可观察性：采用创新多久创新的优势可为潜在采纳者周围的其他人所见。知名度越高，追随者的采用率越高。

采纳者对这些特征的认知对他或她是否决定采纳该创新具有更大的影响。例如，黑白电视于 1947 年发明，到 1950 年，10% 的家庭已经使用了这一创新; 到 1960 年，90% 的家庭有电视机。电视机的快速采用是由于与录音机相比具有相对优势：家庭内部的高兼容性、相对较低的复杂性、易操作性和在商店的橱窗及朋友家的可观看性。而个人电脑在 1982 年引入市场，但直到 2002 年，仅有 50% 的家庭拥有个人电脑。个人电脑的高复杂性，阻碍了许多消费者在家庭中的应用。此外，对许多潜在用户来说，可感觉到的优势并不明显。

创新的采纳通常符合 S 型曲线，如图 11—8 所示。当采纳遵循 S 曲线时，采纳者的分布曲线呈现一个正态分布，如图 11—9 所示，其中：Sd= 标准偏差。图 11—9 中也标明了创新采纳者的五种类型，具体内容如下：

- 创新者想要企业处于领先地位，并渴望尝试创新。他们有复杂的且往往是不成熟的想法以及处理大量财务工作的能力，帮助他们应对不确定性（风险）和创新可能造成的损失。
- 早期采纳者比创新者更容易与潜在采纳者结合，而且处理通常具有最大程度的舆论领导力，会提供给其他潜在采纳者有关创新的信息和建议。他们是有远见的。
- 早期多数的采纳稍领先于平均人口。他们通常采取故意的、有时是漫长的决策。由于其规模和与其他潜在采纳者的连通性，可以将早期采纳者与大部分人口联系起来，他们的采纳标志着创新在大众中的迅速传播。他们是务实的。
- 晚期多数被描述为之所以采纳创新，是因为经济上的需要和同龄人的压力。虽然他们在总人口中所占的比重与早期多数一样大，但是他们往往拥有较少的资源，且较为保守，在采用前需要更多的证据证明一种创新的价值。
- 落后者或迟钝者，这是最后采纳一项新的创新的人。他们往往相对孤立于其他的采纳者并过于注重过去的经验和传统。当一个创新会给他们有限的资源带来风险时，他们是最大的怀疑者。

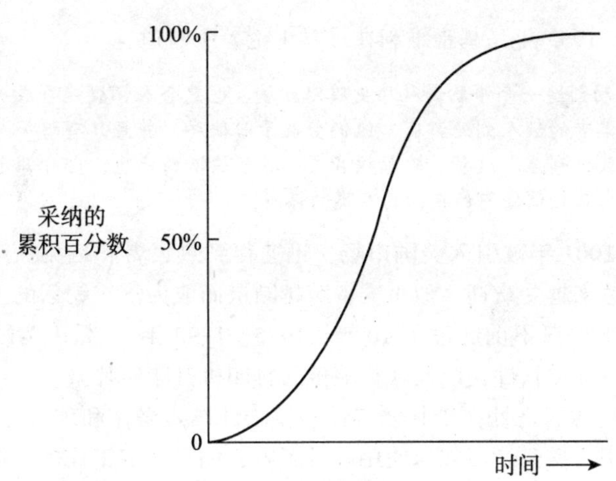

图 11—8 创新采纳的 S 型曲线

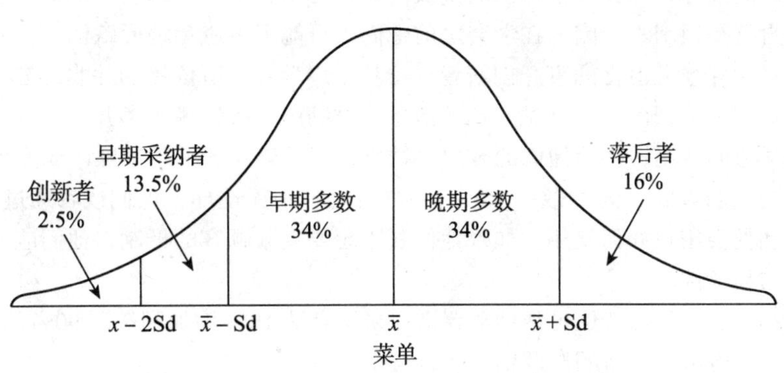

图 11—9 当 Sd= 标准偏差时的创新采纳类型

突破创新断层

从早期采纳者向早期多数的过渡很难，因为需要吸引实用主义者，如图 11—10 所示。有远见一族和实用主义者之间的这种巨大差别称为断层。早期采纳者或远见一族是独立的，他们受到机会的激励，能迅速看到一个创新所带来的利益。然而，早期多数或实用主义者是分析型的循规蹈矩者，他们要求创新产生证实了的结果。一旦一种产品跨越了断层，其他人就会购买它，因为他们愿意观察和尝试它。跨越此断层对新企业来说是一项具有挑战性的艰巨任务。一个例子是 20 世纪 60 年代第一部可视电话；另一个例子是于 1953 年首次推出的立体电影。当时，3D 电影的不便之处已经超过了其优势，其使用也在 20 世纪 90 年代停滞。这些创新都没能跨越这个断层。

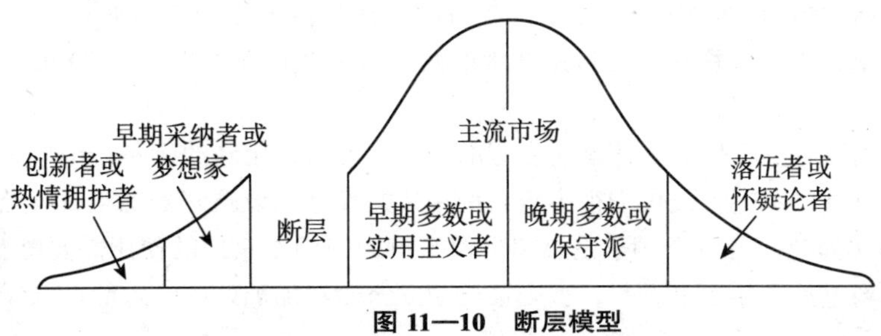

图 11—10 断层模型

关于改变和破坏，1953 年马基雅维利在《君主论》中写道：

> 没有什么比主动创造一个事物新秩序更难以开展、也更令人怀疑能否成功、处理起来也更危险的了。因为改革者的敌人到处都有，他们受益于旧秩序，并且只有路加的热烈拥护者在所有这些新秩序中能获得利益。这种“路加福音式”的不热情的产生，部分源于对那些除非自己亲身经历否则不会真正相信任何新东西的人类的怀疑。

混合动力汽车在 2001 年被引入美国市场，迅速得到热衷者和远见一族的认可。目前混合动力模式的汽车已经越来越受欢迎，似乎准备跨越断层而成为汽车销售的主流。

数字摄影在断层上停滞不前超过了 10 年（1985—1995 年），是因为缺乏易于操作的用于处理数字图像的个人电脑和软件，以及缺乏廉价的打印机打印照片。

许多高科技产品的薄弱之处在于其兼容性和复杂性，要操作和理解它们往往很难。因此，它们要求即将使用的用户需要学习如何使用以及了解它们是如何工作的，提供这些产品的公司需要就所有这些问题教会用户。在某些情况下，这种教会用户的努力是昂贵和费时的。

然而，未必所有的创新家都是教育家，任何采用一种创新的人都必须是一个学习者。即使是最透明和直观的设计，也存在学习上的挑战。骑自行车看上去很容易，但对大多数的成年人来说，学习骑自行车很困难，因为在学会之前他们很可能不可避免地要跌倒。要教成年人学会骑自行车往往是一件令人沮丧的事。创新者支持其用户学习，所依赖的并非是健全的培训会议和文件，而是在网页上列出一个常见问题的清单，鼓励用户阅读说明书并不奏效。创新者往往试图将教学和学习的费用转移给他们的客户，结果，一项创新的采用被延误或停止。

头脑灵活的创新者除了同时做一个教育指导者之外别无选择，他们或者通过创新的媒介，或者直接指导和教会用户如何使用。如果他们真正想要克服顾客的抵制，他们应认识到他们需要平衡易用性与易学性。

断层模型和产品的传播特性可帮助解释潜在采纳者从 10% 增加到接近 90% 所需的扩散期。表 11—4 显示了一些选定创新的扩散期。

表 11—4　　选定创新的扩散期

创新	扩散期（年）
电力	40
电话	70
调频收音机	20
汽车	60
黑白电视机	12
彩色电视机	16
磁带录像机	17
动脉支架（用于救治心血管堵塞）	8

起初，有些人认为 DVD 模式的采用可能需要 10 年或更长时间。到 2003 年，DVD 播放机和光盘的购买量比上年翻了一番。DVD 的销售迅速增长克服了两个潜在障碍：（1）与录像机磁带相比，DVD 光盘的购买价格较高；（2）DVD 播放器不能用来实时记录。目前，宽带有线电视或卫星电视提供的视频点播传送技术的发展似乎准备好了应对 DVD 市场继续增长的挑战。

许多创新者面临着一个先有鸡还是先有蛋的问题，因为使用新的设备，用户需要一套可以广泛使用的基础设施。不过，仅仅为很小数目的用户建设基础设施并不现实。对无线网络设备领域而言情况确实如此。另一个例子是燃料电池车辆的使用。它们的使用需要氢燃料加油站，但除非有很多燃料电池车使用氢燃料，否则谁会建立氢燃料加油站呢？可能难以让一些客户采用创新技术与产品，因为市场正呈现出网络的特点。今天，公司之间的相互联系是如此丰富，以至于一个人采用一个新产品往往取决于其系统内其他人是否采用。

有些产品一旦达到临界量就会像流行病一样蔓延开来。流行趋势或畅销书的出现可用病毒发作来描述。这些流行病有三个特点：**传染；小问题产生大影响；在某一个时刻而不是逐步地发生大的变化**。临界点是指由于采用人数猛增而达到临界量或阈值的情况。这种类型的跳跃出现在网络的某一点上，此时已有足够多的人们拥有这种价值大大提升的产品，并且产品销量猛增。低价传真在 1984 年引进，到 1987 年年底，大约有 200 万传真机在使用——足以值得拥有一台。其结果是，1988 年就达到了临界点。

流行病是通过一条信息传播的，这种信息对听者是有意义的和有情感共鸣的，创新者要激励购买者将此信息留在他或她的脑海中并传给他人。这种有说服力的信息由值得信赖的代理商进行传达，使潜在购买者行动起来。由于病毒式营销可能会出现临界点。一个有感染力的信息是难忘的、有激励性的，由值得信赖的代理人传达可以加速产品到达它的临界点，可以使一个产品跨越断层。

创业案例

电视观看新体验

TiVo 公司是一家提供专有架构的公司，它既用盒子直接向客户递送又授权给其他公司如 DirectTV、索尼和先锋（Pioneer）。它允许用户录制、播放节目，跳过商业广告和其他不想看的内容，使电视观看个性化。这种体验是全新的，超过了其各个组成部分的总和，因此难以向非使用者解释。在 2005 年，只有 2% 的美国电视用户使用，要得到广泛接受，它还有很长的一段路要走。但是，TiVo 公司有达到临界点的潜力，因为对它表示满意的用户是狂热的球迷，他们会积极说服他人尝试（www.tivo.com）。

企业家为新产品创造愿景，是制订有助于潜在采纳者理解和重视创新的价值、并对公司传播的信息做出反应的营销计划的代表。公司传播的这种信息必须是有说服力的、可信的和可以理解的。新的创业型企业需要创造资源和必要的战略来克服潜在采纳者对产品知识的兴趣。他们很可能是从投资者那里得到资金，并成功地使自己的产品跨越断层到达其余类型的用户那里。

市场营销可被描述为采取必要的行动来促进公司成长，并保持公司在你所选定的市场中的地位。**要跨越断层，就需要营销战略计划及其执行必须吸引和留住实用主义者**。他们关心产品质量、服务质量、易用性、可靠性和与产品互补的基础设施（通常称为整个产品）。

要跨越断层，新企业必须确定务实的客户的特点，针对他们制订一个营销计划。对于一个刚成立的规模较小的企业来说，这可能意味着采取局部行动，然后随着销售的增长再进行扩张。跨越断层意味着与合作伙伴一起进行整个产品的装配，以满足特定目标市场中务实主义购买者的需要。

训练高素质的销售队伍

所有的商业都涉及销售，销售是通过交换机制将产品从一个人或团体转移到另一个人或团体的过程。它包括识别顾客需求和使其产品或解决方案与这些客户需求相匹配，以满足这些需求。很多科技创业型企业称此过程为销售和市场开拓。

多数企业采用较大规模的销售队伍来联系买主。新企业应制订一个行动方案（包括销售战略和销售计划），然后定位目标顾客，并招聘、培训、组织、激励一支销售队。他们还要对销售人员与顾客之间的相互作用进行管理，此过程受购买者需求和销售人员销售技能的影响。销售人员–客户互动成功的结果是订单、利润和回头客。在小型的新创企业里，销售人员可能还有其他任务，如产品开发或市场规划。

推销科技产品很难，因为科技产品往往不像房子或衣服那样是有形的。购买科技产品的过程要慢得多，销售人员必须激励潜在购买者采取行动。科技产品的销售人员必须对产品有全面了解，并能清晰简洁地说明其好处所在。

特别是在工业市场，企业的客户通常也是企业，买方实际上可能有多个决策者，科技产品或服务的最终使用者当然是他们其中的一两位。然而，其他人可以是对购买哪种产品给出建议的人（如信息技术工作人员）和那些实际参与合同谈判的人，如采购代理。这样就会使销售复杂化并推迟出售。从第一次接触到销售交易完成所经历的时间称为销售周期。销售周期可以短如一天（例如，在谷歌网站上购买广告产品或在 eBay 网站上购买拍卖的物品），或长如几个月（例如，为医院实验室选择尖端设备）。科技创业型企业，在制订商业模式和财务计划时必须估计销售周期的长短。

在 1955 年至 1990 年间，IBM 的成功源于它有一个非常博学的、训练有素的和高度激励的销售队伍。IBM 的销售人员真正具备计算机知识，并了解顾客的需求。IBM 前任 CEO 托马斯 • 沃特森（Thomas Watson）指出：**"强大的科技创新加上强大的销售队伍是不可战胜的。"**

对一个拥有创新产品的新科技创业型企业来说，销售人员必须全面了解产品，并能够为顾客提供问题解决方案。新企业中的每个人都有以下责任：（1）搜寻、发现并创造顾客；（2）提供创造性的解决方案；（3）完成盈利性的销售。很多新创企业中的所有员工都能做到（1）、（2）两步，但是可能回避最后一步。然而，没有实际的销售，新企业注定要失败。

销售方案流程，如图 11—11 所示。销售人员识别目标市场并接触潜在购买者，然后，确定潜在消费者的问题和需求所在。基于这些需求，创造并提出一个解决问题的方案。销售者必须清晰地表达此解决方案的好处，然后强烈建议顾客购买，在得到顾客的积极回应后，确

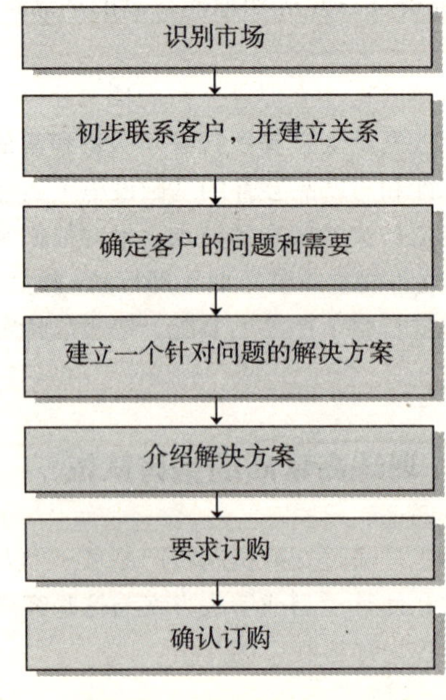

图11—11　销售产品或方案流程

认该订单。可能在你买衣服时已经经历了这样一个过程：售货员跟你交谈确定你的需求，然后向你推荐一个或多个解决方案（选择）。你呢，则试穿衣服，看大小是否合适，穿着好不好看。售货员在旁边给出自己的评价和建议。当你们双方都满意时，售货员会用强烈的词语建议你购买，如果你同意了，售货员就给你开单子。对于为政府机构或电子企业购买一台新电脑的购买者来说，虽然过程复杂些，但基本也是一样的。销售人员推销自己，表示他们的关心，并提供跟产品和信息一致的证明，这些证明一般具有权威性和稀缺性。销售过程部分在于说服技巧。

新企业通常让他们自己的员工去管理销售过程，但却以合同方式雇用他人去销售产品，这些被雇用的人称为销售代表。通过本公司的销售人员和通过独立销售代表销售的优缺点比较，如表 11—5 所示。对新企业来说，保持本公司销售人员和独立销售代表之间的适当平衡是至关重要的。

表 11—5　　通过本公司的销售人员和通过独立的销售代表进行销售的比较

	优点	缺点
公司销售人员	• 熟悉你的产品 • 相对容易管理 • 提供顾客反馈信息 • 支付工资加佣金	• 高固定成本 • 低的地域分散性 • 时间成本以及雇用与培训的成本高 • 旅行费用
独立销售代表	• 支付各种佣金 • 雇佣和培训成本较低 • 地域分散性强 • 已建立起顾客关系 • 低固定成本	• 为几家公司从事销售，很难使他们专心 • 难管理 • 顾客反馈信息少 • 对你的复杂产品可能了解有限

新兴的科技型企业在开始时可能会使用集中的、直接的销售队伍来创造需求，并向主要的目标细分市场进行渗透；接下来，随着企业成长加速，再转向其他的细分市场和销售渠道会比较合适。

由于竞争和缺乏对产品及其质量的了解，新企业在销售时会遇到各方面的抵制。要克服这种销售抵制，可以采用试用期以及鉴订担保书和服务合同的方法。许多新企业在生产好的产品和制订完善的营销计划方面做得非常好，但却在销售预测上失败了。

我们将在第 15 章描述国际市场营销和销售所存在的问题。

带你踏上创业之旅

案例AgraQuest

在1998年，当AgraQuest生物公司期盼着推出它的第一个产品时，准备了一个粗略的营销计划。在回顾这份粗略的营销计划的基础之上，帕梅拉 • 马龙和负责产品开发的副总经理制订了一个新的营销计划，招聘了一个营销和销售的副总经理。营销计划描述的细分市场（目标顾客）为美国和智利的农场主。AgraQuest生物公司计划利用经销商作为自然生物杀虫剂“小夜曲”（Serenade）的分销渠道。小夜曲的定位图，见图11—12。“小夜曲”对真菌的有效性和化学杀虫剂是一样的，但是，“小夜曲”具有较高的恢复性（效力可以保留一段时间）。

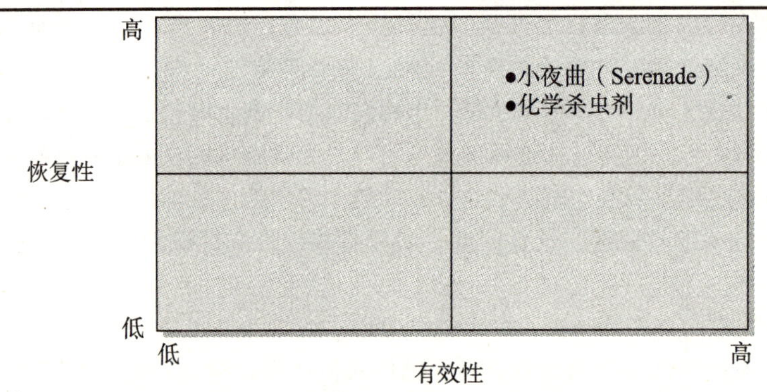

图11—12　生物杀虫剂小夜曲和化学杀虫剂的产品定位图及杀真菌能力比较

AgraQuest生物公司做了一些市场调研，他们发现许多农场主不相信新的生物产品是因为其他自然产品公司所做的不能兑现的夸大宣言。AgraQuest生物公司采用试验田的形式来表明其产品的有效性，并克服了这种不信任。他们还进行了一项价格调查，并将其产品价格和那些竞争者（化学品公司）的产品价格定在同一水平。

在1998年，AgraQuest生物公司雇用了它的第一个营销副总经理，他发起了一项传统的大规模广告活动——两年内耗资50万美元。产品定位声明是：地球上最好的生物杀虫剂。这样的广告和销售活动被农场主视为是傲慢自大的，他们认为公司产品未经证明，是不可信的。因而，这次的广告活动未能吸引足够的购买者。第一个营销副总经理离开了。第二个营销副总经理在2000年接手。然后，他继续通过重复做广告来建立产品形象及品牌，企图在市场上确立对产品的认可，但同样失败了。这两个营销副总经理都曾供职于使用广告活动推销新产品的大型化学杀虫剂公司，但是，AgraQuest生物公司是一个新成立的小公司，它所需要的是一个能帮助它吸引农场主、试用它的产品的营销计划。

AgraQuest生物公司的自然杀虫剂需要跨越断层才能使那些采用新工具和产品较为缓慢的农场主购买。这种缓慢的接受过程是不能通过广告加速的，它需要一系列精心设计的实验和证据来证明产品的关键优势：产品的效力。AgraQuest生物公司在2003年，招聘到了第三个营销副总经理。

要使主流农场主相信他们应该使用“小夜曲”，AgraQuest生物公司还有一个巨大的断层要跨越。通过进行额外试验田实验向农场主表明，在他们自己的土地上也能获得同样的效果。如果没有亲眼见到某产品的效果，农场主是不会使用该产品的。利用天然产品挤进杀虫剂市场非常困难，因为该行业一直被效果很好的化学杀虫剂控制着。农场主喜欢它们，并且已有50年的使用历史，再加上很多天然产品企业过多的承诺与实际不相吻合的产品效果，这些都使农场主对天然产品非常挑剔。

AgraQuest生物公司建立了一支由7个人组成的销售队伍，他们的薪酬包括两部分：工资和奖金。其市场按优先顺序依次为：葡萄（美国和智利）、番茄、莴苣、香蕉（哥斯达黎加）和苹果。

AgraQuest生物公司的销售额在2002年为250万美元，2003年为350万美元。小夜曲具有独特的优势，因为只有天然产品才可在作物收获前几周使用。如果在这段时间里下雨，小夜曲还可以用来防止真菌，而化学杀虫剂就做不到。然而，2000年至2003年的收获季节恰逢干旱，因此这种竞争优势不是随着时间的推移一成不变的或可能经常适用。

纸上练兵

1. 随着手机在全世界范围内的广泛使用，许多营销和广告公司正观察如何利用这种可携带至世界任何地方的通信设备的特点（无处不在）。为什么商家认为手机是一个有价值的营销平台？你预测一下会出现哪些类型的移动广告挑战？
2. 新思科技（Synopsys）是为全球电子行业提供电子设计自动化软件的供应商（www.synopsys.com）。它的客户是集成电路的设计者，它的主要竞争对手是Cadence设计公司（www.cadence.com）。请为这两个公司准备一个产品定位图。
3. 强大的品牌是建立在创新和广告基础之上的。审视基因技术公司（Genentech）、苹果公司和默克公司（Merck）的品牌价值，并说明造就它们品牌力量的原因。
4. 《商业周刊》的国际品牌栏目对全球前100名品牌进行了一项世界品牌的年度调查。查看最新的调查报告，并从中选出一个新入围名单的公司。描述该公司的营销目标和目标细分市场。
5. 高清电视（HDTV）是一个新兴的电子消费品。讨论与HDTV有关的市场营销挑战（例如：HDTV的节目内容、设备、HD DVD播放器等）。通过创新采纳者的类型描述目前市场对高清电视的反应，以及经过此前的各个类别各需要多长时间。

创业挑战

1. 描述你的企业已识别的顾客和目标细分市场。
2. 利用图11—4中的模板制订一个产品定位声明。
3. 按照市场调研步骤描述市场调研计划。
4. 简单描述一下你的产品的营销组合。
5. 你的企业将如何销售产品和建立客户关系？
6. 调查你公司所在的行业，确定销售周期。

Technology Ventures

第12章 让员工成为创业前行的动力

导读

在企业发展早期，要组建一个领导团队，制订商业计划和企业组织计划。组织计划必须使企业文化与企业目标和价值观相一致。企业领导者要努力激励团队成员，营造一个合作创新的文化氛围。随着企业的成长，管理者要建立企业结构框架，并执行新企业的详细事务。随着企业的不断发展壮大，领导者要全力展现情感智力。企业也要建立薪酬制度，明确是“购入”还是给予所有权——通常情况下是授予股票期权或者限制性股票。最后，企业要成立董事会和董事会顾问委员会，以协助监测和稳固成长中的企业。

“科技创业的20条军规12”

有效的领导者，加上以组织绩效为基础的较好的组织计划，协作性的文化氛围和完善的薪酬制度，有助于使每一位参与者都能与新企业的宗旨和目标保持一致。

创业故事

创业热情与英特尔

Technology Ventures

英特尔，已成为个人电脑的半导体标准，它运用了三个原则以保持其活跃的创业活动。首先，领导人必须愿意解决复杂的问题。在技术产业，没有任何东西可以取代纵深性的知识，我们可以看到英特尔的新产品不断上市。其次，最有效的管理人员都不害怕改变规则。对一个以前很少直接接触消费者的公司来说，“内置英特尔”的品牌运动是极不寻常的营销理念。最后，英特尔很少试图说服任何人工作或接受任务。管理者必须展示愿意尝试新事物的原始热情和激情。

两个人作为一个小组一起工作，要比三个人单独工作的产出更多。

——查尔斯•P•麦考密克

企业最早的领导者

创建一个新企业的第一步通常是一个或两个人识别到了一个好的商机，然后形成一个商业概念和规划去挖掘这个商机。在一小段时间后，为了使领导小组拥有所有必要的能力，成立一个创业团队的需求变得越来越清晰。

> **创业不可不知的名词**
>
> **新企业团队(new venture team)**是指一小群具有所需领域专业知识、管理才能和领导能力的个体的集合。因此，这个团队包括在财务管理、市场营销、产品开发、生产和人力资源管理方面具有专业技能和知识的人们。

一个 2 ～ 6 人组成的创业团队需要拟定一份商业计划书，在获得融资之后将公司推向市场。我们将团队定义为一些具有互补能力的人们，他们为了共同的目的、目标和方向而努力，因为他们认为彼此应互相负责。由团队创建的新企业通常要比个人创建的新企业的业绩表现要好得多。

一个或两个领袖企业家的才能，对新的创业型企业至关重要，因为其他人愿意加入该团队是基于这些企业家的丰富经验和奉献精神，以及他们的人格魅力。通常我们称这样的企业家为创始人。在其他情况下，初期创业团队的所有成员也都称为创始人。创始人显示出了具备胜任能力的企业家所具有的一切品质：热情、承诺和远见卓识。创业型企业家理解以信息为基础的、以知识为驱动的服务密集型经济的长远含义；他们知道新企业需要什么——速度、灵活性和不断的自我更新；他们知道对于任何一个想在新时期实现繁荣和蒸蒸日上的企业来说，有技能和目标动力的人才是企业运营的核心。

此外，这些新企业必须要具备适应环境的能力，并随时准备随企业发展而不断做出相应的调整，组织安排也必须随市场和顾客需求的变化而变化。由于资源和能力基础有限，新形成的企业通常会受到这种来自市场的必须改变的挑战。强大的创业团队能够确保企业在战略、结构、体制和资源方面不断地进行重组，必须具有保持需求变化、效率、劳动强度调整和及时性平衡的能力，必须包括一个或几个能获得外部资金资源的人。新企业的优势之一是员工在行动前能够积极地思考与探索，而不是踏着前人的脚印走。

众所周知，新企业创业团队的大多数成员是领先型企业家，而且通常包括家人、朋友和生意上的伙伴。一个创业团队的成员应该是根据其技术和能力挑选出来的，或是根据其获取新企业所需的信息、知识、金融资本和其他资源的能力挑选出来的。

创业案例 **苹果公司的领导团队**

在1978年，苹果电脑的领导团队由三种不同的人组成，他们均具有专业特长和个人品质。史蒂夫·乔布斯是一位超凡的领导者，他激励员工并直接与电脑爱好者交谈；迈克·马克库拉（Mike Markkula）是业务和营销领导；斯蒂芬·沃兹尼亚克（Stephen Wozniak）是工程领导和公司的电脑研发人员。这种平衡的、强大的创业团队使苹果电脑开创了其在商界历史上的辉煌。

让企业成为人才的孵化器

组织设计是指对组织的下列几方面进行设计：组织领导和管理安排；选举、培训和人才（员工）的薪酬；共同的价值观和文化；结构和风格。一个组织有9个构成要素。

- 任务和愿景。
- 目的和目标。
- 战略。
- 能力和资源。
- 工艺流程和程序。
- 人才。
- 领导团队和管理。
- 共同的价值观和企业文化。
- 结构和风格。

在以上9个要素中，最后4个要素可以看做是组织的设计要素。人才指的是组织中的人，通常称为雇员。领导团队和企业管理者负责引导企业发展的正确方向；共同的价值观和企业文化是组织成员共享的具有指导性的概念和含义；企业的结构是对其职能和活动的安排；风格是大家一起工作的方式——例如：学院式或团队导向式的。

好的组织设计能降低官僚成本，从而获得低成本优势；另外，好的组织设计可以使企业的价值创造能力最大化，使企业获得各种各样的优势和利润。好的组织设计需要清晰地定义客户并向他们提供其所需的价值。

在使生产效率和创新最大化的条件下组织员工的最好方式是什么？大多数成功的创新型组织包括许多小单元，它们彼此之间能够自由地进行沟通、独立追求自己发展的机会，不受企业的微观管理的约束。在适度分散的情况下，创新增长最为迅速，过分联合和过分分散最终都是有害的。最好的组织设计是在一个团队或单位中营造竞争氛围，鼓励团队成员彼此产生不同的想法，但保持相对自由的、开放的沟通。

以能力为基础的战略，依靠的是在“松－紧”结构中工作的人才。因此，等级结构需要被网络型结构取代，官僚体制需要转变为灵活的流程，以控制为基础的管理角色要演变成关系型的管理。能够有效地适应市场变革的灵活组织通常被称为**有机组织**。如表12—1总结的那样，**保持可持续竞争优势的必要战略资源是人力资本和组织资本。**

表 12—1 组织设计的目标、工具和资源

目标	可持续竞争优势
	人才的不断更新
工具和方法	组织愿景
	价值观
	灵活性
	创新
	企业家的活动
战略资源	人力资本
	组织资本
	智力资本

重视通过人才来获得利润的新企业将需要付出努力，以确保他们能首先招聘到合适的人。企业组织要清楚所需人群的最重要的技能和品质是什么。科技创业型企业，往往会寻求那些拥有强有力的技术专长、具备灵活性并愿意和能够承担新企业中的关键角色的人。新企业招聘的人才需要知道自己应该干什么并有能力做好它，就是聘请“之前参加过比赛的伟大运动员（喻指有经验的人）”。**一个新企业的优秀成员应具有的品质包括灵活性、经验、技术专长和自我创造力**。比如，罗伯特•诺伊斯（Robert Noyce）和戈登。摩尔（Gordon Moore）创建英特尔公司,威廉•盖茨（William Gates）和保罗•艾伦（Paul Allen）建立微软公司,香草•科莱赫（Herb Kelleher）和科琳•巴雷特（Colleen Barrett）成立西南航空公司（Southwest Airlines）。所有这些领导人都具有共同的特点。

组织的绩效是个人行为和表现的结果。成功的企业必然拥有和其他人协同采取正确行动的员工，因此，新企业的组织形式通常是一个以企业内部关系为特点的网络。一般情况下，企业从一个单一团队开始，随着企业的成长，单一的团队演变成一系列功能交叉的团队。

美国西南航空公司的高效运转源于其有效地利用它的主要资产——飞机和人。西南航空公司运用了关系协调（RC），其中介绍了员工如何采取行动以及在这个关系网络中他们如何看待自己与他人的关系。关系协调需要通过共同的目标共享知识、相互尊重，以便及时地解决问题。对关系协调需求增加的三种情况是：**相互依存、不确定性和时间限制**——这在新创企业中都普遍存在。

图 12—1 是组织设计的一个模型。组织的三项活动分别是经营、创新和客户关系管理。这

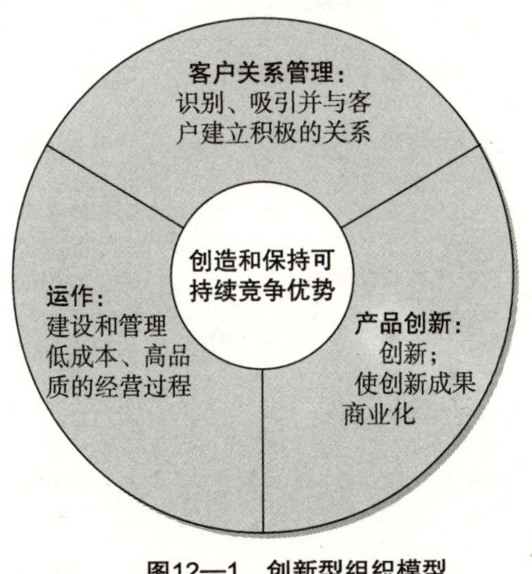

图12—1 创新型组织模型

些活动都支持组织的关键目标，创造和维持一个可持续的竞争优势。创新、经营和客户关系管理一体化可以增强竞争优势，而互联网和企业内部网有助于降低三者互动的成本。多数新创企业都具有优势，因为它们的新奇使它们能够方便地整合如图 12—1 所示的三项活动，从而迅速获得竞争优势。

大多数新企业会设计扁平的组织结构，以便于快速采取行动。新企业通常是以一个团队或一个协作的结构形式开始，主要包括具有几个基本职能部门的团队。在一个协作的结构中，经营单位是团队，团队可能包括 5 ～ 10 个成员。最好的协作结构是自组织和自适应。自组织机构由组成团队的个人组成，它们受益于多元化的个人和稳健的网络互动。这种合作的结果，再加上网络的自组织行为，就会产生超过各部分的总和的利益，这通常被称为**协同作用**。

领导者是企业的指挥家

领导力就是通过帮助员工获取完成目标所需的知识、力量、工具和方法，来影响和激励员工为了共同的目标而一起工作的过程。领导力对一个创业型企业至关重要，它通常体现在新企业的 1 ～ 2 个领导者身上。

一个新企业的领导者就好比一个爵士乐队的指挥家，他具有演奏耳熟能详的和新的音乐的能力，同时，他还能创造和改善新的协奏曲和其他协作性音乐篇章。为了能在不断变化的商业环境中生存，动员组织调整其行为非常关键。应付挑战的对策来自各阶层雇员的集体智慧，这些员工需要将彼此作为一个资源使用，他们往往跨越国界，并一起寻找解决问题的方法。

好的领导者对企业的目标充满希望，能随时描述企业的前景。他们传达企业的愿景和价值观念，并相信他们就是做到这一点的那些人。

新企业的领导会以各种不同的方式对常规工作和挑战性工作中出现的问题做出反应，如表 12—2 所示。**创业型企业家最重要的能力就是培养和利用团队成员的才能。**领导者的作用就是回应挑战和适应企业中的各路人才。组织面临挑战性问题时，需要组织成员承担责任、解决问题。因此，领导者帮助团队成员面对挑战、学习解决问题的新方法。

表 12—2　日常工作和适应性工作中的领导力

领导者在下列方面的作用	常规问题	挑战性和适应性工作
指明方向	确定问题并给出可能的解决方法	确定挑战和问题
团队和个人责任	分清及界定角色和责任	讨论为适应不断变化的需求而确定角色和责任的必要性
冲突	恢复秩序和减少冲突	接受有用的紧张和矛盾，利用它们定义新的方法和战略
规范和价值观	加强规范和价值观念	重塑规范和价值观
教学和辅导	对现有员工进行培训和组织技术性学习	教育和辅导新员工

领导者创建公司融合了个人的谦逊和专业意愿；他们野心勃勃，但主要是为了组织而不是个人。在团队成员的共同努力下，领导者就有了创建更大企业的动力。在使企业的常规工作具有清晰目标和方法的同时，他们不断追求成果，并且使用新方法以便适应具有挑战性的形势。**领导力是这样一种能力，当形势发生变化时，仍然能够获得新的组织方法和才能。**领导者鼓励讨论，这样可以使员工参与并了解问题所在，最终共同达成一个能保持持续优势的战略。

领导力有四种风格，如图12—2所示。领导人的行为既是指令（任务）又是支持（关系）。指令行为通过发出指示、建立评价的目标和方法、设定时间限制、定义角色和指出如何实现目标，来帮助小组成员完成目标。支持行为涉及向他人表示社会和情感支持的双向沟通和反应。

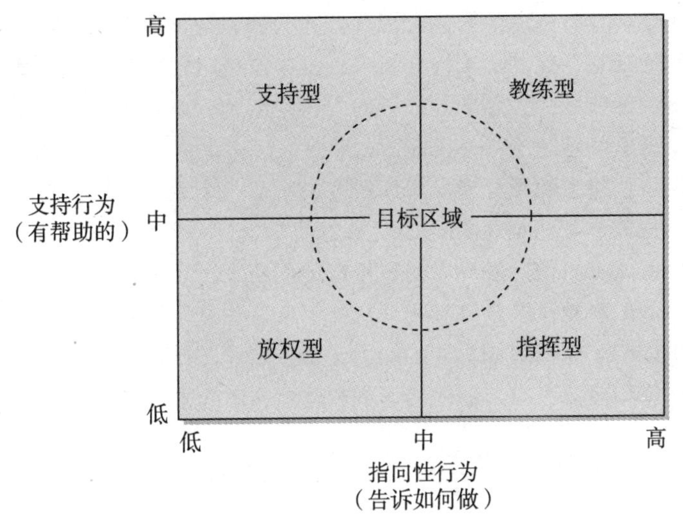

图12—2 四种领导风格

支持型领导并不完全集中于目标，而是使用支持行为在任务完成上发挥员工的技能；**指挥型领导**向下属指示目标是什么及如何完成目标，然后仔细监督他们；**教练型领导**风格要求领导者集中于目标并鼓励下属；**放权型领导**表现在发出较少的指令，并促进对于员工的信任。最有效的领导人会根据形势和小组成员在目标区域范围内经营情况的需要采取四种不同风格的领导。新企业的领导者在企业运营的早期阶段最有可能采用指挥－支持型风格；之后，在企业成长期，领导者可能会综合利用四种风格的领导。

领导者阐明一个明确的、令人信服的企业愿景，以激励团队实现高绩效；领导者避免让夸夸其谈替代行动（即避免光说不练）；通过及时地建立新的能力、推出新的产品，他们大力发展可持续的竞争优势；领导者对于可以清楚地理解并采取行动的简单的概念持有偏见，告知行动是他们的目标；创业型企业的领导者在设定高标准向目标冲刺的同时，还鼓励成员协同一致。总的来说，领导者具有七大特征。

- 权威性：言行一致。
- 果断：愿意在有限的、不完善的信息上采取决策行动。
- 有重点：创建一个优先项目清单，并坚持干下去。
- 关怀：构建关系和社会资本。

◆ 个人技能：向团队所有成员提供有用的反馈信息和好的教练式辅导。
◆ 善于沟通：促进对话和在设想上进行交流。
◆ 不断地完善自我：保持学习和在企业内部不断地注入能量，保持乐观。

传授知识处于领导的核心。事实上，领导者是通过向他人传授知识来领导他人的。传授是想法和价值观念在组织内部传播的途径。领导就是帮助他人认清实际情况，明白应采取什么样的应对方式，从而确保组织按其需要的方向发展。组织绩效是个人行为和表现的结果。在成功的企业中，员工做他们该做的事。那些企业中的卓越领导者做出正确的决策，他们创造条件让他们的员工拥有信息、权威和主动性来做出正确的决定。当领导力有效时，组织内部所有层次的行动都是相互协调和一致的，这样，组织就能发挥其潜力。

领导者拥有指导性的愿景和热情，能给其追随者带来希望，这种传递希望的关键是领导者的信誉和正直。领导者具有高度的自我意识和强烈的信仰与价值观。**领导力的五大功能是：挑战现状、激发共同的理想、促使员工行动起来、以身作则树立榜样和激励员工行动。**

领导者表现出一种能让他人感知并依赖的内在力量和一系列稳定的价值观，他们鼓励他人避免自我吹捧，彰显出一种谦逊与非凡能力的结合。

是什么造就了一个伟大的领导者？一项研究揭示了一个关键品质：**应对逆境并从中汲取经验教训的能力。**本尼斯和托马斯（Thomas）称这些塑造性格的经历称为“熔炉”，这些经历能使领导者变得更加强大和自信。领导者的产生是他们的个人品质和时代相结合的产物。在他们的性格形成时期，他们经受住了磨炼和挑战，他们将这些经历转变为应对未来挑战的能力。这些伟大的领导人也证明了有适应和应变的能力，不一定非得是传奇式的人物，他们很可能是具有丰富经验的人，这些经验可以帮助他们形成和建立自己的领导技能。

打造一流的创业团队

创业团队由为数不多的几个具有互补技术的人组成，他们相互负责，为了共同的目标和任务而努力。创业团队适合于那些为应对动态机会和挑战，寻求创新点的企业。创新具有创造和合作相结合的功能。团队成员享有支配自己工作的权利、自由和责任；创业团队规划发展方向和工作，他们通过工作形成一个有意义的目标（如设计新产品），以确定发展方向、动力和承诺。

创业团队具有几大优点。第一，创业团队用以平等为基础的控制代替等级控制，管理方式不再是花费时间和精力去直接控制劳动力，而是成员自己管理自己。第二，创业团队允许员工说出他们的想法，提出解决问题的更好、更具创造性的方法。第三，以平等控制代替等级控制，创业团队可以消除层级体系。一个强大的创业团队的业绩体现在好的沟通、共同的目标和价值观以及团队的骄傲上。当每个成员都能很随意自在地提出建议、尝试可能实现不了的事情、指出潜在问题和承认错误时，创业团队就能有效运转，并不断学习提高。有效团队有如下几大特征。

◆ 所有成员共享团队任务的领导权和所有权。
◆ 成员之间在轻松而非呆板的气氛中不断地进行沟通。
◆ 很好的理解任务和宗旨。
◆ 员工之间相互倾听，轻松对待团队内部的分歧。
◆ 多数决定是协商一致达成的。

◆ 反馈绩效是频繁的。
◆ 任务分工和工作的努力方向是明确的。
◆ 合作努力是规范的。
◆ 成员制订自己的、共同项目的中期阶段的最后期限。
◆ 小组成员互相依靠和相互负责。
◆ 团队成员不断学习并分享他们的学习所得。

新企业的成功，有很多可以用创业团队内部的社会互动（协作性）来解释。在知识密集的动态产业中，创业团队的表现超越了单一的创业型企业家，因为新企业需要的能力要比单个人具有的能力更强。成员之间的才能产生互补才会获得成功。创业团队的优势在于它是一个具有不同性格、技术、知识和才能的人的有利结合。创业团队内部协作的好坏与新企业的成败密切相关，实现高品质社会互动的团队往往容易实现新企业的成功。团队的协作性或社会互动有六大因素。

◆ 沟通：频率、正式、结构和开放性。
◆ 凝聚力：在何种程度上成员希望继续留在团队——人际吸引、承诺和团队自豪。
◆ 工作规范：共同的工作期望。
◆ 相互支持：合作和帮助。
◆ 任务协调：完成任务的及时性和协调。
◆ 平衡成员的贡献和冲突：果断和公平。

当团队成员具有必要的能力和经验，并认为他们有能力执行任务时，团队成员就能够支持创业活动。此外，团队成员支持团队的努力，并参与“买进”（以投入为进入做准备），而无须考虑创业型企业家的任务。

团队擅长通过合作解决问题。他们运用一个开放的流程产生多种选择可能性，测试各个选择，并确定一个很好的解决方案；他们拥有共同的价值观和目标，可以产生出色的成果。要想取得成功，团队就需要善于处理创造性任务。创意小组拥有来自不同背景的成员，并定期改变成员的身份。他们还利用训练有素的促进者在必要时帮助他们完成重要的创造性任务。

新技术企业必须取得优异的创新业绩。高绩效团队应包括最好的、知识最渊博的专家，这些专家必须将精力集中于目标，并根据其预期价值为企业及其产品选择设计方案。创业团队应建立一个流动频繁和丰富的思想流，并定期面对面交流想法，他们的目标应该是最终为客户提供最好的产品，让顾客感到满意。

大雁在冬季会飞往南方。它们排成一个V字，随着每只鸟摆动自己的翅膀，会立即有更多的鸟跟随它。V字飞行，可以使整个鸟群以比每只鸟单独飞行至少超出71%的速度飞行。如果有共同方向的人合作，他们会更迅速、更轻松地到达他们想要到达的地方。

无论何时，只要有一只大雁飞离队伍，它就会感受到对这种试图独自飞行的行为抵抗力，并很快地回到队列中去，以便利用群体飞行的优势。团队也将会和志趣相投的人一起工作。当领头的大雁感到疲倦时，它会盘旋着飞回队列，另一只大雁会接着补上。轮流承担艰苦的工作，对整个团队是有好处的。也许，在后面呐喊的大雁就是助威团，鼓励那些前锋保持速度。

如何成为卓越的管理者

管理是维持组织良好运作的一系列活动，如计划、预算、组织、人员编制和控制。

管理者关心的是资源配置，可能会特别集中于日常事务的管理。新建风险型企业的管理将努力完成可以保证企业运转必需的所有任务，管理者的目标是使企业能及时有效地开展各项工作。为了执行企业战略，管理者要致力于聚焦的目标。他们有目的地选择资源，有目的性的管理者管理如此有效的原因之一是他们对节约使用资源是内行。

● **当需要信息或帮助时，管理者会动用他们的个人关系，这些非正式网络创造了一个组织社会资本的一部分。**通过业务网络联系员工的管理者是宝贵的管理者，他们跨越国界，帮助建立子网，使组织顺利运作。

● **管理者善于模式识别——能从不多的事实中概括出一般性，**好的管理者也是有准备的、节俭的和诚实的。让员工坚持重要的战略举措，并使这些举措不会随着时间的推移而转移注意力，对今天的竞争成功是至关重要的，伟大的组织拥有杰出的战略和能力以及执行企业战略的必要机制。后续经营和工艺是一个公司竞争优势的一部分。管理者将精力集中于业绩、反馈和决策，他们也是将资源及时整合到一起的合成器。考虑到竞争环境的变化频率，在 12 ～ 18 个月的连续时间跨度内管理资源，他们可以做出巨大的贡献。

● **管理者通过描述预期的产量而不是路径设定期望值。**一旦有才能的人知道所期望的结果，他们将决定最佳路径。

> 优秀的经理人大都采用下列方式激励他们的员工：为他们提供成功的机会，认可他们取得的成就、工作和责任，以便推进组织发展。管理者需要告诉员工他们的工作时间跨度、可以期望的支持，以及将负的责任；负也将因为取得的成绩而赢得管理者的信任。

● **好的管理者可以将团队成员的才能转变为好的工作业绩。**他们让员工参与那些与他们有直接关系的决策，解释为什么如此做决策，并明确在做出调整后希望员工们做些什么；他们还向团队成员提供有关他们表现的反馈意见。当员工要求反馈意见，并能很好地处理关键性的批评时组织便可盈利。对面临许多转变的新企业内的所有工作人员而言，开放的反馈意见是至关重要的。随着人们开始询问他们如何做才能与管理的优先事项相关，他们的工作将会变得更加符合组织的目标。

● **所有成功的管理者都擅长做出承诺、遵守承诺和改造承诺。**承诺是目前可采取的任何能将组织与今后的行动方针相结合的行动。管理承诺可以采取多种形式，从投资到人事决定，再到公开声明，每一个承诺都会对公司发挥持久的影响力。承诺可能妨碍对变化着的状况做出反应，管理者可以学习识别何时承诺会成为障碍，并做出改变。然后，他们可以用新的、催人振兴的承诺克服这些障碍。能够做出承诺并改造承诺是一个重要的管理技巧。

新企业的管理是很复杂的，管理者要平衡 5 个观点：反思、分析、背景动态、关系和变化。反思可以促进理解；分析可以产生更好的组织安排和执行方案；了解背景（或环境）可以酝酿区域和全球活动；与其他公司合作和健全产业关系也很重要；另外，倾向于行动和有益的变化是管理者的另一个宝贵观点。有效的管理者会将所有 5 个观点编织在一起，并纳入公司增长和业绩获得的基本框架内。

领导者是企业的情感领路人

领导者情感上的任务是首要的，也就是说，它是领导者最根本、最重要的行为。**领导者是一个企业的情感领路人。情感智力**（EI）是领导者所表现出来的4种心理能力的一个结合体：自我意识、自我管理、社会意识和关系管理。

自我意识指的是能够理解人的情绪、情感和动机，以及它们对他人影响的一种能力；自我管理指的是控制情绪以及展现乐观和适应性的能力；社会意识是指对一个组织内部的其他人对社会潮流的情感和意识的移情感受；关系管理包括灵感、影响、冲突管理和团队合作。

按照戈尔曼和他的同事所说，具有这些能力的领导人和管理者拥有高水平的EI，而且他们的管理往往更有效。他们的自我意识和自我管理有助于激发共事者的信任和信心，强大的社会意识和关系管理有助于赢得共事者的忠诚。有同情心的人和善于社交的人往往擅长管理人与人之间的争端，能更好地找到不同组别之间的共同点和目的，他们比缺乏这些素质的领导人更有可能推动组织向着预期的方向前进。

情感智力高的人往往行为真实，他们能乐观地思考、有效地表达情感，在处理人际关系时反应灵活。

经常接触和联系的人之间会产生共鸣，这可以用来加强情感。当“同步”或具有“相同的波长”时，人们就处于共振中。共鸣式的领导利用他们的EI技能，传播他们的热情和解决冲突的方法。良好的团队通过建立情感的与社会的意识和管理，来努力建立团队共振。

有强大的文化才有强大的企业

组织文化是组织内部员工共有的价值观、规范和礼仪的组合，制约着员工之间以及与其他利益相关者之间互相交流的方式。一个组织的文化，对组织内部员工的思想和行动能产生强大的影响力。

组织价值观是指关于应追求什么样的目标以及应采取什么行为标准来实现这些目标的信念和思想。价值包括创业活动、创造力、诚实和开朗。

组织规范指对组织成员施加的适当的行为准则和期望。规范（非正式规则）包括员工如何相处、灵活的工作时间、着装规定以及各种通信手段如电子邮件的使用。

组织仪式是指组织成员聚在一起的仪式、典礼和纪念活动。这种仪式的例子有：周末聚会、野餐、颁奖晚宴和升职宣布与认可会。

在创新型企业里，价值观和信念支持团队协作、企业的创造性和冒险性行动，这些企业利用各种故事和仪式，以加强这些价值观和信念。

文化体现在社区。社区是建立在共同的价值观、利益和社会互动模式基础上的。在商业环境中，合适的企业文化对企业的竞争优势是至关重要的。大多数新创企业具有将创始人和员工联系在一起的、具有鲜明特色的价值观和准则，其中包括长时间的密切合作。新创业型企业的团结意识是非常强的，大家对共同目标达成了一致的看法——生存和早期的成功是最重要的。新创企业往往是由朋友或以前的同事创建起来的，组织内部显示出很高的社交性，员工拥有高度的组织和成员身份。在初期，苹果公司的员工认为自己是“苹果人”。创业型企业往往支持体现重要仪式意义的社会活动。

惠普公司培养了一种被称为“惠普方式”的文化。这种文化是在一份关于公平和正义的并对目标、价值观和规范所做出的声明中发展出来的。该企业向员工承诺安全、工作满意和利润分享。例如，在 1981 年的经济萧条时期，惠普推出了每个级别都削减 10% 的工资和工时的制度而不是裁员。

赛普拉斯半导体公司的创始人罗杰斯（T.J.Rodgers）阐述了他对技术型创业型企业的良好工作场所的看法：

> 创建公司的目的是我想拥有一个舒适的生活。但是，首要目标还是控制我自己的环境。我不喜欢为他人工作，我不喜欢做自己不感兴趣的工作，不喜欢与自己不喜欢的人一起工作。所以这是一个我正努力创建的环境控制系统，在那里，我将会每天都喜欢工作，喜欢与我的同事在一起，喜欢我所做的项目，并过上体面的生活。

围绕创始人的领导力而建立的创业型企业，在他们的最初几年，通常表现出较高的社交性和团结性——如惠普公司和惠普。因为创始人的离开和其他挑战的接踵而来，很可能难以保持一个新建企业的社区文化。雅虎公司靠几个疯狂工作的创始人建立了一个快速成长的企业。在 2000 年，他们的社区文化帮助他们建设公司，但是他们的狭隘性可能使他们通过雅虎镜头来看待市场。星巴克取得了成功，因为它提供了一贯良好的客户体验，星巴克的文化在其所有网站上进行了维护并保持了客户很在意的连贯性。

也许组织文化最强大的要素就是**信任**。信任是对一个人或一个组织的可靠性或真实性的坚定信念。我们能够信任那些与我们一起工作的人是至关重要的。团队由很多我们已对他们建立信任的人组成，但新的成员也需要获得我们的信任。信任，是指组织对一个人的工作、能力和对组织目标和任务所做出的贡献有信心。每个团队成员必须能够自我更新、愿意学习和具有适应能力。当信任被破坏，这个人就需要被重新分配、离开该组织或者使得他或她的活动范围受到限制。团队必须在其成员之间建立纽带使彼此信任，员工需要碰面以恢复团队的纽带关系，最后，跟人一样，组织也需要不断地证明它们是可以信赖的。汉迪提出了信任的 7 项原则，具体内容如下。

- 信任不是盲目的。信任你不了解的人、信任你没有随着时间的推移观察其行动的人和不致力于同样目标的人是不明智的。
- 信任有界限。在生活的某些领域但不必是所有领域信任别人是明智的。
- 信任需要不断地学习。团队的每一个人必须能够自我更新和学习。
- 信任是艰难的。当信任被证明是错误的，因为他们辜负了人们的期望或不能依靠其来做必须做的事情，那么，这些人就需要被重新分配、离开组织或让他们自己的活动范围受到严重限制。
- 信任需要纽带。团队成员必须建立他们自己的纽带。
- 信任需要接触。个人联系是必要的，团队必须切实能够更新联系和纽带。
- 信任靠赢得。希望他们的员工能够信任他们的组织，必须不断地证明它们是可以信赖的。

良好的沟通是任何完善的和值得信赖的社会团体的一部分。知道何时说话、何时保持沉默，对任何一名员工来说，都是一项重要的技能。新企业需要开放和创造性来成长、发展和变得更加富有成果。仔细选择合适的问题，避免因误选而产生冲突也很重要。当情绪激动，新企业面临挑战与障碍时，保持沉默可能是明智的。然而，任何企业的管理者必须欢迎员工提出想法和建议。各种规模的组织都必须努力保持思想观念可以流动。打破沉默，才能使新的想法从组织的各个级别源源不断的涌现出来——这些想法可能恰好会将组织的绩效提高到一个全新的水平。

一个对成功企业的研究表明建立以绩效为基础的文化是核心。拥有以绩效为基础的文化的成功企业包括英特尔、思科系统公司和通用电气。几乎所有的高潜力成长公司都需要把重点放在绩效上，定义并建立一个强化绩效的文化。以绩效为基础的企业文化有四个原则。

- 激励每个人尽他们最大的努力。
- 用表扬和奖金来奖励已取得的成就，并不断提高业绩目标。
- 营造一个具有挑战性、奖励性和趣味性的工作环境。
- 建立、沟通和坚持清晰的价值观。

领导者能够设计一个让所有参与者都满足的工作场所。随着信任的不断增强，以及对决策的广泛参与，所有的员工都可以感受到自己在企业中的地位；并在工作中收获乐趣。

创业案例

思科社区声明

思科公司的文化要求组织中每一级的所有员工，都要承诺对商业惯例负责。此外，他们的业务战略包括他们对企业员工所做的细致工作，其中有对全球社团经营管理的改善，壮大员工队伍和在企业内部建立信任。

思科公司建立在（并且至今仍致力于）公开的沟通、增强能力、信任和完整性为原则的文化之上，这些价值观念仍在引导着我们的业务决策。我们通过工作场所的道德规范、慈善倡议、社区和社会倡议以及我们员工的素质来表现这些价值观念。

社会资本对企业的贡献

社会资本由一个网络中人们之间积极联系的积累组成。在本书第 1 章和第 9 章中均考虑到了社会资本。

创业不可不知的名词

社会资本**social capital**是指通过个人和组织网络可获得的资源。这些资源包括在信息、概念、信任、金融资本、协作、社会结构和情感上的支持它们。存在于关系网络内。

社会资本的大小依赖于你所认识的人的多少。像金融资本一样，社会资本如果能被明智地加以利用，就会提高生产力。一个企业通过其行动可以建立或消耗社会资本。关系网络往往是一项与企业的技术、土地或资本同样重要的资产。

企业员工之间的信任下降，员工就可能会换其他工作或自己单干，这会进一步导致社会资本耗尽。社会资本往往会有自我强化和累积的倾向。在一点上的成功合作，会建立一个虽然与本次业务无关，但可以促进今后在其他方面进行合作的连接和信任——社会资产。建立了社会资本的企业会挽留员工也会向员工做出内部晋升的承诺，他们也使距离较远的团队成员能够定期碰面。他们给员工一个共同的目的感，并信守对他们做出的承诺。员工需要听到一个组织传达给供应商和客户同样的消息。

社会资本可以包括三个方面：结构；关系和认知。结构层面关注组织建立的关系的总体格局；关系层面关注组织中个体之间联系的本质；认知层面关注在一个社交网络中，员工对某一问题持相同观点和见解的程度。社会资本是有价值的，因为它有利于协调、降低交易成本，并能使信息在个体之间流通。

更好的知识共享可以产生更多的信任和更好的决策。合作可导致发明、创造性的协作和良好的精神状态；信任是社会资本这台发动机的燃料，社会资本反过来又可以产生更多的信任。当一个组织内的员工在说他们的企业是“政治的”时候，往往意味着整个组织的信任度比较低。一个拥有强大资本的组织是一个具有共同的价值观和良好信任关系的团体。对话有助于团体团结和建立社会资本。

一些故事有建立和支持社会资本的力量，因为故事能传达并界定社会群体的意义、规范和价值观。善于讲故事是一个重要的领导技巧，因为它有助于建立组织和动员员工参与。

开发和利用社会资本的管理可提高企业业绩。提供适当的、可以进行创造性活动的网络，可以促进提高质量和生产率。保证技术人员和设计人员与客户和合作伙伴的协作活动可能会出现更好的结果。对于大多数科技企业来说，社会网络应密集和充足，要能够连接内、外部的各种资源。

信任对一个新企业是很重要的，它建立在兑现承诺的基础之上。对健康程度的怀疑是谨慎的怀疑，因为信任在工作中不断得到测试，怀疑可以帮助组织远离伤害。一些健康的疑问和内部质疑可能会避免悲剧行为和安然公司垮台的发生。

创业案例

创业原则与IBM

路易·郭士特纳（Louis Gerstner）在 1993 年 1 月加入 IBM 公司，将该公司带回到它的发源产业与成功。在他上任的头几个月里，郭士特纳为公司创造了一套原则，其中包括：

- 对于我们的核心，我们是一家具有压倒性的质量承诺的技术企业。
- 我们以具有最少官僚机构的企业组织进行经营。
- 我们的思想和行动具有紧迫感。
- 杰出、专心致志的员工能使一切皆有可能，尤其是当他们作为一个团队一起工作的时候。

郭士特纳还这样介绍了 IBM 的文化：“最后，一个组织无非就是其员工创造价值的集体合作能力。”到 2002 年，郭士特纳离开 IBM 时，留下的是一个强大的侧重于创业原则的技术公司。

留住人才，赢得未来

所有的企业都知道，吸引和留住最好的人才是他们未来成功的关键。然而，公开竞争其他公司的人才是现在公认的事实。领导者知道，在创业市场不断涌现的企业在竞争最优秀的人才，它们追逐能吸引有才能的人的重要机会。一个人的才能，是指人的可被有效利用并对绩效起重要作用的思想、情感或行为反复出现的模式。通常情况下，这些人才是在寻找创业团队成员的社会网络中被发现的，他们可以期望与新企业具有直接的关系、并在一个开放的值得信赖的团队中参与并建立新的业务。

吸引和留住关键员工取决于补偿、工作设计、培训和网络。补偿制度包括工资、奖励和所有权期权。成功的新企业寻找这样的员工：他可以在一个人们彼此信任、愿意对假设进行讨论、共享信息和表达感情的环境中茁壮成长。虽然胜利对他们而言是非常重要的，但他们的目标是以一个企业而不是以个人名义获得胜利。新企业通过让人才参与目标和目的的制订，然后进行组织来实现这些目标，让他们以企业所有人的身份工作。新企业的人才工作努力、快速，试图进入市场，希望得到更大的回报；他们仍集中在关键的成功因素上，并抵制任何流于肤浅的目标倾向；他们的动力是责任、参与和获得财务收益的可能性。新企业的内部承诺，实际上是符合现实的奖励，并可以激励潜在的结果。

一个新企业要留住忠诚的员工和合作伙伴简单地依靠财务奖励是不够的，而良好的沟通、信任和待遇是必不可少的。通过忠实于理想，企业成为其员工和合作伙伴值得信赖的团体。留住忠诚的员工与合作伙伴有六项基本原则。

◆ 宣扬你的做法。在组织的愿景、目标和价值观上进行沟通，并付诸实践。
◆ 合作伙伴也必须能够盈利。使你的供应商和合作伙伴参与到一个双赢的企业里来。
◆ 有选择性地聘用。选用与企业价值观一致的人，团队成员也要进行挑选。
◆ 任用团队中的人才。利用小的团队去完成大部分任务，并给予他们决策的权力。提供简单的决策规则，这样团队就可以采取行动。
◆ 对正确的成果提供高回报的奖励。奖励具有长期价值和盈利能力的团队，提供丰厚的薪酬、效益和所有者期权。
◆ 听取逆耳的忠言，说话直截了当。运用诚实、双向沟通来建立信任，告诉员工他们如何做以及他们现在所处的位置。

许多高科技新创企业运用包括富有挑战性的工作、同龄群体控制和以完成具体任务的能力为选拔基础的组织设计和企业文化。对年轻的科技型企业来说，要取得成功，几乎没有比留住关键技术人才更重要的了，因为他们的知识常常是公司最宝贵的资产。因此，企业领导人需要遵守对他们的员工的承诺，用信任留住他们。

也许，一个新雇员最重要的素质是精通公司所需的技能和证明他具有获得未来形势发展所需品质的能力。对科技型企业来说，侧重于原始的学习能力可能是最重要的。

随着企业的发展，在可能的范围内，应该通过现有团队成员和企业供应链招聘最好的人才。为进一步确定所招聘的人的能力，新企业通常会有一个建立在一个项目基础上的咨询或有临时雇佣关系的试用期。合适的团队成员对一个新企业的成功是至关重要的。克莱纳·柏金斯的风险投资家约翰·多尔在其看商业计划书时说：

> 我总是首先参照团队的履历。对我来说，是团队、团队，还是团队；而其他人可能会说，人、人，还是人——但我感兴趣的是作为一个整体的团队。

新组织需要吸引合适的人履行职责。能够领导复杂组织的人很难识别、吸引和挽留。在考虑任何候选人之前，企业必须清楚地确定他们所需要的重要能力和经验是什么。

一个新兴企业的成长和存活，取决于明星员工和良好的人才支持。明星员工可以对业绩做出重要的贡献，然而，公司的未来还取决于业务能力和稳定的业绩。这些稳定的业绩可以提升一个组织的抗风险能力，员工也因此更有可能忠于组织。

让员工成为持股人

新企业能够让他们的员工成为持股人，他们还需要提供合理的薪酬和福利待遇。在企业确保财务收支平衡时，新创企业的员工在最初的阶段，可能要牺牲经济补偿，因此，提供合理的福利和当家做主的机会是很重要的。提供健康福利以吸引人们到新创企业来是必要的。大多数科技创业型企业在达到盈亏平衡之前，就向其员工提供健康福利。

新公司中的所有者权益将是大多数新员工非常感兴趣的。如果运用得当，广泛的所有权可以带来更高的生产力、降低员工更替率、更好地招募新人以及改善结果。股票期权是根据企业计划提供的。根据该计划，员工可以在稍后的时间里以固定的行权价格（拟定价格）购买该公司的股票。一旦公司股票的市场价格超过了行权价格，股票期权就会升值。股票期权应当在几年后使其所有者受益。例如，一个新的雇员可能会收到 10 000 股每股行权价为 1 美元、为期 4 年的股票，这相当于每年 2 500 股。股票期权给予员工在未来以预设价格购买该公司股票的权利，从而激励他们提高生产力和创新能力，并最终提高企业的市场价值。

实行员工股票期权的目的是，创造一个公司为吸引和留住员工必须提供的、非现金可代替部分工资的薪酬制度。一个新成立的创业公司可能无法提供吸引卓越人才所必需的现金薪酬，但它可以提供股票期权。从一开始，星巴克就决定按每一位员工的基本工资所占的比例水平向他们授予股票期权：它称这些股票为“豆种股票”（因为豆种会生长）。微软由于广泛发行股票期权，公司仅仅成立 20 年就造就了成千上万的百万富翁。

创业不可不知的名词

- **股票期权机制 (Options)** 可以使员工有权利在一定的时期内以固定价格（拟定价格）购买一定数量的公司股票。
- **拟定价格 (strike price)** 通常是股票上市当日的市场价格。

期权通常是一年之后开始部分兑现，4年之后可以完成全部兑现。如果员工在他的股票完成上市之前离开公司，剩余的股票将会被取消。一旦股票授予完，员工就可以操纵它。也就是说，以拟定价格购买该公司所分配数目的股份，如果该公司是公开上市的话，员工可持有或出售该股票。行使股票期权时拟定价格和市场价格之间的差额就是员工所持有股票的升值所得。当员工行使股票期权时，公司必须发行新的股票。

另一种股票期权是限制性股票，这是以雇员的名义发行的。一段时间之后，也就是说，一年、两年或三年之后，由他以特定价格购买保留的股票——有些人称这种类型的股票为“预留股份”。新的企业要提高股权水平，可以通过提供限制性股票的方式，并要求员工对其股票持有一段时间。例如，员工可以以每股 2 美元购入保留股票 10 000 股，归属期为两年。如果股票增值到 10 美元，那么股票收益就是 8 万美元。如果股票价格下跌，限制性股票仍有价值，而股票期权到期将报废（如果该股不上涨）。在 2003 年，微软从提供股票期权转向限制性股票。

别让董事会成为摆设

法人公司或有限责任公司将设有董事会。董事会是由一个企业的核心高层管理人员组成的小组，外部成员负责全面监督该实体的日常事务。这个委员会通常包括企业的创始人和一个或多个投资所有者。一个新创企业可能会发现由 3 个业主组成的董事会就足够了。随着其他投资者的加入，董事会可能会增加一个或多个业主。董事会是公司的监督者，负责挑选和批准任命公司的首席执行官和主席团的其他成员。董事们应具备该公司所在行业的重要知识和能力。董事会是一个合法成立的小组，其职责是代表股东权益。它通常由部分创始人组成，但应包括一个或多个外部股东。一个由5人组成的董事会可能包括两名内幕主管，两位投资者代表和一个独立董事。董事会必须批准章程、管理人员、向股东提交年度报告，以及向投资者或银行活动提供任何金融产品。董事会的成员有信托责任，也就是说，他们在法律上有义务采取行动为该公司及其股东获得最佳利益。董事必须有知识、感兴趣，以股东利益为导向。

有的公司设有顾问委员会，顾问委员会有一种向公司管理者提供咨询意见和联系的功能。顾问委员会的成员具有广泛的技能和知识，并提供良好的建议。顾问委员会是非信托机构，不参与公司的政策或正式行动，因此，顾问是没有法律责任的。

董事会成员应包括方便出席必要的正式会议、并有能力做出适当的决策的人；顾问委员会应包括具有良好声誉可以随时给出帮助和建议的人。好的董事会和顾问委员会是那些工作做得非常好的管理者，他们要形成一种信任、尊重和坦率的氛围；成员随时挑战对方的假设；他们应该感到有责任为董事会和管理层的业绩做出重大贡献。此外，良好的董事会既从集体的角度又从个人的角度评估自己的业绩。一个有效的董事会进程有5个目标。

- 解决建设性的冲突，特别是协调董事会与首席执行官的关系。
- 避免破坏性冲突。
- 作为一个团队共同工作。
- 参与企业的战略性管理，避免微观管理。
- 做决策要考虑全面。

选择董事时，首先应考虑有专门知识和背景的人，但最重要的还是选择那些能看清每一个重大决策正反两面的人。董事应努力获得对公司更好的控制权。他们应该知道企业的战略，并使该公司每个人的工作都集中在公司的创新战略上。**聪明的创新企业管理者寻找熟悉下列一个或多个方面的董事：审计和财务、战略、市场营销和销售。**董事的薪酬通常是采取股权的形式。几年之后，董事会成员应拥有该公司的一个合理的数量相当可观的股份。要做到这一点，可利用一段时间内授予的股票期权或限制性股票。

创业案例

保护国际公司的董事会

保护国际（CI）是一个非营利性企业，其使命是保护地球的自然遗产和生物多样性。CI应用科学和经济领域的创新，来保护世界自然资本。CI的董事会令人印象深刻。董事会主席为戈登•摩尔（Gordon Moore），英特尔的创始人之一。其他董事会成员包括演员哈里森•福特（Harrison Ford）、约旦王后努尔（Queen Noor of Jordan）、星巴克的前任首席执行官奥林·史密斯（Orin Smith）和沃尔玛主席罗勃•沃尔顿（Rob Walton）。

带你踏上创业之旅

案例AgraQuest

AgraQuest生物公司最初的领导人是帕梅拉·玛诺尼，她于1995年离开Novo Nordisk's Entotech，成立了一个生物科技企业AgraQuest。她起草了一份商业计划，聘请了另外3位经验丰富的生物技术领导人加入她的团队。他们在1995年1月至1997年3

月的这段时间重写计划，并试图提出数百万美元的风险资本需求。在这18个月的时间，领导小组所有4名成员的薪酬延期发放，并同意接受股票期权作为替代。原始团队的一个成员在经济上无法忍受这18个月延期，离开团队去找了另一份工作。最终，在1997年年中，他们得到了风险投资公司的资助。就在那时，来自Entotech的3名科学家加入了AgraQuest，并留任至今。

AgraQuest是一家具有强烈科学技术偏好和文化的企业。大部分工作人员是被科学和潜在的生物杀虫剂所吸引。组织结构是非等级的，大多数员工享有发表自己意见和参与决策的机会与权利。到2001年，该公司人数达到了70人，其中大多数担任科学或技术支持的角色。

玛诺尼主要采用的是指挥型领导风格，其次采用教练型风格（参见图12—2）。从一开始，公司就根据员工的工资水平和他们加入公司的时间（就风险方面而言）授予所有员工股票期权。

自1997年以来，AgraQuest的董事会就由玛诺尼和投资者（风险资本家）代表组成，没有任命独立董事。科学咨询委员会，由自1996年以来一直为AgraQuest服务的几位著名大学教授组成。

玛诺尼与研发和新业务拓展部经理建立了一个强大的科学家和技术人员网络，该网络能够使AgaQuest获得农业生物技术产业方面的帮助和信息。

AgraQuest拥有好的领导者，他们创造了一个拥有协作文化和建立在股票期权（其价值已有所下降）基础上的薪酬制度的科学组织。尽管已经辛勤工作了10年，但是该公司一直未能实现盈利。

纸上练兵

1.看看当前处于领先地位的技术型创业型企业的创业初期。谁是公司创始人？他们把什么样的背景、能力和素质带向了自己的新角色？创业团队成立后要雇用谁？为什么？

2.基因技术公司（Genentech）具有独特的文化：科学严谨、保守行业秘密和严格的规则。其关键的原则是：好的科学家发明好的科学技术，好的科学技术制造出好的产品，好的产品造就好的公司。描述基因技术公司在文化方面的规范和礼仪（参见www.gene.com）。

3.贵公司正在寻找新的首席执行官，并对一个人有兴趣。这个人刚刚离开一家目前正在接受调查的证券监管机构。继续考虑这个人是明智的做法吗？

4.马修·史密斯（Matthew Smith）对人才的识别是ElectroMag得以成功的原因。史密斯注意到，医疗费用及牙科福利费正在不断升级，他需要控制它们，他还有800名员工，公司的盈利受到威胁。他有三个选择：（1）废除保健福利；（2）努力找到一个较便宜的覆盖较少的医疗和牙科程序的计划；（3）将每个员工的工资扣留一个固定数额，作为盈利基金。您建议他选择哪个？

5.Take-Two是互动娱乐游戏软件开发商，其收入从1997年的1 900万美元增至2005年的12亿美元。描述Take-Two的组织设计，Take-Two大约有2 000名员工。使用图12—1来帮助确定组织模式(参见www.take2games.com)。

6.红帽公司是一家领先的Linux软件及其服务分销商。该公司有大约940名员工，2005年的收入为1.96亿美元。运用以清效为基础的企业文化的四项原则描述该公司的组织文化。

创业挑战

1. 描述你的企业的创业团队和组织安排。
2. 讨论你成立董事会和董事会顾问的计划，说出几个这些机构候选人的名字。

第13章
有效掌控企业资源

导读

成功的创业型企业家擅长定位和获取他们创办公司的资源。他们需要资金、人才和智力及物质资产来成立和发展他们的业务。

通常，他们擅长讲有说服力的故事，即关于他们的事业和公司的发展潜力。他们利用说服技巧来及时获取所需资源。

创业型企业家还会外包一些功能，保留关键功能，如产品设计和市场。在虚拟的垂直整合的公司运作中，他们利用因特网来帮助他们与合作伙伴及供应商进行沟通，并管理与他们的关系。

“科技创业的20条军规13”

高效率的新企业的管理者利用他们的说服技巧和信用来为他们公司寻求所需要的资源，建立一个外包和内部职能充分协调的组合。

创业故事

Technology Ventures

福特汽车是这样做成的

亨利·福特 1917 年在底特律的铁丹河（River Rouge）建立了垂直整合的工厂。这个独立的工厂生产汽车所用的钢铁以及从发动机到挡风玻璃的所有零部件，福特从自己的森林里取木材做嵌板。对福特来说，一体化意味着控制所有活动。新公司无法承受这种类型的垂直整合——这太昂贵，也太危险了。因为由垂直整合而来的是以一种方式来控制与承诺进行大型投资，在不断变化的经济中灵活性的丧失是很危险的。如今，福特汽车公司只负责汽车的设计、装配和销售。所有的模块和零部件，由一系列的供应商和合作伙伴提供。在不久的将来，汽车公司可能只做设计、工程技术及车辆市场的核心任务。其他的一切，包括最后的组装，可能都会由零部件供应商来做。

要获得没有风险的利润、没有危险的经历，要不工作而得到报酬，就如同不出生就想生存一样，是不可能的。

——A. P. Gouthev

积极获取有限的资源和能力

企业家创业活动的另一个定义是追求机会而不顾当前所控制的资源。这种想法强调的观点是，创业型企业家可以查找并获取他们需要的资源。例如，当一个企业家团队需要法律顾问时，他们可以聘请律师；当他们需要有一个电路设计师时，他们可以雇用一个。事实上，资源通常是稀缺的，而且吸引优秀员工或财务投资者是不容易或难以保证的。**一个公司的竞争优势产生于当执行一个独特的战略时如何把资源和能力相结合。**如果这些资源和能力是有限的，那么，新企业就必须进行竞争以确保它们。

新企业的创始人试图通过联系关键的组织和人员获取资源和能力，并要求他们支持其企业。例如，他们要求银行、供应商和金融资本的源头承担一些风险并支持新企业，这将在第 18 章进一步讨论。

这种寻求资源的活动可以由图 13—1 中的信用周期表示。创始人要求信用周期中的所有参与者相信他们的机会、愿景和这个故事，并投资于他们的企业。进一步说，创业型企业家们得到一些人才来效力于企业，这将有助于说服供应商。如果创业型企业家获得一些客户乐于购买产品的初步承诺，金融资本（银行家和投资者）将会对创业变得更加感兴趣。创业型企业家周游于这个圈子，慢慢建立自己的信誉。换言之，创业型企业家向信用周期中的成员证明新企业的合法性和真实性。合法性或可信性是判断社会需求，并使新企业获取资源的证据。只有当稀缺资源的持有人认为企业是有效率、有价值的、被需要的，以及团队是有能力的，他们才会向新企业提供资源。新企业的合法性与可信性水平越高，它就可以获得越多的资源。

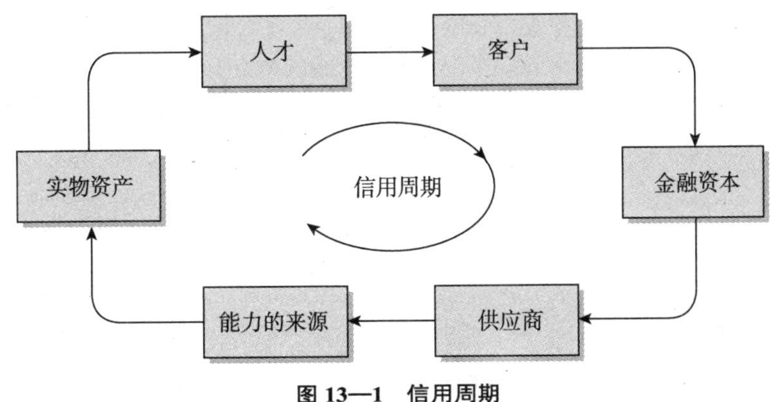

图 13—1 信用周期

新企业可以通过开发表 13—1 中所列举的具有合法性的资源建立其合法地位。新企业可以加入行业协会，以便获得认可，并从有能力和受尊重的人那里得到承诺。发明、专利、版权和商业秘密也有助于建立合法性。新企业应侧重于行动，从中可以得到最大的报偿。一个成功的新企业需要获取、建立和使用合法性，以确保必要的资源，使其成功地开始运作和发展。创造、建设并维持公司的可信性和合法性对任何行业的领导者来说都是一个关键任务。他们确定为你的行业的关键影响者，并且对他们提供援助机会。例如，它已经表明，获得可信的和驰名的风险资本家的支持使企业的信誉增加。一个新企业的领导团队认识并创造新的经济和社会机会，并决定地理位置、形式和资源利用。

表 13—1　合法性的来源

•监管：诉讼、鉴定、委任状	•人才：知名的、受尊重的人
•社会：公平对待、签注、网络、形象	•地点：一个产业集群、良好的位置、可见性
•行业：有吸引力的、受尊敬的行业，已了解和理解的商业模式	•知识产权：商业秘密、专利、版权

表现出较强的社会能力和情感智力的新企业家可以大大提高他们的能力以获得资源。拥有高水平的社会资本（例如，一个良好的声誉和广泛的社会网络）的创业型企业家，可以为成功获取重要的人才。一旦获得了这种机会，他们的社会能力就会影响他们的经验与结果。

为了吸引资源，新企业家创作并且使用他们企业的故事，告诉潜在合作伙伴和来宾他们是怎样发展的。此外，他们可以利用顾问和指导，帮助他们建立自己的信誉和故事。

创业案例

Palm与霍金斯

Palm 计算公司是由杰夫•霍金斯（Jeff Hawkins）于 1992 年成立的。他开发了世界上第一台笔式电脑。霍金斯是一个有经验的技术专家，但他没有什么业务经验。他拥有手写辨认系统的专利，他在软件设计、人类智慧和技术发展领域享有杰出的声誉。仅凭借一个有限的商业计划书，而且并没有原型样本，霍金斯就能够从两个风险资本家那儿得到将近 200 万美元的投资。然后，他招募唐娜•杜宾斯基（Donna Dubinsky，一位经验丰富的执行委员）为公司总裁兼首席执行官，而他担任技术总监和主席。霍金斯证明他在吸引资源方面是高效的。

如何让你更具说服力

影响力和说服力在创业型企业家获取投资的过程中发挥着作用，包括销售过程、获取资源，以及关于结构和获取投资的交易。每一个创业型企业团队理论上都需要一个人来掌控这种说服力，与正式的权力关系相比，说服技能可以对其他人的行为产生更大的影响力。

说服力是受教授的、学到的和应用的基本原则支配的。说服的 6 个原则列于表 13—2 中。

表 13—2　说服的原则

1. 喜欢
•人们喜欢那些喜欢他们的人；
•发现共同的联接，并提供真诚的赞扬和敬意。
2. 互惠
•人们对他人的善意做出回应；
•给别人你想要获得的。
3. 社会证明

续前表

• 人们通过他们信任的人对认可做出回应；
• 利用来自值得信赖的领导者的证明和认可。
4. 一致性
• 人们遵守他们验证的承诺；
• 要求自愿，公开承诺。
5. 权威
• 人们非常尊敬专家；
• 展示和陈述你的专门技术。
6. 稀缺
• 人们需要稀缺产品；
• 描述独特优势。

第一，喜欢的原则阐明：人们愿意喜欢并且希望与那些同样真诚的喜欢他们的人一起工作。人们可以发现共同的利益和联接，并互相给予真诚的赞扬和敬意。

第二，互惠原则说明：人们可以通过最初的展示从他人那里得到你期望的行为。提供帮助或信息给其他人首先可以鼓励互惠。社会证明的原则表明，人们寻找从他们信任的人那里得到的认可与反应。

第三，一致性原则表明：人们坚持验证承诺——那些他们自愿公开的声明。做出口头或书面承诺的人们，公众有可能乐意留在他们的团队里。

第四，权威的原则阐明：人们非常尊敬专家。因此，说明并显示你的公司的专业实力和能力是有益的。

第五，稀缺性的原则说明：人们需要稀有或独特的产品。因此，有必要解释和证明独特优点，这会使你有机会获得独家优势。

正试图说服他人的人需要把所有的原则结合并转化为一种强大的一系列的对话和互动。威廉·布莱顿（William Bratton，洛杉矶和纽约市的前警察局长）已经展示了一种强有力的说服技能。布莱顿使用6项原则设立变动，动员主要负责人承诺支持他的努力。

选择最佳创业地点

企业的选址可以长久地影响一个新企业。正如第7章中讨论的，地址可以给技术启动带来很大的好处。创业型企业家在选择自己企业的地理位置时需要为他们的客户和未来的员工考虑。基础设施的质量、运输的便捷和生活方式也是很重要的因素。地点对零售业和餐饮业的启动来说是至关重要的，此外，一个以知识为基础的企业可能需要建在员工和供应商都易获得的密集区。一些新的公司可能把地点选择在创始人居住的地方。选址标准列于表13—3中。运营成本在地址选择中将是一个重要因素。另外，适中的住房价格对未来的员工来说是重要的。一个公司的地址应该是在一个当前和未来的员工都会喜欢的地方，应该有良好的教育、安全和交通环境。对公司来说，靠近一些关键委托机构是很重要的，这就包括在相关领域的竞争对手和其他公司，以及支持他们的风险投资公司。

表13—3　选址标准

• 潜在雇员和顾问的可供性	• 运营成本
• 补充公司的可供性	• 适当设施的可供性
• 道路和飞机运输	• 靠近市场
• 生活质量——教育、文化、娱乐	• 提供支持性服务的可供性
• 负担得起的住房价格	

创新企业需要确定一个位置，使他们能够有效竞争。创新发生在集群里，促使相互关联企业和现有的基础设施系统在地域上集中。支持创新群的特征如表 13—4 所示。

表 13—4　　一个集群创新的特点

•高素质的人力资源	•供应商和互补者
•本地大学的研究能力	•竞争对手
•投资资本的可供性	•顾问、律师和会计师
•代表性客户	

区位优势建立在知识流动、关系和能够进入机构（如大学）的基础上。通常知名的思想和技术可从任何地方获得，并可广泛提供给所有的竞争对手，因此，它们不能作为竞争优势。而区位优势（如在一所大学获得的知识和研究）可以成为一个独特优势。当地公司能够提供所需部件和技术也是非常有利的。

公司应设法主动联系到强有力的地方机构，如贸易协会、大学和专业协会。创业型企业家应在其当地区域把握机遇。长期竞争优势，依赖于如何能够避免被竞争对手模仿。在创新中，基于位置的优势可能被证明比最佳操作法更具有持久性。

对于大多数新企业来说，在现有设施的基础上租赁空间是最经济的选择。对于一些已经成立一段时间的公司来说，最经济的选择是拥有而不是租用。然而，大多数初创企业需要利用其财务资源来创新和营销。

波音公司（一个成熟的、创新的公司）在 2001 年将其总部从西雅图移到芝加哥。它寻求的地方，要尽量减少在美国各地乃至在国际间的旅行时间。它仔细研究航空旅行、商业环境、地面运输和个人生活方式等因素，以及现有设施。新企业的开办把地点选取和设施规划纳入其业务计划来完善，将有助于获得一个特定区域的所有潜在优势。

营造灵活性与合作性兼具的工作环境

一旦创业型企业家选择了城市或地区的位置，下一个任务就是找到一些合适的设施。建筑物都必须符合该公司的需要，并允许随着公司的扩大而扩张。接下来就是在设施内选择适当的布局。布局就是提供生产性工作的设施安排，可以通过以用途和功能来调整空间的形式完成。

如今都用公共空间和开放式区域替换私人办公室和实验室。既然创新在一定程度上是一个社会性或合作性的活动，那么工作场所就可以被安排来举办团队活动。新企业最好在一个没有墙壁和门的开放空间里开始运行，以促进合作。研究表明，人与人之间的沟通效率与他们之间的距离成反比。我们与坐在 6 英尺距离外的人沟通的可能性是坐在 60 英尺以外的 4 倍，因此，公司需要尽可能地避免将空间分隔，设施的中心可以是有着咖啡吧和会议桌的一个公共领域。我们的目标是设立具有灵活性和合作性的设施。

互联网时代的沟通方式

社区不再意味着地点的观念已被大多数人所接受。到 2002 年，5 500 万美国人在家里建立了办公室。远程办公是指各种在家、卫星办事处和在路上进行的遥控工作。技术已经让人们在远离中央办公室的地方工作变成了现实，它也使人们不同步地在同一时间工作变得可能。通过电子邮件、语音邮件、视频会议和对讲机使群体彼此之间在任何不同步的时候得以沟通。

然而，重要的是要明确这样一个事实，即社会资本是建立在面对面交流的基础之上的。信任要求个人进行面对面的体验。视频会议和音频会议对虚拟会议来说是有用的技术，然而，虚拟会议在重点议题的讨论（如预算、规划和计划的改变）上能很好地开展工作。人们的社会生活可以发生在一个自然世界里，也可以在虚拟世界中，也许我们最好为信息和内容传输做好保存工作。

打造企业的网络名片

互联网是一个把企业、组织和个人联系起来的全球网络。电子商务涉及使组织和个人之间的商业交易数字化。互联网能够使分布在世界各地的人进行迅速通信。计算机网络联系人、组织和知识，并且最主要的是支持社会网络。在工作者之间沟通的网络一部分就使用了如电话、传真和互联网类的技术手段。许多工作者加入了很多在一个特定任务上进行团队合作的网络。

1995 年，电子商务开始利用互联网技术发展起来。在 1998 年和 2000 年之间，风险资本家在大约 12 500 个互联网新创企业上投资了 120 亿美元，通常称为“.coms”。成功的 .coms 企业包括亚马逊、易趣和雅虎等。杰夫 • 贝佐斯（Jeff Bezos）于 1995 年成立了亚马逊在线书店，为企业增加了数百万美元的资产。亚马逊提供了方便、价格低廉并有多种选择的书籍和其他物品。1997 年 5 月，亚马逊通过首次公开募股增加了 5 000 万美元。到 1999 年，贝佐斯的目标是同亚马逊公司的主要客户建立一个重要的沟通渠道，同时他也认识到其他传统渠道的价值。另一个互联网的用途是以杂志或时事通信的形式传播信息。华尔街日报已成功地开设了除了其印刷版之外的一个网络版。

互联网还促进了三个重要的功能：个性化、用户化和版本化。个性化是给用户的爱好和兴趣提供具体的内容。它使用软件程序去发现客户选择的样式并从中做出推断。例如，亚马逊公司提供个性化的图书和音乐推荐。用户化是提供给客户喜欢的产品。戴尔电脑公司提供给喜欢在网上定制产品的用户很个性化的产品。版本化是创造多个版本的产品并将这些改良后的版本以不同的价格销售到不同的细分市场上。《纽约时报》开设了一个免费的今日报纸的在线版，但它要对阅读每篇文章收取档案材料费。

虽然个性化和用户化是好的想法，但也有一些顾虑。很多用户报告说，他们没有发现个性化网站间的任何差异。往往试图定制是烦琐的、不完善的。戴尔电脑公司、Orbitz 和亚马逊就是个性化和用户化的很好例子。如果进行得好的话，个性化会是一个更加强大的方法，因为客户正积极参与甄选过程。当用户希望自己的喜好直接转换成一种产品的特定形式时，用户化就是一个有力的工具。

因特网的一个核心活动是搜索过程，使用户在似乎无限多的想法、事项和问题中能够找到资料。购买机票的顾客可以利用 Expedia、Travellocity 和 Orbitz 公司网站上寻找到便宜的机票。对互联网来说，旅游服务似乎是一个理想化的产品，因为旅行是一个需要消费者大量研究的信息密集型产品。表 13—5 列出了 15 个典型的网站。Wells Fargo 并没有多大资产，但它提供所有的网上银行交易服务，并已完全整合了其在线的、银行内的和其他的服务。

表 13—5 典型网站

网站	地址（www.）	主要供应
亚马逊	amazon.com	书籍、音像、CD
美国在线	aol.com	息和电子邮件

续前表

网站	地址（www.）	主要供应
戴尔公司	dell.com	计算机
ebay	ebay.com	拍卖品
Expedia	Expedia.com	旅游
脸谱网	facebook.com	社交网络
谷歌	google.com	搜索
Land's End	landsend.com	服饰
纽约时报	nytimes.com	新闻
1-800- 花卉	800flowers.com	花和礼物
红信封	redenvelope.com	礼物
华尔街日报	wsj.com	商业新闻
富国银行	wellsfargo.com	银行业
雅虎	yahoo.com	搜索和信息

并非所有的客户都想要做网上业务，多数更喜欢有各种方式可以选择。混合模式，有时被称为“商店和网上购物”[①]或“网上购物和实体零售商店”，它最好地利用互联网以及其他渠道。混合模式可以使公司与新的细分市场以及其全球各地潜在客户接触。

成立联盟是要把每家公司的服务结合起来，如 Toy-R-Us 玩具和亚马逊联盟成为地球上最大的提供玩具、书籍、DVD、音乐光盘、录像和电子产品的商店。另一个例子是药店小铺（Drugstore.com）和来爱德（Rite Aid）的联盟。

电子商务的优势是交易成本低、普及、能广泛地接触潜在客户，并且有大量的信息。由于产品和价格信息随时可在网络上得到，许多行业中企业的定价能力已经减小。此外，许多早期的电子商务企业为确保有客户而低估了他们的产品，致使销售没有利润，并最终以失败告终。一个企业必须具有竞争优势使其能够持续发展，但非常低的价格可能不会盈利。由于互联网的普及，许多竞争对手可以模仿成功的产品商业模式，从而可能削弱任何一家公司的竞争优势。

最终，所有以网络为基础的企业都被迫显示盈利能力。**在许多情况下，互联网补充而不是缩减一家公司的传统商业活动。**考虑如今在西尔斯（Sears）旗下的 Lands'End 公司，有印刷目录、在线目录、电话查询系统和它的一些在西尔斯商店的产品，Lands'End 的网站提供信息，并能够在欣赏在线目录时在线订购或通过电话联系到销售人员。

互联网企业有潜力向客户提供广泛的产品选择。对于特别狭小的利基市场，互联网供应商也可以比实体商店有更优势。亚马逊、狂想曲（Rhapsody）以及 iTunes 音乐商店就利用了这一优势。

也许对一个新企业最好的办法是考虑把互联网作为一个渠道，这样他的核心竞争力可以应用。例如，Toys-R-Us 通过网络选择商品并给它们定价；还有，卓越亚马逊管理网站的在线销售功能。这样的网上联盟可以让每家公司都利用对方的优势。

所有新创公司都应该制作一个网站。早期互联网的存在可以帮助建立公司的信誉和提供已建立公司的外观形象，绝大多数的客户都访问网站以了解该公司及其产品。网站应清楚地说明企业的工作，说明其产品和服务，并展示公司的外观形象，提供完整的联系信息。许多新公司

① 传统企业模式与网上运营的混合。——译者注

也将利用他们的计算机网络来联系供应商和客户。

入门网站，是进入公司产品的大门。像雅虎和美国在线这样的公司提供给用户搜索工具和获取广泛的信息。其他公司，如惠普公司的网站是提供给其各种产品的一个门户。大多数公司提供了一个门户网站，而不是一组单独的网站。新企业应考虑建立一个门户网站。

互联网的使用十分普遍。据估计，在 2006 年几乎 70% 的北美人口在使用互联网，类似于因特网使用者的增长在世界范围内已出现。互联网是无所不在的、廉价的、规范的，它提供数据、语音、视频和电子邮件，它随时允许个人搜索、协作、协调和进行网上交易。

因此，一个创业型商业企业可以使用因特网，通过不同渠道，不同阶段的价值的经验和不同产品进行同步的商业活动。也许互联网最具有革命性的地方是它使几乎每个人都能够获得相同的信息。正是这种透明度，造成商品交易的优越权从卖方向买方转变。

垂直整合和外包

新企业通常拥有有限的财务资源，无法向内部提供所有活动运作所需的职能。对于有可能为公司创造竞争优势的资源和活动的一种鉴别方法是考虑公司的价值链。公司的价值链是使得投入转变成客户重视的产出的一系列商业活动，如图 13—2 所示。新企业的困难是决定价值链上的哪些活动将由公司完成，哪些活动将由其他公司提供（外包）。一个新的或新出现的公司必须专注于价值链上的一些活动，并外包其他活动。垂直整合是公司拥有或者控制所有业务的价值链活动的程度。

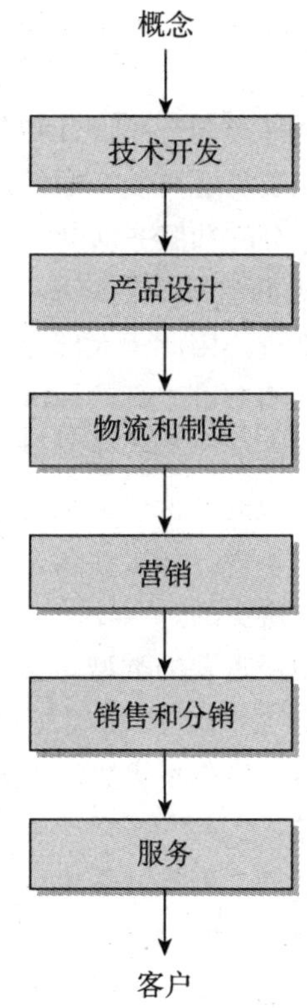

图 13—2 从概念到顾客的价值链

在本章中，我们谈论价值链和决定在企业中外包或保留某项活动。在第 14 章，我们再回到价值链和讨论如何管理和经营，以实现它所包含的竞争优势。

创新型企业决定选择进行价值链活动可以建立在 4 个问题的基础上。

◆ 价值。活动是公司产品价值的首要来源吗?
◆ 稀有。包括资源或能力的活动由公司控制，对于竞争公司很少有其可供性吗?
◆ 被模仿的能力。竞争对手在模仿创业型风险公司的稀有资源或能力时是否存在一个成本劣势?
◆ 组织使命。对于企业的使命，活动是否十分重要，该公司是否组织起来以寻求这一宝贵的、稀有的和模仿起来昂贵的资源或能力?

这 4 个问题的分析可以帮助公司决定集中一些价值链活动在许多情况下，可能很有必要延长公司的活动来控制价值链中的某一特定活动，特别是当公司肯定回答上述 4 个问题时。

在大多数行业，许多公司都在一个超负荷的全球市场上运营。在这样的环境中，他们被要求无情地削减成本以实现盈利。这往往需要大量外包到劳动力成本较低的地区并将业务移到国外。

如果一个公司决定外包一项活动，那它就是计划获得成本优势或利用供应商的卓越能力或经济规模。利用供应商优越的能力和成本优势可能是有利的。例如，新企业不能为其雇员提供一个优越的、成本低的、由内部经营的自助餐厅和食品服务。当它能更便宜和更容易的进行内部活动时，那么新企业可能会考虑使用它。然而执行价值链上的活动的最好理由是，它对公司在战略上的成功是至关重要的。通常情况下，**产品设计和市场营销不能外包，因为它们是大多数创业型技术企业成功的关键。**

在个人电脑行业，新企业可能会选择控制产品设计和营销，而回答完上述 4 个问题后会外包另外的职能。另一方面，一个食品包装行业可能会试图控制所有的产品设计、制造和营销功能，而依靠其他公司提供的技术开发、分配和服务活动。

随着公司外包更多的功能，竞争力的差异日趋缩小。几乎所有的日常活动都是低价值的，很容易模仿，也不是公司宗旨的中心部分。因此，大部分新企业外包日常服务，如工资、记事和其他行政服务。由于廉价的通信和网络基础工具的标准化，管理外包服务的交易成本最近已经下降。处理与战略上重要的外包代理商的关系，比对付一个普通的供应商要复杂的多。在许多情况下，建立并保持与一个重要的外包商的伙伴关系是必要的。外包失败的原因包括缺乏接触、功能控制不良和未计划终止战略的条件。如果在新企业中管理外包职能的责任能够清楚地分配给一个或两个人，那么失败是可以避免的。

供应商和客户的交易成本是成本中最重要的类型。交易活动很耗费时间，且容易出错，因此，公司才需要利用它们的厂商和供应商。折扣经纪商嘉信理财公司（Charles Schwab & Company）利用向其客户和供应商提供交易成本优势进入证券经纪市场。另一家向客户和供应商提供降低交易成本的公司是联邦快递。

虽然新企业可以考虑外包其许多活动，但是外包也可能会产生问题。如果将某项活动外包而供应商未能及时提供所需的结果（或活动）和所需的性能，那新企业可能会遇到很大的困难。在新企业里有利于内部活动的条件总结于表 13—6 中。如果一种活动和组件的需求预测是高度不确定的，那就最好由内部完成任务。如果只有少数强大的服务或组件供应商，那危险在于他们可能利用其权力，在商定的费用和时间内不能满足必需的要求。如果一个公司的技术是有价值的和专有的，它可能出于保密考虑而决定将其保持在公司内部。

表 13—6 在新企业里有利于内部经营活动的条件

因素	有利于内部活动的原因
成本	内部生产的费用总额是最低的
需求预测	存在高度不确定性
供应商的数量	少数几个大供应商
技术所有权和非专利权	需要保守秘密
增值功能	公司未来可持续竞争优势的来源

有时企业被引导着外包某些增值功能，其大部分利润在将来获得。在争取可持续竞争优势时，重要的是要保留这些增值功能，这在将来对公司的优势是至关重要的。

拥有模块化产品为接口和互联已经建立标准的行业支持使用模块化结构，因此，垂直整合是不太必要的。个人电脑行业是一个许多活动外包的行业。一个虚拟组织管理一系列合作伙伴和供应商，他们由互联网、传真、电话联系在一起，提供原料或产品。在这种情况下，由公司所提供的价值主要是该公司的参与伙伴和外包代理商的网络。然而这种价值往往并不罕见，并且很容易被模仿。

创业案例

需要建立配送中心吗

有一个看上去伟大的经营理念叫做“做你的网上杂货购物”。Webvan 成立于 1999 年，提供了广泛的杂货和非杂货供在线选择并且送货上门，接下来它进行几个回合的风险资本投资和首次公开募股。该公司在几个城市提供当日交付，为提供这项服务，Webvan 认为有必要建立配送中心。在一个利润率低于 2% 并有昂贵的包装和运输费用的情况下，它努力赚取利润。Webvan 希望最大限度地降低费用，通过建立一系列未来价值 3 500 万美元的仓库，配备了机动传送带和遥控产品拉动机。这帮助抵消了巨大的发货成本。在突破了 12 亿美元的营业额之后，Webvan 于 2001 年 7 月宣布倒闭。Webvan 之所以失败，是因为它的商业模式是有缺陷的，需要大量投资于昂贵的配送和服务活动，如图 13—2 的价值链所示。

英国乐购（Tesco）提供的网上杂货服务，是可以实现盈利的。乐购用了一个新的渠道——互联网，以确保其现有客户以及新客户。乐购提供网上订购，并且客户在乐购现有商店能获得他们选择的杂货或支付运费。当 Webvan 建立新的仓库并扩展送货服务时，乐购却在利用现有的商店。这说明了为什么沿着价值链高效运作对盈利能力至关重要。

灵活多变的虚拟组织

一个虚拟的组织管理一系列合作伙伴和供应商，以便提供一个产品。创新和创造力能够随着团队的形成蓬勃发展，并建立新企业。这些公司形成、合并、改变形式，以达到迅速变化的行业要求，并表现出组织形式的高度多样性和较高的营业额。想法随着人而流动，并与新机会重新结合。好莱坞的电影业就显示出了这些灵活性特点。好莱坞的公司几乎不间断地形成和解散，导致参与人员不断改组。

亚马逊公司现在经营着网上商店并完成了 Target、Toy-R-Us、Circuit City and Borders 的在线运营活动。亚马逊已经成为一个网络服务的外包代理商、物流和客户服务的实体商店巨人。

创业案例 **不做广告也赚钱**

全球体育运动公司（www.globalsports.com）是一个外包公司，是为 25 个体育运动用品零售商经营电子商务的企业，包括体育运动管理署和体育运动员食品。全球体育运动公司拥有商品并管理详细的仓储清单，实施销售客户服务。作为回报，每个零售商从这个网站得到在营收上的一位数减让。对于消费者来说，看起来像是他们从当地的零售商那里购买产品。全球体育运动公司减轻了零售商建立和维护昂贵的电子商务基础设施的负担。此外，由于全球体育运动公司承担所有的费用，它允许客户端的电子商务业务从第一天就开始盈利。作为回报，全球体育运动公司因为生意的规模而赚钱。此外，全球体育运动公司不用花费钱做任何广告和营销，由零售商进行那些活动。

公司采用外包和网络化可以汇集资源，以解决具体的项目问题和目标，而无须建立永久组织。虚拟组织使用电脑和网络，建立一个综合系统。例如，软件应用程序也可以从一个应用服务提供商（ASP）那里租来。

新的创新企业可以从“想法”市场通过许可证、结盟和租用（订阅）方法来获取新的想法。灵活的、动态的企业都知道，最好的想法并非总是在自己那里产生的。采用新的想法就是一个很好的增加创新基石的方法。此外，越来越多的公司愿意外包他们的想法和技术，以服务于其客户与市场。

虚拟组织的建立会同时带来一些挑战。虚拟企业遇到的困难，如建立信任、协调和团结伙伴公司以及外包供应商。新企业需要与虚拟公司保持协调，并在建立信任和需要积极协同作用的任务上投入时间和资源。

技术与知识才是关键资产

对于许多企业来说，有效利用和管理外包职能可以成为竞争优势。**一个开放式的价值链可以是一个强大的商业模式。**谨慎地使用其他的在某一特定需要上提供明显贡献的公司，也是一种生产力。例如，一个电子系统可能安装的是英特尔公司的微处理器、美光（Micro）存储器和电磁兼容（EMC）存储，并且由旭电公司（Solectron）组装，由英迈公司（Ingram）配送。

新企业需要鉴别哪些任务是核心的、哪些是陪衬的。当任务的结果直接影响到公司的竞争优势时即是核心任务，其他一切都是陪衬。掌控核心与陪衬的比率是产生股东价值的直接有效措施。

在过去的 10 年，公司通过创业活动实现某种目的的资产基础已经发生了转移，关键资产不再是工厂和有形资产，而是技术、科学和知识。创业型企业家正努力发现在哪一领域有新技术而使新产品成为可行。随着新技术的出现（如基因学），创业型企业家发现了重要的新药品机会。

新企业还需要进口重要工具和重组知识的基础性部件。进口的知识基础部件可包括许可技术、购买技术和知识渊博的员工。

科技创业型企业会开发或者购买一项基础技术，它希望这项新的技术会成为许多行业中开发无数产品的基础。例如，新企业可能在超导体科学和技术方面拥有强大的能力和知识，有这项新技术的新企业将从事电力行业和电子行业。

应用任何新的基本技术能否取得具体成功，取决于 7 个特点。

- 功能表现：基本功能表现的评价情况。
- 获取费用：最初的总成本。
- 易用性：使用因素。
- 运营成本：提供服务的单位成本。
- 可靠性：服务需求和使用寿命。
- 服务的可提供性：时间和成本，以修复一个失效的设备而需要的服务。
- 兼容性：与系统内的其他设备相匹配。

所列的这些类别或特点是有用的，因为它们适用于所有行业。例如，一个强大的新超导技术可能向半导体厂商提供低初始成本的超导金属和有着非常低的运营成本的易于使用的集成电路，以及有着高可靠性的运行和可用性、与正常电路的高兼容性。在这些情况下，我们将拥有电子行业强大的新技术。

创业案例

思科的收购方法

最大的活跃技术购买者之一是思科系统公司。1993 年至 2005 年，思科收购了 80 多个高科技公司。超过一半的收购是在 1999 年和 2000 年完成的；在此期间，创业型企业家谈论成立的公司，希望它们将由思科收购。虽然两年后思科收购公司的数目大幅下跌，但购买新技术仍然是其增长战略的一个重要组成部分。

为了推动艰巨的任务进行，即整合被收购的公司，思科公司开发和使用了一个文档模板，它侧重于把人和技术一体化。思科公司高层仔细思考将收购哪个公司，往往要花费数月的时间做出决定。该公司并不认同敌意收购，它通常收购在地理上接近的公司，有着“市场适合”的观点。思科首选的公司，是足够长久并有首个产品、但仍然年轻，以至于他们还没有确立自己的运行方式或陷入过于广泛的客户群。其次，思科有不裁员政策，并强调留下被收购公司的员工。在 20 世纪 90 年代末，被思科收购企业的员工的流失率远低于 5%，而且高级管理人员往往被并入思科公司的高层。

在技术方面，被收购公司的研发和生产组织与思科的其他产品结合起来，并立即标记思科的品牌。此外，任何被收购公司的非标准技术被淘汰，其职工会立即获得思科自己的基础设施和核心应用，其结果是大多数思科的收购在 60~100 天全部整合完毕。

带你踏上创业之旅

案例AgraQuest

AgraQuest公司成立于1995年1月，但是直到1996年3月才引起风险资本家的注意。AgraQuest的三个创立者筹集了50 000美元，从家人和朋友那里筹集了420 000美元。他们利用这些资金努力建立信誉，并获得正规的风险资本。

AgraQuest选择把厂址放在戴维斯是因为它是加利福尼亚大学（农业生物技术方面的世界领袖）的所在地。三个创始人和三位科学家从Entotech来到AgraQuest，进入到一个小型实验室（750平方英尺），这是另一家生物公司遗留下来的。他们花34 000美元购买了二手的实验设备，后来他们又买下了毗邻的办公室。三年以后，它搬到专门修建的1 300平方英尺的新设施内。

在其成立的9个月内，AgraQuest开发出了自己的第一个产品——小夜曲（Serenade），然后在加利福尼亚北部E. & J. 加罗葡萄酒厂的葡萄园进行实验。在实验中，它被证明可以控制腐烂和白粉病。有了原型产品和概念的验证，风险投资家把更多的注意力放在这一新的公司上，它成功地度过了图13—1所示的信用周期。

一旦得到资助，AgraQuest并不难招募到有才能的科学家。在前4年里，它外包了生产工艺的设计，以及产品制造。但这被证明是昂贵和复杂的。因此，1999年AgraQuest雇用了两个生产技术人员。2000年，公司在莫斯科购买了一个生产工厂，然后指派了一名经理和工作人员。公司确信生产工艺设计和生产操作的控制对它的成功是至关重要的。到2000年末，仅发薪、会计和法律服务是外包的。

纸上练兵

1.在2005年，Google发布了Google地球和Google地图程序界面，Google带来了引人注目的所有Web开发者都能接触的制图和可视化功能。在2006年亚马逊发布了一个严格的存储网络服务，称为S3，它代表了简单存储服务。亚马逊把这项服务定位在一个高扩展性、可靠、低延迟性的数据存储基础设施，并有很低的成本。这两家公司利用这些产品追求的是什么商业模式？这些类型的网络服务是怎样改变新企业的资源获取策略的（例如网络20公司）？

2.因特网对顾客购买音乐和书籍来说是一个有用的媒介，但对购买杂货来说却用途不大。说明为什么会有这种情况。

3.阿里巴巴是中国的电子商务公司，访问这一网站并描述阿里巴巴公司的商业模式。

4.在光电行业的一个新创企业是拥有了麻省理工学院（MIT）教授开发的一个新技术。他先前的学生加入到开发组中做市场经理，但由于家庭方面的原因必须待在芝加哥。公司的业务经理居住在洛杉矶，但与市场经理却有着良好的关系。一旦资金到位，业务经理将调往新的公司。在此情况下公司的总部将被安置到何处？公司能随时建立自己的信用并获得必需的资源吗？

5.在许多IT公司，有一种很强的海外外包趋势。这种行为的主要动机是什么呢？创始人是怎样又是为什么参与这种趋势呢？对一个新的公司来说，外包存在着哪些危险呢？

6.确定谁是你知道的最有说服力的人。请利用表13—2来描述这个人是怎样达到他所利用的资源的合法性的。

创业挑战

1. 你计划怎样吸引人才和资源。
2. 你选择在什么位置？描述你计划利用的在线商务。
3. 描述你的企业外包职能。

Technology Ventures

第14章
高效管理你的企业

导读

新企业需要设计一系列的经营流程来使它建立、储存和运输这些产品以便有效供应给顾客。新的企业建立一个合作伙伴的供应链，增加产品组装或生产产品每一阶段的价值。服务性公司利用商业过程将他们的服务性产品放在一起。新企业管理其价值链条来有效地把最终产品和服务提供给它的客户。公司还需要能有效管理零部件和材料的物流，它将努力让公司内部流程与商业伙伴协调一致。

许多企业建立了一套以互联网为基础的价值网络，来把促进相互关联的活动作为一个网络对待。拥有一个共同的调度、相关任务，并且同步进行，企业可以管理价值网络来保持有效的、及时的商业流程。

“科技创业的20条军规14”

对一个创业公司来说，有效的、实时的生产、物流和商业流程的设计和管理可以是一项持续的竞争优势。

创业故事

运作战略和英特尔

戈登·摩尔（Gordon Moore）和罗伯特·诺伊斯（Robert Noyce）于1968年成立了英特尔公司。他们所做的第一件事就是招聘一个运作总监。他们给安德鲁·格罗夫（Andrew Grove）提供了就业机会，他后来成为英特尔的第三大雇员。虽然格罗夫没有制造经验，但是他们认识到他的先天智力和潜力。格罗夫负责确保产品设计按时完成，并使成本控制在预算之内。这一立场的范围扩展到英特尔几乎所有的职能领域，从营销到销售再到工程。他的影响力、存在和态度扩展到整个公司，并在英特尔公司初创的3年里，人们清楚地看到，大多数日常决策是格罗夫做出的。运营一直对英特尔的成功起着一个关键作用。

真正的智慧是知识的创造性利用，而不仅仅是一些事实的单纯积累。

——肯尼思·瓦恩布雷纳

调整价值链，寻找新的竞争优势

就如在第 13 章讨论的那样，公司的目的是向客户提供他们重视的产品。一个价值链是一系列投入转换成顾客重视的产品的活动。如图 14—1 所示，每一个价值链活动都增加价值。信息在客户和销售以及服务活动之间的流动，使客户价值最大化。产品不仅仅是有特征的事物，它也越来越被视为带有服务功能的事物。产品和服务在价值创造系统中是立足于活动和关系的。此外，价值链的每一部分都有特定的性能，随着时间的推移它都可以改进。沿着价值链的能力发展和链条的设计，公司可以开发一个强大的核心竞争力。此外，顾客通过交流他们的喜好和优先事项参与到这个创造过程中来，了解客户的生产商能够更好地符合客户的需求，如表 14—1 所示。

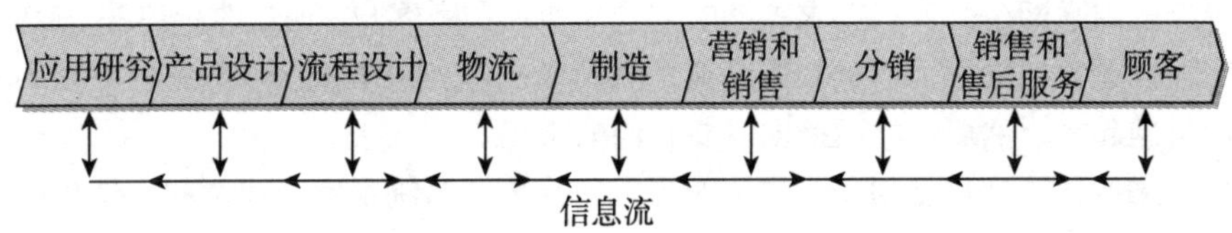

图 14—1 价值链和信息流

表 14—1 理解顾客

• 偏好	• 购买者行为
• 购买标准	• 功能需求
• 决策过程	

每一个行业的竞争优势都会逐渐削弱。在快速变化的行业，一个企业必须有能力随时调整其价值链，以寻找新的竞争优势的来源。在设计或重新设计价值链中，每个阶段的价值链可以被确定为一个经济增值措施（Economic alue-added measure，EVA），代表知识性资产和战略性资产。**战略资产**是指公司的相对竞争优势。战略资产可能包括物流、制造和销售性资产。**知识资产**主要是在研究、设计、营销和服务职能中存在。新公司应保持高 EVA 的职能和外包具有较低 EVA 的职能。如果该行业正在发生迅速变化，公司可能会决定保留一项主要职能，从战略上应对内部变化。往往保持高经济增加值活动和重要的战略资产，而外包较低 EVA 的活动是一个较健全的办法。

高度综合的公司提供了价值链上的大部分职能。当所有权相互依存的活动在价值链的每一阶段发生时，这种方法是最合适的。随着许多行业的成熟，各种功能沿着链条变得独立，使模块化子产品在每一个阶段都可用得到。在那个时间点上，价值链分解，许多独立的公司参与到活动链条中。例如，今天的汽车制造商正在采用模块化结构的主流模式。他们从少数供应商那里采购子系统，而不是从不同的供应商那里把个别元件组合在一起。每个子系统的结构正在变得更加相互依存（如制动、转向和底盘），因为这些供应商努力满足汽车组装企业的性能和成本要求。

沿着价值链的垂直整合为公司提供了一个选择价值增值阶段的机会，这个阶段是它可以完成的。英特尔是集成电路和电路板的制造商，但在原始设备制造商（OEM）与个人电脑厂商签订协议的情况下，它也组装个人电脑。

创业案例

Zara，最快的设计

Zara，是拥有 500 家商店的欧洲服装零售公司，它保留了制造能力而不是外包出去，这样它可以迅速反应来改变流行需求。其他公司可能制作服装比较便宜，但是 Zara 保留的战略资产是能够向它的商店迅速发送新的时尚产品。信息流（见图 14—1）从商店返回到设计者，再重新设计符合顾客不断改变的看法和品味的产品。在时尚界，没有比时间对市场来说更重要的了。每隔两周 Zara 都会有新的设计到达它的店里。一些新的设计几天之内就可以到达其店里。

物流是移动、存储和运输零件、材料以及设备的组织。物流是竞争优势的基础，因为有着快速、准确的物流活动的公司能首先对客户做出反应。物流系统通常建立在电子网络的基础上，如一个供应链的内联网络。公司寻求独特的方式来快速服务客户，通过改善追踪、运输和处理、交付以便努力创造独特的能力。例如诺基亚，利用物流管理系统来获取其移动电话的所有零部件，把它们组装起来，然后将电话推向需要它们的市场。

物流听起来像是移动物品的一个简单业务，但是为及时满足客户需求和个性化服务，它已经变得复杂了。新技术和因特网的广泛应用开启了共享信息的新方式。公司也可以在接到顾客的订单后再生产（称为按单定制——即 build-to-order，或者 BTO），而不是估计需求的是什么，然后积累储备供应。“按单订制”的概念试图避免生产任何公司购买订单外的项目。戴尔电脑公司就是“按单订制”的一个领先例子。

沿着价值链的信息可以被因特网推动。利用这个信息和与链条中的商业伙伴紧密合作，可以改善效率。谁从这些效率中抓住了利润？往往是像沃尔玛（Wal-Mart）和家得宝（Home Depot）这样的公司已承担了配送、销售和服务职能，并抓住了供应商创造的巨大价值。此外，通过因特网，像亚马逊和易趣这样的公司正在发展电子销售和分销渠道；与此同时，诺基亚等公司正生产无缝制造、配送、销售和服务供应。对所有的不能承担许多价值链活动的新企业来说，价值链管理是一项艰巨的任务。

沃尔玛的利润率不到 4%，许多连锁超市的利润率不到 2%。显然，节省一分钱就是一分钱的收入。自从沃尔玛于 1980 年采用条形码之后它便成为主流。如今沃尔玛要求其供应商在它的货盘上使用无线电频率识别(radio-frenquency-ID,简称 RFID)。RFRD 依赖于计算机芯片，以保存和传达信息。沃尔玛管理其供应链，仿佛它是一个乐团。

在一个价值链中，中介的意义仅仅是为在该交易所交易的各方比它们原先的价值链条节省更多的钱。它可以花费 20% 的收入聘请零售商来销售产品。直接出售便宜吗？互联网可以有效地达到同样的客户吗?

价值链的速度对任何创新型企业都是重要的。从设计到客户服务有一段很长的从订货到交货的时间，新公司可能因存货不能售出而结束。由于许多产品的生命周期短，链条上的商业伙伴必须能够迅速采取行动。如果有必要，Zara 能在一个星期内设计和制造出一种新的服装款式。另一方面，电影制片厂可以用一年录制一个新的电影并让它进入市场。价值链管理的最佳范例之一是戴尔公司的电脑系统，该系统使用户能够指定他们想要的产品，并在戴尔开始组装电脑前来付费。

虽然商品和服务的移动基本上随着链条来进行，但信息流动是双向的。例如，关于连续的阶段所需要的信息流向价值链的下游，而有关供应情况如价格、制造时间等的信息流向价值链的下游。因为这是一个信息密集型的社会，互联网有可能大幅度增加创造的价值量。

一个新企业持久的核心竞争力是它能够不断评估工业和技术动态，建立利用目前机会的价值链，并选择由公司本身运作的较高的增值活动。

让企业的价值链增值

经营是一系列的行动，经营管理是沿着价值链监督、监测和协调公司执行的活动。经营管理是要处理生产货物和服务的过程。工艺是一个活动或一系列的活动，需要一项或多项投入，能够转换和增加价值，并提供一个或多个输出；工艺是一系列业务、方法、行动、任务或职能，它有利于创造最终产品或服务；工艺是以产品的形式来向客户传输价值的。产品包括向客户提供有形货物，它可能涉及到为客户提供服务。也可以是，而且通常是，产品与服务两者的结合。在一家工厂里，工艺是将材料转换成产品。在一家保险公司，工艺是将客户信息转换成保险协议。商业工艺可以向产品和服务增加独特的价值。

一个组织的商业过程应配合其发展战略和员工的能力，如图 14—2 所示。企业需要不断调整经营战略、业务流程，需要有能力的人来满足和留住客户，以保持商业构架作为一个明确的设想和目的来表述。回顾易趣的构想声明："我们通过在线系统帮助人们交易任何实际存在于地球上的东西。"

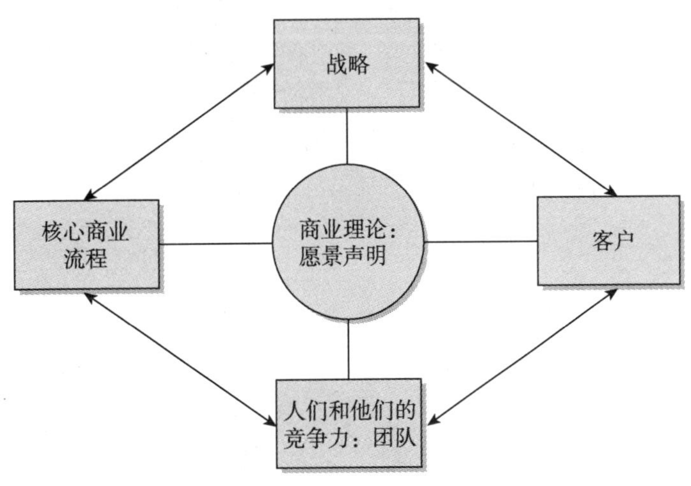

图 14—2 商业组合

人机工程学是使体力工作更加容易，减少完成任务的压力。产品的设计应符合人体工程学，并且在工厂中使用的工具必须符合人机工程学的要求。例如，美泰公司（Maytag）生产了一种带有角度的洗缸和大门洗衣机，它使用户更容易够得着其内部的衣物和找到洗涤品。

工艺给客户和股东带来价值。在很大程度上，企业成功的一部分来自于一个公司的工艺性能。因此，公司应该为卓越的工艺设计而努力。一个简单的商业工艺的例子如图 14—3 所示，这一工艺的一部分可以自动化。

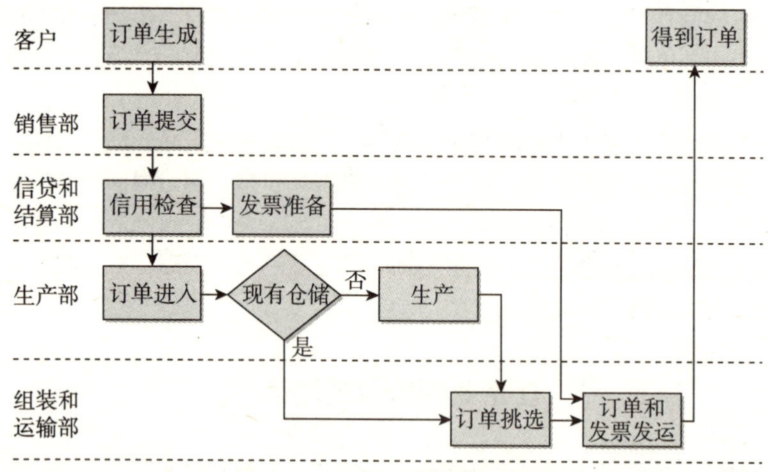

图 14—3　常见的商业过程

运营管理的职能包括工艺设计、质量控制、生产量决策和运营设施。新企业需要计划它的运营和生产职能，由新企业的一个团队领导。服务和生产公司需要设计和控制运营过程来达到生产效率、吞吐量、供应能力、清单要求、资本支出和生产力水平。独特的运营管理能力可能是一个公司竞争优势的一部分。

往往这样的公司能得到最好的投资回报——管理者们将卓越的运营与持续快速增长相结合，保持对客户的一贯优秀服务。如今运营的优秀性是必须的，投资者会残忍地惩罚未达到他们期望的公司。优秀的运营可以降低成本，如图 14—4 所示。因为规模经济，单位成本降低，因而价格会下降。随着价格的降低，产品也会更吸引买主并且销售也会增加。随着财务资源的增长，投资市场和操作工艺将会实现更好的规模经济，这会是一个非常强大的自我强化的良性循环。

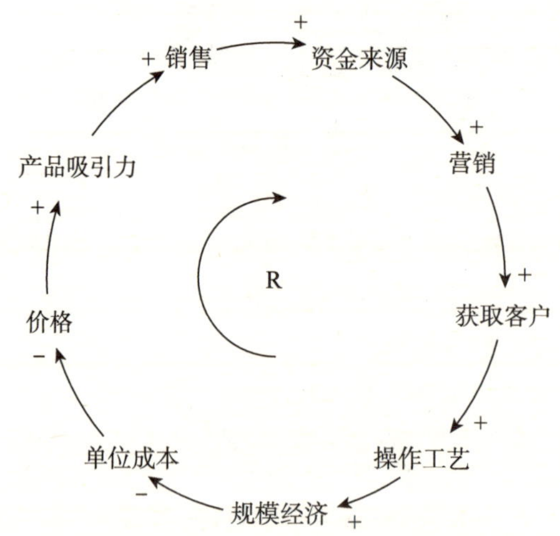

图 14—4　一个自我加强的循环

R：假定能工作，那么规模经济通过有效的运作过程而实现。

一个公司可以实施 4 项竞争能力：低成本、高质量、速度和灵活性。质量是衡量一个产品（一般包括性能和可靠性）的关键。性能是一个产品达到或超过特定操作特征的程度；可靠性是衡量产品能合格使用多久的特征。及时速度衡量了引领时间、按时交货和产品发展的步伐。灵活性是衡量公司对顾客需求迅速反应的能力。所有这些目标都必须达到，并要与其他雇员的目标相结合。

许多公司采取“6 西格玛”质量目标，目的是弃除工艺中的缺陷。“6 西格玛”是一个统计术语，它被用来衡量工艺偏离理想的程度。“6 西格玛”质量相当于仅有百万分之三点四的缺陷。“6 西格玛”方法试图建立一个低成本的低缺陷产品。“6 西格玛”质量是一个高度可重复的、明确的和结构化工艺的结果，即有着明确任务和里程碑式的工艺。

消费者往往对他们获得产品或服务的经验做出赞同或不赞同的反应，如包装、清晰的操作手册或易用性。许多顾客把消费看做是一种经验而不是一种单纯的购买行为。大多数产品和服务包括客观价值（比如性能）和主观价值（比如经验）。买来照明用的蜡烛可能仅仅花费一美元；第二批蜡烛也有形状、形式和气味，可提供更丰富的经验。因此，对大多数产品来说，产品的价值包括它的经验和相关的采购和实施过程。设计者需要识别、设计和满足顾客的经验，以便使顾客乐意购买。

服务的满意度是很难获得和维持的。一项调查显示在美国获得最高满意度的公司有美国联邦快递、西南航空、贝尔南方（BellSouth）、英国直播电视公司（DirecTV）和南方公司（Southern Company）以及凯悦（Hyatt）。

供应链管理把重点放在公司的工艺和供应商的同步操作上，以匹配达到顾客需求的材料、资源和信息的流动。如今的目标是：尽量减少货物的存储量，或需要支持客户需求变化的库存。因为现在的产品变得更容易受到客户不断变化的需求的影响，给定的产品线可能销量并不尽如人意，这就增加了企业的风险。但是如果制造商决定转到依靠库存，它将冒着耗尽库存和销售损失的危险，并危及到与顾客的关系。

通过利用一个总的系统观点来设计、创造有效的操作系统称为精益生产系统。灵活的或者精益生产系统的目的是减少设置时间，并提高关键工艺的利用率。灵活的系统只要花费少量的成本或时间即可以对需求、供应和工艺快速做出反应。他们常常利用 JIT（Just-in-time）方法，重点是减少不必要的账目清单，并转移非增值性的活动。这个系统利用拉动方法，即以客户刺激生产。例如，汽车制造商订购了一个汽车底盘以刺激制造工艺。

Taguchi 方法是用来设计和改善生产系统的。Taguchi 方法是一个技术设计实验，它汇聚了强大的系统中近乎理想的解决方案。这种方法利用噪声术语来描述失控变动，并规定高质量产品应当可以应对噪声因素。公司生产系统的设计对它的全面成功是至关重要的。

公司为低成本的质量开展服务性的努力。谷歌从 2003 年每天都处理 1.7 亿页面的浏览量。它拥有一个 12 000 个服务器（计算机）的硬件工厂，每台服务器价值 2 000 美元。当一个服务器失败时，谷歌公司会立即替换它。谷歌并没有修理部门，而仅仅是替换与更新。利用这种方法，谷歌节省了资金，并且能够保持其系统 99.9% 的时间在运行。

创业型公司寻求发展独特的能力，在他们的能力和市场机会之间培养一个交互变动的态势。市场提供给他们机会信号，然后他们对新产品做出反应。市场模型、生产能力和技巧形式的完善，使公司能对机会做出反应。在价值网中，公司把重点放在核心竞争力上，并且利用另外的因素作为补充的能力。

创业不可不知的名词

经营目标的生产能力效率（throughput efficiency, TE）可以由公式（14-1）衡量：

$$TE=VA/(VA+NVA) \tag{14-1}$$

式中　*VA*——增值用时；

NVA——非增值用时。

*NVA*的例子是在排队或系统停机时需要等待，目的是减少*NVA*。

金赛克斯（Gentex）是一个生产后视镜和其他自动器械的公司。它利用技术来控制成本和增加生产能力（见 www.gentex.com）。金赛克斯持续地在公司里增加自动化和控制系统，因而在 2001 年到 2003 年它增加了 30% 的生产能力。

创业案例　在操作间里改善运作

美国直觉外科公司（Intuitive Surgical）使用手术机器人来做前列腺癌和心脏搭桥手术。当他们有机会测试机器人"达芬奇"时，仅仅切开一个小口，在手术过程中外科医生迅速沉迷于他们实现的控制水平。虽然直觉外科的机器人已广受欢迎，但该公司继续设法使手术经历对医生和病人更好。小切口提高了医疗体系的整体效率，因为它们使患者用更少的时间恢复。直觉公司试图使超声和其他诊断图像在同一个屏幕上供外科医生使用，这将提高效率，让医生仅仅在一个图像上只是通过点击一下鼠标，就确保获得所有相关信息，这样可以提高实时手术的经验。

价值网的构成

一系列的商业活动可以被认为是一个商业流程，如图 14—5 所示。这一过程也可以描述为一个网络活动中一套相互关联的任务。不是一个价值链（一个线性系列过程），创造价值的过

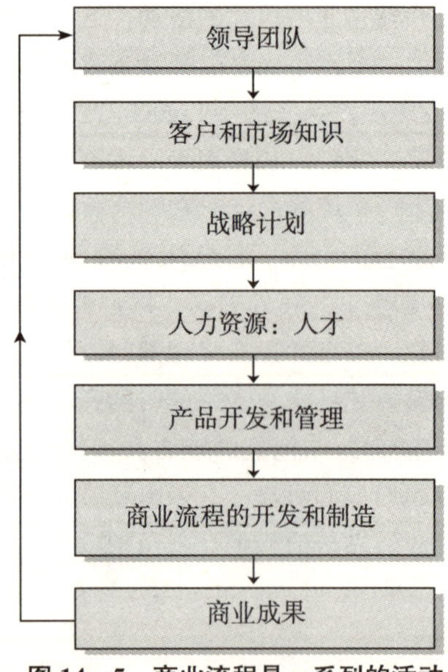

图 14—5　商业流程是一系列的活动

程可组织为一个价值网络。网络是没有中心的，但允许物品和想法公开地沟通和流动。在一个网络中，每一个参与者都把重点放在一套有限的核心竞争力上。一个价值网络通常建立在网络设施的基础上，以此来管理分散在各个公司的业务。由价值网组成的扩展型企业，在相互关联的利益网内创造、维持并提高其创造价值的能力。一个公司能否长期经营由建立和维持其在整个利益网中的关系的能力来决定。组织财富的最终资源是关系而不是交易。典型的公司价值网络如图 14—6 所示。

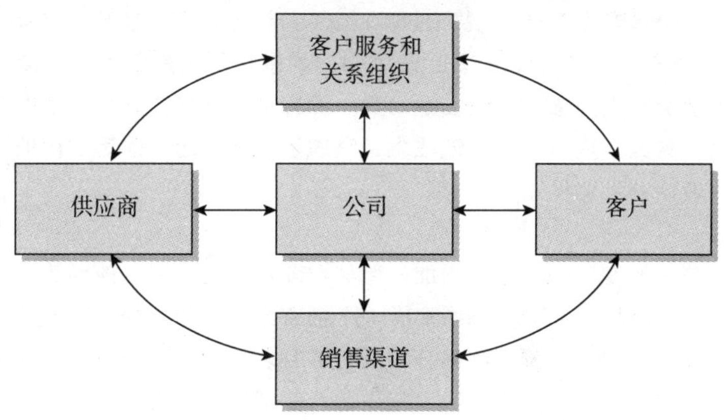

图 14—6　公司的价值网

由亚马逊组织和操作的价值网的参与者如英迈（Ingram）、塔吉特（Target）和 Toys-R-Us。亚马逊负责提供产品的选择、定价和确保实施。思科系统领导一个价值网，提供路由器和计算机给它的客户。思科设计并使产品上市，而其他公司则做大部分的制造、实施和现场的客户服务。思科的系统价值网如图 14—7 所示。思科定义目标并协调价值网络供应者。许多新企业将利用因特网来有效地协调它们的价值网络。

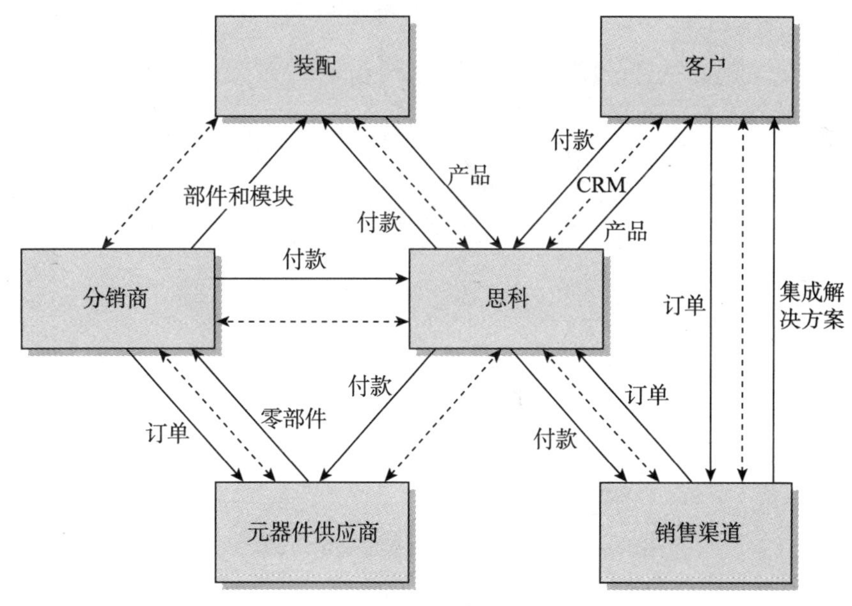

图 14—7　思科系统的价值网络

创业案例

宜家价值网

思考宜家公司的运营管理策略，瑞典家具公司在 34 个国家内有 236 家店。它的商业策略是在大商店里生产并销售便宜的、结实的和有良好设计的家具。它的商业流程开始于确定了所需要的产品和这个物品的低目标价格。接下来，宜家决定要使用何种材料、由哪个制造商做组装工作等。宜家公司从 55 个国家的 1 800 个供应商那里购买物品。下一个步骤是设计产品并选择零部件。制造完后，该产品被装入一个平坦的卡 - 板盒里，载运到宜家的 18 家配送中心，并最终到达其中的一个商店。宜家家具公司不用销售员来卖掉它的未组装的家具。顾客选择产品，找到合适的装载箱，并拿到结账柜台。宜家家具公司实施低成本、高质量战略，通过遥远的价值网络，以协调的方式提供设计、零部件和生产。

在过去，随着公司的发展其资产会增加。但如今随着公司发展，他们趋向于增加关系和增强他们的价值网络。为发展壮大价值网络要有一个强有力的进程，当然，开发出过于复杂的合作伙伴网络有可能会失去控制。价值网络公司的有效管理需要一个新概念，要作为一个网络来运作，而不是一个科层结构。有效实施的关键是把价值网管理作为一个核心竞争力。

在一个快节奏、充满竞争的世界，竞争优势可以由产品、工艺和能力的有效一致设计来创造。协调产品工艺以及供应链，对公司的成功来说是关键（如图 14—8 所示）。公司控制价值网中相互依存的联系来获取更多的利润。

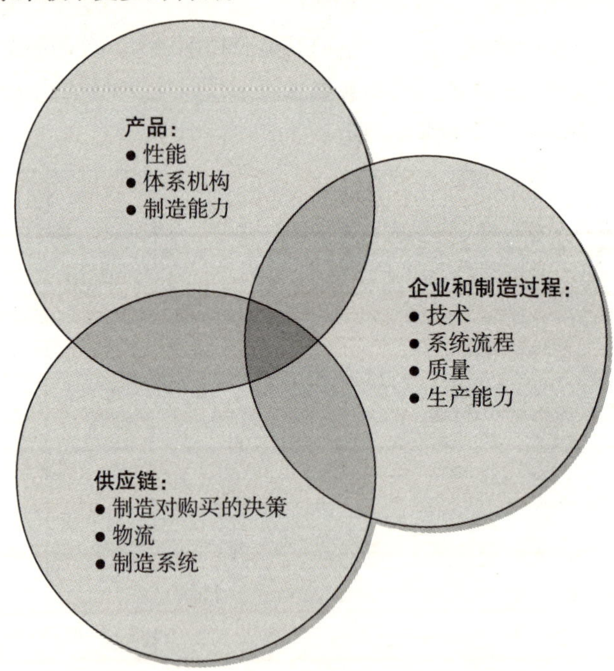

图 14—8　产品、工艺和供应链的协调系统

战略控制和平衡计分卡

战略控制是一项程序，它被公司用来监测活动、评估效率和这些活动的业绩，并采取纠正

行动，以便改善业绩。我们的目标是使公司的经营走上正轨、拥有效率、质量和响应客户的需求。

为了评估这些战略的有效性，一些公司制订了平衡计分卡，既包括财务又包括经营指标的一系列独特的测量方法，这给了管理者一个快速而且综合的涉及公司总业绩的描述。平衡计分卡是一个战略的形成装置以及业绩报告，一个成功的平衡计分卡可以衡量与组织目标相符的具体目标。商业运作领域表明：运营和工艺应如何协调来为客户增加价值；客户领域表明：该公司的客户导向战略和经营怎样增加财务价值；财务领域衡量公司在为股东增加价值方面的成功；学习和增长领域表明基础设施怎样创新并支持长期增长，有助于应对战略目标的达到。平衡计分卡，如图 14—9 所示。

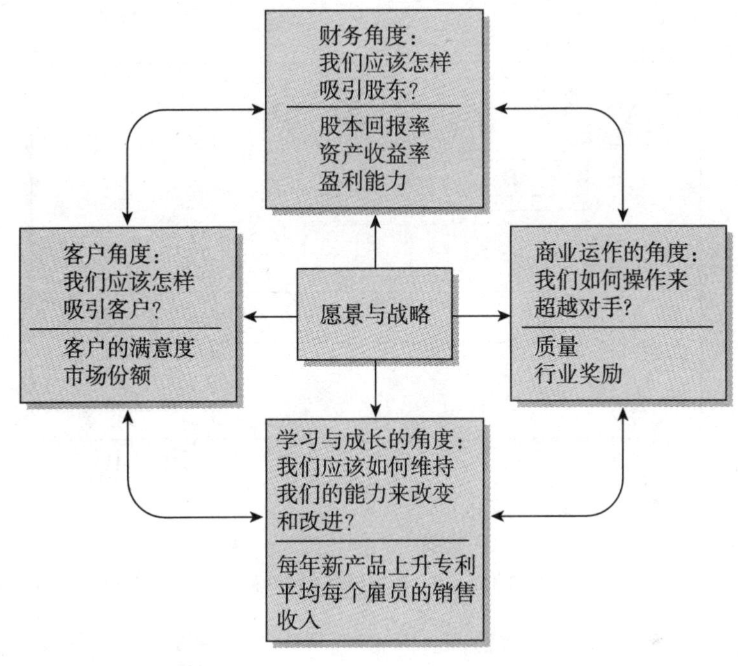

每一个角度都有一个问题和一系列措施。

图 14—9 平衡计分卡

为了建立一个有效的计分卡，公司需要决定基本驱动因素和衡量它们的性能。寻找最正确的方法，如可靠性、质量或者客户的满意度，是富有挑战性的。

创业案例

通用电气公司的数字赛车舱

通用电气公司副总裁盖瑞·罗杰斯（Gary Rogers）想出了数字仪表板的想法，即在网上不断更新展示企业的重要统计数据。通用电气公司新的“数字赛车舱”现在可以让 300 名管理人员在台式电脑和黑莓掌上电脑上即时获得该公司的基本数据。

通用电气公司的杰克·韦尔奇创建了无边界公司的想法，这消除了供应商、顾客和通用电气之间的隔阂。通用电气公司的口号是每天找到一种更好的方式，其结果是加快了商业进程。营业利润率从 1994 年的 1.2% 增加到 2000 年的 13.8%。韦尔奇相信该运作系统是理解、学习和提高结果的关键。

如何管理商业过程

新的企业应制订图表和流程图来显示其运营工作。图表可以帮助所有相关系统进行交流与合作。

运营计划概括将来执行的一些活动。为了确定活动时间，公司应制订一个时间表，以图表的形式来描述公司预计将在近期和中期达到的所有重要的里程碑。甘特图（Gantt）是一种每个人都需要的描述任务和所需时间序列的方法。通过利用网格中的阴影部分，甘特图将什么能做与什么随着时间的推移再进行计划相比较，如图 14—10 所示。时间表是一个比较项目或活动实际和计划进度的直观手段。时间表使与会者能够看到一个可能变成无限制进行计划的结局。

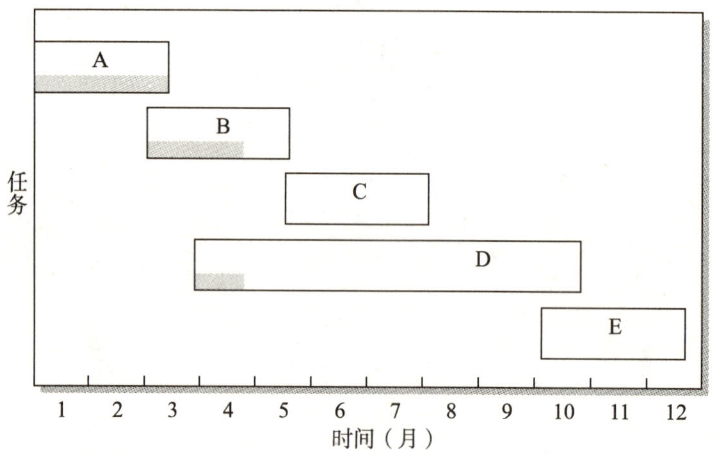

实际的进程由阴影部分表示。

图 14—10　5 项任务的甘特图

商业过程的有效管理需要调度和协调。因为甘特图是一种随着时间的推移对实际的和计划中的过程进行对比的手段，描绘不同任务的调度和协调。任何规模的创业公司都能从使用甘特图中获得益处来描绘调度和里程碑。例如，任务 B 的完成能够代表原型的完成，任务 C 能代表原型的测试（见图 14—10）。在这个过程中重要的是设定里程碑，然后努力准时达到它们。

另外一个更加形像化的展示活动安排、结果和时间的表是里程碑图，如图 14—11 所示，它展示了一张达到一个计时性目标的线路图。

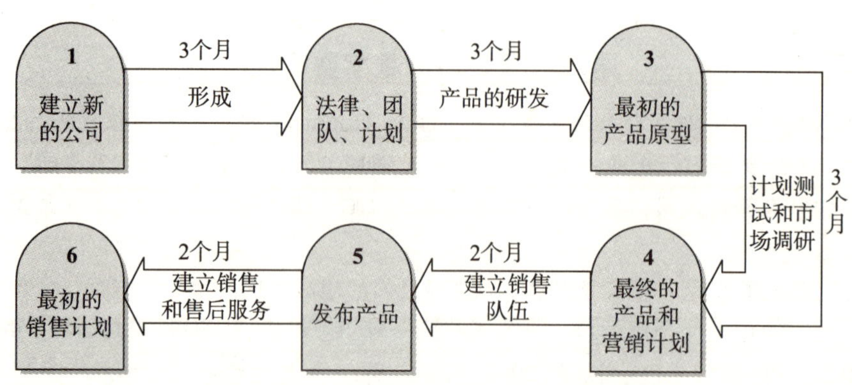

图 14—11　一个新技术公司的里程碑线路图

带你踏上创业之旅

案例AgraQuest

AgraQuest有两个关键业务：产品开发和产品制造。产品的开发过程如图14—12所示。开发新产品的两个步骤是先发现新的自然微生物，然后在微生物的基础上开发产品。这一工艺会将微生物产品充当杀虫剂或杀菌剂。

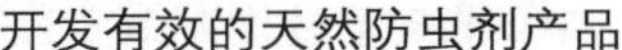

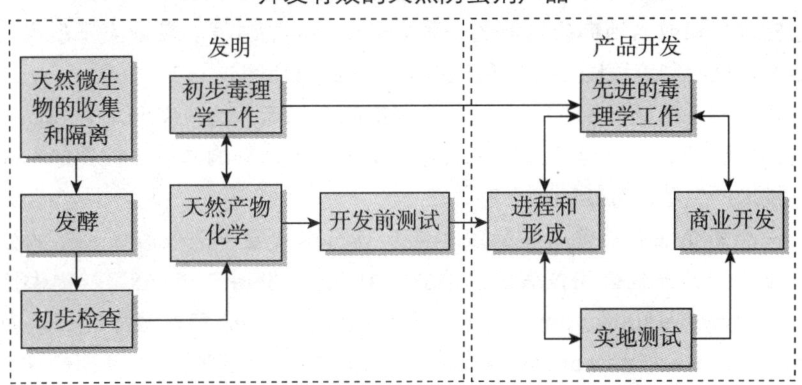

图 14—12 AgraQuest 的产品开发过程

制造工艺的设计是在加利福尼亚的戴维斯完成，并且由工艺开发经理约翰·林实施和领导。AgraQuest 在墨西哥经营自己的工厂，它在那儿生产和运输自己的产品。AgraQuest在2000年12月花700万美元购买了工厂，在2006年工厂里有16个职工。在35英亩土地上有208 000平方英尺的工厂，它位于墨西哥的特拉科斯卡拉附近。制造工艺如图14—13所示。

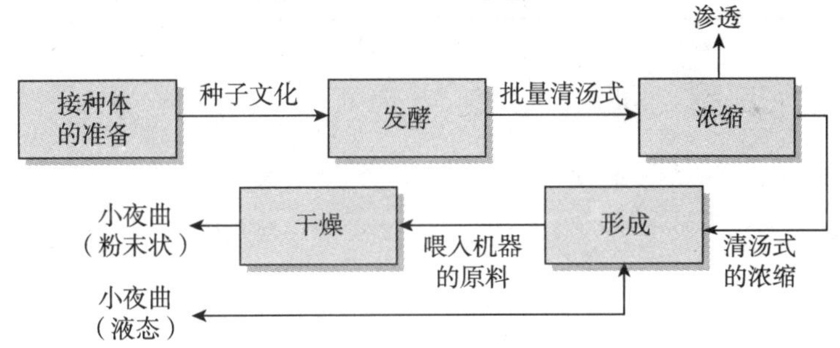

图 14—13 “小夜曲”产品的制作过程

AgraQuest有一个建立在价值网基础上的商业网络系统，如图14—14所示。

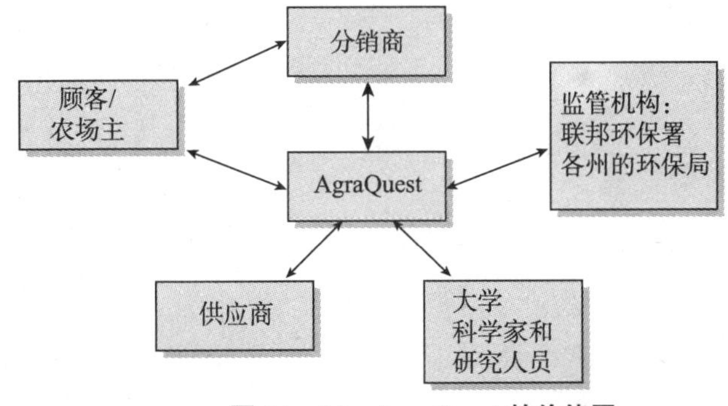

图 14—14 AgraQuest 的价值网

纸上练兵

1.伟创力（Flextronic）为许多电子公司制造产品（见www.flextronics.com）。这是一个全球性公司，其总部在新加坡，拥有95 000多个雇员。公司的核心竞争力是精益生产。伟创力在什么地方符合了微软、富士、施乐（Xerox）和北电（Nortel）的价值网络?

2.中国是一个世界级的制造商，它具有规模和成本的优势。为一家欧洲公司确定一个中国电子产品组装商。中国相对于欧洲制造商有何优势?

3.考虑宜家公司或当地商店装配的一张桌子或书桌的过程。获取桌子的说明书，并为组装过程绘制流程图。然后创建装配过程的甘特图。

4.沃尔玛公司在射频识别技术上投巨资来提高仓储运作的效率和库存控制。概括沃尔玛的价值网。沃尔玛是怎样采取射频识别技术来影响其供应伙伴的? 随着射频识别技术产生了什么新的机会?

5.运行一个新企业有点像飞机驾驶中实验飞行员需要一个仪表板，新的公司需要一个商业记分卡或公司仪表板。成立于1999年的NetSuite公司就提供这样一个产品（www.netsuite.com）。另一家提供仪表板的公司是最好软件公司（Best Software，www.bestsoftware.com）。访问这两个公司的网站并研究这两个公司的仪表板。描述并对比产品的价格、属性和特征。

创业挑战

1. 描述您的企业所使用的关键商业流程。
2. 为您的企业画一个如图14—11所示的里程碑路线图。
3. 为您的企业制作一个如图14—5和图14—7所示的价值网草图。

第15章 创业型企业的扩张策略

导读

新企业可能是由一组创业型企业家购买现有企业才开办起来的。同样的，创业型企业家可以创办自己的新企业，并且收购其他小企业来使自己的企业不断发展壮大。收购可以用来提高效率，进行地域扩张、产品或市场推广以及技术收购。

大多数创业型公司以区域或国别战略开始，接下来计划出口其产品到国际市场。随着这些公司的发展，它们能从出口转变成在其他国家建立一个全资子公司。

“科技创业的20条军规15”

所有的创业型技术行业、企业都应该形成一个清晰、明确的收购和全球化战略。

创业故事

Technology Ventures

美敦力的全球扩张

厄尔·巴肯（Earl Bakken）和帕尔玛·赫蒙斯利（Palmer Hermundslie）于1949年在明尼苏达州成立了一个医疗设备维修公司美敦力（Medtronic）。公司早期靠销售医疗设备和提供服务来维持生计，并且还推出了许多自己的医疗装置。1957年，美敦力开发了首个可穿戴式外部心脏起搏器。三年以后，美敦力购买了首个植入式心脏起搏器的独家专利。该公司发展成全球心脏起搏技术的领先制造商。在美国以外的国家的销售很有吸引力，但竞争也非常激烈。作为回应，美敦力开始建立国际化机构，并在1968年通过购买公司获得其对于国际业务的直接控制权，从而使该公司在加拿大有了销售代理商。然后，美敦力公司开始收购那些在美国有主要分销商的公司，从而建立一个直接的销售力量，也在世界各地销售其产品。

20世纪80年代，美敦力购买了强生的心脑血管公司。此外，美敦力收购了其他12个医疗技术公司，使它进入到新的市场。收购的公司包括一个皮腔内冠状动脉成形术导管和引导管制造商、一个离心血液泵生产商和一个荷兰起搏器制造商。直到1990年，通过内部发展和战略收购的联合，美敦力成功地把一个拥有有限产品线的公司转型为一个国际多元化的医疗技术公司。通过在20世纪90年代与21世纪初期继续采用战略兼并收购细分市场领导者，美敦力维持了它在医疗技术行业的领导能力。

真机会是十分罕见的，明智的人绝不会让它从身边溜走。

——贝亚德·泰勒（Bayard Taylor）

收购、兼并和谋求协同

一个创业型企业家可以通过收购现有的公司来进入新的行业。收购常常发生在一个公司购买另一个的时侯。通常被收购的公司放弃它的独立性，然后续存的公司承担全部资产和负债。购买了已建立业务的企业有促进企业持续发展的优点：地点、员工、设备和产品。明显的潜在劣势可能包括差劲的地理位置、资产耗尽、过时存货、折旧品牌，以及缺乏盈利能力。购买企业的风险小于创办新的企业，因为在成功的机会上，企业的经营历史可提供给企业家宝贵的经验性数据。然而，调查和评估收购对象比较耗费时间。在找到一个好的收购公司之后，收购者需要安排资金和洽谈交易条款。

由于过渡到新的所有权的困难和高估了收购公司的价值，通常收购最终会损害被收购公司的价值。当试图过渡到收购者时，可能会在工作或改变收购公司的既有文化时出现困难。**收购公司的三个主要步骤如下：目标识别与筛选；投标战略和整合或过渡到收购者。**

即使不是全部，大多数收购在预期的协同作用的基础上也是合理的，这是由于联合公司的协作行动，可以引致生产的实现和生产效率的提高。假设你鉴别一个公司，然后确定它的价值是 V，而一个收购公司能接受的收购价是 V；然后你估计，在由你和你的创业团队创造的价值增加之后，重新注入活力的公司的价值为 V_N。然后，我们预计协同作用（Syn）的定义为：

$$Syn=V_N-V$$

协同作用是由收购方预计的价值。由于新的创业型企业家的团队将能力和资源引入公司，协同作用的资源可能是收入的增加和成本的减少。当新的创业型企业家收购现有公司时，协同作用是创业型企业家团队增加的价值，他们通常取代被收购公司的管理团队。新的团队努力向被收购团队的产品增加价值，这些产品是竞争对手很难得到并且很难模仿的。

收购者试图发现拥有有价值的、稀缺的创新产品的公司，这些创新可以通过收购者管理团队的人才进行完善。然而，这是一个很好的避免投标竞赛规则，并能够及时结束交易。

创业案例

eBay和贝宝

eBay 和贝宝在 2002 年 7 月宣布合并，承诺多种协同作用。新闻稿说：

此举可以帮助数百万互联网用户进行在线买卖，世界在线交易市场电子港湾公司如今宣布同意收购贝宝公司这个全球支付平台。电子港湾交易平台的自然扩展，收购贝宝公司可支持电子港湾公司的发展任务：创造一个有效率的全球在线交易市场。支付对在电子港湾交易来说是一项很重要的功能，它可以把贝宝的功能集中到电子港湾平台，将从根本上强化用户体验，让买家和卖家的交易更加方便、高速和安全。

我们会考虑收购者采用的三种常见的评估公司价值的方法：账面价值、价格与销售的比率和价格与收益率。账面价值是指企业的净资产（股权），即总资产减去无形资产（专利、商誉）和负债。在一个特定的行业里销售价格与盈利价格的比率以及价格与收益比率被用来比较公司价值。

考虑一个为受伤和残疾的人设计和制造骨科设备的公司。一个会计顾问确定该公司的净资产是 800 000 美元。在过去的两年里年收入维持在 1 200 000 美元。公司拥有数个专利产品，但是它没有完全开发这些专利产品的市场机会。因此，其净值或账面价值为公司设定了一个 800 000 美元的基础值。其收入并没有增长，会计师建议购买一半销售的价值，或者是 600 000 美元。该公司在过去的几年里收入平稳的保持在每年 10 万美元。假设从零增长下该公司的可比价格与收益之比为 9，估价可能是收入的 9 倍，或者是 900 000 美元。假设从这三个评估方法（800 000 美元、600 000 美元、900 000 美元）中购买者选择一个目标价格——比方说 700 000 美元，并且尝试决定一个合适的交易结构。一开始安排的可能是 200 000 美元的现金，其余 500 000 美元在 4 年内以最优惠利率作为卖方公司给买方的贷款。最终，估价与最终的交易即是买方和卖方的协商结果。

在进入到收购公司之前，新企业应当考虑到技术和客户的不确定性。如果不确定性很高，考虑联盟可能更合适，因为它通常花费较少并且能限制公司的金融风险。如果联盟开始显示有利的结果，然后再转到收购也可能是合适的。

作为成长战略的收购和兼并

在分散的行业中，收购和兼并可以作为发展战略。兼并指的是两个公司融合在一起；收购是一个公司购买另一个。兼并和收购的不同之处在于两个公司中的一个被另一个控制的程度，兼并可能导致 50-50 的控制。与收购相比，兼并涉及商业伙伴之间一个相当大程度的协作和整合。大多数时间，兼并发生在两个规模大致相当的企业之间。一个组织比另外一个变得越来越强大，更多的会导致收购。许多的兼并会遭受两个公司职能和活动的不完全整合。两个走向合并的公司整合失败的例子是美国在线与时代华纳。

在分散的行业中，许多小公司被认做是专家，进行差别化定位，并以此争夺市场份额。强大的市场力量推动产业合并成垄断寡头。寡头垄断出现在这样的一个行业，其特点是只有少数卖家。在技术、媒体和电信行业，为巩固公司地位而实施的奖励措施是重要的，在这些公司固定费用较大而服务每一个额外客户的费用较小。

在一个市场中少数卖家提供相似产品的寡头垄断并不总是可取的。虽然它可以有效地使公司以较低的价格为消费者提供更好的产品，并引领全行业标准，为消费者创造稳定性，但是一个寡头垄断允许一些企业来创造更多的价值，以牺牲消费者利益和经济发展为代价，它可以摧毁重要的竞争——要防止企业把价格定得远高于成本。许多行业面临着很大的固定费用的增长。一个典型的半导体制造工厂如今要耗费 2 ～ 3 亿美元，而 5 年前只要 1 亿美元。基本内存芯片的制造商必须出售更多的集成电路（芯片）来证明投资规模的有效性，这就是为什么内存芯片制造商要急于兼并了。

随着产业中的公司经历合并，它们变得更加高效。在一个分散的市场，行业内合并的公司能够实现规模经济的协同作用。在一个成熟的行业中，新企业合并时机可能已经成熟，可以提供很好的机会。新加入者可以集中资源并在一个合适的地方有效地使用合并机遇，然后，当资源允许时，收购小的竞争公司。一个零散行业的例子是互联网服务供应商（Internet

Service Providers，ISP）。每一个小镇都有许多独立的互联网服务供应商和大的 ISP 竞争者，如 Earthlink 和美国电话电报公司。随着这些大型公司不断巩固自己的力量，小的竞争对手不断衰落。

创业案例　Copart的增长战略

大多数创业型的企业家不会被汽车残骸的垃圾站吸引，然而，威利斯·约翰逊（Willis Johnson）认识到通过购买数 10 个汽车垃圾站，建设成一个连锁企业，将有机会使许多小企业合并到一个大型企业。约翰逊的 Benica 建立于 1993 年，总部设在加利福尼亚州的 Copart，公司已经占有废弃车辆市场的一个领先份额（30%）。到 2003 年，Copart 拥有 40 个州的 100 多个网站。2005 年销售额突破 450 000 000 美元。Copart 崛起的一大原因是其最早采用互联网，及其高度扩张性的收购战略。Copart 于 1994 年成为一家上市公司（见 www.copart.com）。

如果新的联合公司对未来有一个短期的健全的商业计划，其中包括一些增强盈利能力的关键措施，那么兼并可以刺激增长。合并的公司应该努力调动非生产性资产，并把重点放在优化其联合活动上。收购是企业创业的一种形式，可能特别有用，因为一个已建立的公司可以尝试创新并给这个组织注入更多活力或建立新的生产线。

大多数研究显示，大约 2/3 的兼并不支付任何的协同作用或收益。为了实现兼并的全部价值，兼并后的组织必须得到适当的整合。横向兼并是在相似的市场制造和销售同类产品的公司之间的兼并。埃克森和美孚之间的兼并是横向兼并的一个例子。纵向兼并是在价值链不同阶段的两个公司的兼并。朗讯（Lucent）公司和 Chromatics 网络公司是纵向兼并的一个例子。美国在线和时代华纳的联盟是既有横向又有纵向兼并特征的一个特例。通过兼并，美国在线加强了其互联网内容的表达内容，因为它能提供给客户一些时代华纳的不同的娱乐和内容丰富的产品。同样，华纳时代找到了一个合作伙伴，将它的内容表达给大部分现有观众。有这么一种观点，美国在线和时代华纳可以控制两个内容——音乐和电影，并通过有线电视以及互联网传送这些内容。然而，事实证明，要说服美国在线用户购买时代华纳的内容很难。

在 1976 年，吉姆•麦肯（Jim McCann）迫切希望拥有自己的企业。他花 1 万美元在曼哈顿购买了一个鲜花店，引进了一个日常管理者。接着在接下来的 10 年他又开了 12 家新店。他做得很好，并放弃他的日常工作，建立了花卉企业。他在 1987 年花 2 000 000 美元购买了陷入困境的 1-800-Flowers，并承担其 7 000 000 美元的债务。接着他将公司迁往纽约并将其与他的鲜花连锁店合并。麦肯接着做了一系列收购活动，使 1-800-Flowers 得以扩大。在 20 世纪 90 年代，它不仅仅销售鲜花还包括礼品。弗劳尔斯于 1999 年收购了大食代（Great Foods），一个特色食品公司。在 2001 年，弗劳尔斯收购了儿童集团公司（Children's Group），一个玩具和洋娃娃生产商。弗劳尔斯已扩大其糖果业务，提供更多的礼品盒产品以及高价格的糖果，并且快递物品。非花卉物品，如烘焙食品、糖果和珠宝都在其网站上经营（www.800Flowers.com）。

5 种不同形式的收购和兼并列于表 15—1 中。第一种类型的目的是在相对成熟的行业减少过剩。收购者试图关闭效率低下的工厂并减少成本，同时维持被收购公司的技术和客户以便实现规模经济。在 2002 年惠普和康柏的兼并正是这种兼并的一个例子。

许多交易是建立在获得被收购公司的顾客以及减少产能过剩的基础上的，其目的是在收购的公司的客户名单里确定最好的顾客并留住他们，同时尝试吸引新的客户。

当一个成功的公司席卷（购买）当地或地方性公司来转向一个全国性厂房时，地理位置的扩张或者席卷（收购）就会发生。一家公司可能借助全部购买来实现地理延伸以及规模和范围经济。第三类，市场推广，用来扩展公司的产品线或者进入未曾服务的市场。为了扩展产品线，易趣公司购买了贝宝公司，使其与客户的交易更加方便。

技术收购的目的是通过购买一个小型公司以便提高收购公司的技术和能力。如第 13 章讨论的那样，思科系统于 20 世纪 90 年代在收购了一系列小公司的基础上建立了明显的绩效。兼并的最终类型是建立在对未来产业融合乐观看法基础上的。迪士尼公司购买了 ABC 电视广播，设想统一的内容物和媒体渠道运作。往往一家企业利用收购来恢复对其业务活力的意识，并且决策者希望随之而来的会是业绩上的急速提高。

表 15—1　5 种不同形式的收购和兼并

类型	过剩减少	地理延伸（席卷）	产品或市场扩展	技术获得	产业融合
目标	减少产能过剩和提高效率	扩大公司所能及的地域和建设规模和范围经济	扩大产品线或者达到一个新的市场	迅速增加新技术和能力	在一个行业或部门的融合中确定一个位置
举例 1	戴姆勒奔驰和克莱斯勒	美国和国家银行（Bank of America and Nations Bank）	泰科（Tyco）和瑞侃（Raychem）	思科系统在 1993 年和 2003 年间收购了 7 家公司	美国在线和时代华纳
举例 2	惠普和康柏	废物管理（Waste management）和众多的当地企业	易趣（eBay）和贝宝	美敦力公司在 1998 年至 2002 年间收购了 7 家公司	迪士尼和 ABC 电视广播
问题	在合并后的公司里要消除什么以及如何做到及时地完成它？	如何合并两个具有不同文化的公司？	合并两种文化和分销渠道。	高估了技术收购和缺少被收购公司的领导人。	收购可能无法兑现或将是低价的。

两个公司成功的整合是任何收购和兼并的目标。例如，马萨诸塞州的波士顿科技公司（Boston Scientific）在 1992 年首次公开募股后，是一个在少有入侵性的医疗设备行业备受尊重的先驱。其积极的收购战略很快导致与明尼阿波利斯州的 Scimed 生命系统（Scimed Life Systems）的合并，Scimed 生命系统专门从事以导管为基础的治疗心血管疾病成形产品的生产。Scimed 在欧洲和日本建立了一流的配送制度。经过数年的富有挑战性的工作充分整合两家公司，由于 Scimed 的产品、分销系统和团队，波士顿科技变成了行业领袖。

惠普和康柏公司的兼并是建立在减少过剩和引进技术的基础上的。在这种情况下，存活下来的公司，如惠普，收购了康柏的技术，兼并的目的是提高惠普的竞争力，因为公司已经错过了大部分个人电脑和互联网的转接。

将一家被收购公司整合到收购公司有着一定的规则。

收购公司的规则

◆ 用你的高价值的股票支付。
◆ 确定被收购公司的关键人物，征求他们的同意留下来。
◆ 判定谁能快速保持和建立关系。
◆ 克制行事傲慢的倾向。

◆ 整合两个公司的文化和运营。
◆ 任命一个整合经理或者团队来领导收购过程。

被收购公司的规则

◆ 要求现金而不是股票作为收购的支付方式。
◆ 关键人物可以同意短期留在公司。
◆ 避免签署不完整协议或者保持其持续时间短。
◆ 对被收购职工和经理的自增利益的解释。
◆ 告知将保留或者将失去工作的人。
◆ 重建起对人的尊重。

关键的步骤是任命一个整合经理，能在整合两个公司期间全职工作。整合的努力开始于一个战略和一个整合计划。接下来在交易结束后——大约 6 个星期，应该达到在短期内大多数融合。一个重要的步骤是建立一个整合团队和整合负责人一起工作。团队帮助兼并建立社会联系，并取得初步成果。整合经理的任务是加快进程，创造新的结构，产生社会关系并获得成功。

1. 向过程注入速度

◆ 推进决策和进展。
◆ 加快步伐。

2. 创造新的结构

◆ 领导一个整合团队。
◆ 提供新的结构框架。

3. 产生社会关系

◆ 阐释两个公司的文化。
◆ 积极代表两个公司。
◆ 将人们带到一起。

4. 获得成功

◆ 识别和联系协同作用。
◆ 显示短期利益。
◆ 演绎公司效率的获得。

每年美国的收购和兼并总数根据不同的市场条件而改变，如表 15—2 所示。

表 15—2　在美国兼并和收购的数目 *

	1985 年	1990 年	1995 年	2000 年	2002 年
兼并和收购的数目	3 000	1 600	4 000	10 500	1 500

* 市场价值超过 1 亿美元的公司。

创业型公司的领导人往往在被大型公司收购结束后继续发挥重要作用。购买公司的领导者，常常因忙于他们自己的事业而不能给被收购公司的职工提供有效的方向。此外，他们最初可能没有充分了解被收购公司，来做出很好的决策。这给被收购公司的领导者继续领导他们公司创造了必要性，甚至在交易结束后也是如此。被收购公司的领导者能把他的员工集中在特定的目标和时间线上，通过帮助解决职工提出的问题，指派给他们新的职位和监督人来增加价值。

公司的收购和兼并也可能像创造价值似的破坏价值。如果收购和兼并有战略意义，即其公平价值的支付建立在现实期望的基础上，并且管理的重点持续放在执行计划上，它们才会增加价值。美国在线和时代华纳未能妥善处理网状组织，所以破坏了其兼并的价值。

拓展全球业务

兼并和收购的一个共同动机是进入新的市场。公司常常采取这项战略寻求在一个新的国家的业务。现如今的全球化现象源自于1989年柏林墙的倒塌，它结束了自1945年统治全世界的分裂原则。如果说冷战时期的隐喻是柏林墙的话，那么全球化的隐喻就是网络。全球化是自由贸易资本国际化的成功。早前的全球化时期建立在降低运输成本的基础上，如今的全球化时期建立在降低电信费用的基础上。全球化包括市场、单一民族国家和技术的整合，使人们和公司能够到达全世界，并向世界上任何一个国家提供和销售产品。随着因特网和全球化的发展，公司可以在任何时期、任何地点销售产品。全球化以速度、现代化、运转和距离的移动为特征。

新企业应该考虑一个全球化战略，即使它的最初战略是维持地方性的。一个新的自动化设计公司可能最初几年仅仅在美国运作，但是随后它会考虑国际性扩张。我们利用一个分类系统对全球化战略进行分类，如图15—1所示。

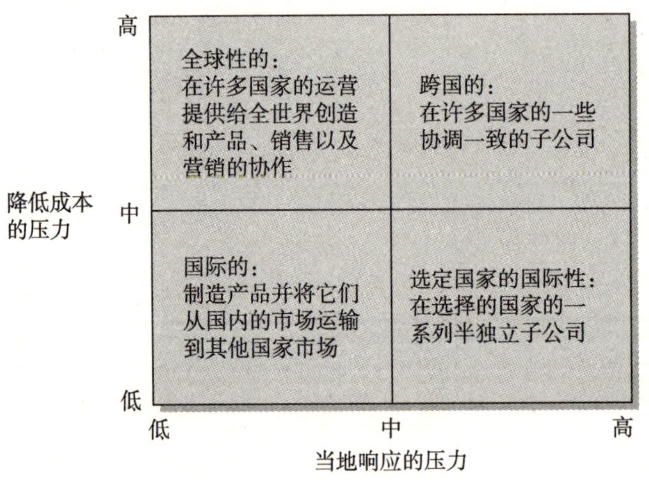

图15—1 全球化战略

一个当地的或者是区域性的战略是把公司在所有努力聚集在本地，因为这是获得竞争优势的途径。维持最初的地方性的另一个原因是有限资源的实用性。饭店、零售和任何地区性的机会最好在当地开始和建立。星巴克开始于西雅图，然后仅在完善它在当地的运营能力后就转到美国的其他地区。一个新的技术公司可能在当地开办然后改变它的市场和销售方法，接下来它就可以走向全球。

- 选定国家的国际化战略要求，在资源许可的条件下，公司在一个以上的国家开展业务。在这种情况下公司提供适合每个国家的单独的产品和市场战略。这项战略并不划算，但是却使公司在许多国家拥有独立的子公司。公司利用多国战略的例子就是诺基亚和索尼－爱立信（Sony-Ericsson）。
- 为了在开发成本经济的同时创造差异化产品，可以运用跨国战略。这项战略取决于创建流通产品，使其能在任何一个国家运营并在各国之间的转移。公司利用跨国战略的例子是

ABB 公司和卡特彼勒（Caterpillar）。

创业案例 **趋势科技的国际化战略**

趋势科技公司（Trend Micro）的员工遍布全世界，并且公司为它的反病毒软件运用跨国战略。它的主要中心位于菲律宾，其他中心在慕尼黑、北京和莫斯科，其财务总部位于东京，销售办事处是在加利福尼亚的苹果，而其董事长，史蒂夫·张（Steve Chang）是中国台湾人。公司管理面临的挑战是艰巨的，因为公司的职员被海洋、语言和文化分隔开来（见 www.trendmicro.com）。

● 公司的国际战略可以尝试利用出口和许可证。它通过从国内市场向其他国家市场输送产品和能力来创造价值。国际活动的一项优势是可以接触到新的商业环境，在这里公司可以了解不同的方法、产品和创新。以微软和 IBM 公司为例：微软经常试图把同样的商业模式带到其他国家。总部位于硅谷的英特尔公司的国际业务已经发展到占其总收入的 70%。克瑞格·贝瑞特（Craig Barrett，英特尔的前董事长）希望来年最大的增长领域会在印度、中国和俄罗斯。这些市场代表着几乎世界一半的人口，并在最近提供给美国技术公司。

创业案例 **富国电子和中国**

富国电子（Fargo Electronics）是即时身份证系统的领先制造商，它在全世界范围内进行销售竞争（见 www.fargo.com）。仅在中国，多达 8 亿的带有芯片（智能卡）的身份证可能会被使用。智能卡存储关于个人的各种数据。

这种身份证基本上是载有 32 位处理器和 32 千字节存储器的微型计算机，译成密码可提供建筑物、计算机、电子邮件和其他很多功能。它们还可以存储关于卡的持有者信息，如他们的医学史。建在明尼苏达伊甸草原的富国电子利用国际战略将自己的产品推向 80 个国家的市场，如图 15—1 所示。

● 全球战略强调在世界范围内创造新产品、销售和市场。为了在全世界销售，公司在一系列的国家利用设备和组织制造产品。这可以通用汽车、英特尔和惠普为例。每一项全球战略的优、缺点列在表 15—3 中。

表 15—3 **4 项全球战略的优缺点**

	优点	缺点
• 选定国家	能够为当地市场定制产品	不能降低成本和从其他国家适当学习
• 跨国的	能降低成本和从其他国家适当学习	由于许多独立的组织很难执行
• 国际的	有能力在当地响应	低地方响应
	向其他国家转让独特的产品和能力	不能降低成本
• 全球	能够减少成本和获得全球性学习	缺乏当地响应
		很难协调

一般来说，一个创业型或者新兴公司应该选择一项进入国际市场的战略，然后决定进入哪个国家市场、何时进入。入境、时间和费用的决定因素，将倾向选择一个比较好的战略。一些行业是地方性质的，其他的是国际或全球性质的。整合循环的新的制造商要求立即建立一项国际战略，因为竞争市场是全球性的。对许多公司来说从当地的到区域性再到全国市场的扩张应

该遵循一系列自然过程。第一步是扩大到选定的国家，建立合适的分销渠道和供应链。

国际性的发展机会存在于许多行业。微软和英特尔将它们的产品销售到全世界；伦敦的成功戏剧，如《歌剧魅影》转向纽约并最终在全世界巡回。减少成本、提高能力和达到当地需求的世界性机会，要求有一项跨国的和全球性战略。然而，实施这些战略需要的资源可能会很大。

思科系统公司利用一项国际化战略，使它在150个国家的销售中获得约50%的收入。许多新企业或新兴公司需要考虑全球战略的发展来获得独特的能力或优势，其中主要有7大原因。

◆ 获得低成本劳动力或材料。
◆ 解决贸易障碍。
◆ 获得独特的能力和从他人那里学习。
◆ 获得规模经济。
◆ 为公司产品获得有吸引力的市场。
◆ 行业是全球性的，所有的竞争对手是全世界性的。
◆ 拥有知名品牌，此品牌在世上广为人知。

按照惯例刚启动的公司在其进入全球市场之前应该在当地或者国内市场充分开发和测试其产品。还有人认为：新产品最好的、更能盈利的市场可能是在一个国内市场，而不是在创业型投资公司的母国。然而，新兴公司往往限制出口努力，因为它们获得关于国外市场的消息和知识以及管理国外活动的能力是有限的。

一个成功的全球新创企业通常从成立开始就具有国际视野、一个全球性网络和在全球有需求的一个独特产品。世界各地的消费者对同种产品的需求越来越多，尤其是汽车、服装，还有许多食品、饮料和耐用消费品，如家电和电子产品。对许多行业来说，全球性消费重点注意的是全球性品牌的发展，这能为公司迅速建立品牌资产的地位。诺基亚、丰田和辉瑞（Pfizer）都是全球性品牌。创业型公司需要以各种方式计划全球化。随着它们的行业变得全球化，它们必须计划生产、监管和组织因素。当地、区域和国际活动的战略平衡可以引起成本效益的全球扩张。

进入另一个国家或区域的市场模式有5种形式，如表15—4所示。出口是在其他地方启动的一个简单的方法。然而，高的运输成本可能是一个劣势。收费性授权给另一方可以成为一个廉价的方法，并且可以提供一些针对由许可证协议而实施的市场营销和制造的控制。特许经营是许可协议的一种形式，遵循自己的运作规则和程序，但是这种方法可能会导致产品的质量失去控制。

表15—4　　进入国际市场输入模式的5种形式

模式	描述	优势	劣势
1. 出口	从一个国家发送货物到国外出售	销售到别的地方能力	运输费用 难于应对代理商
2. 许可证	利用知识和专利生产产品的合法许可	低成本进入	许可证使用的控制比较弱
3. 特许经营	向商户授予出售产品使用的品牌、名称与操作方法的权利	低成本进入	对质量缺乏控制
4. 合资企业	与当地的一个实体联合举办的公司	获得合作伙伴的能力	缺乏控制
5. 全资子公司	在另一个国家注册成立的公司	直接采取行动的能力	成本高

和一个国外公司合资的企业可以获得合作伙伴的能力，但是依旧导致了有效控制的减少。一个全资的子公司使其母公司可以充分行使控制权，但它可能是一个代价高昂的做法。

麦当劳和希尔顿酒店通常是在其他国家设立特许专营权；英特尔和惠普采取全资子公司的形式；富士施乐（Xerox）是美国施乐（Xerox）公司和日本富士胶卷公司（Fuji Photo Film）合资的企业；哈利 - 戴维森（Harley-Davidson）直接向其他国家的经销商和分销商出口大约25% 的摩托车；旭电（Solectron）是全球经营的制造公司，而其总部设在美国。

柯达公司是世界上最大的摄影产品制造商。它在美国和其他 8 个国家有主要的工厂，几乎一半的雇员和销售都是在美国以外的国家。为了重新获得世界市场份额，柯达公司正在积极融入全球柯达数码摄影领域。

随着市场开放和放松管制，全球化正在蔓延。如图 15—2 所示，全球化的力量是强大的。许多创业型公司需要在其所在行业内考虑全球性因素，并建立一个反应计划。

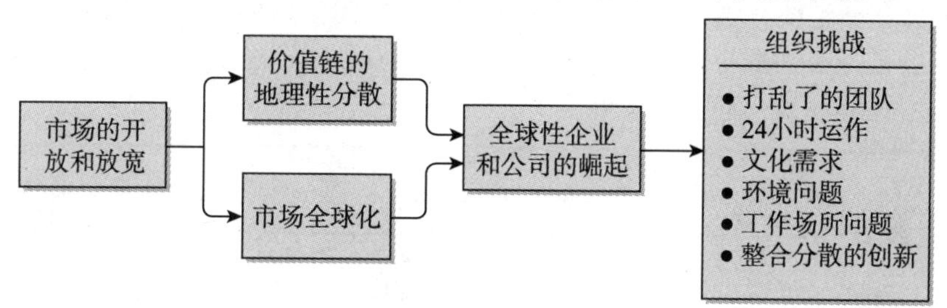

图 15—2 全球化的力量和后果

欧洲工商管理学院（INSEAD）的伊夫斯 • 多兹（Yves Doz）将**多国公司**定义为拥有三种核心能力的公司：

◆ 首先找出并抓住出现在世界各地的新知识。
◆ 动员分散在全球各地的知识，在创新上超过竞争对手。
◆ 通过生产、营销和在全球范围内有效传递将创新变成价值。

多兹找出一个公司作为例子，比如雀巢（Nestle），其他的例子如 IBM 和惠普。也许最具有挑战性的任务是能在任何地方得到知识和创新，然后将其整合到公司的能力和产品中去。

竞争类似于国际象棋的三维游戏。在一个市场中经济组织的举措，可以在另一个市场上以不立即显现的方式让竞争对手明白来实现目标。在市场之间存在着这种战略的相互依存，竞争形式的复杂性能很快压倒普通的分析。公司需要测绘竞争格局的分析过程，并期待它在市场中的此动作可以影响在其他市场的互动。

技术密集型产业的领导公司是建立在核心能力的基础上的，这可以在全球加以利用。创新型公司努力在全世界引进知识和协调能力，它们建立并发现新的资产和能力，并努力实现规模和范围经济。随着公司发展，它们向着一个有能力和资产的全球化网络前进。

创业案例

水产养殖业和全球食物链

鱼类养殖业（水产养殖业）承诺，具有在不消耗自然渔业条件下帮助养活世界人口的潜力。利用新的技术，水产养殖业可以在维持环境保护的同时提供大量的食物来源。在美国和欧洲，鲑鱼和虾是鱼类养殖和市场推广的例子。水产养殖业有可能成为一个全球性增长行业。

带你踏上创业之旅

案例AgraQuest

AgraQuest生物公司正在寻求它第一个收购的候选公司，这样可以快速提高收入。因为开发一款新的生物杀虫剂并投入市场需要几年的时间，收购拥有一两个支持产品的公司比较有吸引力。AgraQuest希望通过向公司的所有者发行其普通股来收购这些公司中的一个。想必，被收购公司所有者应该更乐于收到现金，因为AgraQuest的股票还不能公开持有。

AgraQuest拥有一项战略，即在其他国家通过分销商销售产品。通过在日本、莫斯科、智利和新西兰的分销商销售Serenade，在那些国家里任何一个分销商都有独家销售协议。Serenade可直接卖给哥斯达黎加的香蕉种植者，AgraQuest已在欧洲申请核准Serenade，并希望很快使产品上市。

纸上练兵

1.为了Palm的股票成长，Palm公司同意于2003年7月4日收购Handspring。Palm还同意当交易未完成时借给Handspring 1 000万美元。Palm公司提供给Handspring的股份比Handspring的市场价值要低。检查这些兼并的结果。它能产生协同作用吗?

2.描述下述公司收购战略有哪些不同：VeriSign、甲骨文（Oracle）、摩托罗拉（Motorola）、苹果（Apple）和美国电报电话公司（AT&T）。

3.联想于2005年以1.8亿美元购买了IBM公司的个人电脑业务。利用全球战略的优缺点，决定联想-IBM公司的全球战略。公司的总部在哪里? IBM持有多少比例的所有权?

4.哈雷·戴维森于1903年生产了三辆摩托车，在2005年达到了329 000辆。在102年间，公司在全球发展壮大。欧洲的销售由英国牛津管理，亚洲的销售由日本管理。戴维森是日本、美国乃至全世界领先的重量级摩托车公司。戴维森的国际渠道和分销渠道是怎样的? 描述公司利用的全球化战略（表15—1）。分析决定戴维森世界性成功的原因。

5.罗技国际（Logitech International）在苏格兰和加利福尼亚设有两个总部（见www.logitech.com）。利用表15—1的形式来描述罗技的全球化策略。

6.进入一个大市场如中国，意味着：去与当地的公司联合起来经营。雅虎于2005年同意花1亿美元现金并且将其在中国的经营权交给阿里巴巴公司，并以此换来了中国电子商务公司40%的股份。检查这个兼并的过程并决定对中国电子港湾的影响。

7.当谷歌最初将搜索服务扩展到中国的时候，许多人对谷歌的决定感到惊讶，因为中国政府要审查一些内容。为什么一些人认为这是错误的? 谷歌怎样看待? 公司扩展到国际市场面临的其他挑战有哪些?

创业挑战

1. 描述你的企业收购和兼并战略。

2. 针对你的企业，应用图15—1和表15—4讨论在全球运作的计划并且描述你的方法。

世界靛蓝公司
（WORLD INDIGO，INC.）

在2004年10月的一个雨夜，时钟恰好走到7点半，伊萍（Yiping）的电话响了。甚至在没接电话之前，作为世界靛蓝公司共同创办人和执行董事的她，便知道这是来自她的共同创办人和首席执行官卡洛斯•加西亚（Catlos Garcia）的长途电话。伊萍在新加坡，而卡洛斯则在费城的公司工作，后者所在时区比前者整整晚了12个小时：他们的电话会议要么被安排为早晨上班的第一件事情，要么被安排在晚上的后半段，这是两个人能够共同工作的两个时间。

世界靛蓝公司2003年成立，本着建立一个全球化的无线网络运营商的目标，通过用手机进入文字语音和因特网，为飞机航班和渡船乘客提供信息。公司总部设在新加坡，并且有一个私人助理办事处在费城。就这样，一个新的公司创建而成了。由四个人组成的团队中就包括在新加坡的伊萍和在费城的卡洛斯（见表Ⅲ—1）。对于初出茅庐的人在相互隔着半个世界那么远的地方共同工作不是一件容易的事情，但是到目前为止，这个团队合作得非常好。

卡洛斯的电话直接切入到工作中：

卡洛斯：我正忙着我们的第一轮资金问题陈述工作中我的那一部分，并且已经吸纳了很多在全球创业-新加坡商业计划竞赛中接收到的评论意见。我们需要在全球战略方面做出一些决定。在联邦航空局证明的准备中，我们必须明确地出示我们的长期发展计划，从而让我们的潜在投资者相信我们的实力。新加坡民用航空管理局（CAAS）的事情怎么样了？我对于从那里得到我们的证明非常乐观，这对我们将非常有帮助。

伊萍：新加坡民用航空管理局对我们的产品在新加坡得到证明已经提供了很多帮助，但是还有很多文件和资料准备工作需要去做。不管怎样，我对我们的证明也持相当乐观的态度。与此同时，在大的参与者进入市场之前，我们需要尽快采取行动建立我们自己的东西。顺便问一句，你看到我转寄给你的刊登在《斯塔林高级通信》（*Starling Advanced Communication*）上的文章了吗？以色列新开的公司仅筹集到500万美元。

卡洛斯：是的，我看过了，看来我们比一些大的玩家更要提防着点。尽管斯塔林公司（Starling）正在致力于空中宽带连接的解决办法，并没有把精力集中在移动联系方式上，但是他们利用VoIP①来提供相同的服务也是很有可能的。虽然总体来说VoIP可能比一般的移动电话服务更便宜一些，但是由于其致力于提供宽带因特网连接服务，我怀疑从斯塔林的服务整体看来其成本可能会比我们的更高。我们搜集点信息下次开会的时候再讨论一下这个公司吧。

伊萍：好！让我们继续回到我们的议程中来。我认为进行到现在我们的主要问题是应该把精力集中在哪个行业：空中航线、渡船还是两者兼顾？还有，在地域上，我们应该进入哪些市场，什么时候进入，按怎样的次序进入？到目前为止，我联系过的在新加坡的渡船公司和航空公司对我们的开发项目都非常感兴趣。我想我们应该会有一个很好的开始。

卡洛斯：哦，如果在渡船行业没有要求那么广泛的证明，对于我们来说这是个非常有吸引力的机会，是个相对容易得到的成果。但是根据对潜在市场的分析，我想很

① VoIP是Voice over Internet Protocol的简称，这是一种由IP网络传送话音的技术服务。——译者注

明显空中航线是我们的主要市场。我认为我们必须决定该怎样在我们每一个市场中分配现有的资源。至于目标市场，我们需要考虑的有中国、俄罗斯和其他一些亚洲国家，欧洲市场也是需要考虑的。有一件事情是肯定的：市场不仅仅是美国。

有一段很短的时间卡洛斯进行思考，进而对这次会议进行总结。

卡洛斯：伊萍，再过 15 分钟我还有个其他的会议需要参加，现在必须要出发了。你也该休息一会了。我们必须花点时间把我们说的这些问题思考一下，我们明天通话的时候再重新讨论一下吧。

挂了电话之后，伊萍匆匆地看了看关于斯塔林的新闻报道，于是决定睡觉之前做些深入的思考，并开始把过去一个星期和卡洛斯讨论的各种想法和思路记录在她的记事本上，两个人都在不断更新他们公司面对风险投资者的介绍陈述。

世界靛蓝公司的成立

在 2003 年的 10 月，世界靛蓝公司在很有利的环境下成立了。来自新加坡国立大学（NUS）三年级的伊萍，当时正在费城参加 NUS 海外学院（NOC）的项目。NOC 是一个以 NUS 企业闻名的大学新方案的一部分，开设这种企业是为了促成有潜质的 NUS 学生转变成企业家。在 NOC，参与者将花费一年的时间留在企业家发展成功的热点地区，像硅谷、费城和上海，在那里他们将全职在高科技创业型企业中实习，并且花部分时间在合作大学中学习关于企业管理知识的课程（表Ⅲ—2 给出了关于 NOC 的更多资料）。

在费城，伊萍在 NRoute 通信公司（Nroute Communication）做实习经理，这个公司是为火车或公共汽车乘客提供因特网和数字娱乐的无线网络公司。在 NRoute，她遇见了她未来的共同创业者卡洛斯·加西亚，他是 NRoute 的 CEO。伊萍发现不管什么时候，只要卡洛斯坐飞机或乘船总是很难用手机联系到他——世界靛蓝公司的想法随之产生，这对于殷切希望能随时用手机联系到对方的两个人是非常不方便的。经过证实，对于这个缺憾，可以有一种低成本且易于实现的解决办法，于是，伊萍和卡洛斯决定开办一个公司，以便解决这个问题。

两个人从自己的口袋中拿出了 88 000 美元，成立的公司他们起名为世界靛蓝（World Indigo），这是在词组“word in the go”中的词义。2004 年 9 月，在伊萍完成了她一年的实习正要回到新加坡的时候，新公司注册了它的总部。到这个时候，世界靛蓝公司的种子期资金已经达到 182 000 美元。此外，伊萍和卡洛斯在新加坡参加的“在新加坡创业”的比赛中赢得了 18 200 美元，并且在全球比赛中，他们最终成为参加“全球创业 - 新加坡”决赛的选手。到 2004 年 10 月，公司当时正在努力筹集投资回合 A 所需的资金，并希望能融到 280 万美元的资金。

飞行中使用移动电话所遇到的问题

世界靛蓝公司的目标是在飞机和渡船上提供存储管理、语音和通过手机上网的服务，那么有三个主要问题需要解决。**技术是第一位的，主要是覆盖率的问题。**乘坐飞机或渡船的乘客一旦航行到移动电话服务区外，那么就得不到任何信号。想打电话的乘客必须使用安装在飞行器内的电话机，并支付一分钟几美元的费用，就像威瑞森空中电话公司（Verizon Airfone）或 AirCell 公司提供的一样。当然这只是在飞机提供这项服务的前提下才会出现的情况。

此外，如果这项服务在技术上能够实现的话，**世界靛蓝公司还必须考虑采用这种方式使用移动电话的需求情况，特别是考虑到飞行器的环境情况时，能否获得让公司正常运转的可观盈**

利。由于飞机里面紧凑的座位安排，一个商务旅行者在他想通过电话讨论公司最近的行销策略时必须思量再三，因为一个竞争者可能正好坐在旁边！除了这种私密的情况外，更多的旅行者更希望在漫长的飞行过程中能有一个安静的环境来休息，这种情况下航班员工就有可能出来调解，让那些用手机打电话的人顺应广大旅客的期望保持安静，拒绝噪音。

最后，**困扰世界靛蓝公司最大的问题是安全性和政府的法律法规。**手机信号的干扰作用促使美国政府禁止在正在飞行的飞机上使用手机；美国联邦航空管理局（FAA）出于手机信号会对航空电子设备产生干扰，也禁止使用手机；联邦通信委员会（FCC）也起草了禁令以禁止通话，以此来防止对地面网络的干扰。世界靛蓝公司必须保证它的设备和服务没有任何安全问题，并得到 FAA 的必要证明才行。

除了这些问题外，世界靛蓝公司必须在一个包含着从运输到无线工业的有机系统中才能运作（见表Ⅲ—3 关于世界靛蓝公司系统的图示说明）。这个系统中的大多数公司，像航空公司和移动电话公司都是已经建立声誉的大公司，他们或许对和像世界靛蓝公司这样的刚刚起步的小公司合作并没有多大的兴趣。这是给伊萍和卡洛斯的一个很大挑战，能否得到战略合作伙伴关系至关重要，只有通过这种途径才能得到经济系统内的客户。除此之外，他们还必须处理好来自于像波音公司和空中客车公司这样的大公司的竞争，同时还有像斯塔林这样刚刚起步的小公司的竞争。

世界靛蓝公司的解决办法

在世界靛蓝公司遇到的三个问题当中，技术问题或许是最容易克服的。能够让移动电话在飞机上使用的新装置已被发明。新装置以微微蜂窝（Picocel）或纳小区（Nanocell）闻名，这是传播信号的无线电通信光电元件，一般能传播几米，最多达到 10 米的长度。把一个微微蜂窝或纳小区安装在机舱中，就犹如一个移动电话基站，按照系统的设计，这个小基地与卫星连接或者直接和陆地上的基站相联系，以此来提供移动电话信号。通过把网络集线器的接口控制在机舱内，这些小小的无线电通信光电元件就解决了干扰的两个主要问题。

> 有了这项技术，由于乘客是通过机舱内的纳小区来接收信号的，所以手机就不会对地面的网络有任何干扰；由于原件接近于十亿分之一的大小，所以就不会像传统的方式那样，传输过程也就不再需要很高的能量，因此信号也不会对飞机的飞行器件设备和通信设备造成干扰。此外纳小区有能量限制装置，它能迫使手机以低能量传输信号。现有机舱的座位后面都设置电话机，而现在这种装置不再需要昂贵的线路和设备，这也为航空公司节约了开支。

世界靛蓝公司为飞机和渡船的操作系统设计的硬件解决办法是私人所有，并且可以申请专利，这项技术的设备称为 CG101 通信网关（更多的细节请见表Ⅲ—4）。这个设备成本低廉，十分便利，是由极小的光电元件组成的系统，把它安装在机舱中的操作十分简单，只要具有相关证明的工程公司即可完成，在渡船上也只需要相类似的工程公司安装，或者世界靛蓝公司的工程师安装也可以。在一个有权使用移动通信服务的典型的短程机舱里，一个纳小区就足以满足所有乘客使用手机的需要（表Ⅲ—5 将给出短程和长程航班的对比）。当时预计到 2004 年 10 月时，公司准备在新加坡、美国和欧洲三地为其设备 CG101 申请专利。

随着 CG101 的不断改进和发展，飞机、轮船上无线系统的运营者逐渐成为世界靛蓝公司主要商业活动的聚焦点。为了提供移动电话服务，航空公司有两种选择，要么独自充当起无线电的运作者，要么寻找一个网络方面的合作者。对于航空公司来讲，尽管这个设备在技术上并没有太大的瓶颈，但是他们更倾向于把主要的精力集中在核心能力上，机舱内移动通信系统的升级和保养则去外部采购，这样更为方便。对于这些公司来说，世界靛蓝公司是个理想的合作者。

为了进一步吸引航空公司和渡船公司保持与自己的长期合作关系，世界靛蓝公司准备让两者分享自己15%的收入来源，当然这些收入是从为乘客提供通信服务中所获得的。公司制订统一的国际收费标准：存储管理服务信息每条0.35美元，语音通话每分钟1.5美元（表Ⅲ—6给出了公司的收费情况）。这使公司能获得65%的毛利，完全可以和航空、渡船公司分享收入。不过公司的创立者还没有最终决定因特网服务的价格，当时预计在2004年底，这项服务会考虑成熟，但是还没有正式纳入到公司系统中。此外，世界靛蓝公司期望以后能提供带有娱乐内容的服务，例如游戏、猜拳、音乐和电视录像等内容。

飞行中使用手机的市场

在2004年10月，靛蓝公司用潜在收入法估测其可能的整个市场[①]大约有11亿美元。在这个数字中，他们预测其86.4%或9.5亿美元是来自于航空公司和飞机上的乘客，其余来自于渡船公司和轮船上的乘客。用乘客数量来衡量的话，在2002年，世界靛蓝公司衡量在世界范围内有18亿航空乘客（见图Ⅲ—1），并且乘客数量以每年4%～7%的比率上升。在试图进入美国航空市场之前（表Ⅲ—7、表Ⅲ—8、表Ⅲ—9、表Ⅲ—10是一些目标国家市场方面的数字），伊萍和卡洛斯确定以中国、俄罗斯、亚洲的其他区域以及欧洲为目标区域，作为首选国家和地区（也就是总可访问市场）[②]。

航空方面的市场规模当然是非常巨大的，但是卡洛斯和伊萍并不确定仅靠乘客对这种服务的需求是否能够盈利并支撑得起这个公司。市场调查的结果是非常鼓舞人心的。

> 在2004年7月，英国飞行管理发展中心的调查表明，来自世界各地的旅客中，将近一半都希望在乘坐飞机的旅行中允许使用手机。这个结果也在事实中得到了支持，因为世界两个最主要的飞行器制造商，波音和空中客车当时正在为其生产的飞机开发移动通信服务。

在航空工业中，世界靛蓝公司把市场分为短程航班（这包括个人私有的涡轮螺旋桨发动机飞机）和长程航班（见表Ⅲ—5）。经过仔细考虑，伊萍和卡洛斯选择重点放在短程航班，有以下理由。

- 短程航班比长程航班更多：世界各地75%的商业飞机是为短程飞行设计的，由于每个飞机都需要一个纳小区安装在机舱中，这对于世界靛蓝公司的CG101通信网关来说，将转变成一个非常巨大的市场。
- 相对比于长程航班来说，短程航班将会给公司带来更多的收入，因为在相同长短的时间内短程航班将会运载更多的新乘客。这意味着单位时间内手机将有一个更高的利用率，因为长程航班的旅客总要花费一定比例的时间睡觉、吃饭或者使用飞机上的娱乐设施，而不去用他们的手机打电话。
- 正常情况下，短程航班中没有供飞行中乘客娱乐的设备系统，总体上短程航班是不提供不必要服务的，是执行预算的航班。这样，移动电话就意味着是一种低成本的选择。此外，在通过手机为乘客提供娱乐功能这一方面，世界靛蓝公司也预测了未来实现的可能性。

---

① 公司可获得的全部市场是所有可能使用公司产品和服务的顾客。——译者注

② 某个公司总的可访问市场是指所有能够达到的可获得市场的子集。——译者注

◆ 短程航班是一个全球性的市场（图Ⅲ—1 给出了飞机按地区分布分类的信息）。例如，像中国和俄罗斯这样的国家都有一个非常巨大的国内短程航班市场。

◆ 最后，如果想要进入长程航班市场，就意味着必须要与一些大的公司进行竞争，比方说波音公司和空中客车公司。这些公司正在发展航行中的移动通信服务，并且有能力使之与当前存在的机舱里的娱乐系统结合起来。

在 2004 年年末，世界靛蓝公司已经在亚洲产生了足够的市场影响，有几家航空公司已经对于安装 CG101 系统表现出浓厚的兴趣，并且他们都把世界靛蓝公司认定为其通信服务提供商。伊萍已经会见过这其中几家公司的代表，当时谈判还在进行中。

飞行中使用手机的规制

世界靛蓝公司所面对的独特的挑战中，一个便是政府关于航班和无线电工业的限制规定，并且国家和国家之间都不尽相同。事实上，对于伊萍和卡洛斯来说，在世界各地申请在飞机上安装 CG101 纳小区所需要的允许和证明，是最大的挑战之一。

不管美国是否基于美国联邦航空局的规定，但是在绝大部分航空公司有个不约而同的一致性，就是基本上它们都采用了美国联邦航空局的规定，实际上它构成了航空行业的权威。这意味着全世界大多数航空公司都禁止在飞行中使用手机，并且，绝大多数的航空公司都要求设备合作者或提供者为他们的飞机安装任何东西之前，必须先取得联邦航空局必要的证明。

但是私人航空业是一个契机。联邦航空局的规定主要是针对大型的商业性质的航班，而很多公司都操控机型较小的涡轮螺旋桨发动机式飞机和喷气式飞机，而且在美国之外的地方对联邦航空局规定的执行也就没有那么严格了。此外，商业性质的喷气机管理者更关心的是迎合乘客的需求，并且飞行中使用移动电话的需求很明确地列在各种需求的首位。《航空周刊与空间技术》（*Aviation Week&Space Technology*）报道了世界市场上商业性质的涡轮螺旋桨发动机式飞机 2004 年的全部数量刚好过 2000，覆盖了世界上 12% 的飞机和 16% 的短程飞机。

然而，联邦航空局的规定也在重新审查中，在不久的将来，它或许会改变而成为世界靛蓝公司的商业偏好。

在 2003 年，联邦航空局开始重新考虑其关于飞行器上便携式电子设备的政策，并且要求航空无线电技术委员会（RTCA）公布最适合飞行中使用的无线电网络和电话技术方面的政策方针——RTCA 是联邦咨询委员会中的一员。新的方针已经确定在 2005 年 10 月发布，伊萍当时也已经听说联邦航空局的禁令也将在 2006 年被解除。早在 2004 年，美国航空公司就已经允许乘客在乘坐飞机的部分时间内使用移动电话，比方在飞机离开登机桥之前，或者在飞机着陆滑行到门口之后等这些时间段内。

正当美国相关部门对其规定进行重新审查时，伊萍也得到了新加坡民用航空局（Civia Aviation Authority of Singarpore，CAAS）的证明，从而也就得到了安装和运行世界靛蓝公司的 CG101 所需要的当地证明。新加坡是亚洲中最先和美国签署双边协议的国家之一，美国通过这个协议允许 CAAS 处理美国联邦航空局的认证。把总部设立在新加坡，对于世界靛蓝公司来说，与 CAAS 打交道是比较容易的，这就大大加快了认证的进程。截止到 2004 年 10 月，伊萍已经将申请工作进行完一半了，预计证明将在此后不到一年的时间内完成。

渡船市场

由于航空方面的种种规定，世界靛蓝公司也认真考虑了更小却没有那么严格的渡船市场。伊萍和卡洛斯预计在这一市场的潜在收入将可能有1.5亿美元（占他们估计的可获得总市场的13.6%），其中，大部分将来自欧洲市场——欧洲拥有最大的世界性渡船工业。

在2002年，世界靛蓝公司报告显示，在欧洲有1.56亿渡船乘客，大部分的乘客都是享受英吉利海峡的渡船服务的，并且预计这个数量会在未来5年内以每年3%~5%的幅度增长。在亚洲，渡船市场比较活跃的国家有新加坡、菲律宾和印度尼西亚（表Ⅲ—11、表Ⅲ—12、表Ⅲ—13、表Ⅲ—14将给出被选中的这几个国家的渡船市场方面的具体数字）。

到目前为止，伊萍已经争取到了新加坡两个渡船公司的支持—Gembira渡船公司和Interpacific渡船公司。与Gembira公司合作为期4个月的试验项目被安排在2005年的前3个月，试验在从新加坡到印度尼西亚的丹绒巴都（Tanjong Batu）航道上进行，整个路程大约需要两个小时。伊萍希望这次试验能够从概念上得到证实，世界靛蓝公司需要从中得出结论以支持他们的实验室结论，并且能够为团队提供应用CG101系统的机会，此外还可以从系统运行中得出反馈信息。

除了渡船市场这一部分外，相关的游船市场部分很明显也可以成为盈利丰厚的目标市场。但是由于技术方面的原因，伊萍和卡洛斯果断地否定了这部分市场。无线信号很容易被游船内的钢墙吸收，这意味着需要大量的nanocells，而且信号延迟，也需要复杂的线路。这与世界靛蓝公司的目标相冲突。世界靛蓝公司旨在用迷你设备提供低成本的解决办法。此外，类似于长程航班市场，游船市场有许多强大的并且已经运作良好的竞争者，并且长程航班运作者和游船运作者有紧密的联系。

潜在的竞争者主要有，总部位于法国的Geolink公司、总部位于挪威的海上通信合作伙伴公司（MCP）和总部位于美国的海事通信合作网络公司（MTN）（三个竞争者的更多信息请见表Ⅲ—15）。

早在2004年时，MTN就已经和美国电报电话公司共同部署游船上的系统解决方案了，这包括了离岛航线和挪威航线上的游船。事实上，离岛游轮公司的前身，皇家加勒比游轮公司（Royal Caribbean Cruises）也曾打算到2005年时，在它所拥有的29艘游船上为乘客提供手机信号服务。既然这些潜在的竞争者在这个时候把注意力集中在游轮上，那么他们肯定也暗暗盯准了渡船市场。到案例写作为止，在亚洲市场上世界靛蓝公司暂且没有任何竞争者。

除了考虑乘客外，伊萍偶尔在渡船工业中发现了其他机遇。渡船公司的操作者希望知道世界靛蓝公司的解决方案能不能用来发送危险信息或者是闭路电视录像，这些信息要从渡船上发送给运营者或是警察局。渡船公司还有一个疑问，一个刚刚起步的公司能不能提供一个经济实惠并且可以信任的解决办法，以便于他们跟踪他们的渡船。世界靛蓝公司的一个选择办法是，顺应渡船工业的特定需求，发明与设计出一套能够集安全性能和通信功能于一体的集成系统。这种新的发明意味着，渡船市场能获得比伊萍和卡洛斯起初预计的更大利润。正当世界靛蓝公司在更复杂的航空航线进行市场谈判时，渡船市场可能会因为这个新设计而迅速站住脚，并且能产生积极循环的现金流。

“从诞生就是全球化的”（Born Global）

无论他们选择把市场主要集中在哪一部分，对于伊萍和卡洛斯来说，在创业初期，他们就知道这个刚刚起步的公司很明显将是“从诞生就是全球化”的公司。这是因为他们知道世界靛蓝公司早期市场将不是新加坡，虽然它是公司总部所在地。事实上，世界靛蓝公司是真正“从诞生就是全球化的”，因为公司有其他分部在美国和俄罗斯。在俄罗斯，公司拥有一个叫做百年技术公司（Cien Technologies）的合作伙伴，两者主要在技术更新升级和网络操作支持等方面进行合作。

从公司的长远发展来看，世界靛蓝公司当初就是抱着最终成为无线服务的全球化公司而建立起来的。这是公司总部设在新加坡而不是费城的主要原因，尽管刚起步的工作室是设在费城的。之所以选择新加坡并不仅仅是因为那是伊萍的家乡，这是超乎情感的选择，她深深知道她的家乡让他们拥有了第一手优势：

> 新加坡手机普及率很高，并且渡船工业也发展地非常成熟，这就为他们的技术提供了低成本的测试床。被选中涉及的航空工业也在过去的几年里得到了长足发展。政府采用稳定的政策，并且这儿的商业金融基础建设也很好。除了上述条件，他们还得到了 NUS 公司的大力支持，还有政府组织如 CAAS、MPA[①]和 A*STAR[②]。在这个地方，也很容易找到资深人士加入其团队。

到 20 世纪 90 年代后期，新加坡开始了从以制造为基础的经济体制向以知识为基础的经济体制的转变。对于这个拥有 400 万人口的小国家，政府领导人认识到：在成本效益上新加坡已经不能与亚洲的其他国家竞争，于是决定集中精力建设一个知识型的国家。随后政府的重点就放在对于企业家的培养。为了响应政府的号召，新加坡国立大学开办了 NUS 公司，以此为 NUS 及其企业家的成长提供一种良好的运作环境。它初步的行动就是 NUS 海外大学合作培养项目，这也正是伊萍参加的活动。

除了新加坡良好的鼓舞人心的环境和来自政府的支持，伊萍和卡洛斯知道还有一个稳定的跳板用来进军亚洲市场，特别是中国。在世界靛蓝公司市场清单上有中国、俄罗斯、亚洲东南部、欧洲和美国。由于政府规定的不同、各行业的参与者不同的重要性以及在航空工业和无线电工业中的不同商业运作模式，每一个地区都给世界靛蓝公司提出了独一无二的挑战。通过在建立一个熟悉当地信息并得到支持的办事处，他们就能够以此为基地来应对各种不同的复杂市场。

然而，时间不总是偏爱他们。正当世界靛蓝公司等待获得联邦航空管理局证明的时候，飞行器生产行业的几个大公司就宣布了自己安装此类系统的计划，这些系统能帮助乘坐它们飞机的乘客使用手机。再过不了多长时间，这些竞争者们就会大规模地推出它们的系统。

在高手云集的世界市场中拼斗

伊萍和卡洛斯意识到了他们面对激烈残酷的竞争。他们把波音和空中客车作为主要的竞争对手，他们将在为乘客提供移动电话接入服务方面你追我赶（竞争者的更多信息请见表Ⅲ—16）。

像波音和空中客车这样的参与者当时都把精力集中在长程航班领域，这对于世界靛蓝公

① MPA 代表新加坡海事及港务管理局（the Maritime and Port Authority of Singapore）。——译者注

② A*STAR 代表科学、技术和研究机构（the Agency for Science，Technology and Reseach），是由新加坡政府创建的，用来促进世界级科学研究和人力资本发展的机构。——译者注

司是个好消息。他们共同的战略是提供手机和互联网的接入，这是机舱内娱乐系统的一部分，安装这种系统所需的过高支出将从更高的保险费中收回。这种解决办法也会鼓励乘客更多地应用座位后面的娱乐平台，同时这也使得公司可以提供更多样的娱乐内容和连接选择。

波音和空中客车做得非常好，并且能够很快转入短程航班市场，这对世界靛蓝公司是个坏消息。

> 早在2004年5月，波音公司在德国汉莎航空公司（Lufthansa）从慕尼黑到洛杉矶的航班上应用了他们的高速因特网服务，并因此为该项技术赢得了广泛认同。美国航空公司和美国高通公司（Qualcomm）合作，并在同一年的7月进行了基于CDMA的试验。这个基于CDMA的概念证明试验得到了美国联邦航空管理局和美国通信委员会（FCC）的认可和批准，这个试验的目的是缓解并减轻相关机构的担忧，他们本身非常关心由于使用手机而引起的对飞机上航空电子设备和地面网络信号的干扰。在2004年9月，欧洲空中客车财团启动并在试飞航班上完成了无线客舱（WC）项目，他们成功地发现基于GSM的测试非常成功。当时波音和空中客车都期望能够在2006年中期得到美国联邦航空局的许可证明。

对于伊萍和卡洛斯来说，这意味着能不能在2006年中期以前让世界靛蓝公司真正地运作起来是决定成败的关键。他们意识到要想在一个高手云集的世界市场中成功，能不能采取早一步的行动是战胜对手的一大优势，这是非常重要的。为了在一些大的参与者追赶他们之前，他们要把自己建成亚洲第一个无线网络操作者。卡洛斯披露了他们的策略：

> 在其他竞争者进入之前，在航空工业领域把自己建立起来对于世界靛蓝公司来说是至关重要的。由于其他潜在竞争者或许拥有强大的资产做后盾，所以对于世界靛蓝公司来说，率先上市将会有利于获得最大的市场。

更残酷的是，竞争者不仅仅是一些大的参与者，像斯塔林高级通信公司（Starling Advanced Communication）这样的刚起步的小公司也想在这个市场中分得一杯羹。两个创建者在和时间赛跑，以进入正确的市场，以使世界靛蓝公司成为市场的领导者。

需要用杠杆启动的合作伙伴

世界靛蓝公司要想成为短程航班市场的主要无线网络运作者，就不得不借助几个合作者。伊萍和卡洛斯已经与百年科技公司在产品开发方面建立了合作伙伴关系，卡洛斯 NRoute 通信和百年科技的合作关系将会持续5年。此外，新家坡的 A*STAR 机构也为世界靛蓝公司在产品更新和生产方面提供帮助。

除了硬件和技术问题外，世界靛蓝公司也需要电子通信公司为使用世界靛蓝公司系统的乘客提供手机信号。这些合作者当然也会考虑到账单问题，以便于乘客能够通过正常的手机收费程序为他们飞机上的通话缴费。对于世界靛蓝公司，因为飞机上使用电话的缴费问题将变成一个潜在的非常麻烦的后勤事务，所以这点就变得尤其重要。

到目前为止，世界靛蓝公司已经和韩国电信公司谈判并已达成协议。伊萍发现和电信公司建立合作伙伴关系是非常困难的，因为他们对机舱内移动通信服务并不是多么热衷，因为这个领域看上去与他们的核心商业活动没有紧密联系。对于像世界靛蓝公司这种刚刚起步的小公司，他们的反应非常冷淡，并且提出了许多繁文缛节。

和传统的电信公司相比，其他的一些公司却为移动服务收费提供了便利，这些公司有数据票据交换所、漫游代理商和结算代理商[1]，与他们合作起来更容易些。伊萍发现这些公司对她的商业主意反响更大些，并且也乐意和像世界靛蓝公司这样刚刚起步的小公司对话。在这个领域，世界靛蓝公司的合作者是马赫旦网络公司（Mach Dan Net），这个公司是世界上最大的数据票据交换所，主营移动服务和陆上通信方面的相关业务。

最后，帮助世界靛蓝公司在短程航班工业领域快速渗透到市场的合作者是通信设备的提供者，这是最后一类关键的合作者。它是把世界靛蓝公司的产品和技术介绍给飞行器操作者的最佳人选。在早期的时候，伊萍和卡洛斯就意识到了它们的重要性，并且与马可尼塞莱尼亚通信公司（Marconi Selenia Communications）、马尔科尼海事通信公司（Marconi Marine）和爱索尼克（A-Sonic）公司建立了友好的合作关系。

决定时刻

伊萍看着她的记事本上记得满满的东西。在本子上面，她把世界靛蓝公司下一步需要做的事情列了一个简要清单：

- 获得美国联邦航空局关于在飞机上安装和运行 CG101 的证明。
- 和更多的电信运营商和数据票据交换所合作，扩大手机漫游服务的覆盖区域。
- 最终决定并执行全球发展计划——选择行业、国家、时间和先后次序。
- 进军所选的市场，并力争使世界靛蓝公司成为市场的主导。

伊萍意识到最紧迫的议题就是世界靛蓝公司的全球发展战略。她和卡洛斯已经考虑了几个比较适合的市场：中国、俄罗斯、亚洲东南部、欧洲和美国。在每一个市场，他们都必须决定是否进军渡船行业，并且稍后在相同的市场发展到航空领域，还是简单地从一起步就把精力全部集中在航空领域。他们还可以选择在一个市场上经营渡船行业的相关业务，然后转向另一个不同地理位置的市场继续经营这方面的业务。

在这个时候，伊萍记得她和卡洛斯必须面对所受的限制：得到在短程商业飞机上安装他们的系统所需要的证明。她想知道会不会有方法避开这个复杂的流程，因为关于这项技术的概念证明已经通过各种不同的测试被说明了。在案例写成以前的几个月里，这些测试工作已经由竞争者波音公司和空中客车公司实施过了。她知道波音和空中客车期望在 2006 年中期得到美国航空局的证明。公司到时将被对手击到？幸运的是，世界靛蓝公司让新加坡民航局帮助他们尽快拿到证明，这意味着他们能且只能等到下一年的到来，才能进军短程航空领域。在她的记事本上，衣萍基本已经把这个记录成一个接近于确定的事情，并且把渡船领域记录成世界靛蓝公司马上可以进入的市场，因为这不需要像进入航空领域时所必需的证明。

伊萍也记下了公司需要决定进入不同市场的时间表，一定要铭记有限的资源和先行于竞争者的必要性。伊萍和卡洛斯决定在短程航班领域开发出先行者的优势，因为他们担心竞争者在他们之前成功地建立了不可动摇的地位，从而也就避免了与波音公司和空中客车公司的正面冲

① 数据票据交换所、漫游代理商和结算代理商是联系世界范围内不同移动运营商的媒介。由于和运营商合作，他们为乘客的漫游服务提供了便利，这些乘客在其他国家旅行时能够使用合作运营商的网络。此外，他们也为结算进程提供了便利，保证了从旅行者、顾客那里得到的收入进行相应的共享，并且移动电话使用者从常规的移动服务账单上就能得到漫游收费情况，而不是得到不同运营商的几种账单。——译者注

撞。然而，如果这两个公司在最近几个月的时间里进展顺利的话，或许用不了太长时间，他们就会出现在短乘航班领域。

有这么多事情需要考虑，伊萍意识到一个小小的错误决定将意味着可能错过最珍贵的时间和资源。她和卡洛斯对世界靛蓝公司发展计划的每一个决定都必须深思熟虑。

纸上练兵

1.世界靛蓝公司涉及哪个领域——移动通信服务，纳小区硬件，还是两者都有？

2.根据伊萍和卡洛斯的全球发展计划策略，从特殊的地理区域、行业和消费者这几个方面说明一下他们应该怎么做？

3.世界靛蓝公司的策略中需要的同盟者和合作者是谁（什么样的合作者，哪个公司是他们应首先考虑的）？

4.你认为这个团队完整吗？如果不完整，你认为在接下来的几年他们应该优先雇用什么样的人？

5.对于一个“从诞生就是全球化的”创业型企业，有什么优势吗？又有哪些挑战？

表Ⅲ—1　世界靛蓝公司几个关键人物的简介

世界靛蓝公司的管理团队

卡洛斯·加西亚，公司的创办者之一和 CEO

卡洛斯在费城的分部工作，负责世界靛蓝公司的技术更新工作，在来到世界靛蓝工作之前，他在电信行业有着非常丰富的工作经验。他是 NRoute 通信公司的创办者和 CEO，这个公司为公共汽车和火车提供技术和系统，便于安全和车队管理，以及娱乐、网络接入等。NRoute 把美国铁路公司（Amtrak）、宾夕法尼亚州的交通部门、美国航空无线电设备公司（ARINC）和美国陆军视为客户。他在圣三一大学获计算机科学学士学位。

伊萍，公司的创办者之一和公司执行董事

当 2004 年，她与卡洛斯创办世界靛蓝公司时，伊萍还是个新加坡国立大学（NUS）三年级的学生。当时她正在 NRoute 公司完成毕业前为期一年的实习，这次实习是新加坡国立大学海外学院的项目创意之一（请看表Ⅲ—2），伊萍就是参加了这个项目。完成了在费城的工作之后，她就回到新加坡创立了世界靛蓝公司的总部。伊萍期待在 2005 年拿到房地产方面的学士学位（辅修是科技创业）。

弗朗西斯·坦（Francis Tan），运营董事

在加入世界靛蓝公司之前，弗朗西斯在加拿大工作，担任应用开发联盟数据系统的经理，这项业务是提供以指客户关系管理为基础的交易服务。在这之前，弗朗西斯曾经在普瑞克斯（电子）咨询公司（Procase Consulting）做过 IT 工程经理，这个公司是个关于性能调优的咨询和培训公司。弗朗西斯曾经在舒力克商学院（Schulich school of Business）学习了 MBA 课程，在多伦多大学（the University of Toronto）获得了关于医学生物物理学的理学学士学位，是奥克兰大学（the University of Anckland）生物化学的荣誉硕士。

汤米·李（Tommy Lee），业务发展助理

汤米是从新加坡国立大学设计与环境专业毕业的，在学校里他与伊萍就已经认识，他帮助伊萍在新加坡建立了世界靛蓝公司的总部。汤米得到了新加坡国立大学房地产相关专业的学士学位。

世界靛蓝公司的咨询委员会

1. 迈克尔·波德戈耶斯（Michael Podgayets），百年俄罗斯公司的主席。

2. 道格拉斯·艾布拉姆斯（Douglas Abrams），A/P 的兼职和帕拉克斯资本管理公司（Parallax Capital Management）的总经理。

3. 萧宗慧（Seow Choong Huei），邓普顿资产管理有限公司（Templeton Asset Management Ltd.）副总裁。

表Ⅲ—2　新加坡国立大学海外学院（NOC）的背景信息

新加坡国立大学海外学院作为新加坡国立大学企业计划的一部分，在2001年开始启动。这个项目的目标是培养有一定理论基础的新加坡国立大学的在校生，这些学生也都期望成为创业型企业家。被选中的参与者将被派往世界创业和学术中心，在那里他们将全职在高科技创业型企业中实习，业余时间在合作大学中学习。这个项目的目标是把这些参与者培养成积极进取、足智多谋并且能够自主独立创业的优秀人才，在以后他们将能够最终发展为成功的创业型企业家。到2004年的时候，已经有三个这样的学院，并且当时的目标是到2005年在世界主要的创业家成长的核心地区建立5个类似的学院，这样一年就可以容纳250个学生在此学习。剩下的两个学院将选址在瑞典和印度。

创业中心	合作大学
美国硅谷	斯坦福大学
美国费城	宾夕法尼亚州大学
中国上海	复旦大学
新加坡国立大学海外学院地址	

表Ⅲ—3　世界靛蓝公司的生态系统

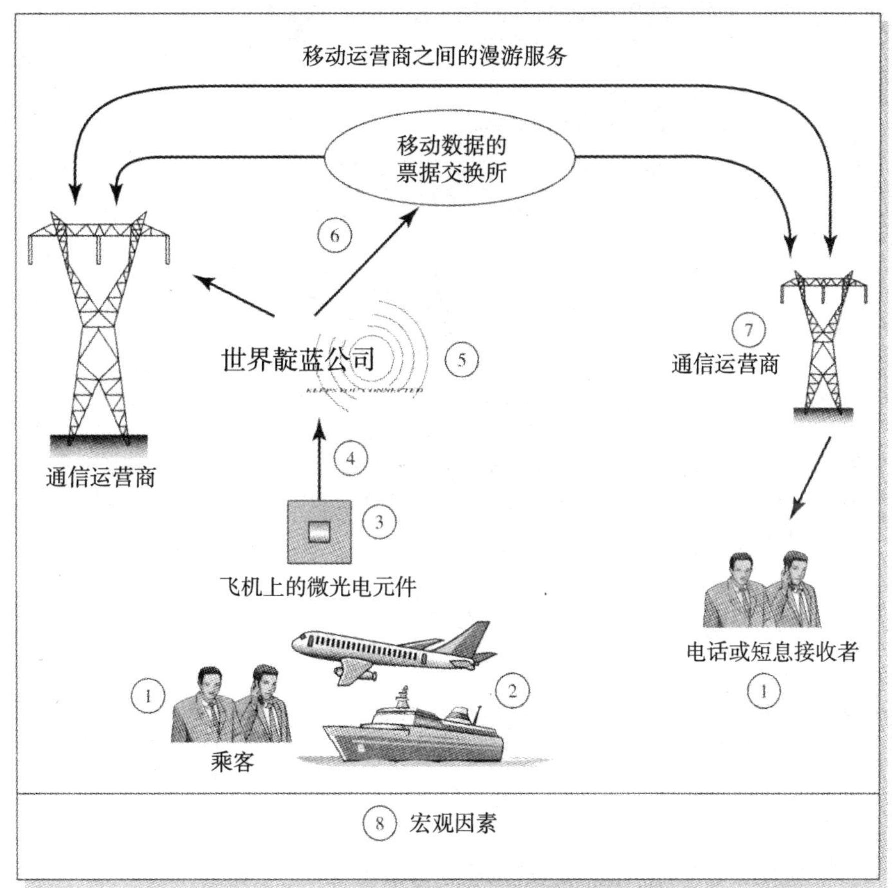

美国联邦航空局或其他旅行通信的规定和限制

1. 乘客	乘客们在飞机或渡船上使用手机打电话、发短信或上网，并为此支付服务费。
2. 飞机或渡船运营商	指运行短程航班或渡船公司，他们安装光电原件，以便于乘客们在行程中使用手机。
3. 光电元件提供商	直接为飞行和渡船运营商或系统集成商提供光电元件的硬件公司。

续前表

4. 系统集成商	在飞机和渡船上安装光电元件的服务公司，他们必须有必要的证明和专业技术。
5. 通信服务提供商	指像世界靛蓝公司这样的服务公司，为行程中的乘客提供移动服务载体。
6. 数据票据交换所	不同运营商之间的中间机构，移动运营商可以通过与其有伙伴关系的运营商合作，为乘客提供漫游服务。
7. 运营商	提供移动服务的电信公司
8. 宏观规制因素	世界范围的或专门某个国家的限制和规定，这影响着整个有机系统参与者的活动。

表Ⅲ—4　　世界靛蓝公司的 CG101 通信网关

世界靛蓝公司的 CG101 通信网关是财产专有并能取得专利的系统，这个系统从 2003 年就已经开始着手开发，并且当时预期在 2005 年 6 月正式完成。这套系统定价 5 500 美元，它由三部分组成：移动电话天线（很小的光电元件）、电台（SR-101）和卫星接收系统（卫通）。除了光电元件这种组成部分之外，世界靛蓝公司还发明了一种附加的硬件和软件应用，这使得 CG101 能够为飞机、渡船上的顾客入网打电话提供一种首尾相接的解决办法。

当飞机或渡船上的乘客拨通电话时，他们的手机将把信号传送给光电元件，光电元件是从电台单元得到这个信号的，这个电台单元通过卫通与卫星相连。整个系统装在飞机上。除了手机外，光电元件也能够与其他的通信设施相联系，比方说，监视摄像机和安全设备。

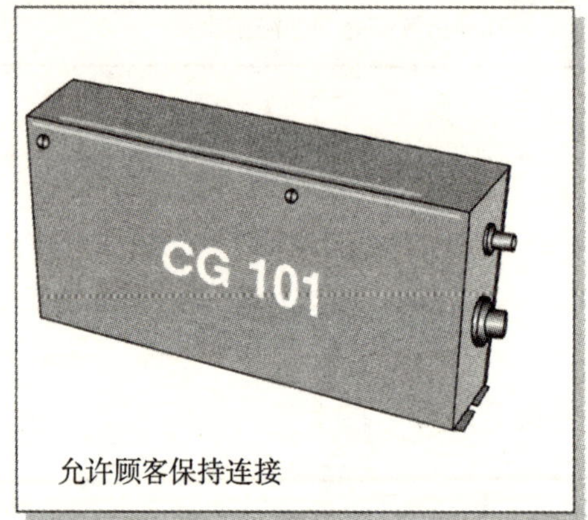

到 2004 年 10 月，CG101 系统能够通过卫星把飞机、渡船上乘客的手机或便携装置与地面电话网络（包括 GSM 和 CDMA）[①]联系起来。此外，世界靛蓝公司已经开始研究在 CG101 中的无线上网技术，但目前此技术还没有被并入。

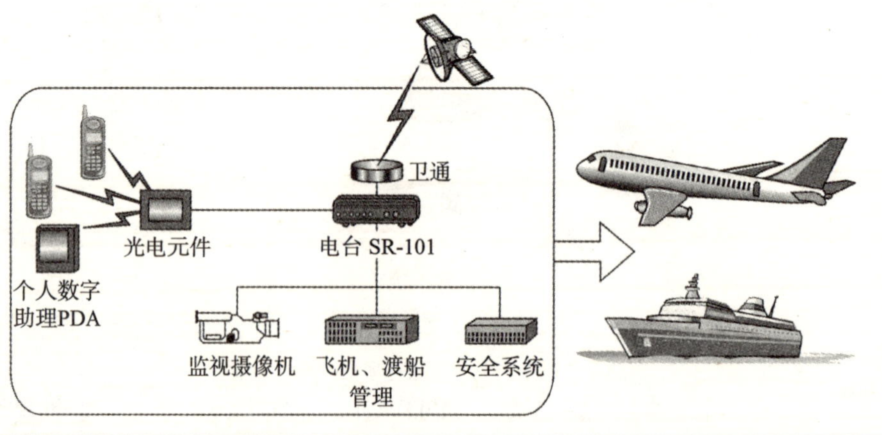

① GSM，全球移动通信系统；CDMA，码多分址，基于扩频技术的一种崭新而成熟的无线通信技术。——译者注

续前表

收费	
服务	收费标准
短信息服务	0.35 美元 / 条（发送）免费（接收）
语音服务	1.50 美元 / 分钟

表Ⅲ—5　长程和短程航班的比较

特点	短程航班	长程航班
飞行时间	少于 8 小时	8 小时以上
座位数量	在 175 以下	在 175 以上
使用频率	高	低
航班类型	大部分是低价航班	大型、有声誉的航空公司
飞行器类型	大部分单通道	大部分双通道
世界范围内，喷气式飞机所占比例	75%	25%
世界范围内的总起飞次数	90%	10%

世界航班组成

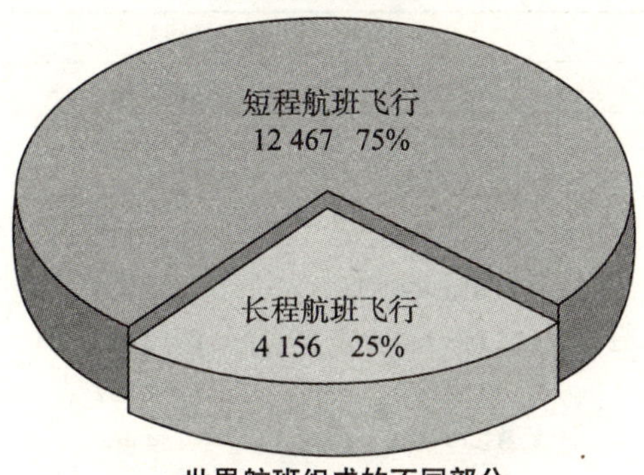

世界航班组成的不同部分

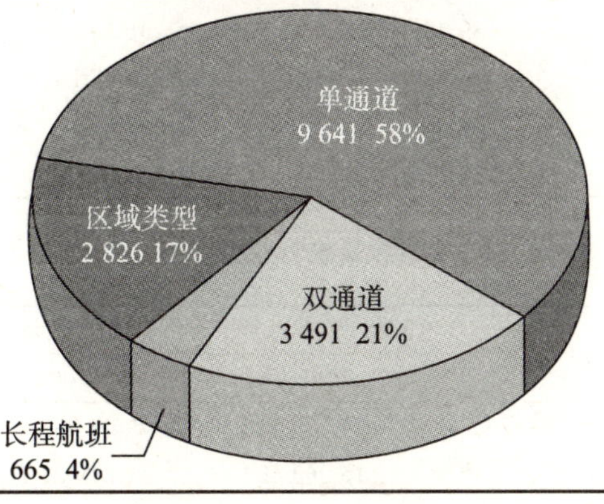

表Ⅲ—6　世界靛蓝公司相关财务数据　单位：千美元

	2004 年	2005 年	2006 年	2007 年	2008 年
CG101 出售的数量（千）	10	60	210	610	1 210
收入	173	3 104	11 600	34 548	74 328
总利润	（70）	1 663	7 049	21 474	46 962
在缴纳利息和税之前的收益（EBIT）	（1276）	（528）	4 249	16 583	41 420

注：收入预测包括硬件和车载通信服务两项收入。

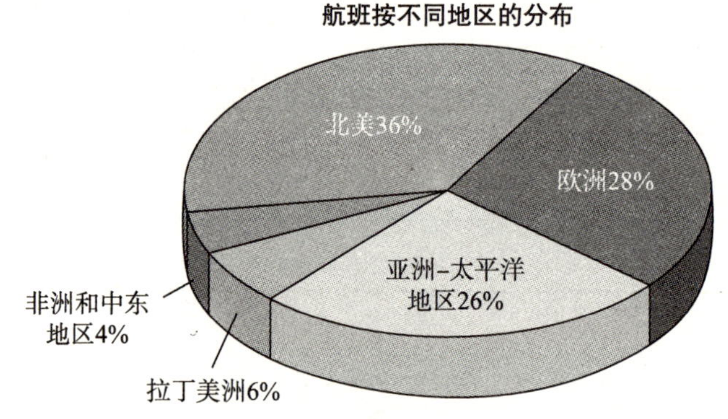

图Ⅲ—1　航班按不同地区的分布

表Ⅲ—7　　中国客运航班市场数据

（a）不同地区的乘客数量（2003—2004 年）

地区	乘客数量		
	2003 年	2004 年	变化的百分比（%）
华北	27 481 671	39 913 602	45.2
东北	10 469 665	13 847 815	32.3
华东	53 230 988	75 015 715	40.9
中南	48 012 066	64 172 069	33.7
西南	25 598 393	34 912 006	36.4
西北	6 154 040	8 909 002	44.8
新疆	3 379 020	5 164 469	52.8
东部	118 115 279	163 847 471	38.7
西部	39 481 433	55 236 531	39.9
中部	16 729 131	22 850 676	36.6
旅游城市	29 666 017	41 253 897	39.1
总共	174 324 727	241 934 678	38.8

（b）乘客数量前 10 名的机场（2004 年）

飞机场	乘客数量		
	2003 年	2004 年	排名
北京	24 283 818	34 883 190	1
上海（仅浦东新区）	15 063 622	21 021 723	2
广州	15 063 622	20 326 138	3
上海（除去浦东新区）	9 692 386	14 889 198	4
深圳	10 842 652	14 253 046	5
成都	8 196 7421	11 685 643	6
昆明	7 432 596	9 797 260	7
海口	6 029 249	7 478 210	8
西安	4 397 991	6 362 409	9
杭州	4 352 301	6 338 042	10
总数	174 324 727	241 934 678	

表Ⅲ—8 英国客运航班市场数据

国内机场（航站楼）交通客运量（2002—2003 年）

	2003 年预定	2003 年包机	2003 年总共	2002 年总共
伦敦地区机场	15 368 046	23 694	15 391 740	14 727 889
其他英国机场	30 030 943	387 142	30 418 085	27 352 936
总共英国机场	45 398 989	401 836	45 809 825	42 080 825
英吉利海峡机场	2 243 616	58 714	2 302 330	2 243 886

表Ⅲ—9 俄国市场的客运数据

按不同运输方式区分的旅客运输量和流通量

	运输乘客数目（百万人）		乘客流通量（10 亿人 / 千米）	
	2000 年	2001 年	2000 年	2001 年
铁路运输	1 419	1 306	167	158
公共汽车运输	22 033	20 830	164	154
出租车运输	16	12	0.2	0.2
有轨电车运输	6 940	7 128	24	24
无轨电车运输	8 486	8 490	28	28
地铁运输	4 186	4 198	47	47
海上运输	1	0.5	0.04	0.04
内河运输	26	26	0.9	0.9
航空运输①	23	26	53	61
总共	43 130	42 017	484	473

表Ⅲ—10 美国航空市场的市场数据

（a）国内航班旅行（2004 年 1 月—10 月）

	2003 年 1 月—10 月	2004 年 1 月—10 月	变化
乘客	489 902 499	527 479 187	7.7%
航班	7 988 549	8 312 918	4.1%

（b）按国内运输排名，前 10 名航空公司（2004 年 1 月—10 月）

2004 年 1 月—10 月	航空公司名称	2004 年 1 月—10 月 乘客数量	2003 年 1 月—10 月 乘客数量	2003 年 1 月—10 月 的排名
1	西南航空公司	67 854 148	62 636 005	2
2	德尔塔航空公司	66 232 032	65 048 547	1
3	美洲航空公司	60 704 637	60 855 868	3
4	美国联合航空公司	50 692 556	47 173 833	4
5	西北航空公司	38 343 765	36 193 384	5
6	美国航空公司	31 555 223	31 085 588	6
7	美国大陆航空公司	26 202 750	25 687 464	7
8	美国西方航空公司	16 819 838	16 117 723	8
9	美国阿拉斯加航空公司	11 939 251	10 906 109	9
10	美国老鹰航空公司	11 893 071	9 610 192	10

① 2001年，包含不规范的航空公司。——作者注

表Ⅲ—11 香港渡船市场数据

香港码头活动（1998 年、2002 年、2003 年）

码头活动	1998 年	2002 年	2003 年
船只到达	231 300	218 490	218 050
海洋货物船只	38 540	32 830	32 780
海洋乘客船只	3 150	2 790	3 010
河流货物船只	124 610	119 520	119 480
旅客吞吐量（以千乘客计）	17 967	20 963	18 644
港口管制	1 051	676	573
中港码头	6 204	10 183	8 534
港澳码头	10 712	10 104	9 538
渡船	10 661	10 004	9 441
直升机	51	100	97

注：海洋船只是指运营不受内河交易限制的船只；内河船只运营在内河交易限制范围之内。

表Ⅲ—12 新加坡渡船市场数据

新加坡码头活动（2001—2004 年）

	2002 年	2003 年	2004 年
总海上货物吞吐量（百万 F.T）	335	348	393
一般及散装货物	215	224	264
散装油	121	123	129
总货柜吞吐量（000 TEUs）	16 941	18 411	21 328
海上乘客吞吐量（000）	6 655	6 419	7 357
到达船只（Mil GRT）	972	986	1 042
总航空货物吞吐量（000 吨）	1 641	1 616	1 780
卸货	836	805	873
载入	805	811	907

表Ⅲ—13 美国渡船市场数据

在美国北美油轮行业的业务统计

	2001 年	2002 年	2003 年
能力衡量			
船只数量	167	176	184
较低的泊位	173 846	196 694	215 405
运输量（百万）			
全球乘客	8.40	9.22	9.83
在美国居住的乘客	6.20	6.99	7.48
在美国乘船数量	5.90	6.50	7.11
在美国的工业消费（10 亿美元）	9.99	10.90	11.85
游轮公司	8.14	8.84	9.49
货物和服务	7.34	7.93	8.46
资本设备（包含净利息）	0.80	0.91	1.03
乘客和船员	1.85	2.06	2.36
游轮公司支付的工资和税收	0.99	1.05	1.07
在美国花销总和	10.98	11.95	12.92

表Ⅲ—14 英国渡船市场数据

(a)按港口和港口区划分，英国国际海上乘客流动(2001—2003年)

	2001年	2002年	2003年
能力衡量			
短程海路的滚装渡船乘客			
泰晤士和肯特(Kent)	15 964	16 459	14 780
南海岸	4 851	5 044	4 754
西海岸	3 882	3 880	3 802
东海岸	3 056	3 342	3 188
所有港口	27 753	28 726	26 523
长程海路乘客			
所有港口	27	32	25
以英国港口为出发港或终点港的乘客			
所有港口	469	540	698
所有国际乘客	28 249	29 298	27 246

注：数量以千计。如果乘客出行在英国同一个港口出发和到达，则离开和到达都被计数。

(b)按海外国家划分，英国国际海上乘客流动(2001—2003年)

	2001年	2002年	2003年
短程海路的滚装渡船乘客			
比利时	1 379	1 129	740
丹麦	156	132	88
法国	19 485	20 555	19 077
德国	164	161	92
爱尔兰共和国	3 882	3 880	3 802
荷兰	2 026	2 209	2 094
挪威	230	241	235
西班牙	355	341	308
瑞典	73	73	81
他欧洲国家	4	3	7
总和	27 753	28 726	26 523
长程海路乘客			
美国和加拿大	26.3	29.5	24.3
澳大利亚和新西兰	0.1	—	—
非洲	0.4	2.0	0.4
其他国家	0.1	0.1	—
总和	26.9	31.5	24.7
以英国港口为出发港或终点港的乘客			
总和	469	540	698
所有国际乘客	28 249	29 298	27 246

注：数量以千计。

表Ⅲ—15　　世界靛蓝公司在渡船行业的竞争者

总部位于法国的 Geolink 公司，总部位于挪威的海上通信合作伙伴公司（MCP）和总部位于美国的海事通信合作网络公司（MTN）。

1.Geolink 国际公司

Geolink 公司是法国的一家卫星通信公司，提供一系列卫星电信服务。它和三家卫星网络公司合作［国际海事卫星组织（Inmarsat）、铱星（Iridium）和欧洲通信卫星组织（Eutelsat）］，并且选择地面站（Land Earth Stations）来提供其世界范围内的服务。尽管 Geolink 公司总部在法国，但是公司客户的一半以上都在非洲、北欧以及南欧。Geolink 集团有三个附属公司在欧洲提供卫星通信服务：

Universat 意大利——位于罗马，Universat 负责处理卫星通信（国际海事卫星组织、铱星和欧洲通信卫星组织），并且出售卫星终端设备。它的海事业务主要集中在海军军用船、渔船、商船和观光船。

Geolink 海拉斯（Geolink Hellas）——设在雅典，海拉斯是个官方铱星服务提供商，它还给希腊商业船队提供硬件、广播（或通话）时间和售后服务，这些商船队包括米诺安航运公司（Minoan Lines）、欧铁通行证搭乘特快轮船公司（Superfast Ferries）和马雷航运公司（Costamare）以及 Chartworld。

沙罗斯河公司（THALOS）——沙罗斯河公司提供便于应用的船上海洋数据服务。它以 CatSat 概念闻名，还解决一些卫星通信工程和咨询业务。

2. 海上通信合作伙伴公司（MCP）

总部在挪威的海上通信合作伙伴公司为游船和渡船提供移动电话连接服务。这项服务通过它的合作伙伴来完成，其合作伙伴是海上卫星服务的提供商。MCP 提供包括远程岸基和海基在内的移动网络运行，还提供把电话连接到岸基公共网络的服务和国际漫游。到 2004 年 10 月，在国际范围内已经有 75 个全球移动通信系统运营者作为它的合作者，这为公司移动漫游服务的提供带来了方便。

MCP 主要提供一下服务：

- ◆ 甲板蜂窝网络规划和工程
- ◆ 网络执行和全工程管理
- ◆ 网络运营和电话账单
- ◆ 24 小时远程监控、支持和维修保养

3. 海事通信合作网络公司（MTN）

海事通信合作网络公司，设在哥伦比亚的恩格尔伍德（Englewood，CO），它在世界范围内，为游轮业、美国海军和近海石油以及天然气平台提供 C 波段语音、传真和数据通信，它还能在 C 和 Ku 波段提供船岸现场视频和电台广播。在新泽西州的霍姆德尔的地球站，还能提供国际卫星语音和数据服务。海事通信合作网络公司是国际危机组织（ICG）的一个通信部门。

表Ⅲ—16　　世界靛蓝公司在航空领域的竞争者

1. 波音公司联接部

波音联接公司通过卫星电信网络为飞机提供一种高速无线电信因特网接入。通过宽带入网，使用因特网网络电话技术，联接公司能够让想进行语音通话的人实现愿望。然而，公司报告显示，在飞机上乘客们更喜欢使用即时信报和电子邮件。

到 2004 年 10 月，联接公司已经和德国汉莎航空公司（Lufthansa）、斯堪的纳维亚航空公司系统（Scandinavian Airline System）、日本航空公司（Janpan Airlines）、全日空航空公司（ANA）和王国投资公司（Kingdom Holding）签署协议，在长程航班安装该公司的系统并享受该公司的服务。新加坡航空、中国航空和韩国航空也宣布了在它们的长程系列飞行器上安装联接公司系统的意向。此外，联接公司已经把技术扩展到航海市场，并且已经报告：它们具备了在任何型号的船只上提供宽带速度达到 1Mbps 的服务，这些船只包括从 100 英尺的游艇到 1000 英尺的超级油轮。

续前表

波音联接公司的机上服务有两个收费模式——飞行期间无限制访问和基于使用的访问。

（1）无限制使用：

◆ 飞行时间在 3 小时以下的短程飞行，服务费是 14.95 美元。

◆ 飞行时间在 3 ~ 6 小时的中等航程飞行，服务费是 19.95 美元。

◆ 飞行时间在 6 个小时以上的长程飞行，服务费是 29.95 美元。

（2）基于使用的访问：

◆ 一开始的 30 分钟内收取固定费，超出部分 0.25 美元 / 分钟。

◆ 3 个小时以下短程飞行，收取 7.95 美元的初始服务费。

◆ 3 个小时以上的中等航程和长程飞行，收取 9.95 美元 / 分钟的初始服务费。

2. 无线机舱公司（Wireless Cabin）

欧洲联营企业有 9 个成员：

1. 空中客车德国公司（Airbus Deutschland GmbH）
2. 德国泽土姆公司（Zetrum）
3. 爱立信通信 S.p.A.
4. 金喜来集团（ESYS plc）
5. 国际海事卫星有限公司（Inmarsat Ltd）
6. 年轻人制有限公司（KID-Systeme GmbH）
7. 奥地利西门子（Siemens AG Austria）
8.TriaGnoSys GmbH
9. 布拉德福德大学（University of Bradford）

2004 年 9 月，这个集团在一架空中客车 A320 试飞飞机上进行了一项关于全球移动通信系统的试验，试验中飞机飞行至法国图卢兹（Toulouse）并飞回。一个微微蜂窝状装置[①]和一台服务计算机将用来跟踪信号的路线——信号从手机到全球卫星通信网络，最终到达地面的电话网路。他们使用以新标准 GSM/UMTS 为基础的技术来提供移动电话服务，使用无线局域网和蓝牙来提供移动计算机服务。全球移动通信服务（GSM），网页浏览、电子邮件和虚拟专用网络都已经被测试过。空中客车德国公司已经宣布，按计划到 2006 年他们将提供舱内移动电话服务。

3. 斯塔林高级通信公司

斯塔林公司设在以色列，公司开发的技术能够把空中宽带连接费用控制在一个理想的价格范围之内，这是公司的竞争优势，是通过已获得专利的天线和 SATCOM 系统来实现的。它的技术是从过去 20 年的军工项目发展而来的，现在这项技术已经发展到民用，具有商业价值。斯塔林的 MIJET 系统是 Ku 波段 SATCOM 天线的一种，能够把它安装在飞行器中，飞行器涵盖了从小型商业喷气式飞机到大型的商业飞机的所有飞行器。这样，通过主要商业线路都可以实现舱内因特网连接。

① 小区域内的无线通信系统。——译者注

Technology Ventures

第四部分

踏上盈利的王道

第16章
别让你的利润溜走

导读

新创建的企业制定自己的收益模式，收益是很重要的，但正的现金流和盈利能力却是最终成功的关键因素，因此，必须在公司计划的早期就设计出一个易于实施的盈利模式。利润不会自然而然的产生，而是源自与客户分享的价值。

通过管理收入的增长来管理现金流的增长，对达到有机的内部融资增长是非常重要的。否则，新创建企业就需要不断地从投资者或贷款人那里寻求新的资金资源。许多公司在不能获得新的资金资源时发现，终止营业活动是非常必要的。当公司有了较好的成果并正处于合理的增长时，应该考虑实施收获计划，那样公司的所有者都会获得投资带来的资金回报。

“科技创业的20条军规16”

新创建企业如果拥有一个强大的收益、利润发动机以及良好的声誉，那么它就可以可观、可控的增长，从而为企业的所有者带来财富上的回报。

创业故事

Technology Ventures

微软对增长的探索

1975年，两个大学生，比尔·盖茨与保罗·艾伦（Paul Allen），开始开发和售卖在原始的个人计算机上应用的软件，不久之后，他们建立了自己的公司——微软。1981年，行业巨头IBM决定进入PC市场并选中微软公司为它的新PC机编写操作系统软件。很快，微软编写出磁盘操作系统（DOS），并成为整个行业的标准操作系统。1986年3月，微软通过首次公开募股筹得6 100万美元资本金。1992年，微软发布Windows的第3版，标志着与IBM在操作系统上的合作到此结束。微软通过Windows扩大应用软件的开发，为公司带来了丰厚收益。

微软开发的应用软件继续为公司起着重大的创收作用。尽管面临越来越多的开放源码的竞争者，Office套件和Explorer依然占据着世界上几乎每个电脑存在的地方。2001年年末，微软通过进入游戏机市场，在电脑游戏产业开辟了一块强有力的新天地。微软的产品Xbox一经推出就很快赢得了市场份额，并成为继索尼公司的Play Station2和任天堂公司的Game Cube之后世界第三大受欢迎的游戏。Xbox游戏的销售成为微软的又一笔收益来源。

这么多年微软一直很明智，一方面不断增加它的收益流，另一方面一直保持软件开发作为公司的核心竞争力，这一点是从来没有改变过的。它现在正在进军市场的产品，如Zune音乐产品，也期待在不久的将来能为微软创收。微软现在是世界上排名第一的软件公司，在过去20年的大多数时候，它都保持着这个位置。2005年，微软的市值将近3000亿美元，年收入达400亿美元。这个估值反映出微软30年的可持续盈利能力及不断的收益增长。

利润是劳动力加上资本再乘上管理的产物。你可以雇用劳动力或借贷资本，但管理却只能靠灵感的激发。

——福斯特（Fost）

收益模式的类型

企业的收益即在扣除所有的销售退回、折让和折扣后的销售收入。企业的收益模式描述了企业是如何产生收益的。在表16—1中我们列举出5种收益模式。

表16—1 5种收益模式

•产品销售	•手续费收益
•订阅费（会员费）	•合作模式收益
•广告收益	

大多数公司都是利用**产品销售模式**（product sales model）向顾客销售成件的产品而获得收益。例如，戴尔公司每次向一位顾客销售其个人电脑，而英特尔则同时向许多电子公司销售其芯片。

在**订阅收入模式**（subscription revenue model）中，企业向消费者提供内容或一种会员资格，并在一定时期内向获得这些内容或会员资格的顾客收取一定费用。这种模式广泛应用于杂志、信息库和数据库以及内容网站。《消费者报告》（*Consumer Report*）向订阅该杂志的用户（或成员）及订购该杂志在线服务的用户提供信息并收取费用。这种模型还应用于俱乐部、合作机构及其他以会员制为基础的组织。科技企业有时也通过技术许可而收取费用。

广告收益模式（advertising revenue model）应用于杂志、报纸、电视广播等媒体公司，它们通过提供一定的空间或时间来进行广告，而每个广告都可以给它们带来收益。那些最能吸引人们眼球或听觉的媒体实体往往能够获取最高的费用。MSN、谷歌和雅虎的大部分收益都是通过销售它们的广告空间而获得的。

有的企业通过促成或执行一笔交易来收取费用。**手续费收益模式**（transaction revenue model）是以提供一笔交易来源或活动为基础来收费的。基于手续费模式的公司的例子如嘉信理财、维萨（Visa）和eBay。

合作收益模式（affiliate revenue model）基于给合作公司介绍业务而收取一定的介绍费或者从其带来的销售收入中抽取一部分收益。例如，这种模式被应用于房地产公司，以及一些给亚马逊介绍业务的公司。

一些杂志和报纸企业如《纽约时报》（*New York Times*）则应用了订阅和广告两种模式来实

现收益。大多数新建创业型企业应用了这 5 种模式的混合模式。例如，亚马逊网站就应用了产品销售、手续费和合作收益这三种模式的混合。

大多数新开办的公司会利用一定的销售指标如人均销售收入来记录它们的表现，它们的目标是尽快使人均销售收入超过 100 000 美元。大多数成熟增长中的公司的人均销售收入超过 200 000 美元，而科技公司一般能超过 400 000 美元。

谷歌公司是一个有混合收入来源的很好例子。谷歌公司通过广告以及许可其他公司使用它的技术而收取一定的订阅费获取收益。谷歌的竞争对手大多是通过在其搜索结果列表中将客户网址靠前排列来获取费用，但谷歌避开了这种模式。

创业案例

JBoss：通过服务和支持产生收益

位于佐治亚州亚特兰大市的 JBoss 有着不同寻常的收入模式和使命：

> JBoss 公司的使命是通过专业的开放源代码模型来对当今企业中间性软件的建立、分发与支持的方法进行改革。我们致力于提供创新和高质量的技术和服务，JBoss 是所有企业及软件提供者安全可靠的选择。

JBoss 通过对免费发放的软件提供支持服务产生收益。通过对开放资源软件的专业服务和支持，JBoss 在它的产业里找到了一块舒适而有利可图的小乐土。2006 年，JBoss 公司被红帽公司（Red Hat）收购。

任何新建立的企业都需要确定它的收益模式并在潜在消费者市场进行检验。谁是消费者？目标消费者会为企业提供的产品或服务埋单吗？我们来看一下天气频道（www.weather.com）这个案例。

天气频道创立于 1982 年，当时有线电视已遍布全美国，但天气频道却连续亏损了好些年。天气频道把在家看电视的人假定为自己的消费者，并据此建立了一个收入模式。它也许认为，广告客户会在这个频道登广告。天气频道已经在卫星及传输系统投入超过 3 000 万美元，但他却在之后的几年里一再徘徊于破产的边缘，而登广告的人更是寥寥无几。就在那时，有线电视运营商同意支付一定的订阅费用，以帮助维持该频道的运营。结果表明，有线电视运营商才是天气频道的消费者，而不是收看节目的人。虽然天气频道算不上是很有魅力的电视节目，但由于有线电视运营商的支持，它现在已经是盈利的。

盈利模式的类型

利润即收益减去成本之后的净收益。**盈利模式**（profit model）是企业如何从收入中获得回报的一种机制。百事达（Block-buster）的盈利模式是以游戏及 DVD 出租的租金收入和逾期费为基础，西尔斯公司（Sears）的大部分利润来源于融资收费，通用电气有一半的利润来自于它的金融部门——通用资本（GE Capital），报纸的绝大多数利润来源于它的分类广告，惠普公司和施乐公司的绝大部分利润则来自碳粉盒的更换。图 16—1 显示了一个产品的价值和它流向消费者的价值，以及企业获得的利润。为了保持盈利，企业努力降低产品的成本而保持或增加产品对消费者的价值。为了产生利润，企业需要检查其价值链上的一切活动，并权衡耗费的成本与产生的价值是否协调一致。

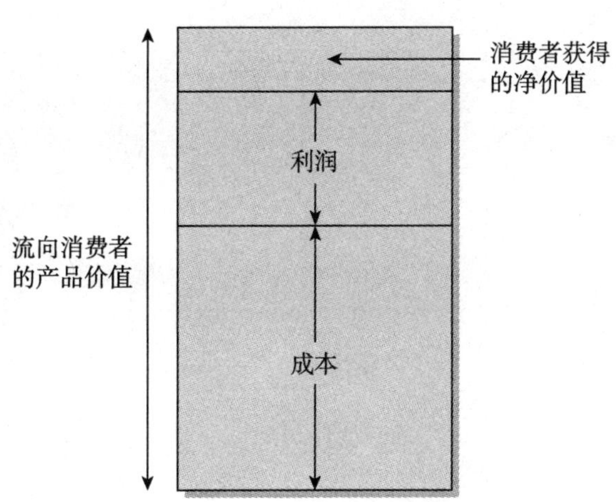

图16—1 一个产品的价值和利润

当环境改变时仍能保持竞争优势，企业的利润自然会增加。在20世纪80年代PC产业开始腾飞的时候，由于错误地认为利润会流向硬件和软件组件的品牌集成，IBM把操作系统的权利让给了微软。**获取利润的关键在于对独特性，包括对价值链的增值元素或产品结构所有权的掌握**。例如对输油（气）主管道的所有权，控制用户界面的所有权，或者对一个适宜零售业务的独特地理位置的所有权。掌握在价值链中最重要的"增值"环节或无人能及的独特的创新总会得到好处。

在企业创立的前几年，企业需要对增长有一定的耐心，但一定不能对盈利能力保持耐心。因为只有企业能够盈利，才能检验出消费者会为这个有利可图的产品埋单的假设是正确的。

收益和利润这两台发动机又是由企业的商业计划、战略、资源、能力、运营和过程来驱动的，如图16—2所示。

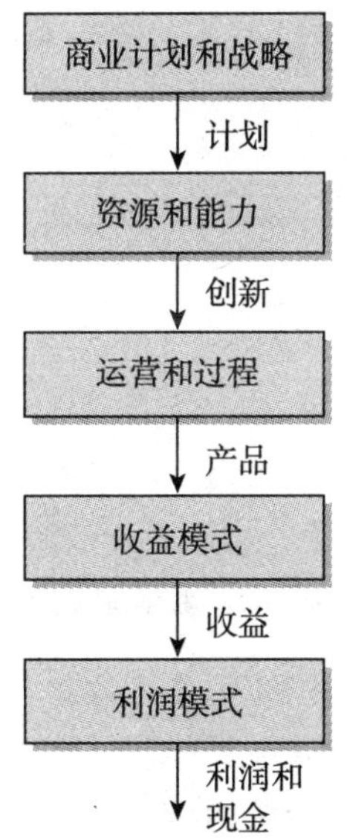

图16—2 来自企业运营的收入流和利润流

产生利润的最好条件是产品对于消费者的感知价值很高，而其生产成本又很低。图16—3的价值网显示了决定一个企业是否有获得巨大利润的潜力。较低的生产成本意味着该产品对于消费者的感知价值的单位价格是较低的。图16—3中的右上象限是许多企业都奋力占领的高利润区域。

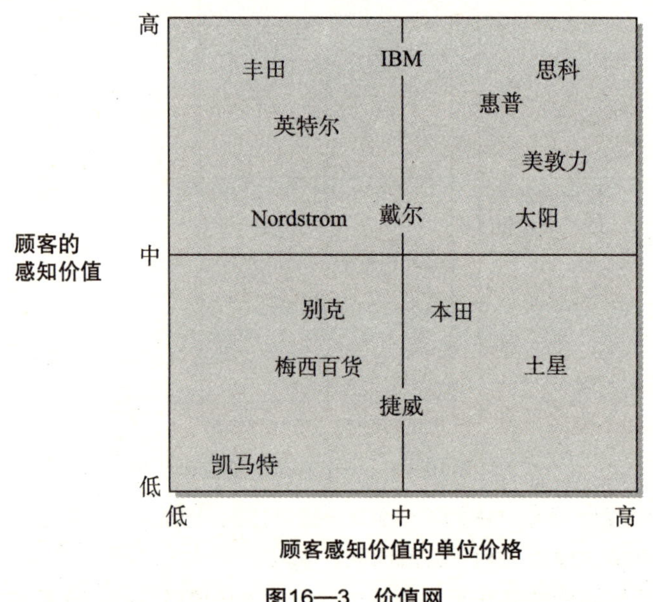

图16—3　价值网

大多数新开办的企业都会花费大量的时间和精力用于研究它们的消费者，它们根据研究所掌握的知识来为消费者创造更好的解决问题方案。它们在最初的时候发生亏损，而在一个时期后往往会获取利润，我们把这个时期称为 T，如图 16—4 所示。当然，最好能使 T 时期相对短，而负利润顶峰（NP）则越小越好。如图 16—4 所示的利润曲线我们通常称其为“曲棍球棒（hockey stick）”期望。

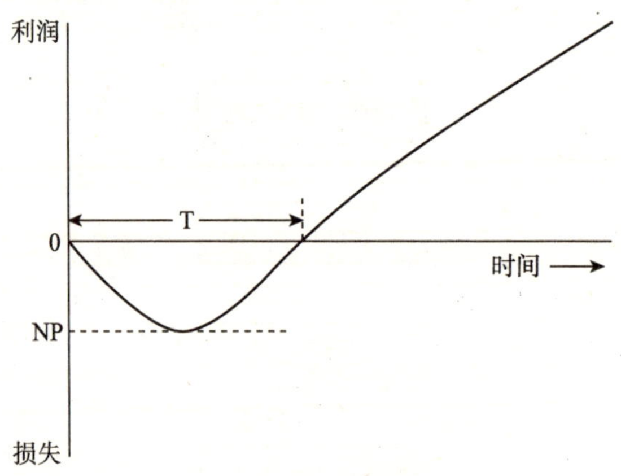

图16—4　曲棍球棒期望曲线

一个成功新建企业的初期损失在时间 T 后变为盈利，NP 指负利润顶峰。

估计出每个市场细分的吸引力（潜在盈利能力）是非常有用的。**在一个长期无利可图的市场细分里赢取市场主导地位是没有任何价值的。**

企业可用这个公式来估算市场细分的盈利能力：

$$度理指标=\frac{利润}{X}$$

X 是与企业的目标和商业模式一致的。如表 16—2 所示，企业选择变量 X 来表明它们的盈利表现。最常用的利润度量指标是**利润率**（profit margin），即利润占收益的比率。

表 16—2 部分公司盈利表现的度量

X	度量指标	公司例子
顾客	利润 / 顾客	吉利
员工	利润 / 员工	雅培
顾客访问	利润 / 顾客访问	沃尔格林（Walgreens）
产量（吨）	利润 / 吨	纽柯（Nucor）
收入	利润 / 收入	西夫韦（Safeway）

在电信业繁荣的 2000 年，许多公司往往利用一些较差的间接指标，如办公楼的租赁数目来衡量公司的增长。它们错误的认为更多办公大楼的使用就意味着更多的消费者光顾。

能给顾客传递很高价值的，即具有高顾客相关性的商业计划，拥有捕捉利润的最好机会。最好的商业模式能够帮助消费者改善困难而又耗费时间的购买过程。最有力的盈利模式之一就是**基础产品盈利模式**（installed base profit model）。产品提供者先建立一个庞大的基础产品客户群，然后这些客户以后都会购买该基础产品的日常消耗品。吉列公司就是采用这种模式，它通过一个适当的价格向消费者销售它的剃刀，而在消费者中建立一个庞大的基础产品客户群，然后这些用户会购买它的剃刀片，而这些刀片都属于需要经常更换的日常消耗品。表 16—3 展示出了 9 种不同类型的盈利模式。新创立的创业型企业会明智的选择自己需要的盈利模式并为之努力奋斗，以在竞争市场中建立自己的影响力和适应力。

表 16—3 9 种盈利模式

名称	描述	例子
1. 基础产品模式	建立一个庞大的基础产品用户，销售基础产品的消耗品或更新产品。	吉利
2. 保护创新模式	创造一个独一无二的创新产品并利用专利和版权对其进行保护。	默克（Merck） 微软
3. 新商业模式	找到未满足的消费者需求并建立一个新的商业模式。	星巴克 谷歌
4. 价值链专业化模式	在价值链的某一两个环节实行专业化。	纽柯 英特尔
5. 品牌模式	为你的产品创造一个有价值的品牌。	英特尔 可口可乐
6. 巨型炸弹模式	利润都集中在“大片”的项目上。	皮克斯（Pixar） 先灵葆雅（Schering Plough）
7. 润乘数模式	以多种形式对同一产品重复获取利润的系统。	迪士尼：电影和主题公园、 维珍集团（Virgin group）
8. 解决方案模式	从产品转移到独特的整体解决方案。	通用电气 微软
9. 低成本模式	创造低成本产品以提供单位价值的低价格。	西南航空 戴尔

经理一般都知道有的消费者相对其他消费者来说会更让它们赚钱。对于一些新兴企业来说，它们的利润可能绝大多数仅仅来自于它的消费者中的20%。而且，有些糟糕的消费者会让企业的花费远远超过它们所得到的，也就是该消费者为该产品或服务付出的价钱。因此，**争取有利可图的消费者而剔除无利可图的消费者会使企业的利润加倍。如果只留意最好的消费者而忽略那些最差的消费者，企业总会得到好处**。

回想我们知道的利润公式（16–1）：

$$利润=（P-VC）Q-FC \quad (16\text{–}1)$$

在这里，P=价格，VC=可变成本，Q=销售总量，FC=固定成本。我们可以通过降低固定成本或可变成本，提高销售量或提高产品价格来达到对盈利能力的管理。企业也许能够发现某个消费者细分愿意付更高的价钱或愿意购买更多的产品，不能的话，就必须降低成本。

另一个能衡量企业运作绩效的指标是**现金流**（cash flow），即企业目前所拥有的现金总数减去计提折旧。如果没有正的现金流，企业就有可能用完它所有的现金而濒临倒闭。利润和现金流模式关注的重点在于企业的营利能力。

亚马逊曾经利用过大幅的价格折扣和免运输费的方法来刺激它的收入。然而，过低的营运利润率（P–VC）使得利润难以实现。

许多大众市场的零售商，如沃尔玛，就持续的通过降低运营中的非效率和牺牲产品的利润率来赢得更高的销量。惠普则尽量避免降低价格以维持它较高的利润率。

所有的创业型企业家都必须为自己的企业找到一种合适的盈利模式。如果发现盈利能力很难实现，或者说在很久的将来才可能实现，那么这个创业型企业最好还是不要继续下去。我们将在之后的内容中讲述有关终止创业型企业的相关问题。

墨西哥水泥公司（Cemex）。在过去只是以每天售出的混凝土码数（yards）为它的利润度量指标。而后来，它意识到顾客看重的是货物是否能及时准确无误地送到。认识到这点后，墨西哥水泥公司便以这个标准为自己的利润度量指标，从此盈利能力大幅增长。这种盈利模式是商业模式上的又一个创新。

收益增长管理

新兴企业通常会努力创造收益和利润以实现自己的目标。大多数创业团队也自然倾向于希望企业快速增长，而另一些创业型企业家却会由于私人原因或生活方式的原因限制自己企业的增长。创业团队对于企业增长的投入程度可以称为**创业强度**（entrepreneurial intensity）。

对增长的投入意味着创业型企业家将愿意对此做出牺牲。高增长就需要大量的资金来源，这也使创业型企业家需要寻求外部资本，甚至还要放弃对企业的大部分所有权。低增长企业指的是每年的收益增长率控制在10%以内的公司，而高增长企业则指的是年收益增长率高于25%的公司。许多高增长企业在成立之后的几年里往往会以年收益增长率50%或更高的速度增长。寻求高增长战略的科技创业企业家往往会选择以团队为基础的组织结构，显示出较高的创业强度。此外，他们愿意承担由于高增长要求而带来的重担。倾向于高增长的创业型企业家为了达到他们对创业型企业收入高增长的承诺，他们往往愿意牺牲一些私人的或家庭的目标。他们会表现出如下的特点。

- ◆ 很强的创业强度。
- ◆ 注重基于团队的组织结构。
- ◆ 愿意承担增长的成本。
- ◆ 创新聚焦。
- ◆ 愿意利用广泛的财务资源。

成长中的企业都需要现金来支持它的营运资本、资产和营业费用。如果企业成长得过快，就需要不断的从外部筹集额外的现金投资。所需的现金数量由企业的营运模式来决定，而营运模式又是由应付账款周期、企业的资产和需要的营运资本来决定的。一般来说，大多数增长中的企业都不能仅凭企业内部产生的资金来维持超过 15% 的收益增长率。一些服务行业企业的资产密集度相对低些，它们能够进行自我融资从而使收益增长率达到 20% ～ 30%。只有很少的企业能够仅仅靠自我融资而达到 50% 或以上的年收益增长率。对于较快的增长，就必须要有一个向外部融资的计划。

由于服务型企业相对生产型企业来说有着较低的资产密集度和较高的劳动密集度，因此服务型企业的增长就意味着额外成本的增加，从而也就不可能出现规模经济。一些很重视服务的公司，如 IBM、戴尔和西南航空公司已经成功的将增长与盈利结合起来，但其他公司很少能够做到。**成功的以服务为导向的公司能够设计和实施正确的战略以保持较低的成本，加强顾客的忠诚度和赢得竞争优势。**

企业的盈利能力可用收益增长率函数来表示，如图 16—5 所示。在收益增长较缓慢的 G_1 点，企业无法满足消费者的需求而将收益拱手让给竞争对手；在收益增长很快的 G_2 点，企业不能对其运营系统进行有效管理，而只能达到 P_2 点的利润；收益增长 G_m 点使企业的利润达到最大点 P_m。新兴或刚成立的企业应该尽力估计出能使利润最大化的收益增长点 G_m。对许多新兴企业来说，G_m 介于 20% ～40% 之间。

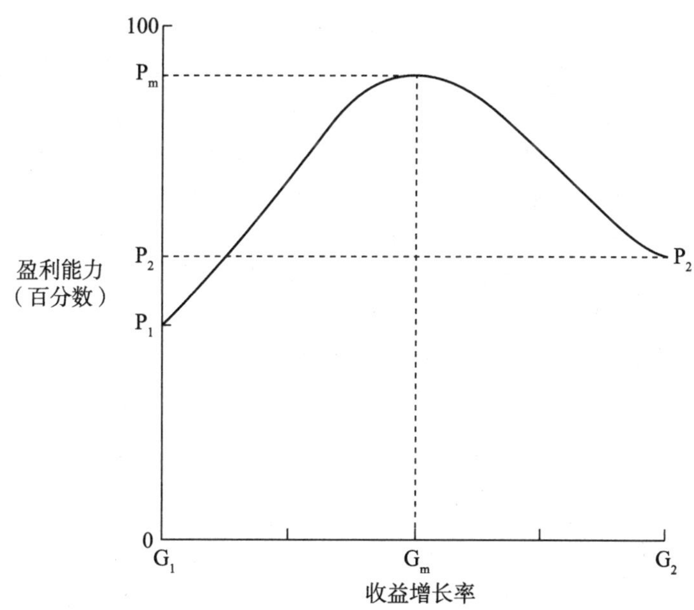

图16—5 以收益增长率函数表示的公司盈利能力

企业的盈利能力也可由它的资本回报率或股本回报率（ROE）来说明。因此，一种能够快速估计企业增长能力的方法，即企业是否能够在不寻求外界资金资源的情况下，有组织地以某个低于股本回报率的增长速度成长。我们将**有机增长**（organic growth）定义为仅由内部产生的资金推动的增长。

一个更加完整的以收入 - 收入比率来表示公司可持续变化的公式（16–2）是：

$$\frac{\Delta S}{S}=\frac{PM(1+L)}{T-[PM(1+L)]} \quad (16\text{–}2)$$

这里，PM= 销售利润率，L= 负债权益比率，T= 资产销售比率，如果新开办的企业没有任何债务（L=0），那么，

$$\frac{\Delta S}{S}=\frac{PM}{T-PM}$$

例如，如果 PM=0.10，T=0.5，那么，

$$\frac{\Delta S}{S}=\frac{0.10}{0.5-0.10}=0.25$$

或者说可持续销售增长率为 25%。我们来看一下资产密集型企业，假设 T=1.0，当 PM=0.10 时我们来看看它的可持续销售增长率，那么，

$$\frac{\Delta S}{S}=\frac{0.1}{1-0.1}=0.11$$

即可持续销售增长率为 11%，如果这个资产密集型企业借了外债，如 L=0.8，那么，

$$\frac{\Delta S}{S}=\frac{0.1(1+0.8)}{1-[0.1(1+0.8)]}=\frac{0.18}{1-0.18}=0.22$$

即可持续销售增长率为 22%。

新开办的企业需要仔细核查它所期望的增长率与自身的财务状况是否对应。我们来看看美国长住集团（Extended Stay America，ESA）的例子。ESA 成立于 1995 年，公司成立第二年通过首次公开募股筹集到 6 800 万美元的资本金。1997 年它的销售收入是 13 000 万美元，在 2000 年已达到 51 800 万美元，年增长率达到 44%。就在同期，企业的长期债务从 13 500 万美元增长到 94 700 万美元，负债权益比率从 1997 年的 0.16 增长到 2000 年的 0.96。ESA 能达到 44% 的增长率是以快速增长的债务（以及随之而带来的风险）为代价的。

相对资产密集型的企业来说，服务型企业需要更少的资金来开办和扩张企业，建立服务型企业并使之成长需要不断增加职工。服务型企业需要较低的资本和资产密集度，同时也只需要很少的债务。甫瀚投资公司（Robert Half International），以年增长率 29% 的速度使其年收入从 1992 年的 2.2 亿美元增长到 2001 年的 24.5 亿美元，而它只有微不足道的一点债务，即 L=0。在 1992 年至 2001 年期间，它的销售利润率为 0.06，资产销售比率约为 0.15，那么，它的可持续销售增长率为：

$$\frac{\Delta S}{S}=\frac{PM}{T-PM}=\frac{0.06}{0.15-0.06}=0.67$$

也就是说它的可持续销售增长率为 66.7%。

为了保持稳定的增长避免增长停滞，企业应该学会如何升级业务和扩展业务，如何延长企业的扩张阶段，如何积累知识和学习新知识，并在竞争对手之前将这些知识应用在产品和市场上。创业型企业家应该根据自身的知识、学习技巧和企业所拥有或正在增长的资产等选择一个符合企业发展的计划。

快速的增长和很好的盈利能力常常会掩盖一些企业潜在的问题。这些潜在问题的存在可能会为一些关于财务、人力以及其他资源分配的不均衡决定提供温床，对企业增长持过于乐观的情绪还可能掩盖领导能力和管理技术的薄弱，增长还可能使得企业缺乏计划或在一些涉及企业长期走向的问题上做出不够理智的决定。成功可以掩盖各种缺点而滋生一种危险的嚣张气焰。

创业型企业增长主要有 5 大动机。

- 为市场扩张吸引资本
- 发展声誉和品牌
- 吸引有能力的创业团队成员
- 增强盈利能力和对所有者与员工的报酬
- 达到规模经济

其中一种动机便是吸引资本投资以扩张市场和生产线。同时，企业的增长能够在员工中创造一种自豪感，同时只有增长企业才有能力提高对职员的报酬。

企业使用、协调新资产和活动的能力取决于自身的组织和管理能力。快速增长对这些能力是一个非常严峻的挑战。对于一个上市公司来说，保持持续、可预测的资金增长是非常重要的。增长的持续性要求对资产的增长和人员的增加进行控制。如果每年以超过 15% 的速度增加员工，这对任何公司来说都是一个巨大的挑战。沛齐公司（Paychex）是一家价值 13 亿美元的薪资处理服务公司，它已经连续多年以平均 18% 的速度增长。由于规模经济，它每年的利润增长率达到了 20%。

大多数公司在利用内部资源的同时也利用外部资源，这是一种混合的有机增长。要达到均衡增长的方法便是打破增长的障碍并努力改善公司的核心竞争力。有的企业，像凌利尔特技术公司（Linear）和戴尔公司，它们已经成功的在保持内外部融资均衡增长的前提下以每年 30% 以上的速度增长。

与许多创新度较低的公司相比，大多数创新度高的公司都成了高增长公司。比如微软，1991—2001 年的 10 年间其收入以每年 29% 的速度增长，同时它的利润以每年 35% 的速度增长。

企业收益增长的来源包括提高品牌知名度和国际扩张，如表 16—4 所示。很少公司能够在激烈的竞争面前提高价格，开发新产品也不失为一个收益增长的很好来源。在新产品开发方面较为活跃的公司是苹果公司和谷歌公司。

表 16—4　　收益增长的来源

• 品牌知名度的提升	• 并购其他公司
• 知识产权的许可	• 提高产品价格
• 国际扩张	• 发行新产品

企业的市场价值可以说是 3 个驱动力量的结果，如图 16—6 所示。**销量、价格、以及销售组合的变化会导致销售增长率的变化。**营业利润率（税前利润除以收入）是由 4 个因素决定的，如图 16—6 所示。增量投资率是投资效率的结果；经营杠杆指的是利润率的增长与新产品开发和产能扩张的前期试费的比率。考虑到所有这些因素，公司应该力求有效利用投资，并降低运

营成本。此外，提高产量、经营杠杆、规模经济、改进定价和销售组合都可以有效的改善销售增长率和营业利润率。

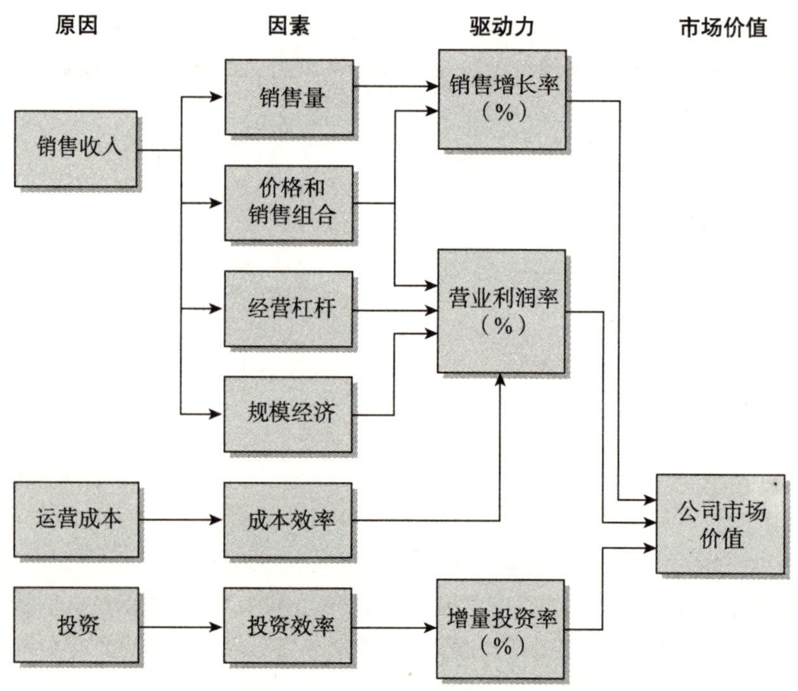

图16—6　市场价值的原因和驱动力

注：经营杠杆$\frac{\Delta 利润率}{\Delta 产品开发制造成本}$。

创业案例

千禧年电池：增长的收益

像手机和掌上电脑这样的无线电设备都用电池作为电源。一块小的氢燃料电池可能会成为电池的替代品。斯蒂芬 · 唐（Stephen Tang）和他在千禧年电池公司的团队正在研发一种微型燃料电池，这种微型燃料电池可供一台掌上电脑连续使用 8 小时。这种燃料电池用完后可以扔掉也可以被回收，但价格在 2 美元左右。根据图 16—6 中的影响因素，唐必须还得增加投资和提高成本效率，并改善它的产品开发能力才能成功推广它的产品。

制订收获计划

设想一个成功的创业型企业，任何投资者都很想知道关于所有投资者能在适当的时候得到现金回报的计划。假设这个创业型企业在几年之后获得了可观的收入，那么投资者该如何公平的根据它们的投资份额来收获由创业型企业创造的财富呢？

创业不可不知的名词

收获计划（**harvest plan**）指的是创业型企业的所有者和投资者在什么时候，如何根据它们的投资实现或获得实际的现金回报。它描绘了投资者如何、在什么时候从它们的投资中抽取一定的经济价值。

专业投资者对投资回报的时间期望一般在 5 ～ 7 年之间。因此，投资者出于现金流动性的考虑，希望有这么一个明确的计划。请注意“收获”并不意味着企业的挑战和责任已经结束。

对于高增长的企业来说，由创业型企业创造的价值一般在 5 年之后便可以取得丰厚的回报。企业的创建者和投资者都希望能在那个时期之后获得经济回报，这就意味着企业必须采取一些行动以便满足将由企业流向所有者和投资者的现金流。收获企业所创造的财富有 5 种方法。

- 将企业出售给收购公司。
- 通过首次公开募股发行公司股份。
- 向所有者和投资者发行现金股利。
- 将公司出售给管理者和员工。
- 以赠送和出售的方式将企业传递给家庭继承人。

对企业的创建者和投资者来说将创业型企业的股权出售给一家收购公司是一种非常有吸引力的方法，私人公司的出售通常会得到现金、收购公司的股份或者同时获得现金和股份。

而对于年收入超过 2 000 万美元的处于快速增长期的公司而言，它们的收获可以通过首次公开募股的方式进行。如果企业的投资者比较耐心的话，对个人投资者（购买企业股票的人）发行现金股利也可以为投资者带来回报。当然，更通常的做法是将创业型企业直接出售给企业的管理者和员工。最后，一些相对较小的创业型企业的所有者会考虑将企业直接交由家庭成员来继承。

收获战略的选择是由企业所有者和投资者的个人喜好来决定的。如风险资本家一类的专业投资者他们可能希望得到较大的年均回报率，所以就比较倾向于在 5 年或 6 年之后进行首次公开募股。或者，他们希望该创业型企业能够被一家更大的公司——能够满足专业投资者所要求的流动性的公司收购。

创业团队也可能在一个特定时期后将采用**退出战略**（exit strategy）作为他们的收获计划。这个计划也是与投资者谈判内容的一部分。

将企业出售给本企业管理者或员工的计划需要在商业计划书中进行描述，这种转换方式称为**员工持股计划**（ESOP）。企业在建立 ESOP 时就保证 ESOP 的所有贷款只能用于购买公司的股票，然后 ESOP 就可以从银行借钱，并用这些收入来购买企业股票。企业股票先由一个信托公司管理和持有（作为取得银行贷款的抵押品），而该信托公司则可就此享受到减税的好处，企业也可以还清贷款。当贷款完全还清的时候，企业的股票就从信托公司手中流通出来，而在企业职员之间进行重分配。ESOP 不仅为企业所有者提供了一个出售企业股票的市场，投资该股票还可以获得税收优惠，因此，ESOP 成了一项对企业所有者和员工都很有吸引力的工具。

在创业型企业家或创业型企业的一生中，没有几件比收获更重要的事了。**丧失收获的机会，企业的所有者或投资者就不能获得由企业在存续期间创造的巨大价值**。企业的创始人也许是因为退休的愿望，或者是使自己的资产组合多样化的想法而需要这么一个收获战略；投资者则可能是因为想通过实现投资回报后又转投到其他地方，或以其他的投资方式获得利益。**收获的时机可能是不确定的，但一个收获战略能够很好的帮助创业团队计划他们的未来**。

出售企业的好时机便是正当企业取得成就之时。当那个时机来临的时候，就是评估或执行收获计划的最好时机。在那个时候，企业需要对自己确定一个现实的估值，并听从董事会的建议。创业型企业家出售企业多出自个人原因，而非财务上的原因，如对长时间的工作感到精疲力竭以及不能承受苦心经营企业的强大压力。从家庭和朋友那儿筹资的创业型企业家出售企业的愿望会更强烈，因为他们背负着一定要回报自己的亲戚和朋友的巨大压力。此外，创业型企业家常常会将自己大部分的财产投入到自己的企业里，这种情况使得创业型企业家很想通过出售企业来使自己的财产多样化。

当创业型企业家决定出售企业时，对购买者的选择比价钱更重要。企业领导人在选择购买者的时候通常是基于一系列的“软标准”来选择的，如购买者的战略方针以及组织形式与本企业是否相符合，他们关心的是自己员工的命运以及他们的战略愿景能否被执行。创业型企业家很少有将自己的企业进行公开拍卖的，相反，他们通常只与一小部分与他们的要求相符的潜在购买者进行洽谈。

家得宝是由伯尼·马库斯（Bernie Marcus）和亚瑟·布兰克（Arthur Blank）在 1976 年创建的。他们从一个投资集团那里筹集到 200 万美元的资金。到 1980 年，家得宝已经开始盈利，而且在 1981 年 9 月首次公开募股，并筹集到 300 万美元。随后，这两位创始人出售了其部分股票，马库斯的总收入 870 万美元，而布兰克的总收入为 650 万美元。这就是他们收获其部分收益的方式。他们持有大部分股份，但经常在过一段时间后便会享受到股份变现的好处。

创业案例

AIR：成功的收获

1994 年，作为一名研究员，大卫·爱德华兹（David Ed- wards）在麻省理工学院罗伯特·兰格（Robert Langer）的实验室里，开始研究一种新型的药物传递系统。这种新型的药物传递系统是利用一种大的多孔颗粒将药物直接传递到肺部。尽管这种技术要进入的是一个看似已经很拥挤的市场，但爱德华兹的研究有很大的潜力，因为他可能比市场上存在的其他形式的吸入给药系统有更出色的作用。已经成功创建多家生物科技公司的兰格，从爱德华兹研究这项技术的初期阶段就意识到了它的商业价值。但 1995 年，他们试图将这项技术授权许可给一家公共药品公司的尝试却并未成功。

爱德华兹不愿意在技术仍处于初级阶段就创办自己的公司，于是他在 1995 年年初离开 MIT 而在宾夕法尼亚州立大学谋得一个教师的职位。但在宾夕法尼亚时，他继续完善他的药物传递系统，几乎每个月他都去 MIT 与兰格见一次面。1997 年初，爱德华兹和兰格对他们研究的进步感到非常满意，因此去会见了特里·麦奎尔（Terry McGuire）。特里·麦奎尔是哈佛商学院的毕业生，那时刚刚创建了北极星创投公司（Polaris Ventures）。兰格认识麦奎尔是因为麦奎尔曾经投资了很多兰格的创业设想。麦奎尔一开始认为这是一个已经很拥挤的市场，因此对投资这项新技术犹豫不决。但是，麦奎尔很信任作为杰出科学家与创业家的兰格，再加上一篇很有影响力的发表在《科学》（*Science*）上的文章，以及兰格对爱德华兹这项技术重要性的客观肯定，最终麦奎尔抛开了一切顾虑。

1997 年夏天，以获得 AIR 11% 的股份以及购买另外 9% 的股份的期权为交换，麦奎尔向 AIR 投资 25 万美元。麦奎尔担任暂时的 CEO 职位，爱德华兹则向宾夕法尼亚大学提出休假返回到波士顿，以全职身份继续从事他的研究。1998 年 1 月，公司在马萨诸塞州的剑桥成立了它的总部，公司最初的 3 名员工之前都是属于 MIT 化学工程部门的。

一旦建立了他们的新办公室，兰格和爱德华兹就开始快速地进行他们的第一次人体临床试验。一方面由于他们的技术很有进展，另一方面由于外界对他们的研究很有兴趣，因此这两位创始人想出了一个两层战略。对于专利已经失效的药物，他们自己进行一般化生产。对于新开发出来的药物，AIR 寻求与领先的制药公司合作，专门为他们的传递系统生产药品。麦奎尔集中精力成功地完成了稀释北极星在 AIR 公司的股份交易。

作为新生的公司，AIR 算是非常成功的。它在技术研究初期就筹集到了资金，并在临床实验中取得重大进展，同时又形成了很好的合作关系。然而，当开始有收购者登门造访时，AIR 就需要认真考虑它发行的产品了。为了保持持续增长，AIR 需要大规模地扩大业务，从一个小小的研究和开发公司向大型制造企业转变。这个任务是非常困难的，仅有少数生物科技公司能够完成这个转变。1998 年末，也是 AIR 刚刚成立的一年半之际，阿尔凯默斯股份有限公司（Alkermes）提出收购 AIR。1999 年 2 月，AIR 同意了阿尔凯默斯以大约 1.25 亿美元的价格收购 AIR 的全额股份。这笔交易对交易双方来说都是成功的，北极星创投获得了丰厚的投资回报，AIR 的技术与阿尔凯默斯现有的药物传递系统战略很吻合，而且阿尔凯默斯精明的管理团队以及在业内已建立的声誉也能为 AIR 找到最合适的搭档。

所有三个创始人如今在生物科技行业仍保持着活跃状态。爱德华兹现在是哈佛大学的教授，并在 2003 年春天与人共同建立了 Pulmatrix 公司，他还与许多非营利组织的建立有关。麦奎尔仍然是北极星创投的普通合伙人，并投资了许多处在创立初期的科技公司。最后，兰格还是一如既往的硕果累累，他拥有 380 多项专利，并已将他的技术授权许可给 80 多家公司，兰格被 CNN 和《时代周刊》提名为 100 位最重要的人物之一。

失败和退出

有很大一部分新企业在建立没几年之后就关闭了。一些企业停止努力是因为他们达不到既定的目标；另一些企业仅仅是因为花完了所有的现金。大多数创业型企业家和投资者认为创业型企业失败的原因是管理技能不足、糟糕的战略、不当的资本运作和不景气的市场条件，然而，对大多数企业型企业家来说，导致失败的原因主要是缺乏经验、能力不足的创业团队。

很多人在创业失败中通过修正自己的知识以及改变对自己能力的假设来学习，这种学习可以用对创业失败越来越深入的了解而竭力避免再犯同样错误的程度来衡量。通常，创业型企业家都过于自信，毫不现实的高估自己的知识和能力，而且，他们还可能夸大了自己控制事件和人的能力。最明显的失败的案例便是普拉内特 • 好莱坞和威伯凡。

掌握何时停止和终止创业型企业的时机与挑选何时创业的时机一样重要。

创业不可不知的名词

沉没成本（sunk costs）指的是已经发生的成本，是不能被现在或将来的任何决定所影响的。换句话说就是在一个创业型企业中投资的资金和时间已经逝去，不论你现在或将来采取什么行动都是不可能挽回这些成本的。

如果创业型企业并没有像计划中那样运转，那么创业者应该把继续运营这个企业视为一个新的决定，如图 16—7 所示那样。**终止或继续运营企业的决定，应该根据现在掌握的信息重新进行抉择**。如果创业型企业已经用完所有的现金资金，而且市场对创业型企业也不是利好的话，最明智的选择应该是退出。

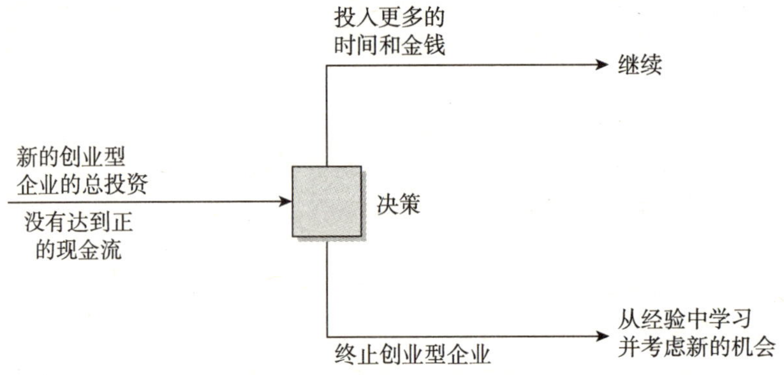

图16—7　沉没成本困境的决策树

创业案例

在困境中退出

Pandesic 是一家由思爱普（SAP）和英特尔共同出资创建的合资公司，它旨在为网络公司开发信息构建。Pandesic 成立于 1997 年，它试图打造一种独特的电子商务解决方案，这种解决方案能够使进行网络销售的公司所有的业务流程自动化。1997 年 3 月，Pandesic 的员工已达到 100 名。到 1997 年底，仅有零星的销售业务，到 1998 年，Padesic 仍然挣扎于没有足够的销售。1999 年 4 月，Pandesic 对销售队伍进行重组。结果，收入开始慢慢增长，但公司仍然不能盈利。在 2000 年中期，Pandesic 共拥有 400 名职工和 100 位顾客，但它仍然处于负现金流（据说每年大概 8 000 万美元）的困境，于是，Pandesic 在当年 7 月宣布解散。决定退出市场是基于大量的现金损失以及意识到在很长一段时期内都不可能盈利的可能。

如果决定继续经营企业，那么最好能够将公司的下一阶段作为一个转折点，设计出审慎的干预计划，以提升沟通能力、合作能力以及所有参与者相互之间的尊重。

如果决定终止经营创业型企业，那么最好能够从中汲取教训。从观念上来讲，**只是创建的企业失败了，并不是创建企业的人失败了**。恢复斗志、汲取教训、继续前进，这是最好的一个过程，每一次退出都是在其他地方的一个新的开始。

对于继续投入更多的时间和金钱的选择应该建立在这样的基础上：一方面理性的认识沉没成本，另一方面理性的估计企业恢复和成功的潜力。创业型企业家应该重新估计情形，然后决定继续投入更多的时间和金钱是否适当。

带你踏上创业之旅

案例AgraQuest

美国AgraQuest生物公司是一家一流的承担社会责任的公司。它在2003年获得美国国家环境保护署颁发的绿色化学奖（Green Chemistry Award），就在同一年，它还在清洁技术投资会议（CleanTech Venture Conference）上获得最佳演示奖。对于AgraQuest公司制定的道德守则和可持续经营的声明，公司所有的员工都必须阅读并签署。

遗憾的是，良好的声誉并不是收益发动机的唯一组成部分。AgraQuest的销售收益模式是基于单位（磅或加仑）生物农药产品的销售；它的盈利模式是基于用专利保护创新，以及在生物科技行业的新兴品牌（声誉）。为了盈利，AgraQuest必须增加单位销售量（Q）并减少可变成本（VC），就如我们之前讨论过的利润方程。AgraQuest的固定成本很高，而且制造工厂的利用率很低。

AgraQuest的增长计划需要其在接下来的几年中年销售收入翻倍。由于它的工厂产量并未饱和，因此这应该可以实现，但需要增加运营成本。因此，AgraQuest可以通过信用额度从银行筹集这几百万美元的运营资本。

如何被农药市场接受对AgraQuest来说是非常具有挑战性的。因为传统的非有机种植者对“绿色”解决方案大多持怀疑态度，因为他们长期被一些推销不可靠产品公司的不实说法所欺骗。

AgraQuest的收获计划可以是首次公开募股，也可以选择由像杜邦和孟山都这样的大型农业科技公司收购。当AgraQuest的收入超过1 000万美元并且实现盈利时就可以实现其收获计划了。

纸上练兵

1. 加拿大纽芬兰的冰山行业公司（Iceberg Industries）正聚焦于开发冰山，并将其加工处理为纯净水。一方面纯净水可用于饮用，而这种纯净水更是伏特加生产的重要原料，因此它有理由相信人们会为此埋单。你认为消费者为了饮用冰山纯净水而付出额外的成本值得吗？该公司的收益和盈利模式是怎样的（www.icebergindustries.com）？

2. 知名杂志《时代周刊》和《消费者报告》在财务上都很成功，但它们的收入模式却各不相同。参照表 16—1，分析它们各自的收益模式。

3. 索引擎公司谷歌，采用的是混合的收益模式和相关的盈利发动机。它有着庞大的用户和广告客户基础，并致力于加强用户和它的零售商之间的关系。分析它的收益和盈利模式，将其收益模式与雅虎对比。查看其近期发布的季度报告会有助于对它不同业务单位之间收益关系的理解。

4. 美国嘉露葡萄酒公司（E. & J.Gallo Winery）是一家由欧内斯特（Ernest）和他的弟弟朱利奥·盖洛（Julio Gallo）于 1933 年在加利福尼亚的莫堤斯城（Modesto）共同创建，至今仍保留着私人所有的家族企业。盖洛是世界上最大的葡萄酒生产商，年销售收入达 15 亿美元。最近，酿酒厂已经由创始人家族的第二代掌管，第三代也逐渐进入公司的管理层。分析这一大型企业实行家族传承制可能面临的挑战。企业所有者收获采用的是什么战略？你认为对这样的企业怎样的收获战略是最好的？

5. Skype 为因特网用户提供网络电话服务（VoIP）和用户之间的语音对话服务。这种电话服务最初是以免费的形式提供的。具体说说 Skype 公司的收益模式和盈利模式。易趣在收购 Skype 后改变了这一收益模式吗？

6. 安进（Amgen）是世界上最大的生物科技公司，它同时也是世界上最盈利的公司之一。2000 年至 2005 年之间安进的收益和利润年增长率超过了 26%。安进的负债权益比率（L）大约是 0.19。利用方程 16—2，计算安进的可持续增长率。安进能无限期的保持 26% 的年增长率吗（www. amgen. com）?

7. 比较微软、戴尔、索尼和高通最近几年的损益表。分析每个公司的毛利率，对销售及管理费用、研发费用做一个类似的比率分析。在正常收入情况下，你能通过对比这些比率看出这些公司的业务种类有什么不同吗?

创业挑战

1. 描述你的创业型企业的收益模式。
2. 描绘你的创业型企业的盈利模式。
3. 利用表 16—4，谈谈你的收获计划。

第17章 不可或缺的财务计划

导读

创业团队通过制定财务计划来确定创业型企业的经济潜力，并将其展示给企业潜在的投资者。财务计划采用的是基于对创业型企业一系列的基本假设而计算出的预测数字，展示了损益表和现金流量表，以及由此而得出的资产负债表。此外，计算达到盈亏平衡点所需要的销售量是很有用的。成功的创业型企业能够保持持续的销售增长，并在企业生命初期就显示出正的现金流和利润。

“科技创业的20条军规17”

一份合理的财务计划表明了创业型企业增长和盈利的潜力，而它一定是以能得到的最精确和最可靠的假设为基础的。

创业故事

Technology Ventures

如何实现销售预测

有一个新建的名为 e-Travel 的创业型企业，致力于销售旅游指南书（电子书），读者可将其从因特网下载到自己的电子书阅读器上，如笔记本电脑或其他手持设备。像旅游指南这种短小的书籍的经营模式通常是拉入模式，因为只有当顾客想阅读的时候才会订购。这与一般的推进模式恰好相反，推进模式是出版商在将图书出版之后，再竭力去寻找购买者。对旅游者来说，电子书比沉重的纸质书籍用起来方便多了。只需输入关键词如“Denver 比萨店”，读者就可通过电子书的搜索功能快速找到需要的信息。

现在 e-Travel 公司制订了一份财务计划。首先，他们进行了销售预测。e-Travel 已经创造了一个由最好的旅游指南作者组成的网络。这些作者已经与企业签订好了出版协定，并向 e-Travel 提供了世界上超过 500 个城市、地区的休闲和娱乐胜地的电子指南。所有这些指南都是根据统一的格式编写，并确定了关键搜索词。

e-Travel 预计在开始运营的第 3 个月卖出 1 200 本指南。每本指南的价格是 15 美元，顾客在网上订购并用信用卡支付。基于市场调研的结果，预计的月销售增长率为 10%。悲观情况下月销售增长率为 1%。由此，他们做出了一个 3 年期的预计销售增长率的销售预测。假设月销售增长率为 10%，在企业成立的第 3 年销售收入便能超过 300 万美元。e-Travel 公司要如何审核对设施、设备和职员的需求以确定经营业务的预计成本，从而顺利实现这个销售预测呢？

预算不仅是数字游戏，还是以上千种方法去寻求个人财富、阶级关系和国家力量的根源。

——威廉·戈莱德斯通

制订财务计划

一份好的商业计划，正如我们前面所讨论过的，是建立在一个坚实的构想和一个商业设计或概念基础上的。它以故事的形式来表达商业理论，这个故事作为一个商业模式还必须在经济上具有一定意义。商业模式讲述了一个关于顾客和一种价值主张的故事，而这种价值主张能够导致收入和利润的产生。为了给顾客创造这种价值，新创建企业需要制定一个财务计划，这个财务计划描述了期望的收入、现金流、利润以及为了达到这些目标所需要的投资。**任何企业的建立都是为了给顾客创造价值并为它的所有者产生投资回报，财务计划提供了对预计现金流和投资回报的估计**。

为了制作财务计划，创业型企业家必须能够清楚地表达他们对收入和成本的假设——需要哪些资源、经过多长的时间才能达到期望的收入及盈利能力？对现金流的计算是建立在一系列的假设之上的，我们称之为**基本情况**（base case），这种情况代表了最可能出现的结果。为了谨慎起见，我们还可以确定当期望并不像所设想的那样实现的情形，这种情况我们称为**悲观情况**（pessimistic case）。

创业不可不知的名词

现金流（cash flow）指的是在一段特定时期内，现金从企业流出或流入的数量。现金流等于净利润减去所支付的现金分红，再加上像折旧这样的非现金开支。

创业型企业家的目标是编制一套可靠的财务预测，这其中包含了一个预计利润表。**预计**（Pro forma）指实际数据的预先提供。预计利润表是对财务结果的预测。编制财务计划共有4个步骤。

1. 销售预测

- 时间——两年或三年。
- 关于平均顾客销售，顾客数量和销售增长率的假设。
- 销售预测的计算。

2. 成本预测

- 关于在某一特定时期内经营业务的成本假设。
- 计算在步骤 1 销售预测假设基础上需要的成本。

3. 收入和现金流预测

- 在特定时间内对现金流入和支出的时间假设。
- 对随着以上收入和成本预测而产生的每月的收入和现金流进行计算。

4. 资产负债表

- 现金和资产的初始价值假设。
- 基于第 3 步的收入和现金流进行计算。

编制一整套财务计划的第一步是销售预测，销售预测又是建立在一套对顾客和销售增长的假设基础之上的，然后就可以建立两年或三年期的销售预测了。第二步便是描述在第一步的时间段内经营业务所需的预计成本。在第二步中，成本可根据预测的收入计算出来。第三步便是基于销售、收款和向供应商及其他组织付款的时间假设，计算出在这段时间内的期望收入和预计现金流。最后一步即以年为基础编制两年期或三年期的资产负债表。新建创业型企业资产负债表上的起点需用假设的初始投资以及新建所需的资产来描述。

现金流、资产、资产负债表和收入预测都是通过一定的关系而互相联系的。会计项目根据性质的不同被分类到不同的“账户”，并被转化为货币单位，然后编入报表中。基本的会计公式为：

资产 = 负债 + 所有者权益

这里的**资产**指的是公司拥有的一切有价值的东西；**负债**即公司欠其他个人或公司等债权人的一切债务；**所有者权益**即公司的净资产（账面价值），它的表达式为：

所有者权益 = 资产 – 负债表

所有者权益即公司的所有权，通常划分为普通股或优先股的股份凭证。资产和负债都与收入和费用有关，如图 17—1 所示。资产可以产生收入，而负债则需要支出费用，如租金、应付款项或归还贷款。**账面价值**是公司的资产净值，也常被称做会计价值。**市场价值**指的是股票价格乘以发行的股票数量。请注意账面价值并不等于市场价值，市场价值是在给定增长条件下对于公司价值的一种预期。

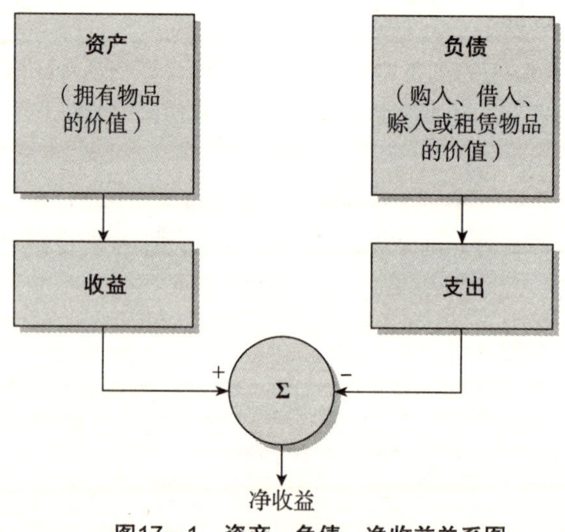

图17—1　资产、负债、净收益关系图

资产产生收入，负债导致支出。净收益即收益减去支出。

财务计划对新建创业型企业的价值评估至关重要。在合理的假设下，预测的结果将有助于评估创业型企业的价值和财务可行性。假设条件的质量好坏直接决定了财务计划结果的质量。预测模型很容易犯错的原因之一就是所有的预测都要建立在一定的假设基础之上，而这些假设是由使用者来选择的。

新建企业应该选择两个或三个能对企业现金流产生最大影响的参数，如销售增长率和新客户获取率，然后测定当每个参数变化的时候企业销售的变化。例如，对通过授权许可来获取收入的软件公司，就需要测定许可证销售增长率的潜在变化范围。

销售预测

销售预测按月制定，涉及的时间段通常为两年或三年。**销售预测常常是新建企业财务计划中最薄弱的环节**。因为新建企业实际上根本就没有任何销售收入，企业只能根据不完全的信息来对此进行假设。

在这一章中，我们虚构一个新建创业型企业并取名为 e-Travel。它致力于销售旅游指南（电子书），读者可将其从因特网下载到自己的电子书阅读器上，如笔记本电脑或其他手持设备。像旅游指南这种书籍的经营模式通常是拉入模式，因为只有当顾客想阅读的时候才会订购。这与一般的推进模式恰好相反，推进模式是出版商在将图书出版之后，再竭力的去寻找购买者。对旅游者来说，电子书比沉重的纸质书籍用起来方便多了。只需输入关键词如“Denver 比萨店”，读者就可通过电子书的搜索功能快速找到需要的信息。

创业案例

一个旅游网站的财务计划

这家名为 e-Travel 的新建创业型企业现在需要制定一份财务计划。第一步是进行销售预测。e-Travel 已经创建了一个由最好的旅游指南作者组成的网络。这些作者已经与企业签订好了出版协定，并向 e-Travel 提供了世界上超过 500 个城市、地区的休闲和娱乐胜地的电子指南。所有这些指南都根据统一的格式编写，并确定了关键搜索词。

e-Travel 预计在开始运营的第 3 个月卖出 1 200 本指南。每本指南的价格是 15 美元，顾客在网上订购并用信用卡支付。基于市场调研的结果，预计的月销售增长率为 10%。悲观情况下月销售增长率为 1%。表 17—1 列出了一个 3 年期预计销售增长率的销售预测。假设月销售增长率为 10%，在企业成立的第 3 年，销售收入便能超过 300 万美元。注意表格中划有椭圆形的关键结果。

表 17—1　期望增长率（每月 10%）下的销售预测

第 1 年													
月份	1	2	3	4	5	6	7	8	9	10	11	12	年总计
单位	0	0	1 200	1 320	1 452	1 597	1 757	1 933	2 126	2 339	2 573	2 830	19 127
每单位价格（美元）	15	15	15	15	15	15	15	15	15	15	15	15	
销售收入（美元）	0	0	18 000	19 800	21 780	23 955	26 355	28 995	31 890	35 085	38 595	42 450	286 905

续前表

第 2 年													
月份	1	2	3	4	5	6	7	8	9	10	11	12	年总计
单位	3 113	3 424	3 766	4 143	4 557	5 013	5 514	6 065	6 672	7 339	8 073	8 880	66 559
每单位价格（美元）	15	15	15	15	15	15	15	15	15	15	15	15	
销售收入（美元）	46 695	51 360	56 490	62 145	68 355	75 195	82 710	90 975	100 080	110 085	121 095	133 200	998 385

第 3 年													
月份	1	2	3	4	5	6	7	8	9	10	11	12	年总计
单位	9 768	10 745	11 820	13 002	14 302	15 732	17 305	19 036	20 940	23 034	25 337	27 871	208 892
每单位价格（美元）	15	15	15	15	15	15	15	15	15	15	15	15	
销售收入（美元）	146 520	161 175	177 300	195 030	214 530	235 980	259 575	285 540	314 100	345 510	380 055	418 065	3 133 380

成本预测

为了确定经营业务的预计成本，创业团队必须审核他们对设施、设备和职员的需求。我们的案例企业 e-Travel，将需要一间办公室、电脑、软件和办公设备。作者会不断更新指南的信息，并在指南开始产生销售收入次月的第 15 天，就收到净销售收入的 12% 作为版税。经营企业的成本包括工资、营销费用、通信成本以及日常的办公设施和用品。我们在表 17—2 中总结了 e-Travel 的成本假设。每个新建的创业型企业都需要构建一套类似这种详细程度的假设。

表 17—2　　e-travel 公司的成本假设

• 作者版税：在销售次月第 15 天支付净销售收入的 12%。
• 信用卡：以电子形式支付给信用卡提供者销售收入的 1%。
• 办公室租金：1 500 美元 / 月。
• 实物资产（电脑、家具等）：48 000 美元 / 年；4 年的使用寿命。
• 设备折旧（按月）：

第 1 年	第 2 年	第 3 年
1 000 美元	2 000 美元	3 000 美元

• 工资（每月）：

	第 1 年	第 2 年	第 3 年
总裁	4 000 美元	5 500 美元	6 500 美元
副总裁	4 000	5 000	6 000
行政经理	1 500	3 000	3 500
总计	9 500 美元	13 500 美元	16 000 美元

• 社会保障税及其他福利：总工资的 15%
• 营销费用（每月）：

第 1 年	第 2 年	第 3 年
2 000 美元	2 500 美元	3 000 美元

• 水电、办公用品、差旅和通信费（每月）：

第 1 年	第 2 年	第 3 年
2 000 美元	3 000 美元	4 000 美元

• 利息费用：1 000 美元 / 月（年利率 12%，利息按月支付，本金到期支付的 5 年期贷款 10 万美元）。
• 所得税：税前利润的 30%。

损益表

损益表报告了企业在一段时间后的经营成果。损益表的计算如图 17—2 所示。注意营业费用通常被分为 4 大类：销售费用、管理费用、研发费用以及折旧。也可以有其他不同的分类。

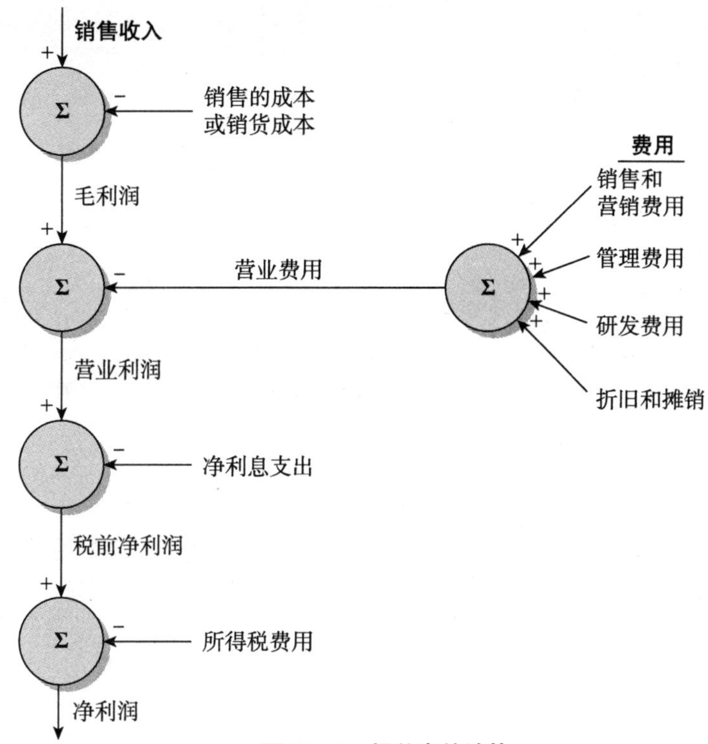

图17—2 损益表的计算

e-Travel 的损益（利润和损失）表描述了企业在一段时期内预期的业绩——这里我们设定的是 3 年。每个月的销售收入、成本、利润或损失都会在损益表中体现出来。**编制损益表的目的在于表明企业赚取了多少利润或产生了多少损失**。由于 e-Travel 属于在线销售性质，它没有销货成本。e-Travel 的损益表见表 17—3。从表 17—3 看出，e-Travel 在第 5 个月开始盈利，并在第 1 年赚得 19 954 美元的利润（在基本情况下）。

表 17—3 损益表 单位：美元

第 1 年													
月份	1	2	3	4	5	6	7	8	9	10	11	12	年总计
销售收入	0	0	18 000	19 800	21 780	23 955	26 355	28 995	31 890	35 085	38 595	42 450	286 905
支出													
作者版税	0	0	2 160	2 376	2 614	2 875	3 163	3 479	3 827	4 210	4 361	5 094	34 429
信用卡支出	0	0	180	198	218	240	264	290	319	351	386	425	2 871
营销费用	2 000	2 000	2 000	2 000	2 000	2 000	2 000	2 000	2 000	2 000	2 000	2 000	24 000
折旧	1 000	1 000	1 000	1 000	1 000	1 000	1 000	1 000	1 000	1 000	1 000	1 000	12 000
利息	1 000	1 000	1 000	1 000	1 000	1 000	1 000	1 000	1 000	1 000	1 000	1 000	12 000
办公室租金	1 500	1 500	1 500	1 500	1 500	1 500	1 500	1 500	1 500	1 500	1 500	1 500	18 000
工资	9 500	9 500	9 500	9 500	9 500	9 500	9 500	9 500	9 500	9 500	9 500	9 500	114 000
社会保障及福利	1 425	1 425	1 425	1 425	1 425	1 425	1 425	1 425	1 425	1 425	1 425	1 425	17 100

续前表 单位：美元

第1年													
水电、办公用品、差旅和通信费	2 000	2 000	2 000	2 000	2 000	2 000	2 000	2 000	2 000	2 000	2 000	2 000	24 000
税前利润（损失）	（18 425）	（18 425）	（2 765）	（1 199）	523	2 415	4 503	6 801	9 319	12 099	15 153	18 506	28 505
所得税（抵免）	（5 528）	（5 528）	（830）	（360）	157	725	1 351	2 040	2 796	3 630	4 546	5 552	8 551
净利润（损失）	（12 897）	（12 897）	（1 935）	（839）	366	1 690	3 152	4 761	6 523	8 469	10 607	12 954	19 954

第2年

月份	1	2	3	4	5	6	7	8	9	10	11	12	年总计
销售收入	46 695	51 360	56 490	62 145	68 355	75 195	82 710	90 975	100 080	110 085	121 095	133 200	998 385
支出													
作者版税	5 603	6 163	6 779	7 457	8 203	9 023	9 925	10 917	12 010	13 210	14 531	19 984	119 805
信用卡支出	467	514	565	621	684	752	827	910	1 001	1 101	1 211	1 332	9 985
营销费用	2 500	2 500	2 500	2 500	2 500	2 500	2 500	2 500	2 500	2 500	2 500	2 500	30 000
折旧	2 000	2 000	2 000	2 000	2 000	2 000	2 000	2 000	2 000	2 000	2 000	2 000	24 000
利息	1 000	1 000	1 000	1 000	1 000	1 000	1 000	1 000	1 000	1 000	1 000	1 000	12 000
办公室租金	1 500	1 500	1 500	1 500	1 500	1 500	1 500	1 500	1 500	1 500	1 500	1 500	18 000
工资	13 500	13 500	13 500	13 500	13 500	13 500	13 500	13 500	13 500	13 500	13 500	13 500	162 000
社会保障及福利	2 025	2 025	2 025	2 025	2 025	2 025	2 025	2 025	2 025	2 025	2 025	2 025	24 300
水电、办公用品、差旅和通信费	3 000	3 000	3 000	3 000	3 000	3 000	3 000	3 000	3 000	3 000	3 000	3 000	36 000
税前利润（损失）	15 100	19 158	23 621	28 542	33 943	39 895	46 433	53 523	61 544	70 249	79 828	90 359	562 295
所得税（抵免）	4 530	5 747	7 086	8 563	10 183	11 969	13 930	16 087	18 463	21 075	23 948	27 108	168 689
净利润（损失）	10 570	13 411	16 535	19 979	23 760	27 926	32 503	37 536	43 081	49 174	55 880	63 251	393 606

第3年

月份	1	2	3	4	5	6	7	8	9	10	11	12	年总计
销售收入	146 520	161 175	177 300	195 030	214 530	235 980	259 575	285 540	314 100	345 510	380 055	418 065	3 133 380
支出													
作者版税	17 582	19 341	21 276	23 404	25 744	28 318	31 149	34 265	37 692	41 461	45 607	50 168	376 007
信用卡支出	1 465	1 612	1 773	1 950	2 145	2 360	2 596	2 855	3 141	3 455	3 801	4 181	31 334
营销费用	3 000	3 000	3 000	3 000	3 000	3 000	3 000	3 000	3 000	3 000	3 000	3 000	36 000
折旧	3 000	3 000	3 000	3 000	3 000	3 000	3 000	3 000	3 000	3 000	3 000	3 000	36 000
利息	1 000	1 000	1 000	1 000	1 000	1 000	1 000	1 000	1 000	1 000	1 000	1 000	12 000
办公室租金	1 500	1 500	1 500	1 500	1 500	1 500	1 500	1 500	1 500	1 500	1 500	1 500	18 000
工资	16 000	16 000	16 000	16 000	16 000	16 000	16 000	16 000	16 000	16 000	16 000	16 000	192 000
社会保障及福利	2 400	2 400	2 400	2 400	2 400	2 400	2 400	2 400	2 400	2 400	2 400	2 400	28 800
水电、办公用品、差旅和通信费	4 000	4 000	4 000	4 000	4 000	4 000	4 000	4 000	4 000	4 000	4 000	4 000	48 000
税前利润（损失）	96 573	109 322	123 351	138 776	155 741	174 402	194 930	217 520	242 367	269 694	299 747	332 816	2 355 239
所得税（抵免）	28 972	32 797	37 005	41 633	46 722	52 321	58 479	65 256	72 710	80 908	89 924	99 845	706 572
净利润（损失）	67 601	76 525	86 346	97 143	109 019	122 081	136 451	152 264	169 657	188 786	209 823	232 971	1 648 667

创业不可不知的名词

现金流量表(cash flow)显示了创业型企业现金流入和流出的实际数量。当创业型企业实际收到或支出了现金时，这笔交易就会被记录到现金流量表中。

拥有正现金流的创业型企业就可以不用举借外债或权益资本而继续经营下去。如果现金流量表显示在未来某个时期会出现负的现金流，那么企业就有必要计划进行新的资本注入。我们将现金流定义为企业留存收益的总和减去企业的计提折旧。

正在发展的企业需要现金来维持运营，详细的现金流过程如图 17—3 所示。企业会在每个月末计算手中的现金数量。因此，

TC（N+1）=（CF−现金支付）+TC（N）

这里 TC（N+1）指的是第（N+1）个月末总的现金数，TC（N）是第 N 个月末企业总的现金数，CF 是第（N+1）个月的现金流量。

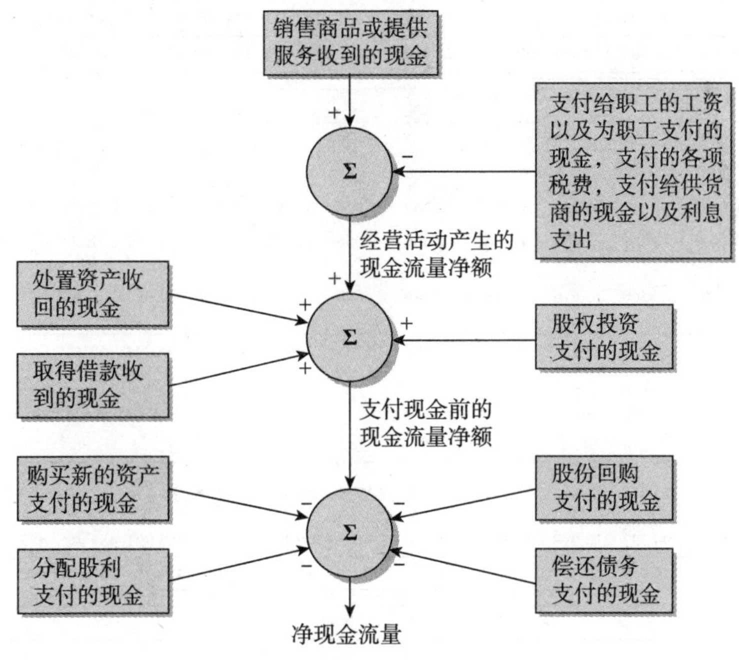

图17—3 现金流过程

我们在表 17—4 中提供了 e-Travel 的现金流量表（在基本情况下）。我们假设企业的创始人投资了 14 万美元的现金并以其私人财产为担保从银行获得了 10 万美元的贷款。这 24 万美元被用来维持企业的运营以及电脑、家具等长期资产的初始购置，如表 17—4 中第 1 年第 1 月的项目所示。这 24 万美元的初始投资可被看做是创始人的权益投资，因为他们的贷款是以个人名义担保的。在月收入增长率为 10% 的基本情况假设下，企业的现金流很快就会变成正的。

表 17—4　　　　现金流量表　　　　单位：美元

第 1 年													
月份	1	2	3	4	5	6	7	8	9	10	11	12	年总计
经营活动													
净利润（损失）	（12 897）	（12 897）	（1 935）	（839）	886	1 690	3 152	4 761	6 523	8 469	10 607	12 954	19 954
加：折旧	1 000	1 000	1 000	1 000	1 000	1 000	1 000	1 000	1 000	1 000	1 000	1 000	12 000
加：应付版税的增加			2 160	216	238	261	288	316	348	383	421	463	5 094
经营活动产生的现金流量	（11 897）	（11 897）	1 225	377	1 604	2 951	4 440	6 077	7 871	9 852	12 028	14 417	37 048

续前表　　　　单位：美元

第1年													
投资活动													
购买长期资产	(48 000)												(48 000)
融资活动													
银行借款	100 000												100 000
所有者投入的现金	140 000												140 000
现金流量的增加（减少）额	180 103	(11 897)	1 225	377	1 604	2 951	4 440	6 077	7 871	9 852	12 028	14 417	229 048
期初现金余额	0	180 103	168 206	164 431	169 808	171 412	174 363	178 803	184 880	192 751	202 603	214 631	0
期末现金余额	180 103	168 206	169 431	169 808	171 412	174 363	178 803	184 880	192 751	202 603	214 631	229 048	229 048

第2年													
月份	1	2	3	4	5	6	7	8	9	10	11	12	年总计
经营活动													
净利润（损失）	10 570	13 411	16 535	19 979	23 760	27 926	32 503	37 536	43 081	49 174	55 880	63 251	393 606
加：折旧	2 000	2 000	2 000	2 000	2 000	2 000	2 000	2 000	2 000	2 000	2 000	2 000	24 000
加：应付版税的增加	509	560	616	678	746	820	902	992	1 093	1 200	1 321	1 453	10 890
经营活动产生的现金流量	13 079	15 971	19 151	22 657	26 506	30 746	35 405	40 528	46 174	52 374	59 201	66 704	428 496
投资活动													
购买长期资产	(48 000)												(48 000)
现金流量的增加（减少）额	(34 921)	15 971	19 151	22 657	26 506	30 746	35 405	40 528	46 174	52 374	59 201	66 704	380 496
期初现金余额	229 048	194 127	210 098	229 249	251 906	278 412	309 158	344 563	385 091	431 265	483 639	542 840	229 048
期末现金余额	194 127	210 098	229 249	251 906	278 412	309 158	344 563	385 091	431 265	483 639	542 840	609 544	609 544

第3年													
月份	1	2	3	4	5	6	7	8	9	10	11	12	年总计
经营活动													
净利润（损失）	67 601	76 525	86 346	97 143	109 019	122 081	136 451	152 264	169 657	188 786	209 823	232 971	1 648 667
加：折旧	3 000	3 000	3 000	3 000	3 000	3 000	3 000	3 000	3 000	3 000	3 000	3 000	36 000
加：应付版税的增加	1 598	1 759	1 935	2 128	2 340	2 574	2 831	3 116	3 427	3 769	4 146	4 561	34 184
经营活动产生的现金流量	72 199	81 284	91 281	102 271	114 359	127 655	142 282	158 380	176 084	195 555	216 969	240 532	1 718 851
投资活动													
购买长期资产	(48 000)												(48 000)
现金流量的增加（减少）额	24 199	81 284	91 281	102 271	114 359	127 655	142 282	158 380	176 084	195 555	216 969	240 532	1 670 851
期初现金余额	609 544	633 743	715 027	806 308	908 579	1 022 938	1 150 593	1 292 875	1 451 255	1 627 339	1 822 894	2 039 863	609 544
期末现金余额	633 743	715 027	806 308	908 579	1 022 938	1 150 593	1 292 875	1 451 255	1 627 339	1 822 894	2 039 863	2 280 395	2 280 395

编制资产负债表

创业团队应在企业创办那年以及之后每一年的年末都要编制一份资产负债表。资产负债表通过展示企业的资产、负债以及所有者权益来反映企业的状况。企业年末的资产负债表格式如图 17—4 所示。

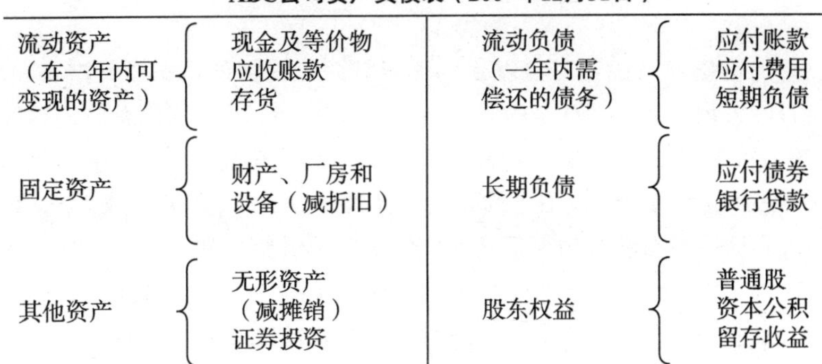

图17—4 资产负债表的格式

e-Travel 的资产负债表如表 17—5 所示。资产负债表显示了公司的各项资产，如现金、设备、家具和累计折旧。负债即应还的贷款和应支付给作者的版税。总的所有者权益包括所有者投入的资本 14 万美元和留存收益。表 17—5 显示了企业在第 1 月末、第 1 年末、第 2 年末和第 3 年末的资产负债表。在基本情况下的资产负债表有力的证明了 e-Travel 公司的财务实力。

表 17—5　　资产负债表　　单位：美元

第 1 年 1 月末	
资产	
现金	180 103
设备和家具	48 000
累计折旧	（1 000）
总资产	227 103
负债	
银行借款	100 000
所有者权益	
实收资本	140 000
留存收益	（12 897）
所有者权益合计	127 103
负债和所有者权益合计	227 103

第 1 年末	
资产	
现金	229 048
设备和家具	48 000
累计折旧	（12 000）
总资产	265 048
负债	
Royaltie payable	5 094
银行借款	100 000
所有者权益	
实收资本	140 000
留存收益	19 954
所有者权益合计	159 954
负债和所有者权益合计	265 048

第 2 年末	
资产	
现金	609 544
设备和家具	96 000
累计折旧	（36 000）
总资产	669 544
负债	
Royaltie payable	15 984
银行借款	100 000
所有者权益	
实收资本	140 000
留存收益	413 560
所有者权益合计	553 560
负债和所有者权益合计	669 544

第 3 年末	
资产	
现金	2 280 395
设备和家具	144 000
累计折旧	（72 000）
总资产	2 352 395
负债	
Royaltie payable	50 168
银行借款	100 000
所有者权益	
实收资本	140 000
留存收益	2 062 227
所有者权益合计	2 202 227
负债和所有者权益合计	2 352 395

悲观增长率的结果

任何新创立企业都需要考虑到可能发生的情况并为最糟糕的情况做好准备。对 e-Travel，我们假设出现每月收入增长率仅为 1% 的悲观情况。在表 17—6 中我们总结了这种悲观情况发生的结果。表 17—6A 显示了最初 3 年的销售预测。在悲观情况下，企业第 3 年的销售收入为 284 010 美元，而在前面我们的假设中它的收入预计为 3 133 380 美元。表 17—6B 显示了在悲观情况下的损益表。请注意在悲观情况下企业任何 1 年都没有盈利。

我们在表 17—6C 中显示了在悲观情况下企业的现金流量表。注意在第 3 年 1 月期末现金余额变成了负的。企业需要在第 3 年的 1 月进行资本注入才能够继续经营。

表 17—6A 悲观增长率下的销售预测（月增长率 1%）

第 1 年		第 2 年		第 3 年	
	年总计		年总计		年总计
销售单位量	12 550	销售单位量	16 804	销售单位量	18 934
单位价格（美元）	15	单位价格（美元）	15	单位价格(美元）	15
销售收入（美元）	188 250	销售收入（美元）	252 060	销售收入(美元）	284 010

表 17—6B 悲观增长率下的损益表（月增长率 1%） 单位：美元

第 1 年		第 2 年		第 3 年	
	总计		总计		总计
销售收入	188 250	销售收入	252 060	销售收入	$284 010
支出		支出		支出	
作者版税	22 590	作者版税	30 246	作者版税	34 079
信用卡支出	1 883	信用卡支出	2 521	信用卡支出	2 840
营销费用	24 000	营销费用	30 000	营销费用	36 000
折旧	12 000	折旧	24 000	折旧	36 000
利息	12 000	利息	12 000	利息	12 000
办公室租金	18 000	办公室租金	18 000	办公室租金	18 000
工资	114 000	工资	162 000	工资	192 000
社会保障及福利	17 100	社会保障及福利	24 300	社会保障及福利	28 800
水电、办公用品、差旅和通信费	24 000	水电、办公用品、差旅和通信费	36 000	水电、办公用品、差旅和通信费	48 000
税前利润（损失）	（57 323）	税前利润（损失）	（87 007）	税前利润（损失）	（123 709）
所得税（抵免）	0	所得税（抵免）	0	所得税（抵免）	0
净利润（损失）	（57 323）	净利润（损失）	（87 007）	净利润（损失）	（$123 709）

要想盈利的话，e-Travel 需要在最初两年达到 4% 以上的月销售增长率。这个数字是通过不断修正电子表格中的增长率而计算得到的。

表 17—6C 悲观增长率下的现金流量表（月增长率为 1%） 单位：美元

第1年													
月份	1	2	3	4	5	6	7	8	9	10	11	12	年总计
经营活动													
净利润(损失)	(18 425)	(18 425)	(2 765)	(2 609)	(2 452)	(2 295)	(2 138)	(1 982)	(1 812)	(1 643)	(1 473)	(1 304)	(57 323)
加：折旧	1 000	1 000	1 000	1 000	1 000	1 000	1 000	1 000	1 000	1 000	1 000	1 000	12 000
加：应付版税的增加	2 160	22	21	22	21	22	23	24	23	24			2 362
经营活动产生的现金流量	(17 425)	(17 425)	395	(1 587)	(1 431)	(1 273)	(1 117)	(960)	(789)	(619)	(450)	(280)	(42 961)
投资活动													
购买长期资产	(48 000)												(48 000)
融资活动													
银行贷款	100 000												100 000
所有者投入的现金	140 000												140 000
现金流量的增加(减少)额	174 575	(17 425)	395	(1 587)	(1 431)	(1 273)	(1 117)	(960)	(789)	(619)	(450)	(280)	149 039
期初现金余额	0	174 575	157 150	157 545	155 958	154 527	153 254	152 137	151 177	150 388	149 769	149 319	0
期末现金余额	174 575	157 150	157 545	155 958	154 527	153 254	152 137	151 177	150 388	149 769	149 319	149 039	149 039

第2年													
月份	1	2	3	4	5	6	7	8	9	10	11	12	年总计
经营活动													
净利润(损失)	(8 234)	(8 064)	(7 895)	(7 712)	(7 529)	(7 346)	(7 164)	(6 981)	(6 798)	(6 615)	(6 432)	(6 237)	(87 007)
加：折旧	2 000	2 000	2 000	2 000	2 000	2 000	2 000	2 000	2 000	2 000	2 000	2 000	24 000
加：应付版税的增加	23	23	24	25	25	25	26	25	25	25	25	27	298
经营活动产生的现金流量	(6 211)	(6 041)	(5 871)	(5 687)	(5 504)	(5 321)	(5 138)	(4 956)	(4 773)	(4 590)	(4 407)	(4 210)	(62 709)
投资活动													
购买长期资产	(48 000)												(48 000)
现金流量的增加(减少)额	(54 211)	(6 041)	(5 871)	(5 687)	(5 504)	(5 321)	(5 138)	(4 956)	(4 773)	(4 590)	(4 407)	(4 210)	(110 709)
期初现金余额	149 039	94 828	88 787	82 916	77 229	71 725	66 404	61 266	56 310	51 537	46 947	42 540	149 039
期末现金余额	94 828	88 787	82 916	77 229	71 725	66 404	61 266	56 310	51 537	46 947	42 540	38 330	38 330

第3年													
月份	1	2	3	4	5	6	7	8	9	10	11	12	
经营活动													年总计
净利润(损失)	(11 416)	(11 220)	(11 024)	(10 829)	(10 633)	(10 424)	(10 216)	(10 007)	(9 799)	(9 589)	(9 380)	(9 172)	(123 709)
加：折旧	3 000	3 000	3 000	3 000	3 000	3 000	3 000	3 000	3 000	3 000	3 000	3 000	36 000
加：应付版税的增加	27	27	27	27	27	29	29	29	29	29	29	29	337
经营活动产生的现金流量	(8 389)	(8 193)	(7 997)	(7 802)	(7 606)	(7 395)	(7 187)	(6 978)	(6 770)	(6 561)	(6 351)	(6 143)	(87 372)
投资活动													
购买长期资产	(48 000)												(48 000)
现金流量的增加(减少)额	(56 389)	(8 193)	(7 997)	(7 802)	(7 606)	(7 395)	(7 187)	(6 978)	(6 770)	(6 561)	(6 351)	(6 143)	(135 372)
期初现金余额	38 330	(18 059)	(26 252)	(34 249)	(42 051)	(49 657)	(57 052)	(64 239)	(71 217)	(77 989)	(84 548)	(90 899)	38 330
期末现金余额	(18 059)	(26 252)	(34 249)	(42 051)	(49 657)	(57 052)	(64 239)	(71 217)	(77 987)	(84 548)	(90 899)	(97 042)	(97 042)

盈亏平衡分析

在制定财务计划的最初阶段，创业者如果知道何时能够盈利的话对财务计划的制定是很有帮助的。盈亏平衡即总销售收入等于总成本。总销售收入（R）即：

$$R=Q\times P$$

这里 Q= 销售的数量，P= 单位销售价格。总成本（TC）为：

$$TC=FC+VC$$

FC= 总固定成本，VC= 总变动成本。因此，盈亏平衡点即企业既不盈利也不亏损时的销售量（Q）。超过偿还成本所需的盈亏平衡点的销售量就会产生利润。

在基本情况下，e-Travel 第 1 年的总固定成本为 221 100 美元，变动成本为销售额的 13%，由于版税和信用卡使用费分别为 12% 和 1%，因此，为确定 Q，我们得到，

$$R=TC$$

$$Q=\$221\,100+(0.13\times R)$$

或者，

$$0.87R=\$221\,100$$

因此我们得到，

$$0.87(Q\times\$15)=\$221\,100$$

或者，

$$Q=16\,943$$

因此，只要销售超过 17 000 本 e-Travel 指南书，企业就可以盈利。

盈利能力的衡量

创业型企业的股东感兴趣的是企业的盈利能力。对投资者来说最主要的衡量方法便是投资资本的回报，也称做投资回报率（return on investment，ROI）。企业的投资回报率表达式为：

$$ROI=\frac{净利润}{投资}$$

其中利润被分配给投资者。随着企业的成长，在某些时期可能不能直接给投资者以现金回报。那样的话，利润就成为留存收益并将之作为投资资本，然后新增的留存收益加上原有的权益投资就成为新的所有者权益 。

股东权益回报率(return on equity，ROE)是净利润和所有者权益的比率。ROE 的计算公式为：

$$ROI=\frac{利润率}{所有者权益}$$

利用表 17—3 和表 17—5，e-Travel 第 2 年的权益回报率为：

$$ROE=\frac{\$\ 393\ 606}{\$\ 553\ 560}\times 100\%=71.1\%$$

投资者回报可以在现金分红时计算，也可以当公司在公开市场交易时计算。假设 e-Travel 的原始股东所持有的股票在 3 年后可卖到 72 万美元，那么这个投资集团达到的乘数（M）为：

$$M=\frac{\$\ 720\ 000}{\$\ 240\ 000}=3.0$$

那么这 3 年的年均复合回报率为 44.2%，因为（1.442）^{3}=3.0。因此，年均投资回报率（ROI）为：

$$ROI=44.2\%$$

注意我们在这里将投资额指定为 24 万美元是因为创始人的初始投资即该企业所有的投资，我们认为创始人以私人名义签署的贷款也相当于一种股权投资。

带你踏上创业之旅

案例AgraQuest

AgraQuest于1995年5月确定了原始的商业计划，计划申明需要110万美元的起步资金用来购买设备，250万美元用于日常运营，290万美元用于现金储备——总金额为650万美元的初始投资。同时预计在5年后进行首次公开募股。最初5年的销售预测和利润预测如表17—7所示。表17—8显示了最初5年的投资需求预测。

表 17—7　AgraQuest 原始商业计划的预测损益表

	损益表				
	1996 年	1997 年	1998 年	1999 年	2000 年
销售收入（千美元）	550	2 375	4 250	8900	16 500
利润（千美元）	（2 338）	（3 094）	（2 768）	（1 693）	4 284
平均发行在外的流通股（千股）	7 002	9 462	10 972	11 722	11 722

表 17—8　AgraQuest 原始商业计划提供的预测投资需求

	投资需求预测				
	1996 年	1997 年	1998 年	1999 年	2000 年
需要的资本(千美元)	6 500	5 200	8 600	10 200	0

AgraQuest没能达到预期的结果，其销售收入在2003年才达到640万美元。导致预测未能实现的两个假设条件是：合同筛选和自然的小量单位产品的出售；产品开发计划。AgraQuest的商业计划假设为其他公司进行小量单位产品筛选和向其他公司销售小量单位的产品会分别在1997年产生240万美元、在1998年产生430万美元的收入。结果两个收入计划都没能实现。此外，它预计天然产品的销售收入会在1999年达到290万美元，在2000年达到650万美元。结果这个预测也被严重的耽搁了，因为假设条件是产品能在18个月内被美国国家环境保护署批准，但实际上却花费了36个月。另外，产品的管道开发得比计划慢了很多。这些问题说明了对任何商业计划来说，假设条件都具有脆弱性。

纸上练兵

1.定义损益表、资产负债表和现金流量表之间的相互关系。对新建创业型企业来说哪一个报表最重要，为什么?

2.Viscotech公司正计划进入光电系统领域，以利用自动光学检验和缺陷检测来制造元件和模块。预计的财务收入和利润数据如表17—9所示。公司计划以100万美元的股权投资和50万美元的5年期贷款作为初始投资。确定Viscotech公司每年末的现金余额。同时，确定公司每年的投资回报率和股东权益回报率。

表 17—9　Viscotech 预测表　单位：千美元

	第 1 年	第 2 年	第 3 年	第 4 年	第 5 年
销售收入	1 500	3 400	5 900	10 600	15 400
税后利润	（500）	（100）	200	400	600
折旧	250	300	350	400	400
平均股东权益	1 000	700	600	800	1 400
长期负债	500	450	300	200	100

3.一个新建创业型企业以80 000美元的初始资金创办，并产生40 000美元的月收入。它每个月的营运成本为36 000美元，在最初的4个月里企业每个月需花费30 000美元用来购买设备。计算12个月后该企业的投资回报率。确定在每个月末企业的现金余额是否仍然为正。如果可能的话，企业在何时需要多少资本注入?

4.一家软件公司的固定成本为80万美元，单位可变成本为12美元。计算当单位产品的价格为50美元时的盈亏平衡点Q。如果公司某年销售50 000单位产品，那它的利润是多少?假设该公司的税率为20%。

5.传感器国际是一家新建创业型企业，目前正在制定关于一种能应用于网络安全的新设备计划。1个包装含6个传感器，每包的制造、营销和分销费用为14美分，卖给经销商的价格为68美分。公司计算出它的一次性固定成本为121 000美元。确定要达到盈亏平衡点的销售量。

6.传感器国际在第1年卖了30万包产品，第2年卖了40万包产品。如果投资者的原始投资为10万美元，分别确定公司第1年和第2年的投资回报率。假定税率为20%。

创业挑战

1.描述一下为你自己的创业型企业制定财务计划的假定条件。拟定一份损益表。

2.计算你的创业型企业需要多久才能达到盈亏平衡点并产生正的现金流?

3.为达到这一点需要多少必要的累计现金?

第18章 打通资本渠道

导读

新的创业型企业的领导者常会编制一套财务数据，以预估在何时需要多少现金投资。据此信息，创业者再去寻找相应的投资资本。在种子投资期或投资第一回合，他们主要依靠自己的资金以及来自朋友和家庭的投资。最后，大多数科技企业都会需要一笔很大的投资，这些投资通常来自称为天使投资人的富有的个人或被称做风险资本家的专业投资者。

分阶段投资可能是基于每个阶段里程碑的表现，而获得资本的最好方法。实物期权指的是，在将来某个特定的时间购买某项资产的权利。因此，风险资本家通常利用里程碑式的分阶段投资，来检验他们对创业型企业的投资机会。对于有较大影响力的新企业，他们最吸引投资者的是其在将来拥有巨大价值的潜力。

通过风险投资估值，确定了创业型企业的价值并对所有者权益的划分达成了协议。随着预期收入的增长和盈利能力的提高，企业和投资者可能希望执行一项出售期权，这可以通过IPO或者被一家更大的公司收购来完成，从而，投资者、创始人和企业员工都可以收获由他们共同创造的价值。

“科技创业的20条军规 18”

对于一个新的正在成长的公司，其投资资本来源的种类很多，但理应加以对比并谨慎管理。

创业故事

苹果和天使投资人

1976年，斯蒂夫·沃兹（Steve Wozniak）和斯蒂夫·乔布斯（Steve Jobs）在乔布斯的卧室里设计出了苹果1号计算机，并在乔布斯的家里做出了原型。为了成立公司，乔布斯卖掉了自己的大众牌小汽车，沃兹也卖掉了自己心爱的惠普计算器，就这样，他们有了奠基伟业的1 300美元。利用这1 300美元和从当地电子供应商取得的贷款，他们建立了自己的第一条生产线。后来乔布斯遇上了麦克·马尔库拉（Mike Markkula），马尔库拉曾经是英特尔的营销经理，作为富有的天使投资人他给乔布斯投资了91 000美元现金，并以个人名义为他们25万美元的信用额度提供担保。乔布斯、沃兹和马尔库拉每人享有苹果电脑公司1/3的股权。马尔库拉，这位天使投资人在1977年成了苹果电脑公司的主席。

正如汽油使汽车奔驰一样，资本使社会进步。

——詹姆斯·特拉斯洛·亚当斯（James Truslow Adams）

为新企业找到最佳投资者

正如我们在第17章里所讨论过的，财务计划为创业者提供了企业未来1~3年的现金流估测。根据现金流量表，创业者可以决定所需要的融资额度。有的企业可以在很短的时间内就产生正的现金流，而且创业者自身可以提供必要的启动资金。但另一方面，如果需要一年以上才能产生正的现金流，那么企业就需要较大规模的投资。大多数高科技企业就是这种情况，它们常常需要几年的时间才能产生正的现金流。

一个新创建的企业可能需要资金去购置像电脑、厂房这样的固定资产，除此之外，当与客户建立业务关系时，企业也需要资金来运作。

创业不可不知的名词

营运资本(working capital)指的是流动资产减去流动负债后的余额。它是专门用来支持企业的日常运作的，因此，融资对于企业购买资产及提供运营资本来说是必要的。

当企业慢慢成长时，它对资金的胃口也会很自然的变大。**对于一个创业型企业来说，选择合适的资金来源与选择创业团队及创业型企业的所在地一样重要，这个决定甚至会影响到企业的前途。**

寻找所需的资金对创业者来说是一个耗时耗力的过程，非常困难。获得投资并完成投资协议需要3~12个月左右。对大多数创业者来说，最好是先寻找到一定的目标消费群体再寻找投资者。找到合适的资金支持者需要一个很好的商业计划及很多的时间。创业者可能需要不停的讲述创业故事和回答无数的问题。但是，创业者常常因为担心“天机被一语道破”将重要的信息泄露给竞争者，总是不愿意告诉投资者过多相关信息，这也是可以理解的。

许多投资者喜欢花很长时间来审查创业者的商业计划书，或者与管理团队面谈，最后创业者却还是被无情的否决了。

创业者必须知道一个暂定的融资目标不是一定就能实现的，即使有某个投资者对该项目很有兴趣，创业者也不能因此而停止对其他投资者的寻找。虽然很想尽快结束这个艰难的融资过程，但同时也需要不停地调研，因为这不仅可以在当你谈判失败时为寻找下一个目标而节省时间，而且还可以提高以后在谈判中的地位。

创业型企业所需要的资金并不是没有，关键是要知道从哪里得到这些钱。创业者在为创业型企业融资前，这些"家庭作业"是必须要做的，要知道在企业的不同发展阶段最适宜的资金类型，并学会如何使用这些不同的资金使企业最终走向成功之路。

到底要寻找多少资金是很难有定数的。创业者当然希望投资者可以满足企业在产生正现金流之前所有的资金需求，但是大多数投资者却喜欢"里程碑"式的分阶段投资。此外，投资者会谨慎的预测投资形势，而且往往只接受悲观的一面或者做更坏的预测。投资者喜欢将不确定性作为一个因素列入他们的考虑，但对创业者来说他们觉得自己的项目是非常确定的。

图 18—1 显示了一幅理想化的现金流量图。图中的创业型企业在最初 20 个月里的烧钱率为每月 10 万美元，它直到第 21 个月才开始产生正的现金流，并在第 35 个月时达到累计资本盈亏平衡点。从图中我们可以看出，这个创业型企业至少需要 200 万美元的投资。

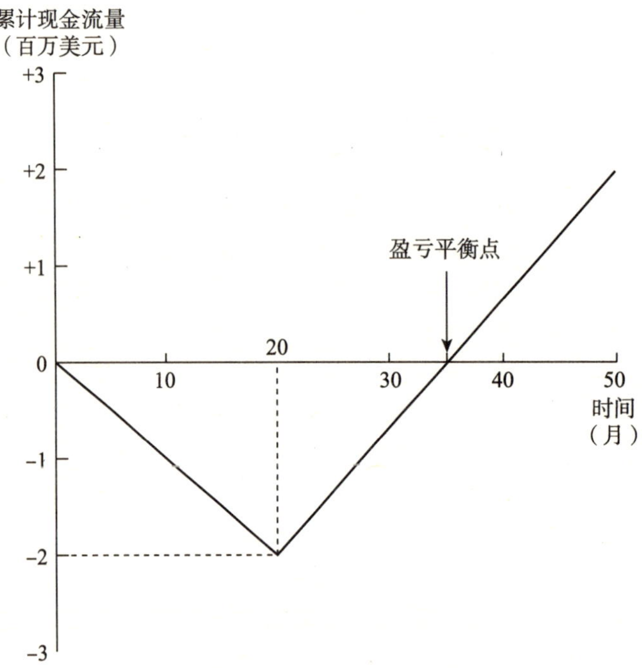

图18—1　一个新企业的理想化现金流量图

风险的不确定性可能导致评价结果相差悬殊。将创业型企业的发展分为不同的阶段来进行投资，可以使投资者监控企业的发展，随着时间的推后，渐渐增加对企业的信心。然而，分阶段投资就要求创业者进行多次融资——这是一个耗时耗力的长期过程。

首先，作为资金的供需双方，投资者和创业者所掌握的信息是非对称的。投资者也许更熟悉该行业，而创业者则更了解自己创立的这个企业，此外，双方对该企业知识产权的价值估计也很难达成共识。一个专利值多少钱？我们通常是从现成的法律文本中得到答案而不是由自己来随意估值；此外，该如何来对这个创业团队的整体水平进行估值？最后，要对动态的市场进行评估也不是一件容易的事。再说，随着市场行情的变化，评估的方法也变得复杂多样。我们对影响投资者和创业者对创业型企业形成不同看法的主要因素做了归纳。

◆ 预测结果的不确定性。
◆ 信息不对称。
◆ 对知识产权和无形资产的估计价值。
◆行业和金融市场的动态性。

◆创业者的财富集中于创业型企业，而投资者却拥有多元化的投资组合。

在争取投资的谈判过程中我们要尽量减小上述前 4 个因素的影响。这就需要创业者与投资者在谈判中对投资风险、企业目标、知识产权估值及领导团队水平进行良好全面的沟通；同时，投资者一定要相信创业者能在动态的市场中管理好企业。最后，双方还应认识到一个问题就是，创业者是把所有的赌注都押在了新企业上，而投资者却进行的是一套多元化的投资，他的投资并不局限于这个新企业。创业者寻找的是这样的投资者，他们在审核上述几大因素后，与创业者能在这几个方面达成共识，或赞同创业者的观点，这样的投资者称为结盟投资者。**寻找结盟投资者的好处在于，他们更能适应变化的需求，并可以提供必要的灵活性。**

创业者在融资过程中通过他们强烈的投资意愿向潜在投资者传达了可靠的信号，而投资者则更容易被那些自己也投入了很大一部分资金的创业者吸引，因为这样的可靠信号会更强。

作为实物期权的风险投资

投资者进行资本投资就得到了在将来获得一定现金回报的机会，专业投资者通常把这种机会叫做**期权**。机会即期权，我们可以把它定义为在将来某个时候采取某种行动的一种权利而不是义务。投资于创业型企业可被视为一种有获得不确定结果机会的投资。投资于创业型企业的结果是非常不确定的，但是，投资于任何创业型企业都可能产生一种只有在将来才可能知道结果的不可预见的机会。在创业型企业的初期，一个比较稳妥的做法是通过仅在某些阶段承诺投资从而留有回旋余地，同时探索多种经营途径。一旦不确定性已经降低到可接受的程度，并且双方对企业的发展方向达成共识，才全面承诺对此一阶段的投资。持有期权的投资者保留立刻投资或稍后某个时候再投资的权利，他们可以通过执行这个权利来决定是继续投资下一个阶段还是立即放弃投资以减少损失。

在金融术语里，期权仅仅是一种在将来某个时刻以事先约定好的价格来购买某项资产的权利。而“实物期权”则是一种可以在将来某个时刻投资于（或购买）一个真正的资产——创业型企业的权利。

创业案例

哥伦布和伊莎贝拉女王的期权

克里斯托夫•哥伦布（Christopher Columbus）制定了寻找异国香料并同欧洲进行香料贸易的计划。他是一个意大利船长，1484 年向葡萄牙国王提议，通过向西航行以探索到达亚洲的航线，但没有被国王采纳。在其后的 4 年中，哥伦布向许多欧洲王室提出请求，最后，1492 年，在经过多年努力后，哥伦布终于得到了伊莎贝拉女王（Queen Isabella）和马德里法院（the Court of Madrid）的资助。马德里法院给哥伦布投资了 140 万 maravedis（西班牙当时的货币单位），哥伦布自己投资了 25 万 maravedis，这 25 万大都是从他的家庭和朋友那里得来的。合同委任哥伦布为“海军上将”并可得到在“他的领土”上产生利润的 1/8，这些利润来自金、银、宝石和香料的生产或开采。

哥伦布在 1493 年 3 月回到了西班牙，并带回了一些金子和关于如何达到“新大陆”的大量信息。伊莎贝拉女王购买了一种发现金子和香料的实物期权。由于哥伦布的发现，她决定执行这个权利并派哥伦布、Pizzaro 和科迪斯（Cortez）远赴“新大陆”为西班牙寻找惊人的财富。几个世纪过去了，今天的专业投资者也常常购买新建立的创业型企业的实物期权。例如，克莱那·巴金斯（Kleiner Perkins）和美洲杉（Sequoia Capital）就在1999年购买了谷歌的实物期权。

智力资本（知识资本）可以转化为经济资本以增加或创造现金流，同时它还可转化为战略资本以开发新的机会。我们将经济资本定义为一系列现金流的内在价值，战略资本即期权价值（OV）。

我们可以广泛地把对新建创业型企业的投资价值（V）定义为：

V=IV + OV

这里 IV= 内在价值，OV= 期权价值。

创业不可不知的名词

净现值（Net Present Value, NPV）指的是将投资创业型企业未来产生的现金流以一个合适的利率（r）贴现后的现值。内在价值即某一贴现率（r）下的净现值，它等于创业型企业的期望回报。

一系列现金流（Cn）的净现值为：

$$NPV=\sum_{n=0}^{N}\frac{cn}{(1+r)^n} \qquad 18—1$$

n=0，1，2，…, N。

例如，一个新建创业型企业在最初两年的净现值可能为：

$$NPV=-100\ 000+\frac{65\ 000}{(1+r)}+\frac{35\ 000}{(1+r)^2}$$

r=0.15，即公司的贴现率。最初的现金流为负，因为当 n=0 时需要 10 万美元的投资。然后我们就可以计算 NPV 了：

NPV= –100 000 + 65 000（0.870）+ 35 000（0.756）

= –100 000 + 83 000

= –17 000（美元）

在这个例子中内在价值等于净现值。但是，投资者在两年之后有再次投资的期权。**通常，投资者在对创业型企业进行初始投资后就获得了一个期权，这个期权给予了投资者以后可以对公司再次投资的权利。**随着信息的流通及时间的推移，不确定性会逐渐减少，通常认为后期的投资风险是相对较小的。

期权的价值（OV）是4个因素的函数：期权的到期时间（T）、标的资产价格的波动性（不确定性，σ）、贴现率（r）与创业型企业的现时价格（p）和期权的执行价格（x）。很明显，决定是否执行期权的时限越长，公司的未来价值大于行权价的可能性就会越大。**创业型企业未来价值的不确定性程度越高，投资者就会更愿意购买这份期权。**这种不确定性可以用公司在一段时期（T）内的价格标准差（σ）来表示。如果公司是新成立的，那么就用可比公司的标准差代替。

期权价值随着初始投资的当前股票价格（P）与期权行权价（X）之比的增长而增长，当X降低时P与X的比值增大。期权价值也随着贴现率（r）的增长而增长，因为贴现率越高即未来现金流的现值会越低，从而使期权更具价值。一项实物期权的价值有4个因素。

◆ 由标准离差来衡量的不确定性水平的上升。
◆ 拥有期权的人决定是否行权时间（T）的增加。
◆ 现时股价（P）对行权价（X）的比率的增长。
◆ 贴现率（r）的增长。

期权的价值基于这样 4 个因素，T、σ、P/X 和 r。因此，期权价值可表达为：

OV=f（T，σ，P/X，r）

期权价值随着这 4 个因素的增长而增长。期权价值可利用布莱克－斯科尔斯模型（Black-Scholes formula）计算。另一种期权的估值模型是利用决策树形式得出的二项式模型。

在一次近似情况下，我们可以利用线性近似来计算 OV 如下：

$OV=K_1T+K_2\sigma+K_3(P/X)+K_4r$

K_i 指任意常数。由于 4 个因素的高相关性，期权价值会很显著，并可能在创业型企业创立的前几年里大于净现值。

我们重新来考虑在前几段中讨论的假设案例。初始投资 10 万美元就可获得在 2 年后进行再次投资的期权，因此，我们考虑这个时期（T）相对较长，公司价值的不确定性（标准差）相对较高，并且贴现率也相对较高。同时，考虑公司的股票价格在初始投资时较低，比如说 10 美元，假设现在的行权价格为 5 美元，那么，期权价值就非常高。也许投资者能估计出期权价值大约为 5 万美元。那么投资的价值为：

V=IV＋OV

=－17 000＋50 000＝＋33 000 美元

通常，**投资的价值大部分都来源于实物期权的价值。**

创业案例

基因技术的早期估值

基因技术公司由创业型企业家罗伯特·斯万森（Robert Swanson）与生物学家赫伯·玻伊尔（Herbert Boyer）在 1976 年创建，公司主要是利用基因拼接技术来开发新药物。基因技术公司在 1980 年通过首次公开募股筹得 350 万美元的资金，当时它还没有产生利润。由于几乎看不到现金流，对基因技术的估值仅仅靠它开发知识产权和重要新药物的潜力。基因技术在 1993 年开始盈利，在 2006 年它的总市值已经是 860 亿美元。

仅从财务视角来看某项投资可能是过于冒险的，但如果把其未来行动的机会考虑进去的话往往发现这项投资是可行的。然而，只要一项期权已经不能提供未来价值就应该把它摈弃。创业型企业家有时会把没有前途的创业型企业拖的过于长久。创业团队可以树立这样一种信念，相信他们的企业一定会成功，并且克服怀疑现实的信念。

资本从何而来

新创建企业有很多财务资本的来源，如表 18—1 所示。

表 18—1 资本的来源

• 创始人	• 租赁公司
• 亲朋好友	• 已建立的公司
• 小企业投资公司	• 公开股票发行
• 小企业创新研究项目	• 政府基金和贷款
• 富有的个人（天使投资人）	• 顾客预付账款
• 风险资本家`	• 养老基金
• 银行	• 保险公司

创业不可不知的名词

资本有两种类型：权益和债务。**权益资本（Equity capital）**是个人通过购买企业的股票而获得企业所有权的投资。股份的持有者称为股东。**债务资本（Debt capital）**即企业借的钱，并在一定时期内需连本带息偿还的投资。车辆租赁就是债务资本的一个例子。债务资本通常不能获得新创立企业的任何所有者收益。

创业型企业在创立过程中的权益融资通常包括来自创始人自己、朋友和家庭的资金。贷款人和权益投资者可能会很希望创业团队能够在新建创业型企业中投入很大一笔个人资金，如果创业者自己都不为创业型企业投资，那么作为被动的投资者他们有什么理由要投资呢？通常，只有在市场上运营一段时间并有一份成功的资产负债表作证明时，创业型企业才能获得债务融资。**来自朋友和家庭的投资是种子资本的一个非常好的来源，而且它足以维持公司的开办和运营，直到开始吸引来自私人投资者和风险投资公司的资金。**家庭成员和亲朋好友往往是因为与创业者或创业团队的个人关系而愿意投资，但是，家庭成员和亲朋好友还是应该接受和审查所有的融资文件，此外，他们还应该能承担投资失败的苦果，并对投资风险持一个平和的心态。

1995 年，麦克和杰基•贝佐斯在为他们的儿子杰夫的初创企业亚马逊投资了 30 万美元。今天，他们俩的股份价值比起他们当年投资的数额已经涨了许多倍。新建创业型企业也有机会获得专业投资者的投资，这些专业投资者会投资一些很有前途的、高增长的创业型企业。富有的个人也可能投资于新建创业型企业，他们被称为**天使投资人**（angels），据估计，这些天使投资人个人每年大约会投资美国的 400 000 家公司。**风险资本家**（Venture capitalists）是投资基金的专业管理人。在美国，他们通常每年会投资超过 2 500 家公司。在好的经济环境下，由这两大集团主导的投资数量还会增加。最近几年，天使投资人的投资金额与风险资本家的投资总额几乎相等。

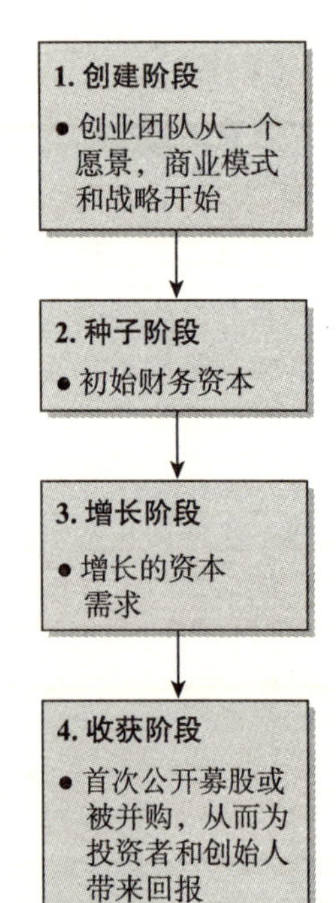

图 18—2 成功创建公司的 4 个财务步骤

在美国，小企业政府担保贷款（Small Business Administration，SBA）会帮助新建企业融资并为他们提供如何选择融资渠道的建议。小企业创新研究（Small Business Innovation Research）也可为新建科技型企业提供研发创新技术的资助。

几乎所有新建企业公司都没有能力通过在公开市场进行首

次公开募股来获取早期融资资本。只有最具实力和经验的创业团队，并遇上一个绝佳的机会时才有能力在创建企业的早期就进行首次公开募股，比如从原有公司分拆出来的新公司。

我们在图 18—2 中总结了成功创建公司的 4 个财务步骤。**通常，公司可以把由创始人和家庭成员投资的资金作为种子资本。但是，大多数科技型企业在其成长阶段需要大规模的投资，他们可以从专业投资者或富有的投资者个人那里争取。**

白手起家和种子融资

用于建立新公司的初始资金通常称做**种子资本**（seed capital）。第一轮投资对资本的需求可能有限，而且也比较容易得到。通过创业团队自身及其亲朋好友的适当投资而创立新企业的融资方式称为**自我融资**（bootstrap financing）。通过自我积累创建创业型企业意味着仅靠自己的资源和努力，以及能够从亲朋好友那里得到的资源来创建企业。**对大多数仅能带给投资者适当回报潜力的创业型企业来说，它们最能够吸引的便是创业者认识的投资者。**专业投资者每年能够支持的企业仅仅是所有新建企业的一小部分而已，他们要投资的对象往往需要有很大的机会能够获取高额的投资回报率，而这样的企业就需要有强大的竞争优势、撰写得很好的商业计划以及知名的、经受过考验的创始人。

自我融资的一个好处就是在犯了错误后仍然可以继续前进。专业投资者则会阻碍创业者的这种先尝试、后修正策略的使用，而这种策略在频繁出现各种不确定的新建企业的环境里是非常必要的。如果创业型企业家对他们的市场并不确定或者没有能够应付投资者压力的经验，即使他们能使投资者忽略他们有限的资格与经验，也最好还是不要争取外部的投资。

自我融资的创业型企业家通常从一个适当的商业计划开始，凭借有限的机会，力求寻找到一条能够迅速达到盈亏平衡点和正现金流的途径。为了克服消费者的惯性和保守主义，特别是对于新推出的、未经证实的产品，企业需要耗费大量的时间和营销成本，而许多创业型企业家却低估了这一点。

自我融资公司从小开始做起，随着公司的成长慢慢建立自己的经验和技术秘密。最后，当公司发现新的机会时，这些微薄的投资往往会变成巨大的成功。例如，普林斯顿教育咨询（Princeton Review）的建立就旨在与当地参差不齐的家庭教师竞争。最后，它的势力已扩展到全美范围，并且与卡普兰连锁（Kaplan）进行竞争。实际的数据不易获得，但有 75% 的新建公司都是白手起家、自我融资的公司。自我融资的新公司比较专注于销售活动，以给公司带来现金流。

许多企业都属于这种白手起家的创业模式。他们维持较低的成本，寻找被竞争者忽略的市场，一步一个脚印地建立起自己的企业。通常，创业型企业家自己必须投入总资金需求的一大部分，因为投资者和贷款人是不愿意提供企业所需要的全部资金的。这些资金限制导致创业型企业家得积累一定的用于创建企业的资产。

创业案例

eBay的诞生

彼埃尔•奥米迪亚（Pierre Omidyar）在 1995 年的劳动节建立了拍卖网（Auction Web），当时他还是一家软件公司的全职雇员。作为经验丰富的软件开发员，奥米迪亚对建立网络业务的机会产生了兴趣，他的愿景是为买方和卖方在拍卖网站上提供一个“完美的市场”。他利用家庭网络服务提供商提供的个人网站在劳动节期间为自己的拍卖网编好了程序，他能找到的最好域名是 eBay.

com。1995 年的整个秋天，拍卖网已经主持了成千上万次拍卖。到 1996 年 2 月，奥米迪亚的网络服务提供商开始对他的网站收取一定的商业费用，所以他也决定对每笔交易收取少量的费用。从 2 月起，拍卖网就开始盈利；到了 4 月，拍卖网已经完成 5 000 美元的收入。6 月，当拍卖网的收入翻了一番至 10 000 美元时，奥米迪亚决定辞去他的日常工作。

他的成功快速吸引了他的朋友杰夫•史科尔（Jeff Skoll）的加入，史科尔最初是以顾问的身份加入，到 1996 年 8 月时，他已经在拍卖网开始全职工作了。1996 年末，他们搬出了奥米迪亚的家并在加利福尼亚州的 campbell 市建立了自己的办公楼。到 1996 年 10 月，拍卖网主持了 28 000 笔交易，当时他们总共有 4 个员工。拍卖网力求节俭与控制成本。到 1997 年 1 月，拍卖网已经主持了 20 万笔交易，并预计当年年收入超过 400 万美元。1997 年初，奥米迪亚和史科尔撰写了他们的第 1 份商业计划并开始寻找投资人。1997 年 6 月，基准资本（Benchmark Capital）—— 一家风险投资公司，向拍卖网投资 500 万美元并获得 21.5% 的股权，随后将公司的名字改为 eBay。

白手起家的创业公司通常遵循以下 5 个规则。

- 从小做起并探明了市场。
- 从顾客身上学习并随之调整商业模式。
- 调整收入和利润引擎。
- 保持成本最小化。
- 一旦新创业型企业开始成长，并保持成本曲线处于收入曲线之下，就开始进行扩张。

通常，自我融资能够向企业灌输节俭意识和财务纪律。衡量新建创业型企业融资计划质量的一个很有用的价值指标是，主要创业者的个人资金投入占创业型企业资金需求的实际比例。通常，自我融资的新企业能够自我满足第一轮投资（种子期）的资金需求。当公司开始成长时，它可能就需要来自专业投资者的投资了。自我融资的优缺点已经在表 18—2 中列出。

表 18—2　自我融资的优缺点

优点	缺点
• 对企业估值的压力小	• 不能满足增长阶段的资金需求
• 所有权条款很容易制定	• 没有未来资金保障
• 创始人掌握控制权	• 不能得到专业投资者的建议
• 几乎不花费寻找投资人的时间	

创业案例

希柏的建立

汤姆·希柏在伊利诺伊大学攻读了 MBA 和计算机科学硕士。1982 年毕业之后，他加入了甲骨文公司。到 1992 年，希柏和帕特•郝斯（Pat House）就建立了希柏系统软件公司（Siebel Systems）。在最初 18 个月，公司每个人都不计薪酬的工作但享有一定的股份。希柏这样说："这不是为了赚钱，也不是为了上市，根本与创造财富无关。这是一种尝试，我们尝试着创建一个让世人难以置信的高品质公司。"2005 年甲骨文公司以 60 亿美元的价格收购了希柏系统软件公司。

天使投资，新企业资金的理想选择

创业不可不知的名词

天使投资人（Angels）是具有雄厚资金实力的富有的个人，通常是有经验的创业型企业家，他们常常通过投资新建创业型企业来换取企业的股份。

这个词最初是指一个在百老汇投资建设新剧院的人。天使投资人与创始人共享创业型企业的愿景，并给创业型企业提供支持、建议和资金，从某种意义上说，他们可以为新生命的成长提供翅膀。天使投资人通常对创业型企业进入的行业很有兴趣，并有丰富的个人经验。天使投资已经是新企业融资行业里快速增长的一部分，而它对那些资金需求超出朋友和家庭的投资能力但对风险投资公司而言仍然太小、不足以引起其兴趣的新企业来说，是一个非常理想的选择。例如，亚马逊公司在家庭和朋友那里筹集资金后，杰夫•贝佐斯又转向天使投资人，并成功地从 12 位天使投资人那里筹集到 120 万美元。2004 年，天使投资人共投资了 48 000 家美国的创业型企业，总投资额达 230 亿美元。

天使投资人喜欢投资是因为，他们熟悉该创业型企业所处的行业，并被其带来的机会以及潜在的回报所吸引。他们并不看重企业早期的战略收益，而是喜欢与创业型企业家一起工作。天使投资人对于他们所投资的企业来说，既是投资者又是顾问、指导者。他们帮助新企业建立和改造商业模式，寻找顶尖人才，建立业务流程，在市场中检验他们的想法，还帮助企业吸引额外的投资。天使投资人喜欢投资于离家较近的公司，并且其投资一般仅限于处在初期发展阶段的公司。他们投资的大多数创业型企业都是由商业伙伴或天使投资团推荐的。天使投资人有 6 天投资准则。

- ◆ 属于天使投资人有经验的行业。
- ◆ 离天使投资人的家在几个小时车程之内。
- ◆ 经由信得过的商业伙伴介绍。
- ◆ 创业型企业家有吸引人的个性，如正直和可教导性。
- ◆ 好的市场和增长潜力。
- ◆ 投资需求在 5 万～100 万美元之间，并能提供 10%~50% 的少数所有权。

天使投资人可能对企业很有帮助，但有时候也可能因为很傲慢而对企业产生负面影响。选择合适的天使投资人是非常重要的。在某些地理区域，天使投资人会联合起来形成天使投资团，他们共同工作以筛选投资机会。例如，天使投资队（the band of angels）每个月都会在硅谷开会，听取一些新建创业型企业的宣讲和报告。在美国，许多城市都成立了天使投资团。

创业案例

谷歌的创始人谢尔盖•布林（Sergey Brin）和拉里•佩奇（Larry Page），在 1998 年接触到太阳微系统公司的共同创始人安迪•贝克托森（Andy Bechtolsheim），贝克托森在听完他们介绍新企业的 15 分钟演讲后，便立即给他们开了一张 10 万美元的支票。到 1999 年，科莱勒•帕金斯（Kleiner Perkins）和红杉风投公司（Sequoia）也同样对谷歌进行了投资。

创业型企业家常常是由于同事的介绍而找到天使投资人，但介绍人并不是必须的。当然，如果你有介绍人的推荐那无疑是你的优势。

如何获得风险资本的青睐

风险资本是新企业融资的一个来源，它由代表风险投资基金投资者利益的专业投资人来管理。管理风险投资基金的人称为风险资本家，这种基金主要投资于具有高回报潜力的创业型企业。而私人风险投资公司则是为了寻求这些高增长潜力创业型企业的股权。在美国，每年大约有 2 500 家新建创业型企业获得风险资本的投资。这些风险投资机构在投资前都会经过仔细的筛选和尽职的调查，它将其他风险资本投资者带入了一轮融资回合，并为创业型企业制定了一份严格的合同与限制条件（称做投资合同意向书）。**风险资本公司通常对高潜力的科技公司很有兴趣。**

典型的风险投资机构会持有足够多的投资以使它的资产组合多样化。每个风险投资机构都会有一些富有经验的全职投资者作为合伙人，这些全职投资者凭借其财务和技术知识能够判断潜在投资的价值。**通常，风险资本投资都是分阶段注入资本的，因此，每个阶段的新信息都能够使风险资本家做出较好的决定。**被投资的创业型企业都有分阶段的目标、里程碑，以及完成里程碑的期限。

> 一个风险投资机构典型的投资是在第一轮投资注入 100~300 万美元，在各个阶段注入总和大约为 500~1 300 万美元。许多创业型企业家创建公司的目的是为了独立自主，结果却发现他们有了一批新的搭档——风险资本家往往会扮演董事会成员的角色。大多数风险资本家寻找的是在接下来的五六年里年收入在 1 亿美元以上并且能够盈利的创业型企业，此外，一些能够预测高增长风险企业的企业型企业家也很有可能变成风险资本家。

一个投资于 10~15 家新创业型企业的风险资本组合，每年可能得到 30% 的投资回报率。也许这些组合中的一半创业型企业都失败了，或者仅能带来很低的回报。幸运的是，其中总有两三家创业型企业能够带来 50%~100% 的回报率。因此，风险投资机构总是在寻找具有能给他们带来 50% 以上年回报率的潜力风险公司。很明显，这样的候选企业必须具有高增长的潜力。

风险资本家在选择投资对象过程中的 4 个投资要求是：（1）属于他们所熟悉的行业；（2）投资总额要大于 100 万美元；（3）企业正处于合适的发展阶段；（4）每年潜在回报率在 40% 以上。同时，他们还会对创业团队过去的业绩表现进行严格的审查。

风险资本家青睐于分阶段投资或分步投资。通常，他们的投资可分为 4 个阶段。

- ◆ 种子或创业阶段：完整的团队、正式的计划、完整的初步安排。财务资本来自亲朋好友和天使投资人。
- ◆ 发展阶段（阶段 A）：产品开发和样品的生产，准备发行。财务资本来自风险投资基金。
- ◆ 增长阶段（投资回合 B 或 C，以及其他回合所要求的）：发行和增长阶段。财务资本来自风险投资企业和公司。
- ◆ 竞争或成熟阶段（首次公开募股）：在竞争环境下的成熟企业。财务资本来自在公开股市的股票发行。

风险资本通常在创业型企业的发展和增长期介入，它的重心是在创业型企业的发展阶段。风险资本资金都是有时间限制的资金。通常，风险投资机构会在 5~7 年内收获（实现）其投资回报，收获的方式一般是在公开股市进行首次公开募股，或被其他已设立的公司收购。

创业案例

亚马逊：三种筹资渠道

将来可能发展为大公司的创业型企业在它们的增长期可能需要大量的资本投资。亚马逊先是从风险资本家那里筹集到 800 万美元，又在 1997 年通过首次公开募股筹集到 5 400 万美元资金。亚马逊最大的一次资本注入是在 1999 年通过债务发行筹集到的 12.5 亿美元资本。

风险资本家总是希望创业型企业能在他们投资的那个阶段完成运作计划，并在开始下一阶段投资前实现某些成果，这通常被称做里程碑。每个阶段的里程碑如表 18—3 所示。每个里程碑就如创业型企业每个阶段的小计划。例如，规定在 6 个月内必须做出一个可运作的原型，这就是一个里程碑。

表 18—3　　各投资阶段的里程碑

阶段	里程碑 = 期望的结果
种子投资期	创业团队的形成和商业计划的完成
投资回合 A	产品开发的完成
投资回合 B	产品测试和客户验收证明
投资回合 C	向市场推出产品并进行国际化扩张

有一种特殊的风险资本是专门提供给为社会集福利的企业，或旨在生产有利于创建可持续资源或环境的产品的创业型企业。例如，硅谷社会风险基金（Silicon Valley Social Venture Fund），即我们熟悉的 SV2，就是专门投资那些能促进社会变革的机构。社会企业联盟（Social Enterprise Alliance）提供了许多良好的联系。

风险投资基金大多集中于有吸引力的、具有破坏性和高增长的行业。他们在 20 世纪 80 年代聚焦于计算机和生物技术，90 年代又对通信与互联网发生了兴趣。在 21 世纪初其关注领域包括纳米技术、生物医学设备、基因组学、能源以及通信基础设施。通过投资新兴行业，风险资本家希望在捞得大笔财富的同时能在重要行业中建立伟大的公司。

风险资本家通常会执行以下 4 个职能中的一个或更多：

◆为创业型企业获得财务资本；
◆为企业的其他参与者评估项目；
◆为创业型企业的发展提供专业知识服务；
◆他们在公司的起步阶段担任公司所有人员的中心协调员的角色。

在创业型企业发展阶段的典型交易是，由两到三个风险资本家组成的投资团给创业型企业注入 500~1 500 万美元的资金，以换取企业 40% ～ 60% 的优先股权，这就为风险资本家提供了比创始人、创始人的家庭、朋友以及其他第 1 阶段投资的投资者以特定价格更优先购股的权利，他们对资产享有优先清算权。此外，风险资本家还力求拥有对一些关键决定的投票权，如有关出售公司的决定或者有关首次公开募股的时间决定，他们通常要求有董事会的席位。

风险资本是针对有高增长潜力创业型企业的一种高风险、高回报的资本，风险资本家通过对创业型企业的内置保护和控制以期望获取 50% 或 50% 以上的年投资回报率。大多数风险资本交易的结构都有利于风险资本家而可能将创业型企业家置于不利的地位。但是，风险投资机构为新企业带来了风险资金、行业知识和各种关系，以及公开发行股票的路径。不同投资类型的风险 – 回报分布，见图 18—3。风险资本家位于图中末端高风险 – 高回报的位置。

在 20 世纪整个 90 年代，美国的风险资本对新兴创业型企业的年平均投资额达 250 亿美元，

并在 .com 和通信繁荣期间，于 2000 年达到顶峰 1 060 亿美元。假设将来每年向新企业的投资能达到 240 亿美元，并有 3 000 家企业得到投资，那么平均每个创业型企业就能得到 800 万美元的投资。表 18—4 显示了 1995 年至 2005 年之间世界风险资本对科技创业型企业的投资数量以及首次公开募股和并购交易的数量。

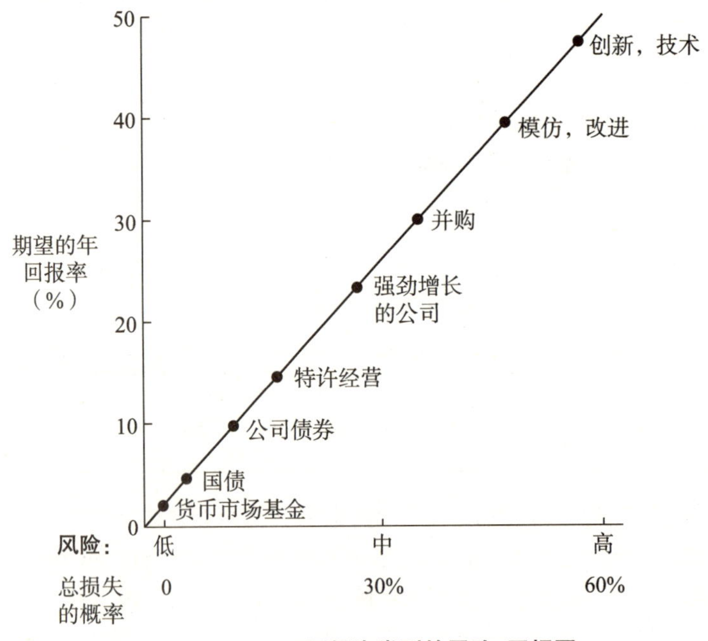

图18—3　不同投资类型的风险–回报图

表 18—4　1995—2005 年的世界科技风险资本投资，IPOs，以及并购交易　单位：百万美元

年份	风险资本交易数量	风险资本投资	进行 IPO 的数量	发行额	IPO 后估值	并购交易数量	并购交易价值
1995 年	1 861	6 721	163	6 198	24 126	51	2 892
1996 年	2 889	10 832	210	7 697	36 252	61	6 781
1997 年	3 432	14 918	110	3 639	17 976	92	5 968
1998 年	4 395	24 440	65	3 205	15 151	112	8 115
1999 年	6 902	62 557	257	19 745	125 665	134	33 985
2000 年	12 169	130 941	249	23 796	126 687	189	65 566
2001 年	7 487	56 333	29	2 347	13 095	164	16 165
2002 年	4 932	32 079	18	1 693	5 844	140	7 357
2003 年	5 331	28 840	20	1 382	6 186	113	6 975
2004 年	5 522	31 155	81	8 875	52 608	171	13 862
2005 年	5 391	30 850	49	3 733	14 127	162	19 127

注：并购数据仅基于已报告的交易（2005 年的数据大约占实际并购的 50%）。

风险资本家在早期购买私人公司的股票，帮助其管理经营，将公司从小规模的起步变成有着不断增长的收入、盈利能力和现金流的公司，这样，风险资本家才能获得很好的投资回报。投资的大赢家一般能在 4 ～ 5 年内赚取原始投资资金的 10 倍，相当于 5 年内的年投资回报率为 58.5%。如果一个风险资本家在新企业的早期阶段投资 500 万美元，那么 5 年后他的股份价值为 5 000 万美元。如果这个风险资本家享有这家企业一半的股份，那么 5 年后这家公司的价值为 1 亿美元。

从风险资本家和创业型企业创始人的角度来看，一个好的风险投资交易有以下特征。

◆ 有可能成为高增长行业里只有几个竞争对手的领军企业。
◆ 非常有能力和尽责的管理团队以及高人力资本（天才）。

- ◆ 很强的竞争能力和可持续的竞争优势。
- ◆ 可行的退出或收获战略。
- ◆ 对新创业型企业的合理估值。
- ◆ 杰出的机会。
- ◆ 创始人投入创业型企业的资本。
- ◆ 识别出竞争对手并有一个坚固的竞争战略。
- ◆ 一份合理的商业计划，能够显示出在几年之内如何产生正的现金流。
- ◆ 表明在产品设计上的进步以及好的销售机会。

一个处在快速发展行业并且由一个有能力、有经验的管理团队来领导的投资机会对风险资本家来说是很有吸引力的。如果有一个很好的风险资本家拍档，新企业的创始人就可以实现他们的理想，即建立一个在行业里能够发挥很大作用而且经过良好资本化的公司。同时，创业团队也必须认识到接受风险资本的巨大代价，那就是可能牺牲所有者权益和对公司的控制力，甚至连公司的愿景都可能被改变。可以从美国国家风险投资协会（National Venture Capital Association，www. nvca. org）获取美国风险投资机构的清单。

新建创业型企业可参照以下 5 个步骤来获得风险资本。

- ◆ 确定资金需求额及其用途。
- ◆ 瞄准合适的风险资本家并争取到引荐机会。
- ◆ 确定在这个融资回合中应减少哪些风险：
  团队风险——人；
  资本风险——财务；
  技术风险——创新；
  市场风险——行业和竞争对手。
- ◆ 在企业估值和所有权结构上达成协议。
- ◆ 达成描述交易及其条款的一致合同（投资意向合同）。

每个步骤都需要花费一定的时间，整个过程可能需要 3 ～ 12 个月的时间。考虑到目前的技术发展，好的创意比比皆是，根本不存在缺乏创意的问题，而真正缺乏的是有经验、有能力并且尽职尽责的创业型企业家。投资者努力寻求最优秀的创业团队。

新建创业型企业的投资过程如图 18—4 所示。种子投资期可能得到亲朋好友的投资；天使投资人可能为投资回合 A 提供资金；风险资本家通常会在投资回合 A、B 和 C 阶段注入资金；然后投资银行家会为其进行 IPO 或者大型的私募。

创业案例

联邦快递：使命必达

弗雷德·史密斯（Fred Smith）借助家里的资金在 1973 年创建了联邦快递。他租赁了几架飞机并建立了一个 25 座城市范围内的网络系统。他很清楚的知道要想争取额外的资金就得有一个稳固的开始，于是他用了两周时间来检测系统并将空包裹运往美国各地。1973 年 4 月中旬，他的公司开张了。为了扩展他的网络系统，史密斯找到了风险资本家。由于他的公司投入的是自己的钱并且联邦快递系统已经开始运转，所以他得到了风险资本。到 1975 年，联邦快递已经开始盈利。1978 年联邦快递以 IPO 的形式向公众出售股票。

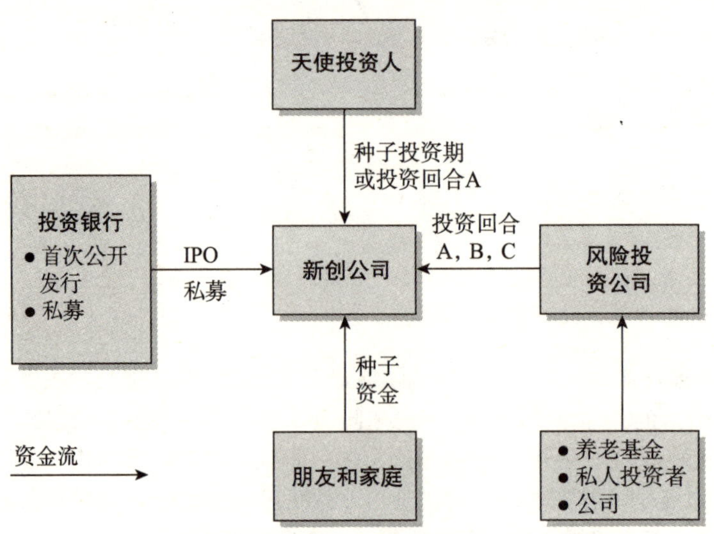

图 18—4　可能流向一个新创公司的投资资金流

企业风险投资的形式

像英特尔、微软和思科这样的大公司也已经涉足于对外部创业型企业的风险投资。

> **创业不可不知的名词**
>
> **企业风险投资（Corporate Venture Capital）**是指利用公司的投资基金对不属于本公司的创业型企业进行的投资。在这里，这些公司扮演着风险资本家的角色。

这些企业风险资本家在多数情况下寻找的是能够给本公司和创业型企业之间带来协同作用的创业型企业；另一种情况的投资是为了应用自身的行业知识并产生高额的投资回报；企业投资者也常常将外部风险投资项目作为一种辨认并监管有前途的并购对象的战略机制。

微软投资于许多创业型企业，而这类企业无一不是能够推动其互联网业务的创业型企业，这就是战略投资的例子。其他公司，如因特尔，也是投资于那些专门生产本公司的互补产品的创业型企业。另一种投资战略可能是考虑到一些创业型企业对公司将来的运营活动可能很有价值。企业风险投资 4 种形式的总结如图 18—5 所示。

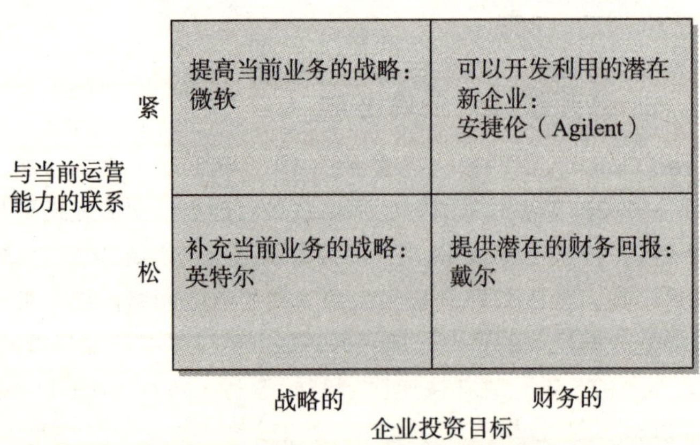

图 18—5　企业风险投资的 4 种形式

许多创业型企业都可从企业风险投资中得到好处，因为这类公司可能是创业型企业很好的搭档，而且对创业型企业来说，融资的资本成本会小于一般的风险资本家投资。但是，与企业风险投资者交易会花费更长的时间。无论如何，企业风险投资可以提高创业型企业的信誉，而且不太可能对创业型企业施加像一般风险资本家那么多的控制。企业风险投资最重要的好处在于创业型企业与投资企业之间可能形成一种强大的合作关系，战略上把大公司的力量与新建创业型企业的创新结合了起来。

创业型企业家必须要谨慎。企业风险投资者对创业型企业的投资往往是因为意识到了潜在竞争者的存在，他们的兴趣可能不在于与创业型企业结盟，而是将竞争对手扼杀在摇篮中。

创业案例

英特尔的风险投资部门是2002年所有获得风险资本的科技企业中最活跃的投资者。2002年，英特尔向超过100家公司进行了总金额为2亿美元的风险投资。在1992年至2002年的10年间，英特尔共进行了800项投资，总投资金额为80亿美元。英特尔资本的主要使命就是培育一切可以刺激英特尔芯片业务需求的技术。

确定企业的价值

创业不可不知的名词

估值原则（valuation rule）就是一个投资者，像天使投资者或风险资本家，对一个新建创业型企业的货币价值进行测定的计算方法。

对许多经营业务来说，最好方法就是计算净现值（NPV）。然而对于新建企业来说，它的预计现金流是不确定的，而且投资者也很难将预测现金流作为可靠的衡量标准。即使可以估计出潜在现金流，投资者又如何确定什么样的价格对于一个新建企业的所有权来说是公平的？

公司的价值等于现在或将来所有的红利或现金发放的当前价值。新建立的企业根本没有任何可用来预测未来现金流的历史数据，而且，潮流和社会动态对于公司价值的确定也起着很重要的作用。因此，要确定一个创业型企业的价值是很困难的。

现金流量折现法，是将未来一定年数所能产生的现金流根据一个合理的折现率（r）（见公式18—1）折现，而得到其当前价值的一种计算现值的方法。对新建创业型企业ABC公司，我们首先利用现金流量折现法对它进行估值，ABC公司的预测现金流，见表18—5。由于公司还没有开始经营，这些预测值有很大的不确定性。对该公司第一年的潜在投资来说，投资者对该公司的所有权持多大比例是合适的？进行估值的折现率如何确定？

表18—5　　ABC公司的预测现金流和预测利润　　单位：千美元

年份	1	2	3	4	5	6
销售额	0	1 000	2 500	5 000	8 000	10 000
利润	–600	–10	400	650	1 000	1 200
现金流	–1 100	0	500	1 200	1 500	1 800

创业不可不知的名词

折现率（discount rate）是指由于货币时间价值的存在而对未来的收益或现金流折现时使用的比率（r）。

对公司来说，它的折现率即资本成本。因此，对投资者来说折现率即预期的投资回报率，新建企业可能使用 15% 的折现率，而投资者却要求 30% 或 30% 以上的回报率。麦克纳尔蒂（McNulty）和他的同事证实对于一个生物科技创业型企业来说，它的实际资本成本大约为 35%。同时，为了计算现金流，我们需要估计 6 年或者更长时间的现金流。然而，预测 6 年或更长时间的现金流是不合理的，因为时间越长估计的可靠性就越差。因此，投资者通常不愿意使用现金流量折现法来对一个还没有提供过任何可靠现金流的公司进行估值。

风险资本家或天使投资人希望在第 5 年时通过 IPO、并购、或者买断股权的方式获取投资回报。实际上，IPO 或者并购方式的收获在第 6 年或第 7 年之前都不太可能发生。根据表 18—5 中 ABC 公司的财务预测，我们可以通过一种风险资本家和天使投资人都认可的估值法来确定公司第 5 年的估值。

新建创业型企业估值标准（new venture valuation rule）利用了目标年份（N）的销售预测、利润预测和现金流预测，以及在目标年份 N 之后的 5 年的收入增长率。在第 1 年初投资者投入 I。投资者要求在 N 年内的年投资回报率为 G。因此，投资者期望在 N 年之后的资本回报为原始投资 I 的 $(1+G)^N$ 倍。即，

$$CR=(1+G)^N\times I$$
$$=M\times I$$

这里 CR 即资本回报，M 是投资的倍数。因此，如果一个投资者在投资回合 A 阶段投入 110 万美元，并且期望在 5 年内的年投资回报率为 45%，那么，

$$M=(1+0.45)^5=6.41$$

因此，

$$CR=M\times I=6.41\times 1.1=7.05$$

那么投资者要求的持股比例为：

$$PO=\frac{CR}{MV}\times 100\%$$

MV 指的是新建创业型企业在第 N 年的预期市场价值。

为了计算创业型企业第 5 年的预期市场价值，我们可以利用可比公司的价格与收益比率或者说市盈率来估计第 N 年的市场价值，即

$$MV=PE\times EN$$

EN 即第 N 年的收益。在这个案例中，第 5 年的收益 =1000 000 美元（见表 18—5）。可比的市盈率可以参照行业市盈率，同时还要考虑随后几年的预期收入增长率。在这个例子中，我们可以预期在第 5 年的随后几年其收入增长率为 20%。那么，通过查看行业数据，我们估计

16 为较合适的市盈率。因此，

$$MV = 16 \times 1\,000\,000$$
$$= 16\,000\,000（美元）$$

那么，投资者要求的持股比例为

$$PO = \frac{CR}{MV} \times 100\%$$
$$= \frac{7.05}{16.00} \times 100\% = 44.0\%$$

市场价值也可以通过可比公司的价格与收入比率（PS）计算而得。如果可比公司的 PS = 2.3，那么市场价值就是 PS×S。那么 ABC 公司的市场价值为：

$$MV = PS \times S$$
$$= 2.3 \times 8\,000\,000 = 18\,400\,000 美元$$

那么，投资者要求的持股比例为

$$PO = \frac{CR}{MV} \times 100\% = \frac{7.05}{18.40} \times 100\% = 38.3\%$$

通过上面的计算，投资者在投资回合 A 阶段合理的预期持股比例应为 40%~50%。鉴于销售预测和利润预测的不确定性，公司的价值是它在短时间内获取巨大成功潜力的一个函数。以上这个简单例子的前提条件是在 5 年内无须其他层次的投资。

创业案例

网景的回报

网景（Netscape）是由马克·安德森（Marc Andreessen）和吉姆·克拉克（Jim Clark） 共同创建的，马克·安德森是伊利诺伊大学 Mosiac 网络浏览器研发的核心成员，而吉姆·克拉克是视算公司（Silicon Graphics）的创始人和前 CEO。作为天使投资人的克拉克，他在 1994 年 5 月向网景投资了 300 万美元。作为一位受人尊敬的创业型企业家，他将 640 万美元的投资机会（每股 2.25 美元），即网景 15% 的股份出售给了科莱勒·帕金斯（Kleiner Perkins），一家首屈一指的风险投资公司。网景的销售收入在公司运营的前 6 个月即飙升到 1 600 万美元。在公司进行 IPO 前，克拉克拥有公司 30% 的股份，安德森拥有 12.3% 的股份。仅在 17 个月后他们达到的乘数（M）已经是他们原始股份价值的 37.3 倍。科莱勒·帕金斯的第一阶段投资仅仅在 13 个月内就达到了原始投资的 12.4 倍。网景是互联网繁荣时代第一家以高姿态露面的创业型企业并收获了巨大的回报。网景公司各阶段的估值（每股价格）如表 18—6 所示。

表 18—6 网景 4 个投资阶段的估值

阶段	时间	每股价格（美元）	新投资（百万美元）
种子投资	4/1994	0.75	3.1
回合 A	7/1994	2.25	6.4
回合 B	6/1996	9.00	18.0
IPO	8/1996	28.00	160.0

公司发行股票时，就会筹集到一定的投资资金（INV）。公司希望把它在得到资金之前（在投资前）的价值（pre-money value）称为 PREMV，那么，

投资后的价值（post-money value）= 投资前的价值 + 投资资金

我们把投资后的价值称为 POSMV，那么，

POSMV=PREMV+INV

公司出售给投资者的股权比例为：

$$\frac{INV}{POSMV}\times 100\%$$

考虑公司 EZY，它的各个投资回合的投资如表 18—7 所示。一组风险资本投资者在投资回合 A 以每股 90 美分的价格对 EZY 进行投资，并在投资后享有公司 40% 的股权。在下一阶段，投资回合 B，EZY 公司没能够完成它的里程碑，投资者要求以每股 50 美分的低价进行投资。这个投资回合（或阶段）称为下降回合（a down round），因为每股股票价格下降了。结果，风险资本家在公司的所有者权益份额得到了显著提高。

表 18—7　　EZY 公司的融资阶段

阶段	投资者	每股价格（美元）	由 FFF[①] 享有的所有权	由风险资本家享有的所有权
种子投资	创始人、朋友、家庭	0.10	100%	—
回合 A	风险投资团	0.90	60.0%	40.0%
回合 B	风险投资团	0.50	34.0%	66.0%

联邦快递早期的风险资本投资经历如表 18—8 所示。注意 1974 年 9 月的下降回合。

对还没有达到盈亏平衡点的新公司的 CEO 和 CFO 来说，分阶段投资的时机选择非常关键。因为公司此时正在利用早期投入的现金来弥补它的负现金流。我们把每个月现金流出与现金流入之差称做**烧钱率**（burn rate）。因此，如果一家公司在银行存有 80 万美元的现金，每个月的烧钱率为 10 万美元，那么他将在 8 个月后花完所有的现金，除非它能将烧钱率降为零。

有的公司花钱很不明智，所以一个好的准则是把烧钱率控制得越低越好。或者如果可能的话，就发起新的融资回合进行融资（如表 18—8 所示）。

表 18—8　　联邦快递的风险资本融资

	日期	投资（百万美元）	每股价格（美元）
投资回合 A	9/1973	12.25	—
投资回合 B	3/1974	6.40	7.34
投资回合 C	9/1974	3.88	0.63
IPO	1978	—	6.00

① 代表创始人、朋友和家庭。——作者注

创业案例

艾其隆（Agillion）的破产

有经验的创业型企业家再遇上好的机会通常会走向成功，但不会总是成功。1999年12月，史蒂夫·培裴马斯特（Steve Papermaster）和弗兰克·莫斯（Frank Moss）在得克萨斯州的首府奥斯汀创建了艾其隆公司。培裴马斯特曾经创建了多家公司并且是Tivoli系统的前CEO。艾其隆向小企业出售提供网页的软件，每个月收费29.95美元。这需要有成千上万的小客户才能盈利，它的试算预测表显示公司将在两年内盈利。到2002年7月，艾其隆提出破产申请。它的烧钱率是每天65 900美元——在它短短33个月的生命里就花掉了6 700万美元。同期，它的总销售收入为146 947美元。正如艾其隆的一位前雇员所说："一切都太美好了以致不能成为现实。"

投资交易条款的注意事项

投资交易的条款对创业型企业家来说尤其关键。涉及专业投资者的条款已经在表18—9中列出来了。很明显，信任和诚实在投资者和创业型企业家之间是非常必要的。**创业型企业家最想要的投资者并不一定是出价最高的那位风险资本家，**另外一个出价并不是最高的投资者在经营企业方面却可能是一个更好的合作伙伴。通常，创始人都被要求在一段时间内授予投资者一定的股份。

表18—9　　交易条款中需要解决的问题

• 风险投资团享有的所有权份额	• 证券类型
• 投资时机	• 职工的所有权保留（股票期权基金）
• 投资者施加的控制	• 反稀释保护
• 创业团队所有权的授予期（等待期）	• 里程碑的完成，如果有多个阶段的投资
• 要求IPO的权利和登记权利	• 股票期权计划

专业投资者一般喜欢**优先股**（perferred stock），优先股在利润分红和剩余资产分配方面优先于普通股。由于要完成投资交易需涉及所有要素，创业型企业需要雇用一个律师以审查交易的所有条款，甚至有可能代表创业型企业参与交易谈判。

任何交易条款都应该反映出创业型企业在以后会需要更多资本的可能性。许多交易都无法在往后时期以一个有吸引力的价格筹集资本。通常的交易都是建立在所有事情都能按计划完成的假设基础之上——而这种假设的结果是不大可能出现的。关于公司未来的计划应该包括合理取得新的资本注入的方法，在交易中关于保护当前投资者的一些规定，一般会影响到公司未来进行额外的资本注入。

交易条款应该说明取得潜在回报的方式，以及投资者和创业型企业之间风险的分配。创业型企业最好适当降低价格以使投资者与创业型企业共同承担将来的风险。投资者寻求的是对他们投资的保护，而创业型企业寻求的是资本注入且必须保留将来争取额外资本注入的权利，投资者需要放弃过多的保护条款才能以更低的价格购买创业型企业的股票。如果可能的话，投资者应该在购买所有者权益上花更少的钱而与创业型企业共同承担更多的风险。

慎用债务融资

已经拥有销售收入和现金流的新建创业型企业，可以考虑利用短期或长期的债务融资进行资金的注入。债务可以为企业提供财务杠杆，并能够使企业增加它的股本回报率，只要企业的收益大于借款的利息那么财务杠杆的原理就起作用了。当然，如果净收益低于借款的利息成本，那么所有者权益回报率就降低了。因此，大多数企业在达到稳定的增长状态前都会避免使用财务杠杆。

债务融资通常比权益融资更容易协商，而且常常会更便宜。任何盈利的公司只要愿意付足够高的利息都可以借到钱，借款人的好处在于不用放弃所有者权益或对公司的控制——除非他们不能偿还利息。同时，支付利息的税收减免政策也降低了债务的有效成本。

利用债务也将公司带入了另一种风险之中。如果它不能产生足够的利润来弥补应偿还的贷款，那么它的生存都将有危险。

银行和小企业政府担保贷款会贷款给有资格的公司。资产支持贷款对新建创业型企业来说是可行的一个借款办法；设备租赁也是贷款的一种形式，风险租赁虽然成本较高，但相对放弃更多的股权来说已经很便宜了；资产售后回租也是一种获取现金的方式，它通过出售一项资产——如一幢楼或一台设备获取现金后再将之租赁使用。

许多新建创业型企业也通过取得一定的信用额度—— 一种短期短款形式，以备不时之需，公司则为取得使用贷款基金的权利而支付一定费用。有时候新建创业型企业还可取得银行贷款，但必须有小企业政府担保贷款为其进行担保。如果需要的话，这些担保贷款对新建创业型企业来说是比较好的。

小企业政府担保贷款在 2004 年总共向大约 75 000 名借款人贷款，总金额约 125 亿美元。在这种贷款项目下，联邦机构实际上并没有放贷——大多数是银行贷款，但是它能够担保 75% 的贷款数额，并且政府会通过向银行和纳税人基金收取费用来弥补所担保部分数额的损失。

首次公开募股的优缺点

公司在公开股市首次发行股票即**首次公开募股**（IPO）。新发行的股票以现金的方式出售给公众中那些有兴趣的投资者。在美国，IPO 是先向联邦证券交易委员会提出申请，并将股票在任一家证券交易所上市，以这样的方式将公司的一部分出售给公众。发行过程由一家金融中介和投资银行管理，以帮助其销售股票。投资银行的作用主要是设计股票的发行方式、定价，以及出售的方法。

确定股票的发行价格是一个困难的任务，但是新股票往往会以低于其自身价值的价格发行以保证足够多的购买者。如果通过 IPO 共筹集到 5 000 万美元，那么发行的总成本大约是所筹资金的 10% 左右。

新建创业型企业进行 IPO 主要有 3 种可能的原因：**筹集新资本；流动性需求；形象或品牌。**第一，许多快速增长的公司可能需要大于 3 000 万美元的资金注入，而公开股市则可以提供这种大数目的资本；第二，流动性——能够很容易的将所有权转换为现金的能力，也可通过 IPO 实现；第三，通过加强公众持股以帮助建立品牌声誉。IPO 的优点我们在表 18—10 中做了总结。

表 18—10　IPO 的优缺点

优点	缺点
• 以后可通过额外的股票发行筹集到新的资本。	• 需要发行成本和其他方面的付出。
• 流动性：具有把所有权转化为现金的能力，使投资者和所有者的收获具有可能性。	• 信息披露要求和经营监督。 • 实现短期成果的压力。
• 可见性：建立品牌和声誉。	• 可能将公司的控制力丧失给大股东。

企业的创始人和早期的投资者可以通过 IPO 收回他们所创造的价值。IPO 的时机非常关键，因为 IPO 市场是很不稳定的。IPO 市场在 1998 年—2000 年之间是很有利的，但在 2001 年—2003 年之间却非常不景气。1995 年—2005 年 IPO 的数据见表 18—4。

在美国进行 IPO 的整个过程如下所述。

◆ 检查股票市场的状况和进行 IPO 的可能性。考虑 Sarbanes-Oxley 法案（SOA）的成本。
◆ 与几家投资银行会面并从中选择两家或三家。
◆ 召开组织会议并为发行准备时间表。
◆ 起草注册说明书和进行尽职调查。做好即将成为上市公司的准备，包括对董事会和委员会组成结构的关注，对披露控制和内部控制的关注。
◆ 完成注册说明书，并交给公司的财务印刷商，然后向联邦证券交易委员会（SEC）提出注册申请。获得纳斯达克（NASDAQ）或其他证券交易所的批准。
◆ 接受 SEC 的初步意见。修改注册说明书并递交初次修改过的注册说明书。向 SEC 提交意见反馈信。
◆ 管理层准备"路演"展示和行程。
◆ 接受 SEC 另外的意见。递交第二次修改后的注册说明书。解决 SEC 提出的问题，打印预备招股说明书并开始进行营销工作。
◆ 向大型投资者进行"路演"展示。
◆ 解决与 SEC 有关的最终问题。递交最终的注册说明书，并要求 SEC 申明注册说明书的有效性。为发行定价并进行股票的销售。

IPO 的缺点在于：发行成本；信息披露和监督及短期压力。这些缺点在表 18—10 中列示了出来。对于小于 2 500 万美元的小额发行来说，发行成本可能达到所筹集资金的 15% 左右。在短期内准备好所需文件对新兴小型企业来说也是非常费力的。信息披露和监督也是一个很大的负担，任何差错都会给公司的股价造成严重破坏。此外，许多新创业型企业会为公司难以令人满意的季度收益而倍感压力。

创业案例

引发网络风潮的IPO

20 世纪 90 年代末期，硅谷由于流行的 IPO 而变得出名。对股票的大量需求导致在股票公开销售的第一天就供不应求，都以高出开盘价许多的价格收盘。在 1995 年，这是一个不寻常的开始。那年的 8 月，一家名为网景的新创业型企业在公司成立仅 16 个月后就公开上市。对股票的需求过大，导致开盘时间延迟了两个小时以确定一个合适的价格。那天，网景股票的价格最后几乎飙升至最初价格的 3 倍，最后以首次发行价格的将近两倍收盘。网景由此从 IPO 中筹集到 1.4 亿美元的资金，但它的影响力更大。这要归功于它使互联网进入了世界各地的主流用户。历史上最热的 IPO，在随后的几年里，极大地刺激了投资者对于科技型企业 IPO 的热情。

确定合适的发行价格是主投资银行在做 IPO 业务时最重要的事。发行价定得过高或过低都会使发行公司面临潜在的风险成本。如果定价太高，那么可能导致发行失败并撤出股票市场；如果定价低于股票的真实市场价格，那么发行公司当前的股东就会遭遇机会损失。

IPO 的营销过程还包括路演。路演是指在发行证券前，由主要的承销商和公司的核心管理者针对潜在投资者（机构投资者）进行的推介活动，它主要是在各大主要城市进行报告展示以及和共同基金管理层召开一对一的会议。

创业案例

亚马逊的IPO

亚马逊公司创建于 1994 年 7 月，于 1995 年 7 月开始运营。在 1997 年 3 月末时它的第一季度收入达到了 1 600 万美元，但仍然处于亏损状态。杰夫·贝佐斯希望将公司上市以筹集额外的资金，并为公司树立一个公众认知的形象。当时来自贝佐斯、天使投资人和科莱勒·帕金斯公司的投资总共为 900 万美元。1997 年 2 月，亚马逊选择德意志摩根建富银行（Deutsche Morgan Grenfell，DMG）作为其投资银行家，并开始准备向证券交易委员会提出申请所需的文件。后来亚马逊进行了 IPO，以每股 18 美元的价格发行了 300 万股。在 IPO 前，亚马逊的每股收入大约是 1.8 美元。因此，公司上市的价格与收入比为 10 : 1。亚马逊的销售收入从 1997 年的 1.48 亿美元上涨到 2002 年的 15 亿美元，但那几年仍然没有盈利。

如果一个公司决定最终会在市场行情利好的时候进行 IPO，那么它最好从一开始就以这个为目标来争取达到 IPO 的资格。因此，计划上市的公司在起草招股说明书的时候应满足所有相应的监管要求。这就意味着要有审计后的财务报表、完整的管理团队、可持续的竞争优势和独立的董事会。

招股说明书和销售文件是必须提供给 SEC 审核的所有信息中的一部分。招股说明书中的信息必须以有组织、有逻辑的顺序编排、并且要便于阅读、易于理解，这样才能获得 SEC 的批准。大多数最普通的招股说明书一般包括封面、招股说明书摘要、公司描述、风险因素、募集资金的运用、股利分配政策、资本化情况、股票稀释情况、选定的财务数据、公司的业务、管理和所有者以及财务报表等。

图 18—6a 显示了 Netflix 公司 2002 年 IPO 的招股说明书封面。Netflix 公司招股说明书的目录见表 18—6b。摘要页、发行页和财务数据目录分别见图 18—6c，18—6d 和 18—6e。在发行 IPO 时，公司并没有开始盈利，但是公司正在逐步减少亏损。Netflix 通过发行 550 万份股募集了 8 250 万美元的资金，它将这些资金用于日常运营，并偿还了 1 400 万的债务。

2001 年 7 600 万美元的收入反映了顾客对该公司产品的实际需求量，这些需求大部分来自旧金山湾地区。全美范围的订购者从 1999 年的 292 000 人上涨到 2001 年的 456 000 人，我们可以从 Netflix 的财务图中看到它相对较低的成本。

招股说明书

5 500 000股

NETFLIX

普通股

这是Netflix公司首次公开发行普通股票，我们出售所有的股份。

在本次发行前，本公司股票不存在于任何公开市场。本公司普通股已经以代码“NFLX”在纳斯达克美国市场批准招标。

投资我们的股票可能存在的风险已经在本说明书第5页开始的“风险因素”一节进行了描述。

	每股（美元）	总额（美元）
公开发行价格	15.00	82 500 000
承销折扣	1.05	5 775 000
扣除发行费用前流向Netflix的资金	13.95	76 725 000

从该招股说明书之日起30日内承销商有权行使超额配股权，除去承销折扣，还可按公开发行价格购买不超过825 000份额外的股票。

既没有联邦证券交易委员会，也没有任何州立证券委员已经对这些证券进行批准或拒绝，或者已经对该招股说明书真实性和完整性进行确定，任何与此相反的陈述都构成刑事上的犯罪。

股票将在2002年5月29日左右发行。

美林证券公司

Thomas Weisel Partners有限责任公司

U.S.Bancorp Piper Jaffray

本招股说明书的日期为2002年5月

图18—6a

目 录

你所能依据的信息仅限于该招股说明书所包括的内容。我们和我们的承销商并没有授权任何他人提供不同的信息。我们和我们的承销商并没有在任何不允许发行或出售股票的司法区域发行或出售这些证券。只有在该说明书封面的日期和说明书里其他指定的日期范围内时，才能保证该招股说明书里的一切信息是准确的。我们的业务、财务状况、经营成果和预期可能在指定日期之后发生改变。

即日起至2002年6月16日（招股说明书发出后的第25天），无论是否参与此次发行，所有交易参与者对此证券的有效交易都需提供一份说明书。这是作为承销商的交易者的一项额外义务，需说明他们未出售的配发或认购股份。

Netflix是一个注册商标，Netflix、ClineMatch 和Mr.DVD都是Netflix公司的商标。在该招股说明书中出现的任何其他公司的商标、交易名称或服务商标都属于它的所有者。

图18—6b

摘 要

该摘要强调了在该招股说明书中其他地方包括的信息。欲购买本次发行股票的投资者，在做出投资决策前应该仔细阅读招股说明书全文，包括“风险因素”和我们的财务报表，以及在招股说明书中其他地方出现的关于这些财务报表的注释。

我们的公司

我们是美国最大的在线娱乐订购服务商，我们为超过60万的用户提供一个包括超过11 500部电影、电视及其他拍摄的娱乐节目的综合数字图书馆。我们的标准订阅计划是用户每个月只需花19.95美元就可以同时观看三种节目，没有到期日、滞纳金或运费。订户每月可以不限片数的观看节目。订户首先在由我们的专有CineMatch技术支持的网站（www.netflix.com）选择节目，然后将接收到由我们的一级邮件寄出的DVD，最后订户在方便的时候利用我们的预付费邮件归还DVD。一旦归还了某个节目，我们会按照用户的排队选择邮寄下一个可用的DVD。2001年，我们的总收入是7 590万美元，净损失是3 860万美元。2002年3月31日为止的这3个月，我们的总收入是3 050万美元，净损失是450万美元。到2002年3月31日，我们的累积赤字为14.18亿美元。

据娱乐媒体调研机构Adams Media Research统计，2001年美国国内消费者在家庭电影娱乐上的花费超过290亿美元，占总电影娱乐消费支出的78%左右。该机构同时还指出，消费者视频租赁和购买占据了家庭电影娱乐的最重要部分，2001年的支出为21亿美元，占市场的份额的71%。

家庭电影娱乐的家庭视频细分正经历着由VHS到DVD的巨大技术转变。DVD娱乐集团指出，DVD播放器是历史上卖得最快的消费者电子设备。2001年9月，独立机顶盒DVD播放机装货量在历史上首次取代了VCR装货量，并且这个趋势一直持续到2001年结束。据Adams Media Research统计，2001年末，大约有2 500万美国家庭拥有独立机顶盒DVD播放机，全年增长了91%。Adams Media Research估计在2006年拥有独立机顶盒DVD播放机的家庭数将增长到6 900万，大约占2006年拥有电视的家庭数量的62%。

我们的订购服务自1999年9月推出以来就快速增长。我们相信我们的增长主要是由于我们无可匹敌的选择、持续给予顾客的高满意度消费者对DVD播放机的快速适应和我们不断增加的有效营销战略等因素。我们主要采用按绩效付薪的营销方案，并提供免费试用的机会以争取新的订户。美国邮政总局（USPS）可以为我们的圣何塞配送中心提供即日送货或两日送货服务的旧金山海湾地区，大约有2.8%的家庭都订购了Netflix。

我们专有的CineMatch技术可以为每个订户打造一个订制商店，并为订户提供个性化的电影推荐，这有效促进了我们的节目图书馆的商品化。我们每天提供超过1 800万份个人节目推荐。2002年4月，在我们的11 500多个节目中有超过11 000个被订户选择。

我们目前只提供DVD节目。我们致力于订户规模和收入的快速增长，并利用我们的专有技术使运营成本最小化。我们的技术广泛应用于管理和完善业务，包括我们的网站界面、订购过程、作业完成和客户服务。我们同时也相信我们的技术可以最大化利用我们的图书馆，并以一种灵活的、对资本需求最小的方式完成作业。

图18—6c

发 行

由 Netflix发行的普通股数……5 500 000份

发行后可流通的股票数……20 648 074份

募集资金的用途……我们估计这次发行能够募集的净资金为7 470万美元。我们打算利用这些资金来：

- 偿还大约1 410万的次级本票债务，包括2002年5月22日到期的应计利息。
- 实现一般公司目标，包括运营资本。

风险因素……见“风险因素”及我们的招股说明书中其他地方对风险因素的讨论，你应该在决定投资我们的股票前认真考虑这些因素。

纳斯达克美国市场代码……NFLX

除非我们指出，否则该招股说明书中所有的信息都假定：（1）未授予承销商行使超额配股权的权利；（2）一旦发行结束，每份流通的优先股对普通股的转换将自动生效；（3）以2002年5月22日发行在外的15 148 074份股票为基础，包括以2002年5月22日的资本额为基础即将在本次发行前向特定机构发行的股票；（4）在2002年5月以1:3的比例进行的股票反向拆分生效；（5）不包括：

- 依据我们1997年和2002年的股票期权计划，至2002年5月22日，未行使的股票期权需要的4 352 472份普通股，其加权平均行权价为每股3.11美元，其中1 162 022份股份在2002年5月22日授予，988 608份普通股可用于计划中未来的期权授予。
- 以每股加权平均价3.20美元行使认股权证后，需发行的股票为7 017 962份。
- 根据我们的2002年员工股票购买计划，保留583 333份普通股待发行。

图18—6d

财务数据和其他数据摘要

下面的财务数据摘要应该与“管理讨论及财务状况和营运结果分析”和合并报表，及该招股说明书中其他地方的相关注释结合起来阅读。

	截至 12 月 31 日			3 个月 截至 3 月 31 日	
	1999 年	2000 年	2001 年	2001 年	2002 年
	（除每股数据外，其他以千计）				
营运数据表					
总收入	5 006	35 894	75 912	17 057	30 527
毛利润（损失）	633	11 033	26 005	（1 120）	15 369
营业损失	（30 031）	（57 557）	（37 227）	（20 417）	（4 054）
净损失	（29 845）	（57 557）	（38 618）	（20 598）	（4 508）
每股净损失	（21.41）	（40.57）	（21.15）	（12.26）	（2.20）
基本的和稀释的			（2.74）		（0.30）
预测——基本的和摊薄的[1]					
补充预测[2]			（2.60）		（0.26）
用于计算每股普通股数量的股份数					
基本的和稀释的	1 394	1 414	1 086	1 680	2 047
预测——基本的和稀释的[1]			14 099		14 834
补充预测[2]			14 532		15 701

	自 2002 年 3 月 31 日		
	实际	预测[1]	调整预测[3]
	（千美元）		
资产负债表数据			
现金及现金等价物	15 671	15 671	76 471
营运资本（赤字）	（9 547）	（9 547）	51 253
总资产	44 740	44 740	105 540
长期负债，减去短期部分	4 117	4 117	959
可赎回的可转换优先股	101 830	—	—
股东权益（赤字）	（90 872）	10 958	74 916

	截至 12 月 31 日			3 个月 截至 3 月 31 日	
	1999	2000	2001	2001	2002
	（千美元）				
其他数据					
息税折旧摊销前利润[4]（未审计的）	（21 223）	（28 179）	（1 716）	（3 600）	3 583
调整的 EBITDA（未审计的）	（24 405）	（43 860）	（13 722）[6]	（8 012）[6]	666
订户数量（未审计的）	107	292	456	303	603
产生的净现金（用于）:					
经营活动	（16 529）	（22 706）	4 847	（2 805）	6 505
投资活动	（19 742）	（24 972）	（12 670）	（4 087）	（5 798）
融资活动	49 408	48 375	9 059	（927）	（1 167）

（1）预测资产负债表数据、预测每股基本和摊薄后的净损失、预测基本和摊薄后的股票数量，已经考虑所有发行在外的优先股在本次发行后自动转化为普通股。

（2）补充的预测每股基本和摊薄后净损失考虑了使用本次发行募集资金偿还 2001 年 7 月 11 日发行的次级本票。

（3）调整的预测栏对我们通过首次公开发行的以每股 15 美元出售的 5 500 000 份普通股，以及从发行而募集的净资金生效。净资金是指募集总资金减去承销折扣和佣金，以及估计的发行费用，包括次级本票债务的偿还。

（4）税息折旧及摊销前利润（EBITDA）包括在计算折旧、无形资产的摊销、DVD 图书馆的折旧、授予非职工权益工具的非现金费用、资产处置损益和股权激励之前的营业亏损。EBIDTA 提供了另外一种衡量营运现金流的方法。你不应该将 EBITDA 作为营业亏损的替代，或者作为我们业绩表现的指标，或用其替代用来衡量流动性的经营活动现金流，或视为营运活动现金流。因为我们计算 EBITDA 的方法可能与其他公司并不相同。

（5）调整的 EBITDA 是指 EBITDA 减去 DVD 图书馆的折旧。调整后的 EBITDA 提供了另外一种衡量营运现金流的方法。你不应该将调整后的 EBITDA 作为营业亏损的替代，或者作为我们业绩表现的指标，或用其替代用来衡量流动性的经营活动现金流视为营运活动现金流。因为我们计算调整的 EBITDA 的方法可能与其他公司并不相同。

（6）到 2001 年 12 月 31 止这一年调整的 EBITDA，以及到 2001 年 3 月 31 日止的这 3 个月调整的 EBITDA 都已经经过“规范化”以反映出 DVD 图书馆的折旧，就如一年的折旧期是由 2000 年 1 月 1 日开始计算而不是从 2001 年 7 月开始。正如注释 1 对财务报表注释的全面讨论，在 2001 年 1 月 1 日，我们把 DVD 图书馆的折旧政策从 3 年期加速折旧改为 1 年期加速折旧。

图 18—6e

IPO 发行市场具有周期性。因此，公司的上市能力是一个关于上市时机和它自身财务表现的函数。公司选择上市有很多理由。第一，这是一种获取增长所需的财务资源的方法。第二，这对公司的声誉有很大的宣传作用。第三，这是招聘员工的一种有效工具。第四，也可能是最重要的一点，它为公司提供了流动性，并为卖出企业套现提供了途径。但是，即使在很好的时机下，也只有一部分公司能够上市。想要上市的公司必须处于被市场看好的行业，并能够展示一个好的财务增长和盈利故事；它还必须能够销售足够多的股份，募集的净资金至少达到 5 000 万美元，那样整个发行过程的总成本才是合理的。

虽然高速增长的公司和有巨大影响力的公司能够从 IPO 中得到好处，但最好还是得考虑到公众所有权的负担。积极的监管、严格的簿记要求、变化无常的公开市场可能给小公司带来重大影响。市值低于 2 亿美元的小公司可能更希望减轻这些负担而保持私人所有权；此外，市值低于 3 亿美元的公司常常面临着没有交易和无流动性的情况。对一个美国科技创业型企业上市所要求的条件总结如下。

表 18—11　有利于 IPO 的条件

• 市值大于 2 亿美元。	• 利润率大于 14%。
• 销售收入大于 1 亿美元。	• 资本回报率大于 14%。

带你踏上创业之旅

案例AgraQuest

AgraQuest最初的商业计划书的日期为1995年5月5日，它提供的损益表如表17—7所示。它同时还提供了一份预测投资需求表，如表17—8所示。这些预测都很乐观，但这与当时生物科技公司利润增长的情况以及它们成长为大型重要公司的潜力是符合的。AgraQuest这份最初的商业计划要求公司在5年后进行IPO。

Pam Marrone在18个月内向无数的风险资本家展示了这个商业计划。最终在1997年2月她找到了一个对可持续农业感兴趣的投资团。这些风险资本家作为一个投资团向AgraQuest投资320万美元同时获得AgraQuest 46%的股权。AgreQuest在接下来很多年的各个风险投资阶段都具有吸引力，如表18—12所示。注意下降回合是从回合F开始的。

表 18—12　AgraQuest 的一系列风险投资

年份	回合	筹资额（千美元）	股价（美元）	风险投资机构享有的比例
1995 年	种子投资期——创始人	50	0.025	—
1996 年	种子投资期——家庭和朋友	450	0.35	—
1997 年	A——风险资本	3 200	1.05	46.1%
1998 年	B——风险资本	6 000	1.70	59.6%
1999 年	C——风险资本	7 100	2.35	66.4%
2000 年 4 月	D——风险资本	7 200	3.20	72.3%
2000 年 12 月	E——风险资本	15 000	5.00	76.1%
2003 年	F——风险资本	11 000	1.37	88.0%
2004 年	G——风险资本	3 000	1.25	—
2005 年	H——风险资本	14 000	0.07	90.0%

结果，在投资回合H后，风险资本家已经拥有了AgraQuest大约90%的股权，创始

人马龙在所有风险投资回合后仅剩下3%的股权。

2000年的IPO市场是利好的，AgraQuest准备了IPO文件并进行了SEC注册，准备以每股11~13美元的发行价格募集7 500万美元资金。主承销商（投资银行）是美林证券。招股说明书于2001年8月完成并提出IPO申请。但是，IPO市场却随着2001年9月11日的恐怖袭击而崩溃。结果，AgraQuest损失了100万美元的承销成本，因为它的IPO申请在2002年4月被撤销了。

纸上练兵

1. 我们在第 17 章的练习题 2 中已经提到过 Viscotech 公司。（1）如果天使投资人在第一年投入 100 万美元，确定天使投资人可能要求的所有者权益百分比。（2）如果 Viscotech 公司不能得到银行的 50 万美元的贷款，那么它就需要 150 万美元的权益投资。在这样的情况下，天使投资人会要求多少的所有者权益百分比？假设每年贷款利率为 10%。

2. 一家处于早期发展阶段的软件公司的 CEO 正打算从风险资本家那里寻求 500 万美元的投资。如果市盈率为 20%，第 5 年的合里预测期净收益为 500 万美元。此外，第 5 年的销售收入预测为 2 500 万美元。如果风险资本家期望的投资回报率为 50%，那么他们会要求享有该公司多少的所有者权益？在风险资本家购买该公司股票之前，该公司有 100 万发行在外的股票。那么风险资本家购买的每股价格应为多少？

3. 考虑一家正在寻求第二回合投资的纳米科技领域的新企业。今年，它的销售收入为 200 万美元，并预计下一年的收入为 300 万美元，盈利 20 万美元。它正在从一批新的投资者那里筹集 100 万美元资金。那么这家公司应该出售多少股份给这些新的投资者？假定在接下来的 5 年里它每年的利润增长率为 25%。

4. 伊利普斯飞机制造商（Ellipse Aviation）正在开发一种高效率的小型喷气式飞机。伊利普斯从 1998 年开始已经获得 4 亿美元的风险资本。它可能还需要额外的 1 亿美元才能从美国联邦航空管理局（FAA）获得政府的批准。公司的定价为每架 150 万美元，估计达到盈亏平衡点的年销售量为 500 架。如果公司每年的销售量为 500 架并且接下来的 20 年里销售量以 20% 的速度增长，请估计它的投资回报率。

5. 2005 年 8 月，雅虎公司决定为阿里巴巴的未来进行总额达 17 亿美元的投资。阿里巴巴经营着一个企业对企业 B2B 的电子商务拍卖网站，主要是将中国商品销往世界市场，它同时还经营着一个消费者拍卖网站淘宝网，淘宝网是易趣的对手。为了交换阿里巴巴 40% 的股权，雅虎同意移交其价值 7 亿美元的雅虎中国的控制权。另外，它还会给阿里巴巴 10 亿美元的现金。在这次投资后阿里巴巴的估值为多少？

创业挑战

1. 你的创业型企业将采用哪些资本来源？
2. 你为什么选择这些资本来源？
3. 初期投资需要多少资金？它的用途是什么？
4. 你计划给外来投资者出售多少股份？

第19章 抓住投资者的眼球

导读

一个成功新企业的潜力可以通过一个短小推介、一次正式展示和一份书写的商业计划来传达。大多数创业型企业家都需要一种能够同时运用这三种形式来传达他们的愿景和解决方案的技巧。通过对创业型企业家故事的展示，潜在的投资者、潜在的新职工或盟友会了解这次创业机会，并且认识到创业团队的能力。

当投资者开始对新建创业型企业感兴趣时，有关企业价值评估和业绩里程碑的谈判就开始了。在谈判过程中，保持和增强与投资者的和谐关系是基本的。创业型企业家的谈判会延续到协议的执行和资金的转移才结束，所有谈判都不断地围绕着产品、创业团队、过程、商业模式和知识产权的问题而展开。

“科技创业的20条军规 19”

创造和传达引人注目的创业型企业的故事，以及为完成与投资者的交易而进行的娴熟的谈判，对所有的新公司来说都是非常关键的。

创业故事

一个促使英特尔创立的交易

Technology Ventures

1968 年，戈登·摩尔（Gordon Moore）和罗伯特·诺宜斯（Robert Noyce）离开了仙童半导体公司，创建了英特尔公司。他们同时也带走了安迪·葛洛夫（Andy Grove）和其他几个同事。在英特尔，他们先是看到了制造硅晶体管的机会，之后又发现制造集成电路的机会。摩尔和诺宜斯当时是他们领域的领头人，而且他们认识亚瑟·洛克（Arthur Rock），一位旧金山的风险资本家。他们有一天问洛克是否能筹集到 300 万美元以启动英特尔。洛克在那天晚上就获得了 300 万美元的投资允诺。摩尔和诺宜斯都很出名，而且可以为他们的企业赢得一个好的交易。但大多数的创业型企业家都没有这么幸运。

领导力就是能够谨记过去的错误，冷静分析今天的成就，充分想象和审视未来的能力。

——斯坦利 .C 艾林（Stanley C.Allyn）

讲述一个极具“煽动性”的创业故事

故事是创始人开办和建立企业、获取所需资源以及产生新财富的一个完整过程。讲述故事不仅适用于建立合作创业型企业，也适用于独立创业型企业。在一个新公司兴起的过程中，故事扮演了非常关键的角色。不管是由新企业讲述的故事还是关于新企业的故事，我们界定的方式是，它是否是新企业能够带来社会福利和创造财富的有利解释，并由此使得各种资源流向新企业。此外，它能够说明企业的合法化，由此建立投资者对它的认同感。一个好的创业型企业家的故事不仅能够吸引财务资源和人力资源，它还能够被行业认可、接受，它对建立新企业起着支持作用。**成功的创业型企业家必须能够向可能提供所需资源的投资者们，具体解释新企业的本质和潜力。**

一个故事即对现实的或想象的事件的叙述。它通过类似计划的方式描述了一个关于挑战、计划、行动和结果的过程。一个好的故事和商业计划定义了一个机会、概念、过程和影响，以及结果，并将它们以整体的方式维系起来。故事通过曲折的情节来吸引听众。它们讲述创业型企业的最终目标、思想上的挑战和达到目标的方法。创业型企业家在与投资者的沟通中努力想抓住其对他们的想法、计划的兴趣和支持，而创造一个连贯的有吸引力的故事，则可能是一种很有用的方式。为了达到好的效果，故事的内容必须符合听众的兴趣和背景。设计良好的关于创业型企业的故事，强调创业型企业的目标和它的优点。**讲述一个引人注目的故事，会鼓舞投资者对创业型企业的动机、特点和达到目标的能力，产生信念。**

作为网景公司和永健公司的创始人，吉姆·克拉克也讲述了关于这两个公司的故事。迈克尔·路易斯是这样描写吉姆·克拉克的：

> 克拉克渐渐明白了资本主义的食物链缺少了一个连结，如果他能够鼓起勇气站出来，他就可以成为那个连结。但如果他没有胆量去做这件事，那他对于辉煌事业的攀登都将成为笑料……他在硅谷的角色再清楚不过了：他是故事的作者。他是鼓起勇气发明故事的人，在这个故事中所有的角色——工程师、风险资本家、经理、银行家都愿意扮演由克拉克给他们指定的角色。如果他保留他讲述故事的特权，他就必须确信这个故事有一个快乐的结局。

为了给新创业型企业构造一个合法的身份，故事的叙述者尽力在既符合现存挑战，又体现企业的独特潜力之间寻找平衡，这样投资者才可能被故事和讲故事的人的信誉所吸引，从而认真考虑投资的事。

新企业不能仅仅靠一个纯粹的重点演示来吸引投资者。一个重点项目清单可以将一大堆的问题减少为几个要点，但是几乎没有展示什么结构和动机。重点清单常常指的是最通俗的意思，并没有详细说明各种挑战以及关系；此外，重点清单常常没有指明关键的假设条件。一个好的故事应该包括所有要面临的挑战、所有的关系和在叙述结构中的所有假设条件。一个展示可以仅仅使用一些重点的幻灯片，但是必须重点强调想要叙述的故事。

新建创业型企业的故事一般包括 3 个要素。

- ◆ 定位：清楚连贯的说明当前的形势、当前涉及的各方参与者和面临的机遇。企业和人们的生活处在一种微妙的平衡状态中，而且听众关心这种状态。
- ◆ 介绍引人注目的冲突：一个煽动性的事件或需求破坏了人们生活的平衡。描述这种非平衡状态下的挑战和机会，以及人们对计划走向成功并达到新的平衡的需求。
- ◆ 达成决议：通过讲述创业型企业将如何按照计划克服这些障碍并取得成功，来展示整个连贯的计划。

第一步便是通过描述行业、社会、现存的各种关系和机会的现状，定位企业所处的阶段。这个故事里的人或团队所面临的挑战必须是听众能够涉及的。

接着，讲故事的人通过描述创业型企业所面临的挑战、在这个转折点对克服挑战的计划的需求，以及面临的关键障碍和问题等来介绍企业所面临的引人注目的冲突。最后，在第三步，故事讲述者描述企业为了克服障碍、寻求必要的资源，逐步解决问题并最终走向成功而制订的计划。

创业案例

健景医疗的故事

吉姆·克拉克在 1995 年末得了一场病，而这场病却让他经历了医疗保健业的官僚主义以及由此而产生的大量文件需求。他从而得出这样一个观念：每个病人的患病情况应该有一个数字记录和密码，然后医生通过互联网进行结算，这样医患双方都不会有什么争议。他画了一张关于医疗保健业的图，图中有 4 方参与者，如图 19—1 所示。然后他将健景公司（Healthscape）放在了图的最中央，意为通过互联网提供全行业的解决方案。克拉克讲述了一个对我们整个国家至关重要的故事，他描述了一个巨大的机会和挑战，并指出了解决方案：他的新创业型企业——健景（后来改称永健）。由于克拉克引人注目的故事，他筹集到数百万美元创建了他的新公司永健，后来卖给了 WebMD 公司。

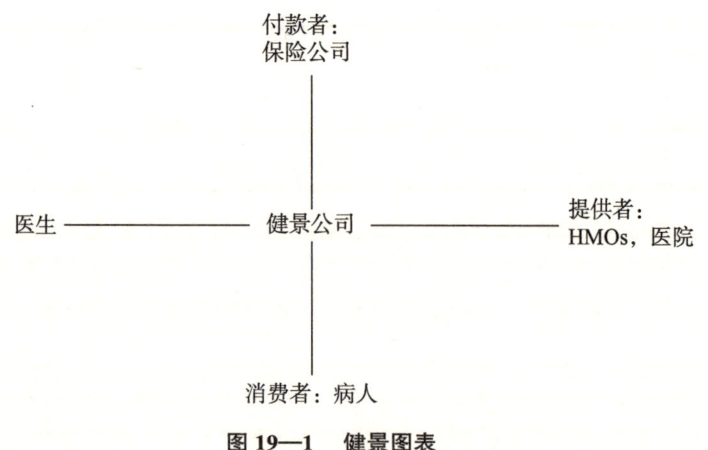

图 19—1　健景图表

一个讲述得好的计划，显示了一种困难的形势和一种新颖的、能有更加完善的市场条件的解决方案，是非常具有鼓动性的。如果听众能够将自己在故事中定位，那么他们的责任感和参与度就会增强。通过传达那些对于成功所经历过程的信息，就可以激励和调动投资者和各种资源。

故事能够帮助创业型企业家陈述他的方向和灵感，这比几个合乎逻辑的论点更有力。事实传达信息，但故事传达的是意义。创业型企业家需要事实来支持他们的计划，同时也需要一个故事来传达企业的目标和意义。

就像一本好书或一部优秀的电影，一个好的故事需要一个“煽动性的事件”，或一个转折点和一个好的结局。在同事和盟友的帮助下，创业型企业家将所有的挑战和障碍都转变成新的机会和所有人都期待的结果。

创业案例 **BET：推销一个故事**

1980 年，罗伯特·约翰逊（Robert Johnson）撰写了一个创新计划，他计划为黑人观众制作专门的电视节目。他接触了许多投资者并给他们讲述了自己的故事，表明为黑人观众提供与他们的价值观和经验有共鸣的节目所蕴藏的机会。这个故事的力量，为约翰逊创造了许多重要的财务资源和有限电视频道资源。后来，黑人娱乐电视（BET）成功在美国创办。

一个讲述得好的伟大的故事所聚集的力量是令人难以忘怀的。我们可能不记得什么重点，但伟大的故事是不会忘记的。因为它展示了在面对现实和挑战时为期望和希望而奋斗。下面这个例子便是一个创业型企业家的故事：

> 我和我父亲的关系非常亲密。1999 年，他得了似乎是无法治疗的充血性心脏疾病。当在医院等待进一步测试时，他在半夜逝世了。这些测试根本就不够，很让我和我的父亲失望。于是我找到了一种新的血液测试方法，并申请获得了专利，但是食品和药物管理局（Food and Drug Administration，FDA）却反应很慢，发明者也已经开始着手其他问题的研究了。我们早期的测试结果很好，作为一种低成本的血液测试，我们照亮了一条治疗的新道路。
>
> 我们的公司，Heartease，还需要 100 万美元来完成我们的 FDA 认证。我们有试验效果的数据和证明。我们需要您的慧眼和资金来支持我们的创业团队。让我们一起来拯救您的父亲或母亲吧。

让小故事发挥大功用

创业型企业家常常会有向他们的潜在投资者或盟友讲述故事的机会。故事的短文版常被称做**电梯推介**（elevator pitch），因为创业型企业家只在搭乘电梯的两分钟时间内，才有讲述故事的机会。创业型企业的小故事要能快速表明创业型企业家了解自己的企业，表明他能与人有效地进行沟通。**强大的短小故事的秘密在于能够抓住听众的注意力，然后通过互惠互利的承诺和后续活动阶段的设置来说服听众。**讲故事的人要尽量用听众能够涉及和联想的术语来讲述。**一个优秀的讲故事的人，他是在用激情与别人沟通，这种激情就是他知道这个机会一旦错过就再也回不来了。**

小故事的目的在于得到进入下一步的批准，那样创业型企业家才能有机会讲述更长的故事并获得新的同事、盟友和投资者。**短文版的故事通常以对公司的介绍开始，然后是对机会的描述，再描述新创业型企业的潜在好处。**新创业型企业的领导者需要将他们通过短小故事而得来的资源的来源与新的盟友联系起来。偶然的会面为创业型企业家提供了向潜在投资者简述他们的创业型企业的机会，而有准备的短文版故事则可能是一块很好的敲门砖。

一个推介可以从一个有魅力的问题开始，比如：如果宜家能提供托婴服务，电影院为什么就不可以呢？

短小的故事还应该传达创业型企业的愿景。基因技术公司在讲述故事时说："我们探索和制造生物科技制药是为了减少或克服心血管病、肺病、和癌症。"一个重要的愿景可以为创业型企业以及它的短小故事带来灵感。

创业案例

直觉公司的电梯推介

在直觉公司的创办期间，司各特•库克（Scott Cook）是用这样的方式来描述自己的企业的："家庭主妇需要支付家庭的各种账单。她们厌恶关于账单收集和支付的各种争吵。她们需要一种计算机软件程序来帮助她们快速简便的支付账单，而其他的软件程序速度很慢而且很难学会。我们的解决方案是一种快速的、不需要任何说明书的很易上手的程序。所以，账单支付者需要加速！"

展示商业计划

创业团队希望能够以口述的方式向投资团、天使投资人、人才、盟友和支持者展示他们的商业计划，而展示的目的是为了劝说这些人支持、合作并参与新的创业型企业的创建。**有效的劝说是分享企业愿景的一个谈判和学习过程。**以前，人们认为劝说是一个很简单的过程：陈述立场或计划，概述支持的论点，然后对所追求的行动或交易提出要求。现在，大多数可能的投资者和盟友都想与创业团队进行面对面的对话。创业型企业家概述自己的企业，然后请潜在投资者或盟友给出反馈意见或可选择的其他方案。劝说包括妥协，也包括了与投资者和其他参与者关系的建立和发展。

新企业必须要能够把他们的故事推销给潜在投资者和客户。推销想法本质上就很难。客户和投资者具有天生的规避风险性，特别当面临的一个需要大额投资并需要在未来多年后才能得到回报的大型项目时，他们会格外谨慎。而当这个项目并不是源于自己公司的时候，他们会更加注意规避风险。

有效的劝说者遵循 4 步法则。

- 在投资者、盟友、客户和人才之间建立信誉。
- 在与听众建立共同点的基础上设计自己的目标框架，并使该目标要与投资者或盟友的目标一致；描绘创业型企业的独一无二的好处。
- 提供确凿的、令人信服的证据来支持商业计划。
- 与投资者或盟友之间建立良好的关系。

信誉和信任是通过长时间的相处建立的。因此，**要得到信誉最快速的方法就是寻找创业型企业家之前已经认识的投资人。**如果没有认识的投资人，那么创业型企业家过去的业绩表现就很重要了，特别是他们在该风险行业的专业知识和经验尤为重要。创业团队中必须有创业型企业所需要的专业知识和技术。

商业计划必须对潜在投资者或盟友非常有吸引力。构造新创业型企业独一无二的好处并与投资者或盟友的目标相匹配是非常关键的。下一步是为商业计划提供确凿的证据。在这里，一个生动的故事或比喻会给整个计划带来生命力。最后，与投资者或盟友建立一个良好的关系也是很重要的。在这一步，创业型企业家表明他们对计划的承诺并显示他们对这个项目的激情。

一个扣人心弦的展示能够让听众对创业型企业家提出的问题做出反应。一个完整的推介由四个部分构成。

◆ 这是一个消费者亟需解决的痛苦的问题。
◆ 许多有这种痛苦问题的消费者有钱来减轻这个痛苦。
◆ 这个公司对这个问题有一个经过验证并且能够盈利的解决方案。
◆ 过去的管理计划及其实施都很有效，而且它们在未来也会执行得很好。

在展示商业计划时，以回答下面 9 个问题的形式来展示也很有用。

◆ 产品是什么，要解决什么问题？
◆ 这种产品独特的好处是什么？
◆ 目标消费群体是哪些人？
◆ 产品将如何配送和销售？
◆ 在第一年和第二年会有多少顾客？
◆ 设计和生产这个产品的成本是多少？
◆ 销售价格是多少？
◆ 什么时候达到盈亏平衡点？
◆ 创业团队的核心成员是谁，他们如何能胜任创办这个企业？

当然还有其他一些问题，但这 9 个问题在绝大多数时候都是展示的一部分。可以从你信赖的、能够对你的暗示做出反应的同事或朋友中找一个人来做你的听众，对整个展示过程进行排练，这对展示的效果是很有帮助的。

信任是几乎每个持久的商业关系的基础。商业计划的展示是赢得潜在投资者和盟友信任的一个工具。信任、自信和关系都是随着时间慢慢建立起来的，在谈到创业型企业的目标时，一定要引起听众的积极反应。创业型企业的成功会带来什么样的变化？人们是否过上了更好的生活或者是否喜欢这种新的选择？

成功的演讲通常遵循 10、20、30 准则：10 张幻灯片、20 分钟、和 30 号字体文本。大多数向投资者或盟友的展示都必须以 10 页幻灯片为基础，每页幻灯片都应该至少使用 30 号文字。这样既能抓住听众的兴趣又可以使演示者集中于重点。10 张幻灯片能够用于 20 分钟的演示和讨论，幻灯片的具体内容如下。

◆ 公司名称、展示者名称、联系信息。
◆ 描述问题：需求和市场。
◆ 解决方案：产品及其核心利益。
◆ 商业模式和盈利能力。
◆ 竞争和战略。
◆ 技术和相关过程。
◆ 营销和销售计划。
◆ 领导团队及前期经验。

◆ 财务预测概况。
◆ 当前状况和资金需求。

对任何演示，演示者都应该传达出问题的紧急性和一种对健全的解决方案的强大承诺。优秀的演示者通常在第 3 张或第 4 张幻灯片时强调产品的独特利益。

听众常被质量理念所左右，但更容易被演示者显示的创造力与创新性所吸引，投资者或新的创业团队成员都寻求参与到一种创造性协作中。听众追求的是一种激情和能够证明解决方案是一个巨大的改变和突破的证据，此外，演示的目标是吸引听众并使他们参与到创造性协作中来。最好的结果是演示者能够成功的以活跃的姿态展示自己，并使他们的听众意识到自己在建立这个创业型企业的过程中会成为企业活跃的合作者。

交易谈判

在商业计划展示及随之的讨论结束后，投资者或盟友可能已经对潜在创业型企业树立了信心，但却对它持有不同的期望。因此，投资者和创业团队可能在关于企业估值和交易条款方面持有不同的意见。**一个好的交易应该在满足创业型企业需求的同时，还能够使创业型企业和投资者在未来保持长期关系。**因此，交易条款和定价必须与创业型企业和投资者未来的关系相平衡。如果可能的话，创业型企业最好准备一些其他的选择以终止坏的交易。新建创业型企业必须清楚它自身的利益和不能交易的选择或权利。**价格、控制和所有者权益份额通常是谈判中最关键的因素。**

创业不可不知的名词

投资者通常会调查创业团队的背景、核对市场数据和商业计划中的关键要素，这个过程称做**尽职调查（due diligence）**。尽职调查即投资者在对投资交易条款做出允诺之前，对创业型企业商业计划中的事实和数据进行核查的一个过程。

公平交易谈判是一种可以学习的技巧。大多数创业型企业家都没有和投资者进行公平交易谈判的经验。**谈判**（negotiation）指的是在有不同偏好的相互依存的各方之间进行的一种决策过程。考虑一个经理和雇员之间关于给加薪的谈判例子。他们是相互依存的但是对结果却有不同的偏好：雇员想得到加薪，而经理需要的是绩效改善。

最好的谈判应该是达成一个有效的、明智的协议，并且没有伤害到谈判双方的关系。一个明智的或好的协议既满足了谈判双方的合法利益，又公平地解决了冲突，并且是持久的。**谈判应该尽量避免各方都锁定一个立场的局面，而应该朝着双方的共同点达成协议。**

达成一个好的交易的谈判过程所涉及的所有有关问题，都是建立在 4 个原则的基础上的。

◆ 集中描述问题（任务或交易），不将人为因素带入讨论中。
目标：交易各方都在集中解决问题。
◆ 关注交易各方的利益，而不是他们最初的立场。
目标：交易的每一方陈述自己的追求及目标。
◆ 产生众多可以提升各方利益的选择或可能。
目标：几个真正的解决方案。
◆ 基于公平和客观的标准，产生一个最终的交易方案。

目标：真正的、可衡量的标准。

不要将个性带入讨论中，并尽量避免锁定一个立场，尽量使每个人都为公平交易而努力；谈谈各方的利益和目标，尽量避免采取僵硬的立场；然后产生几个可能的能够提升各方利益的解决方案；最后，选出最好的可衡量结果的方案。

谈判经常会陷入僵持的困境，这时候最好是重塑谈判的范围和顺序以使谈判继续进行。一方或几方可以通过广泛的浏览和审查，发现一些可能使当前谈判桌上的交易结构变得更有利的要素。例如，他们可以引进新的合作伙伴和交易条款，并尽量使谈判的每一方都感到满意。

投资者倾向于把自己的目标建立在投资回报以及获得回报的时间跨度的基础之上；创业型企业家的目标则通常是以增长、成功、成就，同时还有投资回报为基础的。双方都应该相互促进产生一些好的选择以给交易的调整留下余地。最终，交易各方选择出公平的满足各方需求的解决方案作为交易。这个交易应该包括可衡量的结果，以及当协议结果没有实现时对所有者权益或其他因素的调整；同时，这个交易应该是投资者与创业型企业之间长久的合作联盟关系的一个好的开始。

在进行投资时，风险资本家会考虑 3 种形式的风险：**市场风险**（建立产品的消费群）、**技术风险**（技术或理念成功开发的程度以及不受潜在竞争者威胁的程度）和**管理风险**（创业团队发展新创业型企业的技术能力和领导能力）。风险资本家想知道通过他们这一阶段的投资可以降低哪类风险。

关于估值和所有者权益的分歧，常常反映出双方对创业型企业未来业绩的不同估计。因此，签订协议时，如果能包括一些视指定的措施或事件的结果而定的条款，是比较明智的。**在合同中使用或有条款，使得交易各方对未来立下赌注而不是一味的争论。**一个带有或有事项的协议可以包括衡量是否在协定日期内完成约定的收入、利润和顾客数量的条款，实际的结果根据约定好的条件来调整所有者权益份额。例如，当目标和里程碑都完成的话，投资者同意以 70：30（企业：投资者）的比例来分割所有者权益，但如果企业没能完成目标和里程碑的话，分割比例将调整为 60：40。投资者和创业型企业家在许多未来事件上都会得出不同的结论，如销售和市场份额以及竞争者的对策。无论何时发生这样的分歧，都会伴随着相应合同的制定，而使双方都认为合同代表了他们的最大利益，没有合同导致双方共担风险。

达成所有者权益协议的通常做法是一种权证交易，这种交易把所有者权益和企业实际的业绩紧密联系起来。权证是一种能够获得普通股的长期期权，通常以名义价格获得。例如，投资者可获得这样的权证，当创业型企业未能在一定期限内达到一定的业绩水平时，投资者便可获得协定数量的普通股份。

一个使谈判复杂化的因素是关于创始人团队稀释所有权的问题。**投资者常常会通过反稀释（antidilution）条款来保护他们的所有者权益不被稀释。**这种反稀释条款常常是由于创业型企业在后来的融资回合中降低价格（下降的回合）而引发的。投资协议中所有条款的总和，通常称做**投资意向合同书**（term sheet），这需要通过新建创业型企业律师的审查。投资意向合同书即一个资本提供者的一份投资要约。它列明了投资的金额以及投资者希望企业在何种条件下使用他们的钱。关键要记住这仅仅是一份要约，创业型企业家可以反要约，在最后接受投资前可以对所有的条款进行谈判。

商业计划的关键问题

我们已经在第 7 章讲过商业计划的制作，并在本章讲过商业计划的展示。在向一些潜在投资者展示了商业计划之后，他们的建议和批评可能要求对企业的商业模式或商业计划的部分内容进行调整。对产品进行修改以使其更加引人注目也许是很有必要的。向顾客提供一件“很高兴拥有”的产品与向其提供一种“必须拥有”的产品是不一样的。得到维生素是很让人高兴的，但当他头疼时，一片阿司匹林或雅维却是“必须拥有”的。一个产品是完全可以解决顾客的问题，还是只能解决顾客的一部分问题呢？

投资者也许会问：消费者对于企业有承诺吗，潜在的机会大吗？我们能够找出风险并减小这些风险吗？我们到时候能通过某种方式收获我们的投资回报吗？估计的增长率足够有吸引力吗？

书写的计划应该和口头的展示作为一个整体紧密结合起来。采用过时的和不准确的数据会给投资者留下怀疑，无事实依据的假设也会破坏计划。这个计划包括了对竞争对手诚实的认知吗？

商业计划及与之紧密相连的故事可以看做一个拱门的拱心石，如图 19—2 所示。所有的商业要素组合在一起形成一个完整的企业。

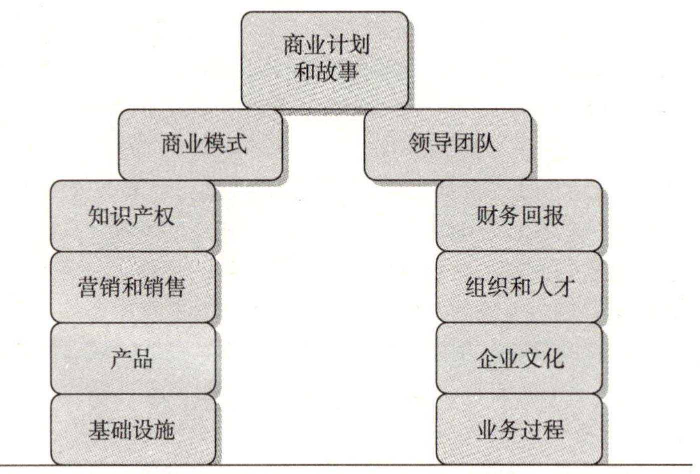

图 19—2　商业计划和企业的整体性

如果在展示商业计划的时候企业已经拥有了付费的顾客，这对证实商业计划的有效性很有帮助，如果企业马上将要盈利就更好了。投资者需要投资的理由，他们希望看到预订单、意向书或者顾客清单。因为这些是企业拥有顾客群以及顾客对产品如何评价的证明。

如果新建创业型企业的领导者没有一个大型的、可行的网络系统和背景，他们必须很努力的去寻找和满足投资者。他们必须说服投资者，说明他们的创业型企业是一个能够开发某些重要东西的巨大机会，并且只有这一次投资机会。

带你踏上创业之旅

案例AgraQuest

对帕梅拉·马龙来说，寻找风险资本是一个既漫长又困难的过程。她曾向超过200家风险投资机构推销自己的商业计划。她计划创建一个新公司AgraQuest，以进入一个巨大的市场，并创造出新的解决方案。杀虫剂有价值280亿美元的市场，但被大型化学公司所主导。AgraQuest有一个生物杀虫剂的解决方案。她的故事如下：

1. 杀虫剂和除草剂帮助农民保持产量上升并能避免灾难性的瘟疫。
2. 化学杀虫剂对人和环境都是有害的。

3. AgraQuest 能够轻易的开发出天然的生物杀虫剂以保护人类和环境，并照样使农民的产量上涨。

最后，马龙被卡尔弗特社会风险投资机构介绍给投资者圈子，并在1996年5月于芝加哥举办的创业型企业展览会上进行了展示。这次展示吸引了洛克菲勒风险投资公司并最终获得了它的投资。

马龙学会了激情的展示并扑捉听众的注意力，然而大多数投资者对农业市场保持谨慎态度并拒绝投资。因为全天然的解决方案以前也曾尝试过，但最终失败了。

AgraQuest种子投资期的天使投资人之一，詹姆斯·施林德魏因（James Schlindwein，Sara Lee and Sysco的前CEO），开始把马龙介绍给农业风险投资家。马龙发现她的天使投资人是她最好的老师和教练。

最终，马龙找到一系列对此感兴趣的社会责任风险投资机构。他们愿意投资于这个天然解决方案，并认为AgraQuest公司能够成功。这是一个领导得很好的公司，并且有一个发现新的生物杀虫剂的很好的过程。1997年，AgraQuest获得了一组社会风险资本家的320万美元的风险资本。到2005年，AgraQuest已经获得了总额6 200万美元的风险资本以及950万美元的债务融资。

纸上练兵

1. 创业型企业 Zazzle 公司，可以让顾客自己在互联网上制作个性化的邮票。请为这个新公司写一篇短小的电梯推介。

2. 一家新公司为个人电脑开发并配送电子游戏。这些游戏可以教小孩阅读，认识符号和运算数学。这家新公司需要 100 万美元来为它的产品发起一个全国范围内的系列活动。准备一个短小故事以劝说一个风险资本家支持该公司。

3. 作为一家新科技创业型企业的 CEO，你和你的团队对公司的估值为 1 000 万美元（投资前价值），并且找到了一家有投资意愿的风险投资公司。但是该风险投资公司对你公司的估值为 600 万美元。公司下一年的预测收入为 600 万美元左右，并且在下一年开始盈利。确定一种谈判方法以达到一个合理的折衷的估值。

4. 一个风险资本家用来评估一个新企业价值的关键因素是什么？指出哪种估值参数在创业型创业家和投资者之间最易发生分歧？

5. 风险资本家可能提出什么交易条款，无论企业在处于好的或坏的条件下，该条款都可以激励创业型企业家？创业型企业家可能提出什么交易条款，无论企业在处于好的或坏的条件下该条款都可以激励投资者？

6. 为什么使投资者和创业型企业家对最后的交易都感到高兴很关键？如果不是这样的话，谁将遭受损失？

创业挑战

1. 根据故事 3 大要素讲述你的创业故事。

2. 列出向投资者介绍你的创业型企业的展示提纲。

3. 草拟一份投资意向合同书，勾勒出你的风险资金需求和你想要出售公司的数量（例如股票的数量或者是总股份的多少比例），并指出任何其他你认为重要的谈判条款。

Technology Ventures

第20章 一个企业的真正诞生

导读

一份有创意的、明确的商业计划的实施，对一个新公司的成功是必要的。良好的执行取决于合理调整公司战略与目标，以及员工的努力之间的关系。将一个概念转变为一个成功的现实，取决于目标、到期日、团队协作和对达到期望结果的关注。选择合适的人做合适的工作、帮助他们该往哪走，以及如何到达那儿，是建立一个伟大公司的关键要素。有了正确的人选、一个伟大的战略和一个好的路线图，一个新企业就可以为达到完美执行计划而努力奋斗。

一个新企业从毫无经验的创业阶段成长到增长阶段再到成熟阶段，管理这些阶段需要不同的技能和组织安排。创业型企业在向各个增长阶段迈进时，需要有才能的和拥有多项技能的人。

新兴公司会不断遭遇挑战和变化，组织一个能对这些挑战有弹性反应的公司，即适应型公司。适应挑战的能力可能是一个公司唯一的可持续竞争优势。此外，公司在艰难的时候还需要保持道德原则。

“科技创业的20条军规 20”

坚持商业道德，提升适应环境变化的能力，可以增强公司的可持续竞争优势。

创业故事

Technology Ventures

您要做的就是按下按钮

乔治·伊士曼（George Eastman）和商人亨利·斯壮（Henry Strong）基于一种新的制作胶卷底片的摄影技术流程，在1880年创建了伊士曼柯达公司（Eastman Kodak Company）。公司宣布要成为最好的明胶涂层干玻璃板摄影公司，并于1884年在股市公开发行股票。伊士曼力求制造一个适于大众市场的照相机，并开发了一个基于不断创新和学习的战略。伊士曼雇用罗切斯特大学和麻省理工学院的技术毕业生不断进行创新。第一台柯达相机于1888年面市，但是它还只是一个简单的、手持的方块相机，包含有100接触辊纸剥离膜胶卷。 当胶卷用完的时候，整个相机都要送回到生厂商那里进行冲洗、打印和装入新的胶卷。1889年，伊士曼引入了透明胶卷。到1990年，伊士曼引入了柯达布朗尼，其标语是："您要做的就是按下按钮，其余的就交给我们吧。"1914年，他到波士顿旅游并拜访了哈佛商学院，在那儿他雇用马里恩·福尔瑟姆（Marion Folsom）为经理，福尔瑟姆的加入提升了公司的业务能力和领导力。到1927年，伊士曼柯达几乎垄断了美国的摄影行业。半个世纪以来，柯达，一个"学习型公司"，不断地通过修改它的战略和产品来建立摄影业最强大的品牌。

做得好总是胜过说得好。

——本杰明•富兰克林（Benjamin Franklin）

伟大的企业离不开完美的执行

一旦新企业获得了必需的资源，企业就步入了实施阶段，即落实商业计划或使商业计划中的要素生效。实施的另一个术语是执行，它指的是完成事情的一个系统。执行是使战略与现实密切配合，使公司所有人为了共同的目标而形成联盟，最后达到允诺的结果的一种方法。通常，一个成功的企业和它的竞争对手之间唯一的不同就是它们执行各自计划的能力。

执行不仅是一种战略，更确切地说，它是一种能力以及用来构筑公司目标和文化的一个相关系统。戴尔电脑和捷威公司（Gateway）都直接向消费者销售个人电脑，但是戴尔要求用流动资本的 1/5 创造 100 万美元的销售收入，但捷威却做不到一点。两个公司都按单生产销售个人电脑，但是戴尔的资产流动性是捷威的 5 倍。

创业不可不知的名词

资产流动速率（Asset velocity）指的是销售收入与净资产的比率。净资产包括厂房及其设备、存货和营运资本。

执行是这样一个过程：如何评定公司的业绩表现，采取何种行动以改善业绩，之后又如何确保问责制的实施。执行是紧随商业计划战略而实现的。任何具有良好商业模式和战略的公司都需要同样的实施良好商业模式和战略的强度。在准备计划的过程中，团队的所有成员将他们的期望和战略构筑成了一个协定一致的路线图。因此，团队将知道哪些事情是需要做的。在下一步是在事情将如何发生的问题上达成一致。在什么时间之前谁应该干什么？团队设置短期的目标和重点，然后将任务指定给个人。奖励和认可是与及时的业绩表现挂钩的。错过截止日期的代价是昂贵的，因此，设置能够实现的截止日期是很重要的。一家公司的成功可以归功于团队众多成员的执行能力，而不是一个全知的创业型企业家的决策能力。通过以下 6 个问题来达到完整的实施是非常有效的。

◆ 为什么要优先做这件事情？
◆ 行动是什么以及期望的结果是什么？
◆ 怎样达到行动？

◆ 谁将在这个团队并且是可信任的?
◆ 行动在何时完成?
◆ 能达到什么样的成就?

新建创业型企业需要它的团队成员具有广泛的能力，那样的话一个人就可以同时负责几个任务。如果必要的话，还需要更多的人来完成独特的或困难的任务，这些任务都是原原本本地来自于公司战略。创业团队描述在一定的时间内想要达到的目标，然后在成员之间分配任务。对主要任务所要求的努力程度和需要的时间进行现实的估计是很关键的。一项业务计划的元素包括任务、里程碑和目标。领导团队需要在任务和目标之间权衡以保证该业务计划是现实的。一个详细的、书面的计划能够帮助公司高效地进步。同时，审查已达到的成果和业务计划将有助于保持团队的任务进度。**好的执行是建立在清晰的重点、良好的假设和对行动不断的监督基础之上的。**

执行从根本上来说，就是把一个概念转变为一个业务。例如，经过短时间后，公司可能发现它的样品存在缺点或者销售渠道并不如最初想象的那样有吸引力。每个创业型企业在结出硕果之前都会遇到困难，那么是时候重新确定公司的愿景并重新设置执行任务了。在承认错误的同时，创业团队必须集中于长期战略。

创业案例 **eBay成功的契机**

1998 年，易趣网上出现了越来越多的欺诈行为，于是这家在线拍卖公司发起了一场反欺诈行动。未支付的投标人被警告一次之后仍未履行支付义务的，便会受到 30 天不能投标的惩罚；同时，易趣还通过英国劳合社（Lloyd's of London）为顾客提供免费的保险。结果，易趣变得比以前更成功了。

执行是一项很艰难的工作。目标和截止日期的设置应该是那些需要完成这项工作的人的任务。**优先权的建立是好的执行中很重要的一部分。**任务可以划分为“必须做”、“应该做”和“可以做”，尽量把优先权赋予“必须做”的行动上。可衡量的目标、必要任务的清单和截止日期的运用都非常有用。

创业案例 **连接美国和英国的电缆**

赛勒斯·菲尔德（Cyrus Field）曾经 4 次试图铺设横跨大西洋的电报电缆以连接美国和英国。在经过 9 年的努力之后，他利用新的蒸汽船——大东方号（Great Eastern），终于在 1866 年取得成功。这个英雄故事是托马斯·爱迪生的格言——天才是 1% 的灵感加上 99% 的汗水的一个深刻例子。

考虑一项具有高竞争性的计算机辅助软件设计业务，以及两家强劲的竞争对手，Mentor Graphics 和 Cadence Design。Mentor 和 Cadence 都以竞争性的价格为芯片设计提供软件。面对激烈的竞争和挑剔的客户，执行和细节就是一切。公司的生存决定于重复的业务，发现哪些细节比其他的细节更重要可以发挥很大作用。几乎没有什么竞争优势是不能快速模仿的，因此，公司需要在执行力上胜过竞争对手——必须坚持保守承诺、超额实践。执行可能会因为很多原因而失败，例如，允许战略随着时间的推移而改变；同步性，即在正确的时间将正确的产品交到正确的顾客手中。

新兴的创业型企业随着自身的增长往往需要一些经营问题上的帮助。一种帮助来源于新企业的供货商和顾客，他们有能被新企业借助的能力。这些大公司常常希望新公司获得成功，并会在其棘手的问题上给予帮助。

在紧随公司创办后的那段初始时期，公司的主要目标之一便是创造和增加收入。能够在早期阶段衡量公司的一个关键方法是收入与费用和使用的资产的比率，叫做**商业指数**，

$$BI=\frac{收入}{费用+资产}$$

公司的目标就是通过一个比费用和资产的增长更快的速度来增加收入，以使 BI 比率稳定增长。

随着新公司的成长，衡量好的执行的一种有用方法是人均销售收入比率。一个成功的科技创业型企业平均每个员工的销售收入至少为 20 万美元。例如，新兴创业型企业美国网域存储公司（Network Appliance）的人均销售收入为 50 万美元左右。

公司经常会犯一连串损害公司的错误，没有意识到错误并及时纠正可能是致命的。

伟大的公司常常执行得完美无瑕。它们发布的产品一贯都满足消费者的期望，而且，它们授权在前线的顾客代表反映消费者的不同需求。企业的目标是通过不断改进过程、训练员工和消除效率低下来达到几乎完美的业务执行。联合技术公司（United Technologies）就是具有完美执行的一个例子。

吉姆•柯林斯（Jim Collins）描述了建立一个伟大企业的 7 个标准。

- 领导：领导者对公司很有抱负，持有强烈的意愿和决心，期望可持续的结果，并保留个人的谦逊。
- 人：选择合适的人，把他们分配到合适的岗位，为成功画一张路线图，并将其传达给每一个人。
- 成功：坚定不移地相信企业最后会取得成功，面对并积极应对现实和事实。
- 组织原则：按照你的激情、能力和经济引擎为公司创造一个核心的原则。
- 文化：营造一种每个人都对结果负责的纪律文化，并坚定不移的奉行。
- 技术：选择一种能加快公司发展势头的应用技术。
- 动力：通过不断的创新创业项目慢慢地、持续地为企业的长期发展建立动力。

在上述 7 个标准中，如果新公司可以把大多数标准实施得很好，那么它就很有机会获得成功。

创业案例

GE：创业领导

杰克·韦尔奇（Jack Welch），通用电气前任 CEO，也许是 1985—2000 年美国最有名的执行官。他提倡了很多执行的原则和方法，如“群策群力（Work Out）”和“高速列车速度（bullet-train speed）。”韦尔奇出名的关键在于他对公司关键性问题的直率而有力的雄辩。他要求每个业务部门都要在自己的市场里数一数二。虽然通用是一个很大的公司，但它到今天仍然保留着创业活动的氛围。通用电气满足了柯林斯提出的大公司应具备的所有 7 个标准。

企业的成长轨迹

随着时间的推移，一个新创业型企业通常会遵循如图 20—1 所示的 S 曲线发展。公司发

展的 5 个阶段分别为：**创业期、起飞期、增长期、低速增长期和成熟期**。在创业期，公司对自身进行组织，积累必需的资源并推出自己的产品。第二个阶段是起飞期，这时收入开始增长；增长期通常是公司盈利最多的时期；结果，公司的增长在低速增长期开始变得缓慢；最后，公司达到了成熟阶段。图 20—1 中的高增长曲线和低增长曲线分别属于两个不同公司的增长轨迹。 其中高增长公司的年增长率在 40% 或者 40% 以上，而低增长公司的年增长率将在 10% 左右。

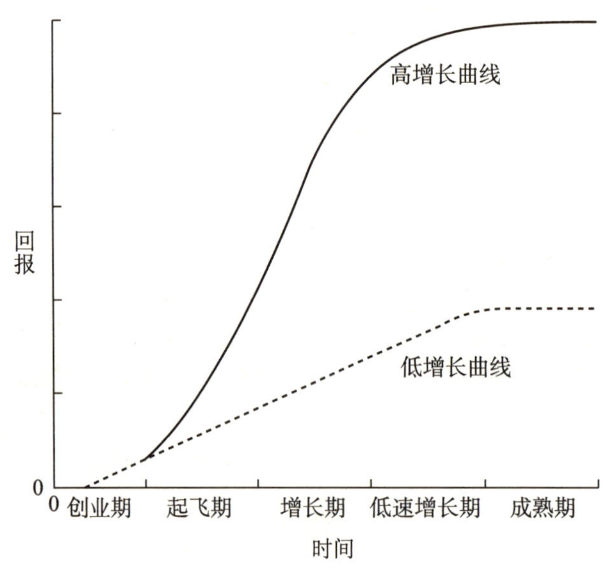

图 20—1　两个不同公司的增长轨迹

科技创业型企业往往需要很长的创业期来开发产品，它们不得不展示出成就以在各阶段获得需要的资金。它们必须不断地表明自己的信誉并赢得投资界的信任。创业型企业的 CEO 和领导者必须执行一个具有创造性的真实战略来联合投资者和企业员工的兴趣。

从创业期迈向起飞期可能会背负沉重的压力，因为原来适用于早期的小规模公司的管理方法可能再也不适用了，并且会被沮丧的经理进行严格的审查。高增长的创业型企业面临着发生迅速变化和混乱情况的流动局势；新产品不断推出，营销计划也处于不断变化之中；不断有新的员工加入公司，决策也变得特别慢；随着企业的高速增长，可能还需要新的资本注入，长时间的工作日开始变得司空见惯，职工倦怠的可能性也开始增加；随着公司取得阶段性的进展，最初的创始人可能离开公司并被专业管理人所替代；增长快的公司的创始人更可能被专业管理人替代，但是，如果他们占有公司所有者权益的很大比例，他们更愿意留下。

处在低增长曲线上的创业型企业会享受到更多的闲暇时间和面临更少的竞争者，但却可能面临有限的利润和有限的融资渠道。

随着新企业步入起飞阶段，额外的资本需求、资源需求和职工需求会导致更加正规化的进程和日益正式的沟通。起飞阶段需要管理技能和预算、会计以及购买能力。到公司步入增长阶段的时候，公司便走向权力分散和任务委托。这时候，公司可能会增加中级管理层来完成像购买、履约和销售这样的任务。在所谓的“低速增长”阶段，单位收入的挑战要求新的创新和强调振兴的企业领导。一个企业各发展阶段的要素总结如表 20—1 所示。

表 20—1 公司的发展阶段

阶段	目标
起步	目标：设计、制造和销售；挖掘机会 制造产品并走向市场 建立核心业务 强调创造力 非正式沟通
起飞	目标：运作效率 完善和加强商业模式 引进新的流程 投资质量和客户服务 沟通开始变得正式 强调领导者的指挥
增长	目标：扩张收入和市场份额 扩张生产线 等级到位 转向分散化的结构 强调任务和责任的委托
低速增长	目标：巩固和振兴公司 领导力的需求 新举措的需求 管理营运资本 强调协调和振兴
成熟	目标：新的创新 强大的文化和历史 发展寻求新机会的人员 强调合作和振兴

当企业增长的时候，创业团队会不可避免的繁忙。快速的增长给了他们巨大的压力，公司的生产设施和管理能力已不能满足现在的增长。**通常，管理危机会发生在公司发展的第三年或第四年，**也就是当公司容易出现质量下降、交货日期延误、顾客不按期付款等这些超越公司管理基础状况的时候。随着公司进入增长阶段，领导团队需要考虑：公司在这个阶段需要什么？创始 CEO 往往在他们的公司达到快速增长阶段，并需要很强的管理技能时离开公司。

在增长阶段，竞争越发激烈。大多数以技术为基础的产品经历着由技术驱动的竞争，如图 20—2 所示。技术使大多数的竞争趋向产品优化和更低的生命周期成本。在这幅图中，我们利用了汽车业来说明这个原理。

随着像燃料电池和混合引擎这样的技术的改进，消费者要求以更低的成本享受到更好的产品性能。能满足这些要求的公司就能够保持持久的成功。

在增长阶段，需要一个首席财务官来对公司的营运现金（现金流）、资本开支和任何营运资本的增加进行管理，这种财务领导是很重要的。资本投资的时机和形式对公司的盈利能力可能产生有益的影响。

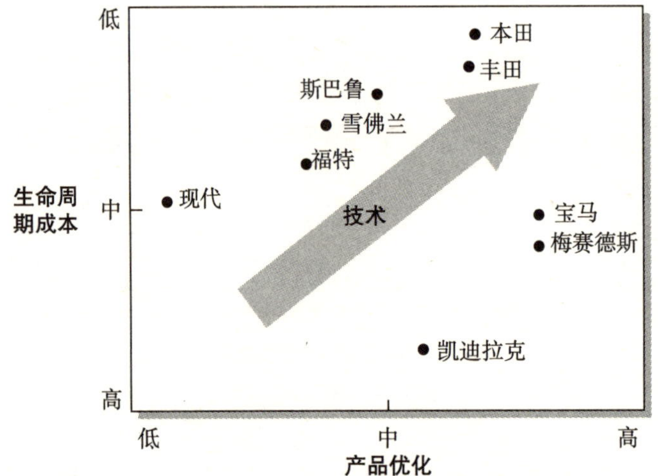

图 20—2　汽车业增长阶段各企业分布图

成立于 1982 年的太阳微系统公司在 1984 年经历了快速增长的巨大压力和无数挑战，同时也说明了第一任 CEO 维诺德·科斯拉（Vinod Khosla）不是太阳公司下一生命周期阶段的合适人选。很明显科斯拉是一个伟大的有远见的人，但他缺少处理公司增长阶段的某种领导技能。几个月之后，董事会督促科斯拉下台。科斯拉随后离开了公司，他的合伙创始人斯考特·麦克里尼（Scott McNealy）接替了他的 CEO 位置。

创业型企业家通常不能把自己的角色转换为一个高增长公司的执行官，以实现公司向增长模式的过渡，曾经使得创业型企业家获得成功的那些习惯和技能可能有损他们领导更大公司的能力。创业型企业家往往将精力集中于公司早期发展阶段的细节和任务，正如他们应该做的那样。随着公司的成长，一个领导者应该致力于领导一个更大、更复杂的组织。但是，创业型企业家可以通过发展他们的关系、网络、战略能力，以及从任务取向到协调取向的管理方法的转变来学会如何伴随公司的成长而成长。

当公司接近低速增长阶段的时候，可能应适当的建立科层制度。科层制度有助于处理大型组织的复杂性，此外，人们可以展望职业发展生涯，容易理解公司的系统，并将自己定位于某个子单位中。科层结构能够提供权力和地位，它可能是大公司管理复杂活动的最好方法。领导者在享受大公司科层制度带来的利益的同时，应努力保持小公司的优点——授权、团队合作和共享领导。

通常可以用一个比喻来帮助我们理解管理的过渡。我们可以将一个处于创业期和起飞期的早期公司，设想为一个在爵士音乐即兴演奏会上表演优秀作品的爵士乐乐队——爵士乐队的成员不到 20 人，所有的成员都相互认识并逐个轮流领导乐队，其中几名成员会使用好几种乐器。当一个公司成长到超过 50 人的时候，它的行为开始变得像一个具有单独章节的管弦乐队——弦乐器、管乐器和打击乐器。管弦乐队需要一个协调的领导，称做指挥。他有一个大家都要遵循的乐谱，并且指挥一个整支乐队在每部分的音乐中都必须遵守的战略。他们的合作亲密无间——就像一个成长型企业应该做的一样。

创业案例

新思科的格言

思科在 1995—2000 年每年的收入增长率在 50% 以上，这主要是通过以思科公司的股票为交换收购一些小公司而实现的。到 2002 年，思科的增长出现了失速，思科的目标变成了对开支的管理。老思科的格言是：更快、更多的收入。新思科的格言是：更慢，更好，更盈利。从 1999 年中期到 2000 年末期，思科的在职人员翻了一倍，从 22 000 名员工增长到 44 000 名。2001 年，当客户停止购买思科的产品时它的增长戛然而止了。电信公司发现它们已经过度大规模构建并从思科订购了太多设备。思科在历史上第一次出现了收入下滑。到 2001 年夏天，与 6 个月前的水平相比其收入暴跌了 1/3。到 2003 年，思科裁掉了 8 500 名员工。

拥有天才领导团队的新创业型企业可以顺利通过增长带来的挑战，并掌握需求改变时的主动权。公司整个发展的挑战就是控制和降低成本、改善营运利润率、管理需求和生产能力，并且不断创新。

创业案例

易趣的成功

成功的从起飞阶段过渡到增长阶段的一个例子就是易趣。它拥有成功的网站和风险投资机构的投资，从 1997 年就开始寻找一个有能力的管理者引领公司进入增长阶段。它找到了格 · 惠特曼（Meg Whitman），一位有着资深营销经历的经理。惠特曼 1998 年进入易趣，上任之后就致力于为易趣在 1998 年 9 月进行 IPO。1998 年第一季度，有价值超过 100 万美元的货物在易趣上转手，易趣一个月的收入超过 300 万美元。易趣出售了公司 9% 左右的股票筹集到 6 280 万美金。IPO 的每股价格为 18 美元，而在开市的时候已经涨到 53 美元。惠特曼为易趣建立了一个买者和卖者值得信赖的品牌。她在 2003 年将易趣变成了一个年收入 19 亿美元，利润率达 20% 的强大拍卖公司。

创业案例

铱星：走向错误

1991 年，摩托罗拉成立了一个名叫铱星公司（Iridium，LLC）的子公司，以构建一套由 66 个低轨道卫星组成的系统来支持全球卫星电话，建成后用户可在全球任意地方使用电话。1998 年，铱星正式推出服务，每部手机 3 000 美元，电话费是 3 美元一分钟。到 1999 年，铱星提出了破产申请。正如铱星 CEO 所说："我们是一个怎样不去推出一种产品的 MBA 经典案例。首先，我们创造了一个了不起的技术成就，然后我们才问如何利用它赚钱。"并不是所有的创业型企业都能成功的达到成长阶段及之后的阶段。

低迷和衰退在每个行业都会发生。新兴公司对这些考验的反应可能导致革新与成功或混乱与失败。很少有公司能像软件开发公司 Novell 一样经历了飙升至高，沉没至低，还仍然挣扎于生命线上。

Novell 成立于 1983 年，它有一个巨大的竞争对手——微软，并且在收入和利润上经历了巨大的振幅。在 20 世纪 80 年代早期，Novell 因为网络操作系统而引领整个市场。20 世纪 90 年代早期，Novell 错过了转型到互联网的机会，失去了市场份额。在 20 世纪 90 年代的沉浮中，Novell 试图在埃里克•施密特（Eric Schmidt）的领导下进行一场革新。为了走出低速增长阶段，施密特尝试着振兴公司的创新能力。到 1999 年，埃里克•施密特发布了针对网络和互联网的新软件。但是，Novell 从 1997 年到 2005 年的收入仍然持平，盈利能力仍然渺茫。

当一个公司增长到拥有 4 000 家店和 140 万雇员的时候，它很有可能已经失去了创业激情。但对沃尔玛，以及对它为大众提供商品的使命来说不是这样。吉姆•柯林斯说沃尔玛通过它那像巫术一样的文化和每天低价的承诺已经建成一个坚固的、不断增长的公司。

> 沃尔玛的戒律是："不管你的公司已经多么成功，永远不要觉得它很伟大。"

管理低迷期与管理快速增长期一样具有挑战性。在经济衰退的时候，顾客支付账单的速度会很慢，供应商的状况也不好。此外，新的资本来源可能也干涸了。如果可能的话，一个新兴创业型企业可以在避免过度反应的同时，通过修补和加强它的战略为度过低迷期而重新规划一个积极的日程。**经济衰退是摆脱过去而重新回到现实经济中的一次机会，经济的每一次下坡都是构筑核心业务的一次机会。**与传统智慧相反，衰退中的胜利者会避免多样化经营。由于致力于核心业务并有了新的战略，公司可以看得更远，而不是局限于此时糟糕的经济。通过管理成本，公司为下一次经济复苏做好了准备。如果公司拥有这方面的资源，并购可以说是为将来打算的明智举动。

熬过经济低迷并不容易，而且没有一个现成的成功方法。**成功度过经济低迷的公司是因为集中于它们的核心业务并重整它们的战略。**它们保持着长远的眼光，努力争取员工、供应商和顾客的忠诚。走出经济低迷以后，它们仍然保持业务上的势头并走在竞争的最前列。

蓝迪•科米沙（Randy Komisar）形容一个创业型企业在它连续的发展阶段中需要 3 种不同类型的 CEO。他很聪明地以狗做比喻来对此进行描述。

> 新建企业的第一任 CEO 就像"猎犬"。这个 CEO 组织符合公司最初愿景的核心团队和产品，并开始寻找必需的资源。第二任 CEO 就像"警犬"，必须嗅出线索以找到正确的市场和有利可图的客户。第三任 CEO 是"爱斯基摩狗"，拥有很好的执行力并将已建立的公司稳定的向前拉。

在公司的各个生命阶段中，还有一个组织问题就是关于执行官的继承。随着公司进入到各个阶段，通常必须更换 CEO。随着需求的变化，董事会成员和投资者会质问现任主管人是否具备引领公司顺利走向下一阶段的管理技能，不到 40% 的原始 CEO 能顺利走到风险资本融资的第二回合。风险资本家就像美国棒球队的经理们，常常迫不及待的想取代他们的 CEO（或初始的推介人）。

成功的执行官能够继承优秀的组织运营表现。对任何新创业型企业来说，当企业从一个阶段步入另一个阶段时，继承计划都是很有必要的。利用接力赛的比喻，成功传递领导人接力棒与组织的运营表现之间是存在积极关系的。如果现任领导和继承者对传递的时机和技巧有着共同的理解，那么这个继承就很容易进行。一个好的继承有 4 个要素：顺序、时机、技巧和沟通。

◆ 顺序：确保继承者有领导组织下一阶段的合适技能和经验。创业阶段的执行官应该有很强的创业技能，而在起飞阶段的执行官应该具备很好的组织技巧。

- ◆ 时机：确保领导接力棒及时迅速地从现任执行官传到继承者手中。
- ◆ 传递接力棒的技巧：用于传递接力棒时的方法。确保接力棒如所期望的那样传递，并且现任执行官愿意放开他手中的权力。
- ◆ 沟通：现任执行官和继承者之间的和谐合作与明确沟通。

企业的竞争优势取决于改变和重塑自己的能力

成功的创业型企业家非常了解在特殊的历史关头哪些优先权对客户来说非常重要。**时尚、自我表达、地位、团体和控制是影响顾客一生中不同时期的重要因素。**创业型企业家对他们的顾客和产品有很深的了解，据此创造出有意义的品牌以及一系列组织能力来不断传达这些品牌的承诺；此外，他们能从经验中学习并快速做出调整。

任何商业计划都不能在与现实的碰撞中最终存活下来。市场和竞争的变化要求任何公司都要对改变做出回应，创业型企业家必须确定基于组织创建的假设是否符合当前的现实。

对于成长企业的领导来说最大的任务之一便是：充分调动公司上下为了满足新的机会和竞争挑战而做出改变。在不断变化的时代，领导团队需要通过不断的过程更新来重塑战略，这个过程叫做策略学习。适应性企业的领导者最关键的能力便是适应的能力。这些领导在遇到棘手的挑战时不是止步不前而是汲取教训继续向前。就像阿道斯•赫胥黎（Aldous Huxley）所说的一样：**"经验不是一个人发生了什么，而是这个人对发生的事做了什么。"**

创业不可不知的名词

策略学习（Strategic learning）是一个适应性学习的周期性过程，包括4步：学习、集中、同盟和执行。这个学习和执行的适应性过程如果完成得好，那将成为公司的可持续竞争优势之一。

对于企业连续性成长的挑战包括新技术、全球化、互联网、放松管制、集中和中介渠道等。一个公司的战略决定了它将如何对挑战做出反应。因此，领导团队应该将公司的资源集中在不断变换的商业世界环境中最好的机会上。

学习型组织（learning organization）即当新知识出现的时候，通过调整它的战略来捕捉、产生和分享知识并对知识采取行动组织。这种类型的公司就是适应型企业（adaptive enterprise）——根据市场条件的需要而调整战略或商业模式。

对于一个只有 10 ～ 20 人并且拥有共享价值和目标的小型创业公司来说，有一个非正式的更新战略的过程就足够了。随着企业的成长，根据竞争市场的要求，它需要持续地更新战略。在那个时候，适应能力便成为一种所需的组织能力。领导人需要从经验中学习、调整战略，并执行这些改变。**学习应付改变、非连续性和不确定性以及能够及时的适应，这应该是创业型企业领导者必需的一种技能。**

有效管理风险对走向成功很关键。对随着新举措的实施而产生的风险进行估计可以帮助管理者做出调整以减轻这些风险。戴尔经常会问什么可能会出错，然后考虑减轻不利局面的方法。表 20—2 展示了成功 CEO 的特点。

表 20—2　　成功 CEO 的特点

易于失败	更容易成功
•傲慢、狂妄自大	•谦虚、豁达
•对他们解决问题的答案过于自信	•现实的、学习的，总是挑战答案
•低估主要的障碍和风险	•仔细审查潜在的负面结果和所有的风险
•依赖过去有用的做法	•质疑每个决定并寻求明智的改变和学习的机会

正如第 9 章所描述的那样，学习型组织采用如图 20—3 那样的学习过程或周期。学习过程的目标是在重建周期中产生新的战略。第一步包括对竞争市场的形势分析（见第 4 章）、行业动态分析以及公司的优劣势分析，这一步的结果是洞察问题并得出可选择的各种反应。第二步是重新定义愿景、使命、战略和可调整的商业模式，这一步的结果是用期望的战略和实际的现实来表述运营业绩、资源和能力差距。第三步是调整公司的结构、过程、人和文化以努力实现新战略，这一步的结果是得到一个调整过的商业计划。第四步是执行最新的经过调整的商业计划，这一步得到结果是实际的调整过后的运营业绩。经过一段时期的实际运营之后，学习周期又重新开始。公司通过重复的战略学习周期来保持持续的学习和调整。

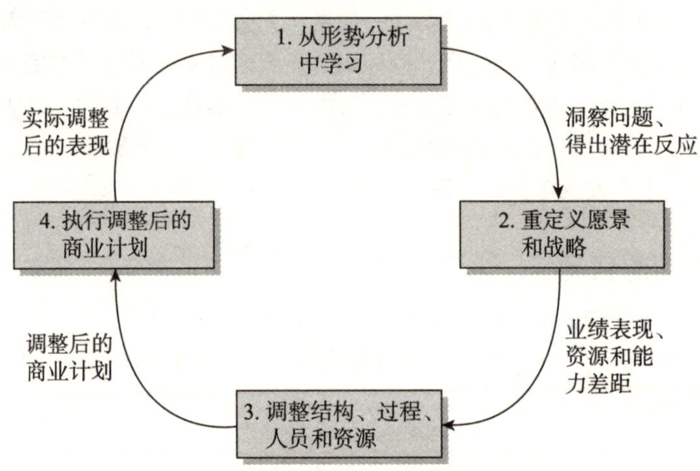

图 20—3　学习型组织的战略学习周期

有效的学习包括不停的对关于顾客、竞争对手、生产能力、资源和盈利能力的关键问题进行提问。创业型企业家不应该过度自信和过量使用当前资源，从而阻碍学习和调整的意愿。最好的自信度是，由于预期新知识会有助于公司的学习和调整而决定愿意前进。

以前构建的像金字塔结构的公司现在则更像是由一些临时安排组合而成的。随着环境的不断变化，适应型企业已经变成现实。首席执行官们和他们的公司如果没能成功执行战略就意味着失败。如果公司的文化能被广泛的理解和分享，会有助于公司员工执行战略。有一个强烈的文化和非正式的管理模式，员工可以对他们自己的行动负责并执行得很好。新公司可以招募、训练和奖励为自己的行动负责的人。

大多数组织都会面对各种各样的挑战，所有这些挑战都要求人们有巨大的创造力和想象力。弹力即能够迅速从挫折中恢复的能力，是一种能够学习并积累的技能。一个弹性组织根据它的知识和对现实的接受力，以及一套强烈的积极价值观和有力的适应能力而行动。公司在拥有对自身竞争位置的一个清晰的、未歪曲的现实认识的同时，还需要有从艰难的挑战中走出来的能力。弹性的领导为公司的未来构筑一个新的、更完善的愿景，弹性公司的估值系统唤起了有意义的和崇高的使命。第三个因素就是从能得到的东西——一种创造力或即兴提出解决方案的能力，去创造未来的能力，存活下来的公司都将即兴发挥作为一种核心技能。**高弹性的公司能够通过微弱信号识别问题并对之做出反应，经过反思的行动是对改变和信息做出反应的最好方法。**识别威胁和劣势的一个方法就是让公司外部的人对公司的弹力进行测试。

成功的创业团队拥有一个完整的商业计划，但他们愿意在需要的时候做出更改。

创业案例

时间共享计划

Flexcar（www. flexcar. com）是由西塔图的尼尔·皮特森（Neil Peterson）创建的，它为汽车使用者提供了一个时间共享计划。他认为客户宁愿使用由它的时间共享公司提供的汽车而不是自己买车。这个方法在欧洲大受欢迎，但皮尔森发现西雅图的人们还是喜欢自己买车。他很快学会了将他的营销运动转向大学和企业，在这些地方他的商业模式和推销演讲更有作用。

适应型公司的一个现实例子就是星巴克。拥有10 000家连锁店的星巴克展示了惊人的学习、创新和改变能力。2001年年末，星巴克为客户引入一种预付借记卡。到2003年末，它已经发行了1 400万张借记卡，占其所有交易的15%。此外，星巴克还不断调整它的菜单，增加产品和创新。

菲利普·卡恩（Philippe Kahn）是宝兰（Borland）和阳光冲浪（Lightsurf）科技公司的合伙创始人，他以即兴来描述适应力：

> 我不知道创业型企业家有什么不同，但对我来说就是一个爵士音乐家和古典音乐家的区别。我想古典音乐家是那种将来会在大公司工作的人，而爵士音乐家是那种在小乐队里过活并懂得如何即兴创作的那类人。我想这是一个真正的比喻，也正是不同点所在。

在新建创业型企业开始的时候，就建立适应性的学习型公司是比较明智的，竞争优势在很大程度上都取决于组织不断改变和重塑自己的能力。他们通过不断地建立与重建一个共享的愿景，以及团队学习来做到这一点。在很大程度上，这种如图20—3所示的反复的适应过程是一个公司在动态经济中唯一的可持续竞争优势。

用道德罗盘为企业指引航向

生活充满了困难的道德挑战。**道德**（Ethics）是一套良好人类行为的原则，是以一种能被社会接受的方式开展活动的规则。**道德原则**（Moral principles）关注善良的（或恶意的）人类行为，而且经常以人类行为规则和标准的形式出现。因此，一条基本的道德规则就是：不要撒谎。当然，这样的规则也是可以有例外的，比如善意的谎言。

道德关注的是做正确的（道德的）事。社会也通过建立法律来引导行动，例如，美国的法律规定接受贿赂和回扣是非法的，但为了促进销售而付费可能是合法的，但是行贿却是非法的。

新建创业型企业的成功，不管盈利或没有盈利，取决于战胜竞争对手。竞争市场可能给企业型企业家太多压力而导致不道德的行动；企业的领导发现在不牺牲顾客或利润的情况下很难与竞争对手公平较量。安然和世通（WorldCom）展示了当竞争压力胜过道德原则时，往往会产生不好的做法。

道德行为可能超越了法律，因为法律不可能适用于每项行动。做正确的事是一个没有定义但很有用的标准，一个道义上的目标将是讲真话。因此，一个商人会尽力对他的产品或服务提供全面和真实的信息。讲真话是正直的一个关键部分，而正直是声誉的基础。因此，公司至少会发现讲真话是对他们有利的。幸运的是，良好的道德和自我利益通常是一致的，因为大多数公司都想建立和保持一个很高的声誉。

正直（Integrity）可以被定义为真实、完整和公正。它可被描述为我们的言语和行动的一致性以及我们的性格和行为的一致性。正直的公司模式是基于融入公司文化的道德原则之上的，这样，所有的股东都可以开展业务来获得共同利益。阻碍做出道德决定的因素主要是决定与个人利益之间缺乏开放性。虽然公司有明确的商业目标如利润率，但公司必须考虑这些目标都服从道德价值观，一个公司不能以牺牲正直为代价来获取短期利益。

人们可以拥有伟大的价值观，但仍然会犯错误，一个人需要一种能力和性格来实践他的价值观。我们知道真实的缺乏和正直的崩溃会导致可怕的后果，正如2002年安然公司那样。关于安然，罗伯特·布赖斯（Robert Bryce）和M.Ivins写道：

> 安然的失败是由于其领导者在道德上、伦理上和财务上的堕落。不管问题在于会计还是婚姻的忠诚，安居在安然总部50层的执行官都无法向证券交易委员会、向他们的妻子或丈夫，以及他们的员工说出真相。这种堕落已经渗透到他们所做的每一件事，并像野火一样在整个公司扩散。

也许最好的道德准则是："事先发现，并用值得尊敬的、凭良心的、崇高的行动来避开麻烦。"

创业案例

篡改账本

MiniScribe是科罗拉多州朗蒙特市的磁盘驱动器生产厂商，当IBM取消了对它的主要购买合同时它陷入了麻烦。当并没有实现实际的销售收入时，MiniScribe迫使和威胁执行官们不管用什么办法都要达到季度收入目标，于是执行官们转向篡改账本。他们的"篡改"行动包括将原材料库存盘点为产成品，制造假的存货，并严重夸大实际的出货量。

随着MiniScribe收入和利润的持续下挫，公司的压力也与日剧增。于是，执行官们租下一间私人库房。在某个周末，公司的职员及其家属将砖块装满磁盘驱动器的装运盒，并以托盘装运的形式将这些装满砖块的盒子运往"BW"——一个捏造的客户。为了努力实现这个砖块装运计划，他们创造了一个叫做"Cook Book"的客户计算机程序，价值超过400万美元的"很重的"磁盘通过Cook Book被装上了船。

当作假被暴露时，MiniScribe的股票出现了垂直下跌，投资者损失了数亿美元，但就在不久之前，同样是这些执行官们，在一次内部交易中，以优厚的利润卖掉了他们大部分的股票。CEO和CFO在监狱度过了很长一段时间。不道德的行为绝大多数会被揭露，并带来极其严重的后果。

当一个人变成一个企业的领导时，不惜任何代价都要赢的压力是很有力量的。有的人为了做一个好的团队成员，可能被要求抄近路。麦克·勒莫尔明智地建议你在碰到这种情况时应该这样说："做这件事我会感到不自在。"当然，丢掉职位的风险是存在的，但是你可以反复地、不假思索地说："做这件事我感到不舒服。"

安然的起伏离不开其财务部门和投资银行家们的合作关系，这些投资银行家将交易搅和在一起。一个摩根大通银行家在 1998 年时写道："安然喜欢这些交易，因为他们能够将他们的资金债务瞒着他们的证券分析师。"在华尔街，投资银行家们把他们创新的财务结构安排称做"技术"。在投资银行业，许多银行家的道德是："你能做这笔交易吗？如果你能，而且不太可能会被控告或监禁，那么这就是一个好的交易。"

麦克·勒莫尔为难以决定的行动提出了两个测试：这件事是不是太歪曲了以致你为此睡不着觉；你能忍受明天的报纸报道你的行动吗？如果遇到为难的问题，也许最好的办法是与一个聪明的、值得信任的朋友一起讨论这件事。你能忍受这种行动吗？欧内斯特·海明威在他的小说《午后之死》(*Death in the Afternoon*)中曾写道：**"道德就是行动之后你会感觉很好，不道德就是行动之后你会感觉很糟糕。"**在艰难的境况下，要做出道德行动有以下几种方法。

- ◆ 保持与许多人共事，并参与到不同的活动中。这可以帮助你避免被施压，而选择做你周围每个人都认为能接受的行为。
- ◆ 增强对负面影响力及劝说的抵抗力，可以多阅读这类话题的书籍。
- ◆ 制作一份个人董事名单，其中包括你敬佩的人以及有着值得你敬佩的价值观的人。如果出现艰难的情况，向他们征求意见。
- ◆ 应用"《华尔街日报》头版，左手页"测试。如果你知道有一天这件事会被公之于众，你会改变你的行动吗？
- ◆ 保持半年到一年的工资现金储备。这可以帮助你脱离与不道德公司的关系而寻求另外的选择。
- ◆ 在做决定之前休息一下。当感到压力时，请假离开房间整理一下你的思绪。

创业案例

英特尔建立道德企业的方式

创业型企业家应该为公司的道德基础做计划，那样才能建立正直和声誉。正直的坚持对任何想要取得长期成功的公司都非常关键。英特尔前任 CEO 克雷格·贝瑞特(Craig Barrett)提出"3M"哲学以帮助领导者做出正直和道德的决策。这三个 M——经理(manager)、媒体(media)、母亲(mother)，代表了领导者应该很乐意与之分享他们的决策的三种人。领导者只有确定他们的经理、媒体和母亲都通过他们的决策时，才能开展已选好的行动方针。

带你踏上创业之旅

案例AgraQuest

ArgaQuest 制作的商业计划中指明美国环境保护署会在1年之内证明和许可它的天然生物杀虫剂。然而，实际通过第一个产品Serenade的时间为两年，AgraQuest的第二个产品Sonata，更是花了30个月的时间才得到批准。此外，公司为它的第一个产品开展了一场营销运动，而这个产品却存在根本缺陷。由于差劲的执行及对困难和挑战迟钝的适应，AgraQuest直到2005年才完成它的里程碑。

研发战略和过程的实施相对来说没有什么缺点，但就像一只能下金蛋的鹅，但它孕育产品的速度太慢了。AgraQuest是一家科技公司，但有着产品认证、营销和销售等混合业务。如果它能在生命周期早期就采用如图20—3所示的反复学习过程，那将取得什么样的成就呢?

到2004年，AgraQuest雇用麦克·米尔为CEO，Pam Marrone仍然是主席和董事会成员，公司的重点转移到执行。在2005年，公司的毛利率就从25%上涨到45%，Agraquest正朝着收入和利润上涨的方向迈进。

Pam Marrone在2006年4月离开了AgraQuest，建立了一家新的生物科技公司——Marrone 有机创新，集中于开发天然杂草控制产品，但她仍然是AgraQuest的董事局成员。在AgraQuest创建10年之后，Pam 意识到公司已经进入了增长阶段，正如表20—1所形容的，所以她决定组建一个新企业。

纸上练兵

1. 你的新建企业向报纸和杂志销售一种昂贵的软件系统。每笔销售的价格在 10 万美元甚至以上。你的公司计划在下周向公司最好的顾客之一交付一个系统，但是，你的首席技术官（CTO）刚刚告诉你他们在这个系统里发现了一个主要的软件错误，而且需要 2~3 周的时间来对其进行修补。你这个月正指望着这笔生意来支付职工薪酬以及偿还拖欠的账单。你的 CFO 建议先交付系统，稍后再派一组技术人员去修补这个错误，而你的 CTO 想先修补错误再交货。你会怎么做?

2. 苏富比拍卖行（Sotheby's）和佳士得拍卖行（Christie's）是两家最大的拍卖行，并且都在 20 世纪 90 年代末那个繁荣 e 时代有着不断增长的业务。2000 年，两家公司都因操纵价格被起诉。美国在 1890 年通过了《谢尔曼反托拉斯法案》以控制联合和垄断。1995 年，两家公司都宣布将要按交易价格征收固定的，不容协商的累进计算的佣金。这是一种操纵价格的战术吗? 什么是合法的定价政策以及非法的价格操纵?

3. 2003 年 5 月，波士顿的 Zipcar 公司认为是时候引进新的资金以达到盈利了（见 www.zipcar. com）。但是，可能的投资者坚持要换掉现任的 CEO 和董事局。根据该公司生命周期中各发展阶段的执行和融资来检查 Zipcar 公司随后的进展。

4. 你是一家陷入困境的公司的官员，这家公司刚好谈判成了一项救命的合并交易。保密是必须的，任何泄露都可能使交易落空。你知道一个已经在公司干了很长时间的雇员会在这次合并中丢掉工作，而他即将买一所昂贵的新房。你将告诉这位雇员先暂缓买房计划而在其他雇员中增加怀疑和流言，还是装作一切都很正常，即使这样做很可能会导致这位雇员的财务破产?

5. 据报道泰科国际（Tyco International）的 CFO 要求首席人力资源官在 2000 年给他和 CEO 派发一笔数额巨大的奖金。当首席人力资源官质问 CFO 有关数百万奖金批准的文件时，据报道 CFO 是这样说的："你怎么不相信我呢? 我向你撒过谎吗? " 你应该怎么回答? 应采取什么样的方法解决这种为难的情形?

6. 作为你公司的销售代表，你经常与新公司的业主打交道。最近，一个企业的创始人告诉你他在得知一位员工患了癌症后就马上解雇了他。你会怎样对他说，如果有的话? 你还将继续和这家公司做生意吗?

创业挑战

1. 简单描述在获得资源后你执行商业计划的计划。

2. 描述把你的公司建成适应型企业的计划。

3. 你将使用什么机制来向你的企业灌输道德行为的观念?

综合案例

乔恩 · 赫斯特里克的新公司

1994 年 8 月，也就是乔恩（Jon Hirschtick）辞掉高薪工作的 12 个月后，他开始着手创办一个新的软件公司，叫 SolidWorks，这个想法着实不错。随着迈克尔 • 佩恩（Michael Payne）加入 SolidWorks 团队，这个种子公司的资本项目就开始高速运转起来。在这个项目上做了 9 个月之后，阿特拉斯风险公司（the Atlas Venture）的副总裁埃克塞尔 • 比查拉（Axel Bichara）提出了一个项目，最后组成了令人兴奋的辛迪加财团：阿特拉斯风险公司、北桥风险投资合伙人（North Bridge Venture Capital Partners），和 Burr,Egan, Deleage & Co. 在迈克尔执掌董事会两个星期之后，他向 SolidWorks 公司出示了一份报价表。

整个过程非常有趣，因为乔恩和阿克瑟尔在过去 8 年的大部分时间都是在一起工作的。他们于 1986 年在麻省理工学院（MIT）相识，并且在 1987 年共同创办了普雷米斯公司，一个辅助设计（CAD）计算机软件公司。在普雷米斯公司被电脑愿景公司收购之后，他俩作为管理人也加入了那个团队。现在，他们坐在谈判桌的两端讨论埃克塞尔作为带头风险资本家的第一笔交易。

乔恩和其他的合伙人都认为给出的估价和条款很公平，只是投资后的股本问题（the post-money[①] equity）悬而未决。他们必须决定要投入的资金数量，是需要足够的资金来支持 SolidWorks 公司直到它取得积极的现金回报，还是少投入资金而增加创业团队投资后的股本？

如果他们现在少投入资金，之后就要筹集资金，那时 SolidWorks 或许能有一个更高的估价。但是这相当于在开发团队和投资环境的成败上下注。如果他们的产品在测试中得到消费者的广泛认可，就会快而有趣地筹集到更多的资金，但一旦遇到任何意外，就可能耗费大量时间而且会产生较差结果。

乔恩 • 赫斯特里克：1962—1987年

乔恩在芝加哥的一个企业家族长大。他记得的很有趣的事就是，在父亲的兼职业务中帮忙，即横穿中西部地区张贴集邮者展示的作品。高中时他曾自封为魔术师。

这种创业冲动一直延续到了他的大学生活。Jon 回忆他在麻省理工学院时组建的黑杰克小组：

> 我们为创业而筹集资金。那时，我们开发了一种能在 21 点中取胜的概率系统。结果出奇的惊人！在起初的 6 个月里，我们的资金增至 3 倍，在接下来的 6 个月里又翻倍了，之后的六个月时间里再次翻倍。我们创造了 99% 的年均回报率。我学到了很有用的一课：你确实可以比其他人懂得更多，而且可以通过应用这一知识来赚钱。我们解决了 21 点的难题，虽然人们认为这是不可能的，但我们研究了并且取得了成功。这一原理同样可以适用于创业。机会通常存在于大多数人认为不可能的地方。

1981 年夏天，乔恩在电脑愿景公司实习时接触到了计算机辅助设计。电脑愿景公司是 20 世纪 70 年代创办的比较成功的公司之一。到了 20 世纪 80 年代的时候，它已成为计算机辅助设计的主导力量。

① Post-money valuation：投资之后的公司股权。——译者注

在麻省理工学院获得了机械工程学（M.E.）硕士学位之后，乔恩成功建立了麻省理工学院计算机辅助设计实验室（the MIT CAD laboratory）。他亲自监督学生雇员，协调研究项目，并做向导。

埃克赛尔·比查拉：1963—1987年

埃克赛尔出生于柏林，在法国读的高中。1986年，在柏林科技大学（the Technical University of Berlin）攻读机械工程学硕士学位期间，他获得了麻省理工学院的奖学金。埃克赛尔在德国时就曾经在一个计算机辅助设计实验室工作过，因此他选择了麻省理工学院的计算机辅助设计实验室作为完成学业的地方。

早期的计算机辅助设计软件

计算机辅助设计软件可以上溯到1969年，那时工程师们刚开始利用计算机使图纸设计自动化。建筑师、工程师、设计师和其他的制图者利用计算机辅助设计软件来绘制各种类型的图表和设计图。任何一家设计和制造产品的公司（比如说，福特汽车公司、索尼公司和百得公司（Black & Decker））都是计算机辅助设计软件的潜在用户。

一个创业班：1987年1月

到麻省理工学院计算机辅助设计实验室的参观者经常会抱怨一些问题，但乔恩都给予了解决。他参加了一个创业班，为一个刚开办的计算机辅助设计公司普雷米斯公司起草一份商业计划。乔恩描述了他辞职创建新公司的决定：

> 我曾听说莲花发展公司（Lotus Development Company）的创建者米奇·卡波尔(Mitch Kapor)用一个游戏表演比喻来描述创业冲动。他说，“部分创业本能是在你知道答案之前就开始萌发，然后期望在警报响起之前就达到目的。”这就是发生在我们身上的事情：我们并不知道如何创办一个公司，或者如何筹集资金，但是普雷米斯公司开始行动了，我们在时间耗尽之前有了答案。

在这个由创业型企业家组成的班级中，乔恩和埃克塞尔见到彼此都是既惊讶又高兴。上个月在计算机辅助设计实验室时他们还一起工作过，因此决定在第一阶段的课程中结为合作伙伴。埃克塞尔回忆说：“我们能在同一个班级实属巧合，但是很明显我们会一起合作，乔恩有这个想法已经几个月了，所以我们立即开始了产品和商业计划的运作。”

埃克塞尔在1987年10月和1988年7月分别参加了麻省理工学院和柏林科技大学的硕士入学考试。他和乔恩创办普雷米斯公司的时候还是这两个学校的学生。埃克塞尔以极高的荣誉同时从两个学校毕业了。

普雷米斯公司：1987—1991年

在不到6个月的时间里，普雷米斯公司（Premise）实现了从概念到业务计划再到有风险资本家支持的公司的转变。正如埃克塞尔所回忆的：

课程规定业务计划的截止日期是5月14日。6月1日这天，我们开始了与风险投资家的第一次商谈，到6月22日，我们就与哈佛大学管理公司(Harvard Management Company)做成了第一笔150万美元的交易。那个星期我们就收到了预付款。这比想象当中的容易多了，并且实实在在地发生了。

1989年第一季度，普雷米斯公司筹集了第二批资金。哈佛大学管理公司和克莱纳•柏金斯•考菲尔德及拜尔斯公司(Kleiner Perkins Caufield & Byers)联合资助产品的研发。在5月开始的时候，产品评语很积极，但是销售额却很低。普雷米斯公司的软件并不能解决大多数的市场问题。正如乔恩后来回忆到的："一个成功的公司可以没有人才、时间或者资金，但是却从来没有一个成功的公司可以脱离市场而存在。普雷米斯公司锁定了一个小市场。我的一位教授曾经这样描述，'建立一个公司的充分必要条件就是拥有客户'。"

到1990年年末的时候，合作者认为使普雷米斯公司获益的最好方法是实行企业并购。他们雇用了明尼阿波利斯（Minneapolis）的一家投资银行为他们寻找一个买家。维塞尔斯、阿诺德和亨德森公司(Wessels，Arnold & Henderson)被认为是支持计算机辅助设计产业的精英投资公司之一。普雷米斯公司能够吸引顶级服务提供商的优势就在于它的风险投资合作伙伴的威望。乔恩解释到："一些银行家想与我们合作，很大一部分原因就是他们想与我们的风险投资伙伴合作。我们拥有顶级的风险投资者，这使得做任何事都顺理成章。这是可以理解的。我坚信寻找风险投资伙伴是最重要的。"

维塞尔斯、阿诺德和亨德森公司的确不负众望。如埃克塞尔回忆的："我们在1991年3月7日将普雷米斯公司卖给了电脑愿景公司。电脑愿景公司也同时收购了我们的专有技术和工程团队。这对两个公司来说都是有益的。"

电脑愿景公司：1991—1993年

作为并购协议的一部分，乔恩和埃克塞尔加入了电脑愿景公司（Computervision）的管理团队。在埃克塞尔离开去欧洲学习商业之前，在一年的时间里，他俩一同管理了普雷米斯公司的开发团队和产品线。埃克塞尔走后，乔恩却没有离开。

普雷米斯公司团队的产品收入在1991年到1993年期间增长了2%，与直接收入同样值得一提的是，他们的技术也被应用到电脑愿景公司的一些高端产品中。1993年1月，乔恩被任命为另外一个计算机辅助设计产品的产品定位总监。他在这个位置上做了8个月。在电脑愿景公司工作了两年之后，他已经为新的开始做好了准备。他在1993年8月23日正式辞职。（看表Ⅳ—1，他的辞职信的摘录。）

乔恩在菲律宾度过了一个假期之后，买了新的计算机设备，叫上商业伙伴，开始了业务计划的工作。他没有明确的产品概念，但是他的市场调研显示，成立一家新的计算机辅助设计公司的时机成熟了。

表Ⅳ—1　　乔恩赫斯特里克给电脑愿景公司（CV）的辞职信的摘录

这是我打算离开电脑愿景公司(CV)的理由。那天你问我，是不是因为不高兴而打算离开，或者是打算创办另一家公司。我却强烈的意识到，是因为我确实想在别的合资企业工作。我打算建立另外一家寻求商业价值的公司。

续前表

我对于离开 CV 去寻找另外的创业机会有着浓厚的兴趣，因为我试图：

1. 成为制定商业决策的一员。我希望能出席董事会会议并制订业务计划，正如我在普雷米斯公司所做的。

2. 挑选、募集、领导并激励一支优秀的团队。我认为自身的一大优势就是挑选有能力的人并组成强大的团队。

3. 能代表客户、媒体、投资者和分析师的公司。我喜欢向这些群体销售与介绍产品时所面临的挑战。

4. 在多学科领域工作的问题：市场分析、策略、产品、资金、分配和营销。我擅长解决跨职能问题和处理决策。

5. 在高效率的环境中工作。我喜欢可以迅速做出决定，每个人（不仅仅是我）都有权使用自己的判断的环境。

6. 以消费者和市场为导向的组织。我发现只有当技术和计算机体系结构与业务成功直接相关的时候才是有趣的。我打算集中精力生产客户需要的产品。

7. 有很大的股权激励。我喜欢高风险多带来的高额潜在回报。

8. 获得业务成功及得到认可。我通过销售、盈利能力和公司估值来评价；我要直接参与到业务成功的过程当中。我希望能直接影响业务的成功，那样就会得到认可。我承认这一个人需求在我的决定中占一部分比例。

总结

我已决定要在一家风险创业公司工作。这不仅仅是因为我能比在 CV 更好地处理问题。对于能更容易地创建一个公司我没有任何幻想。从开始我就知道创建一个新公司要遇到的阻碍不会少于现存的大公司所遇到的。但是这一阻碍正是我想要的。

20世纪90年代的计算机辅助设计软件市场

到 20 世纪 90 年代，最受欢迎的计算机辅助设计软件有着所谓实体建模的功能。实体模型设计出三维的计算机对象与实际存在的物体的每一个细节都很相似。这主要用来设计制造工具和零件。实体模型是 SolidWorks 的主打产品。驱动实体模型繁荣的关键利益点在于：

- 价格相对便宜，而且足够精确的计算机辅助设计软件原型足以替代昂贵的（如劳动力，原材料，工具制造等）物理原型.
- 摒弃物理原型的做法，大大提前了进入市场的时间。
- 可以创造和测试更多的原型，从而使产品的质量可以得到很大改善。

然而，并不是所有的计算机辅助设计软件都能有效地管理实体建模，使之代替物理原型。

很多供应商提供的计算机辅助设计软件是基于 20 世纪 70 年代到 80 年代的计算机技术。美国国际商业机器公司（IBM）、电脑愿景公司、英特格拉夫公司（Intergraph）以及其他传统的市场领导者曾经历过失去市场份额的变故，因为实体建模需要在旧系统工作较差的软件环境中运行。

作为这一产业新加入的竞争者，美国参数技术公司（Parametric Technology Corporation）为最先进的实体建模软件确立了一套新的标准。（1994 年时它已是有着 8 年历史的公司了。）计算机辅助设计行业是一个竞争激烈的成熟而分散的行业，但是美国参数技术公司茁壮成长起来了，因为其他的公司都只是使用旧的技术来运行实体建模功能。

1995 年，世界各地的机械计算机辅助设计软件的收入曾被计划为 18 亿美元，包含美国国际商业机器公司预计的 3.88 亿美元的销售额。美国参数技术公司年增长率超过 50%，销售额高居第二，预计收入达到 3.05 亿美元。产业分析家预计每年会有的 3% 到 5% 增长，年度单位出货量增长 15%。由于产品价格下调的压力不断挤压利润率，因此很多股票分析家认为这个市场正在逐渐走低。然而，美国参数技术公司 1994 年交易的价格 / 收益比率仍在在 21 和 40 之间 。

自从离开电影愿景公司后的埃克塞尔：1992—1994年

在美国呆了五年之后，埃克塞尔决定到欧洲攻读工商管理学硕士。由于在普雷米斯公司和电脑愿景公司的工作经验，他开始对企业管理的艺术和科学产生了浓厚的兴趣，并且已做好改变的准备。

他选择了欧洲工商管理学院（INSEAD）。欧洲工商管理学院设在巴黎南部的枫丹白露 (Fontainebleau)，它是欧洲公认的三所顶尖商学院之一。申请过程包含与两位校友的访谈，埃克塞尔的其中一位面试官是克里斯托弗·斯普雷，他是阿特拉斯风险公司波士顿分部的创建者（Atlas Venture's Boston Office ）。阿特拉斯风险公司在欧洲和美国都有办事处。1994 年，其名下资产为 2.5 亿美元。

由于在欧洲工商管理学院开学前埃克塞尔有三个月的空闲时间，克里斯让他去观摩几个阿特拉斯公司的项目。埃克塞尔发现自己喜欢“从另外一个角度”评估业务。他 1993 年毕业后就被任命为阿特拉斯公司的波士顿分部副总裁，职责是发展高新技术贸易。

埃克塞尔回忆商学院培训和风险投资实践的关系：

> 由于我的技术和创业型企业家的背景，我有能力成为一名风险投资者；在商学院的学习则使我的羽翼更丰满。要成为成功的风险投资实践者，并不需要很多的工商管理学课程，以金融为例，我从主要课程中学到了我需要的所有东西。没有创业经验的人若想成为风险投资者就应当尽可能多地学习创业课程。

乔恩建立起SolidWorks公司：1993—1994年

乔恩的业务计划核心锁定在计算机辅助设计市场上。他解释道：

> 我明白这一大市场正经历着主要的变化，将来还会有更多的变数。从一个创业型企业家的角度来说，我看到了新企业诞生的适当条件。我同样明了我拥有技术技能、行业信誉以及使其成功的远见卓识。这是个相当难得的机会。

SolidWorks 的产品构思不管是乔恩的个人科研还是与朋友的讨论，都进展缓慢。他尽量避免用到可能被电脑愿景公司视为专利的科研成果。他要考虑法律问题，因为他可能会设计出和电脑愿景公司要设计的相似的软件。埃克塞尔解释道：

> 电脑愿景公司和 SolidWorks 公司都想生产高质量的实体建模产品。实体模型技术依然很难学，而且也难用。只有美国参数技术公司的实体模型技术软件运行得很好。其余的制图很好，但是出于测试目的不能替代物理原型。

在美国只有 5 万个授权的实体模型终端，而且他们中的大多数属于美国参数技术公司，但是却有超过 5 万个计算机辅助设计终端。美国参数技术公司无法扩大市场主要有两个原因：

◆ 它的产品需要具备强大功能的计算机。

◆ 要对美国参数技术公司的软件熟练使用需要将近 9 个月的时间而且每天都练习。SolidWorks 的目标是建立易学习的实体建模软件，在不是很专业的硬件上模拟实时文字部分。（见表Ⅳ—2）

表Ⅳ—2 竞争定位网

计算机辅助起草和加载项		生产实体建模
低端：		
视窗操作系统 (Windows)	欧特克（Autodesk）	SolidWorks
~每个工作站 5 千美金	本特利（Bentley）	
VAR 通道	机戒设计 (CADKEY)	
高端：		
UNIX	Applicon	PTC
~每个工作站 2 万美金	计算机强化设计和制造（CADAM）	
直接销售		

这一设想在业界并非独树一帜。许多计算机辅助设计公司都在研发实体建模软件，而且在低端市场上是完全开放的。SolidWorks 的优势在于它运用最新软件架构和新硬件平台的能力，它并不与过时技术相关联。吸引高水平开发人才，是这一领先战略的重中之重。

队伍建设

乔恩的妻子，梅丽莎（Melissa），对他从电脑愿景公司辞职的决定非常支持。乔恩说："很多妻子不能容忍丈夫辞退很安稳的工作而开始创业。对于我要成为一名创业型企业家，梅丽莎从不加以阻拦。"

1993 年 10 月，当乔恩打算创办 SolidWorks 时，他列出了自己要做的优先事项：

> 我明白我需要三样东西：人才，好的业务计划以及好的概念验证①。我需要高素质的团队来制定新的行业基准，但是我没有办法让这些人在没有有说服力的样板示范的情况下为我工作。

风险投资者想要一份充实的业务计划，但是这还不够。他们需要强大的团队。我需要资助的人必须同时也是计算机辅助设计大师。风险投资者不能很好地了解大多数复杂技术，并用确定一份高科技业务计划确实是很棒的，因此他们会参考团队的水平并把赌注压在这上面。

如果概念验证能吸引团队，那么团队和业务计划就能吸引资金。我需要能实现这一愿景并且能够使风险投资者产生信任的团队。

乔恩现在正努力寻找这一团队以及发展概念验证；但概念验证是首要任务。他每天都在研究它。在寻找合作者的过程中，他与很多人进行了交谈;他甚至在互联网上发布通知，但是"没有一个人能够解答。"

募集人员陷入了困境——如何使人们在没有薪酬的情况下全职工作，而公司却拥有对他们产品的所有权？他通过建立咨询协议，将员工的工作与 SolidWorks 的所有权相关联，并且在筹集到一定资金的时候发放工资。最后实施时，这一过程只持续了 9 个月时间，乔恩描述自己募集的方法：

> 当我与他人谈论 SolidWorks 的时候，餐费总是由我付。我希望人们可以对它有信心，那意味着我必须表现得很自信。我提供的条件是：没有工资、自己购买电脑、在自己的住所工作、我们将要建立一个伟大的公司。我以前曾做过，因此人们同意了。

① 概念验证是指设计用来说明拟议项目的一个计算机程序。同样被称做典型范例，它被用于演示目的，仅限于在理想环境中成立。——译者注

有一次埃克塞尔曾经这样形容乔恩的管理风格，“他是个有远见的，高水平的掌舵者，强大的领导者。”

罗伯特（Robert Zuffante）：计算机辅助设计工程师/顾问

1993年的一个主要发展是超级明星顾问罗伯特的加入，他成了概念验证发展部的经理。乔恩需要时间来起草业务计划以及组织团队。在罗伯特接管发展部之前他已在这一原创案例上工作了1个多月。乔恩回忆当时的情形：

> 在麻省理工学院时我们是同学，从那之后再没有见过，但当我想到我需要的技能时，我的大脑名片整理盒（Rolodex）上显示出了他的名字。我经常希望可以与他再次合作。我们在11月末谈了一次，大约1个月之后，他开始着手这一典型范例的工作。

罗伯特在麻省理工学院结识了乔恩和埃克塞尔，他在那儿获得了机械工程学硕士学位。他在计算机辅助设计行业工作了10多年，管理过一个成功的咨询业务部门。他加盟SolidWorks，使得乔恩可以把工作重点放在其他迫切需要解决的问题上。

斯科特·哈里斯（Scott Harris）：计算机辅助设计营销人

斯科特·哈里斯在电脑愿景公司工作了11年，在那儿他负责管理开发和营销活动。最值得一提的是，斯科特是电脑愿景公司产品设计和定义小组的创建者和管理者。他管理着有11名成员的实体建模发展团队，扮演着电脑愿景公司的消费者和研发工程师之间的技术联络员的角色。

斯科特在电脑愿景公司的一次大规模裁员中离开了公司。当乔恩第一次告诉他SolidWorks的远景时他表示怀疑，但是当看完概念验证演示后，他开始对此坚信不移。斯科特不再找工作，而是几乎立即全天候地开始为SolidWorks工作。斯科特对此印象深刻，“这个典型范例是我考虑过的很多问题的具体化。这正是实体建模应当采用的方式。”

大约在罗伯特加盟SolidWorks后六周，斯科特开始了在这儿的工作。他参与制订了市场营销部门的业务计划和产品定义过程。他经营核心团队，为潜在客户进行产品示范，分析购买过程。他使研发团队将目光锁定在消费需求上：客户如何使用计算机辅助设计软件，在现在的产品上，客户还需要什么？

业务计划

当罗伯特在1月加入公司的时候，乔恩满怀激情地投入到业务计划的制定当中。在乔恩和他的智囊团考虑关键问题（比如说产品定位、竞争策略以及产品的功能性）的过程中，业务计划有很多版本。到3月底的时候，计划已经润色好了，乔恩可以随时把它交给风险投资者。埃克塞尔回忆：

> 乔恩和我认为，4月的时候完全可以交付业务计划，因此我交给了阿特拉斯一份计划介绍。乔恩将这份计划介绍交给了巴里（菲尔德人，阿特拉斯的一般合伙人）和我，并讲述市场、团队和概念。一句话，巴里深受鼓舞，但并不兴奋。他认为乔恩的描述不够简明扼要，他打算用资金来投资一些大公司，计算机辅助设计市场并不十分吸引人。这是一个艰难的开始。

最初的投资尝试

除了和阿特拉斯风险投资公司洽谈之外，乔恩也与其他的风险投资公司会面，并多次修改业务计划。埃克赛尔描述了这个过程的理性认识：

> 如果你同很多人交谈却并没有给人留下一个良好印象，要筹集到资金会很困难，因为世上的事情就是如此，"交易不会飞来"。最多同 4 个或 5 个风险投资公司洽谈，然后一直修改这一计划直到能够得到满意的答复为止。在每一次主要的修改之后，将它再次交给风险投资公司的管理者。

与很多风险投资公司的商讨都很有发展前途，阿特拉斯不想成为唯一的投资者，而 SolidWorks 在春夏两季也并没有得到其他风险投资公司的资助。

1994 年 5 月，乔恩与一家已成立的计算机辅助设计软件公司会面。它有意图要收购 SolidWorks ——更确切地说是研发团队和原创案例。这一建议很吸引人，它包括转会费和股票。斯科特回忆当时的兴奋情形："这是一个很好的强心剂。这意味着其他的同行欣赏我们的愿景和才能，所以才会冒险投入资金。这正如炎热的天气中的一桶'佳得乐（Gatorade）'。"

在考虑这一购买计划提议的大约一个月时间里，乔恩没有与任何其他风险投资公司会面。如果说这个提议是道义上的激励那么团队拒绝这一提议就更有意义了。乔恩与每一个人（还有一些春季刚加入的程序员）交谈，他们一致同意朝着原定的目标前进。对这一承诺的兑现，鼓舞了士气。

转折点：迈克尔·佩恩，计算机辅助设计公司的创建者

那个夏天最有意义的进展，源于阿特拉斯风险投资公司的一次预定会议。阿特拉斯公司希望 SolidWorks 团队与它的代理商迈克尔·佩恩会面，迈克尔刚从美国参数技术公司辞职。他是美国参数技术公司的创始人，而参数技术公司是计算机辅助设计软件行业的领跑者。他是这一行业最有影响力的人物之一。

> 迈克尔在伦敦长大。他在南安普顿大学（Southampton University）获得了电子工程学学士学位，伦敦大学（The University of London）获得固体物理学硕士学位。后来他到了美国，在美国无线电公司（RCA）工作了多年，任务是设计计算机芯片。迈克尔还在佩斯大学（Pace University）继续深造，完成了他的工商管理学硕士学位。他精湛的计算机辅助设计技术经验开始于 20 世纪 70 年代，那时他在（Prime Computer）的（CAD/CAM）设计实验室工作。他被萨姆（Sam Geisberg），美国参数技术公司的顾问，连续聘用。迈克尔回忆 1986 年他俩的第一次会谈："萨姆有许多大胆的想法，我说，'我们可以做一些事情，这就是我们应该做的'。"

美国参数技术公司成立于 1986 年，迈克尔担任开发部的副总裁。五年的时间里公司就建立了一套新的计算机辅助设计行业标准。1993 年美国参数技术公司的销售额是 1.63 亿美元，它获得的税前利润率超过 40%，其市场价值[①]达到 19 亿美元。迈克尔作为研发经理的威望更是不同凡响。值得一提的是，美国参数技术公司不会错过任何一个新产品的发布日期，并且它每 6 个月都会发布一个新产品。这几乎被认为是软件发展行业不可逾越的壮举。由于管理纠纷，他在 1994 年 4 月离开美国参数技术公司，也就是与 SolidWorks 预定尽责会议的两个月前。

① 市值就是公司的市场价值，它由每股股票的销售价格乘以流通股的数量而得到。——译者注

乔恩从未见迈克尔，但是却知道他的威望，知道他是个很难对付的人。SolidWorks 团队担心有两种可能性：迈克尔可能会说他们走了一条错误的道路，或者说把他们的想法带回美国参数技术公司。乔恩回忆当时会议的情景：

罗伯特和我坐在桌子的一边，迈克尔和埃克塞尔坐在另一边。我决定把赌注压在一个戏剧性的开头上。在我们介绍有关 SolidWorks 的情况之前，我请迈克尔先讲了他们的要求。我请教他在计算机辅助设计市场什么才是最大的机会。迈克尔提到了很多我们所针对解决的问题。我想不到有更好的会议开头方式了。

我们给出了我们的计划和原创案例。迈克尔问了我们很多棘手的、带有对抗性的问题。后来，他告诉阿特拉斯风险投资公司，"可以给他们一次机会"。从他的角度来说，这是最高奖励。

这次会议同时也是迈克尔和乔恩谈论加入 SolidWorks 的开端。在接下来的几个月之后，迈克尔决定加入这个团队。乔恩描述了他们之间的协同作用：

你几乎无法找到两个人可以有更多不同的风格，但是我们相处得非常好，我们的人生观和眼光一致。我们发现不同的风格正是我们的财富；这为解决问题提供了更多的选择。

迈克尔谈论了他加入 SolidWorks 团队的动机：

我不去大公司工作，因为我讨厌彼此间气量狭小的纷争。新创建的公司是我的唯一选择。公司越大，在内部事务上的关注程度就比制造消费者需要的产品高。消费者关心的不是技术，他们关心的是技术能带来的益处。

乔恩将重点放在他认为消费者需要的计算机辅助设计特色上，而且有原创案例显示他可以做到这一点。它比市场上现有的同类产品速度更快、更容易操作。但是研发出来，就是另外一回事了。他们仍然需要创建实现它，这就是他的用武之地。他告诉大家，"告诉我你想要的头衔；我只想运行与发展这个项目"。

团队调整

迈克尔的到来，使 SolidWorks 的团队有点失调，这需要时间来磨合。实际上，迈克尔直到 8 月的最后一周才加入了团队。乔恩表述了他对团队凝聚力的看法：

当我决定开始创建 SolidWorks 时，我有三个目标：(1) 与杰出的人一同工作。(2) 实现理想的新一代 CAD 软件。(3) 赚很多钱。

我们并没有去寻找迈克尔，但是当他出现时，邀请他一同工作是一个简单的决定。要想引进强有力的合作者非常困难，但如果它是你的三个目标之一，无须分析的决定就非常自然的做出了。

罗伯特和我必须放开某些领域的控制权以便于让迈克尔能大展拳脚。我们不再寻找顶级研发经理是因为我们认为已经有两个了。这一变化需要一些时间慢慢适应，但很明显，做出这一决定是正确的。

乔恩把精力放在团队建设上，迈克尔则成为研发经理。虽然仍有较大的人才缺口，尤其是在销售和财务方面，但是在新产品发布时就可以找到合适的人选。迈克尔很满意，"我们没有庞大的团队，但并非没有强大的团队就无法开始，因为我们有非常棒的核心。"

1994年9月

阿特拉斯公司安排乔恩与有意加入辛迪加投资财团的风险投资公司谈判。团队与 Burr,

Egan，Deleage & Company 公司的乔恩•福林特、北桥风险投资合作投资财团公司的理查德•阿摩会面。在完成他们的会议与调查研究之后，两家公司都加入了辛迪加。乔恩•赫斯特里克回忆当时的情形：

> 乔恩•福林特（Jon Flint）和理查德•阿摩（Rich D' Amore）都决定投资，令我非常高兴。很多年前我曾见过乔恩，我对他的印象非常好。理查德•阿摩给我留下的印象是，一位知识非常渊博的投资者。两位都有着极高的威望，我期待着他们的加盟。

迈克尔正式加入 SolidWorks 管理团队两个星期后，一份公司报价表摆在了他们面前。现在团队要计算他们到底需要多少资金。迈克尔的最后一个投资项目（美国参数技术公司）只用了第一轮的资金，现在的团队也想只用一轮。SolidWorks 的“月烧钱速度”预计为平均每月 25 万美元，他们计划一年内发布产品，因此他们需要 300 万美元用于开发产品。销售和营销同样需要资金；他们认为在发布产品和产生积极的现金流过程中有 100 万美元足够了。总之，他们需要增加 50 万美元的安全保证金。SolidWorks 要求阿特拉斯公司在提出的报价表基础上提高 450 万美元。

SolidWorks 在九月的第 1 个星期收到了报价表。它给出了 250 万美元的交易前估值以及 15% 的交易后认股权库（对于 SolidWorks 的业务计划预期，参见表Ⅳ—3）。这些条款对于第一轮的协议非常有代表性，但是当 SolidWorks 的团队投入工作后，他们对以后的估值就不那么满意了。

表Ⅳ—3　　商业计划报价表

	1994	1995	1996	1997	1998
年收入	$ —	$ 175 000	$ 3 010 000	$ 8 225 000	$ 17 115 000
销售成本	$ —	$ 31 500	$ 541 800	$ 1 480 500	$ 3 080 700
营销费用	$ 71 919	$ 765 920	$ 1 930 000	$ 3 030 000	$ 5 822 500
研发支出	$ 605 544	$ 1 126 208	$ 1 350 000	$ 1 500 000	$ 2 050 000
管理费用	$ 185 954	$ 445 175	$ 650 000	$ 800 000	$ 1 050 000
费用总计	$ 863 417	$ 2 368 803	$ 4 471 800	$ 6 810 500	$ 12 003 200
运营收入	$ –(863 417)	$ (2 193 803)	$ (1 461 800)	$ 1 414 500	$ 5 111 800
边际贡献分析					
销售成本		18.0%	18.0%	18.0%	18.0%
毛利润		82.0%	82.0%	82.0%	82.0%
营销费用		437.7%	64.1%	36.8%	34.0%
研发支出		643.5%	44.9%	18.2%	12.0%
管理费用		254.4%	21.6%	9.7%	6.1%
运营收入		–1253 6%	–48.6%	17.2%	29.9%

问　题

1. 这一交易为何能吸引风险资金？
2. 创始人可否在优化他们的个人投资回报的同时，保证 SolidWorks 公司有足够的资金提高其成功的机会？其中，创始人需要考虑哪些因素？

3. 风险投资者如何优化他们的回报？他们需要考虑哪些因素？

4. 在回答完第 2 个和第 3 个问题之后，制定一个协议符合创始人、公司和风险投资公司的最佳利益。

纸上练兵

1. 是什么使雅虎成了一个有吸引力的机会（而不仅仅是一个好主意）？

2. 雅虎将如何赚钱（也就是说，采用何种商业模式）？

3. 分析下列存在的几类主要风险：技术、市场、团队合作和经济状况，并按次序排列。

4. 他们寻找的几种资金、赞助的优缺点各是什么？你会建议他们选择哪一个？

附录

商业计划书

商业计划书A

EZGuard生命科学商业计划

阿沙•纳亚克　医学博士
尼克•莫拉斯　博士
克里斯•埃弗萨尔　理学学士　文学硕士
库尔特•格罗特　理学学士
佛里德里克•温斯顿　理学学士，理学硕士

2002年春

执行摘要

1. 临床需要

内科医生越来越多地通过执行介入程序来治疗一般的血管疾病，这种疾病会引起血管变窄或闭塞。如果不加以治疗，这种血管状况会导致血管破裂或者心脏（血管）病发作。在2002年，美国人花费了500多亿美元来治疗这种疾病。尽管内科医生的目的是重新让血液顺畅地流到维持生命所必需的器官中去，但是他们采用的介入办法在化解血凝块和碎片的时候往往会遇到困难，这导致栓塞（远心端血管的阻塞），并且随后将导致对大脑或心脏永久性的破坏，将产生代价巨大的临床后果。

2. EZGuard

EZGuard公司已经预想到一种全新的装置和方法，这种装置由两种成分组成，并且能够安全有效、轻松地克服栓塞的恶劣影响。基于内科医生对安全有效的介入解决办法的强烈需求，对于我们产品的优越性，我们的专家顾问一致认为这一技术每年将有超过5亿美元（并且正在扩展）的市场。尽管其他的办法也被设计出来，但是内科医生在技术问题上经常受到困扰，这些装置相关的安全问题也令人担忧，应用这些技术往往是因为缺乏一种最优的解决办法而不得不采用的。EZGuard的解决办法独特地符合每个病人对优化的远端产品的需求标准，就如经过对文献的认真思考和激烈充分的讨论后所决定的一样，其中参加讨论的有血管外科医生、介入性心脏病医生和神经方面的医生。

3. 竞争局面和EZGuard的竞争优势

远端保护市场存在着相当激烈的竞争。目前，一家食品和药物管理局（FDA）批准的装置在商业上是可以实现的，并且还有其他几家也在开发之中。在巨大而又日新月异的市场中，EZGuard公司以其预期的卓越临床效果和安全性为根基，把自己定位在捕捉重要市场上。EZGuard的解决办法比起其他现存的装置，使用起来更快速更简单，这一点能使它更快地被采用。因为我们的技术与竞争者的装置有重大不同，我们有信心拥有这项知识产权，因而我们也得以在这个领域创建一个非常有竞争力的企业。我们的知识产权将由经验丰富的律师所代理，他们可以协助我们书写和提交专利证书，这有利于我们更好地避开新企业带来的竞争。

与竞争对手是解决方案不同，EZGuard公司技术的胜出不依赖于运送工具到远端病变血管，而是使它更容易地和更多介入工具和解剖手段协调并存。我们能够提供可以用来连接不同血管内支架系统和介入工具的多目标装置，而不是在最初只把我们自己和一个单独的血管内支架制造商相联系。此特点可以让我们脱颖而出。

庆幸的是，我们的前辈已经为食品和药物管理局 FDA510（k）的许可铺好路，并且也正在积极为医疗保险报销进行申请。他们的数据已经使医疗界认识到远端保护的必要性，并且现在已为大隐静脉血管桥（SVG）移植血管重建术设立了医疗标准。我们在认识到竞争者的潜在威胁外，也很感激这些关键和昂贵的贡献。

4. 市场

最初的市场包括大约每年 250 000 个大隐静脉血管桥再通手术，该市场已有了认可，也形成了完善的赔偿机制。如果每个远端保护装置定价 2 000 美元，这就包含了每年 5 亿美元的市场。此外，我们期望在 2003 年的下半年，颈动脉支架置入术能够凭借可以预防中风的技术而被允许。食品和药物管理局对颈动脉支架置入术的允许将迅速增加另外大约 168 000 个程序的执行[病人现在普遍接受外科颈动脉内膜切除术（CEA），它将被微创内支架置入术的程序所取代]，并且这项增长还包括目前没有申请外科 CEA 手术，却将申请颈动脉支架置入术的病人。因此，我们预测颈动脉支架置入术程序将从被允许第一年的 168 000 例增加到每年 500 000 例，并将有持续 4 年的平稳增长期。如果每个装置 2 000 美元，颈动脉支架置入术服务代表着 2004 年 3.2 亿美元的市场，到 2007 年将增加到每年 10 亿美元。我们的目标是尽快尽可能安全地得到我们装置的许可证，这样即使用作标示以外的目的，外科医生也可以接触到它，因此他们也慢慢地对颈动脉支架置入术熟悉起来。我们的技术在大隐静脉血管桥移植血管重建术程序中非常安全，并且现在是期望颈动脉支架置入术出现的时候了——这是一个即将来临的更加巨大的机遇。

5. 财务策略

保守地估计，技术成熟以及 FDA 510（k）许可证的申请大约需要两年的时间，两年是获得和我们相似的低风险技术和治疗所需医疗设备的标准时间。我们已经设想，在第 1 年内，会有 0.2% 的市场渗透率，到第 5 个会计年度，市场渗透增加到 15%。到第 5 个会计年度的时候，财务增长将产生 2.3 亿美元的营业收入。我们需要将近 500 万美元的初始投资，用来建立原型并且提供临床概念证明，到第 2 个会计年度我们将追加 1 000 万美元以获得食品和药物管理局许可证并把产品打入市场。在财务年度上，从 2002 年夏天开始筹集资金。

6. 团队

EZGuard 的五人管理团队是由一群精力充沛、高素质、富有经验的朋友组成的，内部相互之间合作得非常默契。在我们当中有两名外科医生和三个工程师，在早期医疗设备的开发上有着相当丰富的经验。今年我们将完成训练，迫不及待地开办我们第一个医疗器械公司。我们的咨询委员会包括一个非常成功的医疗创业小组，他们将为我们提供财政、法律和监管方面问题的指导。我们期盼他们的继续参与，并且随着公司成长，我们还会根据需要为我们的团队正式录用其他合格人员。

商业计划

1. 临床需要

在美国，中风是引起长期失能的主要原因，这导致了每年超过 430 亿美元的医疗花费。鉴于中风造成的严重后果，并且目前没有可靠的治疗方法，所以大部分努力都集中在预防上。很多情况已经被认为是中风中可治疗的因素，这包括颈动脉狭窄以及渐进的、与年龄有关的颈动脉缩小，其中颈动脉为大脑运输血液。颈动脉狭窄是个复杂的血管状况（见图 A—1），在这种状况下，颈动脉是因积累的异常组织堵塞而变窄（斑块、血脂、钙或血块）。

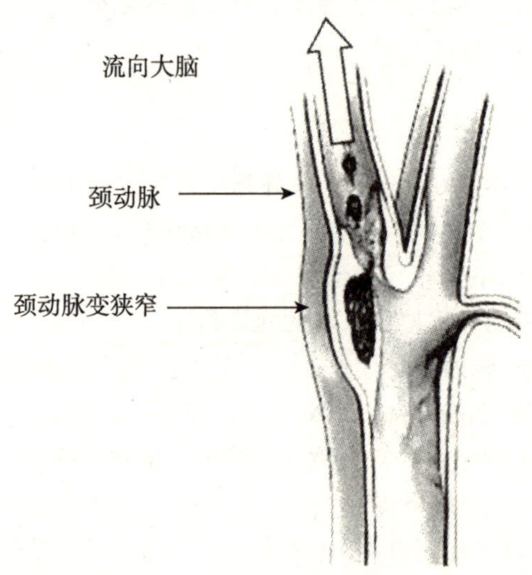

图 A—1　颈动脉中因狭窄引起流量限制的示意图

研究表明，对颈动脉狭窄的治疗将显著地降低以后中风的风险。很多年来，颈动脉狭窄都是在全身麻醉情况下通过外科手术由血管外科专家进行治疗的，在手术中，专家开通旁通管或者重新开通现存的颈动脉（见图 A—2）。

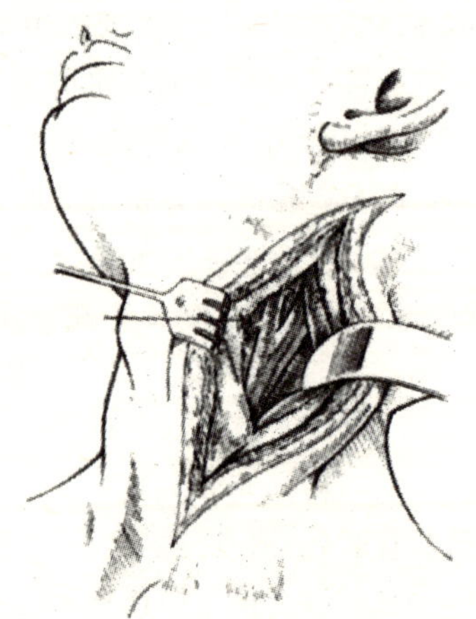

图 A—2　颈动脉内膜切除术说明

然而，实际上由于这个外科手术的高风险性，以及其他一些医疗问题，很多病人都不申请做这样的外科手术，有种新的不用做手术的途径已经被开发出来，叫做颈动脉支架置入术。在这个手术中，颈动脉术是在内部（通过一个放置在周围动脉的导管），进行动脉整形（气泡的扩张），并且植入支架。颈动脉支架置入术在大型多中心临床试验中呈现了出非常有前途的结果，大多数此领域的专家认为这种方法到 2003 年或 2004 年将会大大普及。然而，一直以来对颈动脉支架置入术最大的批判之一是在治疗过程中把碎片（血凝块和脂肪）释放出来，这将导致在预防过程中远端血管的堵塞和医源性（因医生的治疗而引起的）中风。足够的“远端保护”

将能够保证这个过程的安全，这也是医生强烈需要的。

尽管有碎片释放的缺点，医生还是被这种不用手术的方法所驱动，他们以极大的热情继续支持颈动脉支架置入术的试验。然而，由于已经出现的远端保护技术总是和技术问题相伴，远端保护市场在相当大的程度上不能满足临床需要。已经有几个心脏病医生说明他们能够引进一种完整的远端保护装置，而不会延误血液流到大脑，也不会威胁到相关血管的完整性。这样一个装置将会让医生更有信心进行颈动脉支架置入术，治疗更多的高风险病人。

2. 市场分析

有大约 250 万的美国人承受颈动脉变狭窄的困扰，并且这种病有足够的条件进行预防性治疗，以防止中风的发生。在世界范围内，有另外的 250 万人或许会成为申请者。目前，仅在美国每年就会进行 168 000 例动脉内膜切除手术。一旦通过临床试验证实这项技术的可行性，这些病人将马上申请颈动脉支架置入术。假如每个远端保护装置定价 2 000 美元，这将代表着美国每年有 3.36 亿美元的市场。此外，很多需要治疗颈动脉狭窄的病人并没有包括在这个数字当中，这是因为，他们病得太严重了以至于不能承受外科手术，或者他们距离配备血管外科专业的医院太远，而只有血管外科才能完成动脉内膜切除术。这些病人（每年超过 100 000 人）将包括一个更大的支架置入术市场(美国每年增加 2 亿美元)。最后,随着人口年龄的增大趋势,更多的努力将会用来诊断颈动脉狭窄，这些数字将期待进一步地增加。

以上市场预测的数据是由一系列独立来源支持的。第一，行业已经宣布能容忍的成本是 2 000 美元，甚至对于远端保护市场装置，它也只能满足顾客的部分需求。一名第一联合证券分析师报告预测说，美国每年将有 5.92 亿美元的颈动脉保护装置市场，外加美国以外的市场需求 1.62 亿美元。2001 年一份弗洛斯特和苏利文报告预测，随着颈动脉支架置入术不断地替代外科动脉内膜切除术，每年将有 2.75 亿美元的抢滩市场。

颈动脉支架置入术只是需要谨慎保证远端保护的几个医疗程序之一，其他的程序包括神经血管（对动脉瘤、动静脉畸形、血管瘤的治疗）以及其他一些地方（治疗病人由于冠状动脉搭桥手术、肾动脉狭窄以及上臂和腿部动脉闭塞所引起的大隐静脉血管桥闭塞）的介入。随着工具能够进入先前不能治疗的疾病部位，这些程序在数量上得到显著地增加。对远端保护程序需求异常迫切，一旦某个装置因为这些指标中的任何一个被 FDA 批准，那么内科医生将会在该指标之外使用它的一些其他用途，由远端球囊保护系统（the PercuSurge GuardWire Protection System）所证实，到目前为止此装置是第一个并且是唯一一个经 FDA 批准的远端保护装置。尽管它是由于大隐静脉血管桥程序所得到允许的，但是却能够被应用于其他的很多环境。

对于以上列举的应用，大隐静脉血管桥闭塞再通是最有吸引力的市场切入点，这是由于它目前已经建立的记录（在美国每年 175 000 例和在美国以外每年 75 000 例，创造了每年将近 5 亿美元的远端保护市场）和这个领域快速临床试验的可获得性。在美国，大隐静脉血管桥闭塞再通是可以申请保险的手术，并且远端保护也被认为是所需要的标准护理。然而，内科医生在颈动脉应用时，都一致受到这个领域现存装置的阻挠。自从大隐静脉血管桥闭塞成为后期冠状动脉搭桥手术的并发症以后，这个市场在 20 世纪 90 年代就扮演着手术副产品的角色。随着治疗冠状动脉疾病非手术方法的开发，在未来的几年，预计几乎就没有大隐静脉血管桥手术了。然而，大隐静脉血管桥闭塞市场预计还会以上述规模保留到 21 世纪的前 10 年，这是因为在手术之后出现的大隐静脉血管桥闭塞的时间会拖延 7~10 年。在以下的讨论当中，我们的进程将是，先进入大隐静脉血管桥应用市场，从临床试验到申请 FDA 许可，及时抓住正在增长的颈动脉支架置入术市场。

3. 现有方法

曾经有几个公司都曾经试图找到解决远端保护问题的解决办法。但是迄今为止，没有任何一个装置能提供医生所需要的完整、安全和便于应用的保护。几个主要的有竞争力的装置见下所述：

（1）球囊阻断

PercuSurge 公司是第一个发现对远端保护临床需要的公司，它用远端球囊保护系统来解决这一问题，称做 GuardWire，这是到目前为止唯一一个被 FDA 批准的远端保护装置。尽管 FDA 只许可心脏病方面的应用，但是它已经在颈动脉和其他的介入程序中使用（见图 A—3）。它的价钱为每套装置 1 800 美元。

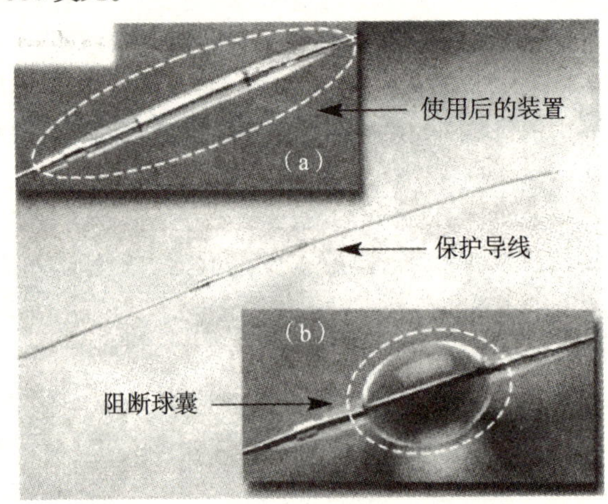

图 A—3　美敦力公司远端颈动脉保护

装置中的保护球囊：运输（a）和调遣使用后（b）

这个过程需要一种特殊的中空保护导线，它穿过狭窄的血管和远端阻断球囊的膨大部分，到达病变部位。阻断球囊防碍了正常血液在血管中的流动，从而产生了碎片障碍。这些碎片能够通过一个近端吸管吸走。尽管内科医生很高兴 PercuSurge 对栓塞概率的降低（没有保护时为 16%，有 PercuSurge 系统保护时为 9%），但是他们对使用这种装置仍然存在焦虑，因为在手术的持续期间内远端血液的流动是完全被阻断的。特别是对于心脏和大脑，这种阻断的承受能力是非常脆弱的。时间一长，远端组织就会坏死，所以，内科医生在使用这种装置完成这个手术时有着相当大的压力。而且，近期研究显示，在未经保护的病变部位初步通过保护导线时会导致释放大量碎片。EZGuard 公司的解决办法是通过提供远端保护装置克服了这个缺点，即使通过病变部位插入第一个工具时也没有任何问题。

（2）过滤器解决方案

为了在保护系统中更好地维持远端血管的畅通，目前，第二代装置正在进行临床试验评估。AngioGuard 和 FilterWire 都是大剖面伞状装置（见图 A—4），插到（也是经过未保护病变部位）适当地方，让血液从过滤器流过并捕捉小碎片，这些小碎片不能通过过滤器的细孔。最初这种装置有许多大小为 100 微米的小孔，更新版本添加了一个降低装置的外形，孔大小为 80 微米。然而，这些过滤器还遗留下了很多需要改进的方面：

通常情况下让大型的过滤器通过狭窄的阻塞区域是非常困难的。

在过滤器插入病变部位这段时间内，并没有远端保护。

过滤器会充满小碎片从而导致完全阻塞。

它的金属边缘会导致远端血管的创伤，并且会引起这些重要血管的痉挛、切开或穿孔。

小碎片（小于 80 微米，还会导致很严重的中风）仍然能够通过过滤器。

几乎不能保证过滤器保护端装置不碰撞血管壁。

因此，一个通道往往包括未保护却流到远端血管的碎片。尽管过滤器公司极尽全力试图解决这些问题，但是这些问题当中很多都是过滤器概念本身所固有的，并且对于这些装置过于乐观地解决方案会被认为是不够安全的。

图 A—4　通过多空网状物（80～100 微米）的机械过滤特性功能

AngioGuard（a）和 Filter Wire（b）

（3）流动逆转

就在最近，ArteriA 公司提出了一个流动逆转的方法（见图 A—5）。在这个方法中将使用精细的气囊和导管系统来实现病变部位血液流向的逆转，这样在治疗过程中释放的任何碎片将直接流进一个外部导管，在血液通过静脉系统流回身体之前碎片会被过滤掉。但是当临床医师最初提出这种方法背后的概念时，这项技术就遇到了很多技术上的难题。

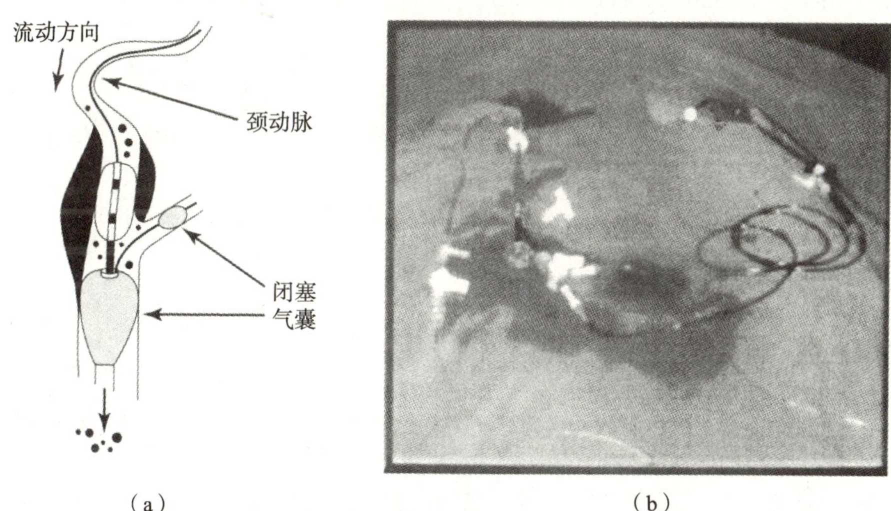

图 A—5　ArteriA 的解决办法：阻隔气囊示意图

阻隔气囊导致流动方向变化（a）和 ArteriA 临床使用的外部动-静脉分流图解（b）

只有很少一部分病人申请安全流动逆转，这需要一个完整的脑底韦氏动脉环（Circle of Willis，为脑提供血液动脉连接的高吻合度，这其中的复杂多变是人类身体中最令人头疼的，并且这只能在治疗过程中由脑动脉波来确定）。

一个精细的导管系统必须建立起来，这包括体外旁道，这能够在碎片被过滤之后把流动逆转的血液输送回身体。相信这么烦琐的安装会限制更多的人接受这项技术。

对于普通的颈动脉中大量的狭窄病变，这项技术需要通过全面部署支架撤回气囊。因此，这限制了在完全狭窄颈内动脉的应用，以及那些延伸到从颈动脉分叉到一般颈动脉的应用。

4. 监管途径

PercuSurge 公司，在 2001 年得到了美国 FDA 510（k）许可——允许在心脏治疗过程中使用由该公司生产的保护导线，这也铺平了监管途径。他们得到的批准基于对随机抽取 800 名病人的多中心检验，在检验中比较了在大隐静脉移植血管重建术过程中使用和不使用闭塞球囊保护的差异。由于这种装置对中风危险的显著降低，未来远端保护试验将需要与当前解决办法相媲美的产品。也就是说，相对比于 PercuSurge，我们的试验需要表现出“非劣效性”。完成这样一个试验的资金大约是 450 万美元，这是在征募 600 个病人、每个病人 7 500 美元的基础上计算得到的。FDA 允许在 510（k）途径的要求下实施远端保护系统，上游技术可追溯到 1976 年。如果我们的装置符合这些准则，FDA 将不要求上市前许可（PMA，Pre-market approval），我们对这点非常有信心。这是大部分医疗设备公司所担心的，因为这将常常需要 10 倍于花费的试验经费。

5. 竞争状况与现有的知识产权

由于现在有很多种远端动脉保护的知识产权，所以必须认真检查 [在马考沃 (Makower) 博士的建议下] 以确保我们的解决途径没有侵犯任何一个现存解决办法。由于我们的技术包含一个定向膨胀气囊和内嵌过滤的抽吸系统，所以应该对描述这些特征的发明给予专门关注。最相关的发明专利图解在下面有展示（见图 A—6）。这些专利描述了用来分阶段运输支架和抽吸系统的气囊，这些支架长度不一，抽吸系统依赖于一个近端阻塞气球。因此，我们的发明在目标、设计和方法上是独一无二的。这份文件已经公开并呈递给斯坦福技术及许可牌照办公室（Stanford Office of Technology and Licensing），并且专利的申请也正在进行之中。

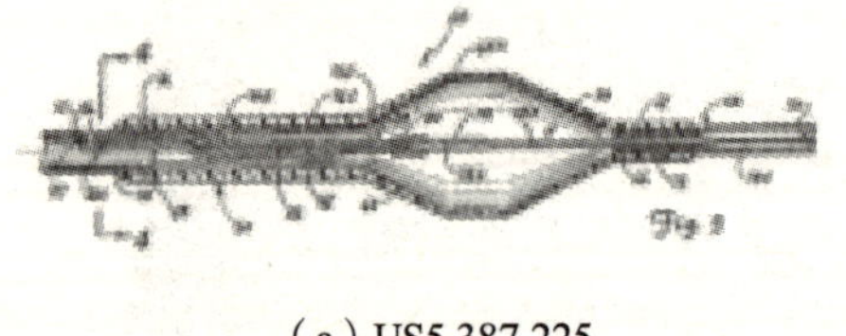

（a）US5 387 225

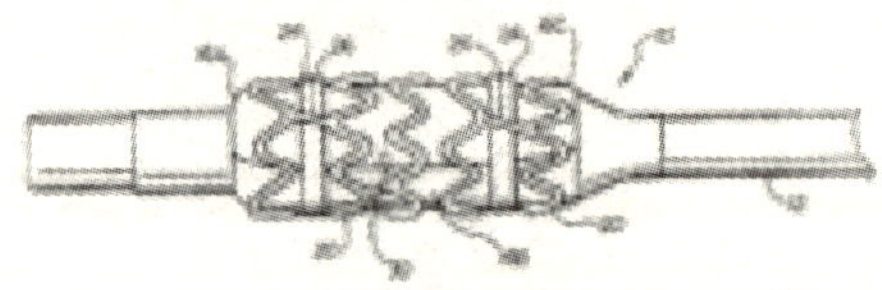

（b）US6 048 350

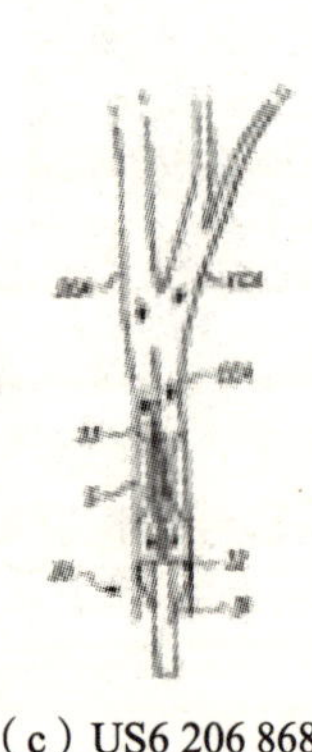

（c）US6 206 868

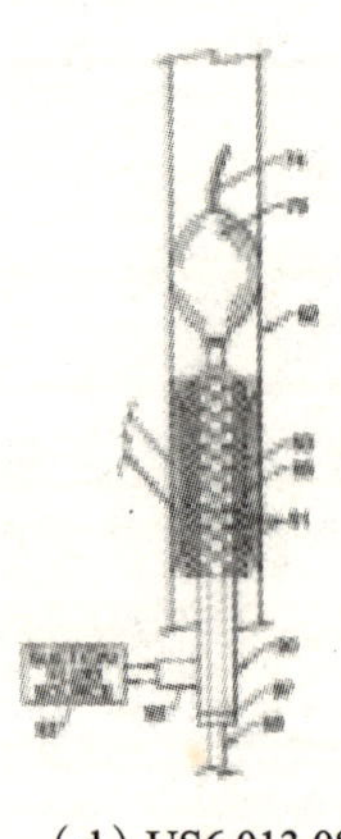

（d）US6 013 085

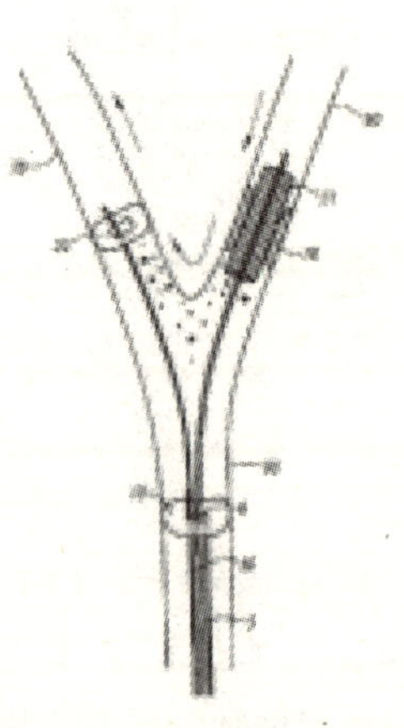

（e）US6 146 370

图 A—6

6. 目标顾客

目前，介入性心脏病医生进行的颈动脉支架置入术和一些其他治疗程序（如以上所述），都能够从远端保护方法中受益。通过与几个引领行业发展方向的心脏病医生的讨论，可以看出对这种需求的广泛接受程度，以及对当前技术日益突出的不满。有史以来，在这个行业中，能够表现出卓越临床效果以及过程性能的装置都能够被很快采用。与其他行业相比，在这个行业中，改变对产品的忠诚和障碍要小得多。

7. 对于解决方案的要求

与几个介入性心脏病医生的共同讨论以及对文献的细致分析，让我们得到了顾客眼中所需的理想解决办法。

◆ 在高风险时期能够移走碎片（50μm）。
◆ 保持远端动脉流通。
◆ 低轮廓度（通过 6—7 法式系统可交付）。
◆ 灵活、易操作。
◆ 使用简单。
◆ 花费小于 2 500 美元。

与所有的竞争者装置不同，EZGuard 独一无二地陈述了这些顾客所提出的要求。

8. EZGuard 的解决办法

EZGuard 最新引进了一种抽吸系统，能够把运过来的碎片通过一个最新的定向气囊收集起来。它易于使用，在高栓塞危险阶段医生能够间歇地控制开关，从而在治疗过程中的大部分时间内能够保持充分的远端血液流通。在置入支架过程中，当碎片被“乳化”到吸力导管时，专门的气囊将有效地创造一个远端阻塞。抽吸系统纳入了一个由医生操作的内嵌过滤器的双向导管，当抽吸系统工作时，它将收集碎片。当吸力扭转，装满碎片的过滤器失效离线，所以过滤完毕的不间断血流能够重新进入到颈动脉循环。在陈述先前所有装置种种问题的同时，这种解决办法满足了所有以上列举的要求。值得注意的是，在《神经病学档案》（*Archives of Neurology*）最近的一个报道中，支持在颈动脉支架置入术中只存在很短的高风险阶段，并提出对这个阶段的保护可能是乐观的方式，这会在防止栓塞事件和保证足够远端血液流通之间达到平衡。

9. 商业策略

行业特点

在介入性心脏病方面，就如很多上游装置中所证实的一样，在这个领域，内科医生对于顾客对高成本装置有着一定的承受能力，这表明他们也有意在改善临床结果。高毛利润是准则，其中冠状动脉支架是最引人注目的例子（生产成本大概 0.50 美元，但却以 1 500 美元的价格出售）。心脏病医生的科学素养决定了引进新技术，这种变化必须迅速被捕捉到，否则将会失去市场份额。

风险评估

我们前期发展的成本高在相当大的程度上要归因于昂贵的临床试验。但幸运的是，已上市器械已经使 FDA 许可的要求受到限制（试验规模、临床评估指标等）。我们的目标是在临床“非劣性”的基础上获得 FDA 关于 EZGuard 公司的许可证，与目前的行业标准 PercuSurge 相对应。非劣性状况与获证“优等”的状况相比，仅需要简短、小型的临床试验。该产品在大量临床数据中赢得了临床医生接受，这说明 EZGuard 公司的特性促进了临床结果的改进，并且程序安全。在专家鉴定过程中，我们咨询委员会的专家成员一致认为 EZGuard 公司在理论上能得到的好处非常有利于推广，他们已经全体一致地表达了对我们技术的支持。

我们期望建立一个自给的、可持续的公司，不依赖于收购，所以我们的眼光是长远的。我们接受早期财务风险，为昂贵的临床试验设立基金，这是因为这是面对巨大机遇的必要开支。一旦一项医学申请被批准（大隐静脉血管桥阻塞），大大缩小的试验（这些联邦政府和学术组织能够赞助）将推动我们把装置应用于很多其他方面（肾动脉狭窄、周围闭塞性疾病，等等）。因此，一次临床试验将得到大量的后续机遇。

独特的挑战

尽管预想 EZGuard 公司的产品会有很多其他应用，但是目前是仅为颈动脉支架置入术和大隐静脉血管桥再通术设计的。目前，颈动脉支架置入术的许可（和报销）还要等待大型随机多中心控制试验的完成，此试验期望在 2003 年初结束。专家预料到 2004 年或 2005 年此项技术将替代其他（外科手术）治疗方法，成为标准治疗法。进一步地说，由于这种治疗扩散危害远远少于外科手术，所以将有更多的病人应用颈动脉支架置入术进行治疗。由于有前述不确定因素的存在，所以目前很难准确预测市场发展和渗透的比率和范围。

应用技术和通过挑战

我们计划应用一种高度集中但是充满灵活性的途径，来应对技术的工艺应用挑战：

将设计远端保护技术，以便于它能够做好准备，应用于大隐静脉血管桥或颈动脉。

我们将依赖大隐静脉血管桥再通术（存在、成熟发展和保险报销市场）作为我们得到 FDA 许可的切入途径。大隐静脉血管桥试验与颈动脉试验相比，更小、更短、更便宜，并且它还可以让我们的技术用快轨道进入市场。一旦进入市场，医生将历史性地把装置应用于不同领域，在这些领域，理论上的益处将受到赞赏和重视。

我们的目标在于进入颈动脉支架置入术市场，就如 CREST 试验结果铺平 FDA 许可道路一样。这时如果获得我们的产品，将允许在标示外使用此项卓越技术，此项技术是为颈动脉支架置入术量身设计的。在这样一个试验进行的同时，此策略将支持在大型、不断增长的颈动脉市场出售产品。在大隐静脉血管桥市场的完整结果将会吸引美国国家健康研究院（National Institutes of Health，NIH）和医疗学术中心的兴趣，这会使获得试验外部资金更具可能。

如果 CREST 的结果不能够为颈动脉支架置入术赢取许可，那么我们的装置仍然能够在每年 5 亿美元的大隐静脉血管桥再通市场保持盈利。在颈动脉支架置入术试验中造成不必要的重大损失之前，我们将瞄准其他申请方向（肾动脉狭窄、周围动脉闭塞）。

最后，在急性心肌梗死（心脏病）治疗方面，我们将为我们的装置开发高风险、多角色的领域。如果成功，治疗急性心肌梗死的能力将有力地把我们推向拥有卓越技术和特有（极大市场）指示的位置，这会使我们成为大型支架生产商的好搭档，当然目前该生产商不拥有此获奖项目的应用。

发展计划

第 1 年——血管生物学专家工程师将以导管为基础的技术反复修改我们的模型，直到它符合专家顾问所描述的最终用户要求。一名生产工程师将保证成本效益，并且把可扩展性也纳入设计程序，我们的法律顾问将确保设计改变后仍然能够继续尊重以前的知识产权。第一年，我们的总目标是：最终完成原型设计，进行临床前测试，完成高质量的知识产权组合。

第 2 年——我们将招聘额外的工程师以支持我们装置的小规模生产，为临床前试验做准备。为大隐静脉血管桥阻塞所设计的临床试验将在 2003 年第一季度完成，并且到 2003 年第三季度能够生产足够的装置。我们从 2003 年第三季度末期到 2004 年第三季度招募相关病人。由于临床试验被限制在后续的 30 天内完成，所以截止到 2003 年第四季度，试验就应该结束。同时，引领潮流的心脏病专家主张在会议现场高调展示 EZGuard 系统。这些会议有经导管心血管治疗学术年会（Transcatheter Cardiovascular Therapeutics Meeting（TCT））、亚利桑那州心脏会议（Arizona Heart Meeting）和美国大学心脏病学会会议（American College of Cardiology Meeting），这样可以提高认识以及传达对我们技术的赞同。第二年我们还会招聘一名 CEO，负责领导公司并应对即将到来的销售问题。

第 3 年——这一年的目标是完成我们的临床试验，获得 FDA 以及国外法规的许可，并且努力扩大生产以满足预期客户需求。这一年伊始，销售力量也将开发用来支持销售；销售力量将主要瞄准 10 个关键的大型医疗中心。潜在收购者的兴趣也将被激发，特别是有着国际销售和市场的支架公司。

第 4 年——大规模生产将满足美国和国际需求。根据不同国家的期望采用率，我们将建成或缔造国际销售力量。随着昂贵的临床试验的完成，我们将需要投入更多研发精力以及处理更多的法律效力事务为 EZGuard 系统挖掘新机遇（在颈动脉和大隐静脉血管桥之外）。这一年初，聘任首席财务官为公司兼并或 IPO 做准备。

第 5 年——大规模生产将不断满足顾客需求。销售和市场力量将根据人口与临床上顾客的特殊需求进行调整。这时我们已经盈利，这对于大型支架生产商有着非常大的吸引力，他们将积极申请兼并。对 EZGuard 公司装置新应用的开发也将继续。

第 6～8 年——由于大规模生产和销售的支持，潜在收购者继续增加，并且最新临床应用也不断开发。虽然到目前为止，预测未来方向还存在困难，但我们期望建立一个独立可行的公司——有远端保护的高效平台，能够为不同应用进行客户定制，而且每种应用都有一个广泛的市场。食品和药物管理局对一种应用的许可（大隐静脉血管桥和颈动脉）也允许其标示外大量使用此装置，用于其他用途。

在这整个过程之中，医药保健方面的颠覆性技术将紧随其后，并且新机遇将在适当的时候出现。我们期望能够烘托出一种文化氛围，及时有效地对保健环境的变化做出反应，在保持这种灵活性的同时，我们也能够集中力量取得里程碑式的跨越。

挺进市场

一种具有良好临床需要的产品比现存的任何解决方式更卓越，通过提供这种产品，我们期望 EZGuard 能更快地捕捉重要的市场份额。我们把主导潮流的心脏病医生纳入我们的专家小组，并让他们全方位地参与我们产品的设计、开发和测试过程，通过这些我们期待他们能一如既往地支持我们的产品。在美国全国，他们在全行业范围会议上的推荐和他们在心脏病医生课程上的推荐，将大大推动大众对我们装置的接受。国际销售力量将是对这个过程的重要增补。

10. 财务分析

我们保守地预测估计需要两年的时间开发技术并获得 FDA 510(k) 的许可。两年是获得与我们类似医疗装置的标准时间，类似装置一般属于低技术且存在治疗风险。我们已经设想在第一年内达到 0.2% 的市场渗透率，到第 5 个会计年度时突飞猛进到 15% 的市场渗透率。到第 5 个会计年度，这样的财务增长将带来 2.3 亿美元的营业收入。我们将需要大约 500 万美元的初期投资，这些投资用来建立原型并提供概念的临床前实验证明，在第 2 个会计年度将追加

1 000 万美元，用来得到 FDA 的许可以及把产品推向市场。详细内容请见本计划的附录。

11. 团队

阿沙·纳亚克（Asha Nayak）**医学博士、神经科学博士**（PhD Neuroscience）——斯坦福创新研究员。神经科学内科；熟知人类大脑解剖、血管系统、功能、临床医疗和神经科学的联系；熟知很多颈动脉支架和大隐静脉阻塞再通术过程，知道团队面对的挑战。

尼克（Nick Mourlas），**应用物理理学硕士**（MS Applied Physics），**电气工程学博士**（PhD Electrical Engineering）——斯坦福创新研究员。有着广泛研究经验，并在生物传感器技术的设计、开发和测试方面有丰富的行业咨询经验。

克里斯（Chris Eversull），**理学学士**（BS），**文学硕士**（MA）——斯坦福大学医学学术研究员，斯坦福医学学生。作为托马斯·福格蒂环囊隔绝溶栓系统（Thomas Fogarty's Bacchus Vascular）和美敦力支架补片（Medtronic-AneuRx）研发工程师工作了 5 年，此工作使她得以开发心血管技术，这也使她有了 5 项专利；是设计原型、测试装置、生产，以及申请 FDA 许可方面的专家。

库尔特·格罗特（Kurt Grote），**理学学士**（BS），**医学博士**（MD in 6/02）——斯坦福医学学生。1996 年奥运会金牌得主；贾弗瑞公司（Piper Jaffray，美国投资银行）医疗技术业余顾问；有眼科研究经历。

弗雷德里克·温斯顿（Frederick Winston），**理学学士**（BS），**理学硕士**（MS）——有制造原型经验的机械工程师和化学家。美国投资银行贾弗瑞公司的前任风险资本分析师。

12. 专家顾问

乔希·马科尔（Josh Makower），**医学博士**，MBA——Transvascular 公司、辉瑞公司和新创建公司（ExploraMed，TVI）首席技术官，在工作过程中积累了在经血管医疗装置的大量运营经验。

保罗·约克（Paul Yock），**医学博士**（MD）——斯坦福大学经血管医疗教授，生物医学技术创新项目指导医生，医疗创业型企业家。是迅速交换导管系统的发明者，目前这项技术已被广泛应用。

弗雷德·圣格尔（Fred St. Goar），**医学博士**（MD）——El Camino 医院的介入心脏病医师，颈动脉支架试验的审查者，医疗装置公司的创始人，这些公司包括 HeartPort 公司和 E-Valve 公司。

詹姆斯·乔伊（James Joye）——El Camino 医院经血管研究院的介入心脏病医生和周围血管介入的指导医生，颈动脉试验的审查者，心脏病医生颈动脉培训课程的指导教师，冷冻血管技术的建立者。

格雷戈里·罗伯逊（Gregory Robertson），**医学博士**（MD）——红杉医院（Sequoia Hospital）的介入心脏病医生，Lumend 公司和盒中空技术公司（Fox Hollow Technologies）的顾问，参与了心脏装置的大量临床前和临床试验。

托马斯·日野原（Thomas Hinohara），**医学博士**（MD）——红杉医院（Sequoia Hospital）的介入心脏病医生，Lumend 公司和盒中空技术公司（Fox Hollow Technologies）的顾问，参与了心脏装置的大量临床前和临床试验。

霍华德·荷尔斯泰因（Howard Holstein），**法学博士**（JD）——食品和药物管理局管理规章事务的专家，有着超过 20 年的医疗装置顾问经验。

我们预想到第 3 个会计年度，能占据大隐静脉血管桥和颈动脉远端保护市场 0.2% 的份额，并在第 5 个会计年度迅速增长到 15% 的市场渗透率。为了达到这个目标，我们主要锁定美国和国际的主要关键医疗中心。这些中心至少有两个医生每星期有 1.4 个类似的治疗过程。在这些锁定的治疗中心，我们期望凭借我们产品的优越性能抢占 50% 的销售。在第 3 个会计年度，我们打算在每个中心设立一名销售人员，到第 5 个会计年度的时候，每个销售人员能覆盖 5 个中心。这意味着到第 5 个会计年度为止销售力量增长到大约 200 名销售人员，覆盖 980 个医疗中心。仅在美国，将有 2 100 个介入实验室和 19 500 名介入心脏病医生。我们预计大隐静脉血管桥试验将需要 600 名病人，征募过程大约需要 18 个多月，每个病人大约需要 7 500 美元。这些保守数字反映了这个领域的领先临床试验。工资和利润估计大约如下：工程师 250 000 美元 / 每年，销售人员 200 000 美元 / 年，兼职法律顾问 300 000 美元 / 年，首席执行官 600 000 美元 / 年，副总裁 400 000 美元 / 年，管理员 70 000 美元 / 年。具体数据见表 A—1。

表 A—1　　E2Guard 公司 5 个会计年度的财务预测数据　　单位：美元

价格	2 000					
GOGS	200					
病人	美国	618 000				
	国际	300 000				
	小计：	918 000				
		会计年度 1	会计年度 2	会计年度 3	会计年度 4	会计年度 5
收入	美国	——	——	942 484	13 218 792	185 400 000
	国际	——	——	457 516	6 416 889	90 000 000
	小计：	——	——	1400 000	19 635 682	275 400 000
售出产品	美国	0	0	471	6 609	92 700
	国际	0	0	229	3 208	45 000
	小计：	0	0	700	9 818	137 700
成本		——	——	140 000	1 963 568	27 540 000
运营支出	销售和市场营销	——	200 000	2 000 000	3 147 332	39 342 857
	常规运行和管理	470 000	470 000	470 000	1 540 000	2 680 000
	研究和开发	1 250 000	2 500 000	2 500 000	2 500 000	2 500 000
	合规或临床	——	1 500 000	3 000 000	——	——
	法律事务	300 000	300 000	300 000	300 000	300 000
	小计：	1 720 000	4 670 000	7 970 000	7 187 332	44 522 857
运营收入		（1 720 000）	（4 670 000）	（6 570 000）	（10 484 782）	（203 337 143）
资本支出		（500 000）	（1 000 000）			
税收		——	——	——	4 193 913	81 334 857
现金流		（2 220 000）	(5 670 000）	(6 570 000)	(6 290 869)	122 002 286

注：不承担使用任何净亏损结转，以减低税务负担。

商业计划书B

I-MOS 半导体（SEMICONDUCTORS ）公司

冈仁波齐·柯普莱克里什汗
亚当·威格尔
拉杰特·麦尔沃
托德·萨克瑞特
2002年秋季

内容摘要

导论

I-MOS Inc.（I-MOS），一个半导体知识产权公司，它已经开发出了一种破坏性晶体管技术，可以使静态功耗耗散减少 1 000x，芯片性能提高 30%。这项技术解决了困扰半导体工业近30年的难题：如何在提高芯片上的晶体管数目的同时使产生的热量不以指数形式增加。I-MOS 的解决方案不仅大大减少了静态功耗而且提高了芯片性能，但是却并没有增加半导体制作成本。事实上，这一解决方案与现有半导体制作工艺使用的工具和制作方法是完全兼容的。

I-MOS 可以把技术授权给集成设备制造商，比如英特尔公司、IBM、摩托罗拉公司或者无生产线半导体公司 [比如，美国赛灵思公司（Xilinx）、美国高通公司、辉达公司（Nvidia）] 以及半导体生产厂家，比如，台湾集成电路公司（TSMC）、中国台湾联华电子公司（UMC）、渣打集团（Chartered ）。I-MOS 已经与英特尔公司、美国赛灵思公司以及台湾集成电路公司进行了讨论，三家公司都表示对获得这一技术的授权感兴趣。

市场机会和解决方案

半导体产业预期从 2002 年的 1 400 亿美元增长到 2005 年的 2 400 亿美元。这一产业正被一个问题所困扰，那就是如何在提高芯片上的晶体管数目的同时而不使其产生的热量成指数增加。这种“静态泄漏问题”（Static Leakage Problem）中的指数增长在晶体管阈值电压按比例大幅缩减时发生，这时每个晶体管的泄露增加，而每块芯片上的晶体管数目急剧增长。在现有晶体管水平上解决静态泄露问题、注重成本效益和提出具有可扩展空间解决方案的重大机会已经来临。

I-MOS 已开发出一种破坏性晶体管技术，在使静态能耗减少 1 000x 的同时提高芯片性能 30%，而不增加晶体管的生产成本。由于较低的设备变化，这种 I-MOS 解决方案是考虑成本–效益关系的，它与标准 CMOS 解决方案协同工作，提高了制作效率。半导体产业价值的 2/3，不管是 2002 年的 930 亿美元还是 2005 年的 1 600 亿美元，都可以从 I-MOS 技术中获益。然而，I-MOS 最终将目标锁定在该行业有潜力和性能敏感的各个部分，包括无线设备、电子消费产品、制图和网络产品。这些部门代表了 2002 年的大约 500 亿美元到 2005 年的大约 860 亿美元。

商业模型

半导体知识产权 2002 年价值 89 万美元，并以每年 25% 的速度增长。通过利用非独占许可的知识产权许可商业模式，I-MOS 外包所有的包含我们技术的半导体制作和销售，并以这种方式来实现增长。在提供知识产权的同时，我们还为制造商提供设计库、模拟模式和能准确无误的将新的 I-MOS 技术结合到现有芯片设计布局的修饰软件工具。

我们将与我们的铸造合作伙伴合作使我们的技术得到增强，并成为运行过程中的主流，优化性能和静态功耗，优化每一代芯片。在非独占的基础上，我们将技术授权给设备生产商，采用知识产权许可模式的半导体公司以及半导体厂。我们从多个相互授权协议中获得收入：制造商支付 I-MOS 一笔许可费和每个芯片的专利费，铸造厂则支付每片晶圆的费用。

技术

I-MOS 技术的发明及其专利权由 I-MOS 的首席技术官冈仁波齐·柯普莱克里什汗（Kailash Gopalakrishnan）在詹姆斯·普卢默博士（Dr. James Plummer）的指导下获得，詹姆斯·普卢默博士是斯坦福工程学院的院长。I-MOS 将从斯坦福大学技术许可办公室（The Stanford Office of Technology Licensing）获得这项技术的独家专利。我们的技术有两项应用：（1）它使静态功耗耗散减少 1 000x，有可比动态功耗，并且性能提高了 30%；（2）它使静态功耗耗散减少 1 000x，具有可比的性能的同时在现有的 CMOS 技术基础上减少 20% 的动态能耗。这些技术的进步通过击穿电压的调制来实现，击穿电压调制减少了亚阈值斜率，导致了更高的打开电流性能，和比 CMOS 更低的静态功耗关闭电流。

现状和重要事件

我们有丰富的器件建模和仿真结果，并有在硅材料上初步运行成功的概念证明。基于硅材料的原型是在斯坦福大学纳米基金（the Stanford Nanofabrication Facility）制造的，已证实了 I-MOS 公司的管设计。

- 重要事件 1：我们计划建立硅、锗、应变硅和亚微米器件以验证在我们的模拟中所显示的 I-MOS 公司器件的规模。我们期望在 2003 年 6 月之前完成这些实验，正好与我们的第一轮资金同时到位。
- 重要事件 2：我们的资金将允许我们在简单电路中实现 I-MOS 公司的管设计，确定器件特性和研究尺度特性，并且注册我们的第一个晶圆厂客户。 我们预计将在 2004 年 9 月完成这一重大事件，并筹集我们的第二轮资金。
- 重要事件 3：我们打算将 I-MOS 公司的产品设计在静态随机存储器（SRAM）测试仪器电路上进行验证，以显示其可靠性、优化性能和功耗，并且注册我们的第一个测试客户。

财务测试

具体数据见表 B-1。

表 B—1　财务预测　（单位：百万美元）

	第 1 年	第 2 年	第 3 年	第 4 年	第 5 年	第 6 年	第 7 年
收入	0	0	8	19	37	73	142
净收入（AT）	（5）	（9）	（6）	（1）	14	18	37
税后利润率（%）	NA	NA	–68%	–6%	23%	25%	26%
收入增长率（%）	NA	NA	NA	125%	98%	96%	95%

市场机会

摘要

- 半导体产业规模巨大且在不断增长。
- 半导体知识产权行业正经历着高速增长。
- 静态功耗耗散问题已成为半导体公司的主要关注问题。

半导体产业规模巨大且在不断增长

受半导体电子产品需求的刺激，全世界半导体器件市场是巨大的，且仍在日益增长。根据加特纳市场研究公司（Gartner Research）的数据，2002 年世界半导体市场价值为 1 400 亿美元，预计到 2005 年将达到 2 400 亿美元。

从历史上看，对半导体器件的需求由纵向一体化的半导体制造商来满足，他们设计、制造和测试自己的产品，使用自己的设施、自己的工具。在 20 世纪 90 年代，设计和制造过程的复杂性日益增长，开发生产设施的成本也日益扩大，半导体行业出现了新的分类。 这一分类创造了新的半导体公司增长的浪潮，包括无晶圆厂半导体芯片设计公司、半导体设备和工具供应商以及第三方的半导体制造商或者铸造商。

半导体知识产权正经历着高速增长

最近几年，半导体设计在复杂性上增加了很多，几何尺寸迅速减小以适应市场需求的变化。对于不得不在越来越充满活力的市场中竞争的半导体制造商来说，掌握尖端技术已成为一个有竞争力的武器。仅在 2007 年一年，排在前 10 名的半导体公司在内部研究和开发上就花费了大约 120 亿美元。随着半导体研究越来越专业化，公司开始从外部寻求最新技术为研究开发寻求一个可预测的方式。这些产业趋势加速了半导体产业的分类进程，激起了半导体知识产权公司市场的新浪潮。2001 年，半导体公司在知识产权许可上花费了将近 10 亿美元，这一趋势预计将以超过 40% 的速度增长。知识产权许可总的可利用市场包括存储器、微处理器、微控制器、微设、数位信号处理器（DSPs）、专用集成电路（ASICs）和定制芯片，这占领了半导体行业 2/3 的市场，或者说 2002 年的 930 亿美元和 2005 年的 1 600 亿美元。

静态能耗耗散问题已成为半导体公司的主要关注问题

在过去的 30 年里，半导体公司一直被一个问题所困扰，那就是如何增加芯片上的晶体管数目而不使其所产生的热量呈指数增长。过去，这一“静态泄漏问题”通过增大各个晶体管之间的距离以避免产生的热量过于集中，或者寻找方法在热量产生时迅速冷却芯片。然而，最近几年，新的半导体几何尺寸以高速度减小，晶体管阈值电压，也就是考虑晶体管在导通和不导通之间的电压，也在大幅降低。除此之外，每个芯片上的晶体管数目大大增加。这些因素都是静态能耗问题呈指数增长的原因。

谢加 • 博卡（Shekhar Borkar ），英特尔电路研究实验室（the Circuit Research Lab at Intel）的主管说：“静态泄漏问题如此之大，如果照现在的趋势发展下去，未来的芯片将达到 2 000 瓦 / 平方厘米，相当于一个核反应堆……设计者不得不权衡某些性能来减少功率。”

半导体产业很早就意识到静态泄漏问题，但是一直认为这是热力学基本原理的结果，因此，是不可能解决的问题。半导体公司通过采用一系列的电路替代来解决这一问题，并取得了一定程度的成功。电路设计者采用的一种替代是当计算完成之后切断电路中的电源开关，那么就不会有静态功耗损耗了。但是这一方法根本没有效率，因为在半导体中很难确定哪些电路在运行、哪些不运行。此外，在很多高密度存储器比如说静态随机存储器（SRAM）和动态随机存储器（DRAM）中，实际上很难关闭电路，因为一旦切断电源，这些记忆芯片就会丢失信息，而且，设计的复杂性和研发费用也大幅增长。

未来芯片的暂时性解决方案是在同一片芯片上设计具有不同阈值电压的晶体管，对于电路中的关键路径，将使用高速率（低阈值电压）晶体管，对于电路中的其他路径则使用低速率（高阈值电压）晶体管。虽然这看起来是个简便的解决方案，但是仍然使性能大大降低了。此外，这一解决方案增加了设计难度，电路布局设计者在设计电路时必须将两个甚至更多不同的晶体管记在脑子里，并将具有高性能的晶体管审慎地放入仅有的关键路径中。每一个具有新阈值电压的晶体管都需要额外的处理步骤和新的掩码，这将大大提高制作芯片的成本。完成这些步骤所需的设计工具在现阶段还不具备。

英特尔公司计划将“睡眠晶体管”纳入新一代的微处理器中，它会使时脉选项更高，并帮助驯服威胁高速处理器设计的恶化泄漏电流。

一些主要的市场趋势将加剧未来的静态泄漏问题。每个晶体管的静态泄漏从 20 世纪 90 年代的 1pA/μm 增长到现在的数万 nA/μm，预计到 2010 年，高性能晶体管将增长到许多 μA/μm。此外，在未来的几年中，每块芯片上的晶体管数目预计将远远超过晶体管掩码数目。与技术市场趋势同步的是快速发展的需求；对低功耗、高性能并具有较长电池使用寿命的无线设备的需求，对多媒体应用功能的需求，还有许多额外的功能需求。企业和消费者一致要求提高笔记本电脑、掌上电脑、数字手机和数码相机和 MP3 播放器以及其他无线产品的功能。半导体公司由于能力所限无法使性能提高，除非解决了静态泄漏问题。I-MOS 认为现有的市场趋势已经为提出制造高性能晶体管、注重成本效益和可扩展的方案提供了绝好机会，该方案重在解决呈指数增长的静态泄漏问题。

杰弗里 • 维尔瑟（Jeffrey Welser），IBM 高级互补金属氧化物半导体项目经理说：“我们正将未来一代设备的内浇道厚度扩展为不到 10 埃，这个泄漏程度已经相当的高，因此我们迫切期望行业内新材料的出现。

解决方案

摘要：

- 大大减少静态能耗。
- 提高芯片性能表现。
- 注重成本–效益关系。
- 提升制造效率。

I-MOS 公司已经开发出了一种破坏性晶体管技术，它可以在静态功耗耗散减少 1 000x、芯片性能提高 30% 的同时却不增加半导体生产成本。I-MOS 把注意力集中到将突破性技术应用到静态泄漏问题上，尤其是用在由硅材料和锗制成的芯片上，在这两种芯片上该技术很奏效。

既然晶体管是半导体的基本构成要素，那么 I-MOS 技术就有广阔的应用前景。然而，驱动无线设备如笔记本电脑、掌上电脑和手机的半导体市场在很大程度上受静态泄漏问题的影响。比方说笔记本电脑电池或者可以播放电影的掌上电脑，I-MOS 技术将把半导体驱动的产品性能提高到新的水平。I-MOS 公司解决方案的主要有以下好处。

大大减少静态功耗损耗

通过解决最基本层面的问题——减少每个晶体管的静态泄漏电流 ,I-MOS 技术减少了芯片总的静态功耗损耗。I-MOS 技术比标准 CMOS 晶体管减少静态功耗 1 000x。

提高芯片性能

I-MOS 公司的技术使消费者可以获得比相同动态功耗水平的 CMOS 多达 30% 的性能提高。两者择一的话，如果动态功耗是顾客的首要考虑因素，I-MOS 技术将比同等水平的 CMOS 缩减 20% 的动态功耗。

注重成本-效益关系

I-MOS 技术的应用并没有明显影响生产成本。I-MOS 技术设计以与标准 CMOS 工艺协同工作为目的，唯一的生产改进是选择性地使用 I-MOS 的晶体管代替原来的标准晶体管。

提升生产效率

一般来说，为了更好的性能而做的必要设计将导致半导体产量的减少。由于我们独特的技术，我们的消费者将同时获得较高的性能和较高的产量，因此也就有了较低的售货成本。这个制造效益源于从晶圆片到晶圆片的变化。这些改变使某些晶体管易于泄漏，而另一些则变慢。与标准 CMOS 设备相比，I-MOS 设备只有很少的变化，这就保证了更少的研发时间、更短的学习曲线和更高的产量。

商业模型和策略

摘要：

- 完成技术研发。
- 与制造厂发展战略合作关系。
- 使产品能在巨大而又迅速增长的无线市场上得以流通。
- 通过结合前期授权费和定期特许使用费创收。
- 增建我们自己的专利组合。

我们的目标是将 I-MOS 晶体管技术确立为市场上高性能半导体的基准。技术的广泛应用使我们追求具有资本效率的知识产权授权模式，在这种模式下我们既不需要生产也不需要销售包含我们技术的半导体。在非独占的基础上，我们将 I-MOS 技术授权给集成半导体制造商、铸造厂和无晶圆厂的半导体公司。这一商业模型是可扩展的，它有着较低的固定费用和可变费用，但客户有较高的转换成本，这样他们就能与我们共同成长，因此我们的技术就可以跨产品应用并升级客户的相关产品。

I-MOS 研发的破坏性晶体管技术将为大约 2/3 的半导体生产商带来增值。我们最终将目标锁定在该行业的有潜力和性能敏感的各个部分，包括无线设备、电子消费产品、制图和网络产品。这些部门代表了 2002 年的大约 500 亿美元或者到 2005 年的大约 860 亿美元的市场。

I-MOS 公司的商业模型和策略旨在将 I-MOS 晶体管确立为市场上高性能半导体的标准，这是在达到下述重要事件的基础上建立的。

完成技术研发

I-MOS 在实验室完成了解决静态泄漏问题的创新晶体管技术的开发。我们有大量的器件建模和模拟结果来证实这一技术的可行性，我们已经在硅材料上做了初步的运行来展示该概念与证明。为了展示这项技术并使其在市场上启动和运行，我们必须首先研究可扩展属性、显示电路和器件特性，以优化运行速度和完成我们的 LMII 延展工具。

与制造商发展战略伙伴关系

当技术开发完成后，I-MOS 必须发展与晶圆厂的战略伙伴关系以便将我们的技术融合到他们的主流处理过程中去。晶圆厂也将从这一战略伙伴关系中获益，因为他们有能力为客户提供最现代的晶体管技术并因此增加利润。对于晶圆厂来说我们的价值主张很强大，这要归功于我们的最低限度使用费。与晶圆厂关系的好坏将影响到我们从他们的客户那里收取特许权使用费的能力，这是行业的普遍做法。我们的策略的一个关键因素就是与无晶圆厂发展紧密的战略合作伙伴关系，以便拉动 I-MOS 技术的需求。

使产品能在巨大而迅速增长的无线市场上流通

I-MOS 公司起初将我们的晶体管技术定位在巨大而迅速增长的无线设备市场部分。我们认为这些部分最可能接受这项新技术，因为我们有性能优势，这一优势将帮助它们在市场范围内竞争。这些巨大而快速增长的无线市场包括手机、掌上电脑、便携式 MP3 播放器、数码相机以及手持视频游戏。市场上的目标客户包括博通公司（Broadcom）、得州仪器公司（Texas Instruments）、高通公司、海温公司（SST Corp.）、思睿逻辑公司（Cirrus Logic）以及其他相关公司。

通过结合前期授权费和定期特许权使用费创收

我们打算从三种类型的公司中获取收入：铸造厂、半导体生产商和无晶圆半导体公司。起初，当我们验证技术及可扩展性后将与铸造厂合作把技术引入他们的主流生产过程中去，我们将同时把技术授权给无晶圆厂和集成半导体公司。为了在他们的半导体中广泛应用我们的技术，他们需要向 I-MOS 公司交纳数百万美元的前期授权费。这些费用取决于从 I-MOS 产出物的具体重要事件或者是公司的芯片产量。起初，使客户参与的大部分相关工程费用由 I-MOS 承担，但是当我们发展了客户群后，这将成为公司的创收发生器。我们希望利用这一前期费用作为一个有效的资本来源以支持公司未来的发展。

铸造厂和被许可方都要支付在 I-MOS 技术许可期间的许可权使用费，铸造厂对于生产过程中使用的晶圆向 I-MOS 支付每个芯片的费用，无晶圆厂获得持照许可将支付 I-MOS 每一个芯片费，该费用通常与芯片成本所占比例相关。集成生产者也将支付每个芯片的费用，其中知识费用所占比例会稍微高一点。专利使用费率通常在芯片平均销售价格的 2.5%～5%；然而，各种各样的因素都会影响专利使用费率，包括前期费用的多少，譬如，生产芯片的数量以及其他很多因素。

增建我们自己的专利组合

I-MOS 策略的关键部分是对于我们的知识产权的发展与预测。我们将积极争取与核心 I-MOS 晶体管专利相关的攻击性和保护性专利，重点打造我们的专利组合。

创业案例

赛灵思公司

赛灵思公司，成立于 1984 年，总部设在加利福尼亚圣何塞（San Jose），是完整的可编程逻辑解决方案的领先供应商。其产品包括高级集成电路、软件设计工具、作为交付核心的预定义系统功能以及无与伦比的现场工程技术支持。赛灵思是基于嵌入式可编程门列（EPGA—based）产品的世界领先者，它的可编程逻辑器件（PLD，programmable logic device）解决方案占有超过 50% 的市场份额。赛灵思最近采用了最先进的 130nm 中国台湾联华电子公司程序，在它的高端产品 2VP125（比奔腾 IV 强大大约 5X）就有 250M 晶体管。在嵌入式可编程门列中，其设计过程中并未使用一个良好的分数晶体管，但是所有的晶体管都存在静态泄漏问题。我们与赛灵思公司的一位高级电路研究员讨论过，他告诉我们："静态功耗损耗是我们面临的最大问题，因为我们的客户一直需要高性能产品。我们对可以帮助缓解这一问题的新技术非常感兴趣。通过替代手机中的专用集成电路（ASIC）来减少静态功耗也同样有利于拓宽我们的市场。"

创业案例

英特尔公司

英特尔公司，半导体生产技术的世界领先者，计算和通讯产业中芯片、主板、系统和软件构建模块的提供者。软件构件模块是计算机、服务器、网络和通讯产品的组成部分。英特尔的产品一直拥有前沿技术：它的高端奔腾 IV 处理器含有超过 50M 晶体管，并且英特尔在需要解决静态能耗耗散问题的设备和电路问题上投入了大量的研究开发经费。英特尔电路研究实验室（The Circuit Research Lab）的主任指出："静态能耗损耗问题很严重，如果照这个趋势发展下去，未来的芯片损耗将会达到 2 000 瓦特 /cm^2，相当于一个原子反应堆。"我们与英特尔集成过程小组的一名高级经理探讨过，他告诉我们："毫无疑问，静态功耗问题是拓展更深层次亚微米晶体管的最大拦路虎之一。我们现在正在寻找新的解决方案，这一方案可以使我们在静态功耗与性能曲线的抉择中处于优势地位。"

销售和营销计划

摘要：

- 运用直接销售力量确定工厂和终端用户。
- 提供技术与支持。

我们的销售和营销活动首先集中在建立和维持与铸造厂、半导体生产商以及无晶圆半导体公司的许可安排上。我们的销售策略是通过我们的直接销售力量与技术的结合来追求目标客户。既然我们最终将技术授权给铸造厂，那么，相应地，向无晶圆半导体公司（我们所建立的铸造联盟成员）销售包含这些技术的产品将会是我们的销售策略中必不可少的一部分。为建立这一联盟，我们寻找合作伙伴，他们能使我们的 I-MOS 晶体管技术在市场中成长。

运用直接技术销售力量定位工厂和终端用户

我们的营销活动将同样指向终端产品生产商。通过有针对性的广告和营销，我们将重心放在增加公众对 I-MOS 技术的认知度和激发潜在终端用户的兴趣上。我们相信这些努力将产品生产商对我们产品的需求，这将对半导体生产商产生拉动式的需求，使其可以最终获得我们的技术许可。

提供技术与支持

我们的目标是将自己定位于客户的重要伙伴，同时发展在执行水平和工程技术水平上的关系。我们预计在营销方面投入大量资源，以完善我们的技术及服务我们的客户。这将包括在线技术支持、其他的技术支持、贸易展览和许多传统的营销活动。我们坚信与客户的战略合作关系使我们能够为未来的研究和开发工作确定新的产品领域和技术，并把重点放在研发上面。

技术概要

摘要：

- CMOS 技术因热力学因素局限在 60mV/decade。
- I-MOS 晶体管可减少到 5mV/decade。
- 没有任何一个解决方案能拥有与之可比拟的性能。
- 为未来的产品和服务制定技术路线图。

CMOS 技术因热力学因素局限在 60mV/decade

晶体管特征尺寸的规模要求在可信任的操作下，芯片供电电压要持续降低以便使动态功耗损耗保持在可允许的限度范围内。在保持晶体管性能的前提下，减少这一供电电压，就需要晶体管的阈值电压随着供电电压而减少。亚阈值斜率是关电状态晶体管泄漏程度的一个很好度量，它描述了在阈值电压下电流变化量与电压的比率。在传统的晶体管中，由于基本热力学原理的局限，亚阈值斜率被限制在 60mV/decade，这意味着电压每改变 60mV 晶体管电流就改变一个数量级。因此，减少阈值电压使晶体管电流泄漏呈指数形式增加。此外，芯片温度在过去的 10 年里稳定增加，因此也同样极大地增加了电流泄漏量。在过去的 30 年里，每个芯片上的晶体管数目每两年翻一番，所有这些因素都使芯片的静态功耗损耗急剧增加。在大多数设备中这个水平的静态功耗损耗是不能被人们所接受的，这也给晶体管本身的扩展造成了根本性的局限。

I-MOS 晶体管可下降到 5mV/decade

I-MOS 开发了破坏性晶体管技术（离子注入型金属氧化物半导体），比传统晶体管减少了 1 000X 静态功耗损耗，并且性能提高了不止 30%。这一静态功耗损耗的大幅减少源于晶体管物理上的根本突破。传统 CMOS 晶体管通过被门接线端控制的称为漂移扩散的过程在通道内调节电流，因此基于 CMOS 系统的亚阈值斜率在室温下就因热力学因素被局限在 kT/q 或者 60mV/decade。I-MOS 在特殊设计的 p-n 节中通过电子雪崩击穿电压调制——电子雪崩击穿过程是一个突然和快速的过程，这一内置增益机制放大了系统的非线性，导致了亚阈值斜率远远低于 kT/q（～5mV/decade 甚至更低见图 B—1）。我们坚信 I-MOS 是目前唯一可以大幅减少静态功耗的技术，也是迄今世界上唯一将亚阈值斜率减少到热动力学限制为 kT/q 的半导体设备。

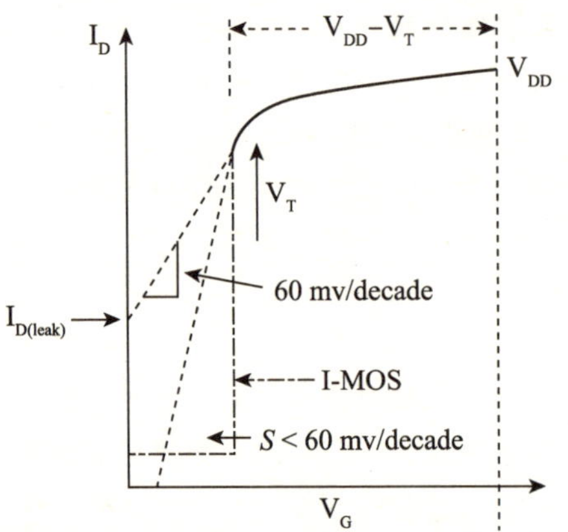

图 B—1　传统晶体管和 I-MOS 在亚阈值斜率方面的比较及其对泄漏的影响

一系列因素的合成导致了 I-MOS 性能 30% 的提升。正如先前所提到的，离子注入过程是一个极其剧烈和快速的过程，会使晶体管中的驱动电流比 CMOS 提高大约 20%，这就提高了晶体管速度。考虑到该行业需花费 2～3 年的时间来扩展新的晶体管技术以提高的 30% 性能，因而，这一晶体管性能的提高影响深远。

没有任何一个解决方案能拥有与之可比拟的性能

基于砷化镓（GaAs）和铟磷（InP）的晶体管在具备较高的性能同时也苦于高静态泄漏问题。I-MOS 是唯一可以同时提供高性能和较低静态功耗的解决方案。此外，砷化镓和铟磷是新材料，有着更为复杂和昂贵的制作过程，同时也需要重新设计所有现有的昂贵的制作设施。我们的建模工作表明制作 I-MOS 晶体管的最好材料是应变硅和锗。IBM、英特尔、AMD、中国台湾集成电路制造公司和中国台湾联华电子公司以及其他的半导体公司都声称要在 2005 年之前在大规模生产中引入应变硅。

如果在考虑到所有程序每一方面的情况下实行芯片运作，静态功耗损耗问题尤为明显，最坏的程序一般是普通程序静态功耗损耗运行的 100 倍。因为这些水平上的静态功耗是不能接受的，这将最终直接影响这一领域。除了减少静态功耗损耗，与 CMOS 相比，I-MOS 也大约降低了三次变异。包含 I-MOS 技术的芯片的出现可以大幅度提高产量。图 B—2 做了一个比较。

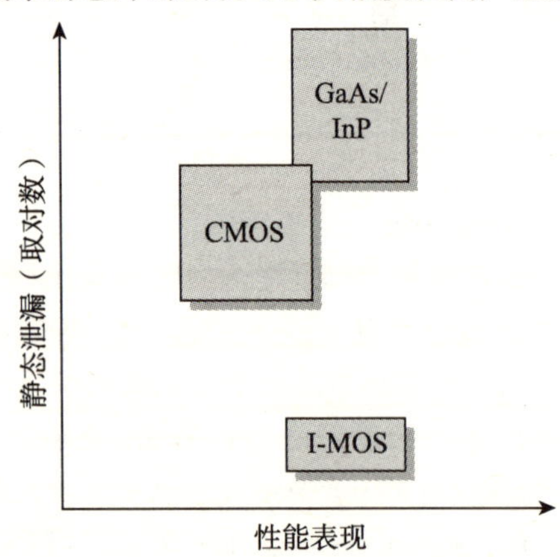

图 B—2　考虑 CMOS、GaAs 和 I-MOS 晶体管的所有程序来比较静态泄漏和性能权衡

为未来的产品和服务制定技术路线图

我们的核心竞争力在于与知识产权相关的晶体管技术和我们提供的将 I-MOS 晶体管技术

纳入任何芯片设计的设计工具。一般来说，任何晶体管的成长都要经历三个阶段。第一阶段要持续几年的时间，需要在技术上做大量的研究和开发工作，对晶体管做流程优化和可靠性测试。在第二阶段，技术就被应用于高性能芯片和其他确实需要额外的运算能力和降低静态功耗的设计上。在最后的阶段，需要大约 3 年的时间，技术被应用于低端芯片以便节约成本。我们估计在每一个技术节点所引入的 I-MOS 晶体管将会经历相同的阶段。

自 2003 年到 2005 年期间我们在 0.080 技术节点上做了大量的研究和开发工作之后，我们计划在 2005 年前后将 I-MOS 晶体管技术引入到生产过程中来。我们同样计划分别在 2007 年、2010 年、2013 年和 2016 年依次引入 0.065、0.045、0.032 和 0.022 技术节点的 I-MOS 晶体管的更高级产品，与国际半导体技术发展路线图所规划的步骤（the International Technology Roadmap for Semiconductors，ITRS）相适应。

此外，我们期望在未来可以扩大到拥有直接产品，因为基本技术在许多不同的领域影响范围相当广泛。当技术在不同的领域得到验证之后，我们计划在引入基于静态随机存储器（SRAM-）和动态随机存储器（DRAM-）等记忆产品的同时，争取授权给其他的半导体市场。进一步说，I-MOS 晶体管技术在功率半导体行业包括功率放大器、同步整流器和静电放电防护（ESD protection）方面具有重大应用，我们也计划引入产品以满足这些市场的需求。

不止一个计算方面的重大突破是源于 I-MOS 晶体管的光电应用。I-MOS 晶体管还提供了应用在光检测器上的良好的设备模板，可以提供比基于传统 CMOS 或 GaAs 的探测器高出大约 1 000 倍的增益带宽产品，这将解决与时钟分配芯片相关的一个关键问题。光学，曾被认为是除在任何 ASIC 和微处理芯片电子时钟分配上的传统技术之外的另一条途径，现在由于快速增长的芯片领域，快速增长的时钟频率以及越来越多的锁存器，它已经变得不再适用。专有的光电 I-MOS 晶体管技术是唯一可为光电时钟集成电路提供光电探测器的解决方案。我们打算将芯片时钟和芯片到芯片的信号专有光学器件解决方案授权给所有的合作伙伴、工厂和需要这项技术来增加高频设计的可扩展性客户。图 B—3 概括了所有 I-MOS 晶体管计划推出的产品和大概框架。我们认为这些在知识产权许可和产品空间范围内的种类丰富的产品将使公司按照摩尔定律（Moore’s Law），以强大的优势进入 21 世纪。

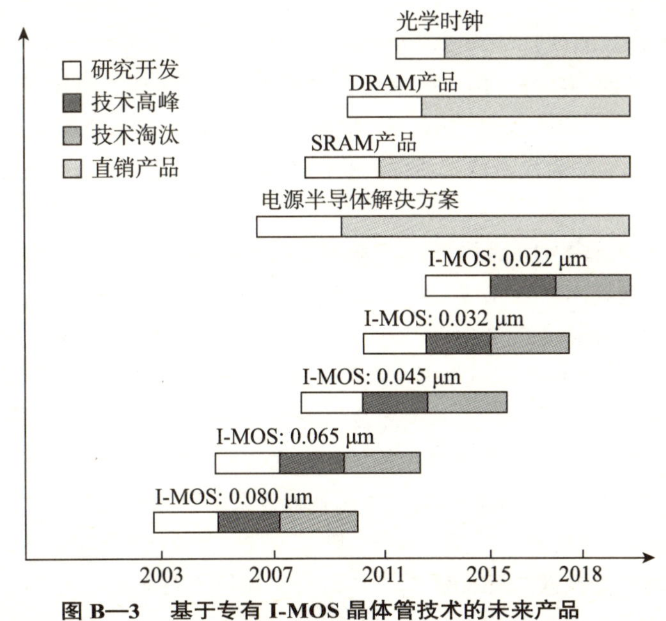

图 B—3　基于专有 I-MOS 晶体管技术的未来产品

技术实施

摘要：

- 与现有的工厂进程保持一致。
- 与工厂合作以实施技术。
- 除了技术之外，提供工具和支持。

与现有的工厂进程保持一致

I-MOS 晶体管与现阶段所有的制作应变硅晶体管的生产工具和进程完全相符。I-MOS 晶体管占有的领域与同代际的传统 CMOS 晶体管的领域完全相同。换句话说，无须额外的花费来实施 I-MOS 晶体管技术。I-MOS 晶体管设备和结构的大多数不同之处在于制作 I-MOS 晶体管过程中用到的光刻掩膜及注入和退火步骤中。我们希望最坏的情况就是在优化装置的过程中需要为额外的植入或间隔步骤添加多一些掩膜。I-MOS 晶体管的另一个直接优势是具有比 CMOS 高得多的速率，这使我们能够倒退一个技术时代来获得相同的性能水平，以及减少大量的静态功耗损耗。这使我们降低了持续增长的晶体管制作成本，使 I-MOS 芯片的制作比现有的 CMOS 芯片更廉价，功耗低但具有相当甚至更高的性能和兼容性。

在适用于便携式应用的低功耗芯片中，除了降低静态功耗损耗，I-MOS 晶体管也应该加以调整，以防更高的性能被降低的动态或有功功率取代。我们希望在 CMOS 晶体管相同性能水平的基础上使得 I-MOS 降低 20% 甚至更多的动态功耗。

使用 I-MOS 技术的电路设计与使用 CMOS 晶体管的传统电路设计只有稍微的不同，包含 I-MOS 技术的逻辑块的输出电压无法跨越整个电源电压这一事实是这微小差别的来源。输出上的显著变化提高了性能也减少了动态功耗损耗，但却以降低噪声容限为代价，噪声容限是用来区分逻辑电平“1”和“0”的。由于 I-MOS 晶体管阈值所占比例不大，我们相信这一不利后果可以轻松解决。I-MOS 公司同样拥有对使用 I-MOS 晶体管的电路设计方法的知识产权。

与工厂合作以实施技术

所谓的技术实施策略就是与铸造厂发展联合开发关系，在工厂大的基准线过程中拥有技术。作为重大事件第一年的一部分，I-MOS 公司会与铸造厂合作来获悉晶体管的可扩展性，并且发展包含 I-MOS 晶体管的简单电路模块；然后将会发展高密度和大系列静态随机存储器测试仪器来了解这些设备的性能和权衡静态功耗，我们将优化设备规格以达到最佳效果和尽量减少待机功耗。

在开始运作初期，I-MOS 晶体管技术基本上与所有现存的 IC 制造技术工具和进程兼容。I-MOS 晶体管的制造利用常规光罩，将会光刻修改离子注入和间隔步骤，这是 I-MOS 晶体管装置将要引入的。传统晶体管是 n-p-n 型的，而 I-MOS 则是特殊的 p-i-n 型的，这一事实充分证实了上述观点。上述条件对于从根本上改变装置特性是非常必要的。传统晶体管可与 I-MOS 晶体管在芯片上同时存在，但在正常工序之后它将会被加工。因此，在同一块芯片上同时制造 I-MOS 装置和传统 CMOS 晶体管是可能的。在优化装置特性已获得性能和可靠性的过程中，我们预计需要新增两个以上的掩膜步骤。考虑到现今大多数传统的 IC 过程都需要大约 30～40 个的掩膜步骤，这相对来说并不昂贵。此外，随着这项技术被人们的广泛认可及其程序的优化，我们有能力在布局上消除低功耗（高 V_T）和低待机功耗（高 V_DD，高 V_T）晶体管，并且将掩膜步骤减少 5～10 个。因为每 2～3 年将会引入新的扩展技术，这时，I-MOS 就要与铸造厂合作研发每一代的可扩展 I-MOS 晶体管技术，然后 I-MOS 就与这些铸造厂共同合作将技术授权给客户。

除了技术之外，提供工具和支持

除了与 I-MOS 晶体管相关的知识产权，我们也同样为这些晶体管提供设计工具、标准 SPICE 模型和在新的现有的设计中为引入 I-MOS 晶体管技术布局的相关工具。这些工具将会有选择地用在 I-MOS 晶体管替换布局中的某些晶体管上，实行电路层面的优化，使原有芯片设计可以准确无误地利用 I-MOS 晶体管技术。图 B—4 给出了公司如何使用这项技术的一般流程图。图 B—4 的所有程序步骤完全是自动化的，因此实现开发这项技术获得经济效益就比较容易。

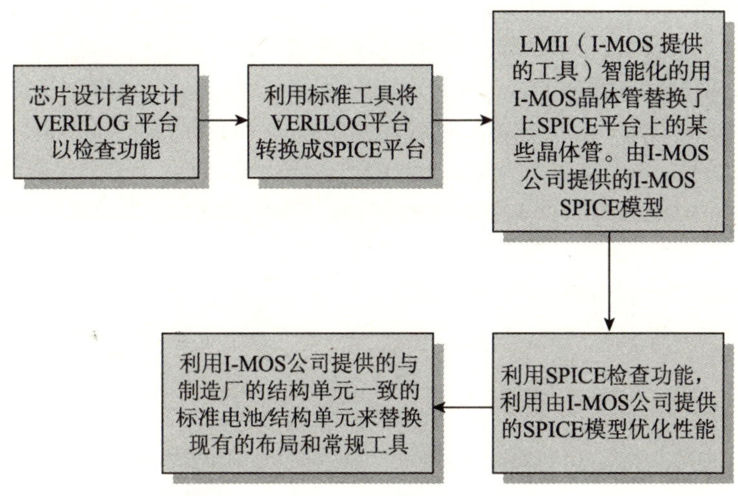

图 B—4　半导体公司利用 I-MOS 晶体管技术生产产品的流程图

研究和开发

I-MOS 认为将来的成功很大一部分取决于按照摩尔定律或者比摩尔定律更快地持续研发和引入新的、可拓展的以及改善的晶体管技术。为此，公司的工程师将参与研发新版本的 I-MOS 晶体管技术，新版本的技术将具备更高的性能、更低的能耗以及更高的兼容性。此外，我们计划组建一个高水平的技术咨询委员会，它由来自斯坦福大学、麻省理工学院和太阳微系统公司的教授和行业中坚组成，我们相信我们的科学家和工程师队伍的多学科性将持续推动我们的技术领导能力和市场发展。

在扩展到满足不同铸造厂客户的需求之前，I-MOS 公司将首先发展在一个铸造厂（比如说中国台湾集成电路公司、得州仪器公司、中国台湾联华电子公司）的晶体管技术。公司计划在晶体管的可扩展性和可靠性上做大量的研究和开发，测量电路框架的功耗和性能，而后是使晶体管优化到最大性能。这将在与铸造厂的技术团队做了充分的探讨和讨论之后加以实行。我们期望 I-MOS 进程只需要在铸造厂标准基线——应变硅 CMOS 工艺的基础上做微小的程序改动。在研发了这项技术并在 2005 年 3 月之前做了大量的可靠性测试之后，我们打算签约使用铸件的测试客户（比方说，赛灵思公司和辉达公司）。为了他们自己的硅进程需求，我们已经在跟他们合作。这些测试客户在为技术研发和客户需求之间提供直接回馈方面是可以创造不可计量的财富的。在向上述客户表明我们的价值主张之后，我们希望可以将他们中的一些转变为长久客户，这些长久客户需要 I-MOS 晶体管技术来满足不断出现的对低功耗、高性能产品的需求。我们相信 I-MOS 公司战略性的定位在解决这些市场的不断发展和要求上是很有益的。

知识产权

I-MOS 晶体管技术最初是作为位于斯坦福大学的美国国防部高级研究计划局（Defense Research Project，DARPA）的一部分发展的，I-MOS 晶体管的专利同时由斯坦福大学、I-MOS 的首席技术官 Kailash Gopalakrishnan 和詹姆斯•普卢默教授（斯坦福工程学院院长）共同持有。现在，位于斯坦福大学的技术许可办公室对这项技术拥有独家授权的权利。I-MOS 公司相信我们可以从斯坦福大学获得这项技术的独家专利。最近与技术许可办公室的商谈证实了这一可能，而且有许多这种授权结构的例子，包括 T-RAM 公司、Pixim 公司和谷歌公司。

作为一家知识产权授权公司，我们相信我们的专利、版权、工作权利、商标权和商业秘密法律对于我们的成功是非常关键的，为此公司将根据通过上述提到的各种不同类型的文件来制定积极的计划以保护自己的专有技术。此外，通过与授权者和铸造厂签署的协议、与员工和顾问签署的专有信息协议及其他的安全措施，公司也试图保护自己的商业机密和其他的专有信息。我们估计在一个月的时间里将会签署两份专利，在开始研发的最初几年里将花费 50 万美元甚至更多的法律费用，这其中包含初始安装费用。我们也试图将我们的软件、文件和其他的书面资料置于商业机密和版权法律的保护之下。

竞　争

I-MOS 公司的竞争者包括集成设备制造商（IDMs），比如说英特尔和 IBM，无厂模式的半导体公司像太阳微系统公司和全美达（Transmeta），以及铸造商像中国台湾集成电路制造公司和中国台湾联华电子公司。在这些竞争者当中，英特尔、IBM 和太阳微系统公司具有极大的竞争威胁力。这三家公司拥有超过 100 亿美元的联合研究和开发预算，并将其中可观的部分用于建立可以使半导体消除低功耗、运行更快、花费更少的技术。

减少静态泄漏的问题是半导体产业早就认识到的问题，然而，这却被认为是不可能解决的问题。一些公司甚至发表声明说是任何潜在的解决方案都为热力学定律的基本定律所局限。因此，很多的公司将精力集中于电路的相关领域，每个公司都获得了不同程度的成功。

下面是对主要竞争对手的概述和每个公司都在追求的解决方案的说明：

● 英特尔公司——英特尔曾试图研究“睡眠晶体管”技术以希望用此来解决静态电流泄漏问题。在这种解决方案下，当晶体管不工作时，电源就会自动关闭。睡眠晶体管技术可使静态功耗损耗降低 1 000 倍。这项技术的主要优势在于它将注意力集中在电路核心的同时并不影响基本的晶体管设计。然而，这项技术很难实施，因为在一个微处理器上很难确定哪些电路在工作哪些电路不在工作。因此，这种方法可能被应用于大的模板，这在减少静态功耗方面减少了程序效率；此外，设计的复杂性也在增大，可能直接因为成本高而受阻；同时也有一部分的性能缺失，因为某些关闭的电路需要确定的时间来恢复。同样需要注意的是，某些电路比如说静态随机存储器和动态随机存储器实际上不能关闭电源，因为电源恢复的时候在某些记忆芯片上将会丢失信息。

● IBM——IBM 曾研究绝缘体上硅结构（SOI），这可以提供低内存，但同时可提高速度。绝缘体上硅结构是一项在减少晶体管的扩散电容的同时获得动态功耗和性能的技术。但是实际上，它并没有影响静态功耗。这项技术与 I-MOS 晶体管兼容，这意味着绝缘体上硅结构和

I-MOS晶圆的利用将经历性能改进，这是一个概括的改进，可以在每一项技术上独立地加以实现。

● 超微半导体装置公司：超微半导体公司与IBM合作，研发了鳍式场效晶体管（Fin Field Effect Transistor，FINFET）。这种晶体管利用一个薄的竖直“鳍”来控制在“开始”阶段通过晶体管的电流泄漏。鳍式场效晶体管是唯一允许CMOS达到既定路线图的结尾的设备解决方案。鳍式场效晶体管利用与传统CMOS相同的物理器件，但是它是非平面的，因此需要不同的制作步骤。因为鳍式场效晶体管是在CMOS物理器件的基础之上，它仍然被限制在60mV/decade。英特尔的DST（Depleted Substrate Solution）也被同样的原理限制在60mV/decade。

财 务

财务数据如表B—2所示。

表B—2 预期损益表 （单位：美元）

	第1年 2004年8月	第2年 2005年8月	第3年 2006年8月	第4年 2007年8月	第5年 2008年8月
收入	—	—	8 370 000	18 825 000	37 260 000
收入费用	—	—	—	—	—
毛利润	—	—	8 370 000	18 825 000	37 260 000
营业费用					
销售	—	674 000	1 988 900	3 105 094	3 651 840
营销	—	108 000	150 480	159 509	169 079
工程技术	4 029 907	6 884 609	10 749 401	15 464 000	18 501 490
一般及行政	877 000	1 137 000	1 155 540	1 175 192	1 196 024
营业费用小计	4 906 907	8 803 609	14 044 321	19 903 795	23 518 433
非营业费用小计	—	—	—	—	—
税前利润	（4 906 907）	（8 803 609）	（5 674 321）	（1 078 795）	13 741 567
税金	—	—	—	—	—①
净收入	（4 906 907）	（8 803 609）	（5 674 321）	（1 078 795）	13 741 567
净利润率	n/a	n/a	–68%	–6%	36.9%

主要盈利驱动

（授权结构、平均销售价格以及容量）

我们建立在授权结构基础上的收入模式包括：（1）获得使用期为5年的I-MOS晶体管专利组合，平均一次性收费150万美元；（2）包含I-MOS技术的所有芯片的平均销售价格的3%作为平均专利费。考虑到类似半导体公司知识产权的授权结构，我们相信这都是合理的假设（参见附表）。我们是在ARM的每个芯片的平均专利费价格（0.07美元）除以每个芯片的专营权费的百分比（2%）的基础上建立平均价格的。既然ARM将知识产权授权给很多企业，包括移动电话、存储器和消费电子，我们认为，对于我们来说每个芯片的合理"“平均”销售价格为3.50美元。

客户获取的时效性和频率

我们并不期望在第3年的第一季度之前从我们的第一批客户身上获得专利收入，那时需要发展高扩展性的商业应用，而且销售团队需要3～6个月的时间来落实我们的第一个客户。客户获取的时效性和频率反映了说服工厂将我们的技术融入到他们的生产过程中去的策略，然后经由他们深入到客户中去。我们将目标锁定在与工厂相关的晶圆厂客户，因为我们期待每个工

1 虽然我们希望在第5年的时候产生积极的利润，却并不希望交纳利润税收，因为往年的累计亏损超过了第5年的预期利润。作为实战检验，我们第5年的净利率将会是22.9%，同样的ARM和总线结构（Rambus）的净利润率在25%。——作者注

厂拥有不止一个客户。支持工厂是一件耗资很大的事情，每个工厂需要 8～10 名专门的工程师。客户获取计划的表格包含在附表中。

主要花费驱动

统计

表 B—3 概括了第一个 5 年的统计增长。

表 B—3　财务预测　单位：百万美元

	第 1 年	第 2 年	第 3 年	第 4 年	第 5 年
销售	—	5	9	13	13
营销	—	1	1	1	1
工程技术	10	30	44	56	68
一般及行政	3	3	3	3	3
总计	13	39	57	73	85

销售

一旦技术风险充分减除后，我们期望在第 2 年雇用第一个销售人员，这同样就比我们期待的第一个客户提前一年的时间装运。然后我们计划之后的每 3 个月再雇用一名销售人员，或者每个季度增加一名。

工程技术

在与一家开办时间相对较早的半导体公司建设者的谈话基础之上，我们对主要的发展开始做如下估计：

- 每年每片晶圆的掩码设置为 1.5M 美元。即使在签订了客户之后，在下一代芯片和 I-MOS 晶体管技术上发展掩码设置仍然是必须的。
- 第一年的晶圆成本为 100 万美元，之后逐步增长。在第一个月我们预计需要 30 个晶片，每个晶片价格为 2 500 美元，每月在成本花费上以 2% 的增幅划拨，以反映一段时间内的成本上升趋势。
- 以每年 1 200 万美元的价格租赁测试设备和软件。
- 从第二年开始，我们计划大力发展，在 9 个月的时间里每个月雇用两名工程师，之后每个月多雇用一名工程师，以支持持续发展的技术。

法律费用

看上文“研究和开发”部分，“知识产权”，了解这些费用的细目。

拟议的公司出价

- A 系列融资——到 2003 年 9 月为 650 万美元。
- AB 系列融资——到 2004 年 9 月为 850 万美元。
- AC 系列融资——到 2005 年 9 月为 900 万美元。

预计总资本要求为 2 400 万美元。

A 系列

到 2003 年 9 月之前，I-MOS 公司目前寻求 650 万美元的 A 系列融资。我们预计在这一轮可以用资金完成的重大事件是：

◆ 将 I-MOS 晶体管技术从现有状态发展到可以在少于 100 000 个晶体管的简单设备和简单电路中的概念验证阶段，这笔资金的绝大部分将被用于技术的发展。我们期望从这轮融资中获得的收益能使我们坚持 15 个月的时间——直到 2004 年的 11 月份，并且使我们的雇员增长到 13 人：10 名工程师和 3 名一般行政人员（两名创始人、一名办公室经理）。

B 系列

到 2004 年 9 月底的时候（第 13 个月），我们打算筹备 850 万美元的 B 系列融资。如果使 B 系列融资到位时间超过了预期，我们在 A 系列融资中预留了 3 个月的缓冲期。在这一轮的融资中我们计划用资金完成下面的重大事件：

◆ 在较大型的电路中论证 I-MOS 晶体管技术，优化技术的功率和性能。
◆ 论证可靠性和验证客户规格。
◆ 注册第一个客户。

这笔资金的绝大部分要用来使工程师数量增至 3 倍，招募第一名销售人员。我们期望从这一轮融资中获得的收益可以使我们坚持到第 27 个月（2005 年 11 月），并且使得我们的雇员增长到 39 个人。

C 系列

到 2005 年 9 月底的时候（第 25 个月），我们打算筹集 900 万美元的 C 系列融资。以防使 C 系列融资到位的时间超过预期，我们在 B 系列融资的时间中预留了 3 个月的缓冲期。在这一轮的融资中我们打算用这笔资金完成的重大事件如下：

◆ 从第一个工厂和晶圆厂的顾客中获得收入。
◆ 现金流量分析和盈利。

这笔资金的绝大部分将被用于赞助组织的扩大，在我们期望客户快速增长的同时增强销售和工程师团队的力量。我们期望这是我们最后一轮私人融资，并且从这轮融资中所获得的收益将使我们坚持到第 4 年最后一个季度的现金流量分析和盈利。

资本运作和投资者回报

在预计公司的未来资本结构（见表 B—4）和投资回报（见表 B—5）问题上，我们认为公司将于第 5 年年底首次公开募股并将其股份的 20% 转让给公众。假定我们在这一年达到预期并利用目前行业收入中位数 33 来评估公司，那么，I-MOS 公司在第 5 年年末的估值为：1 370 万美元净收入 ×33=45 000 万美元（参见附表上市公司的数据比较）。

表 B—4　资本结构　单位：美元 / 股

资金投入前估值	6.5	35.0	100.0		
投入资本	6.5	8.5	9.0		
资金投入后估值	13.0	43.5	109.0	450.0	
	筹资后所有权水平				
股东	资金	A 系列	B 系列	C 系列	退出
创始人	100.0%	35.0%	27.0%	24.3%	19.5%
雇员		15.0%	15.0%	15.0%	12.0%
A 系列优先股		50.0%	38.5%	34.8%	27.8%

续前表

B 系列优先股			19.5%	17.6%	14.1%
C 系列优先股				8.3%	6.6%
公共市场					20.0%
全部所有权	100.0%	100.0%	100.0%	100.0%	100.0%

表 B—5　　预期投资者回报　　单位：美元 / 股

	A 系列	B 系列	C 系列	总计
退出前年份	5	4	3	
投入资本	6.5	8.5	9.0	24.0
在退出项上的投入资本价值	125.2	63.5	29.7	218.4
内部收益率	80.7%	65.3%	48.9%	72.1%

管理团队

亚当·威格尔 (Adam Wegel)

首席执行官

亚当·威格尔来自德尔福汽车系统公司（Delphi Automotive System）。在操作、制造工程、金融、产品开发以及销售和营销方面有超过 6 年的丰富经验。最近一次在德尔福，亚当开发了一个企业战略就是将远程信息处理卖给汽车行业的商业团队。

亚当拥有斯坦福大学商学院 MBA 和斯坦福工程学院机械工程研究理学硕士学位，Adam 还获得了北卡罗来纳州立大学机械工程理学学士学位。

冈仁波齐·柯普莱克里什汗（Kailash Gopalakrishnan）

首席技术官

冈仁波齐·柯普莱克里什汗来自 T-RAM，在那里他负责处理各种设备和电路问题，以寻求一种新型的存储产品。在 T-RAM，冈仁波齐发明了后来两种改进的记忆芯元。这些重大发明帮助公司解决了在记忆芯元方面的静态功耗损耗问题。

冈仁波齐是斯坦福大学的一名研究员，供职于美国斯坦福大学半导体器件小组，他正在那儿攻读电气工程博士学位（预计 2003 年 9 月毕业）。冈仁波齐和他的导师，院长詹姆斯·普卢默，获得了 I-MOS 晶体管技术很多方面的共同专利。

拉杰特·麦尔沃（Rajit Marwah）

财务总监

拉杰特·麦尔沃最近刚从埃施朗公司（Echelon Corporation）过来的，在那里他负责研究世界各地的供应商、技术、竞争、国际频率条例以及新型低能耗、低数据率的解决方案费用问题，使用自适应多速率（AMR）的中程无线数据市场和其他一些应用。在 Echelon 之前，拉杰特作为一名协理在 TL Ventures 公司工作了两个夏天。TL Ventures 是一家拥有 140 亿美元的处于创业初期的技术风险投资公司，在调查和结构处理方面协助合作伙伴。

拉杰特拥有管理科学与工程理学硕士学位，斯坦福大学经济学研究文学学士学位。拉杰特也是斯坦福最大的创业组织 BASES 的副总裁，BASES 有超过 4 500 名的成员。

托德·萨克瑞特（Tod Sacerdoti）

首席营销官

托德·萨克瑞特来自罗伯逊-斯蒂芬斯公司（Robertson Stephens），在那里他是一名企业财务投资银行家，主要负责通信基础设施和国际部门。在研究分析的工作中，他成功地实现了两项交易并开发了策略路线图、商业模式定位以及用于私人技术公司的巡回展览介绍。他同样是 DK Entertainment 的创始人和首席执行官，DK Entertainment 是一个成功的生产和销售公司。

托德拥有斯坦福大学商学院 MBA 学位。他在耶鲁大学获得经济学学士学位，在那里他曾是西格玛-阿尔法-石普西隆兄弟会 Sigma Alpha Epsilon Fraternity 的主席。

风险及其缓解

具体的风险及其缓解策略如表所示。

表 B—6

风险	缓解
市场风险	
主要的市场风险是我们无法为我们的知识产权建立授权许可合同，但是有非常成功的半导体知识产权公司案例，只是这些公司的数量相当有限。	如果我们无法在 6 个月时间内保证授权协议已达到第二个重大事件（在提供技术的前提下），我们将考虑采取产品方法，出售相对简单的半导体产品比如说 DRAM，SRAM 或是 FPGA。
技术或产品风险	
主要风险是 I-MOS 晶体管技术或许无法扩展。最近，这一技术在微观层次得到了验证。为了使技术在商业上可行就必须扩展到亚微米水平。此外，为了实现全功率节省和性能的提高，必须利用应变硅。这一技术在应变硅上的表现或许并不如模拟所表现出来的更好。 另外一个主要的技术和市场风险或许在于半导体工业的最后根本不会向应变硅的应用技术方向发展。为了实现 I-MOS 晶体管技术所有的优点，应变硅是关键。	目前，在亚微米范围内的应变硅上已经做了大量的模拟和模型来证实 I-MOS 技术。为降低这一风险，我们计划在研发过程中尽可能早地运行亚微米水平的 I-MOS 装置。现在，我们期望在 9 个月的时间里完成这一测试（2003 年 9 月）。 IBM，应变硅的先驱者，已声称要在 2004 年之前在它绝大多数工厂生产过程中引入应变硅。如果我们发现其他主要的工厂并没有朝着完备应变硅的方向发展，我们将会把我们的商业策略从一个知识产权许可的商业模式转换到偏向于产品导向（SRAM 或者 DRAM）的公司模式。
团队风险	
I-MOS 的管理团队以前并没有参与到新公司的创立中，或没有丰富的管理经验。	在第一轮重大事件完成之后（I-MOS 技术的可行性得到验证），管理团队将通过雇用经验丰富的首席执行官来降低风险。 还有就是，管理团队将会组建一个董事会，这不仅要看队员的相关背景，还要看他们成为管理团队积极的良师益友的意愿。
一个重要的金融风险是获得需要的资金来开办一家半导体知识产权公司。 因为相对来说只有极少数成功的半导体知识产权公司，而且所需投资水平很高，因此，我们会在说服风险资本家投资的过程中遇到困难。	为了降低这一风险，我们在发展过程的早期将会继续建立与潜在客户的联系。如果我们得不到预期的资助，我们会重新考虑我们的许可办法，转而投资相对简单的产品，比方说，DRAM、ARAM、FPGA，以便于及早创收。

表 B—7　　预计现金流量表　　单位：美元

	第 1 年 2004 年 8 月	第 2 年 2005 年 8 月	第 3 年 2006 年 8 月	第 4 年 2007 年 8 月	第 5 年 2008 年 8 月
年初现金余额	—	1 419 593	772 984	3 859 663	2 572 868
现金来源					
净收入（亏损）	（4 906 907）	（8 803 609）	（5 674 321）	（1 078 795）	13 741 567
账户购买增加（减少）	—	—	—	—	—
花费的增加（减少）	—	—	—	—	—
到期短期债券增加（减少）	—	—	—	—	—
其他短期债券增加（减少）	—	—	—	—	—
其他长期债券增加（减少）	—	—	—	—	—
小计	（4 906 907）	（8 803 609）	（5 674 321）	（1 078 795）	（13 741 567）
现金用途					
A/R 账户增减	—	—	—	—	—
存货增加（减少）	—	—	—	—	—
其他现账资产增减	—	—	—	—	—
固定资产增减	（173 500）	（343 000）	（239 000）	（208 000）	（168 000）
其他长期资产增减	—	—	—	—	—
小计	（173 500）	（343 000）	（239 000）	（208 000）	（168 000）
经营性现金流	5 080 407	9 146 609	5 913 321	1 286 795	13 573 567
融资活动					
优先股	6 500 000	8 500 000	9 000 000	—	—
普通股	—	—	—	—	—
小计	6 500 000	8 500 000	9 000 000	—	—
净现金流量	1 419 593	（646 609）	3 086 679	（1 286 795）	13 573 567
期末现金余额	1 419 593	772 984	3 859 663	2 572 868	16 146 435

表 B—8　　预计资产负债表　　单位：美元

	第 1 年 2004 年 8 月	第 2 年 2005 年 8 月	第 3 年 2006 年 8 月	第 4 年 2007 年 8 月	第 5 年 2008 年 8 月
资产负债表					
现金	1 419 593	772 984	3 859 663	2 572 868	16 146 435
应收账款	—	—	—	—	—
库存	—	—	—	—	—
其他流动资产	—	—	—	—	—
小计	1 419 593	772 984	3 859 663	2 572 868	16 146 435
固定资产	173 500	516 500	755 500	963 500	1 131 500
其他长期资产	—	—	—	—	—
小计长期资产	173 500	516 500	755 500	963 500	1 131 500
总资产	1 593 093	1 289 484	4 615 163	3 536 368	17 277 935
应付账款	—	—	—	—	—
预提费用	—	—	—	—	—
短期应付票据	—	—	—	—	—

续前表

	第 1 年 2004 年 8 月	第 2 年 2005 年 8 月	第 3 年 2006 年 8 月	第 4 年 2007 年 8 月	第 5 年 2008 年 8 月
其他流动负债	—	—	—	—	—
小计	—	—	—	—	—
优先 A 股	6 500 000	6 500 000	6 500 000	6 500 000	6 500 000
优先 B 股	—	8 500 000	8 500 000	8 500 000	8 500 000
优先 C 股	—	—	9 000 000	9 000 000	9 000 000
年优先回报收益	—	（4 906 907）	（13 710 516）	（19 384 837）	（20 463 632）
年初至今收益	（4 906 907）	（8 803 609）	（5 674 321）	（1 078 795）	13 741 567
股东权益小计	1 593 093	1 289 484	4 615 163	3 536 368	17 277 935
负债总额与权益	1 593 093	1 289 484	4 615 163	3 536 368	17 277 935

表 B—9　半导体知识产权授权结构

公司	最初授权费（%）	平均忠诚专利费（%）	应用服务提供商的百分比 (%)
ARC 投资公司	0.2+	0.51	8.3
ARM 公司	5	0.07	1~3
美普思科技（MIPS）	0.2~5.0	0.5	5~10
Parthus 技术公司	＜ 1.0	0.4~1.0	3~5

表 B—10　客户获取计划

	第 1 年	第 2 年	第 3 年	第 4 年	第 5 年
总的工厂型客户	0	0	1	2	3
芯片客户小计 w/own fab	0	0	1	2	3
无厂芯片客户小计	0	0	3	8	12
总客户	0	0	5	12	18

表 B—11　行业可比性　单位：百万美元

		落后 12 个月				
公司	市值	销售	净收入	净利率	销售倍数	收益倍数
ARM	1 100	251	58.9	23.5%	4.4	18.7
Rambus	867.8	96.6	24.7	25.6%	9.0	35.1
美普思科技	96.5	44.7	–12.3	–27.5%	2.2	–7.8
新思科技（Synopsys）						
TTP 通信公司						
Virage 逻辑	278.2	45.6	0.23	0.5%	6.1	1 209.6
明导国际（Ment-orGraphics）						
Parthus 科技	137.7	42.5	–32.5	–76.5%	3.2	–4.2
Artisan Components	314.4	38	2.1	5.5%	8.3	149.7
DSP 集团	433.8	126.2	13.1	10.4%	3.4	33.1
中位数	314	46	2	5.5%	4.4	33.1

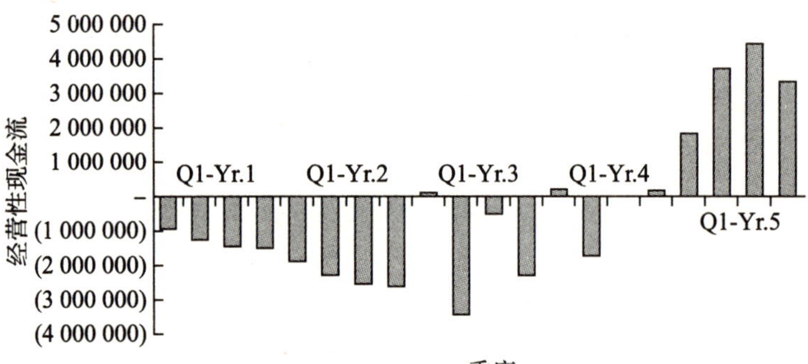

图 B—5　按季度分的预计经营性现金流

一切为了您的阅读体验

我们出版的所有图书都将归于以下两个品牌

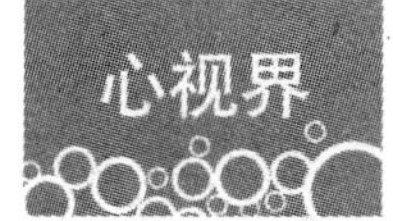

找“小红帽”

为了便于读者在浩如烟海的书架陈列中清楚地找到我们，我们在每本图书的书脊上部47mm处，全部用红色标记，称之为——小红帽。同时，“小红帽”上标注“湛庐文化”字样，小红帽下方标注所属图书品牌名称。湛庐文化主力打造两个品牌：**财富汇**，致力于为商界人士提供国内外优秀的经济管理类图书；**心视界**，旨在通过心理学大师、心灵导师的专业指导为读者提供改善生活和心境的通路。

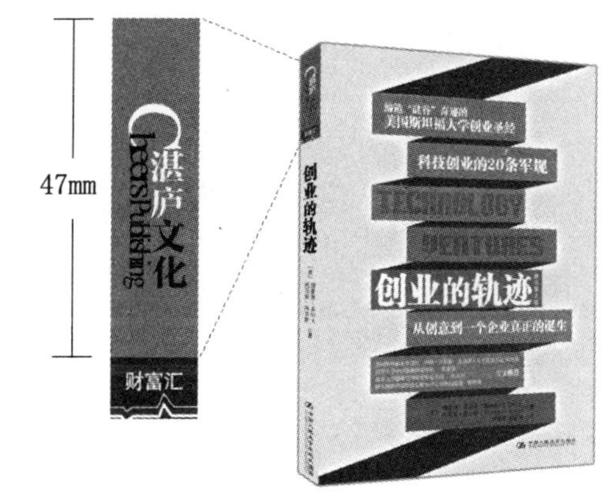

找“湛庐文化”

我们所有出品的图书，在图书封底都有湛庐文化的标志和“湛庐文化”的字样。

用轻型纸

您现在正在阅读的这本书所使用的是轻型纸，有白度低、质感好、韧性好、油墨吸收度高等特点，价格比一般的纸更贵。

关注阅读体验

我们目前所使用的字体、字号和行距，是在经过大量调查研究的基础上确定的，符合读者阅读感受。每页设计的字数可以在阅读疲劳周期的低谷到来之前，使读者稍作停顿，减轻读者的阅读疲劳，舒适的阅读感觉油然而生。

所有的一切都为了给您更好的阅读体验，代表着我们“十年磨一剑”的专注精神。我们希望我们能够成为您事业与生活中的伙伴，帮助您成就事业，拥有更为美好的生活。

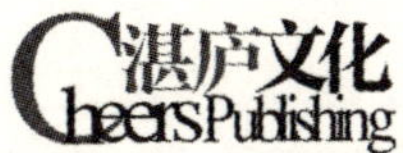

湛庐文化2008-2010年获奖书目

《牛奶可乐经济学》

国家图书馆“第四届文津奖”十本获奖图书之一，唯一获奖的商业类图书；

搜狐、《第一财经日报》“2008年十本最佳商业图书”。

用经济学的眼光看待生活和工作，体验作为“经济学家”的美妙之处。

《大而不倒》

英文版入围“《金融时报》·高盛2010年度最佳商业图书最终候选榜”，是美国《外交政策》杂志调查发现的全球思想家正在阅读的20本书之一。

“蓝狮子·新浪2010年度十大最佳商业图书”，《智囊悦读》“2010年度十大最具价值经管图书”。

全球政要和首席执行官争相阅读的危机启示录。

一部金融界的《2012》，一部丹·布朗式的鸿篇巨制。

《金融的王道》

“蓝狮子·新浪2010年度最佳金融商业图书”。

汇丰集团主席倾尽毕生心力叩问灵魂之作。

一代银行家眼中的历史与世界，300年资本市场的得失与未来。

《facebook效应》

英文版入围“《金融时报》·高盛2010年度最佳商业图书最终候选榜”。

搜狐2010“读本好书”年度十佳好书，“蓝狮子·新浪2010年度十大最佳商业图书”。

首度公开facebook非凡创业的26个细节，马克·扎克伯格及40多位facebook核心高管倾情讲述。

《稻盛和夫自传》《在萧条中飞跃的大智慧》

《稻盛和夫自传》“蓝狮子·新浪2010年度十大最佳商业图书”。

稻盛和夫亲笔撰写的唯一传记。

一代经营之圣的成长历程，一位商界智者的梦想之旅。

《在萧条中飞跃的大智慧》被《21世纪商业评论》评为“2009年度最受商业领袖关注的书籍”。

日本“经营之圣”稻盛和夫谈危机下企业的生存之道。

《真实的幸福》

《职场》“2010最具阅读价值的10本职场书籍”。

积极心理学之父马丁·塞利格曼扛鼎之作，哈佛最吸引人、最受欢迎的幸福课。

希腊三部曲: **《追逐阳光之岛》、《桃金娘森林宝藏》、《众神的花园》**

新闻出版总署“第六次（2009年）向全国青少年推荐百种优秀图书”之一。

“希腊三部曲”仿佛艾丽斯仙境与伊甸园，充满好闻的味道、缤纷的颜色、可口的食物、柔软的触感、奇怪有趣的人物和无尽的爱、学习与玩乐。

Richard C. Dorf, Thomas H. Byers
Technology Ventures: from Idea to Enterprise, 2nd Edition
ISBN 978-0-07-335043-1

北京市版权局著作权合同登记号：01-2009-2558

图书在版编目（CIP）数据

创业的轨迹：从创意到一个企业真正的诞生 /（美）多尔夫，拜尔斯著；刘丽君，倪跃峰译．—2版．—北京：中国人民大学出版社，2011

ISBN 978-7-300-13109-2

Ⅰ．①创… Ⅱ．①多… ②拜… ③刘… ④倪… Ⅲ．①高技术产业-企业管理-研究 Ⅳ．①F276.44

中国版本图书馆 CIP 数据核字（2010）第 263141 号

创业的轨迹：从创意到一个企业真正的诞生

[美] 理查德·多尔夫 托马斯·拜尔斯 著

刘丽君　倪跃峰　译

Chuangye de GuiJi: Cong Chuangyi dao Yige Qiye Zhenzheng de Dansheng

出版发行	中国人民大学出版社		
社　址	北京中关村大街31号	**邮政编码**	100080
电　话	010-62511242（总编室）		010-62511398（质管部）
	010-82501766（邮购部）		010-62514148（门市部）
	010-62515195（发行公司）		010-62515275（盗版举报）
网　址	http:// www. crup. com. cn		
	http:// www. ttrnet. com（人大教研网）		
经　销	新华书店		
印　刷	北京宏伟双华印刷有限公司		
规　格	185 mm×260 mm 16开本	**版　次**	2011 年 7 月第 1 版
印　张	31.25 插页2	**印　次**	2011 年 7 月第 1 次印刷
字　数	805 000	**定　价**	78.00 元

湛(zhàn)**庐**(lú)

铸剑大师欧冶子『十年磨一剑』，炼就了『天下第一剑』湛庐剑。

——《吴越春秋》记载